记录历史

英茶行日记

陳宗懋書

中英交流400年：茶 瓷器 丝绸 漆器 园林 贸易撷英

孙 前 ◎ 著

Diary of Tea Trip to Britain

Sino-British Exchange over 400 Years
Selection on Tea, Porcelain,Silk, Lacquerware, Gardening and Trade

Sun Qian Writer

新 华 出 版 社

图书在版编目（CIP）数据

英茶行日记：中英交流400年：茶、瓷器、丝绸、
漆器、园林、贸易撷英 / 孙前著. -- 北京：新华出版社, 2021.6
ISBN 978-7-5166-5890-1

Ⅰ.①英… Ⅱ.①孙… Ⅲ.①中英关系－文化交流－文化史
Ⅳ.①K203②K561.03

中国版本图书馆CIP数据核字(2021)第108617号

英茶行日记：中英交流400年：茶、瓷器、丝绸、漆器、园林、贸易撷英
作　者：孙　前

责任编辑：徐文贤　　　　　　　　　封面设计：云何视觉·漆孟涛

出版发行：新华出版社
地　　址：北京石景山区京原路8号　　邮　　编：100040
网　　址：http://www.xinhuapub.com
经　　销：新华书店、新华出版社天猫旗舰店、京东旗舰店及各大网店
购书热线：010－63077122　　　　　中国新闻书店购书热线：010－63072012
照　　排：云何视觉
印　　刷：成都市金雅迪彩色印刷有限公司

成品尺寸：170mm×240mm
印　　张：39.25　　　　　　　　　　字　　数：636千字
版　　次：2021年8月第一版　　　　　印　　次：2021年8月第一次印刷
书　　号：ISBN 978-7-5166-5890-1
定　　价：218.00元

传续 500 年左右的英国贝德福德公爵家族，以下午茶的首创地和挽救了濒于灭绝的
"四不像"麋鹿而为中国人熟知。作者和 15 世公爵安德鲁·罗素在乌邦寺合影

2016.4.15　马修／摄

為天地立心為生
民立命為往聖繼
絕學為萬世開太
平

二〇一七年五月書張載大儒名言

孫前同志

九五叟馬識途

现年108岁的中国著名作家、书法家、诗人马识途，赠作者墨宝

序 言

东渐 ⇄ 西渐 ≠ 互鉴

中华文明，曾经在 200—300 年的时间内，浸淫欧洲大地，那是不争的事实。

16—18 世纪，中国的丝绸、瓷器、香料、漆器、茶叶、家具、中医药、壁纸、烟花、抬轿伞帽、园林艺术、建筑装饰、奇花异草，珍禽奇兽、服饰文玩、民俗礼仪、儒释道哲理、文官考试制度……在欧洲人眼里，东方中国就是伊甸园、乌托邦。

肆意海洋波涛，一浪逐一浪，中华文明，涌进英国，荡涤欧美。

欧洲文明，从 16 世纪开始，试水粤澳，以基督福音开路，伴以科学技术，地图地球仪、天文历算、西洋绘图、西医、钟表、鼻烟、棉织品、银元、洋枪洋炮、鸦片……从 18 世纪走到 20 世纪。

往事，让中国人眉飞色舞，趾高气扬。

往事，让中国山河浴血，九死一生。

记述这 500 年历史的中外著述评论，视若山积。但是，在 1995 年前，外译中的著述很少，中译外的更是凤毛麟角。至 2010 年前后，情况大变。这就敞开了窥视西方的大门，目力所及的深度和广度，今非昔比。

这就使我们看到，此前双方书刊中的内容，盲人摸象，辨识随心的误讹，难以数计。我就以茶而论，略举二三，以概其余。

《茶经》说，"茶之为饮，发乎神农。"英美书刊明确记载是公元前 2737 年，这在《茶叶全书》（美）、《茶鉴赏手册》（英）、《英国泰特利茶厂介绍》《茶：嗜好、开拓与帝国》（英）、《茶在中国：一部宗教与文化史》（加）中白纸黑字。但这是中国史学家和资深茶人不知道的。中国文史学家张汝舟、张闻玉,根据无数古籍、出土文物、天象资料为依据,推演出"夏商周三代纪年",以武王克商在公元前 1106 年为基点,测算出西周总年数 336 年,商朝国祚 628 年,夏朝纪年 471 年,这已成为史家共识。按此,能有科学测算的数据只达公元前 2205 年,那么,外籍书刊使用的公元前 2737 年从何而来?

红茶什么时候进入英国?《图说中国茶故事》《话说丝绸之路》道,1662 年,葡萄牙公主凯瑟琳嫁英王查理二世,带 221 磅红茶,在婚宴上以冒热气的"红葡萄酒"引发欧洲惊讶,红茶由此走进王室豪富府邸。赞同此说者,遍及中国的红茶爱家和商家。可是英国人说,那个时代进入英欧的都是绿茶和乌龙茶。

中国著名茶学家程启坤教授给浙江大学马晓俐博士的《多维视角下的英国茶文化研究》一书写序,赞此书"内容丰富、系统地研究了英国茶文化,而且在很多方面都是首创性的"。书末附有"英国茶叶史大事年表",在 1662 年栏下没有尽人皆知的凯瑟琳公主带茶进英国的动人故事,以她的细心缜密,不会忽略此事。我信息询她求解,回我一段文字,"主要考虑到阅读的有限英文书中只是提到,却没有给予详细的史料证明,我不能把握就没有列入。我认为是否是她将茶叶带入宫中还有待考证。"马博士是英语专业的中外茶文化研究专家,她附了 154 本中外参考书目,还自认菲薄,恐视野所限,不顺众意写下红茶之事,难得的学术态度。

中国的茶学大专家,为先有乌龙茶,还是先有红茶,笔战数十年。双方弟子,各奉其师,争纷不已,且都以林奈的"双名法"为证。可惜,没有一方看过林奈的茶标本。我们去看了,可能双方认识有偏颇之处。

为了检测初入欧洲的茶对身体有益有毒,瑞典国王古斯塔夫三世把一对判死刑的双胞胎兄弟拿来做试验,一个人终身喝茶,一个只能喝咖啡,几十年过去,终于有一个先死了!《贸易打造的世界:1400 年至今的社会、文化与世界经济》(美)一书说喝咖啡者后死,《中国茶文化》诸书说茶让人延年,相信谁的呢?

网上资讯仅作参考,我相信原著的准确性较高。我买《中国印度见闻录》旧书,是出版价的 150 倍。为了查证英国《佩皮斯日记》中的两条茶信息,托助手查询此书原价 3980 元,10 册。我想除了茶事,还可查询伦敦大火及重建、瘟疫、英荷战争等,咬咬牙,下单。收到 1 箱书,打开一看,傻了一全英文!书封面是中英文字并列,怎么会是这个结果?只有找英文高手帮忙查询相关资料,收获不小。德国医生肯普弗,在日本长崎为荷兰东印度尼西亚公司工作,写了一本《日本志》,我通过日本朋友很费劲地找到日文原著,花了 1.5 万元人民币,请北京的专家翻译了涉茶的全部内容,这是国内文献中我没有见过的。

感谢淘宝和孔夫子旧书网,我需要的从 1930—2020 年出版的中外资料书或复印本,买到了 95%。

赋闲茶人,每天可用 14 个小时箧书辩证。

清华著名教授陈寅恪在王国维"二重证据法"的基础上,提出"三重证据法":

一曰取地下之实物与纸上之遗文互相释证;

二曰取异族之故书与吾国之旧籍互相补正;

三曰取外来之观念与固有之材料互相参证。

学界认为,自明朝后期沙勿略、罗安明、范礼安、利玛窦神父到上川岛、登澳门的 1582 年为起势,至 1793 最后的耶稣会士钱德明逝于北京,这 211 年,是西方教会从探路到发展的过程。而中国的文化和器物,是强势东渐的 200 年。

16—17 世纪英国著名哲学家、科学家培根(1561—1624)在《新工具》一书写道:"……印刷术、火药和磁铁。因为这三大发明首先在文学方面,其次在战争方面,再次在航海方面,改变了整个世界许多事物的面貌和状态,并由此产生无数变化,以致似乎没有任何帝国、任何派别,能比这些技术发明对人类事务产生更大的动力和影响。"

欧洲人承认，中华文明对他们的影响，经历了从器物到制度再到思想的过程，从而促进了文艺复兴、地理大发现、政教改革、工业革命。

欧洲感谢中国人吗？18世纪为转捩，到19世纪末，除孔孟之道和中医药两项，前述的所有东渐器物和工艺，被欧美人远抛其后，难以道里计，这是我英茶行的强烈印象。进入19世纪，两次鸦片战争，八国联军残京，此时中华，是任人宰割的贱民。

东渐与西渐间的往返就等于互鉴吗？这是善良之辈的一厢情愿，这400年的互渐，就证明了一个道理，只有开放创新才能自强，只有更强才能立于不败！

2019年1月8日晚
于成都蜂巢书屋

中华茶文化赴英国考察交流团
China-Britain Tea Culture Study & Exchange Trip

世界茶文化圣山：蒙顶山　　Cradle of World Tea Culture - Mt. Mengding

中国国际茶文化研究会
China International Tea Culture Institute
西南茶文化研究中心
Tea Culture Research Center of Southwest China
2016·4·12—4·25

《中华茶文化赴英国考察交流团》出行册封面

莫道桑榆晚，为霞尚满天

——孙前先生印象

张振华

可能是一种病吧？医学界尚未确认。我暂且叫它"会议嗜睡症"吧。病因可能是官场会议参加过多，听领导官样乏味讲话反胃，导致心理厌倦引起的生物钟紊乱所致。所以睡眠本来不好的我，一坐进会场，反而会不由自主昏昏欲睡。但退休后，"起居无常，唯适之安"，这个症状不知不觉地就消失了。

这次来雅安参加熊猫文化节，研讨会上听领导一讲话，老病又犯了。可正当我昏昏欲睡时，一个人的发言却让我陡然惊醒。他洪亮的声音与渊博的学识，清晰的逻辑与生动的、极富煽动性的演讲才能，宽广的视野与超越寻常识见的前瞻力，顿使我睡意全消。我不禁暗自吃惊：昔年的"巴山蜀水凄凉地"，如今竟有如此人物！

夫子曰：毋友不如己者。而像这样的人物，能不交个朋友吗？于是在会议间隙，我们就认识了。先生曰孙前，本河南洛阳人，在长江三峡的万县市长大，1969 年调成都当工人，四川师大中文系专业。毕业以后，他的毕生也奉献给了四川。曾任泸定县委副书记、四川省委办公厅副主任、雅安市副市长（正厅级）、四川省旅游局巡视员，是位不大不小的领导干部。随后几天，知道他在位期间，做了若干别人不仅做不到，甚至连做梦都不曾梦到、不敢想更不敢干的事，而且干得潇洒、漂亮。早年他因竭力鼓吹海螺沟为"明天的世界旅游热点"而被誉为"海螺沟之父"；后来他又极其敏锐地觉察并抓住"大熊猫之父"——法国戴维神父逝世百年，戴维故乡的市长率团来访的机遇，主动增进了解，加深友谊，密切往来，在市委市政府和各方的通力支持协作下，把大熊猫文化品牌进一步推向世界，最终促成雅安的宝兴与戴维神父的家乡艾斯佩莱特市结为友好城市；多方奔走呼号，与有关各方促成碧峰峡大熊猫保护基地的建立，为大熊猫顺利渡过512大地震劫难，鬼使神差般预先布下了一着好棋；举办国际茶文化节，宣传蒙顶山，打造世界茶文化"圣山"，促成大熊猫栖息地作为"世界自然遗产"……谭楷先生对此有不易之论：件件都是具有世界影响的、造福桑梓的大事！

前贤曾慨然惜东坡公曰：一生与宰相无缘。欧阳修在《三槐堂铭》里也说过"位不满其德"的话。于孙先生，我也有相似的惋惜。以孙先生的学养、智慧、经世之才，莅市长之位当胜任愉快。果任市长，或当迭膺阃寄，后来未可限量。终身与宰相无缘，东坡能无憾乎？终究与市长无缘，先生能无憾乎？我不知道。但我想，千年之下看，当年东坡之憾，未必非东坡之幸也。如果他真的当上宰相，繁杂的政务，官场的周旋，声色口腹的享乐，将不知消磨苏公多少艺术才情，扼杀多少传世之作！有人统计，自秦统一天下至清代，中华两千多年封建史上，共有宰相1551位。苏公如果位列其中，简直是大江里撒泡尿——有他不多，没他不少。可中华文化少得了苏东坡吗？即使那一千多宰相中的"名相"，又有几人比得上苏东坡的磊落襟怀，潇洒人生，盖世高名！宰相既不足道，区区太守、刺史、知府一类，其又何足道哉！孙先生必不以俗念萦怀也。看他忙碌的身影，听他爽朗的笑声，领略他滔滔不绝的纵谈，哪有"致仕"官员的颓唐落魄？

我认为，作为一位官员，居位用事之时，有所建树，泽被一方，名列乡贤，固属不朽。但他的自我人生价值的真正体现与衡量，则是在他退休之后。"自从弃置便衰朽"，社会价值与人生价值急剧贬值，是多数沦落为"宝贵财富"者的结局。几年前我去拜望一位老长官，曾是中将。他告诉我，去年春节，他给另一位老领导打电话拜年，闲聊中问对方平时都做点儿什么？对方回答："等死！"——达官身退而晚景、心境如此，实在让人叹惋莫名。是啊！
在位时风光无限，退休后晚境落寞；在体系内呼风唤雨，淡出后一筹莫展，
绝大多数"堆"在了干休所里，怨天尤人，无所事事——不是等死是什么？

孙前先生的晚境正与此相反，他依然风风火火，他更加忙忙碌碌，他
照旧热情洋溢，他愈加神采飞扬！我们看到：淡去副市长光环的孙前，人
生更加丰富多彩，自身的社会价值愈加彰显，他不仅为大熊猫文化事业继
续奔走呼号，同时作为中国国际茶文化研究会副会长等，还继续为茶文化
以及许许多多的四川和雅安乡邦文化事业、经济建设、社会发展出谋献策，
补阙拾遗。

"莫道桑榆晚，为霞尚满天。"雅安分别之后，可以从频繁的微信中品
读出孙先生的忙碌。而这种忙碌就说明他依然年轻，依然活跃，依然朋友
如云，依然有他自身独具的社会、人生价值。这种价值发散出的光辉，不
像副市长的桂冠那样炫目、招风、惊艳世俗，却有着羊脂玉般的温润、高贵、
卓尔不群。"无官守、无言责"的他，依然有做不完的事，而幸福，就在其中。

张振芳

二零一六年十月十四日于北京

空军大校、中国书法家协会重要文献特邀审读
中华诗词学会会员、中国书协会员

目录 CONTENTS

Part 3 · 邱园 哈姆城堡

2016 年 4 月 14 日 星期四 晴

Kew Garden, Ham House

April 14, 2016, Thursday, Sunny

Part 7 · 泰特利茶厂　英格兰的原野

2016 年 4 月 18 日　星期一　晴

Tatley Tea Company, England Range

April 18, 2016, Monday, Sunny

Group Members of China-Britain Tea Culture Study & Exchange Trip

中华茶文化赴英国考察交流团名录

1. 孙前 团长　SUN QIAN (Group Leader)
中国国际茶文化研究会（杭州）副会长
世界茶文化交流协会（香港）名誉会长
西南茶文化研究中心主任
太阳猫文化研究学会
雅安市政府特邀顾问
电话 +86-13980577858
邮箱 sunqiancha@163.com

Vice President of China International Tea Culture Institute (Hangzhou)
Honorary President of World Tea Culture Exchange Association (Hong Kong)
Director of Tea Culture Research Center of Southwest China
Giant Panda Culture Researcher
Former Deputy Mayor of Ya'an City, Sichuan Province
Mobile +86-13980577858
Email sunqiancha@163.com

2. 珍·佩狄格鲁 顾问　JANE PETTIGREW (Advisor)
英国茶协会教育部主管
茶叶历史学家、作家、记者
2014世界茶业最佳教育工作者奖得主

UK Tea Academy Director of Education
Tea Historian, Writer and Consultant
Winner of Best Tea Educator at World Tea Awards 2014

电话 +44-07748468161
邮箱 jane.pettigrew@btinternet.com
Contributing Editor Speciality Tea Magazine

奥斯汀·霍吉 顾问　AUSTIN HODGE (Advisor)
国际名茶协会执行董事
中国国际茶文化研究会顾问
七碗茶文化有限公司首席执行官
电话 +01-5206013660
邮箱 info@specialtyteaassociation.com

Executive Director at International Specialty Tea Association
Advisor to China International Tea Culture Institute
CEO of Seven Cups Cooperation
Mobile +44-07748468161
Email info@specialtyteaassociation.com

沈冬梅 副团长 (女)　SHEN DONGMEI (Vice-Leader)
中国社科院历史研究所研究员
中国国际茶文化研究会学术委员会副主任
西南茶文化研究中心顾问
研究员 博士
电话 +86-13641259231
邮箱 dmshen@sina.com

Researcher at Institute of History of Chinese Academy of Social Sciences
Vice-Director at Academic Board of
China International Tea Culture Institute
Advisor to Tea Culture Research Center of Southwest China
Professor / Doctor
Mobile +86-13641259231
Email dmshen@sina.com

5. 丁云国 副团长　DING YUNGUO (Vice-Leader)
国家高级茶叶评审
云南省茶叶流通协会副会长
西南茶文化研究中心副主任
副教授
电话 +86-18808718840
Mobile +86-18808718840
邮箱 525911359@qq.com
Email 525911359@qq.com

National Senior Tea Reviewer
Vice-President of Yunnan Tea Circulation Association
Vice-Director of Tea Culture Research Center of Southwest China
Deputy Professor

6. 陈嘉兵 副团长　CHEN WENBING (Vice-Leader)
西藏雪域祥茶茶业股份有限公司总经理
成都祺途实业投资有限公司总经理
电话 +86-18030770003
Mobile +86-18030770003
邮箱 779440327@qq.com
Email 779440327@qq.com

General Manager of Tibet Snowland Holy Tea Corporation
General Manager of Chengdu Jintu Industrial Investment Co. Ltd

7. 白小梅 副团长 (女)　BAI XIAOMEI (Vice-Leader)
四川省旅游局（四川旅游）
杂志社总编辑
四川普贡文化传媒公司董事长
电话 +86-13980010278
Mobile +86-13980010278
邮箱 670064201@qq.com
Email 670064201@qq.com

General Editor of Sichuan Travel
Sichuan Tourism Administration
President of Pugongying Culture & Media Co.

8. 冯斯滋 秘书长 (女)　FENG SIZHENG (Sectary)
中华全国供销合作总社
《中华合作时报》记者编辑
《茶周刊》记者编辑
电话 +86-13671115497
Mobile +86-13671115497
邮箱 fuzzysheep@qq.com
Email fuzzysheep@qq.com

China's Supply & Marketing Cooperatives
Reporter & Editor at China Cooperation Times
Reporter & Editor at Tea Weekly

9. 刘昌明　LIU CHANGMING
四川省工业科学研究设计院前院长
茶学专家 教授
《四川茶文学史》作者、茶文学专家
西南茶文化研究中心副主任
电话 +86-18980071479
Mobile +86-18980071479
邮箱 2570070189@qq.com

Ex-President of Sichuan Institute of Industrial Science
Tea Scientist Professor
Author of Sichuan Tea Literature History
Vice-Director of Tea Culture Research Center of Southwest China

10. 邓学群 (女)　DENG CUNJUN
邓氏金石篆刻艺术传承人
中国书法五百强得主
中国书法讲师
电话 +86-13981604545
Mobile +86-13981604545
邮箱 scyadcl@163.com
Email scyadcl@163.com

Inheritor of Sealcutting Art of Deng's Clan
Prize Winner of Chinese Calligraphy Top 500
Lecturer of Chinese Calligraphy

11. 吴乌米 (女)　WU WUMI
北京朝阳区女企业家协会副会长
北京市茶叶行业商会副会长
北京茶道表演高级茶艺师
国家高级茶艺师
电话 +86-13501013686
Mobile +86-13501013686
邮箱 wumi6069@163.com
Email wumi6969@163.com

Vice-President at Association of Women Entrepreneurs in Beijing Chaoyang District
Vice-President of Quanzhou Chamber of Commerce in Beijing
National Senior Tea Reviewer

12. 王晶 (女)　WANG JING
中艺雅园比邻文化有限公司总经理
比邻雅集品茶馆馆主
电话 +86-18910945718
Mobile +86-18910945718
邮箱 1347895137@qq.com
Email 1347895137@qq.com

General Manager of Elegant Courtyard (Beijing) Arts & Culture Co. Ltd
Owner of the Elegant Courtyard Tearoom

13. 方玲 (女)　FANG LING
四川贺园山茶业有限公司董事长
中国国旅四川分公司入境部总监
法国游桥主管
电话 +86-18628047061
Mobile +86-18628047061
邮箱 63651604@qq.com
Email 63651604@qq.com

President of Sichuan Camellia Sichuanensis Tea Co. LTD
Director of Inbound Department at
Sino Branch of CITS (Sichuan)

14. 冷佳强　LENG JIANQIANG
中国国旅四川公司
"发现四川"本文人项目创始人
热爱茶历史及茶文化
英文讲演分析师
电话 +86-18980591797
邮箱 1081712175@qq.com

Manager Of Inbound Department at
Sino Branch of CITS (Sichuan)
Founder of DiscoverSichuan.com
Enthusiast of Tea History & culture

15. 张华英 (女)　ZHANG HUAYING
小雅茶文化工作室创始人
高级茶艺师
电话 +86-13810426199
Mobile +86-13810426199
邮箱 583714029@qq.com
Email 583714029@qq.com

Founder of Xiaoya Tea Culture Tearoom
Senior Tea Sommelier

16. 甘蓝 (女)　GAN TIAN
四川绵阳羌山雀舌厂总经理助理
甘氏藏茶第六代传人
四川大学生物工程硕士
电话 +86-18683552828
Mobile +86-18683552828
邮箱 419966784@qq.com
Email 419966784@qq.com

General Manager Assistant at Yoqin Tea Co. Ltd in Ya'an, Sichuan
The Sixth Generation of Gan's Tibetan Tea Family
Master of Bioengineering at Sichuan University

17. 何剑军 (女)　HE AJIAN
四川影雪绿益瑞山有限责任公司
副总经理
电话 +86-13982032138
Mobile +86-13982032138
邮箱 2458343527@qq.com
Email 2458343527@qq.com

Vice General Manager of Sichuan Yingying Tea

18. 杨景然 (女)　YANG JINGRAN
四川影雪绿益瑞山有限责任公司
副总经理
电话 +86-1368907658l
Mobile +86-1368907658l
邮箱 363775314@qq.com
Email 363775314@qq.com

Vice General Manager of Sichuan Yingying Tashan Co. Ltd

19. 高士兵　GAO SHUAI
四川昌鸿茶叶有限责任公司
总经理
雅安市名山区茶业协会会员
电话 +86-18808357771
Mobile +86-18808357771
邮箱 625190518@qq.com
Email 625190518@qq.com

General Manager of Sichuan Changanhuose Tea Co. Ltd
Member of Tea Association in Mingshan District of Ya'an City

考察交流团全体成员名单

序　章

我们为什么去英国

2009 年 11 月，北京五洲传播出版社把我写的《大熊猫文化笔记》付梓。此后，北京、巴黎出了两个法文版，一个英文版。著书，使我下功夫研究过法国博物学家阿尔芒·戴维神父（1826.9.7—1900.11.10）的经历和贡献。1865 年，他在北京南海子皇家猎苑发现了"四不像"麋鹿，1869 年 4 月 1 日，他在四川雅州府穆坪教堂（今雅安市宝兴县邓池沟教堂）采集到活体大熊猫，由此，他让世界知道了麋鹿和大熊猫。

12 月 29 日，我到台湾讲学之机，去木栅动物园看望 2008 年到此的大熊猫团团圆圆，给园长叶杰生等赠了我的新书，叶园长说，台湾不仅有了动物熊猫，还有了熊猫的历史文化。

在台湾期间逛诚品书屋，买了 20 多本茶书，其中有日本红茶文化专家矶渊猛写的《红茶疯——从中国、英国到全世界》（大陆译名《一杯红茶的世界史》）。几年后，在我重翻此书查资料时，注意到矶渊猛 2000 年 5 月第一次访问英国乌邦寺时的一段描述，"辽阔的绿色草原上，散布着如蒲公英棉絮般的绵羊，一群群深棕色的乳牛和飞奔跳跃的鹿群"。

我盯住了最后一句"飞奔跳跃的鹿群"，经过茶人朋友冷建强（英语）和方玲（法语）的海量网搜提供资料，我写了一篇文章，《首创下午茶的英国公爵家族同中华文明的情缘》（见附录 1），首次把麋鹿、下午茶、哲学家罗素和速记员毛泽东牵到了一起。《茶博览》（2015.10—11 期）、《中国茶叶》（2016.1 期）、《茶周刊》《四川旅游》《四川龙和茶城特刊》等转载、反响甚多。程启坤教授一篇写吴理真的文章也发表在《茶博览》第 11 期，11 月 25 日，程先生给我发信息说，"你的下午茶文章在当今更会有很大影响力。"一次会议见王旭峰院长，她说，"孙市长，你研究下午茶，到哪儿淘到那样多资料？"

这促使我下决心到英国乌邦寺去考察，这是麋鹿在欧洲的圣地、是下午茶源头、是罗素家族的大本营。

怎么同罗素家族搭上线呢？只有找常驻北京的玛雅博士，她是负责1985年麋鹿回归北京南海子以来的技术总监。利用冷建强到北京出差的机会，我请他专程拜访玛雅博士。小冷把我的文章译成英文，图文并茂地彩印了一份，我题签一本英文版的《大熊猫文化笔记》，准备了蒙顶山最好的跃华甘露和兄弟友谊藏茶作为见面礼。

2015年11月16日下午，我给老朋友郭耕电话，他是北京麋鹿苑的副主任，希望引荐玛雅博士。

他压低嗓门说，十五世公爵正在台上演讲，纪念麋鹿回归30周年的国际会议在北京召开，玛雅博士也在主席台。他随手发给我视频图片。

"那我马上飞北京，拜访公爵可以吗？""不行！今晚宴会，明天一早他们去湖北看麋鹿野放群，然后公爵回国，博士回北京，我把翻译刘娜的电话给你吧。"我同刘娜老师建立联系，并有礼节地揪住她不松手，以掌握博士的行程。

24日下午2：30，刘娜通知冷建强到玛雅博士家见。刘娜说小冷英语很好，她们交流，小刘不断把视频和图片发给我。博士对礼物很有兴趣，提出好多有关茶马古道和涉藏州县的问题，了解孙先生为什么对麋鹿、下午茶那样专注？

小冷缓缓地切入正题，孙先生希望组织考察团到乌邦寺拜访15世公爵。

玛雅瞪大了眼睛，"公爵十分忙，他每年的行程，都是头一年安排落实到每一天，很少有变化。"

沉吟片刻，玛雅说，"我把你们的意见先转报公爵，看他怎么定吧"。小冷转告了我的邀请，欢迎博士和助手明年5至6月到四川，我陪她们去神往的邓池沟和康定。玛雅说，乌邦寺从11月底到第二年3月底闭馆维修，英国的冬天很冷，4月份去比较好。

小冷辞行下楼即给我电话，我请他盯着对方的回讯，并去找马连道北京茶友会的王伟欣会长，征询英国行他征集茶友报名的情况。

第二天晚上11：00，小冷告诉我好消息：昨晚玛雅就给公爵报告了，并把我的文章扫描发去。公爵说，"明年四月14—15日期间可以安排，但不排除意外情况，如有变化，他会安排大管家全程陪同。"这真是令人兴奋的佳音，我们意向性的英国行，立即着手推动，以公爵的时间为元点。

我在英国没有茶友，通过美国朱萍女士的先生奥斯汀（美国七碗茶联合公司董事长），认识了简·佩蒂鲁格女士，她被称为英国茶文化一姐，写过 15 本茶书，有两本已译成中文。朱萍夫妇是我十多年的朋友，这种国际茶缘关系，使我们对远行充满期待。

在征求一些同行茶友的意见后，以我过去的知识和解惑的需要，起草了一份 14 天的考察行程意见，发给简女士。冷建强是联络大使。

简女士明白了我们的意图，又推荐出必看精品，并注明其价值。数次往返，敲定了一份安排表。我给小冷说，到任何考察点，一定邀请对方最权威的人士给我们讲解。绕了大半个地球跑去，不能听听似是而非的龙门阵就回来了。小冷说，那是要付英镑的，按小时计费。我说，付！包括简女士的劳动，我们不能让人白辛苦，国情不一样。

2016 年 2 月 10 日，小冷告诉一条不爽的消息，玛雅博士转告，公爵原定时间因另有公务冲突，他不能接待我们了，请大管家马修先生全程负责安排。这真不是好消息，我们全程安排的最大亮点湮没了。好在提前给团友们话没说满，只讲管家接待我们。否则，就有高价组团的欺骗之嫌。

团员在征募中。北京王伟欣的情况发生了变化，太太已住院月余，病情起伏不定，夫妻情深，他根本不敢提要出国的事。原来仰会长马首行动的几位茶友，全部撤漂了。其中也有一个原因，3.2 万元的团费，超出了他们 2 万元的心理预期。

团员募齐了，一共 17 位，这是最经济的租大巴车的人数。我制作了一册精美的中英文宣传册，全称是："中华茶文化赴英国考察交流团"，组织机构是"中国国际茶文化研究会·西南茶文化研究中心"，2016.4.12—4.25，册子正中是雅安名山区蒙顶山图，注明"世界茶文化圣山——蒙顶山"。

团员构成：孙前（四川）团长
简·佩蒂格鲁（英）高级顾问、奥斯汀·霍吉（美）高级顾问
沈冬梅（北京）副团长　丁云国（云南）副团长
陈綮兵（西藏）副团长　白小梅（四川）副团长
冯斯正（北京）秘书长
刘昌明（四川）教授　邓存琚（四川）艺术家

　　吴乌米（福建）坡顶山红茶掌门、国家级评茶师
　　王　晶（北京）文化传媒
　　方　玲（四川）蜀地茗山茶企掌门、法语专业
　　张雅琪（四川）高级茶艺师　　　冷建强（四川）英语导游
　　甘　甜（四川）雅安兄弟友谊藏茶六世传人，德语
　　何阿甲（四川·彝族）塔山茶企　杨景然（四川）塔山茶企
　　高士杰（四川）残剑飞雪茶企

　　我们的这本册子，有19人的得意半身像，个人职务职称、联系方式；要赠送的书籍书法和十多种名茶礼品，全部彩图；还宣传20余种西南片区的名优茶；着重介绍蒙顶山、茶祖吴理真、川藏滇茶马古道、巴蜀西藏和普洱茶，还有人见人爱的熊猫文化。这本中英文对照、全彩版、28个页面的宣传册，我们简称"英行册"，带了400份。英行册使我们在英国畅行无阻，大西南作为世界茶源的文化印痕，将常驻英伦三岛。

　　另一件得意之作，我们特制了一幅200×130厘米，红底白字丝绸的中英文团旗，中间的团徽是风靡中华文化圈的"世界茶文化圣山——蒙顶山"标识。每参观一地，住一个酒店，都要请负责人签名署时，我们带了4支油性签字笔专用。不会有人怀疑，这将是有史以来，中英茶文化交流史的一件宝物。

　　我们篆刻了一枚中英文的纪念章，80×40厘米，凡是带英国赠送的文化书籍礼品，钤章为纪，相信数百年后，还能见到它们的身影。

　　制作的黄色小团旗，团友每人一面留作纪念，英国将悬挂30面。白小梅从省旅游局领了200只毛茸茸的小熊猫和3只大号熊猫同行，小家伙一定惹人最爱。

　　这个团，有中英法德四个语种，甘甜是留学德国的研究生。我们准备了六部相机，四部自拍机，三部摄像机，几个录音装置。全团约定，回国后图片文字资料汇总，共同分享，不分彼此。

　　万事俱备，只待出行。但有一事，我于心不甘，那就是拜访十五世公爵之事的变化，我要作最后一次努力。4月7日，特制的400份英行册拿到手，我即给玛雅博士寄去十册，还有明前蒙顶甘露茶品鲜。之前她不知道我团的人数规格和考察内容，我企望她能转告公爵，这样一个"庞大"专业的下午茶文化考察团，会吸引公爵拨冗相见。怀着忐忑和期待，飞向英国。

世界茶树文化墓山：四川省雅安市名山区蒙顶山
Cradle of World Tea Culture: Mt. Mengding, Mingshan District, Ya'an City, Sichuan Province

楼茶始祖吴理真广场落成，2004.9.19. 四川省雅安市名山区
Inauguration for Wu Lizhen Square, Wu Lizhen is China's Tea Planting Progenitor on 19, September, 2004. Mingshan District, Ya'an City, Sichuan Province

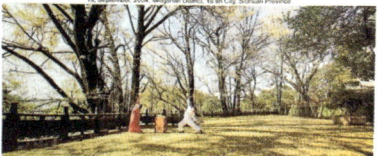

"千山霜叶飞红落，独看蒙顶一片金"蒙顶秋色
Frosty maple red sweeps over rolling mountains, While vivieth shines Mt. Mengding just a shining gold. Mengding Autumn Scenery

公元前53年，蒙顶山药农吴理真在此地种下7株茶树，
是我国历史上有文字记载最早的植茶
In 53 B.C. herbalist Wu Lizhen planted 7 tea trees on Mt. Mengding, which is the earliest historical record on human tea planting

天盖寺吴理真蒙顶山中国植茶始祖井
Ganlu Well on Mt. Mengding dug by Wu Lizhen

清雍正六年（1728）：
蒙顶山碑文记录吴理真植茶的事迹
In the sixth year of Emperor Yongzheng's Reign (1728AC), a monument was erected in one temple on Mt. Mengding, recorded Wu Lizhen's accomplishment on tea planting

蒙顶山永兴寺
始建于三国末年
（公元300年左右）
Yongxing Temple, initially built at the end of Three Kingdoms Period (Around 300 AD)
宋代高僧宇初禅师居此
著蒙经珍本藏论《蒙山施食仪轨》
Eminent Zen Master Baizhng built in the Song Dynasty composed Buddhist Classic Mengshan Alms and Diet Conventions

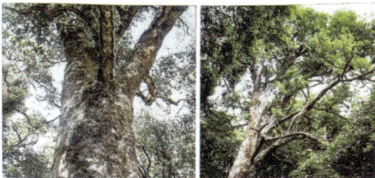

世界茶树原生地之一：云南省普洱市茶园茶树
One of places of origin on global tea trees: Pu'er old tea tree in Yunnan Province

四川省雅安市到康定的运输背茶人（到康定后再将茶转运往西藏藏区）
Tea porters on the way from Ya'an City to Kangding in Ganzi Tibetan Autonomous Prefecture in Sichuan Province (From Kangding, tea was then carried by yaks to Lhasa in Tibet)
1903年法国驻华总领事方苏雅拍下 云南段照片由杨晓仑
The picture was taken by French Consul Auguste Francois by the Dadu River in 1903
The picture is by courtesy of Yan Xiaolun from Yunnan Province

雅安名山城镇口 中川藏茶村
Chinese Tibetan Tea Village in Yucheng District, Ya'an City

2004.9.19 雅安举办第八届国际茶文化研讨会，108人表演蒙顶茶艺"龙行十八式"，轰动天下
On 19th, September 2004 at the Opening Ceremony of the 8th International Tea Culture Conference at Ya'an, 108 people were performing Mt. Mengding Tea Art "18 Practices of Dragon's Movement", which aroused attention home and abroad

2005.9.26. 吴理真理石造像赠给浙江杭州的中国茶叶博物馆，杭州市委副书记叶明（左二）迎接
The statue of Wu Lizhen made of white marble was given as a gift to China Tea Museum in Hangzhou of Zhejiang Province on 26th, September, 2005. The Deputy Secretary of Hangzhou Municipal Committee Ye Ming (left second) was welcoming

全世界最大的熊猫保护基地：雅安碧峰峡熊猫基地
The biggest Panda reservation base in the world: Ya'an BiFengxia Panda Burse

《中华茶文化赴英国考察交流团》英行册的西南茶文化内容

5

《中华茶文化赴英国考察交流团》英行册的茶文化、熊猫文化内容和茶礼品

2016 年 4 月 12 日　星期二　晴

Part　1

成都出发飞伦敦

▶　提　要

成都飞伦敦 11 个小时

英国空嫂　　沈阳空姐　　香港空弟

同北京团友聚会希思罗机场

胖司机拒绝帮助　　中国金龙车随处可见

四星级酒店不收现钞

你了解凯瑟琳公主的夫君查理二世吗

伦敦从废墟上崛起

1 终于出发了 成都—伦敦

成都熙阳宜人，我们西南片区方面军的四川、云南、西藏茶友 10：15 时在双流国际机场航站楼聚齐。

雅安名山区"残剑飞雪"的董事长高永川，送儿子高士杰归队，然后就去张罗我们的行李托运事宜。他的茶叶同航空公司有业务往来，是机上饮品。我们的行李肯定超重，光是礼品，就有 100 多公斤。高总凭面子和游说，很快把超重免单的事情摆平。他说，礼品都是为宣传四川自掏腰包准备的。来四川的欧洲人多了，你们的机票就涨价了，应该鼓励是吧？这真是良好的开端。

北京的冯斯正秘书长发来图片，她们四位女士，已登 11：15 时英航 BA038 飞机，空中飞行 12 小时，会比我们早半小时左右到伦敦，机场见。我们在机场展开团旗，白小梅副团长给每人发一只小熊猫夹在胸前，几位小女生穿着短 T 恤，小梅对我眨眨眼，调侃说，"我们到英国，就是讲熊猫和（喝）茶，这是四川的两张国际品牌。"她影射我的微信昵称叫"熊猫喝茶"。

我对小女生们说，这一个星期，小高天天网查伦敦气象，预报我们出行的 14 天，只有一至两天放晴，其余时间皆阴天小雨，气温同我们春节期间差不多，希望大家备足衣物。她们异口同声：晓得！在英国买感冒药划不来，不如吃火锅。

12 时，登上英航 BA088 航班，空中飞行 11 个小时。大家抓紧时间，给亲朋好友和朋友圈，发出"英国考察交流团"出行的第 1 组微信图片。

机舱干净整洁，是两过道宽体客机。瞅一瞅，客座率在九成左右，在非旅游季，这个上座率是蛮高了。冷建强从去年 11 月就盯着电脑选机票，符合我们时间要求的这个航班，往返票价 547 英镑，折人民币 5000 元，比国航便宜。当然，如果是公款出行，那就是买国航了。

我观察第一波给客人送饮品的乘务员，几位英国女士，应该在 50 岁左右，一脸认真。一男一女两位华人空勤，微笑着用汉语询问各位的需要，很感亲切。

连日劳顿，紧张准备，终于可以眯眼休息了。

用过午餐，精神焕发。收拾停当，英女空航进入头顶的休息舱，留下两位华人值班。坐后排的白小梅拍拍我肩，头一摆说，可以工作了，懂得！她拉着小雅（张雅琪昵称），我们走到最后的工作间。小梅笑着自我介绍，我是四川省旅游局的，送你们两只熊猫，辛苦啦！没等对方回过神来，两只小熊猫夹在西式背心的领口，俩人乐不可支。她介绍我说，这是我们考察团团长，大熊猫文化研究学者。说着递上两本英行册。空姐翻了几页，赞叹说，这样精美的代表团名单，又把茶、熊猫和商品都宣传了，我还从来没有见过！

经询问，空姐是沈阳人，原来是国航的，到英国快十年了，空弟是香港人，应聘到英航工作。还有两三位团友，也过来摆龙门阵。大家合影，这是从空中首先进入英国的英行册。

我在机上读物中看到一则有趣的介绍，今年是英国航空公司（原帝国航空）首飞香港80周年。1936年3月24日首航成功，当时从伦敦飞香港要一周时间，乘客3月17日起飞，需要停留21个地点转机或加油，途经埃及亚历山大港、伊拉克巴格达、阿联酋的沙迦、印度的久德浦尔和加尔各答、泰国曼谷等地，要在当地酒店过夜。那时票价175英镑，相当于现在11110英镑，包括了食宿交通费用。这是我们起飞前的18天庆祝80周年活动，科学发达了，让我们大大节约了。

伦敦时间下午4：28（北京时间11：28），飞机准时降落伦敦希思罗机场。时差七个小时，现在仍然是12日。

缓缓来到海关安检，岗亭内男女两位官员。小冷陪我第一个交出证件，女官

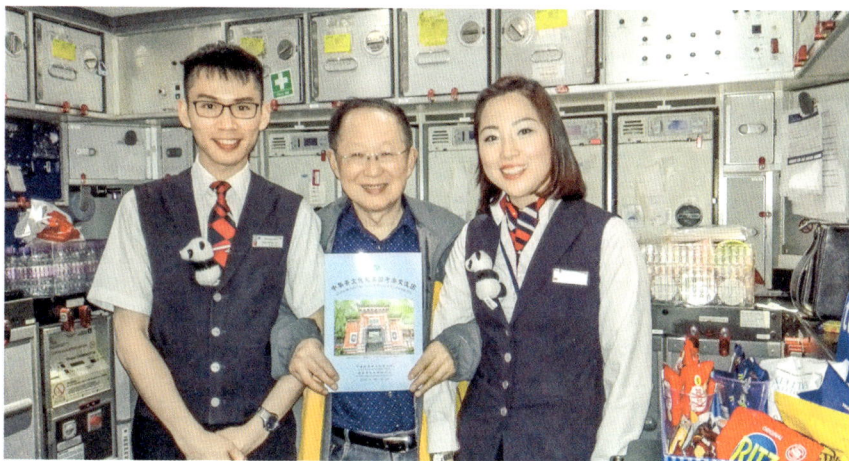

成都—伦敦飞机　英航BA088航班　　2016.4.12　张雅琪／摄

员看着我要提什么问题。小冷递上一份我们的英行册，翻开第一页，是简·佩蒂格鲁女士致领馆、海关的一封信，讲明邀请我们访问的理由，她是帝国勋章得主，这种身份在英联邦是很有声望的，有亲笔签名。第二页是全团人员和两位顾问的照片。我侧身指指排队的团友。两位关员笑笑，OK！做一个请进的手势。小冷又递上两只熊猫，告诉可以夹在领口。女官员拿着它，一个飞吻，大家都笑了。

出关没有行李检查，大家鱼贯而出。我们打擦边球带了三包重庆万州五香牛肉干，就顺利出关了。

2　同北京团友聚会希思罗机场

早一个小时到的北京团友沈冬梅、冯斯正、吴乌米、王晶在大厅相见，很是亲切。我们把团旗在机场打开，全团合影：伦敦，我们来了！后来发现，照片上少了一个人。小高内急，厕所去了。他是我们培训的专职摄影师，落地的第一张照片，把自己丢了。

导游王先生是北京人，到英国十多年了，50多岁年纪。他带我们到停车场，司机在旁吸烟。用中国人的眼光判断，算得是大胖子了，应该在60岁以上的年纪，一只腿有瘸疾。陈素兵为给他分担压力，主动把几个大件行李放进行李箱。司机扔烟头回来，一看已放了一些行李，大为光火，嘟嘟囔囔，把行李拖出来，重重地放在地上。哎呀，在国外要学雷锋，可别浪费了表情。

王导解释，这是老外的职业习惯，他分内的工作，非极特殊情况，都是自己做。他一看这样多行李，怎么装，心里有数，可别小看，这也是技术活。如果其他人来放，肯定塞不下。我们很不忍心地站在旁边，看他忙乎。在成都小冷联系旅游车时，我给他讲，最好找一位华人司机，又开车又当导游，费用高一点也没关系。我第一次到欧洲八国行时，五个人，司机中国人，大家愉快。小冷打听后说，几个人的小型车可以，大型旅游车的驾驶专利，全是英国人，这是工会组织的本国劳工保护，外国人休想染指。

出发了。王导介绍，司机克瑞斯，驾车数十年，技术超一流，从未出过事故。我们10多天的考察，主要是克瑞斯先生负责，他会保证大家的安全。全车报以热烈掌声，王导又加了几句赞美词译给司机，他很高兴地连说谢谢！

"咱们坐的车是中国造，台湾和厦门合资的金龙牌车，专为英国市场打造的，价廉物美，很受市场欢迎。中国人在英国坐龙车，感觉怎么样？"我们用掌声谢谢王导，油然而生龙人豪气。"请记住车牌号：BX14KNW，在英国到处都可以看到金龙车，别搞错了。"

小冷拿出一份英行册送给王导说，我们的活动计划都在上面，您看有什么建议，请指教。王导随手放在导游坐前的玻璃窗下，给我们介绍伦敦概况。

城市干净漂亮，秩序井然，风光不错。车行 50 多分钟，来到北京人开的"幸运阁"中餐馆。带有北京味的装饰，可放几十桌的店面，这是中国旅游团的食堂。老板热情地招呼，真是地道中国餐馆老板的做派，他已经营十多年，拜中国旅客之福，生意节节高。散客老外也很多。每人一杯中国茶，饭菜很快上齐，一尝，还真不错。

3 金龙车到酒店 拒绝现钞

车沿泰晤士河而行，距我们入住的公园广场伦敦河堤酒店仅一街之隔。小冷先去办手续，17 个人的团，需要时间。

大厅里，宗锡小姐焦急地等候我们。她是从雅安考到诺丁汉读研究生的留学生。母亲傅老师托小高带了 15 公斤开茶室需要的一箱东西。她学校毕业后，留在诺丁汉工作，要开一间中国风的茶室，把蒙顶山茶文化在那里传播。我立即表示，可以送她相关资料，只有明天快递寄给她了。她希望同我合影，他国遇乡亲的缘分要留住。傅老师说，女儿的独立精神强，诗也写得不错，期待她的茶室也会办得很好。她乘火车返诺丁汉。

送走宗锡回来，小冷的入住手续还没办完。排队到小冷办手续时，对方只能刷银行卡支付，不收现金。一位非洲裔的女服务生没有商量的余地。奇怪了，四星级的伦敦酒店不收现钞，什么情况？没情况，只认银联卡！在成都小冷忙得手脚翻飞，上飞机前，提了一大包英镑，忘了带卡，这本来不算什么缺点，有英镑就行。偏偏遇上有英镑不行！他问团友，多数人没有在英国能用的卡，欲哭无泪啊！陈紊兵是办企业的，也常出国，于是刷卡借支。

房费每天 1460 元人民币，团友两人一间分摊，也不算贵，预先征求意见就

伦敦特色：英国红邮政筒和红色双层巴士　　孙前／摄

安排好了。三位小女生一间加床，人均就便宜一点。辜甲红董事长在西藏忙得走不开，就派助手陈紊兵与我们同行，我俩住 624 房间，他年轻 20 多岁，可以当个好助手。

　　住下第一件最重要的事情，就是安排明天的礼品分装。礼物都分由团友保管，根据需要，从各人取出多少，我作总调度，小雅各室取来到 624 室汇总，再放到特制的袋子装好，然后交相关团友保管明天带上车。丁云国、刘昌明、陈紊兵都来帮忙。其他人就插不上手了，房间只有这样大。一切就绪，已是 11：00 多了，舒了口气。

4　英国简史　英格兰和英国的区别

　　对沉思好动的我来说，不愿把到伦敦的第一夜白白放过。陈总已入睡。我说到河边看看。穿上最厚的服装，出了酒店，马路对面就是泰晤士河堤。已是晚上 11：30，堤上杳无一人，微微河风，凉意袭人。堤边的休闲道，有六米多宽，由长块条石砌成，街灯下黑黝黝的反光，岁月留痕。我踱到一处三人木条椅坐下，凝视河对岸远处的大本钟、白金汉宫……

宽阔平缓的泰晤士河静静流淌，任由躺满全身的灯光欢悦跳跃，丘吉尔称它是"穿过英国历史的河流"，这勾起我对英国历史的回忆。

公元前 7 世纪，从莱茵河上游移居此地的部落或氏族，以打猎畜牧、纺织养蜂、种燕麦大麦，栖息繁衍，时常发生战争。

公元前 55 和 54 年	罗马大将凯撒两次入侵不列颠
公元 43 年	罗马征服不列颠
约 410 年	罗马在不列颠的统治终结
约 449 年	盎格鲁—撒克逊人和朱特人在不列颠登陆
597 年	基督教布道团自罗马来
787 年	丹麦人开始入侵
1017—1042 年	英格兰的丹麦王朝
1066—1071 年	诺曼人征服英格兰
1204 年	约翰王丧失诺曼底，并于 1215 年签订大宪章
1337—1453 年	英法持续一个世纪的"百年战争"
1348—1350 年	黑死病，死亡人数占 40%
1492 年	哥伦布发现美洲大陆
1498 年	达·伽马远航到印度
1534 年	英国教会脱离罗马独立
1536—1539 年	解散天主教寺院
1578—1580 年	英国人德雷克环绕地球海航
1588 年	英国人击败西班牙"无敌舰队"
1600 年	皇室特许成立东印度公司
1660 年	君主制复辟，查理二世上台

（参照《英国史提纲》范存忠编著）

英国历史，也多有战乱和屈辱。今天，英国人以盎格鲁—撒克逊人自豪。这是指 5 世纪开始，居住在不列颠群岛的日耳曼民族。在中世纪的民族迁徙中，盎格鲁人、撒克逊人渡过英吉利海岸，来到不列颠岛，此后三四百年，两部落逐渐融合为盎格鲁—撒克逊人。通过征战和同化，他们与不列颠的"土著人"渐为一体，再与以后移民的丹麦人，诺曼人融合，形成近代意义的英吉利人。他们凝聚了西欧、北欧人的基因，现在大部分英国人就是盎格鲁—撒克逊人。

当代著名历史学家，剑桥大学终身教授艾伦·麦克法兰说，"英格兰和苏格兰原本是两个国家，直到 1603 年王位才合并为一，两国的正式联合则直到 1714 年才借助《联合法案》而实现。因此，在涉及 1714 年之前的历史时，使用'英格兰'一词是合理的，而在 1714 年之后，恐怕就最好使用'英国'或'联合王国'的说法了"。

5 查理二世国王与伍子胥　谁狠

我有意复录至此，与中国茶文化有极大关系的一位人物即将登场。

1649 年 1 月 30 日，掌权的克伦威尔将军宣布把英王查理一世以"叛国罪"砍了头，数千伦敦市民在寒风中目睹视死如归的国王。他的儿子查理二世逃到荷兰。以后，克伦威尔以"护国公"的名义创立了英吉利共和国（1649—1660）。1658 年他因痢疾在伦敦去世，受隆重国葬，儿子继位。他执政时，把英国海军发展成强大的军事力量，增加了 200 艘军舰，为英国海上争霸奠定了基础。

英国有强大的保皇党势力，"护国公"的共和激进措施，开罪很多人，这些人联手，重新洗牌，迎回查理二世坐上王位，1660 年王室复辟了。

决心为父雪仇的查理二世，把"弑君犯"克伦威尔"护国公"从国葬之地威斯敏斯特大教堂开棺拖出，拉到城外处决刑事罪犯的刑场，把腐尸吊上绞架示众，还不解气，再把头砍掉，傍晚尸身被丢进乱坟岗，把枯头骨钉到威斯敏斯特的高墙上，因为他在这里审判了查理一世，并处斩首之刑，这是欧洲王室第一个被宣判砍头的国王。在冰雪凄风暴晒中的骷髅，看着昂然进出的查理二世，这一钉就是 25 年，直到铁钉锈蚀，高高砸下。

这颗曾经高贵的头颅，流落民间，成为精明商人和收藏家的古董辗转贩卖。直到 300 年后的 1960 年，才被他的母校剑桥大学苏塞克斯学院安葬在学院的教堂旁。枭雄一世，终当入土。

中国人看到这里，必然想起伍子胥鞭尸 300 的典故。楚国人伍子胥，家族世代忠良。但是楚平王听信奸佞谗言，杀其父兄，他一夜愁得霜满头，凭一头白发，混出边关投奔吴国。在他和好友孙武的帮助下，吴国富国强兵，终于一举攻破楚都城郢。此时楚平王早逝，司马迁《史记》写伍子胥掘墓鞭尸 300，报仇雪恨。可是有学者提出不同看法，否定此说，理由有二：其一，最早记述此事的是《吕氏春秋》，它比《史记》早 100 多年，只讲伍子胥鞭坟 300，因为从当时礼教来讲，掘尸复仇的行为，属大逆不道之举，会留千古骂名，他在楚吴是有大名气的人物，不会不知此理。其二，伍子胥与孔子是同时代人，孔子注重"克己复礼"，对越矩之事，定当痛笞，但是在他的《春秋》著述中，无此记载。专家争论何时见晓没关系，查理二世之举，还会引发欧洲连响。

流浪多年的查理二世，现在王冠在顶，恨也解了，当谈终身大事了。出于政治联姻的考虑，据说也贪开价 50 万英镑的丰厚嫁妆，也为了反对共同敌人西班牙，他决定娶葡萄牙公主布拉甘萨·凯瑟琳为王后。

1662 年 5 月 13 日，14 艘英国军舰，领航的是皇家查尔斯号，接着凯瑟琳公主，因为风暴偏航，开到了朴次茅斯港。信使快马飞驰到伦敦报告，查理二世匆匆赶来，前后也花了六天时间。从来未见报道的一段秘闻在《茶·嗜好·开拓与帝国》书中披露，他们在港口的一个天主教堂，举行了秘密的天主教婚礼。葡萄牙是信仰天主教的，而英国从亨利八世（1509—1547）开始，因为婚姻问题同罗马教皇闹崩分手，自立英国国教以来，也已 100 多年了，怎么会有此奇事，是否作者八卦？随着考察的深入，谜底终将揭晓。回到伦敦后，举行了盛大婚礼，于是出现了中国茶友较为熟悉的凯瑟琳王后喝茶，法国王后派侍卫偷茶的神话故事。

中国茶友知道一点凯瑟琳王后涉茶的故事新编，但是对她的先生基本无知，也无兴趣，这是不公道的。我们今天能看到既古风又现代的伦敦城，他有大半的功劳。查理二世对凯瑟琳王后，举案齐眉、相敬如宾。可惜王后不育，没有为他生下男性继承人，但他没有选择老祖宗亨利八世的做法，特权离婚，另娶再造子嗣，否则英格兰的历史，肯定是另外一种写法。他有无数情人，有无数私生子，在英国，这是王室的正常活法，他们不同于中国皇帝有三宫六院，生下数十个后代，也不会叫私生子。

一位有争议的英国国王查理二世（1660—1685 年在位），茶友只记住了王后，这不公平。

葡萄牙布拉甘萨·凯瑟琳公主

6   从瘟疫和大火中站起来

可能是上帝认为查理二世对克伦威尔的做法有悖常伦，于是给他安排诸多炼狱。

1664 年圣诞节，教区日志里记载，发生了第一例瘟疫。1665 年 2 月 14 日，又发生瘟疫死亡案。随着天气转暖，死亡呈几何倍的增长。查理二世让议员到乡下避疫，国会休会到次年九月，街道堵塞，挤满携包拖口去乡村别墅的有钱人。神职人员、医生和教会长老，把"债务和慈善事业"留在身后率先逃离。

伦敦市长约翰·劳伦斯下令全面屠杀"猪、狗、猫、驯鸽、兔子"，捕杀者凭每只尸体可得两倍日薪，总计杀了四万多只动物。这可不是小数，要知道当时的伦敦城区也就只有不到 3000 亩地大小。到八月，所有抵制瘟疫的方法失效，全城一片死寂，一周死人 8000 多。以前如果有人过世，教区教堂的钟会从黎明到黄昏震响悼告，现在一片沉寂。到年底，将近十万具尸体送进坟墓。人手不够，只好挖一个大坑，把上百具尸体扔进去，撒石灰覆盖。木材场没有棺材可卖了，人们用床单裹尸甩进大坑。活人跪地，掩面朝天大嚎：主啊！我们作了什么孽呀，救救我们！这次疫病后来确诊为淋巴腺鼠疫，伦敦死亡近十万人。

这只是惩罚的第一波。1666年夏天，英格兰大旱，牛津的河流干涸，整个夏天无雨。伦敦的木屋就是一堆噼啪作响的引火柴垛。

九月二日，周日晚上，河北岸布丁巷一家为国王海军烘焙饼干的师傅托马斯·法林纳，睡前放了几条腌肉熏制，导致失火。风助火势，排列整齐的柴垛，就像火龙腾跃，映红苍穹。那个时代最有名的日记体作家约翰·伊夫林[1]详细记述瘟疫、火灾、伦敦重建等。市长托马斯·布拉德沃斯被人从家中请出来，用马车护送到布丁巷口视察灾情，抵达后拒绝下车，不理会拆除部分房屋以绝火路蔓延的建议，说了一句让伦敦人痛不欲生的话，"一个女人撒泡尿就可以把这场火浇熄"，然后回家睡觉。

查理二世得到消息，马上从威斯敏斯特赶到现场勘察。他和弟弟约克公爵詹姆士（以后的国王詹姆士二世），不理会市长拒绝帮助的意见，下令调集军队救火，这是有很大风险的，就是九月二日的一大早，英国海军与荷兰海军在海外开战，要防备偷袭。

城市的守护神，位于拉德盖特山丘俯视首都的圣保罗大教堂，被灾民视为不可摧的坚固堡垒，很多贵族、商人把贵重财物搬到这里。但是，守护神巡游去了，伊夫林见证，火顺坡而上，教堂钟楼成为燃烧的火炬，片刻之间，"基督教世界里最古老的早期礼拜建筑之一，就此埋于灰烬之中。"

肆虐四天四夜的大火，让人类多么无助！最后盘点：大火吞噬87座教堂和六座奉献礼拜堂，市政厅、皇家交易中心、海关楼、会议大楼、52栋公司大会堂、监狱、三座城门、四座石桥，有13200栋房屋被毁，所占面积约436英亩（1英亩=6.07市亩），包括400条街道和旧城墙内80%的土地，以及紧邻古城墙外的大片自由区，但只有20人丧生，一切财富化为乌有。

几周以后，在严肃的禁食日，圣保罗大教堂的主任牧师，在国王面前以"炽热的律法"为题布道，他将伦敦的废墟看成耶路撒冷灭城的再次降临，是对英国

1　约翰·伊夫林（1620—1706），有美术、宗教、林学专著30余部。其《日记》从1631年写到1706年去世，是18世纪英国的珍贵史料，1818年出版。

的考验，而不是惩罚！用这种心态面对灾难，还会有什么灾难？

1666 年 10 月初，国王与市长组建一个专家委员会，其中，建筑师、天文学家克里斯托弗·雷恩（1632—1723），作家、园艺家伊夫林等是主将，他们瞄准从巴黎和罗马考察得来的欧洲最佳现代风格，确定"美感、宽敞和富丽堂皇这几方面，远远超越世界其他城市"的目标。

> 道路宽度如下：
> 码头约 100 英尺
> 主要大街 70 英尺
> 其他大街 50 英尺
> 其次道路 42 英尺
> 小路至少 25 ～ 30 英尺
> 取缔木结构房屋，用砖块或石块作为建筑材料。

新城"实用又美观，比欧洲任何都市都能为提升商业贸易提供更方便、优越的环境""新的城市就像人体一样，金钱、货物、贸易是生命之血，从心脏顺畅地流出去，带动整个城市振作起来。"

全城房屋分为四类，"每栋房屋都要有标准尺寸，第一类要有两层楼和一个阁楼；第二类应有三层楼；第三类有四层；第四类是富豪之屋，显然会超过标准规格"，由建筑师决定。

面对主要大街的房屋，必须要有阳台。延用罗马时代公共广场，纪念性建筑，放射性街区的特色。

重新布局的 51 座英国国教的教堂，以取代烧毁的 87 座教堂和 6 座礼拜堂。每座新教堂必须单独设计，风格造型不得重复，成为城市瑰丽风格的重要组成部分。

除了圣保罗大教堂属王室财产不在规划之内，全城在国王、市政府、国会和英国教会用法律结成一体的领导之下。重建经费的来源，主要是征收运煤进伦敦的税收，第一次规定为吨征收 12 便士（即 1 先令），1670 年 5 月 1 日，国会通过的《第二重建法案》提高到三先令。另外用市场法则和调动教会建教堂积极性，多渠道筹资。

总指挥当然是查理二世国王。以他在荷兰，巴黎流亡多年的所见所闻，加上知识广博的专家团队的前瞻性眼光，和全民总动员的团结奋斗，工程有序推进。大火当年让市民看到的唯一好处是，上年致死十万人的鼠疫祸害彻底绝迹了。

因为英荷战争，荷兰人找上门来羞辱查理二世。海军部的佩皮斯日记写道，1667年6月13日，荷海军俘获英国王家查尔斯号军舰，这是接公主的领航舰，并烧毁战舰若干。荷兰舰队向伦敦驶来，查理二世得知，即与约克公爵晨4：00赶赴伦敦桥，下令在巴金河岔及其他地段沉船，阻止敌舰深入内陆。由于措施得力，荷军退去。

大规模的恢复重建，聚集了周边国家的能工巧匠。石材、钢材、玻璃、木材、灯饰、涂料等建筑材料，源源不断从法国、德国、丹麦、挪威、葡萄牙、西班牙、荷兰等国运来，老板们赚得笑逐颜开。不少人对这个异想天开的新教国家，既投石下井，又毫不留情地敲诈。

套一句中国的哲言，路虽远，行则必至，事虽难，做则必成。伦敦人民，勒紧裤带，同仇敌忾，誓要浴火重生。那些国家没有想到，"伦敦命运的变迁，与大英帝国的诞生是同时发生的"，当伦敦重建完毕，辐辏八方，半个世纪以后，横行海洋的大不列颠海军，断了多少外国公司的财路，他们向隅而泣，养龙为患，是我们当年为他们建码头、建集市、建工厂……晚了！

谁能怀疑这是查理二世的智慧和领导能力？1685年2月，他脚踝受伤，御医们的庸治，使他病情不可收拾而逝。他按天主教仪规的临终圣事，安然往生。此与他最早的天主教婚礼，一脉相承。凯瑟琳王后无生育，按照顺位制，他的弟弟约克公爵詹姆士在4月23日圣乔治节加冕为王，即詹姆士二世。查理二世的私生子蒙茅斯公爵不服，率兵造叔叔的反，被镇压了。

詹姆士二世要恢复天主教，遭绝大多数贵族反对，有七贤士联名给荷兰奥兰治省的威廉写信（他是詹姆士二世的女婿），希望他率兵驱逐信天主教的岳父，接管皇室政权。1688年11月5日，威廉领军15000人，进军英国，逼岳父逃亡。1689年4月11日加冕，威廉三世和玛丽一世共同登基，并列双王。他们的就任，不是王室继承，而是国会通过法律认可，从此改变了法在王下的旧例，变成王在法下。这就是影响至今的英国"光荣革命"，即不用暴力革命，而是和平协商解决矛盾，包括王权。

7 不可忘记 他打造了新伦敦

试想，如果凯瑟琳王后有子嗣，英国的历史会怎么写？看来，她把精力放在茶的传播上比较明智。

查理二世仙去了，但是他的弟弟詹姆士二世，女婿威廉三世，对伦敦重建，一张蓝图绘到底。到1702年，伦敦居民57000栋以上的房屋，占地1830英亩，此面积是大火烧毁区域的四倍。1708年10月26日，在总设计师雷恩76岁生日后第六天，他目睹33岁的儿子，用起重机登上圣保罗大教堂的穹顶，把巨大的十字架和圆球安装到位。历时33年，大教堂作为收尾工程竣工了，凤凰涅槃的伦敦重建宣告结束！此时的伦敦成了欧洲最大的都市，以1700年统计，阿姆斯特丹20万人，巴黎51万人，伦敦是52.5万～57.5万人之间，是罗马或马德里的两倍。而在1640年统计，英格兰人口是509万，这足见伦敦重建的规模。

一艘昂扬待发的旗舰，将驶出大西洋，进入太平洋、印度洋，迎接工业革命的曙光。伦敦的城市规划和建设的理念，成为二三百年间欧美城市学习和复制的典范。查理二世要学习和超越表兄法国路易十四的愿望，源自伦敦市长带有俗气的那句撒泡尿的千古名言，没有这句话，伦敦就不会烧得精光，查理二世就无法在一张白纸上绘新图，以遂宏愿。

中国有的人对遭冷遇的饮茶皇后凯瑟琳颇为不平，对盛传寻花问柳的查理二世恨得牙痒痒。以上内容，皆来自史著有述的确证。可以说，查理二世是英国历史上值得肯定的君王，不可因一眚而否其身。试想，第二次世界大战希特勒飞机野蛮轰炸伦敦千万架次，虽然千疮百孔，但是没有引起火龙翻腾的燃烧而毁全城，细细想来，这是查理二世泽被后世。

泰晤士河汩汩前行，夜风让我裹紧征衣，面对历史和现实，引发缕缕思考。中华自宋元明清以来，王朝更迭时（北京城是特例），毁城掠杀无尽其数，汴京、杭州和各地省府县城，尤其是日寇侵华的"三光政策"，让人铭心刻骨。在恢复重建时，讲资金筹措和复建规模的难度，可能超过伦敦的也不多。可是我们的皇上和各级官员，为什么就没有哪怕是在一个县城，用类似伦敦的思路，建出一座石结构的开放城市？我们这千年以来，好像一个也没有，近 300 年以来，也没有！如果让人写研讨著述，那可洋洋洒洒无尽其数，但是那没有用，马后炮的空谈！伦敦面临的瘟疫死十万人，敌方军舰兵临城下，老城一火毁尽，这种三管其下的苦难，在中国近千年的历史中，也是没有多少先例的。

新伦敦为什么能拔地而起？打造了日不落帝国的维多利亚时代的英国人，被公认有"许多特质，如勤奋、严肃、节俭，都可以用来形容 1666 年伦敦大火以后的那一代人，是他们为伦敦的现代化撒下了种子"。这些中华民族也同样具有的特质，为什么在同时代文韬武略的一代明君康熙大帝的头脑中，就没有一丝涟漪？远处的大本钟振响夜空，让我收缩联想，每个民族都有其特长，掩人扬己，只会故步自封，落后挨打。我要好好看看，不入康雍乾法眼的远夷小国，何以在半个世纪的时间内，连连出拳，把庞然巨龙揍得趴在地上的！

一年前（2015 年），国内大报登了一则让国人高兴的消息，中国民企华彬集团，只用五分钟时间，在伦敦花 1.06 亿英镑，收购了泰晤士河畔三一广场的地标性建筑原伦敦港务局。这是什么概念？以贸易和海盗开路，再以贸易和工业立国的大英帝国，海洋运输是立国的命脉。数百年时间内，沿泰晤士河岸，仓库工厂比肩而立，寸土千金，货船塞满河面。唱主角的，是东印度公司，货品主要是中国的茶叶、丝绸、瓷器和东南亚的香料。1922 年伦敦港务局拆掉部分东印度公司仓库，建起一座能彰显大英帝国在全球海洋贸易中占统治地位的港务局建筑群，时任首相参加剪彩活动，这里是大英帝国的骄傲。第二次世界大战时，它挨了德国人的炸弹，受到重创。但是，1946 年首届联合大会酒会，仍在它的豪华大厅举行。光阴荏苒，到 2010 年前，它的主人已换成美国的托马斯基金。扛不住金融危机的基金破产了，拍卖资产抵债。这座记述大英帝国海洋霸业辉煌和没落的地标性建筑，谁也不会想到滑入中国人的囊中。中国人记忆和叙述历史，有其独有的特质，大家为华彬集团喝彩。由于它是列入英国二级保护的历史建筑，英方对装修、改造、扩建有苛刻的法律规定。经过方案评估预测，需要投入买价几倍的英镑，才能使它重新使用。华彬集团董事长淡定地说，几年后，我们以高档四季酒店为主体的综合性群楼落成时，恭请大家光临。

深蓝的夜空下，我顺河看去，目力所限，不见那乳白色的地标性建筑。风声中，一个隐隐约约的声音，中国人来了！

　　回到房间，已是深夜1：30，在中国，是早上的上班时间。我发出两组朋友圈图片，每组九张，让关心我们英国行的朋友分享。但是，重点发给"天下茶友网"的CEO杨健，此网站在国内很有名气。杨总是我们西南茶文化研究中心的副秘书长，离开成都前我们商定，每天由甘甜、小高睡觉前提供系列图片，我提供图片和简要文字，请他们上午整理在平台发出，其影响面可想而知。

建于伦敦李登霍尔丁的东印度公司总部

2016 年 4 月 13 日　星期三　晴

Part　2

林奈学会　　巴特勒码头
切尔西药用植物园

▶ 提　要

1 英国茶文化一姐：简·佩蒂格鲁

兴奋和事情太多，尤其是到伦敦的第一天，活动很丰富，夜不成寐，4：00就起床了。打开桌上小灯，把昨天未及整理的笔记、日记补完。

底楼餐厅的早餐很丰富，地道英式自助餐。十个聚光筒灯离餐台只有80厘米，把各式餐点照得色彩分明，食欲在灯光下流淌。餐桌基本都是两人座，刀叉盘盏清洁整齐。

有几位中年华人就餐，互相微微一笑算打了招呼。他们都各有外国人陪，直接外语交流。看那气质，或是中国大学的学者，或是中企高管。

匆匆餐毕，来到大堂一侧的茶吧，这是昨天预约可以免费使用的，三个三人沙发，中间一张挺大的长方茶几。携带的丰富礼品放在沙发旁。刚坐定，7：50，简·佩蒂格鲁女士飘然而至，这是我们大家都熟悉的身姿。

中央电视台2013年11月，在一频道播出六集纪录片《茶，一片树叶的故事》。第5集《时间为茶而停下》，专门讲英国的下午茶、红茶文化，全程导播就是简女士，她作为英国茶文化学者，撰写了文字稿。我们在来英国前，每人都像做功课一样看过此片，是她不认识的老朋友。

今天她的打扮，依然是入境时的着装，足见她对会见的重视。1.65米瘦瘦的身材，淡红蓬松齐耳的短发，白皙皮肤，约60岁左右，吊一副耳坠。一件大翻领浅灰色呢大衣，一个长大的毛织围巾打结系在脖上，左手戴一枚银工艺戒。既像学者又像文艺圈的资深人士。

小冷在做考察方案时，同她有很多次邮件往返，是网友了，任主翻译。我先翻开一本英行册的第三页，指着她自荐入册的品下午红茶的工作照，她莞尔一笑，看着美国顾问奥斯汀，她跷起大拇指说，老朋友！我递给她一册，把17人的照片和团员逐一作了介绍，这是"观音认罗汉"，一时一晃哪能记住，目的是让她有个印象，都是茶人，不乏高手，可称庞大的考察交流团，专为英国的茶文化（下午茶、红绿茶、茶器具饰品、茶风茶俗、生产加工销售……）而来。我们交换名片，她名片上画了一只工艺夸张的茶壶，我是抱两只熊猫的照片，团友打趣说，这真是团长微信昵称的体现，熊猫喝茶。

几位小茶人把我们要送她的茶礼，密密麻麻地摆满了大茶几，有中英文的茶书刊和熊猫书、艺术品、20多种西南地区的蒙顶山绿茶、藏茶、普洱茶、红茶和福建的坡顶山红茶、武夷山振福红茶，全团的茶企也单独送了茶礼。这里要一一点名做广告，读者会有点累，我们会把英行册的礼品图片附在书中，可以按图索骥，寻找这些名优茶。

出国前，我们对礼品的安排根据对象不同有个详细计划。列入第一档的只有三家，她们是简女士、乌邦寺和特利戈斯南庄园，我们的全部礼品他们都有一套，同时还有定位打造的个性化礼物。我送了《大熊猫文化笔记》的英法文版书，邓存琚送了她父亲邓德业（中国著名篆刻艺术家）的名茶印拓横轴和《印品珍茗》英文版，沈冬梅、刘昌明签赠了《茶经校注》和《巴蜀茶文学史》著作。白小梅送了一只20厘米的熊猫宝宝，还有特制黄锦小团旗。时间太短，每位团友都拿着自己的礼物同一姐合影，留下珍贵的纪念。

我们把沙发挪开合影。简女士希望多要几份英行册，作为她教学和分赠朋友之用。她没有想到，早就为她准备了20册。找服务台要了两只大纸箱，把礼品小心放进去，约有20多斤，寄存在总台。简女士说，礼物太多了，难以回报！这是我们的营销手段之一，印象深刻，终生不忘。

2　为你而来——林奈学会的茶标本

8：30，克瑞斯先生开车到酒店，摄影师高士杰坐在一排，优待全团最年轻的小茶人，是让他视野开阔抢镜头，他专门带了一部大相机。

考虑到节约费用，今天有简女士，我们就没有请王导了。方玲把一袋茶礼品和小熊猫送给司机，他对熊猫很感兴趣，夹在反光镜上，说让它天天陪着我。还送了一本英行册，方便他查验人数。

车行半小时左右，来到皮卡迪利大街的伯灵顿宫大院。这是一处石构古建筑，恢宏奇特的大门吸引了我。四米多宽的大门，由两扇三米多高的铸铁制作。门由如漆的黑和如金的黄亮二色组成。在距地一米三的地方，有两个硕大的圆环花朵，中间是精美的金色花瓣和花蕊；在两米高处，是四个环龙图案，龙首上昂；在三米处，是四组枝花繁茂、藤蔓婀娜的花卉，用金光闪烁来形容它的精工效果是恰当的。都说《圣经》中把龙讲为邪恶，与中华龙为至尊是截然不同的民间印象，那么200多年前建的伯灵顿宫大门，为什么会有如此精美的龙图案？不得其解。

进大门的左侧，就是林奈学会，墙上镶着一块40厘米的石牌。简女士说，我还是第一次来，要十点才开门，我们到广场上转转，这是全世界有名的英国皇家艺术学院，简称为RAA。

小广场有800平方米大小，建筑呈凹型，是三层楼的石材建成。广场由60厘米见方的芝麻白花岗石板铺就。主楼前方，一个二米八的石圆柱上，站着一位青铜雕塑的艺术家，左手拿调色盘和笔，右手抬起拿着一支油画笔，头向右侧仰望，似乎正在审视挂在墙上的画作，英俊的面庞，波浪般卷曲的发型，中长风衣的下摆飘起，让人不禁把目光聚在他身上。简女士说，这是英国18世纪最有名的肖像油画家乔舒亚•雷诺兹（1723—1792），也是这座皇家艺术学院的首任院长。

RAA是英王乔治三世（1738—1820）于1768年12月创建的，他的主导思想是通过艺术品展示，让批评家发声，推动艺术的创新发展；为艺术家提供销售作品的场地；培养公众的艺术兴趣与鉴赏能力。这位英王在位60年，促进了国家的稳定发展。RAA是世界四大美院之一，也算他留给后代的伟业之一。雷诺兹像后的主建筑三楼的外墙，一字排开龛塑着八位艺术家的石像。这是民族的骄傲，是后学者的榜样，这种尊崇艺术家的做法，值得学习。

在雷诺兹像背后的三层楼正中，悬挂了一幅20平方米面积的喷绘广告。写着"莫奈：现代花园绘画展览"，现在正是展期，有几个人在门口排队等待开馆。

广场左侧一处露天茶吧，有20多把不怕日晒雨淋的铁制餐桌凳。简女士指着英行册的封底对我说，她到处搜寻茶马古道西南线路图，没有找到认为可信的，现在送上门来，真是得来全不费功夫！我可以找陈先生了解西藏茶叶生产的情况吗？我请陈素兵和小冷同她谈。小冷先翻开出行册里茶马古道背夫的图片，把自然历史情况作了概述，然后讨论简女士感兴趣的问题。她戴上眼镜，掏出记事本，认真地记录。

我坐在一旁的椅子上，静静地打量着林奈学会。它是伯灵顿宫临街的侧楼，三层高，收藏了伟大的博物学家林奈的全部动植物标本、藏书和信件，以及无数仰慕者先后赠送的标本、书籍、绘画。是我提出来，把参观学会作为到英国茶文

林奈学会所在地（英国皇家艺术学院），同简·佩蒂格鲁顾问在一起　2016.4.13　冯斯正／摄

化考察的第一个点，很多人不明白为什么——为茶、为林奈 18 世纪的茶标本！

　　2012 年 3 月 13 日，在从北京飞巴黎的机舱里，我给柯文（英）柯高浩（德）夫妇写了一封求助信，请同行的何芬奇（中国科学院动物研究所鸟类学家）教授译成英文面交。当时我在四川省旅游局任巡视员，组织了中国大熊猫文化考察团，到巴黎自然历史博物馆和戴维神父家乡交流，团友还有薛平、李升恒、薛小雨。柯夫妇是联合国教科文组织专家，在他们的帮助下，2009 年 2 月 27 日，从巴黎自然历史博物馆浩如烟海的文献中，把鉴定大熊猫的原始文献找到，复印 3 套带回宝兴县邓池沟教堂陈列馆，碧峰峡熊猫基地，专门赠送我 1 套，这就是业界所说"大熊猫的出生证"。我陪他们夫妇在雅安转了几天，专门安排到碧峰峡熊猫基地抱小熊猫照相，谁也没想到的是，他们拒绝了！柯文说，我们不能打扰它自由宁静的生活，在近处观察它们就很满意了！我应无数人的要求，安排过抱熊猫照相，这是唯一我们主动安排被拒绝的一次。夫妇真诚平淡，我们之间对保护动物观念的差距，高下立判！我产生由衷的敬意。

　　我曾在雅安市政府工作六年，其中打造熊猫文化和蒙顶茶圣山文化的旅游品牌，是我的责任和追求。2009年11月北京出版了我写的《大熊猫文化笔记》一书，之后我的重点就移到茶文化研究上来了。

　　先有红茶还是先有乌龙茶，国内有壁垒分明的两大派，且都有大师级茶教授为支撑。国外对黑茶（black tea）即国人称的红茶指什么茶，起于何时，各说不一，但是都可以追到一个源头，美国的茶文化大家威廉·乌克斯1935年出版的《茶叶全书》中说，林奈1753年出版的《植物种志》一书，就讲了中国出武夷茶，即红茶。以我虽宽但浅的知识而言，那个时代即归类了武夷红茶，似有存疑之处。要解决问题，只有查原著。这就是我写信的初衷。

　　在巴黎我们见面时，我强调了查询的重要性。当时都以为林奈是瑞典人，文献肯定在瑞典啦。柯夫妇允尽力而为。几月后，他们给我邮箱发来20多页维基百科有关林奈的专题资料，译阅后才知道林奈全部资料保存在伦敦。

　　不看林奈的原始资料，扑朔迷离的红茶套就解不开，为此，我来了。

　　英国皇家植物园的科学主管凯茜·威利斯写过一本《绿色宝藏：英国皇家植物园史话》。她说，就在皮卡迪利大街川流不息车流的深深的地下，建有一个戒备森严的地下保险库，1969年建成，长五米、宽四米、恒温保护。林奈遗留的文献和生物标本，放在一排排的红木架、抽屉和玻璃盖盒子中。系着丝带的标本夹，珍藏着1.4万件干燥植物标本，还有林奈的小笔记本，科学巨著《自然系统》《植物属志》《植物种志》……的原始手稿，任何外人不得进入。专门的科学工作者，提前预约，经过审批，把标本提到学会办公楼，才可以看到林奈亲手呵护的标本。提前五个月，通过简女士的沟通，再报上我们几位"团级干部"在中国的修持身份，学会一直不表态我们是否能看到茶标本。小冷无数次邮件磨合，直到半月前，才表示可以看到标本。但是我心里打甩，不知道会让我们看什么样的东西。

　　广场上的人越来越多，都是排队看莫奈展览的。小雅提醒我，时间快到了，是否请简女士合影。我请过简女士，小雅展开特制的团旗，递过专用油性签字笔，我对她说，请您第一个在我们团旗签名纪念。她以闪电般的速度，以三个环状为特色的签名，永恒地留在蒙顶圣山的团旗上，署上今天的日子，全团茶友同她拥着团旗合影。

　　排队的人好奇地观望我们，他们看懂了团旗。阿甲一袭彝族服装，华贵高雅，加上高跟鞋的衬托，长到了 1.72 米，高于在场的中外女性，成了靓靓的代言人。两位中年男女主动来打招呼，递上名片，是意大利欧洲国际学校的负责人。我们回递了名片，送两本英行册和两只熊猫，欢迎他们到四川，大家合影。另一些人主动找阿甲合影，颇有名角的风范。

还差一分钟到十点，全团人排在林奈学会一米八宽的门前。简女士轻轻叩门，第三叩还没下去，木门开了，内侧站着一位瘦削的男士和一位胖胖的女士，笑容可掬地说，欢迎你们！小冷把团长介绍给他们，我递上名片，他们凝视名片上抱两只熊猫的我，再抬头盯我一眼，没错，孙先生抱了两只熊猫。我笑着说，你们也会有熊猫的。他们把我们让到里面的宽敞处，盛装的阿甲给男士领口夹上一只熊猫，甘甜给女士也夹了一只。他们感到很新奇，不约而同地把熊猫抚了抚，生怕掉到地上。

我递上两本英行册，首先介绍简女士，猜得出来，他们在邮件上联系过很多次了。然后介绍了各位副团长、秘书长、学者和艺术家，其他人员，名册上很清楚。

我们来前都知道男士叫马克•司宾斯博士，林奈学会的植物馆馆长，他今天会亲自接待我们，身高一米八，40 多岁，戴眼镜，一件淡绿的便装夹克，长长的绿绢围巾缠着脖子，很个性化。女士叫琳达•布鲁克斯，60 岁左右，她是这里的常值专家，见过面，她先上楼去布置等我们。

马克馆长把我们领到身后的一间房子说，这里全部是林奈所有著作不同时期、不同版本的珍藏本，和一些动物、植物的标本。林奈先生留下的宝贝太多，这里装不下，更珍贵的资料和保存难度大的标本，就放在地下保险库里恒温、避光保管。你们点名要看的茶叶标本，就是我们提前从保险库里借出来的。

房间不大，大概 100 平方米左右，书环四壁，完全是为林奈藏品个性化设计的，怎么看得出来呢？全红木地板，书橱落地，距天花板有 20 多厘米的空间，有多处空调排气口。

书橱有两种样式，左侧一长排，下部分五层，隔成 25×20 厘米的样子，放进纸质植物标本夹，清爽整洁，分别用绿丝绳呈十字架拴着。标本之上，是 3 层书架，下排是大开本精装书，中排开本稍小，精装本为主，上排是正常开本，简装本为主。

另一侧的书橱，上部书架，下部则是动物标本，有两种保存方式：一种呈抽屉式，分 12 层，抽屉可以取出，内装方圆不一的小盒子，放海洋贝类标本；另一种分 20 层，每层可取出，内装扁平玻璃匣，各式蝴蝶，昆虫标本，每个标本皆有编码号，有依号查询专门的工具书。书架上很多是工具书，一套最多的有 10 多册精装本。马克从书架上取下一本 8 厘米厚，16 开本，羊皮硬壳的黄色大书，把书脊展示给我们，林奈 1753 年第一卷《植物种志》首次出版的书，我有一种异样的亲切，林奈先生，我终于找到您啦！

房子中间有一个 3×1.8 米的黄桌，黑皮饰面，是研究藏品或小型讨论会之用。马克取出两张白色毛巾铺在桌上，转身蹲在标本夹柜面前，从一格的上方取出 4 个夹子，看来他是预先放此以便取用。他小心翼翼地取出夹子，双手托着，仿佛生怕惊醒熟睡的婴儿，转过身，轻轻地放在白毛巾上，一字排开，每夹的左下角，贴着标准式样的标签，简注相关信息。他用指尖轻轻解开丝带，再把上下左右对折的厚纸卡打开，一张白泛黄的卡纸露脸了，四张卡纸展现在我们面前。

林奈学会珍藏室，聚焦茶标本。这里让万人瞩目

孙前／摄

他像演出成功的魔术师，面对屏息静声的我们一笑，"这就是你们想看的林奈茶标本原件，1783 年从瑞典来到伦敦，至今 230 多年了。"

这是特制的无酸性纸卡、把植物标本压制、干燥之后，用小丝绳固定在纸卡上，茎、花、枝、果都要固定，不能松动以免损坏。过去的保存方式，是把同类的纸卡装订成册。大英博物馆的最主要捐助者汉斯·斯隆爵士，1753 年就遗赠了 365 卷植物标本册。但是这种装订保管方式有一个大缺点，随着同类新植物的发现和新藏品的增加，拆开册子，增加新纸卡，重新装订，谁也说不清它会受多少次折腾，以后改成我们看到的方法，用活页式分装，多而无损，这是当今天下博物馆保存植物标本的规范方式。

马克说，林奈留给我们的茶树标本，只有这四种。档案记载，采集于 1735—1765 年之间，编号 685，从左向右，685—1 号，11 叶，叶片椭圆形，1 花朵，6 枚花瓣，注 "武夷茶"；685—2 号，5 叶，叶片略微柳叶形，1 朵花，没数清花瓣，无文字说明；685—3 号，1 单叶，色深，椭圆形，注 "中国广东"（同武夷茶叶形相近），林奈亲笔写在纸卡上；685—4 号，1 单叶，椭圆形，旁贴一标签注 "熙春"。马克拿出一本工具书，翻出 685 序号条目，有对这四份标本的说明，他读给我们听，不比标注的内容多多少。以林奈的声望，30 年的时间内，对已风行欧洲的茶饮，他只搜集到四份标本，其中两份还是单叶，这应该引起我们对 18 世纪中叶，北欧瑞典的茶影响的再认识。我把标本状况细述于此（可惜当时没关注叶脉状况），供有兴趣的茶专业学者、茶友作深入研讨的铺引吧。

我们的镜头、摄像机、手机无数次在茶标本身上滚动，简女士十分认真地拍摄。我询沈冬梅、丁云国、刘昌明、白小梅、吴乌米、冯斯正诸位资深茶人，大家说，没有在国内茶刊物上见过国人访寻林奈学会茶标本的资料，我们要把宝贵的探索与茶友分享。

我们的问题连珠炮般地射向马克，这些标本由什么人、何时何地采集？在《植物种志》中，林奈怎么划分这些茶？林奈在家乡瑞典引种过茶吗、他喝茶吗？他依这 4 份标本鉴定出绿茶与红茶？他当初的判断，武夷茶是一个茶树品种，还是一个茶类——红茶？……这些问题，面对有备而来的中国资深茶人，马克肯定难以招架。我揪着一个问题不松口：有一种说法，林奈当时确定武夷茶就是红茶，是依这株标本来定的吗？马克说，我们的标本是从植物分类学来做鉴定的，不是

林奈于 1735—1765 年收集的 4 份茶标本，编号 685—1.2.3.4。1 号注"武夷茶"，
2 号无注，3 号注中国广东、有林奈亲笔批注，4 号注"熙春"

2016.4.13　孙前／摄

从商品种类来鉴定。我们只能说，这株标本是属武夷茶树的品种。他善意地耍了一个花枪，"你们应该比我知道得更多，毕竟茶是从中国来的。"

我们目送他把茶标本重新包裹好放归原位，恋恋不舍。然后他抽出两屉贝类标本，两屉蝴蝶、甲虫类，手舞足蹈、形声兼用地讲述美洲蝴蝶飞翔之美。如同200年前它们入住这里时一样，基本看不出色彩有多大变化，由此判断制作标本的水平和保管的功夫。

在植物标本柜的台上，竖放着一幅林奈油画的半身像照片，这是1775年，著名油画家亚历山大·罗斯林给他画的，使用度极高，原画保留在瑞典。我请马克馆长在像前合影，他挂着熊猫，我们站在茶标本夹前，双手交叉紧握，林奈先生见证，熊猫和茶，在英国结瑞典缘！

马克说，现在分两批参观，一批先到地下室看动物藏品，跟他走，请把包和相机存放在自助更衣箱里。另一批到二楼，由琳达女士导览。

地下室不深，面积是楼上的一倍。几排暗红锃亮的红木柜，间距只能两人侧身交错。马克打开上面的双门，仍然是抽屉式的分储方法，他取出一屉，各种贝类。这种方式，存取方便。这里主要是海洋性生物标本。走了几步，又打开两扇门，拉开一屉，他给我们普及海洋知识，又让我们了解林奈动物标本的保管方式。

他幽默地对我们眨眨眼说，想知道吗，瑞典林奈的宝贝，怎么会保管在伦敦，瑞典人舍得吗？我们专访林奈学会，之前一定认真做了功课，现在网查很方便。但是网上各抒己见的文章，常常矛盾百出，让人难以取信。能到这里听权威讲解，正是我们期盼的。

我们已经领教了马克庄谐兼用的演说方式。他手一挥，指着这些大柜子说，林奈的双名命名法，开始主要针对植物，但是紧随其后，动物也纳入双名体系。植物是按照花的雄雌性、蕊的数目来区分，用雄蕊的数目确定纲，雌蕊数目确定目，再依属名和种加词来命名，所以叫"双名法"。而动物就大不相同。他把划定的六个动物纲，有四个选取动物不同的器官作为分类的基础。譬如哺乳动物纲选牙齿，鸟纲选择啄，鱼类是鳍，昆虫则是翅膀。剩余动物中没有脊椎的通称蠕虫，依其外部形态来区分类别。他是第一个把鲸归入哺乳动物的，他把人类归入灵长类、智人，这极大地影响了达尔文创立的进化论学说。

林奈考察过瑞典的多数地区，也考察过法国、英国、荷兰等不多的国家。他

热情专业的马克·司宾斯博士，植物馆馆长。林奈说，欢迎你！马克馆长见证。
我同简女士都第一次来，合影留念

甘甜／摄

以优秀的成绩，成为著名的医生、植物学家、动物学家，以后成为世界顶尖植物动物分类学家。他长期在瑞典母校乌普萨拉大学担任校长。由于他的卓越贡献，1762 年瑞典王室授予爵位，并拥有选择继承人的权力，他选儿子小卡尔·林奈作为继承人。1778 年 1 月 10 日林奈去世，遗嘱中他的全部藏品和书信归妻子萨拉·丽莎和儿子。儿子也是一位植物学家，他把林奈收藏在家乡私人博物馆的全部藏品，又搬到大学所在城市，以方便他的研究和交流。没想到不几年，壮丁年龄的儿子也随父而去。丽萨面对庞大的财富无所适从，她不是科学家，拿着有什么用？她找瑞典银行商量，能否收购。银行老板不是哲学家，也不是科学家，他们只对现钞感兴趣。无奈之下，她给林奈的老朋友，英国著名博物学家约瑟夫·班克斯先生写信求助，征询怎么处理这些藏品。

人顺天帮忙。班克斯拆信时，正同英国一位年轻的博物学家詹姆斯·爱德华·史密斯医生共进早餐，他父亲是一位富有的羊毛商人。班克斯立即说服史密斯把藏品全部买下，这对他今后的研究和在科学界扬名极有好处。史密斯父亲开始不同意，这些东西与羊毛生意相去甚远。耐不住儿子的磨缠，应该说舐犊情深，对儿子的发展充满信心，最后慷慨解囊，巨资买下了林奈一生的研究成果：14000 余种植物、3198 种昆虫、1564 种贝壳，3000 余封信件，1600 多册书籍，大量原始手稿和工作笔记。这些宝藏不露声色地进入伦敦。1788 年 2 月，班克斯写信告诉瑞典的分类学家奥洛夫·斯瓦茨·史密斯博士，以林奈藏品为基础，成立了"林奈学会"。后悔的瑞典人欲哭无泪，晚了！1873 年，学会搬到现址伯灵顿宫。

马克调侃地说，林奈学会在伦敦，这是工业革命的成果，这话说得我们两眼生翳。你想，当时英国工业革命的势头如日中天，领头行业是纺织业，其中的羊毛织品最赚钱，英国的圈地运动就是因养羊剪毛而起。史密斯的父亲不是在这上边赚了大钱，怎么会有这个学会？高论，他又眨眨眼睛。

马克在地下室等楼上交换下来的第二梯队，她们都是年轻人。我们来到二楼，琳达女士迎我们进屋,同楼下的陈列风格不一样,这里是图书藏品室、小型会议室、陈列室。面积要大一半，室高约六米，顶着天棚的书橱有十多层，全是蟑螂色的厚实木材做成。厅有 20 米左右进深，石材铺地。八张淡黄的长方桌连接成一个大会议桌，上面放了 20 余本书，其中珍贵的书下放着大小不等的专用白布厚垫。大厅有 12 根方形廊柱分格出外廊室，满是书柜。柱子下皆放有 80 厘米高的长方木茶几，上置珍贵书或藏品，全部有玻璃罩。还有几尊两米高的青铜塑像或半身石膏像，散放几处，都是有名的动植物学家。

会议室的正面墙上，挂着一幅精美的林奈油画，同楼下肖像一样，但要大好几倍。像的下面是一米六高的橡木讲台，正面镌刻着林奈家族徽章上的标志花

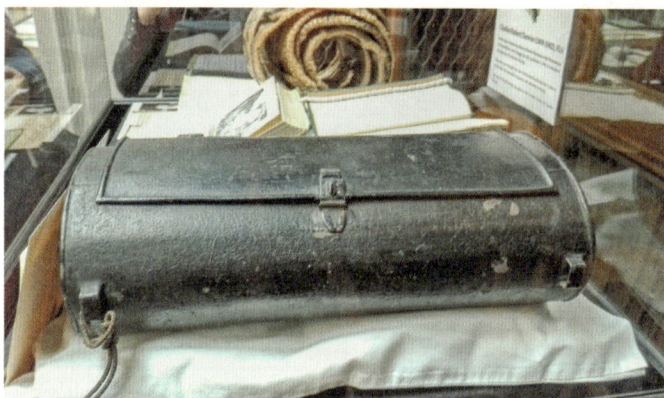

林奈学会二楼茶书专题
陈列，这是琳达女士的
精心安排。
达尔文的标本包、华莱
士的蟒标本

白小梅 / 摄

卉——双生花，也叫林奈花，这是荷兰植物学家简·赫罗诺维厄斯取名的"林奈花"，以特赠林奈的。因为林奈喜欢这种家乡的花，就接受了这个命名，并自谑说它是"拉普兰地区的卑微植物，微不足道，无人留意，虽开花但转瞬即逝—恰如林奈其人！"一些书中写，是瑞典国王把这种花赐名为林奈花，我更相信荷兰植物学家授名之说，国王不会把卑微植物敕名给大名鼎鼎的林奈吧？

我们围到桌边，琳达翻开大软垫上的四本书，硬壳精装，纸已微黄，珍稀的老版本。她说，"桌上的这些书，全部是为你们准备的茶书，也有几本涉及咖啡、可可和烟草的书，让你们了解外来饮料和烟草进入英国的历史。有 1863 年伯明翰讲茶叶质量、功能的书，有写见到中国皇帝的书，还有福钧四次到中国写的书，日本人写茶与健康的书。中国的书很少，这与中国人来得少有关吧。17 位中国茶人来找林奈了解茶，这是我所知道的第一次，很荣幸接待你们。"

看来她是狠下了一番功夫备课，她能说出威廉·乌克斯在《茶叶全书》中讲，在雅安，看到一个茶叶公会里供有陆羽的小瓷像。她还讲，林奈担忧瑞典受制于其他欧洲国家的舶来品，以后缺乏自主性，曾计划引种中国的水稻、茶、椰子树。但在认真比较两国经纬度和气候条件后，他放弃了，水土异矣。他想发掘本地的替代品以取代昂贵的中国茶，他在瑞典随处可见的双生花身上狠下功夫，并大肆宣传药用功效，他是名医，讲药效的套路很能打动人心。他儿子小卡尔·林奈，是著名植物学家，也给父亲捧场，但是在多次品饮后老实说，双生花泡出的茶味道"很糟糕！"结果可想而知。国内很多书用了这一则事例，各说不同。琳达的说法，应该是权威的。

琳达翻开一本讲蒙古的茶书，绘有八种中国茶具图，请教使用功能。又询问烘焙的工艺过程和要求，沈冬梅作了详细讲解，直到她满意地点头。

我缓步在四壁浏览，拍下很多珍贵照片。有两件东西我不得其解，一只黑色大公文包单独陈列，是林奈用过的公文包吗？一只十多厘米直径，几米长的大蟒蛇，盘成塔状，昂首吐舌，跃跃欲发，都不敢走到它面前，这两样东西与林奈有什么关系？

请教琳达，她自豪地说，这可是我们的宝贝。呈扁椭形的黑色皮包，不是公文包，是 1831—1836 年，达尔文乘英国皇家海军舰艇小猎犬号五年环球航行时，所用的标本采集包之一，这是达尔文亲自捐给学会的。每当登陆考察，有时是十多天或几个月，就要带上各式采集包，把植物或动物装进去，以免压损，返回船上，再取出制作成标本。就是用今天的眼光看，这也是一只做工精良的高档皮包。有专家统计，他从 1831 年 12 月 21 日出发，共耗时四年九月五天在大洋上度过，仅伙食费就用了 500 英镑，相当于今天的四万英镑。这让人疑问，22 岁的年轻人，哪来这样的财力？很多人不知道，他有一位英名远扬的爷爷伊拉斯谟斯·达尔文（1731—1802），他曾是英王乔治三世的御医，是科学家兼发明家，是当时最著名的畅销诗作者，他在自然科学中对进化论的贡献，极大地影响了孙子达尔文以后的发展。

达尔文还有一位 200 多年来英国妇孺皆知的瓷器大王外祖父乔西亚·韦奇伍德。早在 1793 年，英国特使马戛尔尼为乾隆祝 80 大寿，就带去他的大花瓶作寿礼。瓷业初起的西洋小国，竟敢给瓷器母国的皇帝送去瓷器寿礼，足见他对产品质量的自信和无所畏惧的挑战精神，这种基因无疑传给小外孙。达尔文八岁丧母，他天资聪颖，引得家族的无限垂怜关爱。大学毕业巧遇小猎犬出洋考察，父亲坚决反对他随行冒险。外祖父家族的长辈和天生的挑战精神说服了父亲，去吧，孩子，我们支持你！这成就了举世皆知的达尔文。1842 年，达尔文和大表姐艾玛·韦奇伍德结婚，她是韦奇伍德的外孙女，这是亲上加亲。由于达尔文在艰苦的长期野外考察中感染了热带病，后遗症严重，他从不参加任何辩论和公开演讲。婚后，他离开伦敦搬到肯特郡的"唐恩小筑"，避开世俗纷争，深沉学术，同全世界学者通信，他的新思想和著作，源源不断从这里走向世界。他得到外祖父家族的大力帮助。

阿尔弗雷德·罗素·华莱士（1823—1913），被称为博物学家中的博物学家，足见他堪以匹敌的过人之处。由于家境原因，他 14 岁时就永远离开学校。靠着跟哥哥学习了六年半的测绘打工，掌握了过硬的地质、测绘、几何学、绘画、标本制作技能。1848 年 4 月，他同好友亨利·沃尔特·贝茨商量到南美考察，并捕捉鸟类、蝴蝶和甲虫标本，提供给伦敦的经纪人出售，以解决考察资金问题。他单独在委内瑞拉考察四年，不断给经纪人寄出标本。后来得了严重的疟疾决定回英国治疗，到海关才知道，他几年成果全部被海关扣押在仓库里。交涉放行后，他搭乘双桅横帆船海伦号返英国。在大西洋航行了三周后海伦号失火，除抢出一只小锡盒，内装他画的鱼类、棕榈图稿和一些日记本外，其余标本灰飞烟销。这种足以击垮任何人的经历，对华莱士无效。

1854 年华莱士再出发，前往印度尼西亚群岛和新几内亚考察，与他同床而眠的宠物有蟒蛇，帮助他在暑热的日子降体温。这一走就是八年。他通过物种观察，神奇地发现了亚洲和澳洲的地质板块分界，这就是有名的"华莱士分界线"。他潜心关注"物种起源"问题。1858 年，他在东南亚给仰慕的良师益友达尔文写出了关于物种起源深层次思考的文章《论变种不确定的偏离原先类型的倾向》。达尔文看后引起巨大震动，这同他投入全身心精力研究十余年的《物种起源》的观点非常接近。用科学界的语言说，华莱士首先写出了物种起源的理论见解，他就应该占有此理论的首发权。怎么办呢？科学界很多专家都知道达尔文的研究方向和进展，这只能说是天才科学家的智慧投合。在朋友们的劝说之下，就在林奈学会的科学殿堂（当时还没有搬到伯灵顿宫），1858 年 7 月 1 日，达尔文将自己的研究成果和华莱士的文章共同在《林奈学会学报》第三卷上发表了，他们联手推动了"进化论"的发展，两人从不同的角度得出共同的结论，达尔文靠在前期广泛考察的基础上，全世界的大量通信、标本和在唐恩小筑花园的辩证思考；华莱士靠在热带地貌的深入观察和收集比较。《物种起源》1859 年 11 月 24 日问世，扉页有华莱士的头像，这成为科学界一段经久不息的友谊佳话。这只巨蟒蛇标本，是华莱士的后人捐赠的。这类不期而遇的伟大发明碰撞，还有一件奇闻，牛顿（1643—1727）与莱布尼茨（1646—1716，德国）谁先发明了微积分？这在欧洲数学界有一场旷日持久的争吵，这与国家荣誉有关。结论是，二人相互独立地创建了微积分，这称为"牛顿—莱布尼茨公式"。看来达氏与华氏，君子之风卓然。

《物种起源》第一版发行，马克思立即买来阅读后，给恩格斯写信说，《物种起源》"为我们的观点提供了自然史的基础"。1861 年 1 月 16 日，他又给拉萨尔写信说，"达尔文著作非常有意义，这本书我可以用来当作历史上的阶级斗争的自然科学依据。"到 1872 年，此书出了六版。

《资本论》第一卷德文第二版发行后，马克思亲笔题词："赠给查理·达尔文先生。您真诚的钦慕者卡尔·马克思。1873 年 6 月 16 日于伦敦梅特兰公园路摩德纳别墅 1 号。"达尔文 1873 年 10 月 1 日给马克思回一封亲笔信："承蒙寄赠巨著《资本论》，谨致谢意……尽管我们的研究领域是如此不同，但我相信，我们两人都热诚期望扩大知识领域，而这无疑将最终造福于人类。达尔文。"恩格斯把进化论、细胞学说与能量守恒定律，称为 19 世纪中叶自然科学中具有决定意义的三大发现。

中国人接受达尔文的学说，是通过清末严复翻译托马斯·赫胥黎的《进化论与伦理学》一书为《天演论》而传播的，他提炼出"物竞天择，适者生存"这一振聋发聩的思想，让千千万万志士仁人奋起抗争，这也影响了毛泽东的一生。《毛泽东读书笔记精讲》一卷中有一段精彩的叙述：

　　1974 年英国首相希思来中国访问，送给毛泽东一张达尔文的照片（有达尔文的签名和达尔文写的话："这是我的确十分喜欢这一张照片，同我其他的照片比，我最喜欢这一张"），还有达尔文的《人类原始及类择》的第一版，是达尔文的后人提供的。毛泽东收下后说："达尔文，世界上很多人都骂他！"

希思说："但我听说，主席很钦佩达尔文的著作。"

毛泽东点点头，说："嗯！我读过他的书。帮他辩护的，叫 Huxley（赫胥黎）。"

希思点头，说："他是十分杰出的科学家。"

毛泽东："他自称是达尔文的咬狗。"

这里说的是赫胥黎为捍卫达尔文学说，同攻击达尔文学说的人激烈辩论的故事，由此可见，毛泽东对进化论学说及其发展过程非常熟悉。

这间图书室，在林奈的影响下，汇聚了人类精英的智慧和思考。

马克带第二批参观者上楼会合，我们也看得差不多了。大家围着长桌，听马克博士做小结。

3　林奈破解上帝的生物巴比伦塔之谜

林奈的伟大之处在什么地方？

西方文化历史的重要源头《圣经》中的《旧约·创世纪》说，上帝造出亚当与夏娃，让他们看守伊甸园。夏娃听信了蛇的诱惑，摘吃了善恶树上的果子，并与亚当分享，由此而有了人的智慧和羞耻感。偷吃禁果的行为触犯了上帝，被逐出伊甸园而四处漂流。以后他们的子孙因贪婪、自私、嫉妒而互相掠夺和残杀，失去对上帝的敬畏，使人间遍布堕落与罪恶。造物主很后悔，决心毁掉这个邪恶的人间，重建一个新世界。

上帝只对亚当夏娃的第九代传人诺亚有好感，认为他勤劳善良，正直无私，虔诚敬奉上帝。于是告诉他，要造一只结实的大方舟，把家人全部带上，并且把各种飞禽走兽、鱼类昆虫中的一公一母成对带上，还采集无数植物种子。食物和清水必不可少。当上帝用洪水毁灭地上一切罪恶生物时，他们就躲进方舟逃命。

待滔天洪水退去，再从方舟出来，让动植物繁衍。这就是西方文化中人人明白的诺亚方舟的故事。

逢凶化吉，遇难重生的诺亚，修建了一座祭坛，给上帝献祭，感激上帝的再造之恩。诺亚的子孙不断迁徙，寻找最佳的地点，最后来到幼发拉底河与底格里斯河流域的示拿平原，这里气候宜人，土地肥沃，他们决定安居下来，不再流浪，并且建造一座城市和摩天高塔作为标记，敬奉上帝，高塔如同灯塔，聚集子孙，免得分散。

雄伟壮丽的城市在示拿平原拔地而起。他们又开始建造举世无双的高塔。由于都是诺亚的子孙，语言相同，大家同心协力，商量解决了很多技术难题，高塔插入云霄，马上就要封顶了。

喧嚣惊扰了上帝，他要看诺亚的子孙在干什么，宏伟高塔让他大吃一惊。自从亚当夏娃偷吃禁果，人类就拥有了同上帝相去不远的智慧。但是人数众多的后代，操同样语言沟通办事，那个力量是无可限制的，通天高塔都能建成，他们还有什么办不到呢？这将威胁到上帝的权威，这是决不能允许的！私念萌生，上帝施展神威，让建塔人的语言变得互不相同，意见不能沟通，看法不能一致，行动无法统一，隔阂猜疑产生，彼此不再信任，高塔功亏一篑，成为废墟，上帝为自己的成功笑了。

这座城市被后人称为"巴比伦"，希伯来语的意思就是"变乱"，上帝在那里变乱了人们的语言，"巴比伦塔"是上帝自大洪水之后对人类的第二次惩罚，即变乱语言和让众人散居各处，语言相同的人聚为一族一国。诺亚的大儿子闪，子孙居住在西亚；诺亚的二儿子含，子孙流聚于东非和北非；三子雅弗，带着子孙跑到西欧和北欧，所以现今的多数欧洲人，自称是雅弗的后裔。

而林奈的功绩，是造一座生物界通天的不朽的巴比伦塔。马克手一挥，把我们四周一指说，这里是全球生物界巴比伦塔的宝库、人类的至宝。这是林奈开创的植物文法和花朵语言，谁掌握了它，就可以遨游在植物王国的广阔天地。但是，我们不能理解成这是林奈的一人之功，他是站在前辈巨人肩上的集大成者，后人又在他的肩上探索前进。

最早对生物界进行观察，并且从动物下手的是古希腊先哲亚里士多德（公元前384—前322），他是柏拉图（公元前427—前347）的学生，是亚历山大大帝

（公元前356—前323）的老师，是举世公认的第一位最博学的先贤。在他难以数计的著述中，有一本《动物史》，提出了"种""属"的分类概念，这与后世生物学中的"属""种"概念序位相反。他去世后，其全部藏书和研究成果，包括导师柏拉图的遗藏，都传给最垂青的弟子狄奥弗拉斯图（约前372—前287）。

在老师《动物史》的影响下，狄奥弗拉斯图（也译特奥夫拉斯图斯）在公元前300年左右，先后写出《植物问考》（九卷本）和《植物本原》（六卷本）两书，分辨出地中海及周边地区的500余种植物，其中半数以上在古希腊的诗歌、戏剧和散文中出现过，仅荷马史诗中就提到60种（中国《诗经》，辑录了公元前11—前6世纪的311篇诗歌，涉及152种植物，39种动物）。就今天科学记述的42.2万种植物而言，那是微不足道的小数，但它是科学叙述的曙光。他当时已经有了植物分类雌雄两种的概念，但他不知道植物的授粉方式。他最早提出植物有四大基本分类，树木、灌木、亚灌木和草。在植物命名史上，他是首开先河的第一位关键人物。

科学在探索中缓缓前行。直到帕金森·约翰（1567—1650）写出《群芳谱》（1640年），介绍了3800种植物，他的著作标志着传统草药时代的结束。书用拉丁文发表。西欧中世纪以来，欧洲的主要书面语言是拉丁语。人们普遍认为，拉丁语是比英法德荷语更具科学性的语言，纵览历史，拉丁语在科学研究方面的贡献，更具权威性，它成为当时通行欧洲的官方用语和身份象征，但是阿拉伯人对拉丁文没有感觉。1898年后，康有为到欧洲避难研学时，见各大学的入学考试"必须通过三国语言，而尤重拉丁文及希腊文。以古旧群书皆用拉丁文试题亦多用拉丁语，不通拉丁语则不能听讲、作文，故应尔尔。"1930年康有为要到苏州拜访顾鹤逸先生，先托人送去一张名片通报，正面是中文，背面是拉丁文。足见拉丁文在欧美和科学界的影响。

尼赫迈亚·克鲁（1641—1712），英国皇家科学院秘书长，植物解剖学先驱、医生兼博物学家，他用最新发明的显微镜，观察到植物是通过雄蕊和雌蕊进行有性繁殖的，雄蕊相当于动物的雄性生殖器官，雌蕊则是雌性动物的生殖器官。而在过去的通识，植物是通过"呼吸"完成"交配"的。1682年，他发表了《植物解剖》一书，这以科学观察为依据的新发现，从此引领了植物学的新发展。

1623年，巴塞尔大学医学教授加斯帕德·鲍欣（1560—1624）发表了《有关植物之同物异名的详尽专著》，提出了植物"双名法"，即每个物种的名字由属名（即种群的姓氏）和种加词两部分构成，就像西方人宗教受洗时所取的教名十父姓一样，双名法的价值体现在它的简便性和广泛性，任何一个物种都可以用两个单词确定，而且同样名称在所有语言中通用，避免了翻译的困难。"双名法"是植物研究过程中的一个里程碑，它为后世学者的前进廓清了道路。

最早提出并使用"植物学"这个概念的，是英国植物学家约翰·雷（1627—1705）。他在1682年发表《新植物之研究法》，并在书中介绍了"双名法"这一新的植物命名法则。1686年（或1696年），他又第一个使用"植物学"这个新概念，1691年英国皇家协会发表的《自然科学会刊》中，称他是一个"无与伦比的植物学家"。1690年发表的《分类纲要》是他毕生研究的精髓。他用数十年时间写了三卷《植物史》。在1688年出版的第二卷中，讲到棕榈树的雄蕊与雌蕊的受精描述，这是第一位对植物授粉过程进行描述的记录。这位博学多思见解独到的植物学家，无钱出书。时任英国皇家学会主席的塞缪尔·佩皮斯，于1685年9月15日下达指令，在英国出版了拉丁文本的《植物史》第一卷，此书以小字体印刷，没有任何插图，它在英国的销量，不如欧洲的其他国家，因为当时英国能阅读拉丁文植物专著的人，少之又少。他没等到1704年开印的《植物史》第三卷面世，转年就往生天国了。他的数十年艰辛努力，第一、二卷的酬劳是每卷30英镑，第三卷是以20套免费书作报酬。一个国家，必须有那么一批不计功利，潜心科研的人作支撑，才能挺起民族的脊梁。

到1703年，他发表了《植物分类方法校勘》，根据植物彼此亲缘关系，总结出一整套分类法则。他强调，必须改变现有的植物命名法则，以尽量避免名称混淆，叫法错误。他提出了六条基本原则，由此定义了一门全新的学科—分类学。他是世所公认的植物分类学奠基人。在他的著作中谈到茶，但只是一笔带过，这是令人遗憾的。《植物的故事》书中说，"约翰·雷虽然提到这种植物的叶子经过加工后可以浸泡饮用，但他显然不认为这是一种安全无害的饮料。"对这个见解唯一说得过去的解释是，他太穷，无缘昂贵的茶叶，所以结论走偏。

但是，为什么现在的人们把植物分类学的创建法则归功于林奈，而淡忘了约翰·雷等诸先生呢？

在林奈之前，虽然已经有了分类学的"双名法"概念和规则，但是所依分类的基础，五花八门，分别有以树叶、花、种子、果实、根、气味、香气……作为分类依据。这就使"双名法"面对一个庞大而无法遵循的基础。最典型的例证，是约翰·雷与法国植物学家图内福尔（1656—1708）针锋相对的争辩。两人都是当时有名望的植物学家，经常交换研究成果，拜读对方著述。在通读《植物史》后，图内福尔表示，自己完全不同意约翰·雷的分类方法，而他根据花冠的特征创建的植物分类方法，发表在其著作《植物基础》（1694年）中，约翰·雷对此又不赞同。图内福尔认为，约翰·雷设定分类标准时选择的植物特征太多，他倾向于仅一种特征作为判断标准，即植物花瓣的数量，及花瓣是否对称。约翰·雷不赞成他的方法，认为这不适用于所有植物，完全忽视了植物结构的复杂性，根本没有考虑到植物之间的亲缘关系。二人对辩僵持，互不相让。承认对方，就是自己几十年研究弃之东流。但也说明，双方研究都存在致命伤。

要说历史上对动植物分类、命名有贡献的人物也还不少，这里只介绍了几位标杆性的人物。上述二人逝去或即将逝去之时，卡尔·林奈在瑞典南部斯莫兰的小乡镇出生（1707.5.23—1778.1.10），父亲是牧师、小学校长和植物爱好者，从小影响了林奈的植物兴趣。

1724年，林奈进入中学，对植物很感兴趣的老师罗特曼发现了林奈对植物的特别爱好，就积极引导他的发展。罗特曼同时是一位高明医生、教授，他学习法国植物学家图内福尔的植物分类方法和医学知识。1728年8月，罗特曼建议他到乌普萨拉大学学习医学和植物学。1729年，他写了一篇杆菌植物性别的文章，引起路德·别克教授的注意，在1730年5月，他还是一个大学二年级23岁的学生时，就让他作为教授助理在大学讲课，他的第一堂课讲木骨茶，一种有茶名而非茶的植物。学生们很喜欢他的课，听众常在300人左右。这一年的冬天，他开始怀疑图内福尔的植物分类方法，他计划根据雄蕊和雌蕊的数目来区分植物。

1735年4月，林奈到荷兰哈德维克城的大学考医学博士，7月23日就通过论文答辩拿到博士学位。这一年，他在荷兰莱顿出版了他的第一本拉丁文著作《自然系统》，实际上这只是一份12页的折页册子，没有图片，简要讲述了他对地质、动植物的分类认识，以及依花朵的雌雄蕊来分类的全新的动植物分类方法，提出纲、目、属、种、变种的二名法，这虽然只是雏形，但这是以后鸿篇巨制生物学分类战略思考的行动纲领。有眼光的植物爱好者，十分看重这种方法，包括伦敦的汉斯·斯隆爵士,和切尔西药用植物园的主人菲利普·米勒。但有些人不以为然,林奈毕竟太年轻,他们仍习惯约翰·雷或图内福尔的方法。但是,到1758年《自然系统》第十版发行时,它已经是1300多页的巨著了。

从1732年开始,他先后考察了瑞典的大部分地区,尤其对北部的拉普兰地区的地理、人文、动植物进行了深入研究。并到荷法英国研学,拜访名师和去大学交流。这使他的眼界更广阔,学术更扎实,1737年他在荷兰莱顿以拉丁文出版了成名之作《植物属志》,描述935种植物,全书500页,仅用了一张插图,是德国艺术家乔治·狄奥尼修斯·埃雷德为此书绘的"林奈植物性别分类法图示",描绘了24种不同的花卉形态。本书首次提出"以植物的性器官进行分类的方法",即依照植物雌雄花蕊的数量和排列方式进行分类。这是石破天惊的分类方法。他把开花植物分成23个纲,以后又增加了第24纲"隐花植物",如苔藓,似乎没有性器官。又依其雌性器官在"纲"下分出"目"。最低级的分类单位是"种",它体现了植物的亲缘关系;之上是"属",由包含相似特点的"种"组成,大于种的集群;再之上则为"科"。这个被称为"性器官系统分类"的方法,被宗教界斥为乌七八糟,"让纯洁质朴的女子大为震惊"。此时林奈29岁。林奈的分类方法,彻底推翻了把他引入植物分类门槛的图内福尔的花瓣排列方式或分类法。1738年9月,结束在欧洲的游学,回到首都斯德哥尔摩,被选举为斯德哥尔摩科学院主席。1740年,回母校任教,传授植物学和医学知识。1750年,林奈担任乌普萨拉大学校长。

在熟练掌握"属"和"种"的生物分类的基础上,林奈着手解决繁琐冗长、难以辨识记忆的植物拉丁文名称问题。

1753年5月24日,林奈的《植物种志》第一卷以拉丁文在荷兰出版,560页;8月16日第二卷出版,561—1200页。两卷本如同约翰·雷的《植物志》一样,没有插图,但保留了埃雷特1737年为《植物属志》绘的"林奈植物性别分类法图示"的24种花卉图,足见这张图的重要。

这两本书,把拉丁文的"双名法"成系统地全方位推向科技界。1762年,把第一卷修改再版,784页;1763年把第二卷修改再版,785—1684页。这就是高高矗立的生物界的巴比伦塔。

扫视一眼聚精会神沉醉在演讲中的听众,马克幽默地说,古往今来,各国对动植物分类和命名的书籍，起码要堆放这半间房子。我提前备了课，梳理出最关键的节点，给你们做了以上介绍，使大家把林奈同历史连成一条线，真正明白林奈的贡献，不冤枉你们万里迢迢专访林奈学会，是吧？他又眨眨眼睛。我们用热烈的掌声回馈他。

马克先生又抛出了问题。如前所述，英国的约翰·雷，法国的图内福尔，西班牙的尼古拉斯（1493—1583），意大利的安德烈亚（1519—1603）……博物学家和生物学家，都对动植物分类和命名有过深入的研究，著作等身。那么偏处北欧小国的瑞典，林奈的性分类和双名法，为什么会传遍世界，至今使用？

因为一些学者的研究太生僻，难以普及。还有，很多科学家贫困潦倒，在资助下，研究成果很艰难地问世，无人去推广使用，自己也离世而去，约翰·雷就是很典型的代表。

而林奈的地位和他使用的方法，与众不同。由于他吸收分析了前人研究成果的优缺点，使他的方法简单明晰，便于掌握。工业革命的财富，催生了富人们对植物知识的兴趣和猎奇，都以自己的庄园有珍稀植物为荣，这也是"双名法"传播的助推器。

应该说，他最成功的一招，是培养了号称"17 使徒"的弟子，如同中国孔子有 72 贤人一样。他在乌普萨拉大学当教授十年，当校长 20 多年，有无数弟子，他把门下最得意的弟子 17 人称为"使徒"，这帮人得其学问精髓，唯师命是从，义无反顾地到全世界探险，采集动植物和地质标本，按双名法分类整理，最后回国，大多数使徒把探险所得交给恩师，极大地丰富了他著述的内容。作为校长，根据研究的需要，他划定一些区域，提供奖学金或职位，让使徒去探险。最有名的如丹尼尔，林奈在他还是学生时就很喜欢他，许诺将来把大女儿嫁给他。1768 年 8 月 25 日，丹尼尔应英国贵族、博物学家约瑟夫·班克斯之邀，参加了英国詹姆斯·库克（1728—1779）上校的"奋进号"南太平洋探险。到了澳大利亚、新西兰和巴达维亚，到 1771 年 7 月回到英国时，1/3 的船员因痢疾等疾病死于海外。但是，他同班克斯采集到 3 万件植物标本，其中约 1400 件是新物种，还有 1000 多件动物标本，包括海陆动物。它们都被丹尼尔用林奈《自然系统》分类法和《植物种志》"双名法"命名，班克斯完全接受并参与到新命名法的整理工作中。1771 年下半年，班克斯被英王乔治三世任命为皇家植物园邱园的顾问，实际上是非正式园长角色，这是全世界最大的植物园。林奈的"双名法"在这里落地生根，挤占了约翰·雷的地盘。

使徒彼得，1770 年开始了长达九年的探险，他在南非逗留了三年，又到被"锁国令"限制的日本千方百计搜寻动植物标本，源源不断地交到林奈手中。当他 1779 年返回瑞典时，恩师林奈已逝一年多。

英国植物学家威廉·T 说，如果没有林奈的新系统使徒，他不可能收集到那样多新标本，也不可能在如此宽广的范围内扩大影响。林奈有六个使徒死于探险活动中。

在林奈等著述的影响之下，1730—1760 年短短 30 年间，英国地区的植物数量和种类就增长了五倍多。这座宝库，被达尔文，DNA 结构发现者美国生物学家沃森，英国生物物理学家克里克等生物学界传奇人物视为学术之源。

马克很谦逊地说，林奈的"双名法"什么时候传入中国，我就不知道了。他扫了大家一眼，我接上茬说，这是西学东渐传教士的功劳。伦敦布道会传教士韦廉臣（1829—1890），1855 年到中国创办广学会，与艾约瑟、李善兰合译《植物学基础》，这是英国植物学家林德利（1797—1865）所著，中译本取名《植物学》，共 18 卷、插图 88 幅，这是传教士在中国传播西方近代生物学的第一本译著，当中介绍了林奈及著作。

尊敬而又可爱的马克博士，给我们上的林奈专题课，如醍醐灌顶，让我们对这位构建生物巴比伦塔、挑战上帝的林奈，深深崇敬。

我们取出丰盛的礼品，有中英文的茶祖吴理真的邮品，中英日文的《雅安旅游画册》《雅安明信片册》，小团旗、五份英行册。我把英文版《大熊猫文化笔记》送到马克手上说，林奈的时代，外国人没有见过大熊猫。当 1869 年 4 月 1 日，法国博物学家戴维神父在雅安采集到大熊猫标本时，就是用"双名法"给大熊猫分类命名，我们感谢林奈先生。马克说，这些珍贵的资料和礼物，我们会陈列在这里，见证历史。

当年林奈不知道蒙顶山茶，我们赠送马克、琳达一些好茶品鉴。马克说，你们为茶而来，我们也要给林奈留一份做纪念。我们拿出团旗，请马克把学会名称和他的名字签上，他不忍心下手，不解地看着我们，这是什么意思？我指了指简女士的签名，简女士又作了说明，这是我们英茶行拜访的第一家科研机构，以后每一家都会签名的。他一挥而就，相比之下，简女士签名更有特色。

4 谁能读懂拉丁文的茶著述

我们触摸了 200 多年前林奈亲手整理的四份茶标本，在我所见的中文和外文书刊文献中，未见查看林奈茶标本的报道，我们是第一批探奇者吗？

但是我的疑惑没有解决，威廉·乌克斯《茶叶全书》的叙述是否正确，现在还不能判断。虽然事情进了一大步，但最终的裁决，必须是查看林奈最早涉茶著述的原著及修改版的对比判读。认真看看国内茶专业的教科书，在这个问题上，各说一通。我请教过陈宗懋院士，程启坤、姚国坤、屠幼英教授，中国茶界有懂拉丁文的吗？他们说，据我所知，没有。我又问，茶学教科书中，中国茶的拉丁文"双名法"命名是何时何人编辑？答，是老师的老师，查不到源头。我再问，这当中有错误吗？答，不知道！师爷怎么教的，我们就怎么学，再怎么教！

这激起了我刨根寻底的倔劲，要达目的，必须解决三个问题：查找原著；读懂拉丁文；与真实历史比对、判读。

我调动国内外一切人脉资源，先解决第一个问题：查找原著。

冯琦女士在瑞典攻读博士，和丈夫在那里生活了十年，她们和助手帮我查到林奈 1735 年发表的《自然系统》原件电子版。

四川图书馆特藏部吴涛先生，想尽办法，通过国家图书馆和国内外众多网站检索，找到了 1753 年发表的《植物种志》第一、二卷；1762 年发表对第一卷的修订版，1763 年发表第二卷修订版，一共 2884 页的四本拉丁文原著。

四川大学的何一民教授，让他的研究生罗君带我到川大图书馆古籍书库，借到林奈 1737 年出版的《植物属志》(再版)，1753 年 5 月出版《植物种志》第一卷(再版)，1753 年 8 月出版《植物种志》第二卷(再版)三本书。我询问过四川很多大学、研究机构和省市图书馆，皆无林奈原著和再版书，有此收获，心情可想而知。我请了三位英语专业女生，面对厚厚三本拉丁书，翻了一个多小时，找不到一处涉茶词条。又请来何教授的博士弟子杨洪永，把三本书交给他，答应第二天给一个说法，此时是星期五下午 6∶00。

星期六上午，杨博士拿着 3 本书，去请教中国农大生物学博士朋友。经会商，从再版书的索引中找到第一卷的 515 页，有茶的词条，但内容读不懂。迈出了第一步，可喜！

当晚，我请教四川理工大学外语学院的李珊教授，并把相关版本发给她参考。她说，四个拉丁文电子原版书，只有拉丁文索引，看不懂。查任何内容，必须逐页翻找，2000 多页的书，要查找是很困难的。川大的再版书添加了英文索引，所以能很快查到 515 页茶条目，这个提示很重要。

星期日下午，我请川大在校应届毕业生莫文静，从杨洪永处拿回三本书，星期一上午带到"考拉看看"文化传播公司，她们正在帮我做再版《大熊猫文化笔记》（典藏版）的编辑工作。我说了查阅要求，熊玥伽、陈兰、莫文静联手合作，她们很快发现第一版电子版的四本拉丁文书的页码，与川大借的 1753 年一、二卷再版书的页码完全重复，找到这个诀窍，查阅就方便多了。先从川大书的索引查到词条码，然后从电子版上查出，截屏下载，做上符号。我需要的是最初版 1753 年一、二卷和 1762、1763 年修改版中是否修改的比较，这是所有教科书赖以为据的源头。以后各版略有变化，那不在我的研究视野。

她们从 1737 年《自然属志》中，查到一处"疑似"茶资料。从 1753 年一、二卷，1762、1763 两个修改版的四本最原始版中，检索出五处茶资料。经反复核对，她们信心满满地说，书的内容极丰富，但都是依科属种分类编排的，在兰花属、杜鹃属……中不可能出现山茶属内容。在山茶属中，再锁定 Camellia Sinensis（中国茶属），Thea Sinensis（中国茶），就不会有漏网之茶了。她们给我编辑了一份"林奈《植物种志》（Species Plantarum）茶树学名资料对比"文案，把中国教科书的资料，与拉丁文版资料对比排列，以供参考。拉丁文资料，她们都不懂。

现在进入第 2 个问题：读懂拉丁文。碰壁无数，就不细述了。通过李珊教授找到北京外国语大学东语系唐教授，他有语言天才之誉，可以使用阅读 30 多种文字，并且教授过拉丁文。李教授把整理的资料送给他看后说，这必须找学茶专业，懂拉丁文的专家才能读懂，否则我只是罗列拉丁文单词，对你们也不起多大作用。

抚摸桌上的资料，何方求助？灵光一闪，我给四川天主教神哲学院教务长岳国清神父拨通电话。拉丁文可能算是天主教的母语了，虽然时过境迁，会的人很少，但不妨撞一撞。岳神父说，四川天主教界内没人懂拉丁文。新中国成立前的老神父懂拉丁文，但都到天堂去了。学院有一位刚从美国学习三年多回来的黄益亮神父，我问问他。答案片刻就到，黄神父的老师和同学中，有懂拉丁文的饱学之士。

神哲学院离我家 20 多公里，在成都郫都区犀浦镇。我拿上资料赶去，岳神父介绍相识。黄神父个子不高，胖胖的，30 多岁，两眼炯炯，有神职人员的加持定力。他家几辈都是天主教友，什邡市人。他在北京的中国天主教神哲学院学习三年，然后到美国宾州圣文森学院读研究生三年。"圣文森学院"？我翻出手机库的图片，我在 2005 年、2012 年两次到法国戴维神父家乡附近的圣文森故居参观，他是天主教遣使会创始人，戴维神父就属这个教派。我的经历，拉近了同黄神父的感情。我讲明翻译林奈拉丁文资料的重要性，请他帮助。他说，在美国学了一些拉丁文基础知识，想到回国也用不上，就不是太上心，但是基本语法和规律是知道的。他的几位老师和同学，拉丁文很厉害。他会把这些资料发给他们，请把拉丁文译成英文，他再译成中文交给我。

我只能静心等待黄神父在西半球的师友，挤时间帮忙查译这些生僻的拉丁文生物学知识。当我第三次到神哲学院时，五个茶条目内容基本译出。但是我说，1737 年《植物属志》中的"疑似"茶内容很重要；林奈第一次出版的《自然系统》，虽然说内容很少，但这是他成为科学巨擘的发蒙之作、行动纲领，我需要逐一请教。那就只有请黄神父的师友帮助啦，下次见面再讨论吧。

第四次见面，定在 2019 年 6 月 14 日上午 9：00，我们要用一天时间讨论。我已经观察到他很强的英语能力、翻墙查资料能力和检索拉丁文的能力。键盘滑在屉内，我们要查的任何资料，他全部快速盲打，不瞅一次键盘。

美国的 Don Kingsleg 神父，把拉丁文译成英文。黄神父打印出稿子，又注上中文，并且在六份拉丁文原稿上也注明中文。由于我此前的研究和熟悉中英茶文化交流，我们的切磋，相得益彰，解惑一些中国茶人未曾涉及过的问题，例如，1735 年的首版《自然系统》中，没有出现山茶属的词条；1737 年的《自然属志》第 593 条，首次出现"THEA Kempf"，即拉丁文"茶属·肯普弗"，这比所有教教科书讲 1753 年、1763 年使用"肯普弗"名字的拉丁文，以纪念他在日本写出《日本志》有专门章节讲茶，要早 16 年。这就是我们后来熟知的"茶属"的首次出现。

中午，我执意参加学院的师生餐，与童恒久常务院长、岳国清、黄益亮和各省来培训的神父，自助"神仙餐"，还不错。

下午 6 时，同黄神父的请益告一段落，林奈最早关于茶的拉丁文描述，我基本解惑。我请他在全部手译稿上注一段文字，让历史记住这颇有趣的小事件。他送我到学院门口，我说，从 2012 年开始，我从法国找到亚洲的印度日本，再找到欧洲的英国，从东半球找到西半球，最后在眼皮下的神哲学院得解，我家与学院同属郫都区的犀浦镇，这算是茶奇缘的故事吧。

杨洪永博士转告中国农大生物学宋闪闪博士对林奈《植物种志》的认识说，他只做了植物的命名规则，对植物进行了种属划分，没有具体进行植物性状特点的描述和研究。我浏览林奈的这几个版本，在全部分类词条中，只有很重要问题的概述和扼要提示，其余全部是参考书目、作者、资料页码的罗列。对今天的人来说，要去找 200 多年前的拉丁文版书和论文，并且读懂，那是很难办到的。

我把借黄益亮神父，Kingsley 神父之力，析辩林奈最初对茶记录的描述，展示于后，我猜有兴趣的爱茶之人一定不少。《自然系统》虽然不涉茶，但它是林奈成为巨匠的开篇之作，不可忽略。对不研此道的读者而言，以下文字枯燥打头。对有志于茶学的朋友来说，这是百年首见的至宝。

A、林奈《自然系统》第一版。

此系统分三部分，矿物界、植物界、动物界；列出纲、目、属、种、变种五级分类法。两页为本书总纲，写于 1735 年 7 月 23 日。

第一部分讲岩石、矿石、古生物化石，占两页。

第二部分讲植物界，首次提出"性系统分类法"的雏形，把雄蕊、雌蕊、苞、花瓣梳理出一苞一瓣到一苞 24 花瓣的序列及下属分类。如一苞六瓣花的有"郁金香""灯心草"，一苞九瓣花的有"大黄属"等，没有山茶属类植物，此部分占五页。

第三部分讲动物界，分为六类，四足动物纲、鸟纲、两栖动物纲、鱼纲、昆虫纲和蠕虫纲，占三页。

B、涉茶的六处，依时间先后译出拉丁文内容，并附注我的判断观点。

一、林奈《植物属志》，1737 年荷兰莱顿出版，1959 年伦敦再版、四川大学藏书，共 500 页。

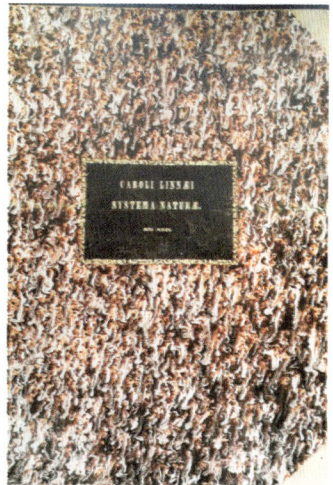

林奈的处女作《自然系统》
1735.7.23 出版

第 232 页，序 593 条目，"THEA·KQMPF"（茶·肯普弗），把它归为茶属，分九项介绍茶的花、苞、蕊。

附注：这是林奈著作中首次出现茶属的词条，也是第一次把德国植物学家肯普弗的名字，作为拉丁文"茶"的专用名见诸文字。

二、林奈《植物种志》（一卷），共 560 页。

1753 年 5 月 24 日，拉丁文电子原版，第 515 页（1959 年伦敦再版，四川大学藏书，共 560 页），首次出现"THEA"（茶）条目。倒数五至九行拉丁文，可译为：

自东方花园，开花呈玫瑰色，生于日本、中国。花形一苞六花瓣。
另一种近似物种花形一苞九花瓣，若需确定为同一物种，需实物为证。

此条目引证书目中，有肯普弗写日本涉茶的书。

附注：此词条无"Thea Sinensis"（中国茶）连词。由于九花瓣植物无实物，林奈不能肯定它与六花瓣为同一植物。

三、林奈《植物种志》（一卷）修改版，共 784 页。

1762 年，拉丁文电子原版，第 734 页的"THEA"（茶）词条下，出现"Bonea"（黑茶），一苞六花瓣，武夷变种。

735 页，第五至七行拉丁文，可译为：

生长于日本、中国。九花瓣茶生于中国，尖叶变种（绿茶）。

附注：九花瓣茶已找到实物，定为尖叶变种。六花瓣茶为武夷变种。两次出现"生长中国"的地理区位概念。无"Thea Sinensis"（中国茶）连词。

四、林奈《植物种志》（二卷），共 561 ～ 1200 页。

1753 年 8 月 16 日，拉丁文电子原版，第 698 页。

1959 年，伦敦再版，四川大学藏书，698 页涉茶词条"CAMELLIA"（山茶属）。

698 页"山茶属"词条二至四行，拉丁文可译为：

开粉红色花、玫瑰红色花。生长于日本、中国。

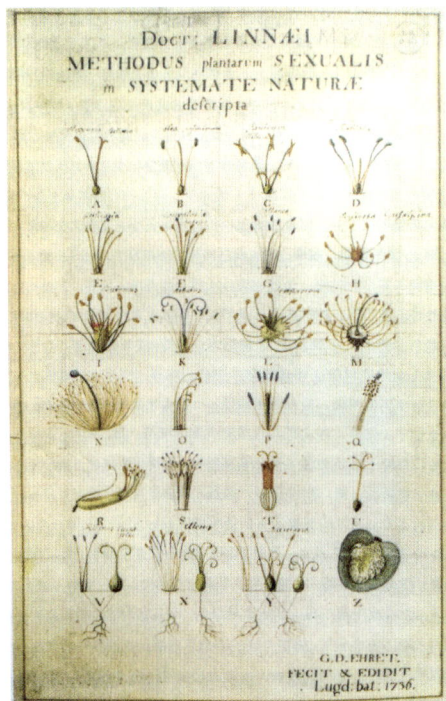

林奈1737年出版《植物属志》中仅有的一图,"林奈植物性别分类法图示",这是他首次提出以植物的性器官进行分类的方法,德国艺术家乔治·狄奥尼修斯·埃雷特1736年绘。此图在1753年出版的《植物种志》一、二卷中再次使用

附注:此词条内,无"Camellia Sinensis"(中国茶属)连词。主要参考书为肯普弗著作。一、二卷对6000种植物命名。

五、林奈《植物种志》(二卷)修改版,共785～1684页。

1763年,拉丁文电子原版,第982页涉茶词条"CAMELLIA"(山茶属)。

982页山茶属词条二至五行,拉丁文可译为:

开粉红色花、玫瑰红色花。生长于日本、中国。

附注:此词条内容,与1753年8月版第二卷内容基本一致,无"Camellia Sinensis"(中国山茶属)连词。参考书目主要是肯普弗著作。

此证,出现连词,加进"中国"两字,是以后教科书所为,非林奈原著。

六、林奈《植物种志》一、二卷和修改版的四个版本中,关于茶树"变种"和"中国茶属"的资料。

①在1753年一、二卷中,没有出现过武夷变种,尖叶变种的名称。

1762 年，第一卷修改版中，首次出现此两种名称（见上述三），并且是同一苞六花瓣、一苞九花瓣相连研究的。

②在 1753 年第二卷，和 1763 年第二卷修改版中，出现两处"CAMELLIA"（山茶属）词条，没有后赘"Sinensis"（中国的），也就是说，林奈的前四本著作中，没有"中国山茶属"的概念。因此，很多著述中说，林奈在再版中去掉"中国茶属"，只保留了"山茶属"，把二属归并为一属的说法，是臆侧之论。四卷书中谈茶时，林奈把日本排在中国之前，是受肯普弗写日本著作的影响，因为没见其他人从生物学的角度写茶的论述超过肯普弗。如果要加地域名，他写"日本茶属"比"中国属茶"似乎理由更充分。

依林奈《自然系统》（1735 年），《植物属志》（1737 年），《植物种志》（一、二卷）（1753 年），和《植物种志》1762 年、1763 年修改版的原著研读，得出以下意见：

一、《自然系统》一书不涉及茶和山茶属概念。

二、最早使用肯普弗对茶的研究成果，并首次出现"THEA"（茶属）的词条，是 1737 年的《植物属志》，这就是"茶属"，也就是前文说到的"疑似"之处，经过研究而明确。

三、《植物种志》（一卷）1753 年 5 月版，首次出现"THEA"，引自肯普弗著作，且以 6 花瓣为依据（这是肯普弗《话说日本茶》论文所述）。需要特别强调的是，肯普弗两本书中，全部以"支那"代称"中国"，这就方便理解林奈命名与后人臆测的矛盾之处了。

四、《植物种志》（一卷）1762 年再版，"THEA"条目，依六花瓣定为"武夷变种"，"生长在日本、中国"，从而可断，此武夷非指红茶；以九花瓣定为"尖叶变种"，生长于中国。

五、《植物种志》（二卷）1753 年 8 月版，以及 1763 年再版，皆出现"CAMELLIA"（山茶属），但是没有"Sinensis"的中国地名连词。这是在菲律宾命名"山茶属"植物的耶稣会传教士卡迈勒名字的拉丁文缩写，林奈以此纪念他的贡献。

六、茶树被定以连词 Camellia sinensis (L.) O. Ktze.，是以后的事情了。

鉴此，供以后写教科书和涉林奈茶著的师友参考。孔目所窥，未必有当，哂之！

现在可以进入第三个问题了，把林奈的最早著述与 250 年前世界茶格局的真实历史比较一番，看看他是怎样认识武夷茶的，武夷茶与红茶有什么关系？

5 五位博物学家接力拉丁文的茶命名

在林奈写的《植物属志》（1737 年）《植物种志》（1753 年一、二卷，1762、1763 年一、二卷修改版）和《茶叶全书》（1935 年）里对茶树、绿茶、武夷茶的判断中，有几个人物的递进关系和所起的作用，是必须搞清楚的。他们是肯普弗、卡迈勒、林奈、约翰·希尔、威廉·乌克斯。国内对这些人的资料，皆网上转抄，误讹甚多。这里，我把查阅原著所得资料整理于后，以使我们判断分析的依据较为客观。

首先是恩格尔伯特·肯普弗（1651.9.16—1716.11.2，德国人，医生，博物学家），1690 年，在结束瑞典驻波斯（伊朗）公使馆的医生工作后，为避普鲁士在欧洲同周边国家的宗教战争，他受聘于荷兰驻东印度尼西亚公司，作为随船医生，经印尼、暹罗（泰国）、到达日本，在长崎的出岛荷兰人商馆工作。此时是德川家康将军家族德川幕府统治下的江户（今东京）时代。在丰臣秀吉时代对葡萄牙天主教是宽容政策，以致恶性膨胀。1612 年，德川幕府第一道《禁教令》，命令日本的信教教徒改变信仰，在 1619—1635 年的 16 年间，被处刑的日本教徒达 28 万人。

1623 年禁止英国商人、1624 年禁止西班牙商船通商。1635 年禁止一切日本船出海，海外的日本人也不许回国，归国者不问理由一律处斩。1639 年发布最后一道锁国令，葡萄牙商船不能再到日本。1641 年，只允许与宗教无关的荷兰人和"支那人"（中国人）限于长崎出岛从事商务活动，罗马天主教徒在日本被驱赶或消灭，由此开启了 200 多年的锁国时代。直到美国将军佩里 1854 年 3 月来签订《日美亲善条约》为止，方才重开国门。肯普弗就是在

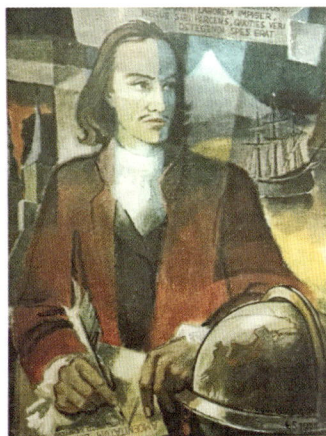

エンゲルベルト・ケンペルの肖像画

肯普弗（1651—1716，德国人，医生、博物学家），长期为荷兰东印度尼西亚公司工作。他在日本工作时写的《日本志》和论文，影响了林奈对茶的定名

这种环境下来到出岛。他是一个有志于依靠博物学知识游走天下、考察研究著书立说的独行侠。在相当于软禁之地的出岛，在"缄口令"胁迫下的日本民族面前，肯普弗依靠他精湛的医术，让日本高官和翻译每喝必醉的欧洲利口酒，以及行事大方亲善的个人魅力，他自称，从欧洲人到日本通商以来，没有任何一个欧洲人有他那么多的日本高官、文化人铁杆朋友。

由于救治了管理出岛的日本官员乙名，他允许一位 24 岁很有才华的日本青年作为肯普弗的助手，此人很熟悉日本和"支那"的文史典籍。肯普弗又很快教会他荷兰语，其水平超过日本的高水平译员。肯普弗从自己的收入中给他支付薪金，"相对于我那仅有的一点点资产来讲，其年薪可谓巨额"，每次让他办事的时候，一定给他一些银子，"如果所办之事颇费周折或者伴有一定危险时，我还不忘多给些报酬，以犒劳其辛苦。"回报是不言而喻的，这位颇有学识的青年，为肯普弗找到了他所需要的一切资料，并且在 1691 年 2 月 13 日以后，两次陪肯普弗纵贯日本，到江户幕府参勤时，全方位考察了日本。

肯普弗在日本工作两年多，回到欧洲，他首先于 1710 年左右出版了《海外奇谈》（日文名《回国奇观》）一书，这是十年来行走在荷兰、俄罗斯、鞑靼、波斯、阿拉伯、印度、日本的陆地和海上旅行时考察的论文汇集。直到他去世后，1727 年出版《日本志》上下卷，随后出版了拉丁文、法文、荷兰文版，1777 年 3 月出版德文版。在上、下卷书中，只有上卷第八章"日本的植物"中"茶树"一节有 150 余字，简述粗细茶之分和待客习俗寥寥数语。写茶的重头戏文章，是《海外奇谈》中的一篇《话说日本茶》，约 1.6 万字，分 11 节，详述日本茶树、历史和读音，茶树的杆枝花果状况，种植、采摘、加工，制作工艺，保存，品饮之法，健康保健，茶器具。肯普弗说，虽然有两个荷兰人在他之前写过短文介绍茶，但是两人在日本时间短，考察面窄而浅，远不能同他的研究相提并论。以我今天接触到 19 世纪前的欧美人写茶的研究文章而论，此文中达摩创茶；宝贵的"真壶"传说；恶妇嫌丈夫阳痿欲毒杀之（听医生讲用肥甘厚腻的猪肉阳杀，或天天用浓茶数次阴杀，她想毒上加毒速杀丈夫，就双管齐下。数月下来，丈夫精力倍增，吓得她不知何故），除这三点有故事成分而外，其他论茶部分，可用面宽、研深、见解独到来概括。

十分可贵的是，他的论述，全部来自在日本广阔产茶区的耳闻目睹、亲力亲为，

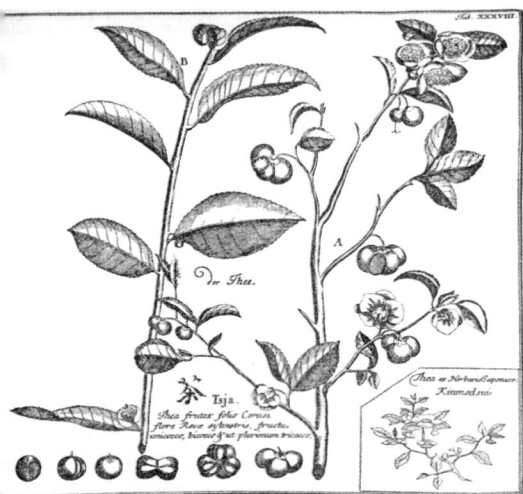

肯普弗在日本写的《话说日本茶》论文中，亲自依实物绘的茶图。1712年用拉丁文发表（左）。基歇尔（1620—1680，德国人，著名学者），1667年出版的《中国图说》拉丁文本中的茶图，被称为西方著述中的第一张茶图。两图并列，就看出谁是专业人士了

再加上历史典籍的互证。两本书中，一共有45张插图，肯普弗说"均为我依照实物亲手绘制而成"。他的德国老乡基歇尔，1667年出版了《中国图说》，影响欧洲，他没有到过中国，其中一幅茶树图，被称为西方最早的茶树图，同肯普弗的茶图一比较，就看出前者出于艺术家之手，后者出于植物学家之手。他的书和论文，其可信度就大大超过待在欧美，凭朋友讲龙门阵，以及用讹误相传的书籍为依据写的文章书刊。林奈之所以器重肯普弗的研究，应该源出于此。《海外奇谈》中还有日本的造纸术，锁国政策，针刺疝气治疗法，在"支那"[1]及日本常用的艾灸、龙涎香等专题论文，十分精彩。

1737年，林奈的第一本大部头专著，500页的《植物属志》以拉丁文出版，在第232页的593项，专门列了"THEA·Kempf"，这是"茶属"及肯普弗的拉丁文名字，第一次出现在林奈著作中。此书中没有出现以后广为人知的"山茶属·Camellia"的概念。在"THEA"的详细分析中，对茶的花萼、花冠、蕊（花丝大约200支）、雌雄蕊、花被、种子的描述，基本来自《话说日本茶》的内容。资料显示，当时林奈没有接触到茶的标本，而茶此时在欧洲已较为普遍，"茶属"

---

1 "支那"（China）名称，最早见于印度公元前四世纪古文献《摩诃婆罗多》第二篇，日本称中国为"支那"出自佛经。玄奘在印度，延用该国的"至那"（"支那"）称谓。段渝、汤洪证，"支那"指称南方丝绸之路的源头成都。

分类的命名及考证，显然都出于肯普弗的研究，林奈借用而予以命名，心怀感念之心，林奈把肯普弗德文名的拉丁化置于"THEA"之后，以感谢他的贡献。

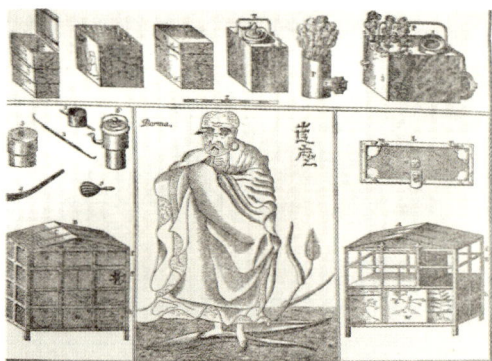

《话说日本茶》中的日本茶具，以及传说中的"达摩创茶"故事

在肯普弗的书中，茶树（Tsja Noki）、茶（Tsja）的表述方法，被很多人当成英文误读。经王静副教授请教日本历史专家，答案是，江户时代，葡萄牙人早被驱逐，荷兰人仍同日本人友好通商，荷兰语吃香。肯普弗是以荷兰人面目出现的。他把日语中对汉字"茶"的读音，用荷兰语标出来成为"Tsja"，而"Noki"是日语"树"的发音。林奈在把荷兰语的"茶树"（Tsja Noki），归并为拉丁文的"茶属"时，就演变成"THEA Kempf"。由于日本人对汉字通常有"音读"和"训读"两种方法，传入日本的汉字表示的事物，如果是日本不曾有的，就保留汉字的中国读音称为音读，如"茶"字。如果汉字表现的事物是日本历史上就有的，那么使用的汉字，则保留日语的读音，这叫训读，如山、空字等。我向黄益亮神父请教"Tsja"与"THEA"的关系，即是否由荷兰文译成拉丁文，他说二者发音完全一致，后者由前者译名无疑。这是一个过去不曾被关注的问题，现在明朗开来，即中国"茶"的发音传入日本，被音读沿用；肯普弗又吸收读音译为荷兰语，林奈又按此读音译成拉丁文"THEA"，所以今天中国人读这个词时，很有音韵的亲切感。佩里将军1854年签订的《美日亲善条约》，使用了日英中荷4种文字，可以想见荷兰在日本200多年的影响。很多书有关"THEA"的八卦解释，对不知者，宽容一些为宜。从肯普弗的茶标本绘图，就可以清楚地看到，在中文茶字的旁边，同时标上荷兰语的"Tsja"，无论此书译成何种文字，转译的源头在"Tsja"。

第二位是乔治·约瑟·卡迈勒（1661.4.21生于摩拉维亚的布尔诺，即现在的捷克共和国，1706年5月2日，因腹泻逝于菲律宾的马尼拉。耶稣会传教士，博物学家，药剂师）。在1686年前，他在母国完成天主教学业，加入耶稣会，成为一名非专业药剂师，有广泛的动植物研究兴趣。1688年，主动申请到马尼拉传教。据说他在菲律宾开设了第一家耶稣会药房，常常免费为穷人治病，还辟了一个不大的植物园，把有价值的华人花园的植物移栽至此。

由于菲律宾的气候条件迥异于欧洲，炎热的岛国海洋性气候培育的植物花卉是欧洲科学家和园艺家所追求的。荷兰、英国、法国、印尼的很多科学家同他建立通信交流，并委托他在当地搜罗标本。尤其是他同英国皇家学会会员、英国植物分类学先驱、大名鼎鼎的约翰·雷的友谊和交流，大量标本和物种源源不断输入约翰·雷手中，他通过各种渠道宣传这位扎根异国的博物学家，使他成为博物学界有影响的人物。在约翰·雷的巨著《植物志》第 3 卷中，作者以 96 页长的附录，把卡迈勒在菲律宾对草类、灌木、乔木的研究收录其中，山茶是一个重点。据现在统计，全世界山茶科植物有 23

卡迈勒（1661—1700，捷克人，医生、动植物学家，耶稣会士），1688 年到马尼拉传教，研究动植物。他关于山茶属的命名，被林奈采用，并以他的拉丁名字命名。后因腹泻逝于菲律宾

个属 380 多个种，而中国占 15 个属 260 多个种，云南、广西、广东、贵州是山茶科山茶属的主要分布区域。

林奈是约翰·雷衣钵的受益者。为纪念卡迈勒对山茶属植物研究的贡献，林奈在 1753 年 8 月 16 日《植物种志》第 2 卷 698 页，首次出现"CAMELLIA"（山茶属）的词条，这是卡迈勒名字的拉丁文写法，它比《植物属志》中出现"THEA"（茶属）晚了 16 年。在林奈书中，沿用肯普弗关于茶出于日本、中国的说法，数次单独出现"Sinensis"（中国）一词，以表示地名，没有出现以后必须的组合词"Camellia Sinensis O·kuntze"。在林奈 1763 年以前的书中，茶属，山茶属，茶三个专用词都是独立出现的。

1874 年，Dyer 在《英印植物志》中将茶属（Thea）并入山茶属（Camellia），并首次在属下划分了山茶组（Sect·Camellia）和茶组（Sect·Thea）两个组。茶组的前身即是与山茶属历史同步的茶属（Thea）。

（虞富莲《茶树的起源与分类》2010.7）

1958 年，英国皇家植物园的罗伯特·西利在其著作《对山茶属分类的修正》中，确认了两个主要茶树种类，中国茶树（Camellia Sinensis Var·Sinensis）和阿萨姆茶树（Camellia Sinensis Var·Assamica）。虽说之后还有张宏达、闵天禄、庄晚芳等分类系统，但海外使用较多的是西利系统。

从以上资料可见，20 世纪以来，诸多国内外茶树分类学著作，教科书中说，林奈在 1763 年的修改版中，把"茶属"归并到"山茶属"中，是不成立的。

第三位是卡尔·林奈（1707.5.23—1778.1.10），前面已作详述，此作小补充。在总结前人智慧的基础上，他首创"性器官标准植物分类系统法"的拉丁文"双命名法"，由两部分组成，前者为属名，要求用名词，后者为种名，要求用形容词，还可以加上定命者或发现地的名称缩写，学名必须简化，以 12 字为限。出于爱国情结，以及对国土偏小的担忧，他希望把很多舶来的植物蔬菜水果饮料在本土移植，尤其对茶，他对这一片片不起眼的枯叶子在欧洲卖高价，耿耿于怀，他立志改变这种状况。把茶种运来栽培，不可能成功，肯普弗早就说了。只有设法把茶树苗带来，凭林奈的关系，各国科学家，瑞典东印度公司的船长们都愿意帮忙。但是一次次幻灭：传教士把茶苗运过好望角，被风刮入海中；1757 年，瑞典商务官把两株茶树成功种到乌普萨拉植物园，第二年开花一看，是山茶花；当一颗真正的茶树从一等舱运到哥德堡时，船员靠岸忙于回家，晚上老鼠在舱桌上把茶树折腾至死……但是，茶树遇到的是不屈的林奈！ 1763 年，他委托"芬兰"号船长卡尔·古斯塔夫·艾克伯格到广州弄茶苗，并教授了他把新鲜种子在花盆里种下的方法。种子在航行中开始发芽，抵哥德堡时，有 28 株苗壮的树苗。林奈得到这个消息，欣喜异常，说了一段影响深远的话："活的茶树！这可能吗？是真的茶树吗？如果真是茶树，我要浓墨重彩地写下这一段，让船长的名字和亚

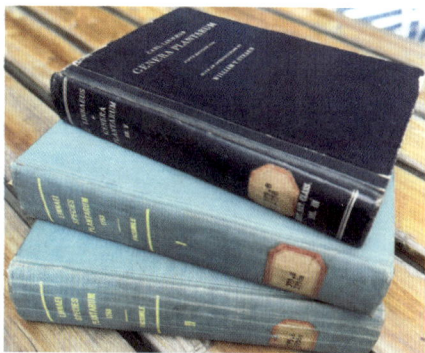

林奈《植物种志》1753 年首次出版的一二卷（此为再版本），共 2884 页

历山大大帝一样永留青史！"这是什么意思？林奈可以对新物种、亚种、变种予命名权，如果被列入双名法，那就可以与亚历山大一样，名流千秋万代。所以很多人愿意把千辛万苦寻到的标本和物种献给林奈，不能说没有个人盘算。

为防不测，茶苗分两批运乌普萨拉。第一批 14 株运到时，全毁了。第二批林奈夫人亲自捧在怀里督运，1763 年 10 月 3 日，林奈终于见到活着的中国茶树（请记住，这是《植物种志》修改版 1763 年发行以后）。这是在瑞典见到中国茶树的第一人。可惜，瑞典的恶劣气候使茶树一颗接一颗死去，种温室观赏还可以，要大面积商品种植，是办不到的。于心不甘的林奈，想扶植茶的替代品，本国常见的"双生花"（也就是林奈花）作为饮品与茶一争高下。如前所述，同样是植物学家的儿子偷偷地说，那难以下咽的东西，怎么能同茶比拼。可能是林奈忽略了肯普弗书中的文字，"到目前为止，还没有发现能够代替茶拿来冲开水或者煮水饮用、不伤胃并容易排出，而且具有使松弛的精气迅速恢复并带来活力这种功能的植物"。事实相反，作为伟大的科学家，他不信邪，用了 20 多年时间试验，结果事与愿违，这是科学上的常事。据说最后一株茶树淹于 1781 年，这是林奈仙逝以后三年的事。以上是有案可稽的文字。我相信，在林奈去天国以前的最后时光，他一定常到温室去看望残留的几株茶，这是他信念的依托。他命名排序了千千万万种植物，他没有想到命名的"茶属""茶"今天在全世界的风光程度。

第四位是约翰·希尔（1716—1775.11.21. 英国植物学家、药剂师、园丁、作家）。他是林奈同时代人，两人在对茶的分类认识上有交结。他翻译、出版过很多书，其中价值最高的是植物学部分，据说瑞典国王因为他的贡献，1774 年颁发皇家勋章予以鼓励。对于中国人来说，如果不是剑走偏锋的植物学家，也不会注意到此人。但是《茶叶全书》的总编撰威廉·乌克斯把他给扯进来，说是林奈轻信了他关于六花瓣的茶树是红茶，九花瓣的是绿茶的观点，在 1762 年的《植物种志》中删去了"中国茶属"的概念。这就成为外国"红茶起于何时"的关注者的聚焦人物。很多书刊说，希尔的观点，源自他写的一篇《论茶》或《大观茶论》的文章。我调动中外网搜高手的关系查询，有此人，无此两篇文章。约翰·希尔 1759 年写过一本《异域植物》的书，讲述美洲和中国 35 种优美的草本、木本植物，大多是新品种，每一种植物配有精美的插图，其中有武夷茶和绿茶的单独讲述及插图，每文 800 余字，讲武夷茶时肯定是六花瓣茶树，绿茶是九花瓣，二者皆可能是变种。

还讲到茶种栽培的注意事项,在绿茶篇中讲,此时的英国植物园没有茶树。此书多处引用肯普弗文章的资料。而林奈的《植物种志》1753 年 5 月第一卷中,讲了六花瓣和九花瓣茶树花,没有命名,只延用肯普弗茶和茶树的称呼。1762 年发行的第一卷修改版中,使用了六花瓣为武夷变种、九花瓣为绿茶变种的概念,这是否借用了约翰·希尔的研究成果,还是巧合,留待有兴趣者去研究吧。

但是,威廉·乌克斯认为林奈是采用了约翰·希尔对武夷、绿茶变种的随意命名,而取消了"茶属"(中国茶),把它归并到"山茶属"之中。前面已经举证,这是误说,还是另有心计刻意如此?我判断是后者。吴觉农先生推崇《茶叶全书》,但对作者的殖民主义心态,罔顾数千年事实,否定中华民族的茶历史文化,要给殖民主义者在印度植茶历史贴金,予以严正批驳。他扯约翰·希尔垫背发挥,有一点道理吗?看看如下文论。

第五位,威廉·乌克斯(1873—1945,美国人,世界著名的茶和咖啡研究学者,《茶叶与咖啡贸易》杂志主编),从 1910 年开始,历时 25 年,考察各国茶区,到欧美图书馆、博物馆收集资料,1935 年在美国出版《茶叶全书》(英文)上下卷,共 1127 页,插图 1470 余张,洋洋百万言的巨著。中国当代茶圣吴觉农见书后说,此书"不失为今日茶叶著述中唯一具有世界性和综合性的伟构"。

随后,吴先生组织国内专家,耗时 11 年,于 1949 年 5 月出版了此书的中译本。

《茶叶全书》英文版上卷第 24 章"茶的植物学与组织学"中有一段话:

However, of late years, the majority of botanists have adopted the first name that Linnaeus gave the tea plant; i.e., Thea sinensis Linn. Of course, Thea sinensis hardly is geographically correct. Linnaeus, himself, in the second edition [1762] of the Species Plantarum, discarded the name T. sinensis,

《茶叶全书》(美)威廉·乌克斯著。封面茶图,是英国植物学艺术家玛丽·艾米莉伊顿(1873—1961)绘,她两次获皇家园艺学会银奖。此图是阿萨姆变种

and identified a specimen with six petals under the name of T. bohea, and another with nine petals as T. viridis; thus, rather arbitrarily following the treatise on black and green tea by John Hill, 1716-1775, that curious English miscellaneous writer, who, styling himself "Sir" John Hill, was, in the course of his picturesque career, an actor, an author, an apothecary, a gardener, and a botanist.

翻译成中文是：

　　但近年以来，大多数植物学家都采用了林奈给茶树的一个学名茶属（THEA）[1]，当然此名称在地理学上不甚正确。所以林奈在《植物种志》第二版（1762 年）中即放弃了茶属（T·Sinensis）的名称，而遵循约翰·希尔（1716—1775）把六花瓣的定为武夷茶（T·Dohea），九花瓣的定为绿茶（T·Viridis）；这与作家、植物学家约翰·希尔划分武夷茶和绿茶的方法同样武断。

　　综上所述，这段文字有以下几个问题：① 1737 年《植物属志》中，林奈给"茶属"的命名，只有名称，没有地域概念。因为肯普弗的《话说日本茶》主要讲日本，言及中国是称"支那"，如果命名"支那茶"，那么拉丁文的写法就不一样了。

　　②威廉·乌克斯讲"此名称在地理学上不甚正确"，他是站在 20 世纪，已经有了中国茶和阿萨姆茶的分类，来判断 18 世纪没有阿萨姆茶之说时的概念，及后来植物学家对 Thea Sinensis Linn 的使用，由此认为"茶属"和"山茶属"应该合并。在《植物种志》第二版中，没有林奈放弃"茶属"的证据。

　　③林奈 1753 年判定了六瓣、九瓣花的茶树；约翰·希尔 1759 年在书中使用武夷茶、绿茶来区分六、九瓣茶树；林奈 1762 年修改版使用了武夷变种和绿茶变种，这是他综合植物学家知识的判断，不排除吸纳了希尔的见解。

　　④很多书把此处武夷茶译成红茶，这是判断和译法失误。林奈和希尔对茶

1　没有乌克斯说的 Thea Sinensis Linn。见 561 页，中国农科院茶研所虞富莲研究员有详述。

的研究，皆以《话说日本茶》为宗本，肯普弗的万言茶论中，没有武夷茶一词，日本当时更不会有红茶。由于对欧美贸易的武夷茶（乌龙茶）占广东、福建地利之便，又有菲律宾、泰国、印度尼西亚侨胞对家乡味的仲爱，欧美水手带茶饮防坏血病和赠亲友，使武夷茶名声远播，这是久远的共识。我们看到林奈的四份茶标本，其中写武夷、广东、熙春，这是产地茶的标注，可见当时的影响。我国著名翻译家、教育家范存忠教授（1903—1987）懂多国语言，在他著《中国文化在启蒙时期的英国》中说，1712 年 3 月 26 日前，在艾迪生和史蒂尔办的《旁观者》报第 323 号上说，时髦女子在上午 10—11 点之间要喝武夷茶一盏，到了晚间 10—11 点之间，又坐在茶桌旁边了。在 6 月 19 日《旁观者》报第 409 号一篇文章说，老茶客能分辨各种名茶；如果把两种茶混在一起，品尝之后，他能说出混在一起的是哪两种茶。

事实上，在 1700 年前，欧洲书报文章中出现武夷茶的名称，不胜枚举。强说此时的武夷茶就是红茶者，没见人举出一二例过硬服人的证据，《庄晚芳茶学论文选集》对此有详解。而林奈和约翰·希尔根据茶花形态、瓣数不同，定出武夷变种和绿茶变种，这是植物分类学的概念，不能同商品茶类的区分混为一谈（2019 年 3 月 28 日，在蒙顶山下的花间堂酒店，陈宗懋院士参加完他授"名山区陈宗懋院士工作站"的活动后，我当面请教《植物种志》中定的武夷变种和绿茶变种，能否把前者理解为武夷茶或红茶，他说肯定不能！武夷变种是茶树分类学概念，不是茶商品品种的概念。当时在场的还有他单位的科技处长林智，名山区副区长曾奇）。

林奈《植物种志》中的武夷变种，与武夷红茶是一回事吗？或者有什么关系？见仁见智，期待方家高见。林奈不会想到，一个与植物学基本不沾边的中国先生，花了八年时间，盯着他不松手，神思五洲，写了一篇比《话说日本茶》更长的文字，不知道他是否接纳？

6　百年老码头见证茶拍卖

我们都喜欢上了活跃热情的马克博士和持重认真的琳达女士。马克非常遗憾地说，另外一处博物馆收藏有 300 年前荷兰人运来的中国茶藏品，他看了英行册说，你们活动安排太紧，这次没时间了，如果你们下次来，我一定陪你们去看寿星中国茶。

我问马克先生，这些涉及茶的资料和图片太珍贵了，我在以后的书刊中能使用吗？他问，您使用在什么地方？我说要写两本茶文化的书，包括这次的英国行。他说可以，但是我们需要签订正式的承诺书予授权，否则就是违规的，会被追究法律责任。我说好的，待回国请小冷同您联系（11 月 16 日，我收到承诺书电子版，填写签字后回复。马克馆长认证了我的独家使用权）。整个上午，没有另外的参观者，为什么？林奈是渐行渐远，昨天前天的高深的科学家，今天的人们，虽然受惠于他，但对他的研究者可谓寥若晨星。

车行 20 多分钟，穿过伦敦塔桥，开到停车场。简女士说，我们要到有名的茶栈库区去用餐。很快进入一条小街，一眼望去，全部条石铺成的街道，磨得油亮，在阳光直射下，每一块石头都反射出热情的光芒在欢迎我们。路只有两米宽，叫街，不如叫巷更贴切。两侧是比肩而立的石材房子，最高五层。

稍远处，街两侧的四至五层楼之间，是用过街天桥相连。简女士说，左边房子临河是码头，货卸下入库，再经过天桥运到右边的库房里分装，再加工，谁拍买到的什么货，就从这里运走。

我们穿过两栋五层楼房中间的胡同，相当于房子的深度，约 30 米，来到泰晤士河边。左侧约 100 多米外，就是享誉天下的伦敦塔桥，连接着 300 米左右宽的河面。这是泰晤士河上第一座开悬索桥，历时八年建成，1849 年 6 月 30日开通。桥总长 244 米，两座桥塔高 65 米，分上下两层，上层连接支撑高塔，下层可以车辆穿越和步行。如果巨轮通过，下层可自动向两边打开，人员改从上层通过。有作家

同简女士坐中国产金龙车去码头午餐

泰晤士河巴特勒百年老街和码头

评论，这是一座矛盾之桥，也是一座和谐之桥。

我们站在堤上的钢栏旁，中型客货轮在河中上下穿梭，各行其道。驳船码头设在河床 1/3 处的位置，船可两侧泊靠，使驳船同时装卸的能力增加一倍。而中国的驳船都是一侧靠岸，这就使停驳能力差了一半。我从小在长江边长大，很熟悉驳船功用，今天见英式泊位方式，颇觉新鲜。驳船有连通岸上四、五层楼库房的缆车，直接把货入库。简女士指着河对岸距塔桥不到一英里的地方说，那里是明辛巷，是后期茶叶拍卖交易所的驻在地，也叫茶街。1679 年，英国东印度公司把从印度、中国、东南亚运回来的货物，以拍卖的方式在东印度公司总部大楼举行。当时的货品主要是香料、印度棉纺织品、中国瓷器丝绸、中日漆器等，茶叶还不是主角。拍卖师点燃一支一英寸的蜡烛，开始叫拍，烛烬槌落，槌中者中标，这是"燃烛记拍"法。大英帝国最牛的"国有企业"东印度公司标志性大厦坐落在李登霍尔街，由巨船、水手、鱼和盾形徽章浮雕装饰，被称为东印度之家。以后茶销量越来越多，拍卖的主角由茶叶占据。伦敦的拍卖时间，在 17 世纪 50 年代按季度全年四次，以后变为按月按周举行。按规定，船员所带的货物，也必须进入拍卖行，以免逃税。至于少量的私人馈赠不在此列。这里的风光，到 1834 年戛然而止。

由于英国东印度公司的贪腐、经营不善，以及广大的新兴资产阶级反对垄断，要求参与自由竞争，国会决定从 1834 年开始，中止它对东印度区域的贸易垄断，象征垄断权势的茶拍卖会，最终搬到明辛巷新建的伦敦商业销售厅。这两处拍茶地址，分别距塔桥只有 0.5 和 0.8 英里，紧靠码头和仓库区，方便交易、加工、储存、提货。很快，在明辛巷形成一条茶街。大小茶商的办事处麇集于此。

1839 年 1 月 10 日从印度运抵明辛巷商业销售大厅的首批 8 箱阿萨姆茶，据说是三箱阿萨姆白毫、五箱小种进行拍卖（这些品种的定位，是无知者的杜撰）。制茶者是东印度公司戈登此前引进的雅州茶工（福钧此时还没有到中国），他们的长处是蒙顶绿茶，黄芽和康砖藏茶。如果拍卖的是白毫和小种，那会是什么口味，难以想象。

茶叶拍卖通常从每磅 1 ～ 2 先令起拍，激烈竞拍之后，第一批茶以每磅 21 先令成交（以今天价计算，约合 68 英镑或 130 美元 1 磅），被皮丁上尉买走。最后一批茶拍到每磅 34 先令，也全部被皮丁上尉买走，他声称，这是爱国主义情绪的激励，英国人终于喝到自己生产的茶了。也有媒体谑他，是为自己经营的茶叶品牌造势，他的广告语是："浩官混叶茶—40 种名贵红茶的完美组合"（伍浩官，广州 13 行巨头）。

到 20 世纪，由于第二次世界大战改变了全球格局，产茶大国印度（1947 年）、斯里兰卡（1948 年）、肯尼亚（1963 年）纷纷独立，自设茶拍卖交易所，不愿劳神费力把茶运到伦敦拍卖让他人分肥。到 1998 年 6 月 29 日，伦敦工商会举办了最后一次茶叶拍卖，来自赫尔伯德茶庄的一箱（约 44 公斤）锡兰花橙白毫以 4 万英镑高价成交，买家是哈罗盖特的泰勒公司。有着 319 年历史的伦敦茶叶拍卖槌不再响起。终拍收入捐慈善机构，也算是结了一枚善果。

河堤栏杆距餐厅三米许，靠墙一长溜小圆餐桌，雪白的桌布，透明的高脚酒杯和刀叉，就占去一米二。老板不能浪费这生金之地，剩下不到两米，游客、食客，不断的练跑者川流不息。啊，遍地流金之地。

在塔桥两岸的河堤四处，只有这一侧有餐厅。三栋库房楼的底层，这是胡同旁的第一家巴特勒码头餐厅，是简女士特意推荐的。几百年来，楼上是库房，底层全部是餐馆。试想一下，历经一两年艰辛的海上颠簸，水手和商人们上岸的第一件事是什么？跪地仰天长啸："上帝啊，我终于回来了！"接下来就是不顾一切地饕餮痛饮，为活着干杯！这里的生意和家乡味可想而知。

进入餐厅，侍者不需询问，就把我们带来预订的 18 人座位，大家侧身插到座位处坐下，没有再进出的空间。这是我们一周多以前在国内预订的，否则不能就餐，每人 39.5 英镑，另付小费 5 英镑。餐厅主管很礼貌地来同简女士打招呼，然后倾身踮脚同我握手。我们送上一本英行册和两只小熊猫。简拿着册子介绍几句，他全明白了，祝我们用餐愉快，然后把册子和熊猫放在壁炉台上作广告。每人座前搁一张三角纸卡，写着姓名、各道菜、甜点的名称、数量，一面是让食客核对，一面让侍者送餐无误。桌椅都是百年前的家具，不锈钢餐具和红酒杯。早上陈紊兵给我保温杯泡的西藏藏茶，因为忙，一直没喝，就给简女士、丁云国、陈紊兵各倒小半杯，醇厚的葡萄酒色，简女士一看一闻一品，就赞好茶，醇而回润，降脂很好。紊兵喜上眉梢，碰杯合影，这是广告照片。

我们还在成都时，小冷就把食谱发给大家，让各人选定，以便预制，既保证质量，也不耗大家时间。我特意留了一份食谱：

拥挤的码头餐厅外景和美食

开 胃 菜：①薄荷味豆汤　②榲梓果冻、鹅肝酱　③烟熏三文鱼
　　　　　　④菊苣、奶酪、梨沙拉

主　　菜：①250克猪排、黑布丁、苹果酱　②烤鸡胸、浓豆汤
　　　　　　③鳕鱼、奶酪豆、煮香肠　④200克烤牛排、芥末酱
　　　　　　⑤275克烤牛排、胡椒酱
　　　　　　主菜会随带时令蔬菜

餐后甜点：①核桃仁巧克力饼、冰激凌　②苹果、黑莓片、果冻
　　　　　　③白巧克力芝仕饼　④太妃糖布丁、凝脂奶油
　　　　　　桌上配大扎柠檬冰茶

　　我选的②＋⑤＋②，既来，要品正宗，我想体会一下英式正宗牛排什么样。

　　主菜上来，我傻眼了！大半个手掌大的一块肉，比一般的牛排厚一倍半，275克无骨。我也算是走过欧美亚20多国，吃过多种牛排，始见这副模样。一刀切下去血红红，咬在嘴里绵扯扯，什么味道也没有。这一块肉，实难下咽，赶紧分割几块，让左邻右舍帮助。谁的分量也不小，简女士看到我们的表情，知难消受，就说吃不完也没关系。我们知道国外的光盘行动，如果剩下，实在尴尬，只有慢慢嚼吧。

7　飞剪船从福州的中国塔驶来

　　简女士指着窗外的码头说，这里在200多年的时间里，是千船竞至，帆樯林立。东印度公司垄断权取消，限制外国船运货到英国的禁令也取消了。最早撞进伦敦码头的是美国商船，他们发明了飞剪快船，运输速度比英国船快三倍。英国人高价聘美国船长传授技术，英国人也造出了飞剪帆船。以后美国商人忙于国内南北战争，暂时退出伦敦的海运。而英国人则掀起了飞剪船运茶赌博的狂潮。

　　每当飞剪船距塔桥还有三天路程时，通过电报传输消息，下赌注开始了。最后一天，船从大海进入泰晤士河时，伦敦万民空巷，聚于两岸，就像在赌马场一样，亢奋激昂，为自己下注的船疯狂。记载表明，创纪录的一次飞剪船竞赌是1866年。11艘船从福州马尾港区的罗星塔码头出发，这里距福州市区25公里。罗星塔是

19世纪末，在巴特勒码头餐厅看飞剪船竞赛的淑女。**福州马尾区的罗星塔，飞剪茶船的出发地**

闽江入海口的一座塔，相传建于宋代，以后被海风所毁。明朝天启年间重建（1621—1627），高31.5米，七层八角的全石塔结构，底层直径八米六，内有梯上顶。我专门访过此塔，高大巍峨，精美异常。到清末，它是世界航海图上被称为"中国塔"的坐标，邮件只要写中国塔三字，就能寄到。因为小刀会占领上海，太平天国在广东广西湖南湖北安徽同清军对仗，收茶困难。有中国近代留学第一人之称的容闳，在他写的《西学东渐记》中说，靠着同洪秀全侄儿干王洪仁玕的关系，与洋行联手，在安徽太平县耗时数月，将六万箱绿茶到上海外运。有靠山尚如此困难，外销基地移至福州可谓顺其自然。在罗星码头装载着一年中的第一季新茶，三天之内相继出发，满帆逐波，向英国而去。90天后，"羚羊号"和"太平号"双双逼近塔桥区终点。"羚羊号"领先八分钟撞线，但冠军是"太平号"，因为它的出发时间晚20分钟。冠军船的首批茶备受拍卖会买家青睐，价格飙升。一年数次的飞剪船豪赌，在相当时间内成为伦敦的一项壮观的商情民俗活动。竞船的动力在哪里？除了船东可以卖好价的诱惑以外，按惯例，"船员可以获得特别津贴"，这是最大的助推器。直到1869年苏伊士运河开通，航程缩短5000海里，运河只能汽船通航，帆船失去用武之地。到1871年最后一次飞剪船比赛之后，热闹了

20 多年的飞剪船运茶竞赛，寿终正寝了。

我们没有点葡萄酒，也没有点茶，桌上有可以续杯的冰柠檬茶水。我这一杯红彤彤的藏茶，实在惹人眼气。餐毕，我把纸卡牌带走做纪念。眼下时兴的餐饮私人定制，在这里有百年历史了。茶友不解我带走卡牌干什么？试想，1660 年佩皮斯在海军部办公楼第一次喝了一杯茶，引得 300 年后的世界茶人，对他日记中这样一句话，分析茶在英国的历史、品味、价格，不烦其多。那么 300 年后，依我记的食单，人们是否会分析中国人的生活水平，英国物价，农业生产……诸多趣事呢？

再回到两米宽的古道，我站在路边前后打量这一片茶的栈房库区，想起鸦片战争后，清政府派出的第一个国家考察团的使节斌椿和翻译张德彝写的《乘槎笔记》《航海述奇》。1866 年 4 月 12 日（农历），他们来到我们所在的片区考察，"至海关收税验货处，闻发收金钱二千六百万英镑。又至各栈。茶三百万箱，皆中土字号"（斌椿）。"至其海关收税验货处，见河岸三面装货高楼，中有茶叶三百余万箱，如龙井、雀舌、毛尖、香片等类，不可枚举，率皆华产"（张德彝）。

还要将近 30 年后，才是印度茶的天下。这里对茶品名的记述，会促使我们冷静分析，伦敦茶的天下，是中国绿茶、乌龙茶、红茶？什么时段，以什么茶为主，这是有考究的。我们与大清朝的第一个出访团，整整相距 150 年，算是同一天同一地点考察中英茶文化，我们的心境和眼光完全不一样，结论会是什么呢？考察完了见分晓。

8　资历最老的药用植物园

2：30，我们开车到伦敦皇家医院路 66 号切尔西药用植物园，这是城市中心地带孑遗的一块宝地。不宽的主道旁，有两米多宽的人行道，几边是四、五层的楼围着它。3：00 才开园，我打量着这座吸引我必须到此一游的神秘之园。

让中国人恨得咬牙切齿的茶叶大盗福钧，最早是离这里不远的奇斯韦克植物园的园艺师。在第二次到中国，猎取大量中国优质的茶树苗、茶种，并雇佣八位中国制茶能手到印度以后，彻底改变了亚洲的茶产业格局。回到伦敦，升任切尔西药用植物园的园长，据说这里保存有他当年的运茶工具。研究中英茶文化，这里能不看吗?

两米五高深沉的红色围墙,分隔出一个独立王国。依砖色判断,从 300 多年前它站在这里以来,就保持了未修饰的本色。门票每人 11 英镑。简女士带我们进入简单的铁栅门,还有几位年轻的游园者。讲解员凯瑟琳·玛丽女士在门内接我们。她一头蓬松的金色短发,胸前吊着一个玫瑰红架子的老花眼镜,凭此判断,应在 60 岁上下,一枚小熊猫夹到她胸襟上,这是见面礼。

主道是 2.5 米的碎石路,夹道的是寸高碧绿的草带,外侧是油黑沃土种的植物,草带上间隔摆放着 40 厘米直径的红陶大花盆,种着植物。落叶树刚露芽,高低参差。她同简女士聊着,了解我们的观览重点。

前行至主道的十字路口,一尊汉白玉雕像迎面而立。65 厘米高的方形柱墩上刻着:"汉斯·斯隆爵士,1660—1753。"像高两米,象征那个时代身份的卷曲假发套垂到肩下,身着大氅,项系围巾,左手叉腰,右手拿一卷书,头向右微抬目视远方,刻画出一个无所畏惧的探索者。玛丽女士站到像前,我们围着她静听介绍。1673 年,英国药剂师协会建立了这个以种植、观摩、学习药用植物为主体的小园区,只有四英亩(约 25 亩)。那个时代治病,是以草药为主,所有的医生、药剂师必须十分熟悉药用植物。直到 1983 年前,这里只供专业师生实习之用,不对外开放。那时条件很简陋,你们看地上分隔苗畦的界石,是当时的建筑废弃

简朴的切尔希大门。　探访切尔西药用植物园的汉斯·斯隆爵士(1660—1753)

2016.4.13　张雅琪 / 摄

砖渣，都成古董啦。

斯隆爵士是北爱尔兰人，家境富裕，从小对植物动物感兴趣。1679 年到伦敦药剂师学院学习化学，还到切尔西药用植物园研究他感兴趣的植物。以后，他到欧洲各地学习解剖学、医学和植物学，1684 年回英国时，已经是医术出众啦。1687 年，斯隆被任命为新任牙买加总督阿尔伯马尔公爵的医生。在前往牙买加的三个月航行中，他帮约翰·雷等博物学家采集标本。他在牙买加工作 15 个月，主要精力用在研究动植物、气象、土著文化和收藏。1707 年他出版了《牙买加自然史》，这是他的成名作。回到英国后他成为一名成功的上流社会医生。1727 年他接替牛顿担任英国皇家学会主席。他是医生、科学家、博物学家和收藏家，极具创新意识和经商眼光。他熟悉牙买加的可可饮料，于是把它包装成一种药物，"能够舒缓胃痛，并且对所有类型的肺病都有治疗作用"，再加上牛奶和糖煮过，一种诱人的巧克力饮料诞生了。凭专利经营和营销，斯隆财源滚滚。1722 年斯隆爵士对这里进行大额捐助，条件是药用植物园的功能永远不变。园区得以保存，所以塑像感谢他。

玛丽女士边走边说，这里分制药区、世界草药区、香水香疗区、实用植物区和蔬果区，紧凑精致，以斯隆像为中心辐射，有 5000 多种植物，每种植物都有一个吊牌，写有拉丁文名称、产地、特性。林奈 1734 年参观过这里，向园主提出新的"双名法"分类种植，方便识别。主人采纳了建议，调整布局，沿用至今。林奈还专门考察了斯隆爵士的藏品陈列博物馆，根据其中标本和绘画描述，命名了许多植物新种。

在离围墙不远的旧砖铺成的拐角处，静静地蹲着一个木构玻璃装置，玛丽用手一指，那就是沃德箱。大家一拥而上，要看看这罪不可赦的盗具。箱子下方是一个长方形的盒子体，高 30 厘米，长 100 厘米，宽 60 厘米，放苔藓类土育种。上面是一个三角形的玻璃罩，笼着盒子。两面玻璃分成 12 个小格由木条卡住，既采光，又免运输中震坏玻璃。箱子的发明者是伦敦医生纳萨尼尔·沃德，他的本意是做这个装置在家庭园林育种，防雾都的霾害，可保湿采光。效果不错，他又用于越洋植物运输尝试，收到前无古人的效果。稍加改良，成为博物学家不可或缺的助手沃德箱。箱子两侧上方，开有一个可关闭的小圆孔，作调节空气、降湿之用。下部的箱体外侧用很粗的棕绳做了一个提手，方便搬运。我四周端详，

凯瑟琳·玛丽介绍切尔西药用植物园，1673 年建成　　阿甲／摄
切尔西药用植物园按物种整齐划分的畦地　　冯斯正／摄
1400 年《罗马玫瑰》书中插图，欧洲的医生在药用植物园采草药

没有发现标牌介绍，玛丽也站在一边。细一思忖，切尔西没有把它当成功勋工具，否则，每株小植物都有标识，这样一个大物件它为什么没有呢？客观地讲，在 19 世纪后期和 20 世纪上期全球植物的物种交流和经济发展中，沃德箱居功至伟。在运茶种这个问题上，就算一个失足助纣为虐吧？英国人铁了心要用中国良种茶改造阿萨姆劣种，福钧不来，其他人也要来，此前就来了戈登等人。没有沃德箱，也会用其他方式解决，早迟而已。我对它说，赦无罪，同我们聊聊吧！

9　福钧携沃德箱从切尔西去中国

罗伯特·福钧（1812.9.16—1880），生于英国贝里克郡，他原有文化程度不高，从当园艺学徒做起，由于他的热爱和勤奋，艺技精进，在爱丁堡植物园也工作过。至 1842 年，他在离切尔西药用植物园不远，但是要大得多的皇家植物园奇斯韦克温室部任主任，此时 30 岁，可见功力水平。

中国有一出折子戏，是各剧种都喜爱的《盗仙草》。在峨眉山修炼成精的白娘子，在杭州爱上许仙。为救许仙，九死一生盗仙草。茶被西欧，尤其是被英国称为仙草。这种仙草扰乱了英国的金融秩序，给工业革命带来困扰。是福钧到中国盗仙草，匡扶了英国的工业革命，给杂乱的印度经济，注入强心针。福钧被西方植物界称为"在中国植物收集史上无可争议的开了新纪元"的人。

福钧用沃德箱把茶种盗运去印度。

作者和简·佩蒂格鲁

高士杰 / 摄

让福钧青史留名的恩主，是一位中国人不太熟悉的英国东印度公司驻广州的验茶员雷维斯。他 1812 年到任，后成为验茶专家。他和儿子是当时英国在华生物收集的成功人士，他还是英国林奈学会、动物学会和皇家学会会员。到 1831 年，他为英国的植物园、博物馆引进输送难以统计的物种和标本。由于干标本抹杀衰减了植物的观赏价值，他在华请画家绘制了 654 幅中国观赏植物彩图送回英国，这些直观逼真的依据，成为各国园艺公司派植物猎人按图索骥的指南。鸦片战争之后，闭锁的中国大门打开，雷维斯向伦敦园艺学会（1804 年，由英国皇家所属邱园、圣杰马斯、肯新顿植物园和一些植物学家在伦敦成立"伦敦园艺学会"，1860 年改称"皇家园艺学会"。）提出，必须立即派出干练植物学家到中国搜罗经济、观赏、科研类植物物种，以供国民经济发展和园林美化之需。园艺学会经过筛查，选中了福钧，每年的酬金 100 英镑，配一把猎枪，两支手枪。在对他强化培训后，园艺学会提出了需要特别注意的 20 多项物种清单：

1. 北京御园生产颗重两磅的桃子；2. 制不同茶叶的植物（当时西方人以为绿

茶、红茶由不同树种生成）；5. 造宣纸的原料植物；8. 佛手柑；11. 柑橘；17. 天蚕蛹；18. 糖蔗；20. 牡丹和芍药；21. 八角（茴香）的各品种；22. 各种竹子及其用途……要求他每天必须有详细的工作笔记。

从 1843 年 7 月 6 日乘英国"鸬鹚"号经四个月航程到香港，至 1846 年 5 月 6 日船回泰晤士河，福钧在中国奔波三年，主要在澳门、香港、广东、上海、江苏（苏州）、浙江（宁波、舟山茶区）、福建（福州及周边茶区）一带活动，对地质、土壤、河流、山脉、耕作、施肥、气候、降雨量，各类植物及产量，作了科学性的篦查和采集，圆满完成任务。他已经能熟练使用汉语，并遵中国习俗生活。1847 年他出版了在华旅行的书《华北省区的三年漫游》，精明的植物学家在地理区位上出了大错，他对中国幅员不清楚，以为香港、广州是"华南"，上海、苏州、浙江是"华北"。2015 年中国出的《两访中国茶乡》校勘了这一失误。

在对广东、江苏、浙江、福州附近的茶区进行深入研究和比较之后，他提出了纠正西方人相沿成习对红绿茶认识的误区。他指出，红、绿茶都是同一种茶树植物，依不同制作工艺的结果。在中国，没有什么红茶树生长红茶，绿茶树生产绿茶的说法。这在植物界、商界和茶客中掀起大波，多数人不相信他的说法，一则说他考察范围不宽，拿不出实例；二则是他当时名气不大，很多人不买他的账。当 1839 年 1 月 10 日，首批阿萨姆茶在明辛巷拍卖高价后，立即煽起了商人们投资印度茶产业的热情。五个星期不到，50 英镑一股的一万只股票被抢购一空。新成立的"阿萨姆茶叶公司"，也得到英印政府帮助。

1848 年 9 月，财大气粗的阿萨姆茶叶公司邀福钧第二次到中国，公司开出的年酬金 500 英镑，折合现在的 5.5 万美元，相当于一个高级工匠 25 年的报酬。除茶之外，任何物种的采集物和标本，都归福钧，并免费运输，这是极优厚的条件。这同第一次应园艺学会之邀到中国撒大网普查，和重点在观赏性植物的采集任务完全不同。中国的很多译著或著述说他是为东印度公司所聘，这是不准确的。1834 年，由于英国国内的普遍压力，国会取消了东印度公司对中英贸易的垄断权，只同意对茶的单项贸易延 20 年，以免影响英人对茶的需要。1788 年，植物学家班克斯爵士，和以后的邱园园长胡克就主张在印度植茶，但东印度公司从中英茶贸易大赚垄断利润，不屑分肥。垄断取消，散商蜂拥而至，火烧眉毛。刚好 1823 年英国商人布鲁斯兄弟在印度阿萨姆发现野生茶林，但不被重视。直到十年以后，垄断权取消，戈登从中国引进数万茶的种苗，并从雅州聘茶艺师帮助种茶制茶送伦敦试销，虽然皮丁上尉在 1839 年 1 月 10 日，把明辛巷拍卖的茶都买了，可是经过专家品鉴，除了浓涩以外，无一优点。但是大环境适应种茶，必须引进中国的优良品种对本地茶进行改良，印度茶才有一线生机。

福钧此次任务，就是尽量多、尽量精地从中国优良茶区搜罗茶苗茶种。有了第一次中国行的经验，他按中国的装束打扮并自诩，就是同很熟悉的朋友擦肩而过，也认不出他来。他钻到中国最优绿茶产区安徽、江西的松萝、屯溪、贡熙茶产区，又窜到最优乌龙茶、红茶产区的武夷山区，不择手段地挑选精品，数次用沃德箱经上海、香港海运到加尔各答。

他完全掌握了优质红绿茶的生产工艺，并且断言红绿茶皆出于同一植物品种，加工工艺不同而已。他在安徽黄山的休宁县，发现产茶区有一种为满足欧洲和美洲人独特口味，对绿茶进行"彩色"的染色工艺，他记下全部工艺过程，并骗得染料普鲁士蓝、石膏、矾土、姜黄根等，他认为证据在手，这是毒害欧美客户的邪恶手段，他要披露此事。实际上他很清楚，英国茶商制假伪茶、给茶染色有 120 年以上的传统，英国政府多次颁布法律严惩此劣习。1725 年，英政府颁布《英国伪茶法案》；1730 年又颁对掺假者罚十英镑；1784 年，理查德·川宁在文章中揭发，把假茶中"倒入硫酸亚铁和羊粪……"，中国以优质茶名扬天下，犯得着多几道工序去染色吗？完全是为满足订货商的需要所为。福钧把工艺记录、染色原料和几种成品，寄给英国药剂师协会的沃灵顿先生，此先生在 1851 年伦敦万国博览会上，召开会议，宣读公布了福钧的调查和实样，告诉英美茶客，每喝下 100 磅染色绿茶，饮者就有半磅以上的普鲁士蓝、石膏等杂物下肚，极大地损伤身体。这是在 600 万观众喜悦的博览会上，对中国绿茶的致命一击。从此，欧美茶客转向不易染色的乌龙茶和红茶。这是福钧、沃灵顿一手导演的绿衰红盛的序幕。

1851 年 2 月 16 日，福钧带着 14 个沃德箱，满满的茶苗和播下的茶种，以及大量茶种，聘任的六位制茶技师、两个工艺匠人，制茶设备等离开上海，结束他的第二次中国之行。四天后在香港换乘"玛丽伍德夫人"号蒸汽船，3 月 15 日到加尔各答，住在皇家植物园主管法尔康内博士安排的地方。出于好奇，博士和一些朋友要看中国人怎么制茶，请福钧安排演示。福钧书中说，"加尔各答植物园里没有茶叶，除了喜马拉雅之外，附近其他地方也没有"。当然，这里也有一个例外，据布鲁斯兄弟说，在阿萨姆的原始茶树林中，发现辛戈和卡姆蒂两个部落，把茶作医药和祭礼之用，这是印度发现仅存的饮茶族群，他们原始的使用方法与中国完全不同，不知真假。

他安排中国茶工在园内采摘了几包叶子，有一种印度山毛榉，比较合适，另外的印度工人又去采了很多山毛榉叶。架好中国锅灶，准备好工具，在博士贝森内先生和一些管理人员朋友的见证下，福钧让工人们动手。一切井然有序……熙春茶、雨前茶、珠茶、染色茶样品放在观众面前，同市场上的茶叶如此相似，以至 20 位目睹者中，19 人一点也不怀疑它们是茶叶。福钧说，把工艺变一下，也可以生产出红茶。当时因为阳光、时间原因，无法摊晾和萎凋，就没有制作红茶。这些中国茶工没想到，他们的演示，让福钧证明第一次中国行时对红绿茶成因的判断是正确的，捞足了面子。但是传承千百年的中国制茶工艺秘诀，从此荡然无存。

皇家园艺学会十分清楚福钧这次中国之行的价值。回到伦敦，他升任切尔西药用植物园的园长。他对几近荒芜的植物园重新打理，按林奈的分类法种植药物，增建一个温室。树的生长、物种的改良，员工的培训都需要时间。20 万左右的中国茶苗，对广袤的阿萨姆地区来说，还是太少了一点，阿萨姆茶叶公司以福钧为主力，还雇了涉茶很深的鸦片商人兼印度茶叶委员会委员乔治·戈登，以及长期居住中国的传教士罗弗伦德·戈兹拉夫，以保证能从中国源源不绝地得到优质茶树种苗和劳动力。

1853 年初，福钧开启了他的第三次中国之行。此行主要任务，尽可能多地搜集优良茶树种苗，雇佣更多的中国制茶工匠到印度。尽可能多地收集对印度有用的经济林木，为英国植物园广罗观赏植物。轻车熟路的福钧，列出计划，逐项完成。他在广东和福州，窃猎了行销国际市场的花茶加工工艺和配方；采集了窨茶的各种花卉，有玫瑰花、梅花、茉莉花、素馨花、玉珠兰、桂花、橙花、栀子花等的种苗。这些情报和工艺，成为至今行销英国的拼配花香茶的先祖。瞅机会，他还跑到尚未开放的台湾，采集了花卉和经济林木。

1855 年从宁波返回后，他把大量最好的中国茶苗，制茶器具，还有八个从武夷山九曲溪畔星村，九个江西鄱阳湖畔茶区的制红茶工匠送往加尔各答，随后他带着千千万万的茶苗到印度。1856 年 12 月返英国后，又写了一本记录此行的著作《居住在华人中间》。

他是名扬欧美的植物猎人，又被美国人盯上。1857 年美国专利局雇佣了福钧，开价是以往所得的最高酬金一年 500 英镑，另外的任何开支都可以报销。1858 年 8 月，他再度乘船到达中国，此次任务对他来说，是小儿科了。到 12 月，他为顾主发出用沃德箱装的茶种和茶苗。货到华盛顿，专利局专员翻脸，蛮横无理地解聘了福钧，他们相信美国园艺师有能力照顾好茶苗。沙场老道的福钧，被美国老板涮了，他多次投诉无果。可能事情没有这么简单，只是从公开的信息里，看不清眉目。

茶苗被种植在南方的多处茶园，长势喜人。未达采摘树龄，1861 年 4 月 12 日美国南北战争爆发。四年的战争结束，南方的奴隶制被废除，廉价劳动力没有了。荒芜四年的茶园，阳气尽失，这里采摘一磅茶的工价，是中国的六倍，何以竞争？注视着大洋彼岸茶园的福钧，窃窃自喜，活该！不守信用的美国佬。

1862 年，福钧最后一次到中国和日本，这是唯一以普通人身份出行，几家苗木商行资助了他的全程费用。他在刚刚打开锁国大门的日本收获丰厚。

我这里只讲了他作为"窃茶者"的经历。实际上，他对中欧、中印物种交流的贡献，也是可圈可点的。当然，中国是输出国，引入欧洲栽培的植物达 190 个种和变种，其中 120 个是新种。由于对中国的深入了解，他购买了很多珍玩古董让西方富人垂涎。他先后出过四本关于中国的畅销书，对于今天的中国人来说也弥足珍贵。退休后，他过了 18 年富足悠闲的生活。

1880 年他在伦敦吉尔斯东大街 9 号去世时，遗产超过四万英镑（相当于今天的 500 万美元）。妻子简将他的私人物品和信件，一炬了之，导致世人对他晚年生活一无所知。

同沃德箱的这番对话，清晰了福钧同中国茶文化的恩怨情仇。至于各有所好的摘录取舍者，另当别论。我请简女士和玛丽合影，了结我的福钧追索之旅。

园区的主道三米宽，各条小道一米，全是灰白碎石，有的小道是木屑铺成的，踏上有弹性，不经意间的独具匠心，全园被分割成大小不等的畦块。主道的两侧，对应地停了两辆老式马拉木轿车，高 80 厘米，12 轴辐的两个木轮架着它，一红一绿，对映成趣，似乎是可移动的宣传装饰车。红车的一侧，镶两幅花卉图和一张说明，下面一长一短两根横木条，是写着花卉名称的拉丁文。玛丽说，这是采用林奈"双名法"前后的植物名称字母标注对比，我数了一下字母，长的 57 个，

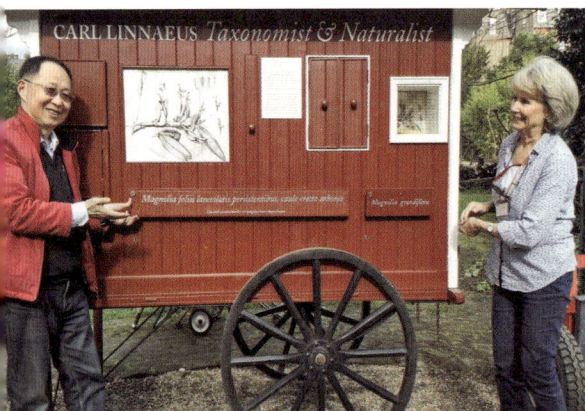

玛丽女士说，这是林奈贡献的宣传车，没有"双名法"前，这种植物要用 57 个字母，以后只用了 19 个。绿色车介绍斯隆爵士的贡献

短的 19 个，这就证明"双名法"的科学简便。这辆车是介绍林奈的科普车。

绿车的一侧凹进去三个小框，放有棉花、咖啡、可可标本，有一张文字说明。车前板，镶一幅大大的斯隆爵士半身像图片，介绍他最早把棉花移植到北美，创新性地给咖啡可可加牛奶糖，诞生了深受喜爱的饮料。这是介绍斯隆的移动科普车，很有趣。

园区土质肥沃松软，不露痕迹的植物分区，自然疏朗，高低参差，落叶植物刚绽芽头。一些花卉、灌丛的冬装未卸，做成长方型的塑料保温罩还套在它们身上。每一种植物都挂一个手掌大小的标牌，写着科属种的拉丁文和英文，以及产地信息。

我们来到一处高墙下的玻璃房，玛丽自豪地说，这是本园的宝贝，也是全英国的宝贝，建园时修的玻璃暖房，有 300 多年历史，是全国留下时间最早的一座暖房，这让人肃然起敬。仔细打量，借着围墙作主立面，从四米高处斜下至一米高，用白色木条为房架，覆一百多块长方形玻璃接受阳光，一米高处的玻璃是可以活动透气的。我们略弯腰从侧门进去，全长不到 30 米，80 厘米的一条通道，用完全褪色的老瓷砖铺成。左右两边是斑白老砖砌的长方花台，土质黝黑疏松，左侧高空间种的桫椤、竹、藤蔓多种稍高的植物，右侧是矮小植物。两墙上挂着浇水的喷枪，看成色，也是百年古董。中间有几根铁管，分布几点支撑着房梁。每种植物都挂有说明牌。植物生机盎然，经严冬而青翠欲滴，彰显了植物和科学的关系。我们四周环顾，流连不去。

出了温室门的左侧，一株八厘米直径的乔木树依墙而立，三个红陶花盆种了三株茶树放树根旁。玛丽说，冬天时这些茶树放温室，现在初春，天气好时，把它们搬室外沐浴阳光。25 厘米高的大盆内，树高约半米，从茎秆判断，应有 3 年树龄。小盆 10 厘米高，是一株去年的树苗。沈冬梅判读三个标牌后说，大盆写：山茶科，茶树，热带亚洲；中盆：山茶科、茶树，台湾地区，中叶；小盆：山茶科，茶树，中国。应该说 300 多年前此园建好，以后就有培育茶树的经历，但是至今仍处于温室抚育的阶段，室外自然生长的茶树一株也没有。看来高纬度区域是不适宜茶树生长的。在中国，老茶树、新茶树都不畏霜雪浸淫，在西藏林芝也能生活很好。这是我们到英国看到的第一处茶树，小乖乖，长好！为它们祈福。

我们行进在无数人游览过的足迹上，品味这座袖珍型的生物殿堂。玛丽语带喜悦地说，在欧洲，切尔西足球队是很有名的，但是在全世界，更有名的是切尔西花展。1804 年，瓷器大王韦奇伍德的儿子约翰·韦奇伍德创始成立了"伦敦园艺学会"，1861 年，皇室更名为"皇家园艺学会"（简称 RHS）。从 1862 年起，RHS 每年举办"切尔西花展"（最初在肯辛顿举行，1913 年移至切尔西地区），基本固定在每年 5 月 22—26 日，为期五天，被誉为"园艺界奥斯卡"，票价昂贵，一票难求，入园观众 16 万人次。伊丽

英国最古老的切尔西玻璃温房

老温房培育的中国茶苗

莎白二世女王每届必到，伦敦流行一句全民皆知的俚语，交通堵塞：女王出行—足球队夺冠—切尔西花展对外开放。园艺，被称为英国人的爱情。我想起康有为逃避慈禧追杀，远行欧洲。1899 年后三次到英国，他的《英国游记》写道，"伦敦城狭而人民太多，故处处皆有小公园，方广数十丈者，围以铁阑。茂林小亭，以俾居人游憩，近邻之人家，皆有匙以入园游息也。"

专业、热情、细致的玛丽老师就要同大家分手了，我们拿出团旗请她签单位名和时间，并且送她一套礼品，既有给植物园的，也有送她个人的。所不同的是，因为我的英文版《大熊猫文化笔记》书不够，只有送她单位法文版。我翻开戴维神父在雅安功绩的一章，介绍发现熊猫、珙桐、牛羚。看得出她懂法文，指着一段话，眼睛一亮，又指园林的另一个地方。小冷说，她要带我们去看一个地方，拿着书，匆匆引路。

来到一处游道交叉的草坪，非常显眼地鹤立一株九米高的大树，主干直径有十多厘米，离地一米七以上，极漂亮的塔形树冠，满树绽放春芽的新绿。

她拿着挂的标牌大声念，我听出了戴维和威尔逊的音节。小冷满脸喜气地说，这是戴维神父在四川发现的珙桐树（又名鸽子花），由植物猎人威尔逊最早引种到英国。这株树，是英国女王的儿子威尔士亲王 20 多年前种的，一到春天开花时，数百上千只鸽子翱翔起舞，成为切尔西的明星，千千万万的大人儿童来赏花照相。这不由我们不兴奋。白小梅第一个蹦出来，把一只小熊猫挂在树上，自拍杆录像照相，阿甲、杨景然是雅安荥经县人，此县的野生珙桐树上万亩，中国之最，开花时遮天蔽日，为四川一大胜景。他乡遇故亲，喜不自胜。我看过无数珙桐树，此树的冠形之美，堪称极品。大家拥树合影，这张照片，就是宝兴和荥经县政府的品牌代表。

回到酒店已是五点多钟。这一天着实辛苦，加上出国前的匆忙准备，疲劳堆积，大家要求晚上各小组安排，随意便餐，轻松一下。

稍事休息，都不愿把出国时光浪费在床上，各组一体，夜游去。出酒店过街沿泰晤士河堤，向不远处的白金汉宫和大本钟走去。

河堤步道，有旧旧的三人位木靠椅，绿色垃圾箱。络绎不绝的跑步者，老中青都有，短衣裤，速度不慢。间隙还有骑自行车的，游弋在堤道上。天渐暗，河

1888 年，法国出版的《戴维植物志》（上下册），唯一的彩图，是博物学家戴维 1869 年采集自四川穆坪（宝兴县）的珙桐花模式标本　　杨铧 / 供稿

里船舶不断，没有鸣笛的。离白金汉宫墙基几十米处，河里立着闪光灯标，提示船长注意。身心放松地漫游了两公里，跨河桥时，以大本钟和白金汉宫为背景照相纪念。

跨桥时，先行觅食的茶二代派代表来接我们，他们找到一家华人开的四川火锅店，生意很红，拉我们入伙。出国才两天，馋家乡味就迫不及待了。谢谢他们好意，年长者要清淡。

在伦敦和巴黎，夜生活是很有名的。在希腊神话和中世纪的农耕时代，黑夜就是恶的代名词。纽克斯是夜神，她生了厄运之神、横死之神和死神，希腊神话中的黑夜几乎是万恶之源。在中世纪，

威尔士亲王20多年前种在药用植物园的鸽子花树（珙桐），成了雅安宝兴和荥经县人民的活广告

晚钟敲过，城市宵禁，闭门休息。工业革命之后，黑夜变成了可以开发利用的资源。现在国内推动旅游资源"夜经济"的开发，成效显著。环顾四周，灯火辉煌，夜生活才拉开序幕，这就使伦敦变成了"24小时经济"。

过完桥，从手机定位图上搜到一家特色西餐馆。大堂已坐满了，女老板把我们带到2楼，从陈设看，也是百年老店。她热情推荐招牌菜伦敦小煎鱼、土豆条等，还要了几瓶小啤酒。聊着今天的收获，各自体会多多。酒酣叉停，每人仅比餐标多十几镑。电话问那些吃火锅的，说涮蔬菜比涮鱼肉贵得多，大大超餐标。

已是晚9点过，出门冷风一吹，打个寒噤，我不胜酒力，还有3公里路，肯定走不回去了。要了一辆滴滴，还有2位走不动的，押送我回酒店。上床为安，这是在英国的第一次败仗，但愿是唯一。

Part　3

邱　园　　哈姆城堡

▶ 提　要

英国皇家植物园邱园　　威尔逊从这里到中国西部　　他宣称"中国·园林之母"

哈佛大学说他是"打开中国西部花园"的功臣　　班克斯和胡克爵士的开创之功

树有多高根有多深—错　　棕榈温室是水晶宫预演　　科学家跪着工作

小学生观摩不用相机手机　　利玛窦评价中国植物　　郁金香狂教案

中英园林比较　　老祖宗是中国　　荷兰尼霍夫、英国钱伯斯的宝塔和孔子亭

德国无忧宫的中国茶亭　　小手袋大文章　　哈姆城堡是奢侈代表

凯瑟琳王后套房中的专辟茶室　　让人猜不透的茶具和茶桌　　封演的茶道变成小茶屋

茶和糖是公主的左右护法：那时谁也没想到　　这种挂毯中南海也有

利玛窦讲的漆器已被国人淡忘　　日本叫漆器之国　　一篇古今中外的漆器论文

古蜀开明王陵的大漆床　　最早得到漆屏风的是西班牙国王和教皇

皇宫无漆屏风就是穷酸　　日本天皇唐代就得到这宝贝啦

法国船"安菲特里忒"号是漆器异名吗　　丘吉尔的祖宗带着屏风打胜仗

欧洲发明"涂漆混凝纸浆"，还有中日漆器的出路吗

1860 年劫走圆明园最重的漆器宝座——是戈登干的

他指挥"常胜军"围剿太平军　　皇帝赐黄袍马褂　　戈登到苏丹当总督镇压起义军

被长矛刺杀在官邸　　李鸿章在伦敦凭吊　　长矛在北京军博吗

1 邱园：世界顶级皇家植物园

昨晚的小啤酒伴我一觉睡到5：30，任务在身，不能恋床。选择了四组微图发朋友圈，每组九张图片，配上文字说明，同国内茶友分享，他们十分期待，所以我无论怎么辛苦，每天必发。中国时差晚七个小时，现在是中午，刚好看稀罕。

早餐很丰盛，环境优雅、灯光静谧。8：30，王导来接我们，行李全部装车，晚上换酒店。方玲、张雅琪、甘甜把准备的一袋礼品送给大堂吧台的负责人，有两只绒熊猫，一面小团旗，中英日文的《雅安旅游》画册、中英文的茶祖吴理真邮册和明信片，五本英行册，各种小茶礼。这是到英国住宿各地酒店的统一标配礼品。值班人员很意外，礼物丰富，全有英文一目了然，送的各种茶礼，配有英文使用说明，就不用讲解了。姑娘们展开团旗，拿出准备好的油性碳素笔，只有它才能在绸面上写字，立写立干，经久不褪色，请负责人签下酒店名称和年月日。礼品袋是四川省旅游局的礼品促销袋，中英文，熊猫徽记。很细心的张雅琪负责保管团旗和签字，我给她的交代是，人在旗在！她反侃我一把说，命在，天团旗在！旗不在，我就不回去了！

昨天已给司机一份礼物，今天给王导也送一套。原来给他们的礼品中，有茶文化礼品，但观察两人对此兴趣不大，我们就省下了。昨天小冷特意把英行册交王导，他说我是老花眼，看不到，一眼不瞅，放到座位前的窗台上。有导游在车上，就可以天上地下侃伦敦，从市政建设、古迹、河流、皇室、足球、马拉松……无所不聊。

车开到伦敦三区西南角瑟瑞里士满的英国皇家植物园邱园，也是植物分类学研究中心。离我们住地不到十英里，要十点钟才开园，让我们可以仔细地观察它。

靠着一条柏油支路，方块石铺的人行道有三米多宽。二米五高的围墙，是一色的微红小砖砌成，岁月洗刷出200多年的轮回。大门是四根石柱框着一大二小的三扇大铁门，黑色闪亮，工艺复杂，类似昨天看到的铁门。中间大铁门的上方，金灿灿的皇家徽记耀人眼目。两侧墙上，贴着不多的几幅喷绘广告，"欢迎参观皇家植物园"，以及介绍近期活动安排的日程预报。

英国皇家植物园—邱园。1759 年由奥古斯塔公主创立。考察团成员留念　　2016.4.14

2　我们为威尔逊而来

促使我们来邱园参观的直接原因，是这里派出的植物猎人 E·H·威尔逊（1876—1930），他在四川湖北交界的宜昌神农架，最早把珙桐和猕猴桃物种引入欧洲，是最早把雅州—打箭炉（康定）茶马古道背夫照片（1908 年摄）介绍到欧洲的传播者（1913 年版《一个博物学家在华西》。虽然法国驻昆明、重庆总领事方苏雅 1903 年就在泸定咱里村拍了背夫照片，但是直到 1986 年才在凡尔赛宫首展）。威尔逊 1903 年 7 月到雅州府，当时雇主维奇公司没给他配相机，因此把最早拍摄背夫照片的荣誉留给了方苏雅。1906 年他替哈佛大学阿诺德植物园工作，查尔斯·萨金特教授要求他必须携带照相机，由此，他留下极其珍贵的西部人文地理和植物照片。德国地理学家李希霍芬，1872 年 3 月就到雅州踏勘茶马古道和去腾冲的贸易古道，记叙了背夫的简况，但是没有照片。美国西奥多·罗斯福总统的儿子小西奥多·罗斯福兄弟，1928 年 4 月在凉山冕宁县[1] 猎杀熊猫时，在雅安摄的背夫照片，与威尔逊摄的照片同时发表在 1929 年各自的著作中。他

1　西康省 1939 年 1 月 1 日成立，包括雅安、凉山、甘孜和西藏的昌都地区；1955 年 10 月 1 日撤销，与四川省合并。

威尔逊记录了从雅安背砖茶去打箭炉（康定）的背夫　1908　威尔逊／摄

是西方最早，最翔实介绍雅安砖茶销西藏的生产、加工、运输、价格、距离的考察者，其详尽程度，可与肯普弗《话说日本茶》媲美。他如实介绍，早在西汉时代巴蜀就生产、品饮茶，那时的阿萨姆还在蒙昧混沌之中。威尔逊没有采用至今西方书籍中颇多使用的中国在公元前2737年神农时代就在饮茶的传说。从1899—1911年，他先后四次到中国，长达11年，主要在长江三峡和四川西部考察，采集了6.5万份植物标本（含5000种植物），成功引种了1500余种原产中国西部的园艺、经济类植物的种子到欧美各地培植。

威尔逊出生于英国平民家庭，少年辍学，在私人苗圃公司当学徒。16岁到伯明翰植物园学习，由于勤奋和技术夜校的学习，业务精进，1897年进入皇家邱园工作。两年后，英国一流的维奇园艺公司物色23岁的威尔逊作为植物猎人，到湖北宜昌一带采集珙桐苗木。植物界的采集要区分两个概念，一是标本采集，戴维神父1869年在四川雅州府穆平土司（今宝兴县）地界采集到大熊猫、珙桐、川金丝猴、扭角羚的模式标本，囿于时间和运输等诸多条件限制，他只能带走皮、骨、压干的枝叶花和种子；二是物种采集，国外已知珙桐的优美和价值，于是派威尔逊来采集可以繁育的枝条和种子，以便在欧美引种和繁育。

在英国名声很大的维奇园艺公司，曾经派出不少植物猎人全球搜罗新奇品种。到哈里•维奇爵士掌舵时，他选择了顺势而为的采集原则，盯上已发现的新物种，定位搜寻，费省效宏。他从植物学家、邱园园长胡克那里得知，中国物种的丰富程度超过任何欧洲人奇思妙想的驰骋空间，于是就选中了邱园推荐的23岁小伙子威尔逊，让他在维奇公司苗圃强化训练六个月后，派往中国，年薪100英镑。这是他首次出国搜猎植物。

1899年4月，他登上开往美国的"孔雀号"轮船，专门到波士顿哈佛大学拜访阿诺德植物园的查尔斯·萨金特教授，由此结下深厚友谊，影响终身。6月3日到香港，避开瘟疫等诸多不顺，终于在云南思茅见到苏格兰人奥古斯丁·亨利先生（1857—1930）。诸多书籍对他的评判差异千里，说他是英国海关总署驻宜昌分关的助理卫生官员，业余植物爱好者，无所事事，为遣无聊，从1882年起，就钻长江三峡的崇山峻岭采集植物标本和物种，送给邱园。事实上，这是一位非专业出生，学富五车的植物学家。到1899年他回国时，已经采集到15.8万株植物，其中有500多个新种，25个新植物属类。他与同样深迷植物的儿子合作，在广州找画家协助，绘出几百张彩色花卉图集带回邱园，他的目的，呈现植物真身，避免标本失水干枯、无睹其真颜。这给苗木公司提供了依图寻骥的指南。这种水平，岂是业余植物爱好者所能为？亨利给威尔逊讲述了在宜昌兴山县神农架大山里，珙桐树（也称手帕树）的位置，这为他省力不少。并顺手牵羊，把首次发现的猕猴桃植株带到英国，以后传到新西兰，他们经过改良而美其名曰"奇异果"。

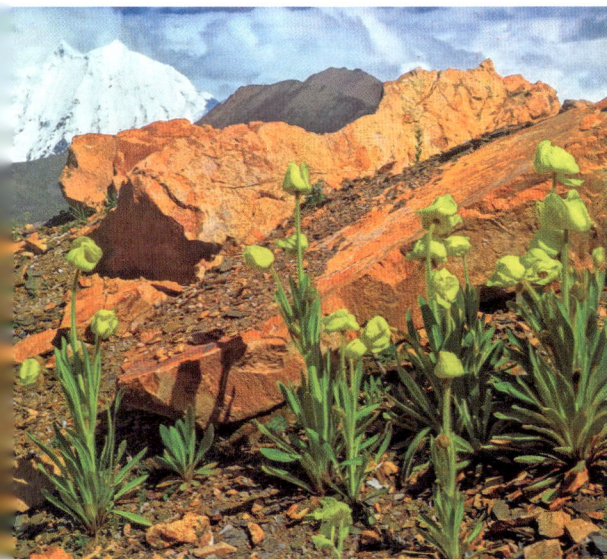

1903年，威尔逊在泸定县去打箭炉途中的雅家埂，采集到珍贵的全缘叶绿绒蒿　董磊/西南山地供稿

改革开放之初，中国的高档酒店论多少美元一枚出售奇异果，让国人啧啧称奇。以后中国人要改良引种猕猴桃，被媒体评论为"种中国的果，侵外国的权"。他1902年4月回到英国，老板维奇爵士送他一块镶金手表以资奖赏，可以想见，他为老板挣了多少英镑。

同样在兴山县，美国植物猎人迈耶采集到了银杏树枝条。美国人以后发现，银杏仁可以增强脑功能，治疗高血压。1918年6月2日，迈耶失足（死因不明）于长江轮船。为纪念他在植物引种方面的卓越贡献，1920 年美国设"迈耶奖章"。

1903 年 1 月 23 日，告别新婚娇妻，他为维奇公司再上征程，寻找全缘绿绒蒿，这是胡克在锡金 3048 米海拔的地方发现的，开美丽的黄花，貌似罂粟花，深受世人赞美。锡金太远，威尔逊来到地理单元条件差不多的四川甘孜、阿坝地区。在找到了绿绒蒿之后，又在岷江河谷找到轰动欧洲的帝王百合，还有红花绿绒蒿、川西绿绒蒿、西藏杓兰、灯台报春、美容杜鹃、华西蔷薇……1905 年 3 月回到伦敦，他带回 510 种树种，2400 种植物标本。这次的奖励，哈里爵士送了一枚镶 41 颗钻石的金徽章。1906 年 5 月，他唯一的孩子在邱园出生。同一天，他采自中国康定的一种报春花属植物也开花了，他将孩子取名为 Muriel Primrose，这种报春花植物的命名是 Primula wilsoni（中文名：香海仙报春，又名威尔逊报春）。

这时的大英日不落帝国，已西沉在夕阳余晖之中，光焰不再。两次中国行的战果，让威尔逊成为植物界人言人赞的传奇人物。美国人出手了。1906 年 1 月，哈佛大学萨金特教授登门造访，几经说项，以每年 750 英镑的报酬，为阿诺德植物园到中国采集植物，这份酬金，是维奇公司的六倍多，尔后在阿诺德安排职务。不由人不动心，威尔逊 1907 年 2 月 26 日到宜昌，召集旧部队员，很多人是前两次随他采集的老手。威尔逊在他 1929 年 2 月出版的《中国—园林之母》的序言中有这样一段话，"我在中国工作所取得的成果很大程度上是由于我的中国工人的努力，也得益于这位绅士！"（指奥古斯丁·亨利），这是一位有良知的植物学家！我注意到，肯普弗的《日本志》中，点了上百位打交道的日本人名字，绝口不提帮助他最大的那位助手兼弟子的名字。福钧四次到中国，帮助他的中国人不少，他精通中文，招了几批中国茶技工到阿萨姆工作，在他书中，一个中国人的名字也没有出现。威尔逊前后四次在中国搜猎植物，中国民工帮助并救了他的命，依然是工头、民工的名字一个也没有。这是西方人的什么心理？我想，肯普弗是出于保护弟子，他泄漏的太多了。而后两者，可能是为避免竞争者的介入，有意隐名不发。

1910 年 6 月 1 日，威尔逊第四次到宜昌，网罗旧部，从湖北而川西采集植物。9 月 3 日，在岷江河谷，巨石砸得他的腿两处骨折，肌肉撕裂。民工奔跑三天把他送到成都，已经感染，几乎截肢，一位高明的欧洲大夫保住了他的腿。三个月后可以下地，他给萨金特寄出五万个植物标本、1285 袋种子，后经鉴定，包括四个新的植物属、382 个新种类和 323 个中国木本植物的新变种。萨金特兑现承诺，给他在阿诺德植物园安排了职务，1919 年任副主任、1927 年萨金特逝世后他升任主任。1913 年，他撰写出版了《游历中国西部的博物学家》（上下册）。1917 年哈佛大学出版《威尔逊植物志》三册，主要是威尔逊采集的中国西部植物，包含两个新属，225 个新种，162 个树木新变种，全书共描述 3356 个种和变种，是当时研究中国木本植物最广博的参考资料。

《中国——园林之母》（英）威尔逊著，介绍中国西部：全球最丰富的温带植物区系垂直分布图 （0.305 米／英尺）

1929 年初他出版《中国——园林之母》，此书由中国植物学开创者胡先骕先生的侄孙植物学家胡启明教授，在 2015 年 3 月翻译出版。书中诸多小地名、新旧老地名的校核，得到了中科院成都生物所印开蒲教授的帮助。此前印先生出版了《百年追寻》一书，专门把威尔逊百年前采集植物的照片地点，百年后寻到原址，照相对比，对人文地理的百年回顾十分有益。威尔逊＋胡启明＋印开蒲的这本书，值得一读。

威尔逊认为世界园林艺术深深地受惠于中国，"在整个北半球的温带地区的任何地方，没有哪个园林不栽培数种源于中国的植物""许多原先称为印度或毛利斯杜鹃的花及其他许多美丽的鲜花，其实原产于中国"。这一观点是评论林奈、班克斯、胡克等的失误。因为当初他们得到的标本和植株样品，来自印度、印尼群岛和东南亚，就误以为这是模式标本产地，殊不知，都是中国植物的移民后裔，这在生物界屡见不鲜，只是威尔逊寻到了根底，讲出了真话。2015 年 11 月 16 日，合众国际社英国牛津发了一条报道，全球《半数博物学标本恐怕标错了名称》，牛津大学植物学家罗伯特·斯科特兰的研究小组当周在美国《当代生物学》杂志发表了这篇文章。百年之后，这是对威尔逊观点的认可。

威尔逊搬到阿诺德工作后，又被两次派到日本采集标本，还到了台湾地区、朝鲜半岛、库页岛。他在日本久留米市参观两个专家植物园中的桩头矮化杜鹃，惊得瞠目结舌，认为美国和欧洲的园艺爱好者对这种美一无所知。当然，以他在世界一流的邱园和阿诺德的眼光，一定不会错。但是如果他看过苏州园林和北京御园，又会怎么评价，不知道。1930 年 10 月 25 日，他和妻子海伦去看望刚刚结婚不久的女儿，在返回波士顿途中发生交通事故双双离开人世，他生命的时钟，定格在 54 岁，他有极多的未竟书稿，"壮志未酬身先死，长使英雄泪满襟"。我们到邱园来看他，感恩"打开中国西部花园"的功勋植物学家。

印开蒲研究，威尔逊 5 次专门到雅安（1903—1908 年）。他第一次到中国宜昌采集的是光叶珙桐的种子，这是珙桐的一个变种。1903 年秋，他专门去穆坪（宝兴）采集到珙桐种子，满载而归。

3　班克斯总顾问的贡献

讲述邱园历史和巨大贡献的著述，难以数计。但是有开创之功和为以后规划出发展方向的，当数约瑟夫·班克斯（1743—1820）和约瑟夫·道尔顿·胡克（1817—1911）两位爵士。

泰晤士河畔，伦敦以西里士满地界的邱园，17 世纪 60 年代曾是贵族的禁苑，培植珍奇花卉。1760 年，22 岁的乔治三世继位后，作为孝道，为满足母亲奥古斯塔王妃对园艺的喜好，在已征用的这块园林里，建了全国最大的温室。1772 年母亲去世后国王买下邱园，从"农夫乔治"的雅称就知道国王与园艺的情愫。班克斯从"奋进号"远航归来的事迹，深深打动了国王。1771 年国王在邱园召见班克斯，数日长谈，两位植物迷被藤蔓紧紧地缠在一起。1772 年，乔治三世任命班克斯为王室建筑物园林顾问，也就是邱园的实际总管，长达 40 多年。班克斯何方神圣，能够在有园艺之国美誉的土地上，扛鼎总顾问？

1743 年 2 月，班克斯出生在伦敦一个富裕的贵族家庭。循贵族子弟的足迹，伊顿公学、牛津大学毕业后，1763 年 12 月搬到切尔西同寡居的母亲同住，父亲两年前去世。1764 年，他达到继承遗产的法定年龄，拥有莱佛斯比 3800 公顷的地产，每年可获得 5000 英镑的收入。另外还有英国各处的矿业收入，他成为英国最富的新贵之一。以后的日子怎么过，追求迥异，各不相同。他在牛津读书时，培养了浓厚的生物学兴趣，不惜聘剑桥的生物学名师来给他"分槽饲养"，单锅小炒授课。

他第一次试水，是 1766 年 4 月—1767 年 1 月，以博物学家身份随英国皇家海军"尼日尔"号到拉布拉多和纽芬兰岛海域进行七个月的考察，只有一位伙伴同行。每天他认真观察、整理记录和制作植物标本集。初试牛刀，大获全胜，激发了他雄心勃勃、青史留名的第二次海洋探险考察。

1768 年，英国海军要组织一次到太平洋观察 1769 年的金星凌日科考，从地球上观察金星运行横过太阳的现象，以计算地球与太阳之间的距离。这在海洋导航方面有重要意义，如果错过，则要待 1874 年再见。这是海洋大国竞争的重大课题。当然还有秘不示人的科考内容。班克斯以赞助一万英镑的条件，几乎高出国王给的科考费用，率领九人（亦有说八人），雄赳赳地登上了"奋进号"。他的团队是，25 岁的博物学家班克斯，博物学家、林奈的得意使徒丹尼尔·索兰德（年薪酬 400 英镑），画家悉尼·帕金森，风景地貌画家亚历山大·巴肯和约翰·雷诺兹，秘书阿尔曼·迪里奇·斯波林，随行人员布朗等四人。这是班克斯"尼日号"航行后的经验，人员必须多学科配齐，以达到考察效果的最大化，该花的钱必须花，事实证明，他是正确的。此举开创了远程考察约请艺术家的先例。

全船包括护卫的海军陆战队员共 94 人，1768 年 8 月 25 日缓缓驶出英吉利海峡。船长詹姆斯·库克，时年 39 岁，比班克斯大 15 岁，三年航行，合作很好。最佳观察点在波利尼西亚的塔西提群岛。由于气象原因，金星凌日科考不理想，他们转而向南去完成发现新大陆的使命。1769 年 10 月到达新西兰，1770 年 4 月抵达澳大利亚悉尼南边的鲕鱼湾，因为在这里采集植物太多，班克斯给库克建议取名植物湾。

库克的奋进号远航之所以载入史册，一则是把新西兰和澳大利亚划为他的科学发现，虽然荷兰人 1642 年就登上新西兰岛并以自己一个沿海省份的名字命名它新西兰，但是觉得其价值不大，弃之不顾；二则是班克斯和丹尼尔联手采集了令人眼花缭乱、无尽其数的动植物，有三万件植物标本，1400 多件新物种，1000 件动物标本，大量绘画资料，全部采用当时颇有争议的"双名法"归类命名，以至林奈欣喜过望，建议把新命名的新南威尔士州更名为班克斯亚以向班克斯致敬。此议虽然未被采纳，但是许多植物新属种以班克斯命名。1771 年 7 月 2 日，"奋进号"在普利茅斯下锚，海潮般的欢呼迎接以为早就罹难的英雄。"一将功成万骨枯"，出发时的 94 位船员，42 人留在大海里，班克斯带的 9 人团队，只剩下他、丹尼尔和布朗。

1772 年 7 月—1772 年 12 月，班克斯乘坐皇家海军"劳伦斯爵士号"船，前往赫布里底群岛、冰岛和奥克尼群岛进行考察。这是他 30 岁以前，完成了人生中仅有的 3 次远航。此后他作为科学赞助人，襄助众多植物猎人，到国外采集引进活体物种，以完美他的心结。因为在他的三次远行中，由于天气和时间的原因，他只能带回干燥的标本册，无法使鲜活美丽珍稀的物种献身邱园，他要以自己的博学、邱园世界一流的环境和资助，请猎人们来完成他的夙愿。

乔治三世把邱园的管理和开发委重于他，这是一位在位 60 年的国王（1760—1820）。班克斯从 1772 年担任总顾问以后，近 50 年的时间内，他把邱园扩大数倍，他是不当园长的操盘手。全世界的植物学家慕他的名，都把标本和物种寄到他手上，其心理，如同寄给林奈鉴定入录《植物种志》一样。典型的例证，是加尔各答皇家植物园（1793 年 11 月成立）负责人威廉·罗克斯堡，同他进行了 20 年的通信和提供植物样本的联系。当然他也有判断走眼的时候，他从巴西、墨西哥、洪都拉斯引进胭脂仙人掌和胭脂虫，期望解决名贵的红色染料，突破西班牙的垄断。但是历经八年苦心经营，最后只得放弃了。他也有被人神化过分的地方，如说"他认定印度的阿萨姆邦是种植茶叶供应英国的理想地点"，殊不知，彼时阿萨姆还不是英印殖民地。他"将茶从中国引入印度"，一直到他去世，印度也还没有引进中国茶树。

因为是大名人，坊间要是不流传他的故事，那就不正常了。中国茶，的确与他有一段真实的故事。茶渐成国饮，引发英帝国一些有识官员的忧虑，制约人而不受制于人，是英帝国的传统思维，不能让中国人卡着茶供给的命脉。时任东印度公司驻孟加拉总督华伦爵士求助于班克斯，询问同中国气候条件相近的殖民地，能否有可以植茶的地方？班克斯在一番研究之后，于 1788 年写出一份《在印度栽培茶树》的报告，他认为在北纬 26 ～ 35 度之间，即印度邻近不丹的北部山区较适合栽种茶树。有关茶树的资源和栽培管理方法、器具等问题，他建议找东印度公司船上雇佣的广东籍船员，给予奖励，让他们从家乡把茶籽、树苗和器具带到加尔各答的植物园，先适应性种植，然后再发展。后因公司内部意见不统一，再加上事情的难度，就搁下来了。

1793 年英国特使马戛尔尼率团到中国，以给乾隆祝寿为名，实则想疏通建立贸易关系并刺探中国方方面面的实情。很多书说，班克斯作为科学家同行，要解开茶树种植的秘密，这看来是顺理成章的事情，被中外诸多书籍采用。但是，这是一则假消息。马戛尔尼的副使斯当东回国写了一本《英使谒见乾隆纪实》，其中涉及在北京的植物采集，他写道，"其中一位是植物工作者，他曾收集了许多北直隶省主要植物标本，兹将名称开列如下，供爱好植物学者们参考"，有 106种之多。另一本书《英国人眼中的大清王朝》，1795 年 4 月出版，是使团乘坐的"狮子"号旗舰船的第一大副安德逊著，他详细罗列了使团全体成员名单（除军人外），在"大使阁下的侍从人员和仆役"一栏内有"一个园丁"；在排列最后的"侍候斯当东爵士的仆役"栏有"两个仆役和一个园丁"。而此时的班克斯，是皇家园林的操盘园长，大名鼎鼎的科学家，被封爵士。如果有他同行，其称谓和排序，肯定是另外的光景啦，如前所述，他 30 岁以前，已完成了人生的 3 次远征探险，而此时他已 50 岁了。这段考录，也算了结一桩公案吧：班克斯没有到过中国。

英国皇家学会成立于 1660 年，1662 年得到皇家授牌。牛顿从 1703 年担任主席长达 24 年。班克斯 1778 年担任主席，直到去世，长达 41 年。位高权重，主意多多，敢冒险担责，囊中充裕，这种人，将给国家民族做出何等贡献，这是大英帝国之幸耶！ 1820 年 1 月 29 日乔治三世到了天国，巡幸一周后发现，可拓可植的地方太多，呼唤班克斯速去助理，6 月 19 日，他应声天国报到。这一对不离不弃的君臣，播种了无穷无尽的植物学传奇。

4 胡克掌舵 20 年

胡克爵士的传奇经历和对邱园 20 年的治理，吸引着众多对邱园感兴趣的游览者。他从小受身为植物学家的父亲威廉·胡克爵士的影响。1839 年 9 月 28 日，在父亲的帮助下，22 岁的胡克登上皇家考察船"埃里伯斯"号前往南极考察，身份是助理、医生兼植物学家。这是把生死赌一盘的远行，父亲送子上战场，这是奇才的培养之路。这与中国"父母在，不远游"的教育，截然不同。历时四年，先后到了马德拉、好望角、塔斯马尼亚、新西兰、澳大利亚、马尔维纳斯群岛和南美洲，有了对三大洲植物的广泛研究，由此奠定了他在植物地理分布领域的权威地位。

回到英国，边整理资料，边谋划对热温带植物的考察，以期对南极寒带植物作对比研究。他的两个朋友，其中一个是即将赴任加尔各答植物园总管的休·福尔克纳，他们建议胡克到喜马拉雅北部的锡金，那是博物学家和旅行者未曾涉足的区域。他接受了这项建议，向英国政府申请，代表邱园去锡金进行两年考察。他父亲是邱园总管，以这个名义申请，应该方便。很快，每年补助400英镑的计划批下来了，谁也没有想到这项小计划，牵扯到从锡金划了大块宝地给英属印度。

1847年11月11日，胡克乘"西顿"号船离开南安普敦。航行途中，结识新任印度总督达尔豪西，他春风得意去上任，结识被称为邱园公子的植物学家胡克，友谊步步加深。总督让他一道乘坐从苏伊士开往加尔各答的护航舰，到了印度，命令式地邀请他到总督官邸下榻。还有后来拔刀相助的故事，出于对真诚友谊的感激之情，胡克把发现的一种最精美的杜鹃花，以达尔豪西夫人的名字命名。

1848年4月16日，在印度大吉岭认识了坎贝尔博士，他是英国驻锡金代表，负责协调两国关系，已工作12年了。还认识了印度动物学家布赖思·霍奇森，以后受益良多。一年多的考察，环境是壮美的，跋涉是艰辛的，食宿是糟糕的，收获是巨大的。尤其是以杜鹃花品种的繁盛，打遍天下无敌手。1849年1月19日回到大吉岭，花了六个星期整理需要80个苦力搬运的植物标本，发运给邱园的父亲。

经过一冬的调养，5月3日离开大吉岭，进行第2次采集，他依然要去锡金。但是操持锡金大权的地万（即总理）不欢迎他们去打扰，拉甲（国王）也是这个态度。种种破坏无法阻挠胡克前行。10月5日遇见去找拉甲的外交官坎贝尔，结伴而行。11月10日，在锡金一个小村庄的驻地茅屋，坎贝尔遭到一群不丹人的狂殴，几乎致命，然后将他反绑起来。胡克要去帮助朋友，被不丹人推到一边。不丹人绑架了坎贝尔，但是不伤胡克。每到住地，胡克坚持必须与坎贝尔吃住在一起。从11月10日到12月7日，胡克和坎贝尔始终处于监禁之中。英印当局对此一无所知。胡克只得致信达尔豪西总督，很快一支英军部队开赴印锡边界。梦中惊醒的地万才知道拨错了算盘，他原以为扣押外交官人质，英印就不会干涉锡金事务了，他可以垄断贸易赚钱。一切翻盘了，就地释放，优等伙食，重兵护送，如果人质有闪失，那更是交代不了啦。1849 年的圣诞节，精疲力竭的人质回到大吉岭。

弹丸小国，扣押殴打英国外交官和科学家，国内哗然，纷纷要求严惩。英政府请胡克提供地理详图，以供军队之用。最后仗没有打成，但是锡金南部的大片膏腴之地被划给了英印政府，这包括今天出好茶和奎宁、与大吉岭相邻的大片土地。

胡克在大吉岭休整了三个月，又给邱园发出 100 个苦力包的植物标本和种子。1851 年 3 月 26 日，他回到伦敦，为他的祖国和邱园奉上一份厚礼，这就是当时不为人知，但适合英国偏寒气候的杜鹃。它以绚丽多姿的迷人风采，装点了大英帝国的所有园艺土壤，改变了春寒料峭不见花的肃杀之气，成为人见人爱的宠物。

1854 年他出版了《喜马拉雅山日志》，米·艾伦作出如下评价，"《喜马拉雅山日志》和华莱士的《马来群岛》、达尔文的《随小猎犬号航行考察》一起，构成了'探索科学奥秘之旅的黄金时代的三部曲'"。胡克和达尔文是几十年的挚友，他也是进化论的坚定支持者。1855 年，胡克的父亲威廉爵士动员他到邱园担任主管助理，这是全面熟悉和锻炼的阶段。1865 年 11 月 1 日，他接过父亲的权杖，担任邱园主管，这是班克斯之后的首任园长，他们衣钵相传，向全世界派出 700 多名经过邱园严格训练的植物猎人、科学家和园艺师。让我们感恩的威尔逊，就是邱园教鞭下的才子。

5　可敬的退休生物教师

终于等到 10：00，马上开门了。几位小学女教师，身穿红色反光标识背心，带着 100 多个小学生，每人穿一件绿色反光标识背心，从右侧的铁门进园。这种背心是提醒司机，起保护师生作用的。

小冷从左侧小门进去，在一处岗亭，工作人员拿出我们的预订参观人数表，复核无误，每人 15 英镑，这是订票时就预付了。约行 30 米是验票口，进站后，笑容可掬的讲解员简妮特·波斯托克女士（我们也称她简女士）迎接我们，她的形象过目不忘，瘦高、花白发、戴变色眼镜，一套无领圆口的蓝色 Kew（皇家植物园）工作服，绿色吊带挂着 Kew 的导览证，珍珠耳坠，足踏登山鞋。她说自己是退休的生物学教师，在此工作多年，很热爱这项工作，很高兴结识远道而来

简妮特·波斯托克老师介绍神奇的邱园

的中国朋友。我负责给大家导览两个小时，然后有其他任务，园区很大，我们抓紧时间。姑娘们送她一只小熊猫，工作服无处挂，就挂在工作牌上，她连声道谢。

她指着我们跨过的大铁门上方徽标说，你们注意到它与其他的皇家徽标有什么不同吗？大家默然地摇摇头。她说，在它的底部是一朵花，这是邱园特有的，为什么是花而不是比花资历更老的其他植物？她说，花是地球上的年轻一代，不超过1.4—1.8亿年，最早的花朵化石可追溯到1.39亿年前。从进化的角度审视，这不算长。种子植物比开花植物早生2.3亿年，最早的陆生植物也早一亿年。当花朵来到这个星球以后，在7000万年内，就占据了优势地位。开花植物（植物学上称"被子植物"），共有457科，约35万种；非开花植物（称"裸子植物"，如针叶树类）约750种；孢子植物（如蕨类）约一万种。由此可见，林奈以开花植物作双名法的基础，是极具普遍性的。所以邱园的花皇冠，有无穷尽的故事。听到这里，我想起中国人民日报的一篇报道，"世界上第一朵花开在哪里？"目前得到公认的，是2010年在辽宁省朝阳北票市发现的辽西热河生物群的辽宁古果中华星学花，生活在1.6亿年前，属古果科，有花蕊和豌豆大小的果实8～12粒。要不是今天听她介绍，北票宝贝的价值，就被忽略了。但是，与花相连，对中华民族至关重要的另一件史实，是著名考古学家苏秉琦教授发现的。他从距今5000年左右的仰韶文化陶器上抽象化的玫瑰花纹样发现，由"花"而"华"，"华山"就是居此周边以玫瑰花为标志的原始人群而得名,我们今天的"华族""华人"也渊源于此。"花"的故事如此之多,我们知识太少。

简妮特边走边说,这里占地 120 公顷,有 26 个专业花园,如杜鹃园、杜鹃谷、竹园、玫瑰园、日本风景园,六个温室园,40 座各国风格的古建筑,有五万多种植物,占全球已知植物的 1/8,这是当今全球最大,植物品类最多的植物园。这里的杜鹃森林和谷地设计,就源于《喜马拉雅山日志》,这应该是胡克手笔。简女士大步流星,边走边说,几分钟后,团友们首尾不见。她们要摄影,一抬头,导览不见了,赶快跑步追赶。

6　中国茶在这里好吗

她带我们来到一处墙边,人行步道旁的苗圃,黑黑的地上种了 10 余株茶树,15～50 厘米不等,高低错落,占地约 40 平方米,只挂了一个茶属的牌子。仔细打量这一小片茶树,生机不如昨天看到的茶树苗,略显萎靡。一看地形,左侧是高墙,茶畦的三面有三米高的杂灌、茶花树,遮挡了部分阳光。导览说,如果冬天偏冷,要给它们搭一个小塑料棚御寒。从我们的眼光看,这是高纬度不适症。阳气不足的小茶园依然吸引着大家。简女士从裤袋里掏出一个小纸盒笑眯眯地说,我送你们一盒茶,这是英国本土唯一产茶区生产的名茶,感谢中国人把茶传播给我们,里面有几小袋,大家分享吧。甘甜离她最近,接过了茶,一看标识,"特

阳气不足的邱园小茶园依然吸引着大家。团友用熊猫换导览的好茶

利戈斯南茶园"，过几天我们要去，这种茶很贵。

顺着木屑小道，走到一处草坡，高大的树冠凹处，耸立着一座高塔。简女士说，这是 250 年前，当时英国最著名的园林建筑设计师钱伯斯，给乔治三世的母亲奥古斯塔王妃建的，高 50 多米，十层，塔的边檐均饰龙图案和风铃，色彩富丽，是邱园的标志性建筑之一。它的附近原来还建有一座孔子亭，多年前已坏了。简女士问，"你们看美吗？参天林木间，矗立向着苍穹的高塔，无论日出和日落，它们构成美轮美奂的图景！"

有团友问，塔是十层？中国塔都是奇数呀！"个性！"她回答说。

一些中国书，写此塔时，改成九层，以为是传说的失误或笔误。可以解释为，"我形我塑！"钱伯斯到过中国，画过塔，也知道奇数的中国惯例，但是他就要造一座中英合璧的十层塔，这叫不落窠臼吧！

这里，高大的树木有几十米，数人才能合围的龟皮纹松树、杜鹃、玉兰、茶花满树千万朵，争奇斗艳。各处成簇安放的数十上百盆花，姹紫嫣红，仪态万方。大小草坪、草坡随意自然，任人漫步。简女士拿着路旁一株三米高灌丛花树的牌

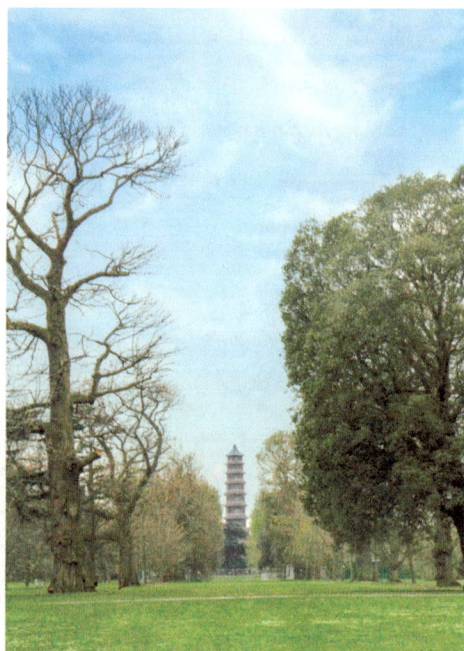

邱园一角。邱园丛林中的十层宝塔，是中英园林建筑交流的见证　　冯斯正／摄

子说，这是戴维神父从中国福建引到欧洲的开花植物，也是模式种。白小梅迫不及待地跑过去，夹上熊猫，用自拍杆留影。我注视着简女士变色镜后深邃的目光，这真是十分优秀的教师、导游和心理学大师，她处处踩着我们的节奏，知道我们对什么感兴趣，把我们控在股掌之间：给我们送名贵茶，这是私人行为，这与寻常导游的行为相悖；我们有一半人同雅安和戴维有关，她在数万株树中偏偏选戴维标牌给我们讲解……我毫不怀疑地肯定，她研究过我们递交的预约名单，有针对性地做了准备。这不由人不赞美！她可能永远不会看到我在书里对她的评价，一个退休的义工教师，把导览做到这个份上，我想，这是班克斯、胡克、威尔逊科学精神的传续，一个民族能有这种精神支撑，他们是伟大的！我从事旅游工作30多年，也是数得着的导览高手，但是细观她的作为，引以为师！

简女士面向大家，左手环挥着莽苍的大树说，同你们讨论一个问题，这些树的根大概有多深？高士杰抢着说，树有多高，根有多深！Yes——几个姑娘用手势做了一个OK的动作，齐声附和。简女士狡黠一笑，这是全世界一致认同的答案:错！

我们集体失语，瞪眼听她下文。"解开这个谜的地方就在这里——邱园"，她用脚踏了两下。1987年10月16日凌晨，时速180公里的飓风扫荡了英格兰南部，几小时内，摧毁大约1500万株树木。雨过天晴，邱园700多棵大树连根拔起、尸横遍野，它们都是来自全世界的珍稀树木啊！历时三年，才把它们抢救回位。这给了科学家史无前例的研究大树根系的机会。结论是，温带树木的根一般就是一米深左右，甚至更浅。只要人们不是长期在根部踩踏，土壤板结，让根无法透气，它们会很好。你们看这些木屑小道，就是起减少踩踏作用的。啊，简女士，我们读了几十年书，被一例征服！

7　世博会水晶宫是邱园的仿品

来到一处湖畔，简女士驻足等所有人到齐，一定有重头戏。年轻的团友，被名贵的郁金香花坛吸引，无法挪步。她指着湖对岸一座像浮在水面的巨大潜艇的全玻璃结构建筑说，这是我们的地标性建筑，1844—1848年建的棕榈温室，长109米、高20米、宽30米，这是工业革命的成果，也是留存至今仍在使用的维多利亚时代的大型温室建筑，它里面种植了974种棕榈类植物，至今已有1/4的

邱园的王莲和棕榈玻璃温室，是水晶宫博览会的序曲

品种在自然界灭绝。人类在破坏自然，也在保护自然，就看谁的步伐更快。

简女士说，1816 年，温室设计的早期创新者约翰·克劳迪厄斯·劳登，抓住了工业革命使锻铁、玻璃成本大幅下降的机遇，发明了锯齿形的沟垄式屋顶设计，弧形屋顶和玻璃穹顶可以获得最大采光效果，既避免雾霾对植物的伤害，也可以一年四季观赏到全球奇花异草的万种风情。达尔文参观后说，这种温室营造的氛围，比他原先想象的更接近于大自然。同切尔西药用植物园的早期温室相比，这是革命性的变化创新。

又一位使温室建造超水平跨越的人物出现了。约瑟夫·帕克斯顿利用他在玻璃建筑方面的知识和技能，为德文郡公爵的查兹沃斯庄园，修建了一座举世无双的"大火炉"，长 227 英尺，宽 123 英尺，高 67 英尺，占地一英亩，花了四年时间，1840 年终于建成。促使他更上一层楼的转机，是培育英属圭亚那探险时由罗伯特·尚伯克采集的王莲种子开花示美。尚伯克把种子分送几处培育，均告失败。1846 年，邱园的胡克成功使之发芽，又经三年努力，他有了 30 株左右幼苗，如何使之开花，是攻关难题。胡克把幼苗分送包括帕克斯顿在内的多位园艺家，以调动大家的积极性。帕克斯顿在大火炉中专门建一个仿生态水池，8 月初栽下一株幼苗，11月初绽放一个大蟠桃似的花蕾，终于开花啦，这是被命名为维多利亚王莲的植物首次在英国本土开花，轰动如潮。《伦敦新闻画报》的记者前往采访，帕克斯顿为展示巨大叶片的支撑力，把小女儿安妮放在锡盘里，置于叶片之上，被轻轻托起。记者把这个场面画成插图广而告之，可想而知，会有多少人冲王莲温室而来。

受此启发，帕克斯顿借鉴莲叶背面支撑条的自然结构，在英国设计建造了一种新温室安置维多利亚王莲，命名莲花屋。这个创意结构，使他中标1851年伦敦万国博览会主体建筑"水晶宫"的设计和建造。一座庞然大屋，长1848英尺，最宽处456英尺，高108英尺，雄踞于伦敦海德公园，

这是19世纪让人过目不忘的伟构。对于气温偏冷的邱园来说，雄伟瑰丽的温室是必备的基础设施。邱园

为了让亚马孙河流域的维多利亚王莲在伦敦开花，量身定制了王莲玻璃温室，终于开花了，还可以托一个小孩。现在，西双版纳植物园的王莲，更多更奇特　黄典仪/摄

内大小温室有几十座，是各种植物温暖的家。

我蓦然想起，清朝第一个访英使团的使节斌椿、张德彝一行，是1866年4月11日到邱园参观，日记中写道，"杜鹃花高丈许，月季亦高五、六尺，花朵大倍于常，红紫芬菲。闻自中土来，培养之功甚深。""玻璃房之高敞，为泰西所罕见"。仅差三天，我们踩着150年前斌椿的足迹再游邱园。天地轮回，我们将给国人传递什么样的信息呢？1848年10月，福钧在杭州附近找到几株棕榈树，托人交到邱园的希廉库克爵士，希望种在棕榈温室让世人分享，同时给阿尔伯特亲王送一株，让他种在怀特岛上的行宫。我2002年11月访问法国戴维神父故乡时，在他家的后院也种着一棵从四川采集的棕榈树。

8 跪着工作——科学家的习惯

我们不约而同地把目光投向旁边的一块苗圃地，一株虬枝盘曲的老树，几丛大小不一的灌木，不到200平方米的疏草地，几小块已剥去草皮，等着下种吧。三位穿Kew蓝色工作服的女士和先生，跪在地上，用小手铲拨弄土地，身旁每人一黄一黑两个半大塑料桶，可能是装工具、肥料之类。苗地旁边，有三辆黄色独胶轮手推车放着好几种工具，看来是每人一辆的工作车。看他们年纪，50岁左右，按我们的惯性思维，是园林工人在打理植物。但是看他们虔诚专注的样子，显出不同的气质。简女士坦然地说，你们看到了吧，我们这里是"美丽和科学相结合"。对游客而言，这是观赏美丽、愉悦身心的地方；对科研人员而言，它是研究植物学的宝库，数百年来如此。科研也要资金呀，所以包容世界的美丽植物吸引游客，用门票支持深度研究。这里的研究人员都是资深专家学者，年轻人是他们的助手，都是博士研究生水平。我围着三人快闪照相，每人戴着护膝套，啊，他们的工作惯例是跪着！敬畏大地、敬畏草木生灵！一位金发女科学家抬头看到我们，嫣然一笑，被我抓入镜中。我要把她们的微图播出，什么是大牌明星，什么是专家学者？我想起著名历史学家吴晗的一段话：到了明清之际，"得跪着奏事了，清朝大官上朝得穿特制的护膝，怕跪久了吃不消。"一个敬畏皇权，落得国破家亡！一个敬畏科学，恩泽久远！

我们又同那群小学生相遇了。我注意到一个奇异现象，孩子们没有追逐嬉戏，几位老师分插其中，对提问的孩子小声交流，其他孩子独自观察或轻声耳语。师生没有带照相机，也没有用手机拍照，这是什么规矩？

简女士说，英国人养成观察研究欣赏亲近大自然的习惯。很多人一年四季会来很多次，晚上会住在园区，夜里用手电筒观察感兴趣植物的生长变化。学生们会听老师和专业人士循循善诱的讲解，细细观察，回家要完成作业，以此强化记忆和观察能力。如果忙着拍照，那个效果就是另外一回事了。邱园每年会举办数十场花卉、根艺、插花的展览，现在要逐步增加茶艺展。每年7月，要连续举办六个晚上的盛大野餐、高水平音乐会，那是人与自然的狂欢日。

邱园科学家的职业习惯是跪着。小学生在邱园的研学游，不带照相机和手机

　　我们来到一处朴素的三层楼砖构房的面前，简女士说，这是邱园图书馆，它是世界上收藏植物学参考书籍最丰富的馆之一，图书、手稿、笔记、日记、期刊有 75 万多册，涉及 90 多个语种，是植物学研究者的宝库，可以查询几百年来的资料。这种对科学传承的珍视和保护，让人心生敬意。邱园数量庞大的标本馆，我们无时间参访了，中国的植物学先驱胡先骕，四川大学生物系方文培，中国茶树分类学家张宏达等，曾经遍访英国和邱园各标本馆，照回成千上万张中国物种的模式标本。胡先生说，这是我们摸清家底的基础工作，否则国外早已进入科学名录，我们不知道，还以为是科学新发现，贻笑大方。

　　我们掐着时间，简女士应该去接待下一批客人了，在一片盛开玉兰花的树下，我们把送给邱园和她个人的纪念品、茶礼交给她，请她在团旗上签字合影。我给她简单介绍法文版的《大熊猫文化笔记》和画册，她指着图书馆说，在这里，有关戴维的书不少，邱园里种植他发现的植物也不少，这本最新的涉及戴维与熊猫与植物的书，我把它送到图书馆，一定很受欢迎。我伸出手同她告别，她执意要把这批热情好学的中国人送到大门口，也顺路接下一批客人。来到大门旁的小卖部，离大门不远，她同意握别，我用中国方式举起右手，击掌拍响告别，这是亲昵的表示。团友摄下瞬间，发给我们一看，地道的中英太极推手。网友们微评说，

优秀的简妮特女士，签下邱园的名字

哟，两个老道的练家子（指习武出身）！团友们大乐地说，套路高手孙团长，今天被简女士套路了，互相布套，摆平了！

我目送简女士离去，她三步一回头，频频挥手，直到汇入人群。

我静心环视无边的邱园，它何以能荟萃天下群英？

对地球的诞生，物种的演变、人类的萌动繁衍、气候变化对人类的影响，有无穷无尽的学说和争辩。但较为一致的共识是：在冰河期的巅峰阶段，海平面低于现在 100 米以上，冰覆盖了欧洲北方和美洲北方的广袤土地，英伦三岛与欧洲大陆一体；没有波斯湾，伊朗高原与两河流域并肩牵手；日本的四个列岛与亚洲大陆连成一块。造成七万年前最后一次冰河期奇寒的魁首，是科学界定的"多巴灾变理论"的考证。印度尼西亚的苏门答腊北部的多巴湖，长 100 千米，宽 30 千米。是一座休眠火山口。七万年前发生一次剧烈喷发，被科学统计为 200 万年来之最，遮挡了阳光，气温剧降，火山灰四散堆积。至今印度中部还有 6 米厚的积烬。这使已处冰河期的地球，出现了六至十年的"火山冬季"，和将近 1000 年的极度严寒。

这是任何生物万劫不复的皑皑深冬。大约在 1.2 万年前，冰河期基本结束，海平面上升 100 多米，形成今天的地貌，英吉利和日本自成一体。

上帝让诺亚的三个儿子分别到欧洲、非洲、中亚去恢复过往的葱茏，他们一筹莫展。什么植物能熬过千年严冬？以上帝当时的眼界，他不知道在亚洲东部的崇山峻岭中，护佑了一个伟大的民族中华和万千物种。

被世界公认苏联最优秀的植物学家和遗传学家尼古拉·伊万诺维奇·瓦维洛夫（1887—1943），在执掌苏联科学院遗传研究所和列宁农业科学院期间，他组织探险考察180多次，踏勘了世界50多个国家和地区，并通过物种交换搜集了世界上几乎每一个角落的植物种子，深藏在彼得堡。他分析了中东的新月沃土地区、伊朗—印度—中国—东南亚、中美洲—南美洲安第斯山脉等地后得出结论：这些珍稀物种起源地有一个共同点，即全部起源于山区，与平原地区无关。长时间的严冬，扫荡了平原地区的动植物，而高岩深壑环境形成的小气候，使众多的动植物得以苟延残喘，逃避冬杀。四川西部的大熊猫、鸽子花树、扭角羚，川金丝猴等，它们都有几百万年的演进史，能依然繁衍，就是证据。胡克、威尔逊的采集，辅证了瓦维洛夫的论断。虽然他1943年饿死在苏联的集中营，但是，至今莫斯科和彼得堡的植物研究机构，都以他的名字命名。瓦维洛夫对动植物原生环境的判断，与人类原生文明诞生地的事实刚好相反：北非的古埃及尼罗河流域文明、中东的两河流域古苏美尔文明、南亚的古印度河流域文明、东亚的中华黄河流域文明，都产生在土质肥沃灌溉方便的冲积平原地区，农作物易植易生，聚集了人气，从而催生了人类文明。

在中国，只要是初中以上文化程度的人，应该都知道意大利人、耶稣会传教士利玛窦（1552.10.16—1610.5.11），他在中国30多年，是中国传教团的总监督。他把西方的地图学、天文历算几何学、钟表、放大镜等机械光学的科学知识，第一个传授给中国人；他解开了马可·波罗造成的误解，以为"震旦""契丹"与中国不是一回事；他熟练掌握中文，谙熟四书五经、山川地理知识，中国明代大学士徐光启、李之藻诸贤，拜倒在他膝下。他是第一个在欧洲广为宣传茶和漆器是中国宝贝，人民生活须臾不能离开（虽然之前有人零星谈到茶）。他去世后，明朝万历皇帝破例赐地安葬，这是中外交流史上的首例。他逝后五年，耶稣会士金尼阁以拉丁文出版了他数十年心血写的《基督教远征中国》（以后书名多有变化，中译本定为《利玛窦中国札记》），轰动欧洲。之前盛行欧洲的《马可·波罗游记》，被人们当成类似《一千零一夜》的半神话故事书看待，知识界难以采信。而利玛窦的书，被当成权威信史，迅速译成法文、德文、西班牙文、意大利文和英文摘译本风靡欧美。

他在第一卷第三章"中华帝国的富饶及其物产"中说，"可以放心地断言：世界上没有别的地方在单独一个国家的范围内可以发现有这么多品种的动植物。""我甚至愿意冒昧说，实际上凡在欧洲生长的一切都照样可以在中国找到。""欧洲已知的主要水果在中国也都生长……中国有很多欧洲人从未见过的水果。""花草之丰盛确实令人不能再有什么奢求了，中国人有很多种花是我们从不知道的，它深深打动人们的美感，并显示出造物者慷慨的恩赐。"利玛窦的书，给要去闯荡大洋追寻财富的欧洲人引示了方向。看了邱园，让人明白了为什么那样多植物猎人到中国，为什么中国那样多奇花异木在邱园落地生根。

人类热爱植物花卉，欣赏它的美丽和诱人香气，陶冶性情，美化环境，那是高尚的。如果以它为谋利手段肆意炒作，其后果可能是毁灭性的，有 2 例为证。最为惊心动魄的故事，要数发生在 1633—1637 年的荷兰郁金香狂潮。

那个时代的荷兰人是勤奋、敢于开拓、有品位，节俭治国和富裕的民族。投机的心理，掀起了郁金香热。很多书介绍，郁金香原生地在中亚新疆一带，11—13 世纪被波斯和土耳其的奥斯曼帝国传播，1570 年进入荷兰为先导的欧洲国家。但是极少文献谈及中国的玄奘，早在公元 628 年，即唐贞观二年，他 29 岁之时到达迦毕试国（今阿富汗），记录该国风情物产时，就写下"宜谷麦，多果木，出善马，郁金香"的文字，国王请他到大乘寺说法五天（《玄奘法师年谱》）。经此地后他到达天竺国，写下《印度总论》，首句道"详天竺之称，异议纠纷，旧云身毒，或曰贤豆，今从正音，宜云印度"，这是把中国的多种古称，统一归为"印度"称呼之始。但是引种郁金香，通过杂交变异，使它更美丽可人，主要功劳应该是荷兰人。1636 年，13 荷兰盾（1 荷兰盾等于 20 个荷兰币）可以购买一吨有名的鲱鱼，一个木匠一年的收入是 250 荷兰盾，一个普通商人一年的正常收入是 1500 荷兰盾，一个成功的大商人一年正常收入是 3000 荷兰盾。大名鼎鼎的伦勃朗最伟大的杰作《夜巡》酬金是 1600 荷兰盾。看了这组经济状况表，再看看名贵郁金香的价码，就知道什么叫疯狂：名叫"永远的奥古斯都"极品郁金香，存世不超过 12 株，一个花茎转手的价格是两栋房子的价。被誉为"范·德·艾克司令"的最昂贵红色系品种，1637 年，它的一个球根是木匠年工资的 6.5 倍；紫色系郁金香"总督"，一株价值超过 45000 荷兰盾。那几年是荷兰人为郁金香独乐乐的时代。

比英国东印度公司（1600 年）晚两年成立的荷兰东印度尼西亚公司，是第一家股份制企业，注册资金 650 万荷兰盾，连市长的女仆都是股东。而英国东印度公司的注册资金仅 68373 英镑，215 名股东。荷兰 1609 年在全世界首开股票交易市场和成立银行。荷兰人豪言："在阿姆斯特买不到的东西，也就不存在于这个世界了。"富得昏头的荷兰把郁金香当股票玩，巅峰是 1637 年 2 月 5 日，拍卖会把成交额收槌在九万荷兰盾，这在当时是一笔巨大的财富。几天后，一个叫弗朗索瓦·科斯特的商人，以 6650 荷兰盾的天价买了几十个郁金香球根，美梦在延伸。但是不到一周，郁金香价格无征兆狂跌，损价 90%。到三月，相当上千美元一个的球茎，跌至几美分。以对钱财极其精打细算闻名于世的民族，完全抛弃自己的传统，集体失智，这就是以后几百年讲泡沫经济的最早经典案例，多少巨富一夜之间家破人亡。

逝者如斯，后人又忘记了！兰花是中国人千年不衰的爱物，梅兰竹菊四君子，在我们的民族雅趣中，源远流长。英国植物猎人从墨西哥、危地马拉引种改良的兰花科物种，是邱园温室的大户。达尔文对兰花有独特研究，揭示了兰花同其栖息地的伴生环境密不可分，某些兰花的花朵只接受特定的授粉者来采集花粉。这些奥秘的揭示，促进了物种的改良和保护，至今全球大约存在三万种兰花。1897 年 4 月在曼彻斯特成立了第一家兰花种植协会，兰花被称为英国"王室遴选的装饰品"。当举国上下都热衷兰花时，投机潮在英国重演，1910 年达到顶峰，竞标者会为一株奇特新品种下注 1000 几尼（旧英国金币，1 几尼约合 1.05 英镑），在那个时代，这也是让人咋舌的价格，按英镑同荷兰盾兑换比值，它离"荷兰疯"的极顶也在伯仲之间。几年翻云覆雨，它作为名列第二的花卉炒作教案写进教材。

数百年的历史证明，对任何植物花卉，小众爱家私下挪手分享，可以玩玩。期待在大众风潮中赚大钱者，无一成功，是为诚。

转身跨进邱园的小卖部，四壁是可以透视园区的玻璃墙，和煦的灯光，天花板上吊着几百种仿生花卉。300 平方米的卖场，分成十多个小摊区，分门别类、自然随意地摆放着琳琅满目的纪念品和书刊，全部与邱园的故事有关。团友徜徉其间。各取所好，吃穿用行和纪念物，目不暇接。我转到一处卖纪念手提袋的货架前，品种样式很多，其中最大的一款，长 45 厘米，宽 35 厘米，白麻布制成，它的一面，分 4 排，共有 21 款彩色图案，全部是邱园最有特色的植物、动物和

邱园的纪念品卖场和手袋

古建筑。每款下面标出名称，其中标志性建筑有维多利亚门、夏洛特女王别墅、贝罗纳神庙、风神殿，而名气最大的中国宝塔居中，占两个图的位置，其他的都成了陪衬。太美了，我马上买了五个，带回国与朋友分享。再来到书展柜，沈冬梅眼尖，说有写福钧的书，也买一本，虽然不懂英文，收几本涉茶名人的书作纪念吧。

年轻的茶友挑花了眼，不舍离去。我在窗台边的小阶坐下，欣赏着手袋的图案。中英园林的互鉴和比较，如同幻灯片回放。

9 什么是中国园林

要说园林历史经久不衰，有史证有文献有遗址可考的国家，当数中国。著名古建筑专家罗哲文写有一本《中国古园林》，他研究，远早于黄帝时代的狶韦氏时代就有"囿"，黄帝时"圃"，尧时设"虞人"官位掌管山河、苑囿、畋猎之事。商代（公元前1734—前1107）遗址的甲骨文中，就有"家""庭"的文字。中国古汉语对"家庭"有专门的注解，即家有庭园，方成家庭。中国古文字的园林名称有"园苑囿圃"多种，即种草木养动物的地方。

周文王时代（公元前1166—前1117）营造的灵囿，是可以开放给百姓射雉猎兔的半野生公园。

秦始皇建方圆数百里的上林苑，那是天然动物园，天子游乐猎射。汉武帝（公元前156—前87）继之，使司马相如名传千古的《上林赋》，让古人知道皇家园囿的异彩纷呈。他造建章宫，挖太液池，池中堆山，"正式开创了我国模仿自然的人工园林历史"。《汉宫典职》记录，甘泉园已有"铜龙吐水，铜仙人含环受水下注"（过去误解是欧人为乾隆在颐和园修大水法，中国始有喷泉），磊假山、植异国进献植物。

到东晋的陶渊明（352—427）《桃花源记》开创文士之人私家园林的新气象，影响后世。到唐代隐吏加文化士人，在正宅以外修建别业（另外的栖居休闲空间）之风大盛。初唐诗人宋之问（约656—712）大兴别业之趣，一生营建多处，仅洛阳一地即有三处别业。盛唐诗人王维（701—761）中年时买下宋之问辋川别业（亦称蓝田别业），是灞河支流所在，精心打点，新增文杏馆、欹湖、木兰柴20余景，常邀诗书画友同游，他留下诗《辋川二十咏》，画《辋川图》长二、三丈，十分精妙（仅仿品存世），诗画相融，对中国园林影响深远。唐代诗人白居易（815年）被贬江州（今江西九江），在庐山东林寺旁建草堂，写下庐山《草堂记》。名相李德裕的平泉庄、裴度的四并堂……官宦文士隐于山水庭园之趣，千年吟诵。在唐代各书涉及的别业有上千处，李浩先生著《唐代园林别业考录》考证出700多处，长安所在的京兆府201处，洛阳所在的河南府114处，两京有条件的文士，几乎都有园林别业。唐中期整治汉武帝时的曲江园林，把它辟成皇家的开放式公园，以显大唐气度，"每当中和（二月初一），上已（三月初三）等节日，自帝王将相至商贾庶民，莫不云集于此。唐玄宗还于三月三日在此赐宴臣僚及新科进士"。

进入北宋，徽宗以举国之力玩花石纲，营建万寿山艮岳，引得水泊梁山108将闹出《水浒传》。苏东坡主政杭州，疏浚整治西湖，把杭州变成一座大园林。"上有天堂，下有苏杭"，是对苏州、杭州园林冠绝天下的赞词。南宋大文学家洪迈在《夷坚志》中记载许多园艺工、雕塑工、陶工的独门绝技，如宣和初京师大兴园囿，一个从四川来的名刘幻的园艺工，凭高超的嫁接术和独特工艺，在正月间，可使奇花竟开，"一本五色，芍药牡丹，变态百种，一丛数品花，一花数品色"。

到明代，延续唐代王维诗画园林一体的真传，出现张南阳、周秉忠、米万钟、张南垣、计成、王时敏等众多造园名家，他们又擅画、烧瓷、制漆器、书法，苏杭大运河使盐商、丝绸商、富商云集于此，争相拓建园林。计成1634年著《园冶》，从画家转为园林名家，作为一个苏州人，博采千百年积蕴，写出我国第一部造园专著，也是世界园林名著，影响久远。他们把中国古代规模庞大的园林，移天缩地，发展成集景式园林，互为依衬，巧夺天工，计成对此有五借之说：远借、邻借、仰借、俯借、应时（季）而借，这种借景理论的概括，叹为观止。

到了清朝，康雍乾盛世，差不多一个半世纪精心打造的畅春园、圆明园、静宜园、长春园（欧式建筑在此）、清漪园、颐和园、京郊南海子夏宫（今麋鹿苑）、承德避暑山庄……康乾十多次巡幸苏杭，要把江南胜景，搬到京城皇帝的身边。圆明园中的100多处景色，就仿借众多江南名胜，"移天缩地在君怀"。

1712年7月，康熙朝历十年之功建造的热河行宫（承德避暑山庄）竣工，它由宫殿区、平原区、湖区、山区四部分组成，面积达560万平方米，差不多是法国凡尔赛宫的4倍以上。康熙从众多景致建筑中，精选出36景，命名题诗咏唱，令宫廷画师绘成图，以绢、木两种版本刊行。康熙五十二年（1713年8月），又让西洋宫廷画师马国贤（意大利人，1682—1745，传教士，非耶稣会士）制作成铜雕版画四套，用养心殿所存西洋纸印刷，效果极佳，康熙大喜，让大量印刷发皇子皇孙和亲王。康熙逝后，经雍正特别恩准，在清廷工作13年的马国贤回国悼念已逝的父亲。在领受大量雍正赐物之后，1724年，36景铜板图随他进入伦敦，流传欧洲，引发第一波冲击。

1744年，乾隆让宫廷画家唐岱、沈源绘制了圆明园40景图，同时孙祜与沈源又创作了40幅木版画，以后被法国传教士王致诚带巴黎，把京城御园风景制成铜版画，现藏巴黎国家图书馆。勒·路治的名作《中式花园手册》（又名《英中式花园》），大量使用了这些图片。这让欧洲皇室和贵族目瞪眼滞，天下有这种人工园林？园林可以有这种美法？这是对欧洲的第二波冲击。心有不甘的路易十五世让传教士带了一套凡尔赛宫的园林图送乾隆，这也勾起了他对异国情趣的追捧。东西长840米，南北宽的最小处70米，占地八公顷的一块宝地，乾隆让传教士郎世宁、蒋友仁、王致诚按洛可可风格，在长春园建了一处"中国凡尔赛宫"的建筑群，包括谐奇趣、方外观，还有大水法、海晏堂和12生肖铜首喷水设施，由王致诚监造。这12座西洋楼，前后花了14年（乾隆十至二十四年），这里收藏了欧洲君主送给康雍乾三帝的各种欧洲珍玩，以及清宫造办处仿造的洋玩意精品。看了中西互仿的皇家园林建筑,就发现一个明显的差异:欧洲的设计施工人员,绝大多数没有到过中国,所以"作品"不东不西;乾隆的"小凡尔赛宫",是请欧洲高手所为,"作品"无可挑剔。

清朝皇室如此,培育了叶洮、道济、周师濂、王松等名家造园高手,那么民间对园林认识如何呢?

明末清初一大奇人李渔(1611—1680),是鼓簧弄舌的大推手。他祖籍浙江兰溪,生于江苏如皋的富裕药商之家,自幼与市民阶层相熟。自称髫龄能作诗。但几次乡试落榜,遂走上卖文之道。父母亡家道中落,再加改朝换代的混乱,在民间很过了一些苦日子。顺治八年(1651年)移居杭州,与名流交往,戏曲小说多作于此,文名渐大。后自组戏班,专事演出,影响大增,足遍大江南北,成为名声财气广进的戏班主,这颇与莎士比亚经历相近。1661年迁居金陵(今南京市),芥子园是他的金陵别业,还在此设书铺,至今书画爱好者无人不知的《芥子园画谱》,是他的出版物之一。他一生著述丰盈有数百万文字,兼具文士与商人的双重优势,是清初文坛家喻户晓、雅俗共赏的名士。写于康熙十年(1672年)的《闲情偶寄》,是自评最满意之书,是一生艺术、园林、美食、把玩、生活的结晶。他自视平生有两绝技,一为辨审音乐(戏曲),二为置造园林。在江南园林千年传续荟萃之地,放言自己有园林置造评鉴的绝技,那是何等手眼神通。他认为造园亭如写文章,忌雷同,要出新意;土木之事,最忌奢靡;顺从物性,循势而为;亭台楼榭,取景在借;一勺代水,一拳代山……在山东泰山万仙楼西侧石壁上刻有"虫二"两字,引无数游人驻足猜哑谜。实际上这是去掉"風月"二字的外框,讲观山看景,不为框界所限,要视野开阔,这真是得"借景"真髓。把中外园林如此比较,应了美国哲学家、历史学家洛夫乔伊(1873—1962)的一个论断,"中国园林是欧洲浪漫主义的起源之一,它推动和促成了浪漫主义的转向"。此言有理有据。

进入现代文明,中西园林交往值得书记一笔的,是美国纽约大都会艺术博物馆里的苏杭园林庭院"明轩"。1870年4月13日成立的这家博物馆,正值大清王朝步入衰期,"中国风"的辉煌失语,馆藏重点是中世纪文物和亚洲他国文物。在建馆100周年之际,确定增加中国馆藏。1973年,从旅美华裔收藏家王季迁手中收购了25件传世珍品,包括《照夜白图》《夏山图》等绝世宝贝;此处还有山西洪洞县广胜寺的元代巨幅佛教壁画《药师经变》，长 15.2 米，高 7.52 米，它以曲折的流转经历，入囊不惜大价钱的大都会馆；再加上捐赠、购买多种方式，跻身世界 5 大博物馆之一，藏品达 300 万件，中华文物近两万件，这在国外收藏的中国文物中，已是一流水平。但是馆方不满足于此，"明轩"入驻，是他们的得意之笔，这里有一个世人关注的传奇故事。

20 世纪初，一位美国小女孩游学苏州，住进网师园一间名为"殿春簃"的传统小室，一待四年，江南园林美景，终身留忆。多少年后，她是美国著名的慈善女王布鲁特·阿斯特，又是大都会艺术博物馆董事。20 世纪 70 年代后期，她向馆方提出在大都会内打造一座中国江南园林，得到一致赞同。经双方专家考察会商，1979 年，由著名的苏州古典园林建筑公司施工，从国内发来 193 箱物件。造轩的楠木，全部在四川选伐（明清故宫的木作楠木，全部采集于四川），1980 年 3 月落成。按中式园林规范，室内外的家居、桌椅床柜、琴棋书画、青铜古陶瓷，一应俱全，这座移植的"殿春簃"，命名为"明轩"，被称为与馆内埃及丹德神殿同辉的东西双璧。

美国人由此知道，园林不仅是珍稀花草，东方"天人合一"的园林智慧，才是园林艺术的真谛。这是中国园林艺术外贸出口的第一单，闸门一开，漫向西方：1986 年温哥华建逸园，1992 年新加坡蕴秀园，1999 年纽约寄兴园，2000 年 9 月，美国波特兰建设兰苏园……中国参加五年一届的世界博览会，按惯例，展览结束，参展国必须自费拆除建筑，运走垃圾。可是，很多主办国祈中国不要拆除，交由他们管理。中国园林以豪迈之气，步入各大洲。2003 年 11 月，邮电部发《苏州园林—网师园》特种邮票四枚，第一枚就是殿春簃。

当然，喜欢美国文学和戏剧的老老少少，不会忘记誉为美国"莎士比亚"的戏剧家尤金·奥尼尔（1888—1953）的中国癖。1936 年，他以"天边外"获诺贝尔文学奖。1945 年，他拿出奖金中的四万美元，在加利福尼亚的静谧山谷中，建造了一座中国风格别墅，大门上钉了四个铸铁汉字"大道别墅"，花园红砖九曲小径，红木中式家具，门窗朱漆髹饰，这里伴他写作和前往天堂，现在是国家级纪念馆。品味，检测你高雅的程度。

爱美爱自然，是世界各民族的共同追求。尤其是对皇室和富有的贵族而言，把自然复制到股掌之间，随时欣赏摩挲，那是一种雅趣。罗马帝国（公元前

27—476，西罗马帝国亡；至 1453 年，东罗马帝国亡）跨越欧亚非（中国史书称他们为大秦、拂林），是一个环地中海的多民族、多宗教的强盛国家。他们吸取古埃及和阿拉伯人的智慧，也有大规模的庭园、喷泉、雕像和浴池。西罗马帝国亡后，进入史称千年黑暗的中世纪，邦国林立、征伐不绝，权威落于宗教掌握，对园林的追求和欣赏，远落于生命安全和食能果腹之后，已不见史迹记述。直到海洋"地理大发现"和贸易兴起，中华文明的园林品格，才逐步吹进欧洲。

这座十层高的中国式佛塔，它的母本是明朝南京的大报恩寺塔。漂泊千万里，它怎么会在伦敦邱园矗立了 200 多年？一切要从荷兰人约翰·尼霍夫说起，由此连锁般的引出一串故事。清代以来的中欧交流史，第一个绕不过的就是顺治朝时荷兰组团到北京出使的历史。他们由谁组团出行，今天的书刊有 3 种说法：荷兰王室、荷兰散商、荷兰东印度尼西亚公司，多数皆为作者臆断，各取其是。问题出在没有看过尼霍夫原著。我依自己研究所得，在原书的基础上勾画一条出使原由、成败线路图，以便同好。

10　荷兰尼霍夫介绍中国园林

荷兰是以商贸立国，海上称雄的后起之秀。在 17 世纪 50 年代，它取代葡萄牙、打压英格兰、抗衡西班牙，雄风东西。1641 年在日本长崎建商馆，友好贸易。但是从明末到清初，在与中国广东、福建、台湾（时称"福尔摩萨"）的贸易往来中，不被官吏待见，总是坎坎坷坷，于是想到组团到朝廷上访疏通，解决贸易的长治久安的问题。荷兰东印度尼西亚公司的殖民地、印度尼西亚巴达维亚总督约翰·马绥克给董事局两位荷兰公使侯叶尔和凯塞尔明确指示："据我们所知，尚无一个荷兰人有过你们要进行的这次远涉重洋的行程，你们将会遇到很多前所未闻、前所未见的稀罕事物。因此，你们要一件一件把它们完整地画下来，也要准确地把你们途中的见闻记录下来。配属给你们的管事是一专业素描家，你们可以让他把沿途可能看到的所有城市、乡村、宫殿、河流、城堡和其他奇异的建筑物以它们本来的形象描绘下来。你们应当带上耶稣会士马丁尼所写的中国旅行记和所作的中国地图，它们可能在你们的行程中或其他情况下发挥作用。"

1655 年 7 月 19 日，荷兰使团两位使臣及其随员共 16 人，乘商船高德克号和贝鲁道尔号从巴城出发。8月18日进入广州虎门，受到老藩王尚可喜、小藩王靖南王耿继茂的接见宴请（1653年2月，荷人从台湾来此请求通商，不合贡例劝返。此次手续完备，得清朝廷同意）。1656年3月17日，两位藩王派出专使和护送人员及进京公务者50条船从广州出发，5月10日到南京，访报恩寺。7月4日到天津，老藩王的专使先赴北京通报。7月19日，使团和礼物到北京，礼部官员验看礼品，耶稣会士汤若望随行（8月3日，吐鲁番使臣到京；9月14日，莫斯科使臣因礼仪问题未被皇上召见，前来荷使处辞行）。10月2日顺治皇帝接见，行三跪九叩礼，后赴礼部连宴三天。

10月16日到中堂府接圣旨，皇上"但念道里险阻，舟车跋涉，阅历星霜，劳费可悯。若八年一次来朝。员役不过百人，止令20人到京。所携物货，在馆交易，不得于广东海上私自货卖。"

为了不影响季风海上返程，接旨后中午即离京回返。11月21日到金陵，专程去报恩寺验看初访时和尚答应刻的荷使到访碑和为两位使臣雕的像。尼霍夫认为这里"可列为中国最著名的工程之一""看一个约有一万尊塑像的大殿，"此寺的瓷塔有九层184个阶梯。"塔尖顶着一个沉重的松果（佛坛），据说是用纯金造成。""如此稀世奇观真叫人赏心悦目。"金陵当时正是战火以后，尼霍夫还在内府的墙上写了一首六行的诗，谴责战争对城市的破坏。我想，碑、使节塑像和涂鸦诗，早就荡然无存了，否则聪明的南京人一定会拿来做旅游文章。1657年2月1—2日参加广州老小藩王的告别宴，荷使把皇帝圣旨呈陪同的各大员阅。2月22日从广州出发。3月31日回到巴达维亚港。

约翰·尼霍夫（1618—1672，出生于德国，较长时间任职于荷兰东印度尼西亚公司，参与多次探险活动，著有多本探险书籍。1672年，在非洲东海岸马达加斯加岛探险时，为到陆地寻淡水而失踪）回到阿姆斯特丹，于1658年8月3日给东印度尼西亚公司的董事们写了《荷使初访中国记》的报告，附有80幅他沿途所绘素描水彩画作插图以了公差。同时，他把全部手稿图画交给哥哥亨利·尼霍夫，委托他编辑出版。1665年哥哥由梅尔斯出版社发行了荷文版《东印度尼西亚公司遣使晋见中国鞑靼皇帝记》（中文译名有多种），添加了一些他认为有益的章节，并在原水彩画基础上，制作了150幅铜版画插图，包括最有名的"南京报恩寺塔""广州城远眺""游船宴饮"，远比报告翔实丰富，风靡欧洲。以后又

1655.7—1657.3，荷兰画家约翰·尼霍夫随团出使大清，觐见顺治皇帝。回国后写了一本《荷使初访中国记》，附有大量铜版画。其中南京报恩塔是邱园塔的母本　　　尼霍夫 / 绘

译成拉丁文、法文、英文大同小异的多个版本。细读尼霍夫的报告，有如下认识：

一、为贸易和刺探情报而到中国的荷兰公司，他们没有到达印度，只是殖民印度尼西亚的巴达维亚等地，所以公司的名称叫"荷兰东部印度尼西亚公司"。在做了不惜血本的充分准备，耗时一年八个月，结果一无所获，这影响到了 1793 年的马戛尔尼英国使团。英国的庞大使团，丰富多彩的高科技产品，刺探情报的各方面专业人才，让荷使团相形见绌。这也为鸦片战争的英军避实击虚埋下伏笔。

二、清朝廷刚入主中原，对远洋来朝的夷邦优礼的程度，甚至超过了 100 多年后的英国使团。

三、尼霍夫详绘的山川建筑古迹，多姿多彩，他描述了十多处宝塔，对南京大报恩寺着笔浓重，往返两次专访，这引得欧洲各国仿造，认为是中华文明的典型范本，这就是邱园在盛炽"中国风"之时建十层高塔的诱因。

四、荷使团铩羽而归，让他们以后八年来朝贡贸易一次，这哪里是什么海洋贸易？还以怜恤之名下旨。荷兰使团心知肚明，他们被汤若望那一帮耶稣会士下了烂药，被阴损了，尼霍夫怒不可遏地写道，"在北京的这些传教士是上帝的信徒中的渣滓和全世界的败类，他们在这里造谣丑化我们"。使团从北京礼部官员反复询问的一些问题中嗅出了异味，有的问题被问了九次，诸如，荷兰是一个国

家还是一个海盗集团？这些贡礼是在哪里抢的？荷兰人吃什么穿什么？听说荷兰人可以在海下待三天，所以在海洋上称霸？……自辨是无用的，好在吐鲁番和俄罗斯使臣也在北京，就让官员们去打听。官员们明白了荷兰是一个强盛富裕的海洋大国。立竿见影，使臣们日常食物增加了一倍。尼霍夫一行对此无可奈何，耶稣会是天主教的保守派，靠葡萄牙的支持，经几辈人的努力，跻入明清朝廷，深得重用，汤若望是顺治康熙的宠臣，顺治帝称他为"玛玛"（满语"可敬的老爷爷"之意）。荷兰信奉新教，与葡国为敌，海上争战不绝。汤若望该怎么办，还用问吗？荷使相信，那份假仁假义，拒人千里的"圣旨"，就出自汤若望之手。

五、这个报告，是公司内部的工作报告。当时更风行的是他哥哥编辑出版，有 150 多张雕版画的书（亦说有 300 图）。

英国园林最早的模本是荷兰园林，由光荣革命的威廉三世和玛丽二世王后 1689 年从荷兰带来。

没过几年，法国路易十四（生于 1638 年，1643—1715 在位，终年 77 岁）在凡尔赛宫的特里亚农宫，为情人孟德斯班夫人建了一座中国风格的"瓷塔"，1671 年建成，由法国巴洛克式建筑专家路易·勒沃设计，仿中国风格的外形和细节，这引起欧洲各国的跟风仿造，以后太阳王移情别恋，加之建筑质量问题，17 年后拆除。新情人曼特侬夫人也是中国迷，凡尔赛宫内的"中国屋"，以中式壁纸装饰、漆屏风、瓷器、精致文玩争奇斗艳，又引来各国宫廷、贵族攀摹，几乎每一个国家的宫廷都有一间中国风的客厅。

在欧洲，传续至今可圈可点的中国风著名遗迹，不可忽略德国波茨坦皇宫中无忧宫的中国茶亭。1757 年，普鲁士国王腓特烈大王让建筑师约翰·波林设计建一处避暑行宫无忧宫，这是德国在"中国风"影响下的作品，占地 290 公顷，是一处奢侈浩大的宫苑。内建一座"中国茶亭"，为圆形双层坡顶建筑，屋顶站着一个打遮阳伞的中国智者老人，底部 12 根镀金仿棕榈树柱子撑着廊檐，环廊窗间有 18 个真人大小的镀金石雕中国人像，和几组造型生动的人物群像。其中一组在煮茶，一组的女侍捧壶给女主人倒茶，或烹茗、或奏乐、或聊天，男子戴尖顶圆毡帽，身着长袍，他们还停留在《马可·波罗游记》中对鞑靼人的认识，女子长裙，珠光宝气。二战之中，它当然难逃劫难。1993 年 6 月 25 日，在纪念波茨坦建城 1000 周年之际，中国茶亭经两年多的修建对公众开放，内外金碧辉煌。

▶ 波茨坦中国茶亭邮票

普鲁士国王 1757 年在波茨坦无忧宫建中国茶亭。1993 年 6 月 25 日，为纪念建城 1000 周年，恢复重建并发行了纪念邮票

德国政府专门发行"中国茶亭"纪念邮票，缅怀 200 多年前的中西交流。

　　自称太阳王的路易十四，在位 72 年，比康熙乾隆掌权多十余年。不过，他是从 5 岁登基时算起的。他主持修建了从父亲路易十三手中接下的一个 1630 年建成的花园城堡。他以古希腊太阳神阿波罗为偶像，要建立与太阳王称谓相当的功业与奢丽，凡尔赛宫是其毕生的代表作。1682 年朝廷正式从巴黎搬到凡尔赛办公居住，朝臣和显贵们明白，离开宫廷圈的羽翼，那是自寻消亡，于是不顾一切地萤集到凡尔赛宫周围。历经 300 年，虽然狩猎面积大为减少，但宫域区仍然占地 800 公顷，20 公里道路和城墙，35 公里水渠，建筑占地达 11 公顷，2153 扇窗户，20 万株树木和四时置换的花卉盆景……当时的园林风格，是承袭古罗马、意大利文艺复兴风格，阵势宏大，对称整齐，成几何图形的花圃、呈绿色雕塑状的植物，喷泉、迷宫、雕像，和征服自然心态的修剪，以炫耀人类文明战胜自然界。2005 年 4 月，我专门参观了凡尔赛宫，从宫门俯瞰花园，标准的几何线延长无际，我们试着下去走了一个多小时，在排列笔立的深绿甬道漫行，绿色眼疲劳，两腿疲乏，只得折返，逃离这个曾经被吹捧的皇家园林。

　　2003 年 10 月 26 日，我在雅安市政府工作时，接待了法国驻中国大使蓝峰先生（2010 年上海世博会时，他已是世界博览局主席，主持了开幕式），他到宝兴县邓池沟教堂拜谒在此科学发现大熊猫（1869 年 4 月 1 日）的法国博物学家戴维神父。临别，他题签赠我一本中文版的《凡尔赛导游》书，其中写道，每天有 3000 到 10000 为数不等的人次，频繁进出路易十四的宫廷，"凡尔赛另一个让外人吃惊的特点是：无论是花园，还是宫殿内部，都大范围地开放，当国王穿过正殿前往礼拜堂作弥撒的时候，朝廷内外的人都可以见到他，并进入宫殿，甚至当他不在时可进入他的房间"。他为凡尔赛制定了 25 站游览线路供人参观。这是一段让人振聋发聩的记述，中国历史上的 200 多位帝王无人匹敌！法国著名诗人、科学院院士拉芳登发表文章说，1688 年他约三个朋友参观凡尔赛宫，"还观赏了国王的卧室，以及书房中的床、帷幔及座椅，那些织物全来自中国，上边有着那个国度里各类宗教人物的画像。"观览者荡漾其间，边看边揣摩，我回去仿什么，在什么地方买什么，否则就太土气了！这就让人理解了法国风为什么曾经震撼欧洲。但是法国园林，不是它国想学就能学到的！法国是欧洲大国，气候宜人，被称为上帝在欧洲的花园，适宜众多植物生长。它是大陆型浅丘地形，大面积拓植园林，成本不高。英国河网纵横，要做大面积园林，花多少银两的成本，不算便知。

英国最早赞扬中国园林之美的文章，是著名政治家威廉·坦普尔爵士（1628—1699）685 年写的《关于园林》。当时欧洲流行园林是荷兰式或法国式，讲究布局对称规则，爵士对此颇有一番议论。此内容被广为引用，多有错舛，现把范存忠先生译文录后：

> 我们的建筑和园林之美主要靠一定的比例、对称和统一，我们的园中树木都互相陪衬，排列得整整齐齐，行间距离相同。中国人瞧不上这种方法，他们说，一个会数数到一百的孩子，就能把树一排一排种得很直，一颗连一颗，要什么距离就什么距离。而他们最用心的地方，在于把园林布置得极美极动人，但一般却不易看出各部分是怎样糅合到一起的。虽然我们对这类的美毫无所知，可他们有一个专门用来形容这种美的字眼。如果他们一眼看上去对劲，就说错落有致，好或者绝妙，还有类似的赞语。谁要是注意一下最好的印度袍子上的花纹，或者他们最好的屏风上、瓷器上的图画，就会看到这种散乱的美。

这种认识，使英国有识之士，不仿法国风，而趋于中国气象。英国著名散文家爱迪生（1672—1719）于 1712 年在《旁观者》杂志 414 期写文章讨论园林艺术时说，中国人讥笑欧洲人种树划界线，要求笔直，不能见巧。而中国人则以无规矩为园林原则。他和著名诗人蒲柏（1688—1774），把家里的法式园林改成中国式园林。这种趣味，蔚然一时风气。先前成百上千英亩的法式园林，"在一场绿色革命中被砍了头"。

11　英国钱伯斯刮起中英园林风

英国人对园林艺术的认识，用哲学家培根写的《论园林》（1612 年）中的话，很有代表性，"园林艺术的创始者是万能的上帝。园林之乐高雅纯洁，陶冶性情。"

此时，一位推动英国园林中国风的人物出现了。他叫钱伯斯（1726—1796），曾是瑞典东印度公司商船的雇员，任货物管理员，两次随船到亚洲，在广州逗留数月。他有绘画才能，对中国的建筑、家具、服装式样描摹了很多资料。以后脱离航海业，在法国、意大利转学建筑。在英国各地学习工作期间，他发现英国人的仿中国园林，多是把瓷器、屏风和壁纸上的图案东拼西凑，不得要领，误解了"中国风"。为了校正视听，他在 1757 年出版了《中国房屋、家具、服饰、机械和家庭用具设计图册》（简称设计图册），极大地推动了英国园林的"中国风"发展。出书前，钱伯斯请英国文坛祭酒约翰逊博士审阅，他爽快地答应了，认为本书很好，写几句引言推荐即可。博士是一位学识渊博、善于思辨的人，他对中国的知识，主要来自杜赫德写的《中华帝国全书》。杜先生没有到过中国，把耶稣会士书信，水手龙门阵揉成一本畅销书，客观上起到了宣传中国作用，但是由于粉饰过分，也让人把中国误认为黄金丝绸瓷器遍地，俯拾即是，国家是治理有方的伊甸园。博士对杜书评论说，"我们可以从欧洲君主的行为上来判断，孔子提出的道德标准还从未付诸实践"。这是智慧者的判断。博士写的引言，中国译文五花八门，曲解原意。我择范存忠教授译文，以作有心者勘校。约翰逊博士写的两段引言是：

> 要恰如其分地赞扬，既不少也不多，这是不易做到的。中国学术、政策和艺术已经受到无限的颂扬，这表明了新颖的事物有多么巨大的吸引力，而尊敬又如何容易变为钦佩。
> 我完全不希望被说成是中国人优越性的夸大者。我说中国人是伟大

的或聪明的那只是把他们同周围各国人民比较而言；我不想拿他们同我们这里的古人或今人相比；不过我们必须承认，他们是一个突出而独特的民族；因为他们独处一方，同所有文明国家是隔绝的，而在没有先例可资借鉴的情况下形成了自己的风格，改造了自己的各种艺术。

博士自知对中国的知识不全面，而钱伯斯的图文资料是第一手可信的，他写此引言，客观公允。

这本书给钱伯斯带来声誉。1762 年，肯特公爵邀钱伯斯为他设计建造一座中国特色的园林，这就是我们参观的邱园。园中布局了中式风格的亭廊、小桥流水。尤其突出的是建了一座中式十层砖塔，内有 253 级台阶可达顶部，每层的翘檐上挂着金灿灿的龙铃铛，有 80 个之多。在荷兰人尼霍夫记述"南京报恩寺"塔时，写明是九层，钱伯斯无疑看过他的书，并且在广州数月研究建筑，一定明白中国建塔的规矩。他偏偏要建成高 163 英尺的十层中式佛塔，体现了他特立独行的大师风格，无可挑剔。岁月蹉跎，250 多年光阴过去，当初欧洲争相仿制的邱园高塔，垂垂老矣，风光不再。就在我们到访邱园之前，国内传出消息，南京某企业出资 400 万英镑帮助英国文物部门，全面维修宝塔。完工之后，塔身的 80 条飞

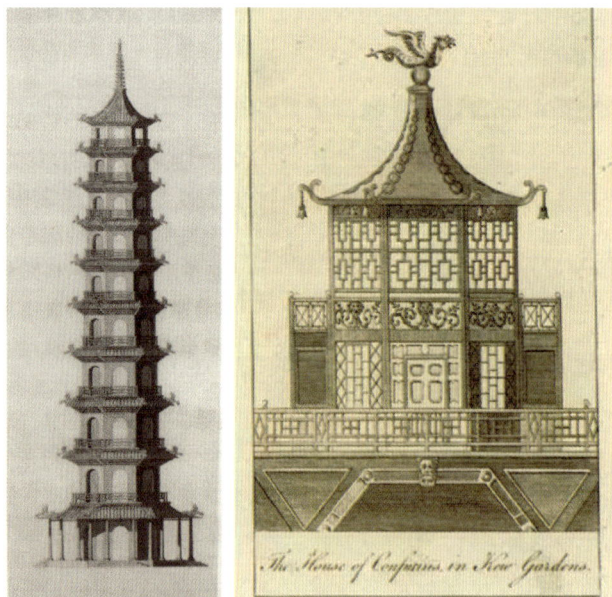

钱伯斯《邱园的园林与建筑》1763 年版，绘十层宝塔图。孔子亭是八角形建筑，上部是宝塔顶，吊着铃铛，一龙腾起

皇家收藏基金会资料

龙重现悬檐。昔日的白绿塔檐、镀金塔顶也将复现，邱园宝塔将焕发生机和光彩。这种借邱园宣传南京的做法，实为聪明之举，这个钱花得值。我注视手袋上的宝塔，相信我再来邱园买手袋时，展现的是金白绿相间的宝塔。

此塔母本在南京，相传是明成祖朱棣感恩父亲朱元璋和马皇后所建（亦说感恩生母贡妃所建），以释剥夺侄子建文帝权的不安。耗时近 17 年，花银近 250 万两，是一片庞大的寺院建筑群。标志性主体是高 78.02 米，九层八面的琉璃宝塔，成为中外景仰的地标，因此尼霍夫绘图介绍给欧洲。以后，地面建筑群毁于雷击火灾。1856 年太平天国内讧，此塔毁于战火。在欧洲邱园缩小板的仿品，独领风骚 150 年。2014 年，南京市政府在原址复建了琉璃塔，再加上修葺一新的邱园宝塔，东西辉映成趣。

在宝塔近侧，当年建有孔子亭，是约瑟夫·古夫 1745 年前设计建的，顶部是宝塔式，跨着一条飞龙，今已不存。最早把孔子及其学说传入欧洲的，是《利玛窦中国札记》。欧洲单独刊印孔子的著作，源于比利时耶稣会士柏应理（1624—1692）。1687 年，巴黎印行他写的《中国哲学家孔子》，包括孔子传，《大学》《中庸》《论语》的拉丁译文；1691 年，英国出版了英文节译本，也叫《孔子的道德》，先后有拉丁文、法文、英文读本，这在欧洲的传播就无语言障碍了。那时的欧洲文化人，对中国人的德行智慧、信义虔诚、亲善正直、礼貌谦逊交口称赞。1688 年，法国出版的孔子专著《论语导读》，是用野牛皮硬壳精装，可见对孔子的尊崇。当时德国的莱布尼茨，法国的伏尔泰、孟德斯鸠都读过这本书（2019 年 3 月 24 日，习近平主席访问巴黎，马克龙总统把传世仅存的两本，选送一本赠习近平。另一本存法国国立吉美亚洲艺术博物馆）。

中国园林在欧洲的影响，先有马国贤承德避暑山庄 36 图景开道，高潮出自法国传教士王致诚，他长期在清宫廷作画，深受重视。1743 年 11 月 1 日，他给巴黎友人达索写信，描述圆明园的美景，"这是一座真正的人间天堂。园中的建筑造型、其美无与伦比……"这是欧洲称为"万园之园"的出典之处。《耶稣会士书简集》第 27 卷 1749 年刊行，还取了一个名字《中国皇帝游宫写照》，振动欧洲，很快译成英、德文。他用西洋艺术家的眼光，品评中欧园林，他写道，"从小丘间通往开阔地的不是欧洲那种笔直的步行道，而是蜿蜒曲折的小径。桥两端建有木牌楼或汉白玉牌楼，结构非常精巧，但与欧洲的凯旋门截然不同。"他认为欧洲人的建筑以规整对称为美，也表现在园林设计上。中国人也喜欢对称、有序和规整的布局，但这主要体现在皇宫建筑，如故宫。如果修建园林，则执意追求无序和反对称，"一切都遵循如下原则：要修建的不是一切都符合对称和比例原则的宫殿，而是自然质朴、远离尘世的村野乡间。因此，我在御苑中见到的亭台楼阁，彼此相距虽远，却没有任何雷同之处。"中国御园有多大？他作了一个形象比喻，相当于居住十万人口的法国城市第戎。这些介绍，挑战了欧洲的传统审美观念。他早八年书信的见解，为钱伯斯的著作流行，铺平了道路。

1772 年（乾隆三十七年），钱伯斯出版了《论东方园林》，书中说，"中国人看重园林甚于欧洲人，他们把精美的园林建筑看成人类智慧的伟大成果。""他们的园林专家不仅懂得植物学，而且是画家和哲学家。"渐渐地，英国园林的中国风愈刮愈炽，英国人四处标榜其园林创意。法国人不相信英国人有那种园艺智慧，派人打探和考察之后确认，他们是仿制于中国，于是调侃英国人，称之为"中英园林"。英国人辩称，很多创意出自英国人之手，他们可以接受"英中园林"的说法。这一名称的嬉戏，在欧洲持续至今，邱园是典型之地，佛塔十层，你说是中式还是英式？国内另有一种说法，讲邱园塔的母本是广州六榕塔，这是一处有 1500 年历史的古塔，几经毁兴，1097 年建成砖木结构九层八角型塔至今。我们看了邱园塔，客观地说，钱伯斯取广州、南京的形意，10 层的砖塔，是他独家创意。

开启中欧园林对决的两位帝王，最后结局如何，是一个让人唏嘘的真实故事。法王路易十四，1643 年继位时五岁，在位 72 年，77 岁逝，他与路易十五、十六，一门三帝，执政 150 年，推动了欧洲的变革和发展。路易十四归天后，内脏取出保存，以减缓尸身的腐败。1793 年法国大革命，路易十六被送上断头台，暴民冲进圣丹尼斯大教堂，偷走十四世保存完好的心脏，卖给英国贵族哈考特勋爵，后转卖给威斯敏斯特大教堂教长威廉·巴克兰，以后作为遗产留给儿子弗朗西斯·巴克兰。他是英国动物环境适应协会创始人之一，目的是从世界进口奇异动物，以丰富英国人餐桌。他已遍尝各种内脏器官，但没吃过国王心脏。某天晚餐，早已风干的路易十四的心脏被端上餐桌，成了餐客的下酒菜。

中国人引为骄傲的康雍乾盛世，达 137 年。康熙是客观看待西方科学、宗教，并认真学习的皇帝，他用传教士之力，将近 20 年，普查了中国大地。但因梵蒂冈教皇对中国教友在礼仪问题上狭隘偏见，激怒康熙禁教。乾隆在长春园建小凡尔赛宫，作为退位后的憩养之地，执位 60 年，89 岁时方才升天。陵寝陪葬无数奇珍异宝和欧式玩物，引得军阀孙殿英 1928 年掘陵取宝，乾隆遗骸身首异处，智慧的颅骨泡在棺外冰冷的污水里。太阳王的内脏被吃了，十全老人的头掉了。他们都是公认的文韬武略的大帝，落此下场！看来办好生前事，淡化身后事，应该成为共识。

1904 年 9 月 15 日（农历），康有为游邱园日记写道，"欧式一切花皆自中国移植，固知中国真为花园也。菊尤中国最繁盛而著名者，人家亦多好之，京华士夫尤甚。""英人草木之学能精赖是[1]。自此院卒业者，乃能赴各属地管花木焉。吾国花木为大地之冠，其繁赜精美真无有比我者也。惜哉！花木谷草之学未开，而植百卉之院园未设，读《蓜经》《尔雅》皆不知名，况论物理学哉！园华宜发，物理宜明，此亦岂可缓乎（注，这是中国应抓紧的一件事）？"中国"宜圈出为一大公园，遍购大地万国之草木、鸟兽而驯植其中，置植物大学校于水石佳处，听学者就肄业而讲辨焉。"流亡中的康先生，观一邱园，就有这样多忧国忧民的建议，让人感佩。

美国人类学家贝斯基，精通印地语、尼泊尔语、藏语。他曾于 2006 年 6 月—2012 年 7 月在印度大吉岭进行了 31 个月的田野调查。在英美众多博物馆、档案馆查阅资料，实地了解著名的植物园，写有一本《大吉岭的盛名》，他对邱园的评价是：

> 18 世纪中叶，英国"殖民地政府需要先了解新领地的动植物及地质条件，方能将其纳入商业用途。帝国植物园协助殖民力量进行资源榨取，并收集'对祖国有用'的植物的信息。伦敦的邱园是英帝国植物园体系的核心，管理着从帝国边缘至其核心往复流动的植物学情报。在邱园作出的决定，对殖民地扩张有着深远的影响。由于植物园能够有效协助资源的榨取，在植物园或贸易公司中工作的植物学家也理所应当地成为重要的殖民地军官"。

美国学者对历史上邱园在帝国殖民扩张中的作用入木三分的揭露，这是其他

1　仰仗邱园。

书中所未见。但是仅以前面所述班克斯、胡克、威尔逊的所作所为，也足以印证贝斯基先生的见解。无论是百年前的康有为，还是当世的贝斯基评论，都无碍我今天上午的收获，邱园，我还要再来！

12　哈姆城堡的凯瑟琳王后茶室

王导和司机在马路一端的路口等我们。开车到 12 号晚餐的"幸运阁"中餐馆午餐。口味正宗，堂面干净，侍者热情，我们又来了。

下午要去参观的哈姆城堡，坐落在泰晤士河边的里士满街。之前我们对此一无所知，是简女士极力推荐的。在《茶·一片树叶的故事》中，有哈姆城堡出镜；她的中译本《茶设计》书中，多次提到 17 世纪英国的时尚代表——劳德代尔一世公爵夫人伊丽莎白·默里。她同饮茶王后凯瑟琳交厚，专门在城堡内为王

始建于 1610 年的哈姆城堡，在查理二世时代，是劳德代尔一世公爵的私邸。他的续弦伊丽莎白·默里，被称为时尚奢侈的领军人物　　2016.4.14　孙前 / 摄

后特设驻跸之所，并辟有密室茶屋，这是有史可证除白金汉宫以外，凯瑟琳使用过的茶室的唯一遗址，一个很吊胃口的地方。哈姆城堡离幸运阁不远。汽车把我们送到距离大门不远的主道，沿大树和草坪交融的小道漫步。预约的参观时间 3：00，还有一个多小时，足够我们欣赏在斯图亚特王朝时期（1603—1714）盛极一时的豪华公爵城堡，也是一个大庄园。

城堡的大门，是两根石柱镶着的精致锻铁大门，左右两侧，是一米五高的通透栅栏，包围着城堡区。《茶设计》中说，公爵夫人为表示对王后驾临的敬意，专门请法国知名工匠制作了两扇崭新的锻铁大门护卫城堡，漆黑锃亮，气宇轩昂，350 年过去，依然如故。为了不破坏古迹原韵，至今大门附近没有值班室，上班时间，一辆中型面包车开到大门内侧，这是机动值班室，售票，敞开货厢卖纪念品。下班时车开走，关闭大门。呵护古迹大门如此精心，前所未见。

票价每人 16 英镑。进门是一个直径 50 米的圆草坪，正中石垒 5 层的长方基座上，斜卧一尊用整块汉白玉石雕的裸体男神，我们说不出名字，应该是公爵城堡的守护神吧。两个木质告示牌放在草坪边，一个是开闭馆时间，一个是庄园区域参观路线图。

一座长约百米，高三层的咖啡色建筑屹立在圆草坪后面，周围无大树分彩，颇显雄姿。在一、二层楼之间的十多个凹形圆弧内，塑有半身人像，不知道是列祖列宗，还是宗教人物。我们展开团旗合影。

连着城堡左右伸开，是三米高的斑驳红砖围墙，不规则地蜿蜒向后围去，每隔五米，墙上一个圆窗口塑着半身人物像。我们顺着一条碎石车道往后院散步。我先尽可能地远行，要把庄园看个究竟。茶二代们躺在主楼后的大草坪上撒欢，体会一下中国年轻"贵族"的研学游。

我们几位长者，在一片花卉畦地旁的露天茶桌聊天，近旁一排工作房，供应各式饮品点心，也有不多的纪念品出售。我们端饮品到桌，晒着英国春天的太阳，畦地是红白黄的花卉，爽心悦目。据简女士介绍，哈姆城堡始建于 1610 年的詹姆士一世时代。后来主人约翰·梅特兰（1616.5.24—1682）先生是英格兰、苏格兰的风云人物，当过枢密院成员。在查理二世流亡荷兰、法国时，随侍左右成为高参，二世复辟后当然厚待于他，把此城堡送给他使用。1672 年 5 月，约翰·梅特兰被封为劳德代尔一世公爵。其时，公爵的妻子逝世，他就同传言已久的秘

在哈姆城堡花园喝茶。耕耘者说不准是贵族后裔

密情人伊丽莎白·默里结婚。简女士评价她"是个美艳不可方物的女人""她有着极度奢靡的品位"。为了博得王后欢心，"她的橱柜里有各种最新款式的茶具""1672 年，她在哈姆山庄就拥有一套 18 个茶碟的银茶器，共花费了约 18 英镑"，这是 17 世纪的高档奢侈品。她专门在城堡里装修了几个房间供皇后使用，还特辟一间茶室。简女士的引荐，让我们心向往之。

城堡的主楼，被草坪、花卉苗地包围，占地约 600 亩左右，有三个地方让我印象深刻：有两个胳膊粗的乔木花树，栽在墙根贴墙生长，由于一面不见阳光，树干都长成半圆形，这就是法国式园林征服自然改造自然的遗种，这与中国式的栽培方法相反；所有露天木椅，斑驳沧桑，厚实干净；花卉树苗畦地，精致整洁，植物都挂着说明牌，还有薰衣草、橘树园。在这里打理的中老年男女，或跪或蹲，工具手推车和小拖拉机在旁侍用，对我们从近旁经过，眉头都不抬一下。有了邱园的经验，我怀着敬意，打量着这些可能是科学家，也可能是私邸主人的贵族园丁。此外，偌大的园林，有两间玻璃温室，三排搁工具或旧物的平房，只有几株冠形优美的大树，园林显得通透清爽。

3∶00 到了，听着门外嘻哈的欢快声，城堡主楼的木门打开，一位 30 多岁扎着金色马尾辫的女士欢迎我们，她叫维多利亚·布拉德利，是藏品部经理兼总导览。小冷递上英行册，把几位团长作了介绍，她把人物和图册对应看看，微笑着说，欢迎，你好！方玲敏捷地把一只小熊猫夹在她的灰色长围巾上，这意外特殊的小礼物，使她不由自主地在胸前紧紧地抱了一下。

大厅地面，是黑白相间的方块瓷砖，很有立体感。面对门的墙壁，挂着一幅一米八高的大油画，一位面带冷峻的贵妇人斜视大门，一种不希望打扰的样子，左手提着华贵的锦缎连衣长裙，半个背景从上到下是红色的帷幕，色调夸张大胆。

导览说，这是公爵的女儿，她丈夫在女王身边工作，关系很密切，她也是一位品味很高的收藏家和奢侈狂。客厅不大，墙上挂有多幅人物全身肖像，是公爵和前辈伯爵的油画，也有几个雕塑摆件，几把古董木椅依墙而立。导览带我们上楼，她取下别在后腰的对讲机，给另一位女士交代注意事项。

孙前、沈冬梅给哈姆城堡经理维多利亚•布拉德利赠团旗和礼物

楼梯做工精致富华，在一侧的墙和上楼的廊道，无间隔地挂着很多油画，有列祖列宗、宗教人物、历史人物和风景画，尺幅不大，只及女儿肖像画一半的样子。

来到二楼的主通道，有40多米长，八米宽，水晶灯华丽，木地板熠熠生辉，两侧列阵式地排着几十个精美异常的漆器箱柜，高的两米，矮的也有一米二，安放在原装的托座上。有生漆素面的，有金绿线描的、有螺钿镶嵌的、有红绿雕漆的……图案是中国山水田园人物，有抬轿、撑伞、打扇、出游、品茗……还有日本风格的浮士绘漆器，有的柜旁，配有原装的漆雕靠椅。这让我大为惊奇，这就像一个漆器展示场。在漆柜的上下空间，无一例外地摆放着中型以上的中国古瓷器，有花瓶、盖罐、仿青铜器瓷瓿、装茶叶的或圆或方的罐子……五花八门。漆柜上方的墙壁，仍然挂着各式油画，装框精美，每幅画下方有一个射灯照着画面，增添了华丽和灵动。

导览指着长廊说，过去这里经常举行宴会，然后撤桌跳舞，当然要挪开一些瓷器。我看着水晶灯下泛着暗光的古董包浆，贼亮亮的。那个时代能有这般豪气之家，当是何等水平！

来到长廊左侧一扇一米四的对开木门前，她指着上方一幅半身美女像说，这

劳德代尔公爵和夫人伊丽莎白·默里，把哈姆城堡营造成英格兰最宏伟奢侈的典型之一。
从梯道可见奢侈水平

是艺术名家画的凯瑟琳皇后像，夸张厚重的涂金植物卷花框，更凸现皇后的端庄美丽。像下是一米六高的名贵漆柜，上置两对 30 厘米高的花瓷瓶，下面空档放了三个 40 厘米高的大花瓶，全是青花瓷，绘有中国传统故事。七个瓶，四种器型，这种迎客摆布独具一格，难怪讨得皇后欢心。从门进去，一共四间，是公爵夫人专门为凯瑟琳皇后精心布置的。

第一间，是被召见的贵族等待接见的休息厅，放几款沙发，几个小茶几。墙上挂一整幅印度壁毯，足有 20 平方米，织着色彩艳丽的欧式园林人物故事。窗户用丝幔遮着。导览让我们稍等，她拿钥匙打开第二、三个房间的门，先开灯，再小心翼翼地拉开名贵厚重的玻璃窗丝绒帷幔，我注视着她的每一个动作。请我们进去后她说，平时游客只能看第一间，因为简老师专门做了沟通，所以请你们全部参观，回中国去帮我们宣传，她嫣然一笑，期许超过开玩笑。

第二间稍小，是王后的正式会客厅。印织暗花的中国红绸，装饰了三面墙，镶着十余幅大小不等的风景油画。壁炉架和壁柜上，有大小不等的十多件中国瓷瓶罐。昂贵的意大利拼木地板。一张铺白巾的圆桌，银烛台、瓷餐具，四把高背椅，这是公爵夫妇可以陪王后吃早餐的地方。一组中式花鸟漆屏风，绘中国园林

哈姆城堡二楼，为凯瑟琳王后准备的房间和专辟的小茶室。显示了茶初入英格兰时，公爵家族对私密茶室的理解　2016.4.14　孙前/摄

图案，一款日本式漆柜，分放红绸前面。

　　第三间是王后卧室。墙上挂一幅名贵的法国壁毯，是中欧合一的园林人物风光。地面是另一种风格的木地板。一张铺陈奢侈的大床，四柱床架上外挂红幔。诚实的导览说，原来的大床多年前运到白金汉宫了，这是另选一床配景，看起来朴素多了，与整个风格不是太协调。床侧一张独凳上叠放了两个华丽的保险箱，一个放手饰化妆品，一个放茶叶。另一边放一只漆柜，上置两方瓶两戴盖圆罐，下置两只觚形瓶和敞口瓶，应该都是中国青花瓷。导览指着壁炉旁墙角的一个长方中式漆箱，笑着让我们猜是什么物件，它矮于椅面，上边的盖子可以打开。各抒己见皆不沾边，她说，那是一只马桶，盖子上有公爵夫人名字的首字母，是在中国订做的。这种奢侈法，难以想象。

　　第四间，王后的专用品茶密室，这是我们神往已久的地方。《茶·一片树叶

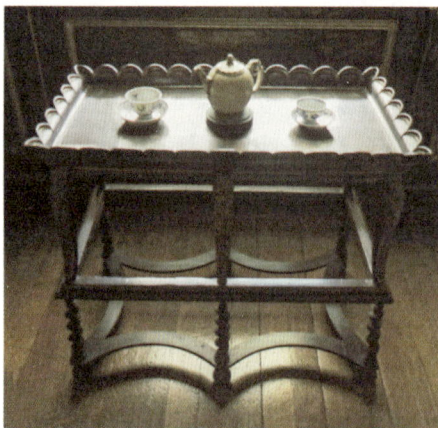

查理二世国王的王后凯瑟琳，盛传她把饮茶之风带进英格兰宫廷。

从特写照片可以看出，这不是一张专用茶桌，而是爪哇岛的水果盘，再增加下半部分，以充茶桌之用。当时公爵夫人不知道茶桌什么模样，由此可见茶进入英国的程度　　孙前／摄的故事》中，有它的镜头，能细看实景，期许之心可知。

单辟茶室之风，首兴于荷兰。1666 年，在荷兰工作日久，发财后从海牙返回英国的阿灵顿爵士和奥斯瑞伯爵，带回大量茶叶茶具和荷兰最新式最贵族化的品饮方式。《茶叶全书》中说，"当时荷兰饮茶方式最为宏丽，任何家庭，均另辟一室，专供饮茶之用。"日本人把葡萄牙传教士和商人逐走以后，荷兰人独揽对日贸易 200 多年。无疑是日本茶道的小室影响了他们。查理二世曾流亡荷兰多年，对两位贵族带回的新潮流是认可的。以至引起英国著名慈善家 J·汉威著文挞伐两贵族，说他们是"由荷兰运茶到英国的罪魁祸首"。

在欧洲，专辟茶室为什么缘起于荷兰？他们从何处学了此雅趣？看了肯普弗的《日本志》和相关中日资料，方能得解。

"茶道"一词起于唐代封演著《封氏闻见记》，他讲陆羽《茶经》推动之后"于是茶道大行"。日本遣唐使和以后朝代的文化、僧侣、商贸往来，从中国不仅学习儒释道经典，还普遍学习宫廷和文人雅士的风雅礼俗。中国的"书斋"之俗被舶去了。唐诗人刘禹锡《陋室铭》，得意于"斯是陋室，惟吾德馨"；白居易《草堂记》称新建的书屋"墙圬而已，不加白"，墙涂泥而不用白灰涂抹；南宋文学家陆游《新开小室》"并檐开小室，仅可容一几"，此时他已八旬，对这一块巴掌大的天地十分满意，"窗几穷幽致，图书发古香"；明代文人归有光书房"项脊轩"，"室仅方丈，可容一人居"；就连乾隆皇帝的藏宝书房"三希堂"，也仅八平方米，不是他们建不了大室，是一种雅趣。肯普弗《话说日本茶》的论文讲到，"沏茶需要特别的知识，还有，在上层社会用茶来款待客人也有一些规矩和做法""这种礼节和做法被称为'茶道'""无论男女，从小孩子开始就需要跟着专门教茶事（茶道）的师傅进行学习"，这"与欧洲人学习用餐礼仪、练习舞蹈一样，也被认为是一种个人修养"，先生记叙十分明了。日本的茶道室有多大？一般而言，是四个半榻榻米，每张榻榻米是 3×6 英尺，组合成边长 9 英尺的正方形区域，室虽小，极高雅，名画、贵重茶具、插花、香具。

那么，怎么会是荷兰人把这一套礼仪带回欧洲的呢？1543 年，葡萄牙商人搭乘中国海商王直的船，因气候原因，误泊日本种子岛，此岛领主买了船上的火器用于战争，由此开启葡日商贸。紧接着，葡国支持耶稣会头面人物沙勿略、罗明坚、范礼安到日本传播天主教，气势如炽，有的大名（封建时代的领主）捐全部财产皈依，信众达 20 多万。一些忘形神父主教挑战统一后的江户慕府政权，惹得慕府将军下令禁教，本国信徒必须改宗，外国神职人员全部驱逐。到 1639 年禁止葡船到日本贸易，将近百年的葡日贸易禁绝。

早在 1609 年，荷兰人已同日本通商，此时乘虚而入，取代葡人地位。他们与耶稣会是不同教派，且对宗教规制有灵活性，对江户政权十分恭敬，受掌权者认可，成为日本锁国政权时期唯一可以通商的欧洲国家（1639—1854 年 3 月）。而亚洲只有中国可与日本通商。葡日通商百年，葡人不关注日本产茶之事，在稍有影响的葡人著述中，鲜见记载，可能普通海员为防坏血病，或娶日妻的葡人有喝茶的需要，但是量小势微，忽略不计。

荷兰人则完全不同，荷兰是低地濒海河流纵横的国家，潮湿且多雨雾，很多人易患胸膜炎、痛风、神经抑郁、便秘、结石、坏血、热病等多种疾病，而茶叶正是这些病的狙击手。尝到茶叶甜头的荷兰人，迅速普及。其标志性人物就是德国医生肯普弗，他在日本驻留两年，他的论文为林奈所倚重。他的记录解开了此前中国著述中，关于荷英茶事的不少谜团，因为中国无此书译本，我摘录几段。日本的茶，根据采制时间和制茶方法的不同分为三种。

第一种是用最软的嫩叶制成的，被称为"碾茶"，它是把做好的茶叶碾成粉末，通过冲兑开水来饮用。"支那人"（指中国人）称为抹茶的东西，与这第一种茶同属一个种类。

第二种是用长得更久的茶叶做成的，这种产品被称为"唐茶"，即"支那茶"，因为它是采用"支那"的做法制成的茶。在日本，茶商根据这种茶的品质和价值，也把它们分成好几个等级来销售。一共分四个等级。"从'支那'向欧洲大量出口的，现在在荷兰卖到五至七荷兰盾的茶叶，就是这类东西"（指一至三级）。

第三种叫番茶，是用最后采摘的、较硬的，不够格作唐茶的叶子粗揉而成的。因此，这种茶全都是供普通老百姓饮用的。

沏茶的方法有三种。

"第一种方法是'支那'式的冲兑开水法。即往茶叶里注入开水，等茶的成分渗入开水后，饮用其上部的澄清层部分。这种方法从'支那'传入我们西方各国，欧洲的普通百姓也都知道，我想这里就不必再作叙述了。"第二种方法是"日本全国的高官及大名、富裕阶层"使用的抹茶。第三种是普通百姓及农村的饮茶法，把番茶抓来放进炉子上的吊壶里煮饮，只喝茶汤。

插入的这部分荷兰人与日本茶的史事，对认识眼前的茶秘室，非常重要。它让我们意识到几个问题。葡萄牙公主 1662 年嫁到英国，她的母国同日本无贸易往来了，也不见同中国人茶贸易的记载，她的茶从何而来？英国海军部财务工作人员佩皮斯日记（1660 年 9 月 26 日）说，这天他第一次在海军部会议室喝了茶；肯普弗说，从"支那"、日本向欧洲大量出口"唐茶"。他写的详细加工工艺说明，"它是采用'支那'的做法制成的茶"，就是我们常说的炒青绿茶，它的冲泡方法是从中日传西方各国用的"冲兑开水法""欧洲的普通百姓也都知道，"这说明是绿茶传到西方而不是一些人强调的红茶。考虑到他写此文的时间是 1692 年以后，我们就可以判断是什么时候，什么茶，在欧洲的普及程度了。英国人喝茶，差不多比荷兰人晚了半个世纪以上。威廉·乌克斯在《茶叶全书》中有一段记载："1660至 1680 年，茶之应用，已普及于荷兰，初行于高贵门第，后普及于贫穷人家，有社会抱负之家庭往往另辟一室，专供饮茶，虽贫穷之家，亦必以小室供此用途，或在餐食中饮之。"

我们没条件到白金汉宫体察凯瑟琳的品茶环境，所以对此格外用心。

这真是一间密室，只有十平方米大小，木板拼地。黑色大理石镶边的壁炉上方，横挂的镜框里是一幅仙女出浴的宗教油画。另一墙的壁纸是灰色丝绸印植物花卉装饰，一个猩红磨漆的日式立柜依墙而立，上方挂了十个小玻框，都是人物素描头像，柜托的四柱空档处，放一个 30 厘米高的圆肚青花瓷梅瓶。两把华丽花哨的靠背漆椅，棕绷坐面，背板是中国仕女春游图，这是一对英国仿日式漆椅。一个长方形荷叶边的漆茶几由六根小柱撑着，盘的底部漆画是几只大象在盛装表演，一座三层的竹观览亭，几位酋长式的人物在欣赏，地道的南亚风情。《茶设计》中说，公爵夫人最先从爪哇岛得到一张上面刻有图案的镀金茶桌，把它放在哈姆城堡的密室中，由于这张茶桌的原高度太低，没有达到英国人使用的高度，夫人就命人精心制作将茶腿加长。我仔细端详茶腿，果然加长了 1/3，新制的一个长方形六柱架子，托着茶盘，这真是公爵夫人折腾过的原件！

我们关注的重点是茶几上放的一壶两碟两杯的茶具。壶是一把白色已微黄的中型壶，壶嘴四棱形，椭圆肚，一条银链子，把壶柄—壶顶—壶嘴连在一起。一个方形银盖，堵着棱形壶嘴，保护壶嘴不易受损，也不让脏物进入。壶放在一个褐色小托座上。两只碟，青花烧瓷，一个图案是花草，一个是中式文玩小摆件。两只青花杯，薄得透亮，外有花草图画。我同沈冬梅耳语，判断是何地茶壶。从造型和材质看，它不是瓷器，像是炻器一类？

在城堡的藏品清单茶具一栏中，写有福建漳州壶和其他产地壶，还有后来的英国茶具。我把图文详述于此，求教方家。但有一点是可以肯定的，在凯瑟琳王后时代，茶进英国为时不远，她们对壶具的认识和收藏，还处于启蒙不远的时段，壶的水平不高，可以理解。

13　茶具茶桌的秘密

看我们群摄忙完，导览站在窗旁慢慢道来。查理二世 1660 年复辟，百废待兴，资金紧缺。经人撮合，他要娶葡萄牙凯瑟琳公主为妻。原因有二；一是岳丈愿出 50 万英镑现金、再加两个殖民地码头城市丹吉尔、孟买和大片殖民地的通商权；二是他与老岳父的共同敌人是西班牙，二打一可能有胜算机会。曾经拥有大半个海洋霸权的葡萄牙，1581 年 4 月，因继承权原因，被西班牙国王菲利普二世吞并，一王兼有二国和广袤殖民地，是世界上第一个日不落帝国。直到 60 年后的 1640 年 12 月 1 日，葡萄牙的布拉甘萨家族的约翰公爵和支持者占领了里斯本皇宫，到 15 日，公爵被加冕为葡萄牙国王，即诺昂四世，恢复了葡萄牙独立，新王朝叫布拉甘萨王朝。袭位不久的新王朝能有多少金银嫁女，自己知道。听至此，我想起国人谢清高（1765—1821，今广东梅州市人）口述，举人杨炳南为他辑录出版的《海录》一书。谢在海外船舶工作游历 14 年，通多种语言，遍至亚欧美。他记葡萄牙的习俗，"生女欲择婿，男家必计其妆奁，满其所欲而后许之。父母但以女不得嫁为耻，虽竭家资不惜也。"[1] 译成今天的理解是，葡萄牙的风俗，

---

[1]　此书嘉庆二十五年即在广东出版，是林则徐向道光皇帝推荐睁眼看世界的可信之书。

嫁女必须满足男方对嫁妆的要求，家有女嫁不出去是很耻辱的事。难怪公主妆奁极厚。但是英国人还是被葡人给小耍了。当葡萄牙摆脱阿拉伯人的殖民，成为独立民族国家，走向海洋，去殖民印度和香料群岛以及非洲的100年里，欧洲还在中世纪的封闭黑暗中斗争，英格兰、法兰西还没有形成统一的民族国家，贵族征战不已。德意志由314个邦国、1475个庄园组成，互无隶属，各立门户。西班牙还在为光复国土而战。

葡萄牙人骄傲了。他们先是把找上门来，申请资助去探寻到中国海洋之路的哥伦布冷落了六年，让他转而投靠刚刚独立的西班牙国王。1492年4月17日，刚完成统一大业的伊萨贝拉女王同哥伦布签订协议，8月3日，哥伦布驰向未知远方。1492年10月12日，新大陆美洲被发现了，这一天被定为西班牙的国庆日，以激励国民走向深海的勇气。葡萄牙皇室再次把找上门的本国航海家麦哲伦驱到西班牙的怀抱。1519年9月20日，麦哲伦率五艘船和265名船员出海，历经1080个日日夜夜，1.7万海里航程，于1521年9月5日返回西班牙时，仅剩18名幸存者，麦哲伦在菲律宾的厮杀中葬身不归。这是人类的第一次环球航行，葡萄牙把这份荣誉"礼让"给西班牙。从此展现在欧洲人面前的是整个地球，而不是局部。

西班牙、荷兰在海上把葡萄牙逼到闻风而逃的地步。同英格兰联姻是上上选择。扼地中海往大西洋的摩洛哥丹吉尔港，是香料、丝绸瓷器之路咽喉要道，曾经是葡萄牙驻军防守最重要的商贸码头，卡着直布罗陀海峡的命门。如今，强大的西班牙同它隔峡相望，最窄处14公里，比葡萄牙航来近得多，守是守不住的，干脆把它作为嫁妆之一送给英国，让英国和西班牙去缠斗吧。英国深知丹吉尔的价值，立即派出3000步骑兵接管此城。

此后是英国人在摩洛哥推动了茶饮。从1498年葡萄牙占领印度孟买设立商站以来，这是向欧洲提供香料的重要集散地。专家统计，在16世纪初的前五年，葡萄牙的香料交易量从22万英镑上升到230万英镑。一个半世纪过去，葡萄国再无力看守从大西洋到印度洋的50多个驻军商堡，国策决定退守非洲殖民地，避免西荷英舰队劫杀葡国商船舰队。这个高度机密，英国人当然不知道，所以香料集散地孟买也陪嫁了。当时孟买的葡萄牙市长无奈地叹息，"这一慷慨的行为意味着葡萄牙在印度统治的终结。"英国人接收孟买后，立即对几个互不相连的小岛进行改造，用桥梁和长堤使之相连，又填海造地，使这里成为一个大有前途的商埠，成为以后殖民印度的桥头堡。这是英国历史上入嫁公主带来最丰盛的嫁妆。

庞大的迎亲舰队兴高采烈地来到里斯本，迎亲大臣被告知，两个港口随要随交割，嫁妆只有原来说的一半，不能用现金支付，代之以糖和香料，拿到英格兰销售以后变现，光是糖就有满满两船。葡人主宰世界蔗糖生产 100 年。1513 年，为显示新获得的权威和财富，葡国王献给教皇一尊等身的教皇像，四周围绕的12 名主教和 300 根 1.2 米高的蜡烛，全部用巴西蔗糖制成。糖和香料倒是不愁销售，但是王室信口雌黄把嫁妆当儿戏，也是罕见的。价值连城的礼单都被世人淡忘了，唯有公主的侍女抱的一箱三磅（亦有说 20 磅或 221 磅）荷兰进口茶和茶具进入白金汉宫，成为 300 多年来喜欢中英茶文化的爱好者，津津乐道，世纪不绝。环视这个小小茶室，它原是公爵夫人的珍藏和衣橱间，改造为女王专用茶室，所以无法扩大。遥想公爵夫人在这里陪凯瑟琳王后把盏品茗，看着窗外庄园，如果是冬天，还有熊熊壁炉助欢，也是惬意。

对于凯瑟琳公主的嫁妆，中国人论及最多的，就是侍女抱的那一箱茶，两船糖被一笔带过。回首 300 年，那些嫁妆，改变了英格兰。茶是何处得来，一般讲源于荷兰从中日的转口贸易中所得，也有说是从澳门购回，多数书中均不涉及茶的出处。日本历史学家角山荣写的茶书中说，"在她的随身礼物当中备有印度孟买的茶"。虽然只是孤说，也可作参考。因为此时孟买是葡萄牙殖民地，茶从澳门经此去欧洲，是必经之路，但在当时，葡人基本不涉及茶贸易，荷兰人相反。

至于砂糖，那是另外的故事。中国学者季羡林先生写了一本 858 页的《蔗糖史》，印度是蔗糖的原生地，公元前 327 年，亚历山大大帝远征印度后传入欧洲。中世纪时，欧洲主要以蜂蜜作甜料。西班牙发现新大陆后在加勒比海一带种甘蔗，但是他们把激情主要倾注于美洲的黄金白银，据统计，从 1500—1600 年间，大约有 15 万公斤黄金和 740 万公斤白银从美洲运回西班牙。葡萄牙人乘虚夺取了巴西，从 1500 年开始大规模垦殖甘蔗，几乎独占蔗糖生产和贸易。到 1665 年英格兰砂糖进口量仅 88 吨，足见稀缺。那时的砂糖价与银块价等值，所以两船糖的价值可知。一些论者以为用砂糖当嫁妆，是葡王诳了查理二世，这是用今人观点看糖在当时的价值。

亚当·斯密在他的《国富论》书中说，"尽管在我国的西印度群岛殖民地处处可见，砂糖农园的利润比所有在欧美被熟知的任何作物都要来得高。"专家评论说，18世纪的砂糖，可以同19世纪的钢铁，20世纪的石油相媲美。从密室茶具一壶两杯可以看出，当时是喝绿茶清品原韵，没有糖碟奶杯，是不加糖和奶的。公主把当时的奢侈品茶和糖带入英格兰，引起贵族、中产阶级的追捧。是否有人觉得绿茶苦涩，加点糖，效果不同，于是口碑相传，茶糖结合；或者是有人为了显富，把昂贵的茶添加昂贵的糖，引起追随，相延成习。以后英国人在西印度群岛奴隶植蔗产业发展，为拓展市场，有意助推茶糖一盏的健康效果，两种曾经昂贵的奢侈之物，成为寻常百姓的每日必须，这都源于公主当初的无心之举，铸就了今天红茶文化的两大基础，茶和糖。

导览说，在农耕时代的封建中世纪，生产力不发达，包括意大利、法国、英国长时期都颁布了禁奢法令。英国爱德华三世（1327—1377在位）时期议会通过禁奢成文法5部，15—16世纪颁布24部禁奢法，其目的是提倡勤俭反对浪费，同时维持贵贱之分的等级制度，对贵族在建筑、餐具、车马、衣物的享用标准有严格等级。但是随着海洋贸易的发展，葡萄牙、西班牙先富起来的奢侈之风产生强大冲击波。1604年，英国取消历史上发布的全部禁奢令，欧洲各国也相继取消，后起之秀的荷兰式奢侈影响欧洲，这是对新兴资产者、工匠艺人攀富的鼓励，也转而刺激王室和贵族。前述两个贵族把荷兰人高雅品茗之风带进英国就是一例。哈姆城堡的公爵夫人，是那个时代的奢侈代表，这里挂的法国壁毯，是当时欧洲最昂贵的壁毯。1664年路易十四就创办了博维挂毯作坊，精工细作。但是真正把法国挂毯做成顶级品牌的，是布歇（1703—1770）设计挂毯的出现。他是著名画家，其挂毯以中国风名扬天下，有中国皇帝盛宴、皇家生活、龙旗、接见使臣、歌舞、公园、渔猎、婚礼……，中国的风俗、民情、器物、乐器、茶具、建筑等尽显其中，他以成套设计制作，有六张一套，十张一套的。

1762年，路易十五把布歇设计的一套六张中国风壁毯送给乾隆，皇帝对外国人设计的中国风很稀罕，把它珍藏在新建的长春园小洋楼里（1860年英法联军劫掠焚毁小洋楼时，把其中一幅运回巴黎）。欧洲的宫廷和贵族庄园，以石材建筑为主，冬天寒气逼人，所以时兴挂毯避寒。而印度天热，建筑四壁通透，也喜欢用挂毯增加私密性。1973年9月12日，法国总统蓬皮杜应邀访华，在北京

斯图亚特和汉诺威王朝（17—19世纪）最昂贵的中国风产品是漆屏风、漆柜和大中型瓷器。这是哈姆城堡的豪华长廊。　　孙前/摄

会见毛泽东时，送了一幅法国艺术壁毯。这是法国的国宝级礼品，几百年不变的珍贵礼物。中国回赠了一对大熊猫，给总统意外惊喜。

　　我盯着导览不松口，凯瑟琳什么时候来的这里，住过几次？她说，有明确记载的是1672年、1674年来住过，每次住上一段时间。她自己带茶来，当然公爵夫人也会不惜代价地为她弄些好茶。

　　同样有记载的是，知道皇后喜欢茶，1664年英国东印度公司普罗德船长花四英镑五先令，从荷兰人手中买了二磅二盎司茶叶进奉王后，得查理二世嘉奖每磅50先令。1666年，公司又再次花56英镑17先令，购22磅12盎司茶献王后。在她嫁到英国一周年的纪念活动上，英国诗人和政治家埃德蒙·沃勒写了一首《论茶》的诗献给她，把茶比作可与月桂（象征日神）和桃金娘（比喻爱神）并称的茶神，以感谢她把茶带进英国，这是第一首英国茶诗。当然，也有人评沃勒是一位见风使舵的诗人，圣保罗教堂落成、克伦威尔当护国公、查理二世复辟，他都献诗。给王后的诗，是他仿斯宾塞的《仙后》诗写成。中文译者把嫦娥也扯进去了，似嫌牵强。由于这个私密茶室太小，如果人数稍多，楼下有专门款茶的地方。我们恋恋不舍地退出茶室。导览指着第二、三间的陈设说，这里的一些摆件，是我们从V&A借来展示的，藏馆之间交流展示藏品，拾遗补缺是很正常的。我们

退到主廊道，我看着导览逐一关好窗户，小心地把厚重的丝帷幔复位，室内光线全无，关好灯，锁好门，微笑地对我们说，对不起，久等了！

14　阵列式的中日漆器：论文研究

我的关注点转移到主廊道两旁阵列式的大小漆柜漆凳，都是中日漆器精品，不解地请教导览，为什么收藏这样多漆器？她说，在 17、18 世纪，欧洲最昂贵的中国风收藏品是多扇面漆屏风和大型漆柜，它们的价值，超过一般的中国瓷器、轿子和家具。日本的漆器在欧洲的卖价，很多品种超过中国漆器，所以"日本"国名的英文名称小写"japan"是漆器，大写"JAPAN"即漆器之国，如同"中国"的英文名称小写"china"是瓷器，大写"CHINA"叫瓷器之国一样。在伊夫林的日记中就说，"亚洲的漆橱都是被英王查理二世的葡萄牙妻子带到英国的。"公爵夫人投王后之好，当然要展示很多漆器。伊夫林记录了他在几位国王的住处看到中国、日本的漆柜和屏风。1683 年，他在查理二世的老相好朴次麦斯公爵夫人房子里看到日本漆柜和屏风。之前在博恩博士家里看到中国和日本的漆屏风。1689 年的光荣革命，荷兰执政威廉三世和妻子玛丽来到英国兼任国王，由此荷兰人对茶和漆器的挚爱之情，如春风般刮遍英国。

我对中国漆器有特殊的爱好和收藏。被尊为中国近现代漆艺泰斗的沈福文先生（1906—2000，福建漳州人，曾任四川美术学院院长，20 世纪 40 年代，师从日本国宝级漆艺大师松田权六）是我的忘年交，我收藏多件先生的传世之作。他的关门弟子司徒华大师，首创彩釉漆工艺，是我的挚友。看着这些绚丽夺目的中日漆器，勾起了我埋藏已久不得不说的中日欧漆文化交流故事。

漆树分布在亚洲东部，中国产量丰品质好，其次是越南、朝鲜、日本、缅甸等国。漆液，一般称为生漆，俗称大漆，是漆树上分泌的液汁。漆树种子外层带蜡质，不易发芽（在中国，漆树下种前，要用尿液泡几天去掉蜡质才能发芽。外国人不知道这个小窍门）。野生漆树称大木漆，家种者称小木漆，生长五至十年即可开割。割漆季节在四至八月，以三伏天割的最佳。用漆刀割开树皮至木质，成为斜刀口，液汁流出，用竹筒或蚌壳插在刀口下，液汁顺流到桶中。同一树可以间隔割二、三条口。下午割口，早上收液倒入木桶中，用油纸紧贴漆面密封。俗话有"百里千刀一斤漆"，足见采漆的艰辛。李时珍《本草纲目》道："生漆毒烈……畏漆者乃至死"。绝大多数人过敏一次，奇痒煎熬，流淌脓水，甚至两眼肿闭，经一周至一月的折磨，痊愈后则有终生免疫力。当然少数对漆始终过敏的人，就不宜投身此业。

漆有耐酸碱、防潮防烫，坚硬度，耐搓磨，性毒防蛀，加色后五彩斑斓，可以很好地保护木质装饰建筑。不怕水潮的特性，使它成为皇室权贵棺椁的必饰物，美化保护陶锡铜金器皿，尤其是保护、固结、装饰各种兵器、战车和战略物资，所以很早就是给朝廷诸侯的贡品。《尚书·禹贡》《山海经·西山经》《华阳国志》均有明确记载。

漆贵重至此，朝廷要征高税，《周礼·载师》记录，"漆树之征二十有五"，如此税率，是朝廷重要财源，以至大名鼎鼎的庄子还当过漆园吏，以管好用好漆资源。《史记·庄周列传》记，"庄子者，蒙人也。名周，尝为漆园吏。"

我国漆器生产和使用的历史久远，有出土和存世文物为证。2020年，浙江余姚市井头山贝丘遗址，出土两件人工涂层的木器，经碳14检测，是至今8000年前，全世界发现最早的漆器。杨明《髹饰录》序的第一句话是"漆之为用也，始于竹书简"，此话虽不一定准确，但足以证明漆的历史和功能。商周时的漆器，多与器具兵器相结合，《周礼·春官》用"髹饰"一词，馿车的车身车篷要用漆、王之郊祀的革辂车的皮革要用漆，《左传》"僖二十八年，王锡晋侯彤弓一，彤矢百，旅弓矢千"，即弓和箭都用漆，起保护和加固作用。最为称奇的漆用于军事的庞大工程，是秦二世对大臣优旃说，你把京城的城墙全部用漆涂一遍，干燥以后坚滑不可攀，敌人就不会来攻城了。优旃说，好主意，但是要让漆干燥，必须用窑房烘之，哪儿找那么大的烘箱呢？二世笑而作罢。这在《史记·滑稽列传》有载。战乱中的一位德国侯王，给他的部队配以漆杖，用于搏斗格杀。古代中国屋楹的装饰，定制度分等级，士以上者，才许按照等级使用色彩，庶人只能住白屋。棺椁的彩绘规格也有定制，汉代重丧葬，亲王贵族逝，赐予朝廷的官工少府监东园匠制作的朱绘花纹漆棺。这引达官富豪效仿，一棺贵至万金。这些制度沿袭到明清，不得僭越。再加上宫室、庙宇、府邸的髹饰、各朝各代都有一支庞大的漆饰队伍，明代京城管理的漆匠即有3000多人。

著名学者、文物鉴赏家王世襄先生研究，"商周时代已用色漆和雕刻来装饰

成都商业街古蜀开明王朝
（春秋战国）皇陵的大漆床
（2000.7—2001.1 出土），现
藏成都市博物馆

器物，并以松石、螺钿、蚌泡等作镶嵌花纹。战国在漆工史上是一个极为重要的
时期，器物品种和髹饰技法等都有很大发展。汉代漆器产地之广、数量之多、传
播之远是前所未见的。"

　　2000 年 7 月 29 日，四川省委大门对街的修缮队木工房拆迁，要建新办公楼，
从成都市商业街 58 号出土了一处蜀开明王朝时期（春秋战国，公元前 770—前
316）的王室家族墓葬。存船棺 17 具，其中最大一具长达 18.8 米，直径一米七，
由一整株楠木挖凿而成，被称为"世界船棺之王"。巨棺内无尸骨，主要是漆器，
少量陶器、青铜器。漆木器制作精美，完好如新，有家具、生活用具、餐饮具、
乐器和兵器附件，均为木胎。其中长约 2.55 米，带四根支柱床顶盖，高一米八
的漆画双人大床，分别制作成 25 个（现存）构件以榫卯连接，在黑漆地上朱绘
蟠螭纹、回首状龙纹、鸟纹、云纹，专家说，这张床是史无前例的王室漆绘大床。
出乎想象的是，还有奇特的漆伞盖弓，伞已不存，从盖弓尺寸分析，应是王者出
行的伞具。从器物判断，蜀开明鳖灵王朝一共传十二世，公元前 316 年被秦所灭，
由于这是拾骨再埋的两次葬王室墓地，葬时应在公元前 500 年左右。此外，湖北
随县曾侯乙墓、望山楚墓、湖北云梦睡虎地秦墓出土大量绚丽多彩的漆器，证明
战国时漆工艺是第一个重要阶段。漆液的另一功能是书写竹简，《后汉书·祭祀志》
"时以印工不能刻玉牒，欲以丹漆之"，众多出土竹简的漆书，成为当今一种时髦
的书法体。

　　进入汉代，漆器的井喷式发展，后世不及。最具权威的文献记载，是西汉人
桓宽写的《盐铁论》。后世公认这是反映西汉经济、政治和官场的最重要著作之一，

其中数次谈到漆器，意在批判使用昂贵漆器的奢靡之风："故一杯桊用百人之力，一屏风就万人之功，其危害亦多矣""今富者银口黄耳，金罍玉钟。中者野王纻器，金错蜀杯。夫一文杯得铜杯十"。此讲做一个木胎漆杯，要用 100 个劳动日，其昂贵之价，可换十个铜杯，那么耗万人之功琢出的漆屏风，价当如何？商周两朝，以青铜做礼乐之器，为王朝诸侯的身份象征。春秋战国以降，礼崩乐坏，铜矿开采不易且战争急需，就催生了资源丰富，轻便耐用美观的漆器。成为时尚之后，艺人竞相创造，新品迭出，更引爱怜。进入汉代，一统和平，经济发展，对美的追求遍于各层次人员。西汉政府顺势推动，富国裕民，在八个郡设工官督造漆器（河内郡怀、河南郡荥阳、颍川郡阳翟、南阳郡宛、济南郡东平陵、泰山郡奉高、广汉郡雒、蜀郡成都），其中以成都郡和广汉郡生产的高档漆器最具名声。

1972 年，长沙马王堆出土大批西汉漆器，光泽鉴人，宛若新置。其中一号墓出土 184 件漆器（有款识的 149 件，部分铭文为"成市草""市府饱"，表明是成都平原造）。三号墓出土漆器 319 件，大部分保存完整。二号墓漆器近 200 件，可辨器型者 52 件，相当部分有铭款。此外，在长沙市南郊雨花亭汉代大墓中的精美漆棺、广州市郊汉木椁墓的漆器、河南洛阳烧沟地区的漆器，风格独具不同它处；湖北江陵凤凰山汉墓出土彩绘大扁壶，高 48 厘米、腹宽 56.5 厘米，饰豹兽，肩有铜铺首，花纹繁缛，构思巧妙；安徽天长市汉墓、山东文登汉墓、河北怀安、江苏扬州凤凰河的出土文物中都有漆器。

贵州清镇和平坝的漆器，底款写"元始四年，广汉郡工官造乘舆髹汅画纻黄釦饭盘"，包括工匠姓氏达 61 个字。1984 年，安徽马鞍山发掘三国东吴大将军朱然墓，有 60 多件同时代的蜀国漆器，其中一件《贵族生活图漆盘》，是那个时代的真情叙述，极其珍贵。2002 年 1 月，被国家文物局列入首批 64 件《禁止出国》的文物，一些漆器底有"蜀郡作牢"铭文。各地出土的汉代漆器，异彩纷纷，各领风骚，这见证了国泰民安的八郡工官的推动之功。

汉代漆器外销，今人赞不绝口。1923—1926 年苏联考古学家，在蒙古国色楞格河上游的 220 座古墓中，出土很多漆器，有"上林""蜀郡西工所制"铭，时间为西汉—东汉，是汉代朝廷对匈奴馈赠与和亲的见证。

而在朝鲜古乐浪郡等出土的汉代漆器，堪称国宝。汉武帝大军攻破王俭城（今平壤）后，在朝鲜设乐浪、贞番、临屯等四郡，由此许多官吏富豪追风大汉，

中国现代漆艺的开山
鼻祖、原四川美术学
院院长沈福文专著，
1992.5 版
沈福文大师的两件艺
术珍品，《金鱼》《螺
钿葡萄》　私人收藏

购买使用汉物汉器，逝后作为爱物陪葬。在 1920 年发掘的汉墓中有印两颗"五
官橡王旰印""王旰印信"，许多漆器有铭文底款。其中一个玳瑁饰品小盒，用墨
画绘《观舞图》，被艺术史家评论为，"后世墨色变革之滥觞"，有成都造铭文。
1932 年在平壤大同江一带发掘的王光墓中，有"乐浪太守橡王光之印"和"臣光"
木印。出土各类文物 184 件，漆器占 84 件。乐浪出土漆器最多的是王光、王旰
墓葬，覆盖生活、化妆和武器系列，很多刊有蜀郡、广汉郡官营工场及工匠铭文。
依汉代习俗，名贵漆器要注明制作者标记、用途、容量、产地等信息，以便追责，

是品质的保证。这是汉代官府采用"物勒工名"制度的证据。例如，"始元二年，蜀西工长广成，丞何放，护工卒史胜，守史毋弟、啬索喜、佐胜，髹工当、画工文，造。"

"建武二十一年，广汉郡工官造乘舆髹汨木夹纻杯。容二升二合。素工伯、髹工鱼、上工广、汨工合、造工隆，造。护工卒史史凡、长巨、丞口、橡恂、史令朗，主。"西汉大儒扬雄（公元前53—公元18），被称为"西道孔子"。他的《蜀都赋》中的"雕镌釦器，百技千工"就是对这些出土漆器的最好注脚。

沈福文院长根据乐浪和贵州漆器的铭文，统计出涉及的工种有素工、髹工、画工、上工、汨工、铜釦黄涂工、铜耳黄涂工、清工、造工、供工、漆工。仅以部分出土汉代漆器分析，西至贵州，南至湖南、安徽，东至乐浪，北至蒙古，相距千万里。大量成都广汉造漆器出现在达官贵人墓中，无可争议地证明这是高档奢侈品。乐浪太守王光是当地顶级官员，他的漆器葬品生产时间的跨度长达154年，由此证明，除了他买当世产品外，其他的是古董收藏，这也证明了四川漆器的品牌价值。以上内容，在沈福文《中国漆艺美术史》中有详细记载。四川漆器历数千年而不衰，其中一个诀窍是用料精良，所有大漆全部采自省内，称为"卤漆"，然后经过数月"卤制"的特殊处理方能使用。仅原料就如此精选，岂无绝活？

德国斯图加特市林登博物馆藏一件直径10.3厘米的漆卮盖，上有铭文"建平三年，蜀郡西工造乘舆髹盘画，纻黄涂辟耳博。容三升盖。"建平三年为公元前四年，记有七个工种的人名。此漆器足见当时四川官府漆工场的规模和分工管理。博物馆怎么收藏到这个宝贝的，无可考。

王世襄先生还说，除了战国，汉代的辉煌，另一个高潮就是明代。明初朝廷设果园厂，聚全国漆匠高手，使髹漆工艺有重大革新。再加上明季航海开放，去日本交流漆艺的人不少。在我国历史上，漆艺专著罕见，五代末朱遵度曾著《漆经》（见《宋史·艺文志》），是一部专著，惜书佚不传。到了明代，由于漆器产业的发展，催生了一位奇人黄成（大成），他是新安平沙人，一位有名的漆艺工匠，史载他的剔红技术，匹敌皇家果园厂匠人。在隆庆年间（1567—1572）他写了《髹饰录》这本漆专著，总结前人和自己的经验，较全面讲述了髹饰的各个方面。全书分乾、坤集，共186条，18章，乾集主要讲制造方法，坤集讲漆器分类及不同品种。但是此书佶屈聱牙，局外人如览天书。到明天启五年（1625年），嘉兴西塘的杨明（号清仲），是漆艺家族名匠，为它逐条加注并撰序言，使其能读能懂能用。但是这本书在中国失踪了。

此书"是我国现存唯一的古代漆工专著，但三四百年来只有一部抄本保存在日本。"这是王世襄先生的论证。1927年，著名实业家、古建筑学家、工艺美术家－朱启钤（1872—1964），从日本收藏家大村西崖氏手中借此孤本，经整理，作序和弁言，在1927年印200册，一半分好友，一半寄日本藏书者以表酬谢。1949年秋遇王世襄，赠《髹饰录》，并委托注解以救国宝。王先生用了十年时间，请教工匠，观摩了解操作；到工厂作坊考察工艺流程；到山野体察漆树生存环境和割漆；到出土实物地考察；到故宫和各博物馆查看各朝代精品；查阅大量古代典籍；联系了解国外藏品，目注手追，如此功力，卓然大家！

王世襄在《髹饰录》基础上，以明清可见器物为基础，分为14类漆工艺：一色漆器、罩漆、描漆、描金、堆漆、填漆、雕填、螺钿、犀皮、剔红、剔犀、款彩、戗金、百宝嵌。凡是无漆器实物可证的黄成所述工艺，不归此类。他请朱启钤先生作序，1958年付油印以征求意见。后经1965、1977年两次补充修改，增加了考古新发现和国外资料，历经30年，1983年正式出版《髹饰录解说》，先生时年70岁。2009年11月28日，先生以95岁高龄仙逝。2013年7月，三联书店整理出版了《王世襄集》十部作品，展现先生的学问人生，以智国人，启迪后学，功德无量。

我把《髹饰录解说》与吴觉农先生的《茶经述评》作一比较：唐代陆羽《茶经》、明代黄成《髹饰录》，二者都是中华民族最早最权威的相关文献。茶和漆，对中华民族的健康、经世致用，文化礼仪，尤其是近300年来对西方的影响，居功至伟。吴觉农、王世襄二先生，形如双璧，拱卫中华民族文化的传播承袭，让后人景仰。

要了解明清漆器的对外交往，最早最重要的当数日本国。肯普弗在《日本志》一书中写道："漆树是该国最为宝贵的树木""漆树是这个国家的原有树种，是一种特殊的树木""无论穷人富人还是将军家都有漆器，与金器银器相比，漆器更为广泛地得到人们的喜爱和使用。"这是他1727年前书中的判断。显然，同时代中国人对漆器热爱和普及的程度同日本有差距。

20世纪80年代，日本东京附近发掘出绳文晚期（公元前12000—前400）

的朱漆梳和匣子，距今约6000年。一时风起，日本说他们是最早使用漆器，并经日中交流传导给了中国。殊不知，1978年浙江余姚河姆渡新石器时代遗址，出土了一件内外髹涂红漆，有圈足的木碗，这是中国发现最早的漆器，至今约7000年。于是有的人对日本的漆器发起进攻。说日本不产漆树，是

考察团参观哈姆城堡漆器、油画长廊　　　邓存琚/摄

中国人从朝鲜半岛把漆树和漆艺传到日本的。当然6000—7000年前，航船条件无法到朝鲜，东北无漆树，谁人定点帮扶从江浙或山东把漆树漆种运到东北再入朝鲜，帮他们发展漆器，再去指导日本人？可是朝、韩至今只有相当商代（约公元前1734—前1107）的漆梳漆匣，远晚于日本。

肯普弗是博物学家，著述严谨，他知道日本人广泛使用漆器，他在日本两年，对此也颇为关注。他指出"漆树是这个国家的原有树种"，如果他的判断无误，这就解决了中日争执的谁先谁后问题，是各民族独立发展的结果，如考古学家苏秉琦先生所言，人类发展的满天星斗学说。试问，全世界各大洲的新石器时代，只要有人类的地方，就有石斧，石矢、石刀，这是谁传给谁的？

美国著名历史学家、人类学家摩尔根（1818—1881），在其被视为人类学经典巨著的《古代社会》中说，"人类是出于同源，因此具有同一的智力原理、同一的物质形式，所以，在相同文化状况中的人类经验的成果，在一切时代与地域中都是基本相同的。"这是否可以作为平息争论的一种思维参考？

到了唐代，中日交流频繁，中国的茶道漆艺传日本。扬州大云寺鉴真法师应日本沙门荣睿、普照之聘，历尽艰难，东渡传法，携带物品中"漆盒子盘三十具，金漆泥像一躯，螺钿经函五十口"，同行比丘思托等诸多工匠，将夹纻漆法传入日本。鉴真圆寂，中日工匠为他制夹纻像，至今保存在奈良东大寺。

当今日本的古典珍物，最可宝贵的是东大寺的唐代收藏，寺内的正仓院原是仓库，现藏文物 9000 余件，其主体是圣武天皇（701—756）去世后，光明皇后先后五次祈祷，东大寺收藏的圣武天皇遗物。她五批捐物，都登记造册名《献物帐》，由她亲笔以功力深厚的汉字书写。第一批捐物有 650 件，是日本天平胜宝八年（756 年）6 月 22 日，即圣武天皇升遐七七忌辰捐出；第二批是天平宝字二年（758 年），有王羲之父子真迹（惜已无存）。这里保存各种材质屏风多曲，尤以"鸟毛立女屏风"最有特色，这是学的唐太宗列屏帝鉴之意，上书治国治家训言。在 785 年 10 月 1 日的最后一批献物中，有《藤原公真迹屏风帐》12 屏，她在愿文中写道，"妾之珍财，莫过于此，"足见此屏风的价值。唐代寺院有官私之分，官造的庙宇称"寺"，私造者称"招提"或"兰若"。日本孝谦天皇把鉴真造的私庙，题名"唐招提寺"，以匾额相赐。

到宋元明，中日漆艺交流甚密，中央朝廷对日本皇室多有精美漆器馈赠。到明中后期，厚积而发的日本漆器，多方面超过中国，被中国人称"洋倭漆"。他们的莳绘、变涂（指描金、洒金类）等技法，在学习中国漆艺的基础上，自立创新，别具风采。明朝万历年间戏曲家高濂《遵生八笺》中，专篇《论剔红倭雕刻镶嵌器皿》详介日本漆器，盛赞"漆器惟倭称最"。中国皇帝遣使在明永乐元年（1403 年）对日本赐红雕漆器 58 件，盘 14 个，以后也多有赐赠，日本幕府将军的礼物清单中有详细记载。

日本幕府也多有漆器贡物，建文三年（1401 年），幕府使臣肥富、副祖阿首次出使明朝，贡品有扇百把，屏风三对，刀剑文房用品……至成化十九年（1483 年），日本的每次贡物中，必有金屏风、扇、刀具和文房四宝。以上交流中，日本主要是描金莳绘，中国以雕漆为主。这种互补长短的交流，使明朝看到不足，专门派工匠到日本学倭漆，"近世泥金画漆之法本出倭国，宣德间尝遣漆工杨某玉至倭国传其法。"

《嘉兴府志》记载，元末明初嘉兴西塘人张成、杨茂为漆器名匠，朝廷"永乐中日本、琉球购得以献于朝，成祖闻而召之，时二人已殁。"这种流传于日本的精美漆器，被日本人各取二人一字，名"堆朱杨成"，作漆工艺专用名称。永乐皇帝召见张成之子张德刚，经考察为漆器名匠，于是任命为皇家内府果园厂专管制漆的官吏营缮所副职，指导生产倭漆。日本漆器在胎骨轻巧、漆色光润上已超过中国，主要技艺充分表现在描金漆器、洒金漆器上。明代很多中国漆器名家仿日本漆器，《尊生八笺》讲名漆匠安徽新安人方信川，"如效砂金倭盒，胎轻漆滑，与倭无二。"此书还写到，"书案头所置小儿，惟倭制佳绝。"名画家文徵明后人文震亨在《长物志》第六卷说，"台几，倭人所制种类大小不一，俱极古雅精丽……有日本所制皆奇品也。"到雍正年间，皇帝叫造办处仿制倭漆，认为仿得很好，还给主要的漆匠每人赏十两银子。

如上所述，从战国，汉唐宋元明走来，中国漆器从睥睨天下，到日韩追赶，这是不争的事实。宏才大略的康熙皇帝不认此茬，他另有说道："漆器之中洋漆最佳（指日本莳绘），故人皆以洋漆为巧，所作为佳。却不知漆之为物，宜潮湿而不宜干燥。中国地燥尘多，所以漆器之色最暗，观之以粗鄙；洋地在海中，潮湿无尘，所以漆器之色极其华美，此皆各处水土使然，并非洋人所作之佳，中国人所作不及也。"此出《清圣祖谕旨·圣祖仁皇帝廷训》，看来这是他在朝廷上同大臣交流时的想法。在 V&A 博物馆收藏有一只日本漆盒，上边刻着玛丽亚·梵·迪门的名字，她是荷兰东印尼公司总督的夫人，时间介于 1636—1645 年之间，或者是订制，或者是友人题签相赠，足见大明晚期日本漆器的水平。酷爱西洋科技不耻下问于传教士的康熙，对东洋漆器说了一通爱国的外行话，自然条件是改不了的，"粗鄙"的中国漆器还有救吗？引用美国当代著名学者威尔·杜兰特（1885—1981）在《东方的遗产》中的话说，"油漆的艺术也是始于中国，但传入了日本才达最完美的地步。"用他国学者的评论，可能更为客观。

西洋人怎么认识中国漆器，这些漆器是怎么漂洋过海到欧美，引发宫廷贵族的追捧热的？

英国维多利亚与阿尔伯特博物馆出过一本书，《中国的外销艺术与设计》，谈到 16—17 世纪来华的传教士、旅行家、商人、水手……当然包括之前名声响亮的马可·波罗，他们讲述颜色艳丽的宫廷府邸，讲商店、民房、床和桌子都油亮亮的，可以不用布铺桌子，但是仅泛泛而谈，没引起西洋国人的关注。

相对靠谱一些的是多明我会神父加斯帕·达·克路士（也译克鲁兹，？—1570）。他曾在广州居住数月，后写一本《中国情况详介专著》，谈到长城、饮茶、筷子、印刷术等，此书在他 1570 年去世之时出版；葡萄牙人费尔南·门德尔·平托（1509—1583，也译品脱）著《葡萄牙人在华见闻录》，也述及金碧辉煌的建筑；

历史学家巴洛斯被称为优秀的亚洲史学者，1563 年 8 月在里斯本出版《巴洛斯的亚洲第三十年：葡萄牙人发现和征服东方海陆的事业》；1575 年 7 月 3 日—9月 14 日，两位西班牙修士马丁·拉达（1533—1578）和哲罗莫尼·马任因故滞留福建考察，写下了《出使福建记》和《记大明的中国事情》。1583 年，教皇在罗马令儒安·贡萨列斯·德·门多萨（1545—1618）写一本关于中国的书，以上各书是他的主要参考，历时两年写成《大中华帝国志》。他汇集了当时所能见到的书籍信件航海记录等资料，蔚为大观。虽然有谬误臆测和失实之处，也算是对中国的普及性宣传。1585 年在罗马首印，到 17 世纪末，出版了七种语言的46 个版本，英国作家博克舍在 20 世纪出版的《十六世纪中国南部行纪》导言中说，"也许可以不夸张地说，门多萨的书在 17 世纪被大多数受过良好教育的欧洲人读过。"这本书代表了利玛窦之前关于中国知识的最高成就。

第一个向欧洲重点推荐，并把珍贵漆屏风送到教皇、西班牙国王宫廷的史实，出自意大利耶稣会传教士的《利玛窦中国札记》，利玛窦逝后，传教士金尼阁 1615 年 1 月用拉丁文翻译出版。

在中国名声最早最响的欧洲人，一个是以《马可·波罗游记》成名的先生，是 14 世纪全面介绍契丹（中国）的书，虽然对他是否到过中国并在数处为官存在争议至今，但此书的巨大影响，是须正视的。另一个就是利玛窦神父，这是世所公认对中西文化交流最早最宽的传奇人物。只要有中学文化程度的中国人，无人不知。

利玛窦 1552 年 10 月 16 日出生于意大利中部马塞拉塔城，16 岁时奉父命到罗马学法律，1571 年 8 月 15 日圣母升天节在罗马加入耶稣会，除学习哲学神学外，师从著名数学家丁先生学习天算。

耶稣会是西班牙贵族罗耀拉·依纳爵（1491—1556）和方济各·沙勿略（1506—1552，西班牙巴斯克贵族裔）等五人于 1534 年 8 月 15 日在巴黎郊外的蒙塞拉特修道院创建。1540 年 9 月 27 日教皇保罗三世承认正式创立的，是罗马天主教旧教对抗新宗教革命与恢复教皇神权运动的主力军。其主要活动是创办学校与传播圣道，发展神速，从最初的十人，到 1749 年达 22600 人。与传统修道会不一样，此会纪律严明，层层相属，由上至下，高度中央集权。罗耀拉以下各总会长，都靠固定的书信往来领导这个庞大组织，每年各地要汇交报告。我们今天了解众多科技文化交流情况，得益于这些信件的披露。

罗明坚是第一个来华的耶稣会士，意大利籍，他学习中文，置业开教。利玛窦是他的继任者，1578 年 3 月 24 日从里斯本起航去葡萄牙在印度的果阿，待至 1582 年 8 月达澳门，以耶稣会官方视察员身份到中国教团传教。而他的望道师（灵修导师）则是大名鼎鼎的范礼安神父，主持印度、日本、中国的耶稣会教务，任总巡视员。从此利玛窦在中国传教、科研和生活，足迹达肇庆（当时广东府邸地）、韶州、南昌、南京、天津、北京……在中国近 30 年的时间内，他精通汉语汉文，熟悉《四书五经》，了解中国民风民俗。

1583 年，他同师兄罗明坚到肇庆，身着佛教的僧服，以求取得"佛国"大众的认同。沙勿略、罗明坚在日本传教时，见僧侣很受尊重，以为在中国也会一样，所以要求在华的传教士也着僧服。1589 年迁居韶州，成了儒生瞿太素的好友。瞿建议他改穿儒装，以便同文人士子交往，因为着僧服，多数是档次不高者，"而当时的任何士绅却都不肯亲切地接待僧侣。"这恐怕与明代皇帝信奉道教有关。罗明坚 1588 年返意大利后，整个耶稣会中国教区由利玛窦负责。1593 年利玛窦离开广东，1595 年即换儒服，伴其一生。1596 年，耶稣会中国传教团办公地迁出澳门，此后 14 年，利玛窦任中国教团团长。1601 年元月，他由西班牙籍会友庞迪我（1571—1618）陪同进北京，直到 1610 年 5 月 11 日逝于北京。

今天公认，是利玛窦深入考察之后辨析，欧洲人所传"鞑靼""契丹""丝国""震旦"等国之称，实际上皆指大明王朝的中国（"中国"的称呼，是最早到达中国的葡萄牙人在欧洲传播的）。后世学界认为，他的这个发现，可以列为与亚美利哥（1451—1512）证实哥伦布发现的不是印度，而是新大陆美洲的地理学史并为两大贡献之一。

他同罗明坚最早在中国建起教堂，他称孔子是"中国哲学家中最有名的叫做孔子"，并把孔子著述介绍到西方。他详细向西方介绍茶、漆器、瓷器、印刷术、中医药、音乐科技、科举制、民风民俗，中国是不尚侵略扩张的民族……无所不包，他评价中华民族勤劳、智慧、礼仪、忠孝、诚信。为了达到在中国传教的目的，他改变了天主教的诸多定制，承认中国对孔子的祭拜，对祖宗的追思缅怀，把西方"上帝"译成"天"这个中国人能接受的概念，即士人祀孔、家人祭祖、和对"上帝"的译名，都是他对中西文化交流的贡献，但是由此埋下了他身后百年的礼仪之争。

利玛窦是最系统、最大量、最早向中国传授西方科技的第一人，前已述他的贡献，居功至伟！据统计，利玛窦之后的明清之际，耶稣会传教士到中国的可考者有 472 人，其中不乏著名的学者、科学家、艺术家、技师、能工巧匠，他们的存世著述好几百种（不算信件文章），金尼阁携带 7000 卷图书来华。他们传来一些"有用之学"（徐光启语），利玛窦给明朝大官徐光启、李之藻传授欧洲前卫的几何数学天文知识，与徐光启合译古希腊欧基米德的《几何原本》，诸多高官士人成为他的追随者。以至在他 1610 年逝后，这些人为传教士出主意写奏文，让万历皇帝史无前例地为利玛窦批了一块墓地，划了一座宅院供神父们使用。至此，西方天主教名正言顺在中华京城扎根，得到皇帝认可。按当时定例，神职人员逝后，只能到澳门安葬。至今利玛窦安卧在北京西城区车公庄大街六号市委党校院内，南怀仁、汤若望陪葬左右。

耶稣会在中国的成功，引起其他教派如多明我会、方济各会的嫉妒，在教皇和一些天主教国王面前蛊惑，指责利玛窦认可一些中国习俗的做法，有违天主教义，由此引发著名的"礼仪之争"，教皇还派特使多罗见康熙，要禁祭孔祭祖，惹康熙大怒，下令在中国禁教，此时中国教友已达 27 万人。之前的沙勿略在日本传教 27 个月，发展之势兴盛，后因干政乱民，被日本驱尽杀绝。他们不思总结，在中国又碰了壁。

虽然雍乾二帝手下留情，可以有条件传教，但是在欧洲仍然沸沸扬扬。为防止耶稣会坐大，法国皇室没收其财产充公，派遣对华传教士的工作，由遣使会和外方传教会担任，科学发现大熊猫的戴维神父就是遣使会的。1773 年，教宗克雷蒙十四下诏解散耶稣会，这个对中西文化交流作出重大贡献的教会戛然而止。直到 1814 年才又允许耶稣会恢复活动。1842 年 7 月，三位法籍耶稣会士重新到中国传教。谁也没想到，坡坡坎坎不屈前进的耶稣会士，今天成了梵蒂冈天主教的掌门人，2013 年 3 月登上教宗宝座的第 266 任教皇方济各，就是阿根廷的耶稣会士。

利玛窦 1610 年 5 月 11 日逝后半年，金尼阁（比利时传教士，1577—1628）来到北京任传教团的司库。他仰慕利玛窦的道德人品，把利氏留下的书稿认真研读，并在 1613 年返欧洲漫长的航程中，把手稿整理译成拉丁文。第一版于 1615 年 2 月以拉丁文在德国奥格斯堡出版，它的封面标题是"耶稣会士利玛窦神父的基督教远征中国史会务记录五卷·致教皇保罗第五·书中初次精确地、忠实地描述了中国的朝廷、风俗、法律、制度以及新的教务问题·著者同会比利时人尼古拉·金尼阁"。

1953 年 5 月，加莱格尔会士在首个英译本序言中有一段话："1615 年金尼阁书的出版轰动了欧洲。它重新打开了通往中国的门户；三个世纪以前，这扇门首先由马可·波罗打开，后来多疑的公众又在他的后面把门关上了，他们把他神话般的记述大部看成是一位想入非非的旅行家骗人的故事。继第一个本子之后，1616、1617、1623 和 1648 年又出版了四种拉丁文本。它有三种法文本，刊行于1616、1617、1618 年；德文本，1617 年；西班牙文本，1621 年；意大利文本，1621 年；有一个英文摘译本，收入 1625 年出版的《普察斯朝圣者丛书》。"我们国内出版物，很少详录金尼阁书被各国出版的记录，殊不知，这里隐藏了极多的中国风刮向欧洲的趣闻。拉丁文是当时欧洲的通用语，法文是欧洲的时髦语，英国的贵族、知识阶层和商人，必懂二文其一，因此不能以英国只有摘译本而误认为英人不知道这本书。

此书问世，就把 1585 年门多萨的《大中华帝国志》、曾被视为了解中华圭臬的书，逼下神坛，无处躲藏。为什么呢？学者分析，门多萨没有到过中国，不懂中文；他引用资料的作者，不识中文且只在中国沿海短期逗留；另一些则是旅行者商人水手等低文化者，很多人根本未到中国，只把在东南亚或日本的浮光掠影，编纂成册赚名声赚眼球。不论怎么说，门多萨是站在正面介绍中国的角度出书，他为金尼阁的书起到铺路石的作用。

从以上摘录可以看出，利玛窦和他的这本书是值得信任的，他是怎么讲的呢？

15　最昂贵的漆器是屏风

《利玛窦中国札记》，利玛窦、金尼阁著，何高济、何兆武等译校，中华书局2010 年 4 月出版。第一卷三章说："有两三样东西是欧洲人所完全不知道的，我必须简略地加以说明。第一，有一种灌木，它的叶子可以煎成中国人、日本人和他们的邻人叫做茶的那种著名饮料"。"只要宾主在一起谈着话，就不停地献茶。这种饮料是要品啜而不要大饮，并且总是趁热喝。它的味道不很好，略带苦涩，但即使经常饮用也被认为是有益健康的"。"这种灌木叶子分不同等级，按质量可卖一个或两甚至三个金锭一磅。在日本，最好的可卖到十个或甚至十二个金锭一磅。日本人用这种叶子调制饮料的方式与中国人略有不同。他们把它磨成粉末，然后放两三汤匙的粉末到一壶滚开的水里，喝这样冲出来的饮料。中国人则把干叶子放入一壶滚水，当叶子里精华被泡出来以后，就把叶子滤出，喝剩下的水。"除前述肯普弗以外，没见知名人物记述过中日茶饮比较，而肯氏没到过中国。克路士是欧洲人最早记载广东喝茶和看到漆桌的人，他占据了这份光荣，但是他在中国仅呆数月，且不懂中文，1570 年他写的《中国志》，是在鼠疫之年用葡文发行，专家认为"好像从来没有广泛流传"，就没有引起欧洲人关注。

"另一种值得详细记述的东西是一种特殊的树脂，是从某种树干挤出来的。它的外观和奶一样，但黏度和胶差不多。中国人用这种东西制备一种山达脂或颜料，他们称之为漆，葡萄牙人则叫 Ciaco。它通常用于建造房屋和船只以及制作家具时涂染木头。涂上这种涂料的木头可以有深浅不同的颜色，光泽如镜，华彩耀目，并且摸上去非常光滑。这种涂料还能耐久，长时间不磨损""正是这种涂料，使得中国和日本的房屋外观富丽动人""中国人的习惯是进餐时餐桌上不铺台布，这种习惯有甚于使用这种涂料的别国人民""出口这种特殊脂产品很可能成为一种有利可图的事业，但迄今好像还没有人想到这种可能性"。在利氏之前，虽然有人介绍过金碧辉煌的建筑和不铺布的餐桌，但他们不知道是什么，更没有想到这是一项可以赚钱的买卖。事实证明，这位道行高深的传教士，具有商人的敏锐犀利，说他是风靡欧洲漆器生意的首倡者，当不为过！

为了改善在中国的传教环境，总视察员范礼安派中国教团的先驱罗明坚神父回欧洲拜谒教皇、天主教国王和耶稣会总会长，携带了利玛窦用中文代为起草的致中国皇帝的信件，只需钤玺或签字即可，然后派使节持信访中国皇帝。要办成此事，必须备大礼，

决定给教皇和西班牙国王送漆屏风的范礼安神父（1538—1606，意大利人），远东教区视察员，利玛窦的老师

这是各国皆同的定例。经认真挑选，有一件礼品是利氏画在大屏风上的《天下总图》的中国全图，嵌在特殊的东方框架中。"这些框架是工艺极其精细的优美屏风，可以一一折叠，打开之后非常美观，不用支柱就能站立，有时可以摆满整间房子。当地土话叫做围屏。他们说教皇和天主教国王非常喜欢所收到的这些屏画。"

在罗明坚赴罗马途中，专门去马德里拜见西班牙国王菲利普二世，"国王优礼接待他，超过了通常对王室的接待。国王毅然使用他的权力，和教皇一道促进这次遣使，同意亲自对中国的事业给予及时的援助。"这是"一屏风就万人之功"的精美珍贵礼品起到了立竿见影的效果吧？在罗马，由于两三位教皇相继去世，延宕等新教皇之时，操劳过度的罗明坚退隐到那不勒斯的萨勒诺。新教皇登基后，他把屏风等珍贵漆器送到教皇手中，大获嘉许。由此，屏风、漆柜等大件漆器，遍及欧洲王室、贵族世胄之家，这是身份地位、财富的象征。从欧洲宫廷、传世油画和典籍中可以看到，只要是在宽敞的府第里，屏风和漆柜不可或缺，与它同堂炫耀的，那就是瓷器、茶具、仿中式家具和丝绸壁纸。法国路易十五时代的宫廷画家弗朗索瓦·布歇（1703—1770），以用中国风格同法国工艺结合而驰名，他的系列挂毯中国风设计，是国王国际交往的厚礼，他的中国风油画与之并为双璧。1742年，他以夫人为模特画的"盥洗室"油画，八扇金灿灿的中国花鸟屏风，分隔出浴后打扮的夫人空间，准备外出赴茶会。顶级艺术家的爱物，会在社会上产生什么效应呢？

或许要问，就因为珍贵，屏风就如此受吹捧吗？不全对，还有它的实用和美化功能。欧洲的宫廷豪第，基本是石结构，厅室宽大，一到冬天，寒气逼人。8～12扇的一具或二具屏风，任意分割组合空间，暖气融人。再

法国著名画家弗朗索瓦·布歇（1703—1770），1742年画《盥洗室》，据说贵妇是他夫人，屏风是他常用的道具

加上屏风或画或镶嵌的四季花卉山水、瑞兽神仙官人、美女月下宫苑、吹拉弹唱小饮……如梦如幻相随，这种异国情趣，在17—18世纪，成了王室的特设。先富起来的荷兰人，极富想象力，把昂贵的屏风拆开，镶在墙上作壁画，或另组合成柜橱书架，再配上屏风，让整个厅室流光溢彩，也引来很多追风者。既然是赚钱的大买卖，欧洲仿制者众。因欧洲漆树生长困难，就从中国、印度进口虫胶和紫胶作原料，生产不透明的清漆，这从《东印度公司对华贸易编年史》（美·马士著）的货运清单可以看到，绝大多数返欧洲商船，都有紫胶、虫胶的货品。约翰·斯托克1688年写了一本《论日式漆和清漆》，提供生产配方和东方样本雕版画，极大地刺激了仿造漆器。但是，从原料到工艺肯定不如原产地，于是就提供纹样，到中国、日本定制漆屏风家具器皿等。奢侈的需要和赚钱的欲望，使英国商人觉得上述方法憋得慌。18世纪，伯明翰的亨利·克莱获得"涂漆混凝纸浆"专利，天啦，这是什么产品？所有漆器生产的花瓶、桌柜、盘、茶具、箱……全部可以用纸浆注灌而成，再涂抹和绘制精美的漆画图案。这种山寨产品，满足了中低档消费者的虚荣心，抢走了半壁江山。这个工厂，被称为"18世纪最具创造力的消费者生产商之一。"当然，贵族和有钱人对此不屑一顾，买山寨，那是什么档次？

现存奥地利实用艺术博物馆的康熙百宝嵌描金彩绘堆漆夷人狩猎图4扇屏，丹麦国立博物馆清初黑漆款彩绘描绘荷兰进贡图12扇屏……这是有明确西洋人形象的定制品。法国人的仿品，要署工匠名，而近代以来中国署匠名者极少。据中国漆器研究学者丁文父先生统计，明清以来，主要是康熙年间，中国外销、定制或礼品往返的款彩（螺钿）屏风，在西方存世的四、六、八、十、十二扇式屏风有200余款，可谓大观。

屏风在中国古称"扆"或"邸"，《荀子·儒效》中讲周武王"负扆而坐，诸侯趋走堂下。"至春秋时代，被统称为"屏"，作为豪华实用家居陈设，流行于宫廷贵胄。文震亨《长物志》说，"屏风之制最古"。

除文献记载的中国漆器历史外，考古发掘屏风的中国实证，最早的是西汉长沙马王堆三号墓（公元前168年）出土彩绘云气纹屏风，一号墓出土彩绘几何云龙纹屏风；其次北魏大同司马金龙墓（484年逝）中的屏风，被视为书法、绘画、雕刻一体的精品。唐代，时兴木框联屏绢画屏风，国无存品，但是遣唐使带回日本不少，由于保存不易，至今少许珍存日本正仓院。1972年，在吐鲁番阿斯塔那出土了一座唐代西州武周至开元（约 684—744）年间，汉族官吏张氏豪族墓茔，内有六屏风画《弈棋图》，有托茶盏侍女图，是研究茶在西域的重要史料。在 3 座唐墓中出土的屏风绢画，填补了唐代珍藏。唐代文人时兴在屏风绢绡上绘画写诗，一时风气大盛。据杨泓教授研究，刘禹锡、李商隐、温庭筠、杜甫、元稹……皆有专题屏风诗画传世，尤以白居易为甚，为唱和元稹，选 100 首诗题于屏风之上。白居易还写《貘屏赞》，诗画并陈屏风之上。他有偏头痛，而貘相传辟湿去风寒，于是请画工在屏上画了一只貘，好像有效，写此诗以作纪念。殊不知当今熊猫热，一些人穿凿附会、郢书燕说，硬说貘是古代的熊猫，这就使喜欢熊猫的人多了一个杜撰龙门阵的场子。利玛窦画的世界地图，得到明神宗皇帝的青睐，将地图翻制 12 次。神宗还下令用 12 幅丝帛绣织成全图，装裱在六对大屏风上，送每个皇子一幅地图教育开示。中国明末大学问家王士禛《香祖笔记》卷九记，自高曾祖父以来，各房正厅置两素屏，一书心相 36 善，一书阳宅 36 祥，耳提面命，日日鞭策，使屏风成了教具。

　　而在欧洲，有一款关于屏风的传奇故事，任何人听了都会兴趣盎然。康熙初年，在华耶稣会传教士受命定制一对款彩屏风（各六扇），赠送给奥地利奥波德一世（1640—1705），作为他 1658 年荣登罗马皇帝宝座的珍贵礼物。1704 年，利奥波德一世把礼物的一半，转赠给帮他打赢 Blenheim 战役的英国第一代马尔

清康熙 12 曲款彩屏风，高 270 厘米、曲宽 53.3 厘米　　V&A 馆藏

伯勒公爵约翰·丘吉尔（1650.5.26—1722.6.16）。公爵对这六扇红漆款彩描金夷人狩猎山水屏风，爱不离身，当时记载，"这件屏风，使公爵即使在硝烟弥漫的战场中仍然可以继续享受贴身仆从和美酒佳肴的奢华"，这成了助公爵百战不殆的神器。以后公爵爱女结婚，作为父亲最厚重的妆礼，带到另一个伯爵家族，至今保存在祖屋中。而这位公爵，就是二战时英国首相丘吉尔的祖先。这个故事回荡在欧洲苍穹，以至王室富豪，稍有档次的博物馆，如果没有中日漆器，没有漆屏风，那是羞言档次的。于是，对中国漆器触目惊心的掠夺，接踵而至。

16　戈登何人？圆明园内最重劫物是他抢的

中国人都知道，1860 年英法联军焚毁北京大清数处皇家园林，其中有意大利传教士郎世宁、法国传教士蒋有仁、王致诚设计的西洋楼。大水法中 12 个红铜生肖喷首，是郎世宁设计，宫廷匠师精心制作，全部被从墙上卸下劫去欧洲。2009 年 2 月，佳士德在巴黎举行专场拍卖会时，鼠首和兔首的报价总额达 2000 万美元。到我写此书时，先后有牛猴虎猪鼠兔马 7 首以不同方式回到中国。这说明两个问题，连建筑构建都抢，还有什么能留下？每个构建的重量和大小，不是士兵行囊能装下的，必然有专门运送劫物的车辆，我没见过叙述这方面内容的文献，现在该中英风云人物戈登上场了。

查尔斯·乔治·戈登（1833.1.28—1885.1.26，生于伦敦，逝于苏丹喀土穆），他是一个被中英两国作出迥然不同道德标准评判的人物。中国称他是参加 1860 年 10 月第二次鸦片战争，英法联军抢劫烧毁圆明园等皇家园林的元凶之一。英国对华全权专使额尔金，在英法联军放手洗劫皇家园林数天之后，一声令下，一个英军兵团的 4800 余名士兵，先后在 10 月 6 日、18 日，由英陆军司令格兰特（额尔金妻弟）指挥，在圆明园、长春园、万春园、玉泉山、万寿山放火烧了五天五夜，满载劫物而归，此时戈登官任工兵少校。

1863 年 3 月，经李鸿章荐，他接任 1862 年 9 月战死的美国人华尔的指挥棒，任洋枪队的"常胜军"总指挥，协助曾国藩、李鸿章的湘军淮军剿杀太平天国，战功赫赫，被同治皇帝赐黄袍马褂、提督衔、赏戴花翎，这是当时朝廷赏赐外国人的最高荣誉。以后清廷在上海给华尔塑雕像，把上海的一条街命名为戈登路，周恩来在 20 世纪 30 年代领导的秘密除奸机构中央特科，就潜伏在戈登路的民居中。此路名在 1943 年取消，改为江宁路，华尔像新中国成立后撤掉了。

回到英国，戈登以卓越战功，被赐巴兹勋爵士，皇家工兵队肯特区司令官。1874 年到殖民地任苏丹赤道省总督。1884 年 2 月再派到动乱中的苏丹任殖民总督，当时苏丹反殖民的战争再起，势不可挡，官方派他重返苏丹希祈弹压，他带上了清廷赐的黄袍马褂作吉祥物，盼能再囊胜绩。非常不幸，1885 年 1 月 26 日，他被起义军马赫迪·穆罕默德的将领沙辛用长矛刺死在总督府，这时距他 52 岁生日仅差两天，葬于苏丹。英帝国把他奉为民族英雄，捍卫殖民政策的忠诚卫士。

中国人对他的评价，我们让被洗劫的圆明园文物说话。伦敦大学亚非学院博物馆学的高级讲师路易斯·提萨科特写了一篇研究论文，"何处安家：圆明园文物在英国"。他的选择重点，是英国众多的小型军事类博物馆，分别藏有英军从北京和殖民地抢回的战利品，这是激励后人"军人荣耀"的方式。列第一位的是肯特郡查塔姆的皇家工程博物馆藏品，"圆明园收藏最多，展出有 30 余件文物""藏品中最大者是戈登劫掠的皇室宝座，现在其上摆放着其他圆明园的文物。宝座后面墙上展示着两件大幅纺织品，原本铺在圆明园内的龙椅上"。一张国内首见的彩色图片，让我们重睹皇宫旧物。宝座长约三米多，名贵木材髹漆绘彩，背镶和脚靠处各五块黄漆雕园林亭榭景物板，高处约一米五，判断其重量在 200 公斤左右。这是目前所见圆明园流失文物之最大者。《纽约时报》随军记者对当时的描述是，"皇帝的宝座用雕刻精美的木料制成，而其坐垫则是用黄金做成的龙来镶饰，这让所有的人都感到羡慕。"要承认戈登的眼力，如果他不是工兵少校有权指挥辎重车运到海边上船，相信谁也不会劫此巨物行千万里回英国。英军两次放火的煤油，炸毁西洋建筑的炸药，无疑是工兵部队提供的。

《纽约时报》随军记者 1860 年 10 月 9 日，向美国民众详细报道了英法联军对圆明园等地的劫掠过程："最近这两天发生在那里的景象却是任何笔杆子都无法恰当描述的。不分青红皂白地抢掠被认可。贵宾接待厅、国宾客房和私人卧室、招待室、女人化妆室，以及其他庭院的每个房间都被洗劫一空。清国制或外国制的艺术品有的被带走，有的体积太大无法搬走就把它们砸毁掉。还有装饰用的墙格、屏风、玉饰、瓷器、钟表、窗帘和家具，没有哪件东西能逃过劫难""昨天下午，一群法国人拿着棍子又到各房间去搜寻了一遍，打碎了剩下的每样东西——

戈登 1860 年从圆明园劫回展出的 30 多件文物，存列在肯特郡查塔姆的皇家工程博物馆。劫物可证，小到折扇玉碗，中到钟鼎大刀，大至数百斤的皇室宝座，无所不抢　博物馆资料

镜子、屏风、面板等等""联军的宪兵队守卫着一座装有巨量金块和银锭的宝库，这些财宝将由英国人和法国人瓜分"。马戛尔尼 1793 年送乾隆当时最先进的枪炮弹药，油封未启，又被劫回。仅这些武器，就可以对入侵者以巨大杀伤。但是它们被尘封在库房里，早被遗忘。

北京皇家园林在英法联军的损毁劫掠中，损失有多大？路易斯先生佐证说，"北京官方估计约有 150 万件圆明园文物遭劫掠，其中许多散布在世界各大博物馆和私人收藏中"。率先指挥抢劫的法军司令孟托邦，当天函告法外务大臣说，"予命法国委员注意，先取在艺术及考古上最有价值之物品。予行将以法国极罕见之物，由阁下以奉献皇帝陛下（拿破仑三世）而藏之于法国博物馆。"当时每个法国士兵身上抢劫的珍品，价值三四万法郎。

两次鸦片战争结束后的 1866 年（同治五年），经外国人反复催促，清政府才第一次派出一支级别不高的三品官员斌椿率团出访欧洲 10 国，10 个月后返。同行有大清同文馆首批学外语的学生四人，懂英法德语。回国后斌椿写《乘槎笔记》

的考察报告，译员张德彝写《航海述奇》，记海外奇观。两人的笔记、述奇互为印证，是珍贵的史料。其中四月初四日（农历）在伦敦，《述奇》记载被英方官员约游，"至一处，内极广阔洁净，见上下罗列者，皆中国圆明园失去之物，置此货卖。见有龙袍、貂褂，朝珠、太后朝珠、珠翠、玉石、古玩、诸般画轴、神像、金鸡。中天马、银鼠等衣，皆御用之物。睹之不胜恨恨，乃辞出。该官又与彝等每人一簿，乃诸物价值，意欲将诸物买回。同人乃操晋语，而兔姓等不懂，尚欢笑如常。"

中式宝座不是单纯的坐具，是殿堂中仪式性的摆设，表示权威和尊严，所以宝座没有成对的，如山西太原晋祠圣母殿承圣母像所用者　藏 V&A 馆

这个不识相的杂种，带满清官员去买他们的圆明园劫物，还给每人发一本价目表。气得张德彝等"不胜恨恨"，用中国方言咒骂，对方听不懂，还自得其乐。

1877年（光绪三年）1月25日（农历），大清首任驻英法大使郭嵩焘被邀参观白金汉宫，"房屋不甚多，而精致绝伦。瓷器尤多，以中国官窑为最。明窑上品，皆生平所未见。马格里（陪同）云，多得之圆明园者。"

郭氏何许人？他是曾国藩、刘蓉的换帖之交，是曾氏和左宗棠的儿女亲家；在他出使英国解决云南马嘉理案之前，慈安和慈禧太后3次召见，勉励为国办事。以他的身份学养，称这些瓷器"皆生平所未见"，可想圆明园珍物的流失。

我们都知道英国维多利亚女王时代被称为日不落帝国。但是，郭嵩焘参加了女王敕令宣布自任印度女皇的现场会，鲜为人知。1876年12月26日（西历2月8日）下午，议会全体会议，邀30余国公使参加见证、郭嵩焘列其中。维多利亚女王宣读敕词："其印度地方诸王子及庶民等，尊我为后帝，极所欢悦。又阿非利加（非洲）之南亦有兵警，英国附近属部亦须防备，以保全其民人！"也就是说，在1837年取消英国东印度公司垄断权后，散商蜂至。经中国两次鸦片

战争及印度的起义被荡平，如同中国历史上的"劝进表"，印度地方王酋劝女王当日不落帝国女皇，无上荣光，被中国郭氏见证。但是也有伏笔，非洲不安宁。前面已述，真正的日不落帝国的第一个称王者，是西班牙菲利普二世兼并葡萄牙，连同在各大洲的殖民地，首称日不落。

从斌椿到郭嵩焘的各次大清使臣到英国，戈登都要来访。1876 年 12 月 13 日，"戈登亦过谈，其意气远不逮在上海时之盛；云在埃及带兵多年，以假归省，仍即日赴埃及也。"此指埃及，就是到其下属的苏丹任总督。这是中国官员在戈登马革裹尸不还之前的最后一面。再相见时，已是 1896 年 8 月，李鸿章到伦敦圣保罗大教堂，给戈登的衣冠冢献花环，挽文是"李某敬赠中国良友英国名将戈登"，真是兔死狐悲。戈登逝后 13 年，1898 年，英军驻埃及司令基奇纳率装备精良的英军剿灭了苏丹马赫迪军政权，从此苏丹成为埃及一个省，直到 1956 年独立。这场战争，年轻的温斯顿·丘吉尔也参加了，经受了战火洗礼。

17　命丧苏丹的断魂枪何在

至今网上可查，说是刺死戈登的长矛横卧在北京的中国革命历史博物馆的展柜里，我对此事存疑，通过朋友介绍认识此馆保管二部研究员安莉老师，希她发一张长矛照片。她查询了当年周总理出访非洲时带回上缴的全部礼品清单，和库存的对外交往礼物藏品，皆无此长矛。我不死心，到四川省图书馆用一天工夫，细查新华社对周总理、副总理兼外交部长陈毅一行数十人，历时 55 天，对非洲十国的首次访问（1961.12.13—1962.2.4）的全部报道，其中涉及苏丹国的内容是：1964 年 1 月 27 日，"应苏丹共和国武装部队最高委员会主席易卜拉欣·阿布德中将的邀请"飞抵首都喀土穆访问，下榻在共和国宫，这是原殖民主义总督官邸，总督戈登就被刺死在宴会厅外的台阶上。

27 日晚，阿布德中将在共和国宫大厅举行国宴，新华社报道周总理答词中的一段话是："中国和苏丹两国人民有着深厚的友谊。在反对帝国主义和殖民主义的长期斗争中，我们两国人民是相互同情和相互支持的。曾经镇压过中国太平天国革命运动和苏丹民族革命运动的帝国主义者戈登，最后终于受到了苏丹人民的惩罚。"当周总理讲到这里时，全场发出了雷动的掌声。28 日下午，周总理一行参观了哈利法博物馆，"馆中还存列着一件中国的黄绸马褂，这件黄马褂是中国清朝皇帝为英国将领戈登帮助他镇压太平天国革命运动而送给戈登的。戈登在 1885 年苏丹人民发动的反对殖民主义侵略的武装斗争中被苏丹人民用长矛刺死。"展览中没有看到长矛。在双方互赠的礼物中，苏丹赠的刻着象群的象牙制品，中方赠了丝绸制品和画册等礼物，没有赠长矛的记载。

住在戈登被刺杀的共和国宫，陈毅感慨系之，赋诗一首：

共和国宫楼上月，曾照戈登此驻节。
将军东去肆劫掠，得返此间被击毙。
人间沧桑每如此，岂有恶徒能不灭？
不意成就中国苏丹之友谊，数十年来人艳说。

这是否可以解开苏丹把长矛托周总理转赠毛主席的臆说呢？

毛泽东在 1944 年 8 月，为感谢美国空军少将李梅，从成都机场给延安空投大量西药，托美军观察组长包瑞德转赠日本名将之花阿部规秀中将的军刀，他是 1939 年 11 月 7 日在河北涞源黄土岭被八路军杨成武的部队迫击炮炸死。作为回馈，李梅把他的双筒望远镜赠毛泽东。至于日本投降后，侵华日军总司令冈村宁次的军刀，缴受降人何应钦将军，即转蒋介石存南京总统府。南京解放时，此刀被解放军缴获，现存中国人民革命军事博物馆。这些刀矛之事，是重大历史军事文化事件的见证者，不可随意而为。

18　法国商船"安菲特里忒"的漆器故事

说到中外漆器交流，当今国内一些有影响的书刊所引一件重头案例，也当重新认识。

曾经一花独大的葡萄牙，随着西班牙、荷兰、英国、法国的崛起，日见衰蹙，决定放弃对遣华耶稣会的资助。而德国哲学家莱布尼茨和帕吕主教，做法国财政部长科罗贝的工作，建议法王路易十四接手对华耶稣会的工作，有利王国同清王朝建立直接交流，并从中可以获得大量商贸和科技工艺情报，也达到宣传法国文明进步强盛的目的。1685 年，经巴黎天文台台长卡西尼（1625—1712）与耶稣会磋商，并报路易十四同意，敕封五位传教士为"国王数学家"：洪若翰（1643—1710）、白晋（1656—1730）、张诚（1654—1707）、李明（1655—1728）、刘应（1656—1737）。他们带上国书和很多珍贵礼物前往中国，他们的费用由国王私库开支。这些学有所长的传教士受到康熙的高度重视，并把白晋、张诚留宫中随侍，二人很快学会了满语，方便给康熙讲解西方科技。

1697 年，康熙派白晋回法国向路易十四致礼，希望能再派传教士科学家到中国来，并带了瓷器、漆器、丝绸、中文书籍等很多礼物，包括白晋写的《康熙皇帝传》，以后用多种文字出版。这让路易十四喜不自胜，这是提高他在天主教世界的地位、彰显治国有方的得意之笔，于是他命令新建成的 500 吨位"Amphitrite"，中文译名"安菲特里忒"号商船带上很多礼物，由白晋带传教士巴多明、马若瑟、雷孝思、殷弘绪等十人同行。当然不会忘记带上做贸易的商品。商船 1698 年 3 月 6 日前往中国，11 月 2 日到广州。康熙大喜，命传教士来京，专门命广东府派人陪同船长，对来往贸易商品的税费全免，让船老板发一笔意外之财。

1700 年此船返航时，带上康熙的大量礼物和自购品，其中记录在案的有 45 箱漆屏风、22 箱漆器、93 箱瓷器、12 箱灯笼、7 箱床上用品、服装丝绣制品，大量生丝茶叶。这让路易十四非常受用，100 年前，耶稣会士买屏风送西班牙国王和教皇，视若天珍。现在，是中国的皇帝给我送屏风，谁牛呀！在回到法国的拍卖会上，漆器瓷器等奢侈品成了抢手货。路易十四常把中国髹漆家具赏赐有功部属。运漆器回来的商船随漆器而扬名，中国一些书刊说，法国人把"安菲特里忒"船名，作为法语对中国漆器的昵称，如同前述对中国瓷器、日本漆器的昵称一样。几年后，此船第二次到中国，屏风、漆柜、漆器成了重点货品。我见到一些法国朋友谈及此事时，他们说法语称漆器为"Laque"，无论是音译还是意译，都与"安菲特里忒"无关，这就有趣了！

最后我从一位熟练掌握中文，且通多门欧洲语、博学的法国朋友阿贝乐博士处得解（他是拙著《大熊猫文化笔记》法文版的校审）。他说"安菲特里忒"是海洋之神波塞冬妻子的名字。在古希腊神话中，宙斯、波塞冬和哈迪斯分别统治着天空、大海和幽暗地府。海洋神的吉祥陪伴物是铜蹄金鬃的大批海马，只要大海波涛连天呼啸，一定是性情暴烈的波塞冬在驱马狂奔。《神谱》中说安菲特里忒是一位美丽的水仙女，被波塞冬强抢成婚，海神理亏，所以对娇妻百依百顺。凡间知道了神仙的隐私，于是把船取名安菲特里忒，或在船首画上仙女的像，波塞冬见之就息马吹风，助帆远行。安菲特里忒在海洋民族中的地位，就如同观音和妈祖在中国船民和侨胞中的地位。此解让人心悦诚服。[1]

另一则较多引用的漆器故事说，漆器在英国流行"最早的例子就是，1613年，中国制造的橱柜是英国女王伊丽莎白的结婚礼物，价值一万英镑。这位女王就是詹姆士一世的女儿。"初见此资料时，颇为中国漆器骄傲。随着阅读量的增加和比勘辨证，破绽出来了。英国历史上500年来，被尊为伊丽莎白一世女王（1533—1603）和伊丽莎白二世女王（1926—至今）的只有两位。一世女王是英国历史上有名的"童贞女王"，终身未嫁，就应无嫁妆之说。查对了出处《中国风：遗失在西方800年的中国元素》（英国、休·昂纳著）中译本，是引用者误识误用。詹姆士一世的统治期在1603—1625年，他是童贞女王的外甥辈并接了她的王权杖。他倒是有个女儿伊丽莎白公主，嫁给帕拉丁选帝侯弗雷德里希，是童贞女王的孙子辈了。把她误认为女王，无非是为抬高漆橱的身价，那个时代的漆柜值这个价吗？且不说利玛窦的书是1615年才出版，他断言当时欧洲人不识漆器。据《巴达维亚城日记·三册》记载，在1643年，"日本屏风属普通品，平均价格为19两白银。"而英国东印度贸易史统计，在17—18世纪，中国出口屏风120两白银一具，可见质量好得多。在中国，漆屏风的价值在漆柜之上，这是因为它正反两面繁褥精致的款彩和镶嵌工艺决定的。1855年，英国V&A博物馆购得一款康熙年间的"黑漆款彩识文描金锦鸡双鹿龙马神龟仙鹤松石图扇画诗文集锦12牒屏风"，念名字就够挠头了，它通宽640厘米，高250.2厘米，堪称精美绝伦的屏风佼佼者，博物馆的收藏注释说，"此款屏风为该馆于1855年花费高达1000英镑的巨资所购"，在这个年代，花1000英镑购大型屏风被媒体公认是巨资，回溯到1613年花一万

1　2019年11月26日，意大利文化遗产与活动部，在四川博物馆举办《彩绘地中海：一座古城的文明与幻想》三月期专题展，134件珍贵文物亮相成都。这座古城就是海神波塞冬之城，公元前600年，古希腊人在此建城波塞冬尼亚，修海神庙。公元前273年罗马人改名帕埃斯图姆，他们称海神（水神）为尼普顿。公元8—9世纪城市弃置。1750年左右被发掘。其波塞冬神庙是迄今时代最早、遗迹留存最多的海神庙。

英镑买个中国漆柜，哪怕柜子是纯金制成，以当时的性价比，也花不了一万英镑吧！举此例，说明读书用书抄书，得有独立辩证的眼光。

在哈姆城堡，我们同影响中英茶文化交流的传奇人物凯瑟琳王后擦肩接踵，把盏品茗，声息与共。虽然时跨 300 多年，茶把我们牵到一起，或清醇甘润、或浓厚幽香。公爵夫人的漆器长廊，仿佛是专门为我准备的，让我感悟历史悠久的中华传统工艺，怎么在万里之遥的异国，得到共识和欣赏，人类追求美好的天性，在这里凝成一曲曲颂歌。[1]

真诚地感谢简女士把这座城堡推荐给我们。深深地感谢维多利亚·布拉德利女士，她毫无保留地敞开城堡，极专业耐心地讲解这里的一切，让我们收益良多。今天下午，只有我们一团人观览，所以双方的交流深入细致。已近 5：30，也是快下班的时间了，走到楼下，向她和城堡博物馆赠送小团旗、英行册、《大熊猫文化笔记》（英文版）、数种茶书茶礼，给她助手也送了熊猫和茶礼，专门请她在团旗上签字。她送我一本城堡导览册子，很精美，对我写作有用。两位女士执意要送我们出门，来到大石雕旁的梯步，我问石雕像是何路神仙？她说这是 17 世纪买的古董河神，他枕的大坛把水源源倒出，因为城堡附近就有一条河，所以河神像在这里很般配。围墙上的半身塑像，有古罗马皇帝和名臣，还有查理一世和二世国王。她还说，有名的日记作家伊夫林和佩皮斯，与公爵同为死硬保皇党，又是好朋友，常常来城堡聊天喝茶，送你的图册中，有详细介绍。甘甜设计自拍了两张变形全景照，很好。

王导和司机在大门等我们。穿过富人区，走一段高速公路，到一处广东人开的"好大班"餐馆晚餐，也还不错。按计划，我们需要行 92 公里高速或便车道，去一处离明天的参观点乌邦寺近一些的酒店。车行不久遇到骤雨，过了雨区，天气放晴，原野上竟出现了早春的彩虹，我们停下车，背衬原野和彩虹，记住美丽。王导说，这很少见。我心有所祈，明天会有好运吧！

---

1 写此书时，专为漆器留下长长的文字。不是目睹，不能相信在 17—19 世纪，中西文化、商品交流中，丝绸、瓷器、漆器、茶并为四雄。在欧洲的所有王室陈列中，漆器和屏风是不可或缺的恋物，只是我们过去不知道。今天，中日漆器在国民心目中地位，壤宵之别。我们应为国宝重光而努力。

我对女王密室的茶壶割舍不去，它到底是什么壶？求助专家吧，我把图片发给宜兴著名收藏家王爱民、高级制壶师何健，北京著名茶具收藏家汪邦宏，四川著名茶具收藏家戴开林，对他们提出同样的问题：

"请教：这是 1680 年左右，英国贵族收藏的中国茶壶。请问，应该是中国什么窑口，什么材质？谢谢老师！"

三位收藏家的藏品我全部看过，专业而很有档次，且几位都是真才实学之人。我隐而不告是凯瑟琳王后专用之物，他们三人也互不相识，我希望得到一个真实的判断。图文发出，我吐吐舌头，呀！国内是半夜时分，心急想吃热豆腐。

这是我们第一次观赏英国农村的田园风光，那是不同于中国的另一种味道。车行近一个半小时，里程表是 92 公里，来到小城贝斯特韦斯特摩尔，入住三星级的广场乡村酒店，每间 1150 元人民币。考虑到英国行的重点是乌邦寺的英式下午茶源头之行，我主张住乌邦寺的酒店，小冷无论怎么调剂商量，今天都无房间，明天可以。于是就在这家三星酒店将就了吧。同伴们都能理解，没人抱怨住差了。因为司机今天的工作时间超过了法定工作量两个小时，按工会规定，给他补偿 100 英镑，这会在团友们最后结账时分摊。酒店干净整洁，我发出下午活动的九张微图，12：30 入睡。辛苦愉快的一天落幕了。

中国彩釉镶嵌漆画唐卡
《四面八臂观音》 中国美术馆收藏

中国彩釉镶嵌漆画唐卡
《大威德金刚》中国美术馆收藏

司徒华大师漆器唐卡作品，中国美术馆收藏

2016 年 4 月 15 日　　星期五　　中小雨

Part 4

乌邦寺　下午茶圣殿

▶ 提　要

忐忑来到乌邦寺　　十五世公爵在海洋石窟客厅会见

不能照相　　"中国房间"的壁纸　　维多利亚女王住的房间

油画《罗素勋爵的审判》　　童贞女王《战胜无敌舰队》油画

地球仪不是随便抱的　　罗素家族的足迹　　驻华公使威妥玛

4 岁罗素牵手 62 岁大清公使　　郭嵩焘"定识人间有此人"

欧洲最大的麋鹿群　　又见戴维神父　　得奖大户是中国园林

在下午茶圣殿品茶　　《佩皮斯日记》几处讲茶

《附　记》

十五世纪公爵来信和七世公爵夫人的照片

玛雅博士解惑

1 忐忑前往乌邦寺

早上 5：00 起床，补写核对这两天的日记。小陈帮我泡好一杯藏地黑茶，依然入睡。淳红浓香的黑茶，一嗅一啜一润喉，顿时头脑清爽。

打开手机，收到王爱民、汪邦宏、戴开林、何健四位先生对我昨晚问题的回复。前三位的意见一致，鉴定是宜兴紫砂外销壶。王爱民还分析了当时的哑光工艺和造型特点，汪邦宏甚至对现在的价位提出评估意见。何健说，因为图片反光不能准确判断色彩，从器型看，宜兴和福建德化都有此类产品。

诸君答复，印证了威廉·乌克斯在《茶叶全书》中的记述，"早在十六世纪，江苏宜兴之茶壶，颇著声誉。欧人以葡萄牙字 BOCCARRO（大口）名之。此壶与茶叶同时输入欧洲，作为欧洲最初茶壶之模范。照《阳羡名壶记》之著者周高起称述，其形式为一小型个体茶壶。"按中国茶叶博物馆郭丹英部长研究，"外销紫砂茶具特色明显，自成体系……常用金银加以装饰，在壶纽或壶嘴镶盖扣，又缀链相连。"在哈姆城堡，布拉德利女士曾向我们征询茶壶的中国产地，可惜本团没有茶具鉴赏专家，回答棱模之间。现在我们有底气了，这也说明了公爵夫人无愧时髦尤物。

早餐时，我通知白小梅、阿甲要穿上藏装和彝装。藏族服是甘甜带的，服装大了一号，交给活泼善舞的小梅刚好合适。我系上领带，到英国第四天了，第一次打领带。我们此行的重中之重，就是拜访乌邦寺。此时此刻，我的心是悬吊吊的，如序章祈望，我们能见到公爵吗？小雅清点了今天要赠送的礼品无误，这是英国行要出手最珍贵最丰富的礼品。依然给住的酒店送了一份礼物，并请在团旗上签字。

我出门看天，铅云低垂，雨坠嘀嗒，寒风拂衣。英国诺贝尔文学奖得主艾略特的诗里有一句"四月是最残忍的月份（季节）"。我想起作家老舍，他在伦敦工作五年，对当地天气的一段妙评，"伦敦的天气也忙起来了，不是刮风，就是下雨，不是刮风下雨，就是下雾；有时候一高兴，又下雨，又下雾。"旅英留学生有一句酸溜溜的话形容英国的气候，"英国只有两种天气，冬季和大约在冬季"，雨伞是"英国护照"，出门必带。也难怪，中华大地的四月天，草长花开莺飞，这是学子的思乡情吧。此时的天空，给我虚悬的心房，拉上了一层帷幕。

车在柏油主路上逆雨前行。约 20 分钟，按标识指引开上去乌邦寺的砂石双车道。我审视矶渊猛的描述，草原无边，一簇簇一片片的黑黑大树与草为伴，看不到嫩芽，春天气息无踪。间或种有几米高的树，用木围栏或铁丝网单独护理，那是怕馋嘴的鹿群撕去它的嫩皮。同邻居相比，它是嫩嫩小树。

一处低低的白色栏杆挡住去路。右边 80 米外有一排红砖玻璃窗房。小冷和王导下车疾步而去，雨渐小。一处门打开，一高一矮两人出来，谈了三分钟，小冷折身狂奔，惊呼呐喊，二人回屋。直到他喘气上车，满脸通红，才知道他说的什么，我心有预感，是好消息。小冷说，他们到平房门口，出来一个穿便装的高大汉子，他一盯，怯怯地问，"您是罗素公爵吗？"他微笑着说，"我是！""我们是中国茶文化考察团，专门来拜访您！""我知道，专门等你们。现在下雨，你们先到主楼，我已安排马修先生恭候，我一会儿就到。"

我的悬石落地，长长地舒了一口气。全团 17 人，只有我和小冷知道公爵取消了会见。而其他人只知道大总管接待，根本不知道有公爵会见的计划。小冷也只知道会见取消，不知道我最后一搏的补救措施。很明显，是我 7 号寄给玛雅博士的英行册发挥了作用，她把我们的"庞大"队伍和详细行程安排扫描发给了公爵，使他决定拨冗接见我们。在拿到英行册之前，博士和公爵都不知道我们的行程。不拼到最后，决不撒手，这次灵验了！

王导奇怪地问小冷，怎么一见面你就知道他是公爵？小冷溢出满脸自豪地说，之前的准备工作，我看过他无数照片，尤其是一米九五的大个子，形象定格了。在我们的英行册里，就有他的照片。

车行两公里到停车场，工作人员指明路径。一条类似巴特勒码头区的花岗岩拼石路通向主楼。可以不撑伞了。困难的是阿甲，她那套妈妈结婚时压箱底的盛装，扫着地面积水，双手拎着前幅，可是管不了很坠。乖巧的杨景然，帮她把后裙拎到适当的高度。阿甲那种仪态，被大家称赞美丽的公主，小杨禁不住表扬，连声说，应该的，应该的！团友们都知道，阿甲是她未过门的嫂子，姑嫂和睦很重要。

石路的尽头一堵乳白色的石墙，大大的箭头向右指"沃本修道院"。左边的双扇铁栅门，下立一个小标牌"私人区域"。从右侧的砂石小道前行。整个区域被三米高的石头墙围着，攀着绿绿的藤本植物，有几处抗寒的白色迎春花在欢迎

乌邦寺（又称沃本修道院）主楼区品字型建筑群。1145年初建，1547年亨利八世敕封贝德福德伯爵家族，以后几经改扩建　　　2016.4.15

我们，让人不相信四月是残忍的季节。

来到主楼的背后，这就是沃本修道院，整个大园区的对外称呼是乌邦寺。参观主楼的唯一进口，是这扇单开的玻璃门。一个告示木牌醒目地蹲在门边："不能吸烟，不能带宠物，不能照相。"一位身着邮政绿工作服的老年侍者，右手为我们拉开弹簧门，见我们每人都挎着照相机，不时用左手指一下告示。这里不让照相？让我惊讶。

一位美髯络腮胡子的中年帅哥，把我们带到底层中间的过厅，小冷介绍，他就是全团闻名的马修总管。一米八五的个子，灰衬衣系领带，套一件沃本标识的浅灰绒衣，双肩肌把上装隆起，结实的身板，似乎眼熟。我问小冷，他是不是足球运动员。小冷笑着说，他可以与英国足球队的任何帅明星媲美。他侧身介绍玛丽，一位戴眼镜的中年女士，是负责乌邦寺旅游项目的总经理。

小冷把我和副团长秘书长介绍给他们。马修说，这栋主楼，是贝德福德公爵家族艺术珍藏品的展示楼，讲述了英国贵族家族艺术品位的发展史，在全英国，都是很有代表性的。请大家不要照相。我马上提出申请说，我们这样远来参观，不让照相，怎么向朋友证明我们来了，说不过去吧？他依然微笑着，伸出一个指头说，那照一张吧！话已至此，再申辩也徒劳了。穿着民族服装的小梅和阿甲，分别给玛丽和马修夹了一只小熊猫。玛丽惊喜地说，太美了！太美了！

马修指着楼上说，我一会儿陪大家参观这座楼的藏品，玛丽陪你们到麋鹿公园、野生动物园和蓝色下午茶厅。玛丽同小梅耳语，能再给我女儿送一只小熊猫吗？她最喜欢熊猫啦！小梅爽快地说，没问题，送她两只！玛丽的眼睛都乐成了一条缝。

马修说，罗素家族的先辈在 16 世纪初曾经是德文郡的行政长官，同亨利八世（1509—1547 年在位）、爱德华六世（1547—1553 年在位）过从甚密。1540 年被敕封了塔维斯托克修道院产业，1547 年又敕乌邦寺（沃本修道院）的财产。1551 年被封为贝德福德伯爵，1689 年后，威廉三世和玛丽二世双王，晋封为贝德福德公爵。他们数百年的珍藏，就在乌邦寺。

2　十五世公爵拨冗会见

旁边的一道侧门打开了，公爵跨过门槛，微笑着说，"欢迎大家！这边来谈吧，女士优先。" 11 位女士鱼贯而入。

公爵站在这类似海龙宫的奇特的大厅正中，我走上前去说，感谢公爵百忙中接见我们，很荣幸！我递上英行册，翻开介绍了几位副团长，着重介绍两位民族盛装的女性，他说，真漂亮！

沃本修道院：贝德福德公爵家族传世珍品陈列馆

我盯着公爵说，中国清朝的乾隆皇帝，1793 年就认识您家的祖先六世公爵啦！他眼睛一亮，瞪着我，"我怎么不知道？""我会把资料交给马修先生，这是马戛尔尼特使的副手斯当东写的，证明公爵世家同中华民族有深厚友情。"

"我们为您准备了几份珍贵的礼物，相信公爵会喜欢。"

甘甜捧上一个长方型灰色锦缎盒，上贴一张漂亮黄纸笺，中英文印着两行字：

赠乌邦寺十五世贝德福德公爵　中华茶文化赴英国考察团团长孙前

2016.4.15 乌邦寺

打开锦盒，红缎带系着两份红色的中英文"书法对联说明"，我交一份给公爵。他看着锦盒，不知道我变什么戏法。邓存琚和阿甲小心翼翼地展开上联，陈紊兵和甘甜展开下联面对公爵，"扬子江心水，蒙山顶上茶"的书法长卷对联亮相乌邦寺。著名书法家、诗人欧阳崇正，现年 80 岁，曾任名山县文化局长，署"蒙顶山人"款。论书法，还有强者，但是感恩他对蒙顶山首期旅游开发的贡献和这个署名，我登门求字。他搁笔日久，勤练十天，择其最优，送两套由我挑选。我把书法送成都最有名的百年文墨老店"诗婢家"装裱，取其最优，送到公爵手上。

我同公爵各执一份中英文说明，我讲解这是中国第一的茶联名对，我请蒙顶山有名的书法家写的，我这个当过雅安副市长的茶人，率中国茶文化代表团，把它送到下午茶圣殿的公爵手中，这是中英茶文化交流的一件足以传世的盛事。公爵连连道谢说，没想到它是千年茶联，我要找一个好地方把它挂出来。展联的 4 个人换个位置，以公爵为背景留下永恒一照。被称为冰雪聪明的白小梅，早把她的大相机和自拍杆相机安排给马修和玛丽，不断的咔嚓声，声声悦耳。装好锦盒，我把它庄重地交到公爵手上，公爵交给随来的女助理，一位黄衣马尾辫的姑娘手上，嘱托好好保存。

小雅递上第二个黄锦盒，取出一个横轴，著名雅篆创始人司徒华先生书"熊猫喝茶"，依然有两份红纸中英文说明。公爵边看边听，蒙顶山是世界茶文化发源地，乌邦寺的麋鹿和雅州穆坪的大熊猫，都是法国博物学家戴维神父最早采集命名的，所以把"熊猫喝茶"送给您，蕴含丰富。公爵说，这是科学的力量，是很有趣的故事。

给十五世公爵赠送中国最古老、最有名气的四川雅安蒙顶山茶对联　　玛丽／摄

　　然后我把题签赠送的《大熊猫文化笔记》英文版送给他。我翻开第三篇的南海子麋鹿苑说，看过书的人都知道，是乌邦寺保护了麋鹿，是您父亲和您两次到北京捐赠麋鹿，使这个濒危物种在中国复壮。公爵握着我的手说，谢谢，谢谢您！我把十多种精美茶品同时送到他手上，陈素兵送上精装的藏地黑茶，丁云国赠送特制的"国辉神农"普洱茶。

　　小雅和杨景然取出团旗，白小梅飞快地取出穿着中式红装的大绒熊猫塞到公爵手上，大家拱卫着公爵要留下这张亘古未有的照片：蒙顶山茶和穆坪熊猫汇聚乌邦寺！我看王导站在对面，立即请他合影。马修、玛丽都明白，刹那间定格了数十张照片。

　　合影毕，我请公爵单独留念。我一米七的身高只及他耳根以下。浅蓝色衬衣、银色领带，穿一件有乌邦寺徽标的黑色夹克装。右手执一柄弯头木藤杖，颇似四川剑阁藤杖，他说是骑马不慎伤了腿。他那双硕大厚实的巨掌，同我指掌相扣，我们灿烂的笑容，定格了中英茶文化交流的高度（扉页图）！小冷和方玲不失时机地也申请同公爵合了影。

　　原定30分钟的会见，现在50分钟了。我对公爵说，您很忙，我代表全团成

英国十五世贝德福德公爵安德鲁·罗素，在乌邦寺沃本修道院主楼的海洋石窟客厅，
会见孙前团长率领的"中华茶文化赴英国考察交流团"17 名成员　　2016.4.15　马修 / 摄

员再次感谢您，欢迎您到四川看熊猫、登蒙顶山！他笑着说，我会去的，也欢迎
你们再来。他给马修、玛丽嘱咐，一定要安排好。黄衣助理捧着两个锦盒和熊猫
书，陪公爵一瘸一拐离开我们，大家报以掌声感谢。

　　马修指着我们照相的背景说，这是沃本修道院主楼最大的海洋石窟客厅，
1620 年左右由第四世贝德福德伯爵建成，1660 年改造成客厅，是一家人聚会、
纳凉、看美景的地方，备有茶、咖啡、书报。以后什么样的工业产品时髦，公爵
夫人就把观外景的玻璃墙换一次，先后有玻璃、金属网玻璃、平板玻璃侍候。其
他三面和顶棚，是石窟风格，把石头雕成钟乳石和海藻，镶嵌着来自海峡群岛的
贝壳，由法国石窟和花园设计师德考斯建造而成，与海王星有关，突出海的主题。
高处两边有海仙女侍从，各驾两条海龙，海神波塞冬居上。壁龛中央的汉白玉雕
像是一手举着葡萄的酒神巴克斯（古希腊称狄奥尼索斯），脚下坐着半人半兽的
森林之神萨蒂尔，这都是从罗马买的古董。构成海神、酒神、仙女的图案，众多
珍珠和海洋植物状的装饰，都与古希腊古罗马神话故事有关。18—19 世纪石窟海

洋风格设计引领潮流，你看这个地面，是特殊的海洋石材，黑白相间，构成神秘图案。现在这个海洋石窟客厅，只用于特殊重要的接待和宴请。今天如果不是公爵安排，我们无权带你们进来。

我们退回到过厅，我给马修说，要赠送一些礼物给他和乌邦寺。原来以为见不到公爵，但我也预做准备，给他和公爵都有安排，很多茶书和茶礼，就委托他转交公爵。

篆刻书法艺术家邓存琚打开一个黄色锦盒，取出一副长长的中国名茶印拓，这是她父亲邓德业2004年为雅安的国际茶盛会量身定制的，12年以后进入乌邦寺也是意蕴不凡。盒内依然有红纸的中英文说明两

孙前给十五世公爵赠送《大熊猫文化笔记》（英文版）专著和著名雅篆创始人司徒华撰"熊猫喝茶"书法　马修/摄

份。吴乌米赠送了她特制的坡顶山红茶。小梅拿出黄色的小团旗，就像足球队比赛前交换队旗一样。展开团旗，请马修签上乌邦寺名和时间。整个过厅只挂了一幅大油画，是公爵20年前穿夏装站在原野上的全身肖像，我们全团以此为景同马修合影。

马修带大家到底层最西端上楼的拐角处，迎面的墙上，大玻璃框罩住15排徽章，约100枚。马修说，这全部是各个时代公爵家族的瓷质族徽，最早是四世公爵在国内设计好纹样以后，拿到景德镇去制作，往返需要几年时间，万一船只失

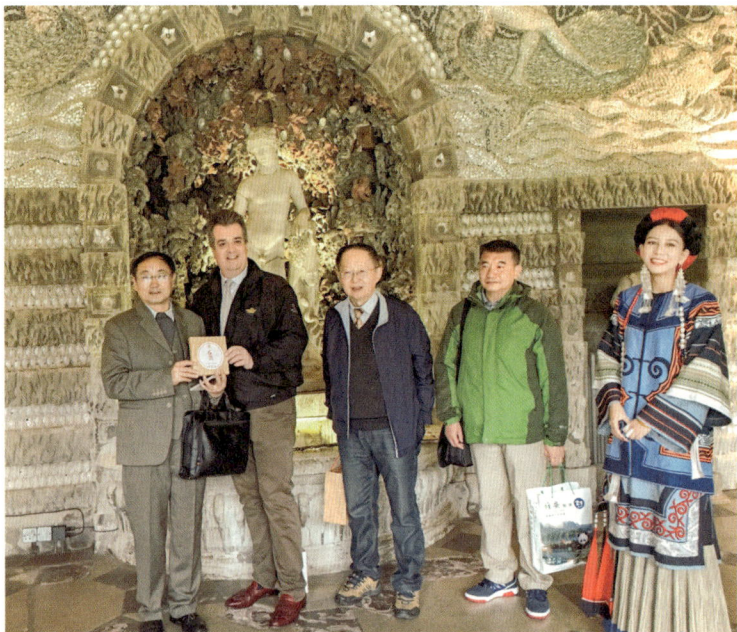

丁云国副团长给十五世公爵赠送"国辉神农"普洱茶

事，还得重做，弥足珍贵。为了保险起见，纹样和做好的徽章，都是放在船长室保管的。他说，开风气之先的是葡萄牙人，1552 年左右，商人安东尼奥·帕首托到中国，通过中介在景德镇订制家族纹章瓷和家族徽章，这逐步影响了整个欧洲，200 多年来，有 6000 多个家族，不仅是王室贵族，还包括富起来的有产者，到中国订制。以后欧洲瓷器生产水平提高了，就很少到中国订制了，譬如林奈的纹章，就是韦奇伍德工厂的老板主动给他做好，送到瑞典的，这也是名人效应的商业技巧吧，他含蓄一笑。我也知道一段关于莎士比亚家族与纹章徽标的故事。1747 年莎翁的遗嘱被发现，订立于他去世前的 1616 年 3 月 25 日，是关于他的不动产和动产给妻女亲属及朋友的分配意见。他的土地价值达到 940 英镑，加上房产，不动产 1140 英镑，现金总数 373 英镑 13 先令 4 便士。这其中 500 英镑的土地，是 1596 年从乡绅父亲手上继承的。在莎翁事业高峰期的 1595—1610 年，平均年收入至少 200 英镑。他父亲从农夫之子勤奋努力，成为当地知名商人，还当过镇长。1576 年前后，向官方纹章院申请家族徽章，这是当时新富人士获国家认可，成为乡绅的通常之路。殊不知生意波折，失去公职，申请之事搁置。直到 20 年后，

1596 年东山再起，以 500 英镑优质土地的财产能力，再次向纹章院申请家族徽章才获成功，取得"绅士"称号，可见门槛之高，以后传给莎士比亚。那个时代，乡绅属于地主与农民之间的中间阶层，包括骑士、缙绅和纹章乡绅三个群体。在看重荣誉和血统的英格兰，这一面徽章墙，很能说明问题。楼梯旁，一对 1.2 米高的乾隆粉彩花瓶，堪称巨瓷，我在哈姆城堡没见到这样大的。

　　沿梯的墙壁，大小不等排列着各式油画和素描。上到二楼，两米多宽的廊道，从西向东，穿越修道院主楼全程，可能 80 米左右，右边邻窗，左侧墙上一幅挨一幅地排列着大小油画，题材多样，人物、风景、神话故事、战争、动物、静物……马修说，百叶窗全部安装有紫外线滤光器，强光直射是油画的杀手，廊道顶灯也是特制灯，光色浅淡。画的下方，间隔地放了名贵椅子和条几，我判断不是给游览者坐的，而是这种物件太多，在此安歇，也给仓库省点地方。

　　马修推开一道乳白色的单扇门让我们进去。他说这间房子的对外名称叫"中国房间"，这真是意外的惊喜！我知道在园林中有中式古建筑，但是不知道修道院主楼竟有专门的中国房

邓存琚给乌邦寺马修总管赠蒙顶山茶印拓轴

玛丽／摄

乌邦寺主楼海洋石窟客厅

间。我先快速扫描一周,再细细打量,名符其实的中国房间。三面墙壁,顶天立地的布满墙纸,用水粉和水彩全景式的一整幅中国山水风景画,草坡、花卉、树木、鸟类、假山,河流蜿蜒三个墙面,画的上下两端用竹材镶边。这是画家为房子量身打造的,非常高明,从构图布局看,有明显的西洋笔融。马修说,在18世纪中叶,这里因名贵的威尼斯玻璃装饰,被称为威尼斯更衣室。19世纪20年代,在这里贴上中国纸,然后请画家绘画,你看它的色彩,差不多200年了,明艳若新。我用食指轻摩墙面,询问邓老师,这不是印刷的墙纸吧?她也摸了一下说,是人工画在纸上的。

贝德福德公爵家族徽章墙,硕大的中国瓷瓶

地面是条板拼成的,浅酱色。有三张长方桌,每桌四把18世纪英国最有名的仿中式家具大师齐彭代尔式椅子,桌上有国际象棋、扑克牌。房间约80平方米左右,对面放了一曲四扇漆器屏风,是中国人物画。还有一橱陈列柜,放着精美的日本象牙雕刻盒,中国玉雕等小玩意。让我开眼的是,房的东西两端,放了八个青花瓷将军罐和花觚,皆高一米二,而在门顶的小托架上,放了四个高15厘米的青花瓶,大小比较,巨细靡遗,高人所为。马修说,除了中国瓷器,也收藏很多欧洲和英国的瓷器。公爵家族对韦奇伍德很敬重,他是由一个残疾人拼搏成功的,六世公爵收藏了他用过的一箱拐杖。

退回廊道缓行,马修指着墙上一幅等身大小的美女油画说,这就是七世公爵夫人,我仰头一看,没见过。我指她旁边的另一幅美女画问,她是谁呢?"是八世公爵夫人。"我对小冷说,糟了,咱们文章里用的肖像,把八世错成七世了。小冷歉意地说,他提供图片时,没查到明确的七世夫人像,是参照人家用过的图,误以为是,以后改过来吧。

沃本修道院专辟的中国房间，全景中式山水壁纸；

大型青花瓷器，齐彭代尔中式家具；

保留至今的四世公爵（1710—1771）屋，专辟为中国墙纸陈列室。1752年买中国墙纸的发票。他曾经担任英国驻法国大使

3　维多利亚女王住的房间

马修用手推开又一扇乳白色的门，对我们说，这里是维多利亚女王住过的房间。我们面对大床，依墙而立，面前有请勿靠近的红绳提示，听他心存敬意地讲解：在英国，除白金汉宫以外，接待过皇室最早最多、保存最完好、故事最多的就是沃本修道院，就是这套房间。在贝德福德二世伯爵时期，1585年前在这幢楼接待伊丽莎白一世女王住了一段时间，那时还是未经改造的修道院。1636年，第四世伯爵在这里安排查理一世和王后休息度假狩猎。1841年，新婚蜜醉未消的维多利亚女王偕夫君阿尔伯特亲王，就住在这个房间，延续蜜月，现在一切保留原貌。从1955年十三世公爵开始对公众开放以来，很受欢迎。

房间有左右两个白门，右边一个被漆柜封住。拼木地板上，一张极大的波斯

地毯几乎覆盖全屋。乳白的墙裙环房一周。浅蓝的丝绸墙纸直抵天棚。装饰华丽的顶棚有意大利式的铺张。一张大床在两门之间，微型罗马柱式的四根白床杆，顶着雕刻精美的床顶饰栏，金灿灿的厚重织锦床幔，拢在床后边。仍然雕工精美的金色床尾沙发躺凳。三把金色靠背椅放在躺凳前。一对黑漆金纹柜放在配套的托架上，虽然我希望它们是中国漆柜，但是从器型判断，日本产品的可能性大。床头两个小立柜，放五柱银烛台。白色的壁炉龛上，放了蓝白二色的两对梅瓶和塔饰，造型与色彩说明，它们是顶级英国陶瓷。地毯中间是一只异型玻璃木柜，放有珠宝，一只矮条桌，放着书和小烛台，用于阅读。这就是维多利亚时代初期，英国顶级贵族的财富水平和奢侈品位。

但是，它更多的财富和品味，全部挂在墙上。

1841年，女王伉俪应七世公爵夫妇之邀，驻跸于此。女王在日记中写道"在我的卧室及更衣室有非常精美的画。挂在前面的有海特画的《罗素勋爵的审判》，还有威尔基、兰西尔，伊斯特莱克的画"。

学习英国史的人，无人不知名画《罗素勋爵的审判》，但是，中国是否有人见过这幅画原作，我不知道。这是房间里最大的一幅横绘油画，镶在厚重宽大的金色花卉画框里，上方有两只小型射灯凸显金碧辉煌中的激战前夜：

一位长发及肩的年轻人，冷峻淡定，站着面对九位表情紧张的红衣审判法官，昂然斥责。法官台下的九位书记员，停笔侧身望着年轻人，被他精彩的论辩所吸引，陪审席上的人员，目不转睛地盯着他。被虚化的众多听众，说明法庭挤满了人，这是一幅改写英国历史的史诗巨作。依然想恢复天主教神权的查理二世，判处了罗素的死刑，这是"光荣革命"的导火索，从而奠定了数百年的君主立宪政体。牺牲的罗素，是五世贝德福德伯爵的二儿子。1689年从荷兰来登基的威廉三世和玛丽二世双王，为烈士的壮举，赐封他父亲为公爵，从此贝德福德伯爵衔取消，称公爵。1683年，牺牲的烈士被追封为勋爵，他的子孙袭勋爵衔，20世纪初大名鼎鼎的哲学家罗素，就是他的五世孙。[1]

大画的下端，有15幅小框的素描和蚀刻版画，都是维多利亚女王的作品和复制品。最大的一幅小猎犬，是维多利亚绘制，阿尔伯特亲王蚀刻，于1841年赠

1　书后附录《首创下午茶的英国公爵家族同中华文明的情缘》一文，对此和公爵家世有详述。

乌邦寺至今保留1841年维多利亚女王和阿尔伯特亲王住宿房间的原貌

1841年阿尔伯特亲王用过的黄色客厅，中西合璧的漆画屏风，韦奇伍德的珍贵瓷瓶。
公主九岁时的油画

送七世公爵夫人的。两扇门的上框处，左门挂九岁时的维多利亚公主像，是威廉·福勒绘，右门上挂登基后风华正茂的女王像。

让我盯住不放的，是左侧床头墙上，挂了上下两幅中国扇面镜框，上面是山水，下面是带扇骨的中国人物画，中国人都很少用这种装框方式。我的视力不济，又问邓老师，她肯定地点点头说，是中式扇面。后来我买了一本乌邦寺画册，有这两张扇面。如果这里如马修所说，保持了当年原貌，那么七世公爵夫人投女王之好的布置，说明女王对中华艺术的欣赏水平不低。

马修指着地毯中央别具一格的小玻璃柜说，里面的一对胸针，是女王 1840 年 2 月 10 日在伦敦结婚时，送给傧相伊丽莎白·萨克维尔·韦斯特的，以后她成为贝德福德九世公爵黑斯延斯·罗素的夫人，她把胸针存放这里，作为家族特殊荣耀的见证。

1835 年维多利亚公主自画像，两年后她成为英国女王

说到这里，马修侃述，1837 年 18 岁当女王的维多利亚，聘 54 岁的七世公爵夫人当私人助理、女侍官，任期五年。两年后的女王婚礼，肯定就是公爵夫人出谋划策。被称为创世纪婚纱的一袭白绸缎裙，长 18 英尺，手工织的裙边蕾丝荷绣，费用上千英镑。自此西方婚礼都穿白色长裙，意味贞洁和神圣，由此改变了以前穿皮毛，珠光宝气礼妆结婚的习俗，流传至今。听说中国的年轻人也时兴这样？好几个团友回答，是的是的！

4 童贞女王战胜西班牙"无敌舰队"

跨进一间阅览室式的大房间，或许也是名画陈列室，几面墙上布满大小题材各异的油画。马修径直把我们带到一幅长宽近一米八的大画前，其他作品好似群星护月似的拱卫着它。马修说，只要说英国的海洋霸权和大英帝国崛起的书籍，都离不开这幅画，它的名字叫"战胜无敌舰队"。伊丽莎白一世女王占据2/3的画面，白皙的小脸，红艳的樱桃嘴，略钩的小鼻，单眼皮的小眼睛盯着前方，全身被无法想象的珠光宝气裹着：三大颗蓝宝石和24枚硕大的珍珠妆点深黄的帽饰，20多枚由勋章和新教徽标组成如同孔雀开屏饰物套着脖子，六串大大的珍珠项链垂迭胸前，紧扎袖口全身蓬松勃起、就像穿着太空服似的，灰色暗缎上装，也点缀了许多大珍珠。20多只红蓝宝石卡饰的蝴蝶结，在身上翻飞。端坐在紫绒大沙发上的女王，纤纤白玉手按着右边桌上的地球仪。旁边红色的帽匣盒上，放着代表王权的皇冠。左手边是一尊美人鱼像。头的左右侧，像镜框似的有两幅小画，左边是扬帆前进的英格兰船队，正在攻击敌人，右边是在苏格兰和爱尔兰海岸被狂风肆虐东碰西撞的西班牙舰队。无论从西方美学、人物肖像、构图思路、色彩布局的任何角度来审视，画面都显得怪怪的，这是宫廷画家乔治·高尔（1546—1596）在海战胜利一周后，女王盛妆到泰晤士河的蒂尔伯里港检阅士兵时，当年问世的作品。画家无其他作品传世，但仅此一幅光艳千秋的作品足矣！

这幅饱受欧洲反对者诟病的油画，被说成是一只母鸡端坐窝上，孵化着英格兰这只小鸡。说归说，画上丰富的内容给历史留下闪光的记忆。

这画也称为童贞女王像，她为什么获此称呼？1558年25岁的伊丽莎白在威斯敏斯特宫的加冕典礼上，将一枚结婚戒指戴在自己手上，说她将自己嫁给了英格兰，今天也是她的结婚纪念日，由此开启了长达45年的深情婚恋。

没有夫君，谓为童贞。嫁娶心仪的他（她），这在欧洲历史上，既有前例也有来者。从公元1000年的耶稣升天节起，伴海而兴的威尼斯就要举行隆重的祭海节，感谢恩赐，祈佑平安。从1204年开始，活动愈来愈隆重，这一天执政官身穿白鼬皮衣，头戴象征共和国威仪的尖角帽，乘坐168人划桨的富丽堂皇的双层甲板庆典专用金船，驶向亚德里亚海的海口，一大群凑热闹的帆船呼拥而行。在主教致祷词后，庄严的执政官从自己手上摘下一枚黄金的结婚戒指，扔进波光粼粼深情的大海，说出历史悠久的不悔誓词，"哦，大海，我们与你结下姻缘，以示对你真正的、永久主宰。"童贞女王是否受此启发而翻版，不宜点透。但是，19世纪末勃朗特的《简·爱》手稿，最后一句话是，"读者，我嫁给他了。"熟悉英国近代文学史勃朗特三姐妹历史的读者，一定会说，啊，她学童贞女王！

1588年英国战胜西班牙舰队后，当年由宫廷画家乔治·高尔绘《战胜无敌舰队》肖像画，俗称童贞女王像，以宣传她战胜敌人的丰功伟业　乌邦寺收藏

纤细玉手，掌控着桌上的地球仪，在那个时代，她不是开创者，但也是新潮者。1492年，也就是哥伦布启动远航的那一年，德意志的航海家、地理学家马丁·贝海姆（1459—1507）发明制作了第一个被称为"地球苹果"的地球仪，至今珍藏在德国南部重镇纽伦堡的博物馆中，当然，那时代表水面的区域更宽广，因为很多新大陆还没有被"发现"。应该承认，贝海姆是吸收了古希腊关于天文、数学、地理、气候经纬的球形大地的知识成果，从而做成这只"苹果"。荷兰阿姆斯特丹城市守护女神，一手执剑，一手抱着地球。1517年，葡萄牙船队到中国，为国王曼努埃尔一世订制纹章青花瓷壶，其图案是国王的徽章，有地球仪图，这是国王的私人纹章，也是海洋称霸的象征。1558年，神圣罗马帝国皇帝查理五世在他隐退的尤斯特修道院病逝，3000名教士执火炬口颂悲哀的经文，80匹马的马甲上载着皇帝统治下各个王国的纹章，这足显他辖地的广袤，灵柩上放着皇冠、

皇杖、佩剑和地球仪，这说明他的后人知道他的追求和成就。

继此画之后，女王的左右臂，先海盗头子后舰队副司令的弗朗西斯·德雷克（1540—1596），他在女王作为合伙人的资助下，航海三年环游地球，是英格兰的第一位环球航行者，沿途打劫为生。1580 年 9 月返回英国时，暴囊 50 万英镑财富，差不多一半归于合伙人童贞女王，他也买了一座曾经的修道院作私宅。他是打败西班牙无敌舰队的副司令，实际上的执行者。如同女王宠臣雷利的名句，"谁控制了海洋，谁就控制了世界！"作为女王的鹰犬，德雷克逝后，他环海航行的出发地普利茅斯港，塑起一尊雕像，德雷克征衣迎风，一手仗剑，一手抚着地球仪，昂首炯炯，意在远方。把地球仪配给他，一是功绩所在，同时肯定是童贞女王画的影响无疑。

中国人的全球地理观是相对滞后的。东汉张衡的浑天仪也是圆球形。但是直到利玛窦 1583 年到广东肇庆，中国的文士才知道地球仪。1601 年他到北京给万历朝廷献地图和地球仪，我们才与现代地理学接轨。中国的第一位皇帝秦始皇公元前 215 年到海边的碣石（今河北昌黎）而止。虽然明代郑和庞大舰队七下西洋，但是没见中国皇帝志在远洋的抱负。想不到的是，外国人赋予了中国帝王的全球视野。第三天日记说到，荷兰的东印尼公司使团朝拜顺治皇帝后，尼霍夫回国出版了一本书，《荷兰东部印度尼西亚公司使节出访大清帝国记闻》（中文译名多种），有他所见所绘的 150 多幅图片，其首页图片，就是坐在龙椅上的顺治皇帝，右手叉腰，左手压着一个齐腰高的地球仪，侍卫环立，阶下是刑具在身的赤膊献俘。这是西方人眼中强

荷兰画家尼霍夫著《荷使初访中国记》（1665 年版），扉页是大清顺治皇帝按着地球仪，这是中国皇帝的首例

大的清王朝，表现出当时西方人对中华国力的敬畏。可以不用怀疑地说，尼霍夫见过童贞女王的油画或木刻版画，顺治皇帝按的地球仪，比女王的地球仪起码大了六倍。当时英荷战端未息，尼霍夫就是要气一下女王，东方还有一位老大。

中华民族对天下国家的态度，历来是"和而不同，友善包容"，绝不会去欺凌弱小，挑衅惹事。我的好朋友，宜兴的紫砂工艺美术大师唐朝霞、韦强夫妇，最近给我出示了一个宝贝。唐氏是宜兴紫砂传承世家，爷爷唐凤芝是民国时期的顶级高手。1943 年，法西斯已走下坡路，民国政府到美国参加会议，专门请唐凤芝制一把壶作为礼品带去。唐大师给我出示了照片：三足鼎着的地球仪是壶的主体，深绿大海的东方，雄鸡般的中华地图昂然而立，盖纽是一只展翅飞翔的和平鸽。附壶底款"唐凤芝印"。没有人给唐先生交代礼品的题材要求，"天下大同"的民族精

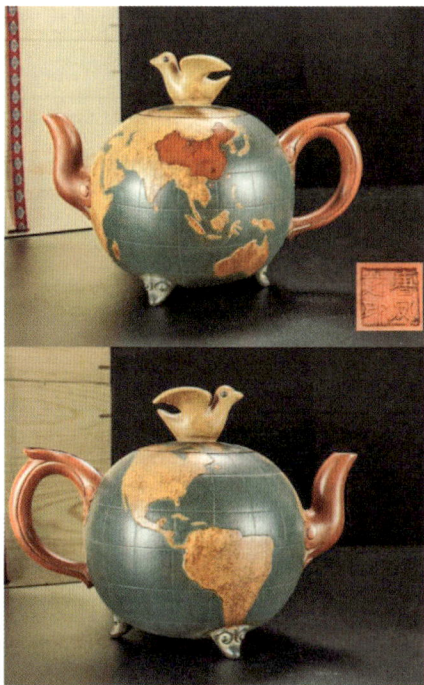

1943 年，盟国在美国开会，研究结束二战的问题。中国政府带去的礼物，是江苏宜兴紫砂壶大师唐凤芝特制的地球仪上腾飞着和平鸽，这表达了中华民族对世界和平的期盼　　唐朝霞、韦强 / 供稿

髓浸润着中华子孙，我们要和平，反对强权掠夺和欺凌。中华民族对环球的态度，与上述君王迥异。让顺治帝按着地球发话，那是尼霍夫强加的。这把壶在纽约引起轰动。历经 80 年的辗转，神奇般地回到了唐大师手中。我对大师说，这是国宝，它见证了中华民族对世界的态度，要让它永驻中华。

英国国家海事博物馆名誉馆长，享有盛誉的海洋历史学家布赖恩·莱弗里，在其巨著《海洋帝国》中说，赶走无敌舰队后一周，伊丽莎白女王驱车蒂尔伯里，对受阅士兵讲了这样一段话："我知道身为女人，我身躯单薄脆弱，但我怀揣一个国王、一个合格的英格兰国王的雄心壮志；任何胆敢犯我疆域者，不管是帕尔马、西班牙，还是其他任何欧洲国家，必将闻风丧胆"。这句出于 1588 年弱

小孤单的英格兰女王之口的话，让人肃然起敬：

犯我必诛！这是小国的雄心。中国的武则天（执掌 15 年），俄罗斯的叶卡捷琳娜二世女皇（执掌 34 年），也是有建树的女强人，但是她们接掌的是强大的帝国，而伊丽莎白女王接手一个困难重重的英格兰，执政 44 年，改变了英格兰，从而改变了整个欧洲。宫廷画师把地球执于她的股掌之中，这是放大夸张女王的豪言，此后 300 年，日不落帝国玩转了地球，有谁注意到这幅图的隐喻？可以肯定地说，纯属巧合。

女王头后两侧的小框画面，左边是风帆全速的英格兰船队，右边是乌云遮天飓风不息、舰撞海岸的西班牙无敌舰队。无数讴歌童贞女王画的人士说，大败或歼灭了无敌舰队！这是无稽之谈。要明白真相，必须了解此时的西班牙和菲利普二世国王。

1556 年，菲利普二世从父亲神圣罗马皇帝、西班牙国王查理五世（1500—1558）手中接过西班牙王权。父亲非等闲之辈，穷兵黩武，四处为战。他调整国家战略，在恢复中强盛。1571 年，他与教皇庇护五世结盟，组成强大远征军，向奥斯曼土耳其的强大海军宣战。10 月 7 日双方相遇，互为吃惊，土耳其有 230 艘军舰，基督徒有 208 艘。狭路相逢勇者胜，统帅是菲利普二世异母弟弟奥地利的唐·胡安。土耳其的战舰还是撞击、弓箭的水平，被胡安舰队的火炮火枪狂飙般的冲击，最后盘点，除 30 艘土耳其战船逃跑外，其他船全部被毁被俘虏被凿沉，死伤三万多人，被俘 3000 人。而胡安舰队损失战船 16 艘，8000 人死亡，2.1 万人受伤。一个叫塞万提斯的伤兵，就是后来的西班牙文豪，《堂·吉诃德》的作者，对这场参战经历，他感到非常自豪。此后，曾经强大的土耳其舰队，在地中海，没有了傲视他国的脾气。

因为欧洲血统皇权让一般亚洲人搞不懂的复杂关系，1581 年 4 月，菲利普二世同时兼任葡萄牙国王，关注西方海洋争霸史的人都知道，14—15 世纪，教皇以保教权的名义把地球的非基督教部分划给这两个国家，现在菲利普二世成了有史以来的第一个日不落帝国的王者，两强归一的海军实力，可想而知。伊丽莎白同父异母的姐姐，玛丽一世女王（1553—1558），被称为血腥玛丽，可以想见手段的残忍。她竟嫁给了菲利普王储，夫君来当了两年的上门郎，就回西班牙当国王菲利普二世去了。有一种说法，他不冷不热地表示想娶玛丽的接任伊丽莎白一世这个小姨妹，可能还没有开口就觉得不可能，为什么呢？两人是西班牙天主教和英国圣公会教死冤家的掌门，水火不容，那就免谈婚嫁之事了。

导致这次大海战的起因，是伊丽莎白一世处死了表亲苏格兰女王玛丽。因为玛丽奉行严苛的天主教，被苏格兰的反对派赶走。她来投奔伊丽莎白寻求保护被收留。没想到，她阴谋策动英格兰的天主教残余，推翻伊丽莎白的政权，密谋败露，1587年初人头落地，咎由自取。此人是菲利普二世的亲戚。从教派、从亲情，还有德雷克不断劫掠西班牙、葡萄牙船只的海盗行为，菲利普二世决定出兵英格兰教训一下。

数次延宕之后，1588年7月29日无敌舰队出现在普利茅斯海域，它有130艘战船，共计三万人的部队。英格兰有大致110艘战船，其中大部分是征用的商船（远航的自我保护，商船也配有枪炮），舰队统帅是海军上将霍华德勋爵，由副司令德雷克率舰攻击。英格兰分成四个分队穿插分割对手，用舰头炮和侧击炮猛攻。此时的西班牙还没有掌握侧击炮快速装填炮弹的技术，吃亏不小。如同中国古战场多少个回合的厮杀一样，双方在此海域难分胜负。菲利普二世出征的初衷，也不是灭国占岛，面对准备充分以逸待劳的英格兰舰队，眼看占不到便宜，就慌忙全军撤退，英军凯旋。

返航到苏格兰和爱尔兰的海岸时，遭遇猛烈的大风暴不歇的狂虐，战舰多数被毁，为数极少的侥幸生还。用项羽的话说，天灭我，非战灭我矣！英国新教徒弹冠相庆，证明上帝是站在他们一边的。在颁发的勋章上也刻有神佑的字句："上帝的风将敌军吹散。"当年绘的这幅画，留下了历史的真实。但是宫廷需要渲染，历史是胜利者的记录，接二连三的大部头海战著述一部接一部。葡萄牙、西班牙、法国对世界海洋开发的贡献不见提及，"很快，英格兰掀起了第一个出版热潮，在很长时间中激发了人们的爱国热情，而此时英格兰真正的海军力量还远不是赞歌中那般无往不胜的英勇。"可敬的布莱恩馆长，他让我不要人云亦云地读这幅画。有一个海洋事件案例，可以佐证无敌舰队的遭遇，不过它发生在太平洋。1944年12月15日，美国第3舰队攻占菲律宾明多罗之后，在17—18日返航，却不料在菲律宾以东海域遭到强风暴袭击。风暴中心的风速为每秒60米，三艘驱逐舰当场失控沉没，航空母舰上146驾飞机被摧毁，20多艘舰艇严重损坏，800余名官兵罹难。这是二战中仅次于"珍珠港事件"的大海难。多么不幸的无敌舰队！

马修说，另外在伦敦海事博物馆和国家图书馆还有此画的临摹品，尺幅小一些。这么名贵的画，怎么到了沃本修道院？可能是王室赠予第三世伯爵（1572—1627）的夫人，或是 18 世纪买的，因为当时画家名气不大，所以把它转手了。早知有后来的政治名气，成为英格兰雄起的标杆作品，画可能就不会在这里显身了吧？

她真是"童贞女王"吗？众口一词之外，美国曾任"华盛顿邮报"编辑的畅销书作者迈克尔·法夸尔著作《欧洲王室另类史》，有名有姓有情节地剥离出了童贞女王的情人和艳史。

伊丽莎白被姐姐"血腥玛丽"因于伦敦塔时，认识狱友罗伯特·达德利，从此对他钟情不移。他的祖父和父亲都被以叛国罪斩首，此人的心智可想而知。1558 年伊丽莎白一世即位后，就任命达德利为御用马夫，后来封他莱斯特伯爵，还命令他搬到王宫附近的寓所，以便"耳鬓厮磨，缠绵缱绻。"当时西班牙驻英国大使的记载中写道，"达德利伯爵深受宠爱，无论他想做什么都会得到满足。据说女王陛下随时会驾临他的居所与他相会。"达德利是有妻室之人，但他的英俊练达引得女王不离不弃，以后他夫人离奇死亡。演戏的瞒不过后台的，在女王凤毛麟角的时代，尤以"童贞"名世的女王绯闻，那是街谈巷议永不衰竭的题材。年迈的宫廷教师凯瑟琳·阿什利夫人经常恳求女王谨慎处理私生活，女王先是否认，后来干脆傲气地说，"退一万步说，就算我果有此愿，也没有人敢阻止我的行动！"直到 1588 年达德利去世，两人有 30 年的恋情，女王从 25 岁情窦初开时走来。这年打败无敌舰队，画师这幅冷峻的绘画，是否有失去达德利的忧伤。喜欢戳短的迈克尔说，达德利不是女王的唯一，我看就没必要再细述了。

在古希腊古罗马流传至今的神话故事、雕塑、绘画中，男神们强健的身躯、隆起的殖根，女神们柔美的双峰，无遮的阴处，坦然面对你火辣辣的双眼。在东方人眼中堪为乱伦的性爱生育，至今是西方文化的核心内容之一。中华民族最早的裸体画像，是上身雄健的炎帝神农，他用树叶遮掩着私处。中国的帝王有嫔妃数十，后宫 3000 和记不清的皇子公主阿哥格格。西方的帝王只能有正式迎娶的王后一人，无嫔妃陪侍（允许有常换常新的情人）。亨利八世对此不满，就为离婚追求"性福"，闹到同教皇决裂，自立门派当教主的程度。还是俄罗斯人直爽，对他们纳骚无数雄男的叶卡捷琳娜二世女皇赞不绝口，女人如此，男人如何？

200年来俄国有一句民谚，只要有茶和女人，就是最快乐的日子。贵为女王的伊丽莎白一世，不是过着常人误读的修女式的生活，她也有欲念幸福，应该为她高兴，再谢迈克尔先生，让我们认识一位真实的女王。现在社会进步了，不论是西方的总统、神职人员、大老板、各类明星，只要被坐实性侵和不轨性绯闻，那会声誉扫地。

在长廊的顶端和重要的转拐处，有男女老年侍者无声地站在那里，慈善而冷漠。马修带我进房间时，一个团员快速举起相机，清晰的咔嚓声。侍者发出两声干咳，表示"我听到了，请勿照相！"再不好意思举相机了。估计他们是修道院的修士修女，年岁大了，干点轻松的活。

5　罗素家族的足迹

我们看了三个豪华的大餐饮间，宽大的长条型桌子，有两张无桌布，显出贵重木质的本色。12把高背椅，分别是瓷银水晶玻璃餐具、茶具和酒具，桌上有烛灯，顶有吊灯。几面墙上，全是靓丽的油画。其中一间叫威尼斯厅，是四世公爵在威尼斯订制的10多幅当地风景画，全套威尼斯水晶玻璃餐具。马修说，公爵家族早中晚各在一个房间用餐，房间以挂的最有名的艺术家名字命名。有一间全白瓷器具的是下午茶室，女王和其他贵重客人，在这里品下午茶。

还有几个大小不等的房间，是办公和阅览室。或地毯，或拼木地板，硕大的办公桌，高高的书架，全是硬壳精装书籍，不少是祖宗的著述和收藏，散放随意的沙发和小桌，供阅读用。这些地方，只有小件装饰物，高处挂油画。

我们刚走到下楼梯一半的途中，底层的金银器闪光炫目。这是一个几百平方米的大厅，就像在举办顶级国际珠宝展，200×160厘米的玻橱玻柜，底饰黑缎，全有锁具。柜内的小射灯，罩着器物，使略带暗色的厅堂，璀璨处处。马修说，这是400多年来公爵家族收藏的银器、金器、瓷器、水晶器的茶具、咖啡具和餐具的精品部分。简女士在《茶设计》书中有几段叙述：

"随着茶在像乌邦寺这样的宅邸中越来越流行，贵族们购买了更多的茶具，使碗柜和展示柜中摆满了各种中国和欧洲制造的精美银器和瓷器。"到18世纪末，"一共有43件配套茶具被生产出来，每套中包括12个茶杯、12个茶碟（可与茶杯和咖啡杯共用）、6 个（或 12 个）咖啡杯、一个有腿有盖的茶壶、一个有腿有盖的糖碟、一个有腿碎屑盒、一个带盖茶叶盒、一个带盖牛奶罐和一个装勺盘。通常这些套装里不包括餐盘。"

"1707 年，贝德福德家庭成员杜克·雅各比总是追求时尚，他购置了一把银茶壶，并在上面刻上他的盾徽。""他的家用账簿上记载着……金银器商人大卫·维尔奥姆的里弗标准，1707 年 4 月 27 日茶壶，14 英镑 19 先令 7 便士。"这笔开支，是当时很多家庭一年的收入。

马修说，四世公爵同法王路易十五（1710—1774）是好朋友，经常去看望他，法王赠送的精美银器、水晶器，都存列在这里。法王有一次给公爵夫人赠了一批无釉瓷器，全是独一件的绝版产品。赠送的理由是感谢她丈夫在 1763 年的巴黎谈判中发挥了重要作用，公爵当时是驻法国大使。当然他也不会空手去的。有一只银质镀金的长方盘，中间的长方主图是一人驾二牛犁地，四周的辅图是犁地播种、耕耘秋收入库的图景，浮雕錾刻，精美异常，这是六世公爵为纪念哥哥五世公爵特制的，与中国明清皇家的耕织图风格相近，看来哥哥一定是重视农耕的贵族。

我询问乌邦寺的产业结构和经营状况。马修说，有一个"乌邦寺产业集团"，旗下有 4 种徽记代表不同的经营范围：沃本修道院主楼表示乌邦寺酒店和花园；羊—乌邦寺酒店；老虎—动物园；圆冠帽—高尔夫球场；他们有三个世界级的高尔夫球场；伦敦和其他地方庞大的地产业不计算在内。你们今天要参观的范围，每年冬天有五个月闭馆修整。这幢收藏馆每年 4 万至 5 万人，花园景区包括鹿公园、小火车和临时性策展活动有 30 多万人，动物园有 70 万人左右参观。

"为下午茶而来的人多吗？"我问。

"不多，因为场地受限，也需要提前预约。"

"中国现在红茶热，习近平主席访问英国，威尔士王子夫妇邀请他和彭丽媛喝下午茶，这将对中国人了解英式下午茶是很大的推动。"

"非常期待！我们这里中国游客不多，希望以你们此行为转机，欢迎中国客人来旅游。这里的展示只是家族收藏的一小部分，另外专门有一幢楼保管藏品和图书。"

我寻思着这巨大的财富，他们是怎么得来的，为什么会历经 500 多年而长盛不衰？

这要从长达千年的英国封建史和 1500 年左右的宗教史中去寻找答案。

我们以公元 1000 年为时段，之前的四分五裂就留给史学家们去梳理吧。1017—1042 年，是入侵的丹麦打败本土势力，建立了丹麦王的统治。这个擅长航海的民族，把英格兰同斯堪的纳维亚、法国、地中海的贸易联系起来。此前英格兰的阶级是以国王为首的贵族、自由人和奴隶来划分。到十世纪，一种新贵大乡绅（即土地领主）出现了。大乡绅原是国王或某个贵族的侍从，往往因其服役赏赐得到土地，这部分人很重要，是作战的骨干。而贵族集团，则是出于血统或军功，被视为普通人的保护者。当时法律规定，"每个人必须有个领主。"也就是说，国王之下是统辖许多地区的贵族，他们之下是成为地区贵族的大乡绅，其下的自由人以大乡绅为其领主，然后是依附土地的农奴。根据欧洲大陆封建制的传统，附庸只对直接赐予他土地的领主负责，一句话概括为"我的附庸的附庸不是我的附庸"。

丹麦王的政权传了两代，1066 年，忏悔者爱德华驾崩。英格兰的一些本土势力抢先拥威塞克斯伯爵哈罗德加冕为王，但也引起一些臣民不满，认为非王室成员为王，是僭越，是对他们的侮辱。

与王室沾点表亲的法国诺曼底大公威廉，在欧洲网罗了一批想到英格兰发财的各色人等，被称为流氓武装的舰队，汇集港口准备起锚渡海。天不遂愿，整整六个星期海上风平浪静不能出航。但是，此时此刻也想抢王冠的挪威国王哈德拉达已登陆英国北部。哈罗德国王急率兵迎战，一场血拼，挪威国王身首异处。哈罗德又率元气大伤的英格兰部队回防迎战威廉。击败挪威人仅五天之后，威廉在英格兰南部登陆。当然少不了又一番血战，哈罗德中箭身亡。1066 年圣诞节，威廉在伦敦威斯敏斯特教堂加冕为王，史称威廉一世，也叫"征服者威廉"。对这位气宇轩昂的王者，直到美国独立战争时期著名思想家托马斯·潘恩还有一段常被引用的讽刺评论，"一个法国的野杂种带了一队武装的土匪登陆，违背当地人民的意志而自立为英格兰国王，我们可以毫不客气地说这个人的出身是卑贱不堪的。"这段奋激偏颇的挖苦，被历史证明是不公允的。有人怀疑，潘恩的祖先是不是哈罗德集团中战死的贵族或领主，不然怎么会把诺曼底大公说成是出身"卑贱不堪"呢？

这是当时英格兰的一场革命，威廉把旧有的英吉利贵族，无论是教会的或非教会的，几乎都予废除，土地和财富落入威廉手里，"他将没收来的大部分土地分赐给他的诺曼臣子，自己则保留了绝大部分的森林和七分之一的耕地。"威廉给臣子的叫封地，受封者叫封臣，他直接封赐 1400 多名随同征战的诺曼人。封臣再分出小封地给自己的附庸。于是形成国王是封臣的首领，封臣是附庸的首领这样一种新的贵族等级制度。

不甘被革命的残余不断闹事，在历经 20 年的镇压和大一统之后，威廉想出了一套双向承诺的效忠办法。1086 年 8 月 1 日，在英格兰南部小镇索尔兹伯里，威廉把英格兰所有封建主召来，强迫所有人对他脱帽下跪，行臣服礼宣誓效忠，改变欧洲大陆封建制的习俗，变成"我的附庸的附庸还是我的附庸"的贵族制度，附庸要对王室效忠，王室要保护附庸的利益，双方尽责。除叛国或弑君罪，贵族和领主的财产受保护。双方各自履行义务，享受自己的权利，逐步形成英格兰的道德共识和契约精神。此后再经 1215 年 6 月 19 日贵族武装与约翰国王签署的《大宪章》确认，这是一个国王与 25 位贵族男爵签的 63 款法律文书，从此保障了臣民财产及人身安全，使人得以放手为自己财富的增长而努力。

以上是从国家层面认识贵族制的产生和财产延续。而比它更早的是基督教的教堂文化。公元 597 年，奥古斯丁带了一个基督教布道团从罗马首次登上英格兰土地，开始洗涤人生观完全不同的原住民，有布道经验的传教士们，让一个又一个部落酋长皈依。早期的基督教思想家，写过《忏悔录》的奥古斯丁（354—430）认为，"国家拥有控制人们身躯的权力，而教堂拥有抑制人们思想的权力。""所有的信徒必须无条件地服从于这个永恒的王国—教堂。"传教士得到赏赐的土地，因为他们的教化与酋长的利益是一致的，教人恭顺，忍受今生痛苦，祈望天堂顺达。无子嗣的贵族领主，也把土地财产捐给教堂。到 737 年时，英格兰的教堂已颇具规模，土地也越集越多。教堂是基督徒心灵的寄身地，是他们的王国，也是逝后绕教堂下葬的栖息之所，于是愈建愈好愈建愈高愈建愈奢侈，成为西方文化的瑰丽景观。

到了 16 世纪初，英格兰教堂的鸿运倒转，这一切都是为离婚而同天主教皇决裂，另立门派当教主的亨利八世（1491—1547）惹出来的。为了达到和结婚多年并育一女儿的寡嫂凯瑟琳离婚的目的，先后数年向罗马教廷提出申请，不允。1534 年亨利八世强迫英格兰国会通过《国王至尊法案》，宣布自己是英国新教会

"唯一的最高元首"。没收了 600 多家修道院及其地产财物，过去英格兰教会每年给罗马教廷的贡金全部转交给他。亨利八世的宗教改革不同于欧洲大陆的宗教改革剑指天主教教义，他通过调查"修道院的罪恶"后没收其财产。亨利出售教会土地的面积，大约为王国面积的 1/6。众多支持他宗教改革的贵族和附庸，大获其利，他把修道院和城堡，像切豆腐块一样地赐给他们，罗素家族就是得益者。中国人对修道院的财富多寡没什么概念，举两个我国历史的参照数。

唐朝武宗（841—846）会昌年间，他奉道教恶僧尼，即会昌灭佛，拆毁全国寺院 4600 多处，令僧侣 26 万人还俗，15 万户奴婢变为税户，回收数千万顷土地，仅允许长安、洛阳各留两寺，节度使治下留一寺，寺僧不得超 20 人。沉重打击了寺院经济，缓解了中央财政危机。有专家对南宋（1127—1276）首都临安府（今杭州）周边的寺院经济进行研究，明州天童寺有田 3280 亩，山林地 18950 亩；上天竺寺有田地 3.3 万亩，是皇帝分几年赐的；径山寺有田数万亩；灵隐寺有田 1.3 万亩；明州阿育王寺年收租米 3 万石。看来，无论中外，宗教的精神力量是巨大的，这从他们财富的拥有量可以看出来。

但是欧洲中世纪教皇势力的蛮霸，也是令人闻之结舌的。1073 年即位的矮子教皇格列高利七世认为，自己应凌驾一切凡人君主之上，他有权剥夺所有君主的王位，天主教是世界唯一的主宰，他命令"所有的君主都必须亲吻我的脚。"他拿神圣罗马帝国皇帝亨利四世开刀，这位统治着整个德意志地区和意大利北部的皇帝，在帕尔马的教皇宫殿前垂手而立，教皇下令摘掉他的所有勋章，剥掉全部衣服，在寒风凛冽的隆冬，一丝不挂的皇帝站在宫外瑟瑟发抖，教皇恩准给他披了件粗羊毛的紧身上衣。这一站就是三天，他一手拿笤帚，一手握剪刀，表示心甘情愿接受抽打和宰割，只求教皇宽恕。这是让中国人闻所未闻龙体受辱奇闻。意大利政治家、思想家马基亚维利在他著名的《君主论》（1532 年出版）中说，"亨利四世是第一个有幸领略到精神武器之强大的君主。"这种震响欧洲皇坛的历史事件，亨利八世岂能不知，说不定他就是受《君主论》的启迪，在 1534 年发出《国王至尊法案》，挑战教皇权威。

当今的英国议会实行上院下院制，是对其贵族传统的诠释缩影。欧洲大陆的法国、西班牙、葡萄牙等国的贵族，一人获封贵族，全家都成了贵族，但是不参与国家事务，有的占到国家人口的 5%，国家也不管贵族的各种事务。而英国传世贵族（公侯伯子男爵）家庭大约 2000 户，占该国家庭总数 0.01%，归英国司法部门管理。

这些大贵族分成教会贵族和世俗贵族两类。英国国教设立坎特伯雷和约克两个大主教、若干主教区和众多基层教区的管理体系，由大主教、主教、修道院长、隐修会长、中下级教士五个等级构成。1536—1540 年亨利八世解散天主教修道院后，教会贵族锐减，一直保持在 26 人。现在英国国教有 42 个主教区，从 42 位主教中选出 26 人进入议会上议院，成为教会贵族。其中坎特伯雷大主教、约克大主教、伦敦主教、杜伦主教、温切斯特主教五人自动进入上议院，其余主教按任职资历排序，前 21 位成为议会贵族。英国的世俗贵族，分有爵位的大贵族以及没有爵位但有贵族纹章的小贵族。大贵族目前约 800 人，他们是财产和地位可以世袭的上院贵族，享有政治和司法特权。1999 年英国宪制改革后，上议院的世袭贵族只有 92 人，从 800 多个大贵族中产生。上议院贵族的座椅是红色的。在五级贵族之下，还有人数众多、受人尊重的小贵族阶级，他们是准男爵、骑士、缙绅、绅士，统称为乡绅，他们是 12 世纪末以后新兴资本主义生产关系的代表。

上院被称为老人院、贵族院，不能否定下院的决定。下院又称平民院，由全国 650 个选区各选一名代表组成，下院共 650 个席位，任期五年，这是国家的权力机构，由社会各阶层精英组成，他们的座椅是绿色的。

由于约翰·罗素是亨利八世和爱德华六世的顾问和密友，1551 获封贝德福德一世伯爵，先后予赏赐多处被没收的修道院资产。要把巨额财富永世传续，这与西方贵族的长子继承制习俗有关。伊斯兰《可兰经》对遗产有详细规定，讲平均分配，无论男女，都享有遗产均分权，这虽然使贫富的差距减小，但很难使一个家庭通过几代人来积累大量财富。

而中国 3000 年左右的传承制则是变化多端。从殷商到西周，确立了嫡长子继承制，但殷商仍有兄终弟及、旁系继承，到西周明确皇位只能嫡长子。在春秋时代，大家族制度盛行，并有固定的组织法则，称为宗法。士族有功受封或得官，即自成一家，称"别子"，其嫡长子为"大宗"，称"宗子"，世代相传，承继田地或爵位。宗子的兄弟为"支子"，各成一"小宗"须听命于大宗。小宗五世以后，不再有服丧与祭祀的责任。所以春秋之上的大族，可以说是一个国家内的小国家。到了战国时期，秦国的商鞅变法，就是要废大家族，以增强民众的国家观念，并强令分家而居，"民有二男以上不分异者，倍其赋。"鼓励生育，极大地发展了生产力。

到两汉，又设法恢复孝道与宗祠，通过这种方法维系基层稳定，其中三年丧制一直实行到清末，这是强化家族的向心力的支柱之一。《唐律疏议》、宋太宗诏告、《明律集解附例》皆明确，父母在，不能分家，否则唐代判三年刑，宋代要坐牢，明代杖 100 板子。《旧唐书》记寿张县（今河南台前县）张公艺家九世同居；宋代江西江州（今九江市）陈门十三世和睦相处得朝廷旌表，他们的后裔移民雅州蒙顶山下陈家湾（今雅安雨城区），九世同堂共食，远近闻名，我曾专门去考察过九世同堂牌坊。

大家族有利皇朝基层稳定，所以历来受彰显。但是四川比较例外，《隋书•地理志》记，"（蜀地）小人薄于情义，父子率多异居"，说明四川那时就有父子分家习俗，以正统观点来看，这是"薄于情义"的。清代蜀中才子李调元（1734—1803，罗江县人）著《童山文集•卖田说》，颇能解析蜀人分家，与中国分家制之短长："予家曾祖以来，至田不下千亩。而蜀俗好分，生子五人，而田各二百亩矣；子又生孙五人，而各五十亩矣；孙又生孙五人，而田各十亩矣……而十亩五分，各耕不过二亩，田之所入，不敌所出，故不如卖田。"一个有千亩田产的地主，几世分家，最后成为贫下中农了，足见分家不利财富聚集。

中国也有长子继承制，但限于袭爵位，主持宗祠仪式，分家时稍多一点，以照顾衰老的父母或无助的族人，这是无可推诿的责任担当。《唐律疏议》说，"应分田宅及财物者，兄弟均分。"以后朝代沿此例，女性无涉。这同英国贵族的长子继承制大相径庭。以罗素家族论，从贝德福德伯爵到公爵传宗二十几世，500多年，全部财富只交给袭爵位的长子手中，其他子女不能染指，另寻创业门路。再加上经营有方，到 2009 年，英国老牌贵族杂志《Tatley》统计，现存除王室以外的 24 位公爵中，第十五世贝德福德公爵安德鲁•罗素实力第一。

常言道，富不过三代，他们能传 20 代的秘诀是什么？剖析欧洲传世贵族的书难以数计，但以我研究乌邦寺来看，培养好接班人，敏锐地选择机会和低调做人做事，不失为成功之道。良好的家风，一流的学校，从小给予锻炼使之开阔眼界和增加阅历，是接班人的必由之路。建于此郡的贝德福德公学 1552 年成立，是全英最古老的 25 所公学之一，招收 7 ～ 18 岁的男生入学。每年 80% 的毕业生可以考入英国前 30 位的高校，包括牛津和剑桥。罗素家族曾两次当过首相的爷爷，培育了一位世界顶级的数学家、哲学家，从清到民国到共和国，与中国情缘不断。

英国是多雨的低地国家，谁能把沼泽变成耕地牧场，就是变废为宝。这涉及技术和大量资金的冒险之举，国家也给出了以垦出土地作为回报的诱人政策。1630 年，以贝德福德四世伯爵为首的贵族冒险家，聚集国内外大商人、金融投资者、荷兰的技术专家，启动了英国东部沼泽地带的贝德福德工程。按协议，沼泽所有的大地主将 45000 英亩（1 英亩 =6.07 亩）开垦地授予冒险家，12500 英亩赠给国王，预留 42500 英亩给新成立的开发公司。敢拼才会赢，四世伯爵赚了一大把。1695 年，贝德福德二世公爵同伊丽莎白·豪兰结婚，她是英国巨富、曾任东印度公司总督的乔舒亚·柴尔德的外孙女（以后是其遗产继承人），这次政商联手，双方家族合力开发泰晤士河沿岸码头、船坞、房地产，使财产大幅增值。1747 年，一群军官向海军部请愿，"请制定海军着装，以辨明各自官级"。"最后有幸被选中的是一套蓝色制服，其灵感来自传说中的贝德福德公爵夫人的骑行服。由此，这一风格在海军和时尚界都广受追捧，至今不衰。"这是四世公爵夫人的创意被模仿。陆军服装因隐蔽的需要变化多端，而世界海军，不离深蓝的基调。在修道院主楼，专门保留了两个房间的原貌，这是保护麋鹿的十一世公爵夫人住房，她至今是英国贵妇人们的楷模。在 20 世纪 30 年代，她是柔道高手。她第一个驾飞机 1928 年 6 月飞抵印度，创下纪录。1937 年飞机失事逝。她为英国留下一个专用词，"会飞的公爵夫人"。这几个例子，足显公爵家族选择时机的敏感，和开潮流之先的勇气。

我顿悟了这里为什么不让照相。在国内外有名的大博物馆中，西班牙马德里博物馆是不让照相的，它建馆即将 200 年，收藏千幅 12—20 世纪的绘画珍迹，它要以不一样的感受使你把美留在心里。其他各国大型博物馆，基本可以照相，让大家把美带回家。《参考消息》登过一篇文章，"古老贵族仍是欧洲真正主人"，在欧洲的古堡、宫殿、修道院中，珍藏不计其数的古书、名画、艺术杰作、古董家具、瓷器漆器、珠宝……价值不可估量。作者举了一例，2001 年，英国北约克郡霍华德城堡的主人以 940 万英镑价格，出售一幅 18 世纪著名肖像画家乔舒亚·雷诺兹的作品，并编了一个理由避税成功，几个世纪的收藏，他还有多少名家作品，谁也不知道，这叫"旧钱"换新钱。这些旧资产一直是媒体、税务机构、不满的中产阶级关注的重点，因为它们的来路受人盘诘，现在的高价值而又想逃税，那是人人诛伐的对象，所以偏爱低调绝不张扬，是 99% 贵族的风格，让你照相去网传招惹是非，何苦呢？这是私有财产，不是国家博物馆，不让照相，情理之中。最近一则《法国费加罗报》的消息，该国有 1000 多座古城堡挂牌待售，售价低得异乎寻常还缺买家，为什么？税收相当购价的 50%，如果要重新装饰这些几百年的古董，其花费是买价的 2～5 倍不等。中国俗语"崽卖爷田不心痛"，不是他不想卖高价，年年的税收，无底洞式的维护费，快快甩脱是阿弥陀佛啦，哪儿去讨价还价呢？经营古堡修道院不易，我理解了不让照相的原因，和低调做人做事的家族原则。

6 4 岁罗素与 62 岁的郭嵩焘

这里牵扯进两个人物，英国驻华公使威妥玛（1818—1895）和大清国首位驻外公使郭嵩焘（1818—1891，湖南湘阴县人），两人都见证了罗素家族最早的中国故事。

1875 年 2 月 21 日，威妥玛的翻译马嘉理，在云南腾冲地区为从缅甸来的英国探险队当译员过程中，与当地人发生冲突，他及四位中国随员被杀。威妥玛不依不饶，最后李鸿章与他在烟台签订《烟台条约》（1876 年 9 月），赔银 20 万两，打开 13 处通商口岸，清廷要派一特使到英国道歉。朝廷派郭嵩焘为特使的 20 余人，与威妥玛同船去英国。这一行，郭才知道了威妥玛的道行。二人同庚，威氏剑桥大学读书，1841 年参加第一次鸦片战争，以后在香港、上海、北京多处当翻译和官员。奇特的是，1868 年他发明威妥玛式拼音，这是一个系统科学地用罗马字母为汉语注音的方法，影响深远。1871 年他升任驻华公使，这种经历，无愧为著名汉学家，有成就的外交官[1]。他吸收传教士利玛窦、马礼逊《英华字典》、麦都思《英汉字典》的研究成果，独创推出的"威妥玛拼音法"，在国际上影响深远。1937 年 11 月 1 日，在艰苦抗战的中国共产党，接受英国记者贝特兰的建议，给英国工党领袖艾德礼写了一封信，落上毛泽东和朱德的中文及威妥玛拼音的签名，那是国际上认识中国名

---

1 威妥玛 1883 年离开中国，1888 年在剑桥大学教授汉语，1895 年逝。

称通用的拼写法。1945—1951 年，艾德礼当选英国首相。

新中国成立后，1950 年 1 月 6 日，他通过外交大臣致函周恩来，承认新中国。1954 年 8 月，他应邀访问中国，同毛泽东会晤四个小时，真是品茗论英雄。2015 年 12 月 15 日，这封签名信由他的后人通过苏富比拍卖行进入市场，原估价 10 万～15 万美元，经过激烈竞争，以 60.5 万英镑（约 90 万美元）落槌，才被世界知道这段奇事。他后人说，与其让这份珍贵文献锁在我们家里，不如让它同全世界见面。

And we would ask you especially to lend the support of your Party to any measures of practical assistance to China that may be organised in Great Britain.

We believe that the British people, when they know the truth about Japanese aggression in China, will rise in support of the Chinese people, will organise practical assistance on their behalf, and will compel their own Government to adopt a policy of active resistance to a danger that ultimately threatens them no less than ourselves.

Long live the Peace Front of the Democratic Nations against Fascism and Imperialist War !

Yours very sincerely,

1937 年 11 月 1 日，毛泽东和八路军总司令朱德写给英国工党领袖艾德礼的信。使用了威妥玛式拼音。2015 年 12 月 15 日，在伦敦苏富比拍卖行以 60.5 万镑成交

2001 年 7 月 13 日，中国在莫斯科第 112 次奥委会全会上申奥成功，萨马兰奇用汉语拼音的读音，首次在奥委会上读出"北京 bei jing"的拼音，而之前，是威妥玛的拼音方式遍行天下。除了周有光等极少数语言文字学家以外，没人注意到这个历史性的变化。至今中国的几所名牌老校和百年老字号的名称，依然在使用西方习惯的威妥玛拼音，如茅台、张裕、青岛、中华等。中国佛教名山峨眉山一本有名的《峨山图志》，清光绪十七年出版，1936 年再版，由成都华西大学英文系费尔林博士用威妥玛拼音翻译。国际上众多图书馆藏有此书。我破解大熊猫古名是否"貔貅"，就得益此书帮助。数月长谈，两人的交往加深，敌对情绪淡化。到了伦敦，威妥玛也四处疏通，给郭嵩焘的工作提供方便。

郭嵩焘何许人也？他与曾国藩是岳麓书院读书时的挚友、换帖之交。他评科举制"朝廷败坏人才，莫甚于大考"。这种秉性之人，虽因科举而入咸丰时的南书房工作多年，毅然辞官回长沙城南学院教书。八年后，经李鸿章举荐，以 58 岁之龄，赴英国就任。行前，钮祜禄、那拉两太后三次后宫召见，殷嘱再三不负重托。朝廷要求他"每月当成日记一册呈达总署，可以讨论西洋事宜，竭所知为之"。1876 年 12 月 2 日从上海启程，这是一位博学勤勉能够开眼看世界的官员。以 60 岁高龄，仅仅只当了一年七个月的驻英法公使！他有一部《郭嵩焘：伦敦与巴黎

日记》，洋洋 70 万字，很是珍贵。

1877 年（光绪三年）1 月 29 日，威妥玛向郭嵩焘转告，"又勒色（译罗素）夫人亦约茶会。勒色前任宰相，年 80 余，以著书为事。"郭氏认为罗素先生年事已高，不宜来访，他要率众登门拜访为礼。2 月 11 日，礼拜，他率副使刘锡鸿、翻译张德彝等，乘马车过泰晤士桥，西行 30 余里，到里奇蒙公园的彭布罗克家族庄园，有数百年古树相伴。附近"有塔一座，此佛教流传，西洋所罕见。"70 多岁的老夫人在门口迎接，让进室内，85 岁的罗素公"鹤发童颜，床头危坐，身老心壮，言语温恭"，"目光荧荧尚能读书，日以著书为事。"约翰·罗素（1792—1879），分别于 1846—1852 年和 1865—1866 年两次担任维多利亚女王时代的首相，由于对治国安邦的贡献，1861 年被王室封为罗素伯爵一世。

郭嵩焘面对他的孙儿孙女，写了一段对话，"孙二人，皆纯良文秀，小者四岁。问其年，曰'佛尔珥叱'。佛尔者，译言四也；珥叱者，年也。问其名，曰：'白尔思兰阿克威林石'。问何以名字如此之多，始知其以三名合成文也，大率白尔思兰名其正名"（译伯特兰·罗素）。其间又有男女六七邻居来看热闹，老夫人各递茶一杯，面包几片。张德彝日记载，"临别，其孙女勒阿似请署名于簿。"第二天下午，罗素公专派其侄到公使住地，致谢昨天的访问和礼物。

这算是我涉及众书的独家发掘吧？谁也没想到，大清国派的首位驻外公使，同他聊天的四岁孩童以后是名扬天下的数学家、哲学家，还得了诺贝尔文学奖，并且到他的湖南老家作演讲，引得湖湘士人热捧，小学教师毛泽东为他当速记员。

而郭先生到英国第一个月写的报告，是从上海到伦敦 50 天的日记，抄寄总理衙门，同时以《使西纪程》发表，这本两万字的小书，引得"满朝士大夫的公愤"，说他是"有二心于英国"的罪证。

梁启超说，"闹到奉旨毁板，才算完事"。也算湖南出的一个大人物刘坤一斥郭氏，"未审何面目以归湖南，更何以对天下后世"。湖南乡试诸生集会，商议捣毁郭氏住宅。面对此情，郭公晚年《自题小像》诗云："流传百世千龄后，定识人间有此人"。按英国贵族家庭的习惯，那本签名册应该还在，看哪位有心人去翻翻这册珍稀文献。伯特兰·罗素四岁前父母已逝，六岁后爷爷逝，靠着奶奶的教导，家风的传承，对家族藏书的天生兴趣，坚韧不拔地攀登，终成大器。有一本译著《疯狂的罗素》有趣可读。

7 欧洲最大的麋鹿中心

我们告别了马修先生，他诚恳地说，欢迎你们再来，你们提的一些问题，我下来还要做功课，再见面时，会让你们满意。下午的行程，就请丽萨总经理全程陪同了。

来到游客餐厅午餐。丁云国会长坐到我旁边问，你说乾隆皇帝认识四世公爵，不是玄龙门阵吧？我告诉他，斯当东写的《英使谒见乾隆纪实》和约翰·巴罗写的书中明确讲到，在送给乾隆的众多礼品中，有一套三册英国贵族和名人的印刷品，用摩洛哥皮革装订成相册，全是著名画家给公爵级别贵族画的肖像，乾隆很有兴趣，让一位官员找英国人，把每个人的姓名、爵位和职衔用中文写上，以便阅读。其中一位少年容貌的公爵就是贝德福德四世公爵约翰·罗素，引起特别注意。官员不解地问，为什么一个少年就能当如此高官？英国人解释，他们是按血统的世袭制，不同于中国逐级考试的科举制，这幅画是英国著名画家累诺尔兹爵士的作品。我问道，乾隆关注的这位少年公爵，不是同乌邦寺结缘了吗？丁会长跷起大拇指说，于史有证，难为你下了如此功夫。我们匆匆午餐，要把肚子留给下午茶点。

丽萨通知一位野生动物园的年轻导游上我们的车，这次轮到高士杰送她熊猫，他邻座。女导游差点蹦起来，啊，熊猫到乌邦寺啦！

车在单行的碎石路缓行。丽萨说，我们现在经过的是鹿公园，范围很宽，这里走完，才是野生动物园。她指着右前方莽苍的栎树（俗称橡树）、栗子、山毛榉林说，快看，那一大群麋鹿来欢迎你们啦！顺手看去，七八十只麋鹿从密林中跑出，站在林草交界处看着我们，真像是列队行注目礼。我急叫停车，跳将下去举相机快闪。可能是吓着它们了，一眨眼，消失得无影无踪。女导又指着另一边，两大群马鹿也到草场边，雄鹿带着家族眷属，不慌不忙地溜达，它们的胆子比麋鹿大，我又嗒嗒地摄了一通。

丽萨说，乌邦寺的地盘也有一个不断扩充的过程，1661年，五世伯爵开始在这里养鹿，英国冬天很冷，贵族们有冬季狩猎的传统，鹿肉是圣诞节最受欢迎的野味。1893年以后，在十一世公爵艾尔布朗·罗素手上得到大发展，他是皇家动物协会主席，高峰时养鹿 1200 多只，有包括麋鹿在内的九个品种。到十三世公爵伊恩·罗素时，为度过二战带来的经济萧条和高额遗产税，他决定从 1955 年开始，把贵族私家庄园，打造成对外开放的公益性公园，再经过十四、十五世公爵的努力，形成了现在的规模。我想起鹿肉在英国的档次，2015 年 10 月 20 日，习近平主席夫妇访英，伊丽莎白二世女王在白金汉宫举行盛大的国宴招待会，主菜就是鹿肉，这是英国高档特色菜。

我们进入了野生动物园区，全是草坡、小水池、小铁丝网的隔离带，碎石路单行道。先后经过羚羊区、亚洲象区、犀牛野牛区、狼和熊、野驴斑马区、独峰驼区、长颈鹿区、猴区、鸟类区、狮区虎区……自驾车可以全区域行驶，在草食动物区可以开窗照相，猛兽区不能开窗，一律不得下车。我们前面一只无畏的肥壮犀牛，慢慢过路，把三辆小车逼停让路，我们也停车观赏。自从姜昆、唐杰

欧洲最大的麋鹿苑和乌邦寺野生动物园。从 1661 年开始，这里就开始饲养鹿群　　孙前/摄

忠 1987 年春晚《虎口遐想》以后，很多人都以为老虎不吃人，虎伤人的事件屡见报端。丽萨说，自 1955 年开园以来，还没有出过猛兽伤人的事，看来管理水平很重要。

一列喘气冒白烟的小火车缓缓驶来，老式车头，拖着六节车厢，一节是敞篷厢，坐的人不少，这是米距轨老式火车，让人有工业革命的怀旧感。铁路的名称就叫"大沃本铁路"，这是把修道院和小火车两个古董巧妙结合的名字。很多区域有木板搭的棚房，垫着草，供动物晚上避寒。导游说，这些动物全部是珍稀物种，每个动物都有名字和家族史，那三只亚洲象来自印度，是一家子。那些狼、熊、犀牛……都有昵称，动物园的专网，有它们谈情说爱，热恋生子，从小到大的成长史，生日蛋糕的快乐，生病治疗的忧伤，牵挂着很多人，难怪孩子们要缠着父母，到这里来关爱他们的小伙伴。在乌邦寺产业集团旗下的各公司中，这里的游客最多。时间关系，我们就不参观与野生动物配套的娱乐区了，有水陆动物表演，有天鹅船，树梢行动、瀑布沙漠海滩探险诸多参与性活动，还有 3D 影院、游戏柜、猛犸方舟，旅馆餐厅礼品屋等等，眼花缭乱。

车开到沃本修道院北院旁的停车场，骄傲的孔雀公主潇洒踱步，对汽车不理不睬。动物园区的女导就要分手啦，她看过我们的英行册，对白小梅说，我还没有喝过正宗的中国茶，小梅拍着她的肩膀说，没有问题，一会儿请丽萨转交给你。她高兴地说，我要请爸爸妈妈共同分享。

8　戴维神父，我们又见面了

丽萨把我们带到沃本修道院一端的麋鹿厅，专门介绍麋鹿的演进、发现、引进乌邦寺和给中国捐赠的历史，这是我要求必看的地方之一。在我写的《大熊猫文化笔记》一书中，专门写戴维神父"北方考察：把麋鹿介绍给欧洲"一节，其中有贝德福德公爵家族给北京捐赠麋鹿的故事。依我的最新研究，可以增加以下有趣的内容。

有源可查的，在商代甲骨文中就有多处关于麋鹿的记载。四川大学教授徐中舒先生，1998 年出版的《甲骨文字典》中，列举了七片甲骨"麋"字，并注解："《解字》象目上有眉之鹿……颜师古注：'麋似鹿而大，冬至则解角，目上有眉，固以为名也！'颜注与甲骨文形合。甲骨文突出眉形以为其特征，且以眉为声。《说文》：'麋，鹿属，从鹿，米声。'"这就讲清楚了它为什么3000多年前就叫麋鹿。古代天子有冬至节祭天的传统。大部分鹿类都在夏天脱角，只有麋鹿冬至脱角，这就被统治者视为吉祥的象征，把麋鹿作祭天神兽，和运载到天堂的工具。[1]

从金元朝开始，历明清代，南苑（南海子）都是皇家习武狩猎和办公重地，在清达到极盛，与紫禁城，"三山五园"共同构成北京三大政务中心。南苑内修建了旧宫、新宫、团河行宫、德寿寺等建筑，使之成为寓游猎、演武、理政于一体综合性皇家苑囿，康熙说"南苑乃人君讲武之地"。这里同"三山五园"由永定河相连。虽然麋鹿在黄河长江的沼泽之地历史久远，但是近一百多年来，它侥幸地聚会于此，野外无存。

1866年1月，戴维几经周折，终于从南海子御园的卫兵手中买到一头成年雌鹿和一头幼年雌鹿的皮和骨骼，委托法国驻北京公使馆一名专员返法之际带交巴黎自然历史博物馆爱德华兹馆长鉴定。在专员返中国前见馆长时，馆长告诉他这是一个新发现的物种，为纪念戴维的贡献，以他的名字命名为"戴维鹿"。公报发出，欧洲各国纷纷联系希望得到这个珍稀物种。从1867年开始，法国、安特卫普、柏林和科隆的研究机构或动物园，通过物种交换、购买、赠送等方式得到了活体麋鹿。

乌邦寺的鹿苑始建于1661年，到1892年时，这里生活着33种不同的动物。第十一世公爵赫尔布兰德·罗素，时任皇家动物协会主席，他从专为乌邦寺提供动物的哈根贝克先生那里听了麋鹿的传奇故事后，就委托他把欧洲各地的麋鹿全数收购。作为动物学家，他知道分散在动物园零星饲养，这个物种无法繁衍。谁都知道此物的珍稀，价格不谈够，物主不放手。经过从1894—1901年的不懈搜求，当然各动物园也看到自己无法繁育的危机，公爵终于把巴黎、安特卫普、科隆、柏林动物园的麋鹿悉数网尽。1902年，十一世公爵在鹿群记录中写道，除

1　《新华每日电讯报》2020年5月8日载，《"河洛古国"掀起盖头，黄帝时代的都邑找到了？》说，在河南巩义发掘出5300年前的中华文明起源遗址，其中在北斗九星陶罐上端，殉葬一头麋鹿，骨架完整朝着门道。道教有"三蹻"的说法，指龙虎鹿三神兽，是帮助神巫上天的桥。姜子牙的坐骑就是四不像麋鹿。这处神秘的考古发现，使麋鹿身价倍增。

乌邦寺的麋鹿陈列馆。
白小梅、丽萨、孙前、沈冬梅、刘昌明、吴乌米（左起）

柏林、阿姆斯特丹动物园各存一头雄鹿展示外，"乌邦寺的麋鹿应该是这个物种在世界上最后的种群了。"1896 年 7 月，钦差大臣李鸿章到欧美五国访问，在法国参观自然历史博物馆的动物时，看到很多中国动物，"继见麋鹿成群，呦呦虞虞，不类欧洲之产，询之来自上林，则不觉愀然矣"。李大臣看到的这些来自"上林"，即皇家苑林的麋鹿，以后全部纳入了乌邦寺，公爵从法国这一处，就买尽了全部十只麋鹿，真是拜戴维神父之福，他当时健在住巴黎，不知对英国人之举作何感想，也可能他不知道这件事，年事已高，1900 年逝。1953 年，十三世公爵从父亲手上接管了乌邦寺，他陆续将很多麋鹿送往英国和世界各地动物园，以利繁衍保护，事实证明，他的决定非常正确。

据北京麋鹿生态实验中心靳旭先生最新研究，在我国最先判断麋鹿在中国绝迹，要从西方引回的科学家是薛德焴先生，1918 年 6 月，他在《博物学会杂志》发表《四不像之名称及现状》一文中呼吁，"热心国粹之君子，曷赴欧洲，设法递输，使其再复旧土。"1979 年动物学家谭邦杰再次呼吁，同多部门联手，终于促成乌邦寺麋鹿回归成功。

1956 年 4 月，伦敦动物学会赠中国动物学会两对麋鹿，养于北京动物园。1973 年 12 月，该协会的英国惠普斯奈动物园又送北京动物园两对麋鹿，但是都没听到繁育成功的动静。

从 1984 年起，经塔维斯托侯爵（2002 年接父爵位为贝德福德十四世公爵）罗宾•罗素和玛雅博士的努力，1985 年 8 月 24 日，由罗宾把 22 头麋鹿（6 雄 16 雌）送到巴黎机场，再由长子豪兰勋爵安德鲁•罗素（现贝德福德十五世公爵）护送到北京南海子。历经五代的传续，麋鹿终于回到故土，这是中英友谊的佳话。当年中英报刊宣传，这一年的两件重大新闻，一是 5 月 27 日中英签署的香港回归联合声明，另一件就是麋鹿回归。1986 年 6 月 9 日，英国首相撒切尔夫人在唐宁街十号宴请胡耀邦总书记，专门请罗宾•罗素侯爵作陪。席间谈到了上年麋鹿回归的重大成就。

这件事极大地激励了英国伦敦动物学会，1986 年 8 月 14 日，他们组织英国的七家动物园给江苏大丰自然保护区送了 39 头麋鹿（13 雄 26 雌）。

1987 年罗宾先生又送 18 只麋鹿到南海子。至今在中国本土，已繁衍到 6000 头以上，在雅安碧峰峡的大熊猫和野生动物园，也有十多头南海子麋鹿的后代，世界各国也有 1000 多头，它们都是乌邦寺 18 头麋鹿的后裔。

我指着展厅的一段文字对丽萨说，1985 年中国成立麋鹿基金会，由德高望重的吕正操将军担任基金会主席，罗宾•罗素侯爵任名誉主席。两人交厚，多次邀吕正操将军访问乌邦寺，但是时间的差错未能成行，直到 2009 年 105 岁辞世。吕将军是中国网球协会终身会长，我是四川省网球协会副会长，算是他的下属吧，又是麋鹿研究爱好者，今天是否可以算是帮吕将军来此还愿了？丽萨说，可以可以，当然可以！这是一个完美的结局。

天有微雨，机会难得，我希望尽量多看。丽萨和王导陪我，其他人躲进茶室看一个小型素描展去了。来到一个直径约 60 米的圆草坪边，中间一株 20 多米高的大树，独树成景，颇像中国黄帝陵或四川剑阁古道上的千年古柏，主干离地不到两米就向四周伸出臂膀，虬枝舒展，深沉的黛色针叶，显出旺盛的生命力，整个乌邦寺园区，各种树木刚绽嫩芽，可是它的气魄气势，给人一种刚猛雄健的挺拔。丽萨说，这是一株黎巴嫩雪松，是乌邦寺的植物明星，种在这里 300 年了。公元前九世纪至前八世纪，腓尼基各城市，如毕布勒斯，就是黎巴嫩雪松贸易的关键港口。希腊植物学家狄奥弗拉斯图写过一本《植物史及植物本源》，图文并茂地描述了 500 种植物，其中就有黎巴嫩雪松，它是一种深受尊崇的植物。沃本修道院以它为中心，成品字型，刚才参观的主楼在正前方，延伸下来是一个巨大的宗教图案呈变体"凸"形，树在圆形正中，左右侧分别是北院和南院的独立楼群，设计邱园的钱伯斯先生参加了南院的设计。三米高的石墙把整个区域围起来，公爵家族就住在这里。

她带我走到北院外侧，指着远处被白色栏杆围着的一泓湖水说，那片 28 英亩的区域，是 1787 年五世公爵弗朗西斯·罗素，请天才设计师亨利·霍兰德（1765—1802）按中式古园林风格修建的东方艺术品珍藏馆，收藏中日印度等国家的藏品。主体是两层的建筑，房顶为八角尖塔状，坐落在从水中砌起的石台上，颇有颐和园水榭的味道，可以到楼上阳台品茗观景垂钓。楼下廊道，全挂着红灯笼，凭栏观金鱼赏荷花，一曲长达 60 多米的中式廊道，红漆髹饰，围池延伸。湖面由石块围砌，以使水位稳定，建筑周围种上当时从中国引进的花木。

说到金鱼，这是中国人培育的独特宠物。早在南北朝和隋唐文献中，就有关于它的记载。金鱼最早是野生鲫鱼的基因变异形成，只能在野外才能捕得。宋代，已有半家化池养，南宋进入家养的阶段。明代，玩金鱼盛极一时，完成了驯化、杂交、选育的全过程。名人雅士张谦德、屠隆分别写了《朱砂鱼谱》《金鱼品》的专著。清代的养金鱼势头盖过明代，文人玩家宝奎《金鱼饲养法》、拙园老人《虫鱼雅集》、

沃本修道院中心区的黎巴嫩雪松，有 300 年树龄

句曲山农《金鱼图谱》、蒋在邕《朱鱼谱》都有专著留世。大体上，金鱼分文鱼（最普通的双尾金鱼，从鱼的背部俯视，如同"文"字），龙睛（眼睛凸出、变异明显），蛋鱼（体成椭圆形，背鳍退化），狮子头（鱼头生出赘肉）等。1862年，戴维神父要到中国前，法国、英国的动植物学家给他罗列了长长的搜集名录，其中就有金鱼，专家说，"中国人培育的奇形怪状的金鱼会受到人们最热烈的欢迎。"

丽萨说，这个小区域，以水中榭式建筑为特点，是英国古园林评选的得奖专业户。还有一处，在它后边800多米，是以假山和亭子为特色的中式园林，美得使人陶醉，是六世公爵约翰·罗素（1766—1839）于1804年委托著名园林建筑设计师汉弗莱·雷普敦（1752—1818）创意制作的，屡获殊荣，2012年还得到哈德逊遗产奖，这是有名的奖项。

在乌邦寺里，中国元素很多，有一个四世公爵房间没来得及去看，那里陈列了好几种中国风的花鸟墙纸。1980年冬，在重新装修主楼长画廊时，旧的墙饰被剥下来，露出18世纪的衬板和墙纸，绘有高大的花卉和奇异的大鸟，保存完

1787年，五世公爵请著名园林设计师亨利·霍兰德，在乌邦寺北院侧修建了这处园林水景围绕的中式建筑珍藏室。1804年，六世公爵扩建成28英亩。至今是英国屡获殊誉的中英园林

好。我们都不知道是什么鸟。2013 年整理四世公爵房间时,也发现了类似的墙纸,并且从档案中找出了 1752 年从中国买墙纸的发票。十五世公爵专门在这里举办"回顾岁月"展览,把这些老古董展示出来,喜欢东方艺术的人来看的不少。我知道这件事,看过英国著名学者休·昂纳写的《中国风:遗失在西方 800 年的中国元素》,其中多处讲到乌邦寺,并专门讲了神奇墙纸的故事。我告诉丽萨,这种鸟叫白鹇,属雉科鸟类,形象特殊,头背尾白色,下腹黑色,但是头冠和爪是火红的,雄性首尾可长达 1 米左右,行走时很像孔雀,昂首翘尾。中国文士,常把雄鸟和牡丹配画。这幅壁纸,一只雄白鹇站在假山上,四周是茂盛鲜艳的大牡丹,一只幼鹇张嘴昂首望着爸爸,作求食状。全图富贵清朗,和谐美好,应该很符合公爵家族口味,不然怎么会选这个图案装饰豪宅呢?

9　下午茶圣殿:蓝色茶厅

王导和丽萨陪我缓缓向茶室走去。丽萨说,据我所知,这是最大规模的下午茶考察团,从英行册可以看出,你们做了精心的准备,有很多资深专家。公爵用一个小时,接待一个陌生的民间考察团,这是首次,是很高的礼遇。王导说,我到英国 16 年,第一次来乌邦寺,我没有听说过国内茶人组织到这里考察。听到这些话,我有一种难言的欣慰。

离雪松不远,在北院右前方的草坪上,坐落着蓝色茶厅,这就是天下闻名的下午茶圣殿,我绕它一周,细细打量。

长略 30 米,宽约 18 米的长方形玻璃平房,浅蓝的四坡顶金属屋盖下,有 32 个类似教堂玻璃的金属拱弧支撑着屋顶,在一米的廊道内,是上下两层的落地玻璃窗,所有支撑分隔物全涂上白漆。印度大吉岭的英式平房别墅与此风格相似。在长宽相交的屋檐边,镶着一块不大的、白底绿字横牌:"公爵夫人茶室",素静,淡雅,浑然一体。

茶室内,除了淡灰的方块地砖,满眼雪白。墙上大小不等挂着装框的风景植物素描。角落处的小几凳上,放着小盆鲜花,一个白色的吧台,操作间在隔壁。我心里默数,18 人长条桌一处、9 人条桌一处、6 人桌一处、6 人椭圆形桌一处、两人桌两处。大桌是为我们临时拼的,应可分组小桌。满打满算,这里坐不下

绿茵包围着的下午茶圣殿。作者在下午茶圣殿：乌邦寺七世公爵夫人茶室（蓝色茶厅） 2016.4.15

50 位茶客。其他茶席，白布铺桌。几款白色茶具，一个小白花瓶，插着几枝小白花。保持材料本色的藤面靠背椅，显得灵巧轻便。如此简洁又原汁原味的圣殿。管理茶室的主管女士在门口接我们，她把我们张罗入座，然后在旁边的两人桌和丽萨陪我们，小雅给她送了小熊猫。我们特邀王导和大家共享下午茶，他坐在顶端不停地为大家照相。

公爵夫人下午茶室一角　　孙前／摄

我们入座茶席。纯白，棱角分明的亚麻布桌上，放了三支白瓷瓶，插着白色的鲜花。每人面前，英式骨瓷洁白的茶具，带柄茶杯、茶碟、牛奶盅、糖钵、茶匙，果碟的小方巾上，放着不锈钢的一刀一叉。一位上年纪的女士，不紧不慢地铺派着下午茶的各种必须。四把带盖的中号椭圆白茶壶，均等地放上桌。又送来四个不锈钢的大号点心架，三层白盘，放了十多种点心。主管女士走到我旁边，给我缓缓注入红茶以作示范，她说这是最好的红茶，茶汤有葡萄酒的殷红，散发拼配味的花香。

丽萨要给我们介绍茶点，我说，让我们的"海龟"和茶艺师先回答，您考一下她们。我点甘甜、方玲、小雅答题，她们稍一耳语，甘甜说，底盘咸味三明治、原味蛋黄酱、火腿、金枪鱼、三文鱼、黄瓜，全麦面或荞面夹西红柿；中层，司康饼、英式松饼、果酱、奶油；上层，水果塔、泡芙、几种蛋糕。丽萨伸出大拇指，完全正确！可能她心想，这些留学生，一定常喝下午茶。她说，这就是公爵夫人下午茶点的标配，你们专程为它而来，一定让你们体会正宗。

对英式下午茶的认识，国内各种书刊随心杜撰，左右转抄，我在附录中已有说明。就凭一个公爵夫人的个人业余爱好，在不长的时间内就能风行英国和殖民地吗？其中必有奥妙，但是没见揭出谜底的文章。

在公爵夫人之前，下午茶的名称和方式在英国已经出现。《茶设计》书中说，1782 年传教士伍德福德在日记中写道，"今天早上卡斯丹斯先生和夫人发给我们一张纸笺，上面写着如果我们有闲暇时间的话，他们就会和我们一起喝下午茶。我给他们回了一个纸笺说我们很乐意同他们一同品茗赏茶。大约下午 5：00 他们就如约而至，直到晚上 8：00 后他们才离开。"

这里没写茶点，从日记看是双方相约到一个地点品茗赏茶。在 18 世纪末和 19 世纪初，多书已出现"下午茶"的称呼，以简女士的研究，我想举此一例，足可让人认同。

从刚才看到的女王房间，显示出七世公爵夫人与维多利亚女王有特殊的关系。1837 年当女王时，她才 18 岁，不谙世事。女王和母亲在德国长大，母语是德语。为了继承英国王位，之前她苦学英语和宫廷礼仪，公爵夫人 54 岁。按英国王室也包括欧洲一些王室的惯例，设有一个宫廷职务"寝宫里的侍女"，也叫"私人助理"，专门为女王、王后或公主服务，通常由贵族家庭选优秀女性担任，为期五年，此传统延续至今。公爵夫人对初期的女王有多重要，可想而知。很多人见"女侍"一词，不明源由，就说她先给女王当"侍女"，后当公爵夫人，这就差之太远了。七世公爵夫人安娜·玛丽亚，是北安普顿郡三世哈灵顿伯爵的二女儿，一些书又把她说成是什么公主。在翻译亨利八世要与寡嫂凯瑟琳离婚，迷上了她的"女侍"安妮·博林，很多译者同样以为博林身份是女仆。

七世公爵夫人为什么弄出一个"下午茶"，众口一词的说法，讲她百无聊赖，早晚餐之间隔得太远，就在下午 4：00 左右喝茶吃点心，以便在参加晚上的聚会时精神抖擞。一本叫《绿色黄金》的英国茶书，说公爵夫人有肠胃不适的毛病，所以下午以茶加点心缓解病痛折磨，无意中创出下午茶，第一次看到这样的独家诠释。

基本的共识是，她琢磨喜欢上了下午茶，从 1837 年入宫陪侍女王时，在王室贵族中影响推广了下午茶。另一个更重要的原因是，家族兄弟约翰·罗素担任维多利亚女王时代两次首相，在他的阁僚会议中，在庞大的殖民地官僚中，在东印度公司和大企业的领导层中，不经意地推开了下午茶，进而影响贵族精英和中产阶级，再影响其他阶层，今天称誉的维多利亚下午茶，源出于此。

下午茶的出身高贵，必须要有仪式感来推动，这符合工业革命企业老板们的

乌邦寺公爵夫人茶室，中国考察团专场 2016.4.15 孙前、丽萨/摄

需要，于是日新月异的陶瓷、银、玻璃水晶、钢铁、纺织品的茶器具潮涌而来。有茶人罗列了下午茶桌上的摆饰有：茶壶、茶杯、茶碟、热水壶、插花瓶、量茶匙、茶匙、滤茶勺、糖钵、奶盅、点心架、点心盘、托盘、点心刀、点心叉、茶沙漏、茶渣钵、茶摇铃、亚麻桌布、净手方巾，有时配香槟杯。对有身份的家庭来说，一套茶器具用 3～5 年，那是很掉档次的。奢侈推动求新求变，推动技术创新，推动消费，这是仅就下午茶的桌面铺派而言。

至于喝什么茶，从何而来，八卦就很多了。就英国而言，红茶是下午茶主体，但是也有人另有口味。1813 年，简·奥斯汀给弟弟写信，评价一位朋友娶的太太路易斯小姐，说她"天性聪颖又肯学习；下午茶喜欢吃冷肉派，喝绿茶，夜间喜欢绿色的窗帘。"请记住，著名作家早于公爵夫人就讲到下午茶。西班牙《国家报》2015 年 9 月登出一篇文章，讲伊丽莎白女王长寿的原因，有八条秘诀，其中一条是"下午茶对英国人和英国王室来说，几乎是一种神圣的仪式，无论女王身在何处，下午茶会在每天的下午 5：00 准时奉上。绿茶是下午茶的主角，具有抗氧化、防癌和预防心血管疾病的作用。"

下午茶文化融入英联邦民族的文化中，无处不在。今天，这些中国茶文化人到"下午茶圣殿"来溯源摆古，我们的认识是：18 世纪末到 19 世纪初英国已出现"下午茶"的称谓和方式，只是范围不广和影响不大而已。

维多利亚女王登基后，下午茶的品饮方式进宫廷而迅速普及，再加上公爵夫人已有下午茶嗜好，出于名人效应的需要，把它归功于贝德福德七世公爵夫人安娜·玛丽亚，顺理成章，言之成理。只是过去很多人没研究事情的发展脉络而已。

大家尽情地享受着下午茶，互相给邻座奉茶。我端起茶杯，到邻桌给丽萨和主管敬茶，感谢她们的周到安排。丽萨说，提前一天主管就在安排准备了，并且没有接受另外的客人，今天，这里是你们的专场！哎呀，真是了解我们这个团队，年轻人嘻嘻哈哈，摆谱照相，大快朵颐，完全忘了悄声、细嚼、慢品的下午茶礼仪，如果还有其他茶客的话，一定会遭人白眼啦。真该谢谢她们。

大清重臣，首位到英国宫廷领略下午茶的，当数李鸿章。1896 年 8 月 5 日，他以大清头等钦差、文华殿大学士、一等肃毅伯之名，到英廷怀特岛阿斯本行宫觐见度假中的维多利亚女王，递交国书。会见毕，太子妃在其御舟"奥斯澎"号，设下午茶和茶点，还有约克公爵一行作陪，其间太子妃为李鸿章照相，随行见之感动。应该说，李鸿章下午茶的规格高，但是我们的下午茶更正宗吧？有团友说，回去网上查一下，有没有中国茶团来"圣殿"喝下午茶的消息，说不定我们又拔头筹呢？

10　《佩皮斯日记》说茶，为何广为关注

在品茶的悠闲时刻，我眼前浮现出另一个人物，他与带茶进英国的凯瑟琳公主和查理二世国王是同时期人，深得国王器重。他留下一部十年行踪日记，被不列颠民族奉为文学、历史、政论纪实日记瑰宝。这套十卷本日记中，被中英茶文化研究者广为引用的两段涉茶日记内容，没有交代任何背景，且内容多有差错，使我们对英国茶文化和日记作者产生误解，他就是塞缪尔·佩皮斯（1633.2.23—1703.5.26），他的日记名为《佩皮斯日记》。我在众多师友帮助下，在他身上下了一番功夫，不宜私享。

佩皮斯出生在伦敦舰队街，父亲是裁缝，母亲出生屠夫家庭，婚前是洗衣女佣。他在家里 11 个孩子中排列第五，因哥姐早夭，他升序老大，只有四个孩子拉扯成人。靠着勤奋努力，他依靠奖学金和亲戚帮助，1654 年毕业于剑桥大学莫德林学院。在以后的吏宦生涯中，他先后任海军上将的秘书、丹吉尔殖民地财务大臣（这是凯瑟琳公主的嫁妆之一）、海军部首席秘书、英国皇家学会主席，下院议员、港务局长、食物储备总监等职；他生后给母校捐赠了一座图书馆，这使他名留千古。在讲究贵族血统的

中国版《佩皮斯日记》第一册扉页的佩皮斯（左）以及在剑桥大学学术厅的资料

《佩皮斯日记》（英）塞缪尔·佩皮斯著

佩皮斯（1633.2.23—1703.5.26），他因逝后百年的《佩皮斯日记》出版而蜚声天下。他仅一句话的第一次喝茶记载，引出无数茶故事

夫人伊丽莎白·圣·米歇尔（1640—1669.11.10），听佩林医师建议，1667年6月28日在家喝茶治感冒，也被写入日记

英国，一位城市贫民的孩子能达到以上成就，这不能不勾起人的兴趣。

他有两位恩主。大学毕业后，他到财务部的出纳员乔治·唐宁（1623—1684）手下担任书记员，这是一位对财务管理很干练的官员，今天的首相府所在地唐宁街，就因为他的房地产开发而得名，以后他任财政部首席秘书。在唐宁手下经5年历练，眼界大开，业务精进，成为一个精明的办事员。他视唐宁为恩师。

另一位是表兄爱德华·蒙塔古（1625—1672.5.28），比佩皮斯大8岁。他原是护国公克伦威尔时代的海军将领，后来倒戈查理二世，并率领舰队带着佩皮斯到荷兰迎查理二世回国，护驾有功，被封爵，大卫·休谟在《英国史》中写道，"海军上将蒙塔古近日忠勤王事、蒙受隆恩，封三明治伯爵。"有趣的是，他为自己创造了"桑威奇伯爵"称号，并传袭子孙。查理二世1660年5月29日进入伦敦，这天他30岁生日，这不是一个巧合的日子。1661年4月23日，加冕国王。由此，佩皮斯辞去财政部书记员职务到任海军上将蒙塔古秘书和海军委员会法令书记员、掌玺书记，他的宦游远行从此起航。直到1672年5月28日，第3次英荷索尔湾战役表兄殉职，蒙塔古护佑佩皮斯成为海军部经验丰富的高官，1673年6月18日，升任海军部首席秘书，位高权重，声威四海。

佩皮斯1655年10月与法国胡格派移民的女儿伊丽莎白·圣·米歇尔结婚，

佩皮斯老家布兰普顿的故居

双方年龄是 22 岁和 15 岁，佩皮斯赞美她貌若天仙，终生视为缪斯。红颜薄命，1669 年 11 月去世，年仅 29 岁。1658 年 3 月 26 日，佩皮斯做了尿道结石手术，把他从痛苦中解脱出来，有一种说法，手术使他终身不育，这个观点能否成立，只有医生去评判。

佩皮斯受两位恩主的影响，从 1660 年 1 月 1 日开始写日记。他采用当时发明的托马斯·谢尔顿速记符号为基础，渗入英法西班牙和拉丁多种文字写作，这是只有他自己才能看懂的日记，所以耳闻目睹、所思所想皆坦荡无忌地记下来，直到 1669 年 5 月 31 日，因视力下降担心眼疾而中止。

西方评价这部日记价值的书很多，我归纳认为，①这十年，他同查理二世国王、约克公爵（以后的詹姆士二世国王），各级高官过从甚密，记录的都与国家大事相关；②他从始到终亲历王室复辟、伦敦瘟疫、伦敦大火、伦敦重建、第二至三次英荷海战、丹吉尔殖民地管理、英国皇家学会最初成立十年的轨迹直至他当上会长……这是英格兰的重要转折点，影响到整个欧洲以后的历程，历来是史家研究重点；③他是从苦孩子跻身权贵的，对财富的贪欲、对权力的机关算尽、对异性的挑逗色迷、对工作的尽职尽责，这些都同贵族或文士出生的人迥然不同，这对认识当时社会的结构、机会、小人物路径，是最鲜活生动的材料。他写日记的初衷是自娱自乐，包括收受金币的灰色收入，看到美女的单相思；或记事备查，所以真实可信。很多人臆测，他用速记写隐私，是怕太太偷看，想一想，15 岁结婚的法国穷移民的孩子，能有多少文化，能懂多少语言，要避她的审查，换一种她不懂的文字不就行了吗，干吗那样累？没有看到解此疑惑令人信服的说法。

我请李珊教授和她的英语硕士团队、弟子刘柏诚帮助，认真查阅了十册英文版《佩皮斯日记》原著，搜索到 3 条涉茶内容。先说以往文献常讲的两条：

英国海军部大楼。1660年9月25日，作为海军部低级文职人员的佩皮斯，在几个人的会议中途，"后来，我确实要了一杯茶（一种中国饮料），这是我以前从未喝过的，然后我就走了"。日记中的这句话，让多少英国茶文化研究者，演绎出众多趣闻

一、1660年9月25日，佩皮斯同几位爵士、上校等军官，到海军部开会，"探讨了英国与西班牙和解，与法国、荷兰开战的利弊"等军机大事，"后来，我确实要了一杯茶（一种中国饮料），这是我以前从未喝过的，然后我就走了。"同另几位爵士、军官去军舰建造厂偿付预定的"成功号"船的余款。专门接了查理二世国王和玛丽公主前来，国王聊起他的舰队与荷兰舰队在海上交锋，他的旗舰被击中六次神奇逃离的经历。告辞时，夜已深，驱车回家。

与此信息相匹配的是，《茶的真实历史》（美）作者梅维恒研究，1641年在英国，佚名出版了《温啤酒论》，探讨热饮和冷饮的利弊，书中列举了当时英国流行的各种饮料，但茶尚未列入其中。这似乎可以作为茶进入英国的一个断代参考标准？1660年伦敦加威先生特地出版了一份茶叶广告宣传单，题目是《茶叶生长、品质和功效的确切描述》，主要强调茶的药用功能，醒脑提神有助学习，这被评价为英国最早的茶广告（同年他还贴出了茶海报）。

把这两条资料联系起来看，当时在伦敦茶的知晓度很低。英国东印度公司1600年1月1日成立，到佩皮斯日记开始之时，已是60年后，公司的触角离中国还相距遥远。作为海军上将的秘书，在总部大楼第一次喝到中国茶，而不是很

多书里讲佩皮斯到咖啡店去买茶喝。他此时虽然只是海军部的一个低级文员，但是同国王亲近的程度，已经非同一般。

二、1667年6月28日，这是忙碌的一天。同相关爵士前往圣詹姆士宫讨论丹吉尔的生意，然后到财政部通报给丹吉尔付三万英镑的事。午餐时同另外爵士八卦其他公爵的逸闻，对法国路易十四治理巴黎路不拾遗的赞许。"坐马车回家。到家看到我的妻子正在泡茶,佩林先生告诉她,这种饮料对缓解她的感冒有帮助。"沃尔特·佩林是药剂师（1671年曾任伦敦药剂师协会会长），佩林对茶的了解和建议，应该具有权威性，他是把茶作为药物推荐给佩皮斯的妻子的。妻子在家泡茶，说明家里有茶器具，也有茶和喝茶的经历，只不过今天茶被作为药记录下来。要知道，同第一次记录茶，已是七年之后，此时的佩皮斯，已经是有钱人了。然后又离家去处理公私事物。本来佩林答应来家晚餐，结果没来。这一天日记的文字量是9月25日的5倍。

此外，硕士团队捞针似地查到一条茶资料：

1665年12月13日,在给科克先生送预付款的账单之后,"去了皮尔斯先生家,他和他的妻子请我喝了点茶,于是我和他一起乘船去了伦敦。"

有研究者统计，十年日记中，有99次喝咖啡的记录。到1665年瘟疫爆发前，他就基本不到便士大学（一杯咖啡通常卖一便士）这种低档场合去混了。

由于第二次英荷战争的失败，海军部的作为备受批评。1668年3月5日，他到下院为海军和自己作无罪辩护。坐船到威斯敏斯特宫，为了让自己舒坦一点，先喝了半品脱葡萄酒，又喝了一些白兰地，有了一种温暖的感觉，"让我重拾自信"，在座无虚席的下院，我毫不犹疑，言辞准确，说理周到地陈述了三个小时，全程没有被打断。同事们评价，真是无与伦比的演讲，放声狂啸以表赞美。这是一场大考，他不喝咖啡不喝茶，以酒壮胆和镇静。看来他对茶的兴趣不高，所以笔记中落墨不多。但是，毕竟只是前十年的记载，以后是否爱上茶，在此不好判断。如果我们单从两天日记中的两段简单记录，不知来龙去脉，来判断佩皮斯与茶，和茶在当时英国的地位和影响，未免唐突。

从日记中对大事件的记录，辅以其他著述的印证来看，佩皮斯是一个头脑清晰，敢作敢为的官吏。大瘟疫爆发，国王和贵族都跑到郊外避瘟，他独守空城，天天上街调查统计死亡人数，直接给国王汇报。接踵而至的伦敦大火，他在约克公爵指挥下，赴汤蹈火，无所畏惧。他负责海军部的财政，原料采购、物资发放、舰船采购、战备等工作，予以大胆改革精心管理，英国海军从弱到强的成长，有他可圈可点的贡献。这些表现，得到查理二世和詹姆士二世两位国王的高度认可。他当皇家学会主席虽然只有两年，但是力排非议，在1685年9月15日下令，拿钱出版了贫困的植物学家约翰·雷（第二天日记已述）的三卷本巨著《植物史》的首卷，以后三卷出齐，这对林奈的双名法研究予巨大帮助。同时他做通牛顿的思想工作，在1686年7月5日出版了牛顿的《自然哲学的数学原理》（简称《数学原理》），这是经典力学的第一部划时代巨著。作为会长，他有权在这些书的扉页盖上皇家学会会长的出版许可和钤上个人徽章。

英国历史上名人太多，除非是享誉世界级的人物，人们至今受惠于他们的成果，常叨在嘴上，如莎士比亚、牛顿……否则除专业人士以外，不会有多少人惦记时过境迁的名人。用郭嵩焘的诗说，"流传百世千龄后，定识人间有此人。"佩皮斯的一项无意，或有意之举，使他在逝后120多年，从湮灭无闻变一飞冲天，现在愈来愈炽，这里有什么玄机？

作为一个新教徒国家的保皇党，他有新教徒善于经营家业的特点，对于财富的增长，日记中每年底要算总账，乐此不疲。但是他不学唐宁的最大爱好房地产投资，他终身不买房，逝世前三年，搬到他原来的仆人、以后的巨富威廉·休尔家走完一生。他有一个很大的爱好，买书藏书编辑书目。到1668年，他藏书500多册。以后20年，高官加嗜好，好书精进，包括查理二世、约克公爵詹姆士和各界名人送的珍稀善本，假公济私攫取的海军部珍贵文档，以及搜罗的名人书稿等。

到1689年，辉格党"光荣革命"之后，威廉、玛丽共同执政，这位前朝重臣就回家赋闲，专注于他的藏书爱好，包括到印刷品拍卖会和旧书市场淘宝，他藏书的一半以上是人生的最后13年获得的。他的藏书涉猎广泛重点突出，还包括音乐、速记、语法书和词典，其中还有两部中文的雕版印刷书。从1693年开始，他进行第1次调整分类工程，编制了两套图书目录。1700年经第二次调整后，藏书达2474册，音乐书大部分用装饰性书皮保护，其他书用小牛皮装订，采用烫金的书脊。摩洛哥山羊皮则用于装订他喜爱的珍稀书籍。

佩皮斯的缪斯去世后，没有续弦，他的女管家作为同居者照料他。佩皮斯把妹妹的小儿子约翰·杰克逊收为养子，从小培养，读的大学是他的母校。他

引导杰克逊对藏书整理的
兴趣，在去世前两周，即
1703 年 5 月 12、13 日签署
的两份遗嘱，明确杰克逊
继承他的全部遗产，休尔
为执行监督人。他要求杰
克逊毕生拥有这个图书馆，
要进行完善装订和增加新
书，每一本书的封面盖上
佩皮斯家族纹章。待杰克
逊死后，装满 3000 册书的
12 个玻璃书柜，捐给他俩
共同的母校剑桥马格达林

1689 年，戈弗雷·内勒绘制。2 月 13 日，"光荣革命"的
威廉和玛丽成为双王主政。2 月 20 日，佩皮斯辞去海军
部秘书职，从此隐退，专心于图书收藏和整理。

大英博物馆藏佩皮斯象牙徽章

学院，拨出一个专门的房间，称为"佩皮斯图书馆"，以后不能作任何增减改变，
假如这些条件受到破坏，图书馆将转赠给剑桥的三一学院。1723 年杰克逊逝，
第二年图书馆搬进学院一幢新楼的底层。在佩皮斯的时代，不是资财丰盈的爱家，
是不敢玩珍版书收藏的。见过众多的捐书者资料，没见过如佩皮斯精致整理到如
此程度再捐书的，他有信心，要给后世留下点什么。1728 年，德国旅行家雅各布·格
洛克对此作了悲观的评价，"这个图书馆不能再增添新书，而且不能再从这个地
方移动，只能作为传家宝供在这儿。我把它看做是一种虚荣心的纪念碑。再过一
段时间，所有这些书都会过时，封皮上的烫金装饰将会变得暗淡，图书馆的作用
价值就会消失。"事实证明，格洛克先生错了。

在佩皮斯的终生好友中，有一位是约翰·伊夫林，他是富裕的乡绅家庭出生，
就学于牛津，是皇家学会的创始人之一，死硬保皇党，比佩皮斯大 12 岁。受父
亲影响从九岁开始，写了一辈子日记，长达 70 多年。他博学多识、记事详尽、
语言规范、材料丰富，从直观者角度记述，用现今的话说，叫学院派。而佩皮斯
则是文字口语化、幽默生动多情，以参与者身份，善恶美丑不忌，揽述其中，处
处显出置于市场经济的氛围中，同样用今天话说，叫野路子，无规无矩。现在两
人是公认的 17 世纪英国两大"日记家"。如果没有佩皮斯暗藏的玄机被曝光，这

剑桥大学·麦格伦达学院·佩皮斯图书馆。馆藏图书数千册和众多资料，全部由佩皮斯捐给母校，所以用他名字命名。图书馆内景。用家族徽章图案特制的佩皮斯藏书票

只是一个图书馆而已。

　　几十年后，伊夫林的后裔收拾其遗物时，发现了他的日记，于1818年整理出版，引起轰动。日记中无数次提到与佩皮斯讨论重大问题，交流对海战、书籍、国事、宗教、艺术的看法，这引起了人们对视野之外的佩皮斯先生的关注。一位在校的大学生约翰·史密斯，在莫德林学院的"佩皮斯图书馆"，找到了他的六本日记，和解读速记的密码本，花了三年时间破译成功。佩皮斯写日记有个特点，每天随时发生的事情，他用各种文字记在纸片上，晚上再补充一些大事情后，整理成日记。有时很忙，几天后再补记，也不会差错，并且日记整洁，很少涂抹，这就给破译者方便不少。破译完成，布雷布鲁克勋爵于1825年发表了《日记》的部分内容，让这位被遗忘的海军官员一夜成名。以后成为神职人员的史密斯，破译时对不雅言行以及对宗教人物和事件的本来面目，依其所好作了取舍，这就导致以后有多个让人常看常新的版本，成为畅销书。十年日记期间，他算一名循吏、王国的干将，但不避蝇营狗苟之事，写而无忌。把这本有很多隐私的日

记，连同解开它的密码，全部存在图书馆，那就是为了多年后让人细看赤裸裸的佩皮斯，这是某种意义的"忏悔录"吗？现在很多书东解西解，不得其解。以上简述，供人来解"佩皮斯现象"，是为一趣，"定识人间有此人。"

要说下午茶的品种特色产地，礼仪规矩，茶点的花色品种，茶器具品质和生产企业，某款器具的来路和价格，是先加奶还是先冲水，加什么糖为宜，茶点是先抹奶油还是果酱还是蜂蜜，三明治切到多大入口才高雅，为什么要用手拿茶点而不是借用刀叉……这有无穷无尽的书籍神聊，就不用我来参加了。

这座圣殿，简洁高雅，毫无繁褥之感，茶点丰富正宗，饮袋泡红茶，每人14英镑费用。一些书故弄玄虚，卖弄渊博，在此放一个参照物大家看看吧。

11　小卖部叫"琳琅满目"

终身不忘的圣殿下午茶体验，历经一个半小时就要结束了。茶二代请那位阿姨打包，大家要把美食带回去晚餐。她用有乌邦寺徽记的精致的纸盒给我们装好。我们送她一只熊猫和一包中国茶表示感谢。

离茶厅不远是小卖部，也快到下班时间了。小梅给丽萨和动物园导游准备的熊猫和茶礼交到她手上。在修道院时发给每人的塑料参观卡要交回，内有一张今天游程的时间、景点、注意事项、投诉电话和导览人姓名电话，我觉得挺好，征得同意，取作纪念。再见了丽萨，我们在四川等你来看熊猫！

这是一个300平方米左右的卖场，取名"琳琅满目"真是名副其实。数百种乌邦寺和沃本徽识的玩具书籍食品和纪念品，美不胜收，布局方式与邱园差不多，很大气。我给小孙女买了一红一蓝两个塑料便携吸管杯，一个有麋鹿头像的白色帆布手提袋，一本精美的乌邦寺简介图册。有了在邱园选手袋的经验，我选了一张75×45厘米的绢布景区景点图，上面印有18个重要的景点，我请王导译给我听，大喜过望，一共18个景点，与我们今天参观紧密相关的有麋鹿、中国瓷器收藏、童贞女王画、公爵夫人茶室、会飞的公爵夫人、中国墙纸上的奇异鸟、海洋石窟、中国古建筑、伟大的铁路、九种鹿类公园、黎巴嫩雪松、屡获殊荣的中国园林、马鹿、野生动物园等13项，马修先生真是毫无保留地让我们看够了。

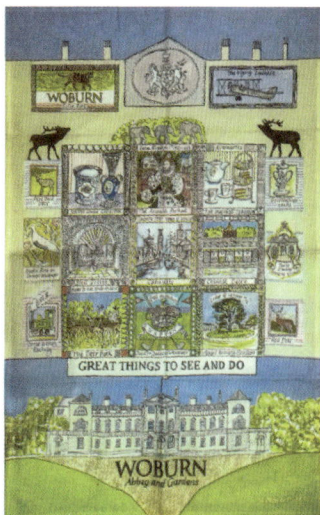

乌邦寺景区导览绢布图，中国风物占了三分之一。多彩的小卖部

再见了，乌邦寺，我还要再来！

小雨停了。王导坐在导游位上，从玻璃板上拿出我们的英行册。从第一天册子送给他，说眼睛不好，连封面字都未瞅完，就扔在玻璃下。我注意到他仔细地看了封面、全团人员名单，又简要地把后面内容翻了翻，然后把册子放到他手袋里。他没想到，他也见证了这些主要来自远离北京的西部山区人，演出了令人难以置信的中英茶文化大戏。

车行半个小时，到贝德福德郡的天鹅酒店，四星级，标间1600元人民币，酒店不大，干净整洁。晚餐自行解决，几个大男生聚到丁云国房间，他泡冰岛茶，用乌邦寺的下午茶点，抵挡了一次别样的晚餐。从二月十日得知公爵不能见我们的消息至今，我压抑了两个月，给老丁、刘昌明、小陈揭秘谈起这些经历，他们都认为天助茗人，来之不易，以茶代酒祝贺圆满成功。

餐毕，我们到小城镇逛街，买一点水果，我选了好几种，自慰庆祝胜利。走在冷冷的街上深吸一口气，真舒服。

回到酒店，同沈冬梅、冯斯正商量回国的宣传问题，问心无愧地说，我们是站在中英茶文化交流的制高点发声。

12:00，我的微图信息还没有发出去，就收到了国内友人发来同公爵的合影。

团里的快手们，合影刚结束，她们就把图片发出去了。我发了两组图片，安心入眠。

12　附记——乌邦寺续章：公爵来信，玛雅博士助力圆满

一、公爵来信

6月10日，我的邮箱收到公爵的秘书基姆发来的邮件，说4月29日公爵给我家寄了一封亲笔签名信，不知道什么原因被退回英国，她发了信件的原件和退信封印章以示说明，并表示歉意。

这对我来说，是意外的惊喜，而信的原件，将是十分珍贵的中英茶文化交流的史料。我立即给公爵写了一封信，请小冷译后发基姆转交。

全文是：

> 尊敬的安德鲁·罗素公爵先生　您好！
>
> 六月十日收到您从邮箱发来的邮件，非常高兴。
>
> 我们的英国行茶文化考察，访问了25个考察点，高潮迭起。但是最高潮之处，是在乌邦寺得到您的接见，您给予我们意外的惊喜。我代表全体团友感谢您！
>
> 我期待您光临四川。法国博物学家阿尔芒·戴维神父，1865年在北京发现麋鹿，1869年在四川雅安发现大熊猫。雅安是中华茶文化之源，因此，四川雅安同乌邦寺有深厚渊源。您的到来，将是中英文化交流的盛事。
>
> 我在着手写一本这次英国行的书。其他3位团友，也将分别写出考察报告和文章，乌邦寺在中国的影响越来越大。
>
> 很遗憾您给我的信被退回。但这封信对我和中国茶文化十分重要，能否请您的助理把信另邮地址重新寄给我。
>
> 我有一个请求，不知您是否能满足。请您寄一张七世公爵夫人安娜·玛丽亚的图片，签名赠我。她在中国研究英国下午茶的领域内，是大名鼎鼎的人物。但是网络很难查到和辨识她的图片。以至在我写的文章中，错用了八世公爵夫人的图片（我会在书中就此公开致歉）。

祝夏安！

神交已久，您诚挚的朋友孙前

2016.6.11 于四川成都

我给基姆也写了一封简信，一并邮箱发出。为保险起件，我请她把信寄四川省旅游局，这是我的原工作单位，比较保险。

8月8日，收到了基姆的来信，并把公爵4月29日的信重新寄来，全文如下：

2016年4月29日，十五世贝德福德公爵给孙前亲笔信，以及签名赠送首创下午茶品饮方式的七世公爵夫人安娜·玛丽亚的儿时油画图片

作者收藏

孙先生，您好！

很高兴那天能与您及英国茶之旅全体成员会面。成员中有几位女士身着民族服饰，在我看来，显得格外美丽。

此次来信主要为表达对您及同伴们的诚挚谢意，感谢你们为我精心准备的各种礼物，感谢您赠予我的上佳茶品。

最后，再次衷心祝愿您的英国之行圆满成功。

由衷感谢！

您诚挚的朋友

安德鲁·罗素

2016.4.29

同时寄了一张名画家乔治·普罗克特画的七世公爵夫人儿童时的油画照片，背后签题：

祝安康

安德鲁·罗素于贝德福德 2016.7

二、《我在中国三十年》的叙述

玛雅博士的中文名字叫冰雪玉，她的合作伙伴多米尼克，一个法国的有思想有能力的先生，中文名叫鲍裕民。我们在英国 14 天的行踪，翻译刘娜每天都告诉她们。刘娜和玛雅的关系，形同母女。我们回到成都，玛雅祝贺访问成功，并说她和鲍先生正在合著《我在中国三十年》，希望我提供英国乌邦寺行的照片，我即照办。

2016 年 9 月 4 日，鲍裕民先生题签赠我样书：

尊敬的孙教授，我希望您能喜欢此书。

多米尼克

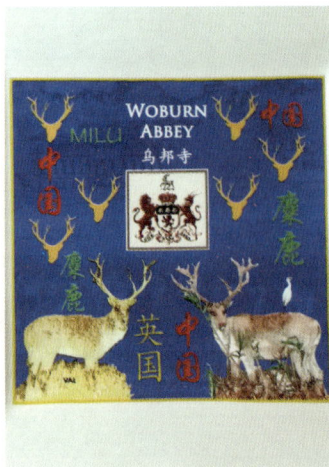

2015.11.17,"麋鹿回归中国30周年研讨会"北京合影。珍贵的研讨会限量版瓷盘

鲍裕民／供稿

六日收到此书，连夜读完。十五世公爵在序言中写道："麋鹿能被成功拯救并最终回归中国故土，离不开历史上四位特殊人物的贡献。首先是在北京发现了这一物种的戴维神父，然后是十一世贝德福德公爵赫尔布兰德，他拯救了麋鹿使它们在乌邦寺生存下来，之后便是我的父亲十四贝德福德公爵，他毕生的梦想就是希望将麋鹿送回中国，最后就是玛雅，在她的努力下，我父亲希望将麋鹿送回中国的梦想最终得以实现。""我们罗素家族和中国人民将永远感激玛雅为此作出的努力，她使麋鹿的故事更加圆满，对世界自然保护做出了真正伟大的贡献。"

罗素公爵出自肺腑之言，让我们真正认识了玛雅的贡献。

书中专门有一章"神奇的四川省"，写了戴维神父和我们的英国之行，用了全团人员和公爵的合影，其中有一段文字：

> 他们英国之行的其中一站就是乌邦寺。在他们到达乌邦寺前，我提前联系了安德鲁，刚好安德鲁可以抽出时间来招待他们，这让他们的英国之行又多了一份特殊的意义。

这段话，证明了我4月7日寄出十份英行册给玛雅，以作最后一次努力的成功。

没见此册，她（他）就不知道我们何时到乌邦寺。

　　没想到的是，9 月 14 日，她因癌症逝于北京。在她有生之时，得到其著作，情深义重。我在 2015 年 11 月 24 日请小冷代为邀请她们到雅安抱熊猫登蒙顶山，我全程陪同，她愉快地接受了我的邀请。

　　2019 年 3 月 26—30 日，我邀请鲍裕民、刘娜到雅安，代表玛雅，以了结我的夙愿，小冷全程作陪。我们参加了蒙顶山盛大的第 15 届茶祖吴理真纪念活动采茶节，提前到雅安碧峰峡熊猫基地、宝兴县蜂桶寨和邓池沟教堂，纪念戴维神父科学发现大熊猫 150 周年（1869 年 4 月 1 日），去了四姑娘山、康定、泸定、荥经县，前后五天。每到一地，我总默默祷念，"玛雅博士，我们来啦！"鲍裕民先生送给我麋鹿回归 30 年（2015 年），由

玛雅（冰雪玉）、鲍裕民合著《我在中国三十年：麋鹿回归中国以及其他故事》，有考察团乌邦寺行的专章"神奇的四川省"

鲍裕民 / 供稿

公爵设计、特制的中英共庆的大瓷盘，全球限量 100 个。刘娜翻译说，这是玛雅和多米尼克的心意。我看着他，眼噙泪花。我双手接过，这样珍贵的礼物，将来我要让它和戴维纪念馆永存。

　　2019 年 5 月，《大熊猫文化笔记》典藏版发行，收录了我们在宝兴穿着 150 周年纪念服的合影，用以永远纪念我对玛雅的还愿之旅。

三、佩皮斯的价值

　　2020 年 1 月 31 日，英国终于正式宣布脱欧了。就在这一天，西班牙《国家报》网站发了一篇文章，《"脱欧"带不走的英国文化》，列举了 26 项内容，其中第 12 项的全文是，"伦敦：英国首都，泰晤士河、大本钟和威斯敏斯特教堂所在地。塞缪尔·佩皮斯的日记、莎士比亚的 14 行诗和雾都孤儿奥利弗·特威斯特的痛苦与荣耀曾在这里孕育"。我们不了解的佩皮斯，300 年后，他在欧洲人的心目中是如此地位，这是《堂·吉诃德》母国人的幽默吗？

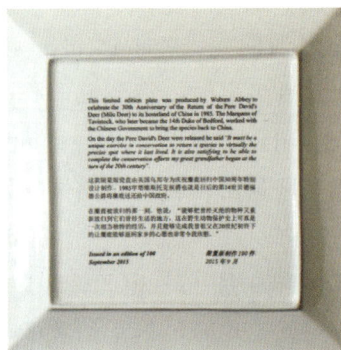

2019.3.28，作者陪鲍裕民、刘娜到邓池沟教堂、蜂桶寨保护区，纪念大熊猫科学发现150周年（1869.4.1）合影。鲍先生赠孙前瓷盘底部铭文

作者收藏

作者同碧峰峡熊猫基地诞生的首对双胞胎乐在一起

2008.03.12

2016 年 4 月 16 日　　星期六　　晴

Part　5

川宁茶叶旗舰店　　加威咖啡馆遗址
约翰逊博士屋　　东印度公司茶庄

▶ 提　要

早餐新吃法　　天鹅是王室财产

两个清朝人守了 300 年　　川宁伦敦旗舰店　　包装至简

袋泡茶真面目　　女王 90 寿特制茶

加威咖啡屋　　最早的茶海报

罗素家族的伦敦产业　　约翰逊博士是谁　　无敌最寂寞的嗜茶狂

学生调侃先生的巨著《约翰逊传》　　莎士比亚谢谢他吗

世界读书日与塞万提斯、汤显祖牵手 400 年

在这里遇见中国英语辞典大师　　一幅没被重视的饮茶油画

什么人还扛着东印度公司的招牌

容闳、张德彝论印度茶　　中印茶争霸天下

1　天鹅普查是怎么回事

6：00起床，整理笔记。小陈仍然帮泡好浓郁的藏茶。

来到早餐厅，干净明亮整洁。装了一盘凉菜坐下，心里纳闷，怎么没有热菜热点呢？

侍者来到面前，轻声问，先生早餐需要什么？小冷一问才知道，早餐是专门另点的，不收费，计算在住宿费里了，凉菜是开胃的。第一次遇到这种情况。点了牛排为主的几款早餐。大约等了20分钟，现烤的黑椒牛排、土豆泥、烤鱼上桌，一吃很爽口，把我第二天午餐对"正宗"老码头牛排的坏印象一扫而去，英式牛排还真不错。

早餐后到门外看看。跨过马路就是一条60米宽的河，一米的花瓶肚石栏护着它，无声流淌的河水向西而去。几十只大白天鹅，曲颈向天，悠悠地逆水而上，难怪这里叫天鹅酒店，肯定是长期有天鹅为伴的。我想起每年七月中旬，中央电视台都要转播伦敦的一档王室活动，在连续五天时间内，专门人员分三个中队，身着猩红色制服，摇着传统小船，要对伦敦以西的一段泰晤士河的天鹅进行普查，称体重，看是否有病，年龄登记，从1186年开始至今不断，这条河里所有无标

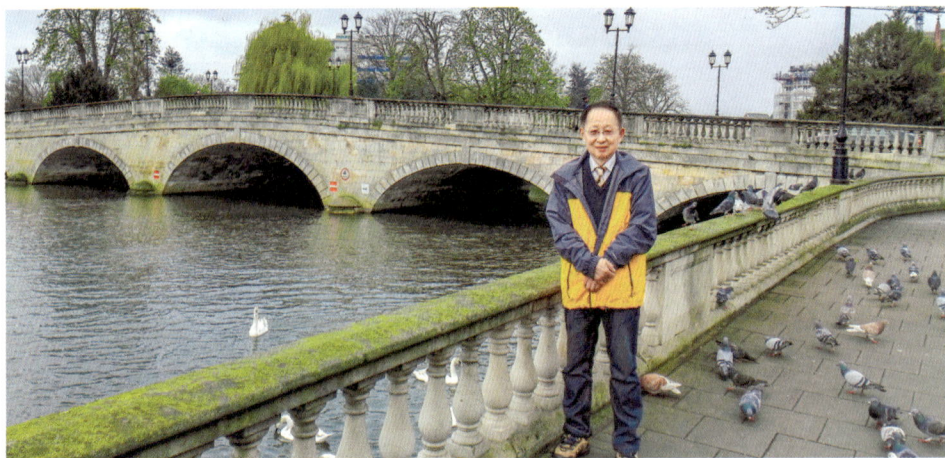

贝德福德天鹅酒店门前河道悠游的天鹅

记的天鹅都属王室财产。现在变为野生动物保护为主的活动，全民关注，邀请学童参加，要在电视台公布结果。我每次看到就在想，那些老弱病残的鹅怎么办呢？可能作为王室慰问品送到荣军院或养老院，效果会很不错。

河里，单人、双人、三四人、八九人的赛艇，在有节奏的桨击中，你追我赶，穿梭而去，向东穿过 5 孔石桥就不见踪影了。穿运动服骑自行车的人，跨桥而过。此时不到 8∶00，锻炼的人很多，主要是年轻人，男生为主。人行道上，胖胖的鸽子，时飞时降在觅食。我们的小茶友赶快跑回餐厅，拿了几块面包，跑来喂鹅逗鸽，这种味道真好。

2　300 年的川宁茶老店和女王 90 寿特制茶

9∶50，金龙车把我们送到伦敦斯特兰德大街 216 号——川宁茶叶伦敦旗舰店。简女士在门口接我们，她换了着装，依然舒气优雅。门口一个立在地上的告示牌，旧旧的岁月感，挡了半扇门，写着营业时间：周一至周五，9∶30—19∶00；周六，10∶00—17∶00；周日，10∶30—16∶30。这就是中国写的茶书中，只要讲外国茶文化，绝对不会漏掉的川宁茶旗舰店，但是失之简略，我要认真考究一番。

这是一栋多层楼的底层，宽仅两米的门脸，对开的玻璃门占去一米二，两扇门的外延是两个直径 25 厘米的白圆柱，高三米多，托着一个向上的"三角型"门饰，一头金色的狮子趴在里面的小台上，雄视右前方，台下是川宁公司的徽标，下面是 TWININCS（川

伦敦斯特兰德大街 216 号，1706 年始创的川宁茶叶，在两栋楼之间这个狭窄的门面经营了 300 多年。两位大清朝的茶人俯视进出的购茶者。门口的瓷砖上也是公司名片　2016.4.16　孙前／摄

宁）的公司的名称，再下面标着 1706 年。徽标台的两侧坐着两个清代的中国人。左侧着蓝色上装者，戴一顶软帽，留长辫，看着右前方，可能是一位茶商；右侧穿黄色上装者，戴竹斗笠，像一位茶农，望着进出门口的茶客。两人都留着山羊胡子，可能这是当时英国人认识华人的标记。门槛的地砖上，也嵌着"TWININCS"几个字。中国人没有让人踩踏自己广告的先例。这是一组奇怪的雕塑组合，让人过目不忘。当时的大清还是强盛的东方神秘古国，初生的川宁以此装饰显示茶来自正宗之地，不失聪明之举，一晃，他们已广告了 310 年，大清 100 年前就没有了，广告依然不变。

简女士介绍说，1706 年，托马斯·川宁投资了一家咖啡馆，取名"托马斯咖啡屋"，以后他分析了市场，在 1717 年买下隔壁房间，将其改装成茶馆，这是伦敦的第一家茶馆，既卖茶又品茶，这个地址—伦敦斯特兰德大街 216 号，至今不变。门口写的 1706 年，是从他开咖啡馆算起。以后他成为英国皇室茶叶供应商，每一位新王都会重新授予川宁这个荣誉称号。至 1720 年，他批发零售的茶叶种类有 18 种，他的顾客中有贵族、律师、作家、医生、牧师和平民大众，78 位有爵位的人物是他的常客。

我满怀好奇和敬意跨进玻璃门，我们是今天的第一批客人。一条约 25 米的通道一览无余，两边是嵌在墙柱之间的两米高的商品陈列柜，分五层，整齐陈列

川宁茶叶创始人托马斯·川宁

一眼看透的川宁伦敦旗舰店

着上百种茶品，还有小部分方块糖、瓷器、玻璃和不锈钢的茶具。柜顶墙上挂了十多幅人物肖像油画，是川宁的历届掌门。堂高不足四米，均布几组不豪华的吊灯，地面小瓷砖铺成。两柜之间的距离约一米二，不可能三人并列通过。

简女士把我们带到最里面的一个服务台，约二米五长，一位30岁左右的女士，是今天的值班经理，黑西装工作服上戴了一枚黄色工号卡。看来简女士同她熟，介绍我们的到来，她请我们在外侧的独圆凳坐，一共六只凳子。她的工作位置逼仄，不能放凳子，一天都得站着。背后一墙的展柜，上放商品，下放纸杯，给客人品尝的多种茶品。墙上镶两个18寸平板电视，分别滚动播出公司广告和时政新闻。她的右手处一个不锈钢盥洗池接有自来水，一个电热炉，几把玻璃煮水和泡茶的壶。我以为拐角处或楼上还有卖场，就问简女士，就这样大吗？她指着最顶端的门说，那是储物间，大概有五米深吧。小门外的墙上，挂着十多个小玻框，装着公司各时期的老照片和文件，无声地叙述历史。甘甜给女士右衣襟上夹了一只熊猫，配上很美。

她指着桌上为我们准备的八款茶盒，全是川宁名牌，有印度阿萨姆、大吉岭、斯里兰卡红茶，肯尼亚、坦桑尼亚产品，有格雷伯爵茶、下午茶、花茶。桌上还高高地摆着今年为伊丽莎白二世女王90大寿的特制茶。我们先点阿萨姆红茶，女士煮上一壶水，然后在桌上摆了19只有川宁徽识的小纸杯。水开了，她在另一把壶的滤斗里，放了四袋红茶，把水慢慢淋下，殷红的茶汤立即显现，她再提着茶绳，在壶里上下荡了三下，茶水愈显红艳，然后把茶袋放旁边的渣斗里。她优雅地给每杯注了一半的茶，打算把茶递到每人手中，我表示大家自取吧，她笑眯眯地看着大家，她在观察我们品茶动作是否老道。我示意也请她品茶，她轻轻拿起最后一杯。我们都没有加糖，按中国习惯，要品它的本味，应该说，这是不错的红茶，但是同中国的优质红茶相比，各有特色吧。

人越来越多，熙来攘往，就像在逛大超市，在陈列柜取下中意的商品，到女士处付款，她很熟练地处理每一笔业务，然后说谢谢，还不影响给我们沏茶。我注意到，这里的茶包装主要有三种，最多的是轻便纸盒，放袋泡茶；其次是软塑料袋，装散茶；较少的是各式小方铁盒，有散茶或袋泡茶。最多重量是400克，绝没有豪华大包装，绝没有硬纸盒包装，中国无处不在的茶包装形式，这里没有立锥之地！我的灵光一闪，顿时开悟：川宁是卖茶，我们是卖包装；中国人千年不离的柴米油盐酱醋茶，在川宁得到充分体现，老百姓就像离不开盐一样离不开茶，茶是廉价的生活必需品。中国人如果把盐豪华包装出售，众人一定耻笑老板神经出了毛病，把茶豪华打扮销售，同卖高档盐不是一个道理吗？仅以此论，我们落后川宁远矣！

不过，盐在历史上也曾经有过被高档包装的历史。V&A馆珍藏的中国外销瓷中，有专门为欧洲生产的盐瓶，用青花瓷饰开光瑞兽花草图案精制。欧洲很多地方在16世纪前，是通过煮海水来提取盐，耗时耗燃料，非常昂贵，富人家用银瓶装盐放餐桌上。直到17世纪中期，英国柴郡发现天然盐矿之后，才放弃海水煮盐，于是从中国订制盐瓶。在17世纪后期，富豪人家，主人坐在高高的贵宾桌边，盐瓶放在桌中间。而地位低的人坐在矮桌上，是拿不到盐瓶的，他们被称为"低于盐瓶的人"，这是相当长一段时间内，英国社会等级划分的俚语。举此例说明，时代不同了，茶盐同理。

吴乌米是斯里兰卡几款红茶的中国合伙人，她点了此种红茶。一些女团友点了格雷伯爵茶。已经喝了五款，看来可以提出一点品鉴感受了，我引马森（美）写的《西方的中华帝国观》（1938年版）中，一位法国船长18世纪在广州被华人饕餮完毕，进入茶室的感受来谈认识吧。"仆人们把茶叶放入一个有盖子的瓷杯里，然后倒上开水浸泡杯底的茶叶，在中国没有往茶里加糖的习俗，过一会儿你就会闻到沁入肺腑的茶香，在欧洲，谁也想象不出世界上还有这么好的茶叶。"见多识广的船长的感慨，说明他过去不知道什么是中国好茶。无论什么好茶，在湿热的海上晃一年多运到欧洲，其色香味肯定打折扣啦，何况运的不一定是上等茶。现在欧洲时兴的是拼配茶，让喝惯中国好茶的人来评论这些茶，勉为其难了。

川宁的茶品柜，看看它的包装、价格和茶玻样

在川宁茶店同简女士讨论袋泡茶　　白小梅 / 摄

我提出，喝女王 90 寿特制茶。女士笑着说，我知道你们要喝这款茶，准备好了。她拿过一个天蓝铁盒，启开封笺，一个金黄色的夹层保鲜袋，这是给女王的喜庆之色。她撕开封口递给我，一闻，浓浓的红茶香，黑色的散装茶，100 克。她用茶匙舀出 30 克茶叶，放在电子秤上核准，然后倒入一把瓷壶，等水烧开。

3　袋泡茶和至简包装

我同简女士讨论着西方无处不在的袋泡茶，它的优点，已被时间证明，但是它的发明人，有几种说法。现在看来，较为客观的应该是：

1900 年左右，美国威斯康星州密尔沃基的罗伯塔·劳森和玛丽·莫拉伦，为了解决过去沏茶的弊端，即无论喝多少，都得沏一壶，每次的投茶量不好控制，洗涮茶具处理茶渣也比较麻烦等问题，发明了网织棉布袋，并于 1901 年 8 月 26 日为茶包申请了专利，在 1903 年 3 月 24 日获得专利权。可能是不熟悉市场经营之道，投放市场后没引起人们的关注。到 1908 年，纽约的茶商托马斯·苏利文在促销时用的茶样袋被客人误投泡茶，取得意外效果，受此启发，他改良了包装材料，然后申请了专利，再加上持续的推动，形成今天年喝上百亿袋茶的阵势，人们记住了他，但是苏利文是否受过前二者的启发，只有他自己知道。

在此反思，袋泡茶改变了中英茶文化的各个层面。中国茶界有一句怨其不争的牢骚语——"万家中国茶企，利润不如一个立顿。"很多人误解袋泡茶是低档茶，以为原料CTC（压碎Crush，撕裂Tear，揉卷Cuyl，三种工艺的首字母）都是把低档茶粉碎而成。殊不知，根据品牌、价格的不同，原料差异很大，高中低档都有。

第一次世界大战欧洲战场的需要，第二次世界大战各国实行配给制，高档茶和饮高档茶的时间都没有了，袋泡茶大行其道。二战后的生产恢复，时间就是金钱，袋泡茶满足了社会各阶层的需要。商人们用尽心思为袋泡茶圈地盘，你的人多要用壶泡，他有大装量的茶包；现在拼配花茶多了，茶袋变成塔状，网眼增大，便于多立面进水，出味快捷。它使茶勺、茶匙、茶漏成了古董谈资。从非洲、亚洲进口的红茶原料，这两年，肯尼亚的拍卖价2.88美元/公斤，这个价格，不够中国采100克鲜叶的工资钱，这样的低成本进入市场，华茶能抵挡吗？中、日、韩国满足于我们传承千年的茶道茶艺，津津乐道，但是欧美国家有兴趣者似乎不多，他们已经从200年前很有兴趣的茶礼仪，是进步还是退步到把茶当成方便饮料的地步，不玩高雅，只玩方便。对这些现象和变化，国人研究者寡，更没有听说过有什么推动改变的成功者。

我再次打量着店堂，想起中外各种书籍中谈到这处川宁茶馆时，众口一词地说，有了这个茶馆，贵夫人们有了买茶聚会八卦先生的地方，其乐融融。咖啡来自未开化的非洲，让男人们疯去吧，茶来自高雅的中国，让贵夫人们把盏言欢，这是女权解放的重要表现。

不到现场看看，谁也不会怀疑以上叙述。但是，我看到的是，在通道的最顶端，只能排六把独凳靠着吧台。在店堂里如果再坐一人，行人半阻，坐两个人，通行中断。所以真实的记录应该是，贵夫人出门散心，到川宁买茶回家。遇有二三熟人，要几杯茶，聊几句是可以的，要想把盏品茗八卦，是不可以的，场地太窄。

同样一则把茶在英国说得很铺张的消息被一些书刊转载，讲英国伦敦、曼彻斯特等处，设了好几处大茶园专供品饮，还附设了游乐餐饮演出等内容。经考证，这是当时商人投资的游乐园，附设茶、咖啡和啤酒饮品。这个主从颠倒，使国人虚添莫名豪气。100年前，这些有名有姓的游乐园，已被房地产商开发了。最开始英国咖啡店卖茶，是把泡好的茶水放桶里，客人需要时舀出来加热再喝。国家收茶水税，按加仑计算。川宁开张这家店，以卖干茶为主，给了茶客回家品饮的极大方便，所以简女士说，开张300年来，生意一直火爆。用四川话讲，这个巴掌大的门面，以川宁的实力和品牌，多少年前它也可以扩大成大卖场了。我想，这是川宁家族对历史的敬畏和缅怀之情吧！

女士把茶沏好，倒入杯中，每换一款茶，她就换一次杯。汤色呈黄琥珀色，透明清爽，入口的感觉不同于刚才品过的几款，别样的舒适。我打开壶盖观察，不是芽茶，是碎叶，从色差看，是拼配红茶。甘甜拿着铁盒翻译给我听，这是伊丽莎白二世女王90大寿皇家授权的限量版拼配新品，每售一盒，就会给慈善基金会捐一份爱心款，一盒十英镑。

按我们今天预订的茶专席，品八款茶，每人30英镑，这是不便宜的，还有三款未品，看着涌动的购茶者，才想起今天是周末。老外看着我们这些占了1/4店堂的中国人，无一碎言和不悦，可能还很欣慰，欢迎你们买英国茶。整个店堂就是这一位值班经理服务，高效而井然有序，含笑的大眼睛，一丝不苟的服务，让人体会到川宁品牌的价值，把事情做到最好。

我们给旗舰店赠送了小团旗、英行册和雅安画册，还赠送了兄弟友谊的竹条包茶，她对新奇包装很感兴趣，

让川宁记住中国茶的味道，
孙前、丁云国、吴乌米、高士杰赠送茶礼

241

还有国辉神农普洱饼、塔山茶、残剑飞雪和吴乌米的坡顶山红茶。我们拿出大团旗，请她签上这个 300 年老店的名字。

我对简女士说，我们要在英国游学 14 天，无以为报，多买点茶，捐一份爱心吧。几个小茶人高兴地说，来的时候塞得满满的礼品箱，现在快空了，刚好买茶回去。我看下手最重的买 20 盒女王寿茶。我买了五盒寿茶，三盒格雷伯爵茶。川宁茶旗舰店，让人留下很多感悟，花了 30 英镑，开了眼界，满足了味蕾，长了知识，值！

4 加威咖啡屋：第一张饮茶健康海报

离开川宁旗舰店，我们坐车去托马斯·加威咖啡屋故址。我们在国内同简女士联系时，她说原址百年前失火另建，面目全非，还需要去吗？我说一定要去，这是中国人所知英国最早打出茶叶广告的地方，它的前后，涉及诸多茶进入英国的信息，只有去看了，才会明白很多史实。

在英国，为什么先有咖啡馆卖啤酒、饮料，捎带卖茶，而不是相反？这把我们带进咖啡走入欧洲的路线图。

现在没有争议的是，咖啡的原生地是非洲的埃塞俄比亚的一个断裂河谷坡面上，"咖啡"一词源自附近的咖法小镇之名。公元六世纪时，当地人已经懂得利用这种兴奋果，治疗一些疾病，当然那是初级阶段的利用植物。到 10 世纪前后，伊斯兰苏菲派教徒传播圣言，把咖啡带到也门。至迟在 14 世纪，咖啡在阿拉伯半岛的伊斯兰教徒中，已把它作为抵制冗长宗教仪式中的醒脑剂。当然，也有医生推荐它的药用功能，说是可以治眼痛、痛风、水肿等。在穆斯林地区，咖啡被当权者或保守神学家们周期性或禁或开，每当再开时，它就爆发性扩张。1511 年，保守的神学家在麦加街头当众焚毁数袋咖啡豆。后来土耳其的大维齐尔（即首相）发布命令，凡经营咖啡馆者，棒打罚之，如若不改就缝进皮囊，丢进伊斯坦布尔海峡。为什么如此严厉？是担心咖啡馆成为政治阴谋的温床和淫乱邪行之地。随着奥斯曼成为跨亚非欧的大帝国，咖啡进入欧洲。基督教的神哲人员对这种黑色液体看法不一，据记载，被它征服的教皇克雷门八世说，要把这种"撒旦饮料"取一个圣名，使它成为基督教饮料，不能让异教徒独享美味。在他的推动下，欧洲在 1650 年前后迅速蔓延。威尼斯人因为同穆斯林贸易往来认识了咖啡，1645

年开了欧洲的第一家咖啡馆，但是它开始并不被欧洲人接受，因为它是异教徒的饮料，基督徒心里不悦，再加上土耳其式饮法，不加糖奶，又浓又烫，不合欧洲人的胃口，这种致瘾饮料价格不便宜。《茶叶全书》作者，也是世界级咖啡历史文化研究大家威廉·乌克斯说，1650 年，黎巴嫩犹太人贾克布率先在英国牛津的圣彼得教区开了一家咖啡馆。据说直到 1683 年，土耳其征战维也纳久攻不下，撤兵时丢下一些咖啡袋，维也纳的第一家咖啡馆老板滤去咖啡中的沉渣，加进蜂蜜牛奶，从而被欧洲人接受。以后有作家对盛行欧洲的咖啡，用诗的语言概括，"甜若爱情，苦若生命，黑若死亡"，这应该是极致之语吧。欧洲最早是无处不在的小酒馆，卖啤酒、琴酒（也叫金酒，杜松子酒），后来引进时髦的咖啡，就打出了咖啡馆的名号。这是两类让人神经反应迥异的饮品，酒让人疯狂，咖啡让人镇静，他们汇聚一堂，会产生什么效果呢？

法国人德穆兰于 1789 年 7 月 13 日，在伏瓦咖啡馆谋划了攻击巴士底狱的行动，列宁和同志们在咖啡馆策划俄国革命，大大小小的远航冒险和商业贸易在这里签下合约。已经比较火爆的咖啡馆，再把茶加进来，那是锦上添花的效果啦。

午餐在一家叫"大班饭店"的华人餐馆，二层建筑，比较大气。门口一副对联，"开灶思饭香，静坐品茶趣"很对中国人的胃口。吃完饭，车不能开到目的地。简女士脚有骨质增生毛病，一瘸一瘸的，带我们步行了几百米，来到遗迹地。

这是一片 10 层楼的区域，全部水泥楼房，都是工厂和仓库，没有商铺。简女士从包里拿出一份 8 开纸的黑白复印件，这是从其他书里

世界著名茶文化专家威廉·乌克斯说，从 1657 年开始，这家伦敦"加威咖啡店"就开始卖茶了
图片来源于《茶叶全书》

243

扫描出来的。当时没有照相机,是后来爱好茶的艺术家绘制的,在大片四层楼的十字路口,一幢楼拐角处的底层,开着一个咖啡馆,在一楼顶的横梁上安了一个店招"加威咖啡馆",这是所有中英茶书中都会用的图片。根据威廉·乌克斯研究,馆主托马斯·加威是当时有名的咖啡馆店主和烟商,此前世代经营啤酒、果酒、烈性酒,享有盛名。他在 1657 年前,就已经有茶叶出售,但是仅供贵族宴会之用,每磅价格在六至十英镑之间。随着进口茶叶渠道的增加和市场的需要,他改良了冲饮方法,降低茶价在 16 ~ 60 先令(当时 1 英镑 =20 先令)之间,努力扩大销售,在征询医生、旅行家和商界朋友的意见后,从药用养生的角度,1660 年在大门口贴出了英国第一张茶叶海报,内容珍稀,引录于下:

> 茶叶的功效显著,因此东方的文明的古国,均以高价销售。这种饮料在那里受到广泛的欣赏,凡是去过这些国家旅行的各国名人,以他们的实验和经验所得,劝导他们的国人饮茶,茶叶的主要功效在于质地温和,四季皆宜,饮品卫生、健康,有延年益寿之功效。

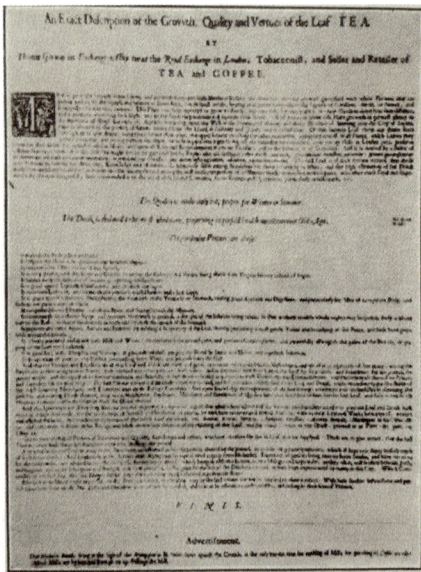

加威咖啡屋 1660 年贴出了第一张饮茶健康的海报,珍藏在大英博物馆

茶叶可使人身体轻快,提神醒脑,消除脾脏障碍,对于膀胱结石和砂淋症更为有效,可以清洁肾脏和输尿管。饮用时用蜂蜜代替砂糖。可以减少呼吸困难,除去五官障碍,名目清眼,防止衰弱和肝热。治疗心脏和肠胃的衰退,增加食欲和消化能力。尤其对经常吃肉和肥胖的人作用明显。减少噩梦,增强记忆力。如果熬夜从事研究工作,可以通过多饮茶,制止过度的睡眠,而且不伤身体。一些茶叶还可以治疗发冷发热。还可以与牛奶混饮,防止肺痨。治水肿坏血,通过饮茶发汗、排尿既可以清洁血液、防止传染,也可

团友们在加威咖啡馆遗址考察
1930 年，在火灾遗址重建这个片区的
公司，在墙上做一个小碑，提醒不要
忘记加威屋的贡献。公司的标志是一
只蚂蚱　孙前 / 摄

以清洁胆脏。由于茶叶的功效很多，所以意、法、荷及其他各国的医生
和名人都争先饮用。

　　就是用今天的观点来看，加威先生也不愧为宣传高手，他根据英国人的实际
情况所作的药用效果宣传，没有虚诳之言。第一张茶海报就达如此水平，由衷赞
誉。这也证明荷法意诸国，饮茶之风早于英国。在 1660 年，加威还出了一份茶
叶广告宣传单，看来他的广告意识很强。

　　国内一些书，把英国在报上刊登第一则卖茶广告（有专家说也是英国的第一
则商业广告）的荣誉也归功于加威先生，这是张冠李戴。1658 年 9 月 23—30 日，
伦敦的《政治公报》新闻周刊，首次登出回教王妃咖啡馆的卖茶广告，"全体医
生所证明的优良中国饮料—茶—现出售于伦敦皇家交易所旁的王妃像咖啡馆"。

　　简女士指着这个区域说，在加威先生的时代，这是一个商业繁荣的片区，全
是 4 层的砖木结构房屋。以后遭大火全毁废弃。直到 1874 年，被一家以蝗虫为
徽识的房地产公司进行开发，建了这一片十层楼的钢筋水泥房。因为这个时候茶
已经在英国成举国之饮，追忆茶历史的书都不会漠视加威咖啡馆的价值。1930 年，
业主在这里塑了一个小小的纪念碑，来凭吊的人还不少。但是这个公司至今是否

存在，没听说过。简女士用手画一个圈说，你们去了乌邦寺，罗素家族的产业远远不止那一个部分，寸土寸金的地盘都在伦敦市区，英国人都知道，在伦敦称为罗素街、罗素路、罗素广场、罗素酒店、罗素花园；塔维斯托克和贝德福德广场、塔、街、路、酒店，全是他们家族的产业，就是靠收租金，也是一个天文数字。

纪念碑用水泥贴铸在一二楼之间的外墙上，高约 80 厘米，宽 40 厘米，做了四行字"加威咖啡馆遗址重建于 1874 年"，之下的凹槽内，卧着一只屈肢欲起的蝗虫，下面墙上刻着"1930 年设置于此"。我们同简女士在蝗虫下照相，证明我们来探访了英国的第一张茶海报遗址。

5　茶何时进伦敦

我思索着一个问题，这里是海报之源，它也是茶登陆英国之源吗？材料反证，未必！

据托马斯·拉格先生在他的著作《白昼》中写道，"1659 年 11 月 14 日，当时在那里几乎每一条街上都可以买到一种叫咖啡的土耳其饮料，还有另外一种叫茶（Tee）的饮料和一种叫巧克力的饮料"。

1660 年，查理二世为对付窘困的财政，第一次颁布对茶收税的法律，规定每销售一加仑茶叶、巧克力和果汁饮料，附加税收八便士。要知道，这时他复辟登基还没几个月，如果当时的茶饮没有形成一定的气候，会对它收税吗？凯瑟琳公主还要 1662 年夏天才嫁过来。

最近，《英中时报》刊登了一则让人无法怀疑的新材料，摘编如下：

"最近，在约克郡利兹纽塞姆寺的档案中，管理人员发现了一张早期药剂师的购物清单，其中包括购买一瓶价值四先令的茶。这张清单是用于采购药物成分，其中包括了'中国饮料'，实际上指的就是茶。历史学者认为，这张购物清单应该归属于英国最早的一批饮茶者。""清单上的日期是 1644 年 12 月 8 日。"纽塞姆寺的管理者瑞秋·康若尔说，她是在整理文档时无意中发现这张清单的，它比佩皮斯的日记说茶，早了 16 年。

昂纳先生的著作中说，1593 年，英国商船"丁香号"从日本返伦敦，这是数十年间到日本的唯一英国船，满载日本器皿、漆器、屏风、"茶杯以及各种各样光泽极佳的碟子。"没有写是否有茶，但是写了茶杯碟，这二者是配伍使用的，合理判断，船上也有茶。

以上几则历史资料的回放，皆为史证，细细推敲，互相存在诸多矛盾，到底是什么时候，什么人，什么渠道把茶运进英国，要解此谜，得有皓首穷经的功夫，遍查寺院文档，贵族藏书，企业资料，大学、科研机构、城市图书馆等等，否则难解此谜。但有一条是可以肯定的，最早航涉亚洲的葡萄牙、西班牙、荷兰人，他们的水手、大班，从中国船员那里认识到喝茶防坏血病、治感冒、阻止腹泻，提神醒脑的好处后，在漫长的海上行程中自己使用，或买一部分作为稀罕之物带回欧洲赠友或销售。英国东印度公司虽然成立最早（1600 年 1 月 1 日），但是他们到中国海上贸易，那是 1660 年以后的事了。由于海运风险极大，为了鼓励和稳定水手队伍，各公司拿出 1/3 的舱位无偿供给船员，允许他们运货在返途中销售，这就使茶叶在无记录中进入欧洲。这种"舱位"在 17、18 世纪曾经是是广州行市中的抢手货，中国商人从水手那里拿舱位，要比正规舱位价格低。直到 18 世纪末期以后，随着海运的安全系数提高，船只吨位增大，水手"舱位"的比重才大大降低。

站在"茶是东方神药"的发轫之地加威咖啡馆遗址，无论是海报、政治公报广告、利兹清单、佩皮斯太太因感冒而喝茶，都是拿药作旗帜，这与英国的传统历史文化和气候有什么关系？

公元前 55 年 8 月，罗马统帅恺撒率一万精兵，80 艘船渡过英吉利海峡，第一次征讨这里的布立吞人。因天气原因，虽然取胜，但认为没达目的。第二年，恺撒率 800 艘船的庞大舰队再次登陆，突如其来的大风毁坏很多船只，直到把船修好，一举占领全岛，迫使布立吞人称臣纳贡之后凯旋回归，他评价这里多沼泽，天寒湿冷，不是适宜久居之地，他称土著布立吞人为"蛮族"，以后的"不列颠"一词就起源于此。

进入欧洲的中世纪（476—1453），欧洲多次发生鼠疫，被称为黑死病，其中最厉害的一次发生在 1346—1350 年，基本上遍及欧洲，死亡 2500 万人，占人口的 1/3。意大利人薄伽丘写的《十日谈》记下了这场实难，就是今天让人读起，也是触目惊心。为防感染，以后欧洲多国多地的王室改变古罗马喜欢沐浴的习惯，不洗澡洗脸洗手，说是防病菌从毛孔浸入，由此催生了香水，靠不断喷洒的香味，来压制不可遏制的臊气。在《圣经》中有驱逐麻风病人的信条，以后信徒们认为鼠疫患者是暂时性麻风病人。为防传染，设立了海事检疫制度，首先在拉古萨（1465 年）、威尼斯（1485 年）成为制度，凡是从疫区开来的船只，必须停靠在专门海域，隔离 40 天，绝对禁止同陆上往来。到 16 世纪，地中海地区广泛效仿。当时人们不知道是跳蚤、老鼠惹的祸。几个世纪的时间内，天花、鼠疫、疟疾、霍乱、肺炎、流感、感染性腹泻、结核病、麻风病……反复肆虐人类，欧洲也是重灾区。以英国而论，在 1499—1666 年之间，发生了六次重大疫病。佩皮斯记载的伦敦 1665 年 5—9 月鼠疫，死亡 31159 人，要不是突发大火把伦敦荡涤一遍，不知道鼠疫还会反复多少次。写了《鲁滨孙漂流记》的英国名人丹尼尔·笛福，鉴于伦敦瘟疫的惨痛教训，写了小说《大疫年日记》，1722 年出版。这是英国人不会忘记的心痛。在 1660—1799 年，英国每三至四年爆发一次天花疫情。另外，腹泻也是导致 17—18 世纪欧洲死亡人数上升的重要原因。喝茶，就可以大幅度降低腹泻人数。中国人的文明健康长寿，在 16、17、18 世纪，通过传教士、旅行者、商人的夸张，已经在英国和欧洲人心目中树立起伟岸的形象，把茶和药和健康拴在一起，这是营销的不二法门。

欧洲人有抠死理的性格，不是可以随意忽悠的，有一则茶人引用甚广的例子，即为了证明茶和咖啡谁对身体健康有利，瑞典国王古斯塔夫三世（1746—1792.3.16），以科学的态度拿一对被判死刑的双胞胎兄弟做实验。两人每天必须分别喝一定量茶和咖啡，可以免他们一死，要测试究竟哪一种饮料对身体健康有益。对这位国王的功德褒贬不一，但是承认他爱艺术讲科学勤王政有能力。1792 年 3 月 16 日，为了替他的好朋友、被砍头的路易十六申冤，他要讨伐法国。出征之前，他举办化装舞会娱乐一下，不期被反对他的贵族派人暗杀，时年 46 岁。实验仍在进行中，喝茶的享年 83 岁，没说喝咖啡的活多久，可能更长一点。于是出现了三种结论：喝茶有利健康，高寿，应该喝茶；中国茶书说，实验结果，喝茶的活了 83 岁，喝茶；北欧的咖啡书说，喝茶的活了 83 岁，先死，所以北欧国家以喝咖啡为主。独此一例的双胞胎试验，成了茶和咖啡经久不衰的打斗故事。

做商业广告、海报、在报刊上打广告，在欧洲的商业化运营中占有重要地位，但也有一个渐进过程。哪怕是到了 19 世纪 60 年代，法国的"报纸都是采取预订制，三月或整年起订，不单期零售"，对时政有兴趣的人，下班后就进入全国多达 50 万家的小酒馆，或者数量差不多的咖啡茶馆，公共阅览室、大众图书馆。在伦敦，

17 世纪 30 年代,已经有了《绅士杂志》《杂志月刊》《通行杂志》《评论月刊》《批评》《鉴赏家》等期刊,到 1760 年已经有四份日报,这些期刊面向全国全世界(殖民地)发行,"广告商在英格兰每日新闻传单上拿出 50% 的空间打广告。"在 17 世纪佩皮斯的有生之年,他收藏了大量的商业名片,这是社会经济、人们兴趣、艺术表现的风向标,被他整理收藏在"佩皮斯图书馆"里。这就使我们理解了加威海报,王妃咖啡馆广告的重要性。但是细看《政治公报》上的茶广告,它只在报纸尾巴上不显眼的短短三行字,是广告费太贵,或是茶还没有热起来?不管怎么说,它占据了历史上登报的第 1 则茶广告的殊誉,青史留名。

英国 19 世纪批判现实主义大师狄更斯,他的多部作品,据欧美研究者说,就是以加威咖啡馆为故事发生地,难怪 1930 年蝗虫公司要让人们记住"加威咖啡馆遗址"。汤姆·斯坦奇在《六个玻璃杯中的世界历史》中说,世界历史就包含在六个玻璃杯的饮料中:啤酒、葡萄酒、烈性酒、咖啡、茶和可乐。哈哈,这位先生理解了《论语》中"和而不同"的真谛,世界就是这样构成的,都有各自的位置,世界才精彩纷呈,这是加威咖啡馆遗址给人的启示。

说到啤酒,最近中国科学院微生物研究所研究员白逢彦团队对青藏高原微生物酿酒酵母菌的研究新发现,或者改写啤酒发现之源的定论。根据发酵工艺和菌种的不同,啤酒通常分两大类,即爱尔啤酒和拉格啤酒,前者用酿酒酵母菌在相对高温度下发酵,酵母菌往往浮在上层,故称上层发酵啤酒。后者则耐冷,能在低温(十摄氏度左右)条件发酵,酵母菌沉于底层,故称下层发酵啤酒。人类酿爱尔啤酒已数千年,拉格啤酒被认为 15 世纪在德国巴伐利亚出现,现已取代爱尔啤酒,成为全球主力,中国啤酒基本属拉格啤酒。经过认真研究,西藏种群的基因组,与拉格啤酒酵母有 99.82% 的序列相似性。以后的啤酒祖宗从哪里来,我们静观其说吧。

6　弟子写的《约翰逊传》

我们现在开车去伦敦高夫广场 17 号的约翰逊博士故居,这是简女士推荐的地方。在中国,对学习英国文学和莎士比亚研究的人来说,这是一位如雷贯耳的人物。对中国茶人来说,如果对中英茶文化知道得多一点的朋友,可以说出有一个博士嗜茶如命，茶壶一天到晚没有凉过，他对攻击茶有害的名人，愤起抨击，不留情面，仅此而已，再无其他。因为要来参观，请小冷帮助收集资料，他意外发现有《约翰逊传》的中文版，即邮购一本送我，几天读完，才知道是怎么回事。

如果没有史密斯破译出版《佩皮斯日记》，不会有人知道多姿多彩的 1660 年后的英国模样和佩皮斯何许人也。

如果没有包斯威尔追随约翰逊博士 21 年，记录下博士言行事件的无数卡片信件，在博士逝后 7 年的 1791 年 5 月 16 日出版了英文版《约翰逊传》，博士就不会被评为"18 世纪英国文坛的祭酒"，包氏也不会被赞为"现代传记文学之父"，我们也不会专访这位博士茶痴。

我把先睹为快的博士扼要介绍一下，以便到故居参观时，会领悟更多。

首先得介绍作者詹姆士·包斯威尔（1740—1795，简称包氏），他父亲是苏格兰名声卓越的司法官，拥有极大的田庄和产业。他在爱丁堡受过良好的教育。入大学后，"他有极大的欲望和野心与大人物们亲近，以便记录其生活言行"。他从小有写日记的习惯。17 岁时认识历史学家大卫·休谟，以后在欧洲结识卢梭、伏尔泰、宝利将军……1761 年 5 月 16 日，经过朋友汤玛斯·戴维斯（演员、书店老板）的介绍，在他的书店里第一次见到已是大名人的塞缪尔·约翰逊博士（1709—1784），比 23 岁的包氏大 31 岁。通过一段时间接触后，包氏吐露心声，愿作弟子鞍前马后，以后为博士写一本传记。博士对是否写传记不是太上心，但觉得孺子可教，就成了无话不谈的忘年之友。

包氏的主要工作是爱丁堡的律师，同时是年进账 1600 英镑的大地主。他常到伦敦博士身边转悠，博士的各种朋友也成了他的友人，他可以全方位细致入微的了解博士。1784 年博士逝。1785 年，他发表了青史留名的《黑白地群岛之旅》。1786 年他终于取得伦敦律师的开业资格。1791 年，不负对老师的承诺，出版了《约翰逊传》，使师徒名扬天下，历久弥灿。1795 年，他随师而去。熟了，随便了，那入木三分的描述可谓传神。他没有中国隐圣者讳的观念，他给世人奉献了一个喜怒笑骂皆本真的约翰逊博士。

他写老师："他体型高大，骨骼均匀，面貌像一座古代的石膏像，但由于抽筋的抖动，因病留下的疤痕，再加上服饰不整，穿着随便，因此整个外形看来有点怪怪的，有些笨拙不灵。他只有一只眼睛可用，但因其心智发挥了极大的作用，而弥补了五官的缺陷，故凡他看得到的地方，他的视觉便显得特别尖锐而精确。他从来不知道如何善于运用四肢，走起路来步态蹒跚，就像上了脚镣，骑起马来就像乘氢气球，他根本就不知道怎样控制他的坐骑。以这种体型结构和生活习惯而论，他居然能活到 75 岁，足证了一个人与生俱来的生命活力，才是延年益寿的最有力保障。"

他写师母："她是一个臃肿的妇人，胸脯大得吓人，双颊胖嘟嘟的，涂满红红的胭脂，长期饮用补血养气的药酒使她的脸颊更为红润；她衣着艳丽夺目，语言行为娇饰夸张。"她是一个绸缎商人的妻子，丈夫去世，留下两子一女。她同约翰逊结婚时 47 岁，整整比处男先生大 20 岁。约翰逊说，这是"双方相爱的结合"，她死于 1752 年 3 月，"约翰逊哀恸逾恒，至死不忘"，终身不娶，随身珍藏着送她的结婚戒指，直到去天国时再给她戴上。

受莎士比亚影响醉心于悲喜剧的不列颠人，看到对他们奉为神圣的文坛祭酒伉俪如此描述，忍不住一页又一页，要读完"传记文学之父"的处处珠玑，写的不朽人生。史蒂文森说，他每天像读《圣经》那样，要读一些《约翰逊传》。英国语言学家乔艾特把这本书读了 50 遍。

7　茶助神思的博士

约翰逊博士何许人也？

1709 年 9 月 18 日生于斯坦福郡利奇菲镇，父亲经营书店文具生意，精熟拉丁文，他把博闻强记的神童儿子送进牛津大学。后来父亲经营破产，只得在 1732 年休学，读了三年多，没拿到学位，囊空如洗回到家乡，12 月，父亲去世，留给这个独子 20 英镑现金和一堆书。他无所事事地各处谋职，在伯明翰认识了绸缎商人波特先生，不久他病逝。后来有人给他介绍波特小姐恋爱并认识寡妇母亲，小姐说他"面目可憎"，"又瘦又干，枯骨嶙峋，因为瘰疬症留下的疤痕，清晰可见。头发又直又粗，从后面分开；身体似乎微微痉挛着，姿态古怪，让人一眼看上去觉得吃惊和可笑"。他没有看上小姐，看上了她的妈妈波特夫人，夫人对女儿说，"这是我一生之中见到最了不起的人"。包氏评价波特夫人说，貌不惊人，年长一倍，竟能降服居才自傲的约翰逊，"她一定有过人的慧解与识人的天才，否则不可能激发出他异于寻常的热情"。在征得母亲无法不同意的意见后，牵手教堂婚礼，波特夫人更名为约翰逊夫人。

约翰逊把夫人嫁妆的 700 英镑，这在当时是一笔不小的财富，拿出相当部分在家乡附近租了一幢较大的房屋开馆授徒，并在 1736 年的《绅士杂志》上登了一则广告，"斯坦福郡利奇菲镇附近爱迪峨地方，塞缪尔·约翰逊教授拉丁及希腊文，管食宿"。可是他只招到三个学生，富家子弟大卫·加雷克和弟弟乔治，还有一个去世极早的富人子弟阿弗莱。但是，加雷克追随他一生，以后是伦敦极有声望的表演艺术家和剧场老板。学生的成功率在 33%，那是让人羡慕的。这座私塾开了一年半，关门大吉。这期间，约翰逊写了一部悲剧《伊雷恩》的大部分，想到伦敦求发展撞运气。学生加雷克为了完成学业，和老师结伴去伦敦，由于他有模仿的天才，以后放弃念书，转向舞台发展，成为让老师都吃醋的梨园大腕。

到伦敦省吃俭用谋生计的辛酸，包氏记录了一件轶事。书店老板魏柯先生听说约翰逊打算卖文为生，当他见到其"伟壮的身材和粗巨的外表后说，""你最好去买一套脚夫用的护肩垫"。以貌取人，如此看待未来文坛祭酒的书店老板，不知道让英国人什么感觉。

最先让伦敦认识约翰逊的，是他的诗《伦敦·一首诗·仿朱文来第 3 讽刺诗之作》（简称《伦敦》）。诗被很多报刊书商无情拒绝。但是眼光独到的劳勃·杜思莱先生看出了它的非凡价值，"于是倾其所有，付给约翰逊十金尼，这诗和波普题名为《1738》的诗同一日出版"，波普是多年雄居诗坛宝座的圣手，这一天双星跃起，市民认为这位无名诗人比波普还牛。胸怀坦荡的波普让人调查新人背景，回答是"约翰逊，一个籍籍无名的穷小子"，波普说："不久，你会看见他平步青云！"从此，波普始终关注奖掖这个穷小子。

悲剧《伊雷恩》写完了，约翰逊四处联系剧院推荐，无一接招。他找到杜丽南戏院老板胡特乌先生，希能在此上演，也被婉拒了。直到多年后加雷克成为此剧院老板，才安排上演了九场，以雪之前被轻慢之耻，学生太了解先生啦。但是世人对这部悲剧的评价，没见什么大声喝彩的。约翰逊对这位从穷戏子到年赚 10 万英镑的大腕并不领情，常常敲打他不应该花钱大手大脚。

如果不找事情来做，或不引起众人的关注，那就不是约翰逊了。1382 年，牛津大学神学教授约翰·威克利夫出版了《威克利夫圣经》，这一件事让教廷十分锥心。在这之前，《圣经》只有拉丁文本，这是教廷权威和垄断文化的标志，它使对《圣经》的解释权，只能掌握在有文化的高级教士手中，而英文版，使中不溜的英国人可以随意解释上帝的见解，那不是造反吗？保罗四世教皇下死命令予以纠正，维护正统，他下达了《禁书索引》，所有不是用拉丁文写成的《圣经》，还有薄伽丘、哥白尼等的书，全列入天主教的禁书。再加上英格兰的语言是多民族移民，和威尔士、苏格兰多地方言混杂而成，如何整合成一个标准英语作为准绳，不知苦难的约翰逊扛起这根大梁，他要给英格兰树立文化自信的标杆，想不到留下了文坛祭酒的大名，成为现代英语的拓荒者。

这件事被多家书商看好，1748 年，大家集资 1575 英镑作报酬，订三年交稿，书名《英文字典》。租了一处房子，聘了六位才华出众的助手，必要时再聘誊抄员，工作紧张有序地进行，他知道需要投入多大的热情、知识、毅力与组织才能。

一天，老友亚当斯博士来看望全神贯注工作的约翰逊，听了他的宏大计划后惊讶地说，"你怎么可能在三年之内完成这件工作呢？""法国学者们召集了 40 个人，花了 40 年功夫，才编好一本法文字典呀！"听到这话，约翰逊乐啦，"啊！原来如此，让我来算一算，40 乘 40 是 1600，3 比 1600 就是一个英国人和一个法国人之间的比重呀！"

他有效利用国内的一切前人编纂字典的资料，他引用的经典词汇例句，全是过世的名家著作，如莎士比亚、约翰·弥尔顿、约瑟夫·阿狄生、培根、亚历山大·蒲柏和《圣经》，当世的一概不用。从朋友手上借的一套厚厚的莎士比亚全集，被他肢解得四分五裂。从三年变成七年，1755 年 4 月 15 日终于完工，被称为《约翰逊字典》。他用了 80 多个笔记本，辑录了 42773 个字的释义，使用例句 114000 处，六位助手不堪劳累，两位提前到上帝那里汇报工作去了。对剩下的几位助手，无论是以后穷途潦倒，还是临终后事，博士都把他们照顾到最后，如此德行的约翰逊，让人深深敬仰。

这是轰动英国的大事，我们国内的网述至今可查，说他的报酬是 1500 金尼，相当 21 万英镑，撰文者怎么想字典也值这个价，但他不知道，当时 1 金尼 12 先令的比值。约翰逊对字典的评价是，"无偿劳作，虽成无荣"，这是真话，1575 英镑，七年，那样多人的开支，最后能抹平，就算不错了，无收益可言，所以叫无偿劳作。说"虽成无荣"就不对了，带来的巨大声望，那是无价的，弟子包氏，就是冲他的名气拜上门去的。国王乔治三世1760年即位，对文人优厚，特批给约翰逊每年300英镑恩俸，从1762年拿到手，直至终老。1755年母校颁他文学学士学位。直到1775年，牛津才授予他博士学位，这是迟来的爱。谁能记得迟迟不给他戴博士帽的校长，但是记住了这位戴帽者。想一想，这本字典使用百年以后，从1857年开始，牛津大学和伦敦语言学会联手，直到1928年才把第一版的十卷出齐，名字叫《牛津英语词典》，九泉之下的博士，又该自鸣得意了。

1766年他花九年时间整理校注出版了《莎士比亚》评论集，在前言中，他对法国名气很旺的伏尔泰作了很不客气的点评，说伏尔泰不懂莎士比亚，"那是小里小气头脑所做的小里小气的吹毛求疵，"当然遭到了伏尔泰反击，但他不予理睬，这使书在市场更旺。

从1777年他69岁时开始动笔，编纂《英国诗人列传》，到1781年他73岁时，为52名诗人写传，每人2500字至5万字不等，这是为英格兰留下的文脉。在博士动手写此书时，他已70岁。包氏一次同他讨论老年人问题，他说，"如果一个人在老年心理麻痹了，那是他自己的错，因为他没有善加利用自己的能力"，这本书的出版，就是很好的诠释。

中国茶友最关心他与茶的关系，我引原著于此。约翰逊博士评价自己：

> 一个铁石心肠而毫无廉耻的饮茶者，多年以来，每餐必以茶水下饭。
> 他的茶壶从来没有冰凉的时候；黄昏以茶为伴，夜晚无茶不欢，
> 更以茶迎接清晨的降临。

包斯威尔说，"乔纳斯·汉韦先生对茶这种清雅而大众化的饮料，曾作猛烈的攻击"。"他（博士）饮茶的数量极多，因此，神经系统一定超凡地强悍，否则一定会因过度饮茶而伤害身体健康。他一再向我保证，茶从来没有令他感到任何不畅适，""汉韦对约翰逊《论茶》一文提出愤怒的反击。约翰逊经过一段时期的深思熟虑后才回答他。在他一生之中，我相信，这是唯一一次降格为攻击他的文章自行辩护"（是的，法国大名鼎鼎的伏尔泰回击约翰逊对他批驳莎士比亚的文章，他就置之不理）。

　　被称为英国最受尊重的慈善家之一的乔纳斯·汉韦，也是作家和旅行家，他不顾马车夫、人力车夫的讽刺，在伦敦引入雨伞，于狂风暴雨中独步街头而名声大震，虽说这抢走车夫很多生意，但人们很长时间内用"汉韦"称雨伞，可见此人非等闲之辈，他已出过 64 种著述。说到茶对英国是毒是益的大辩论，无书不举他与约翰逊的大比拼，两个大文人，这是怎么回事？

　　1756 年，汉韦出版了他的第 65本著作，《论茶：茶有害健康，拖垮经济，搞垮国家……写给两位小姐的 25 封信》，他现身说法，每喝一次绿茶，就是毒药下肚，四肢发抖，肚里翻江倒海，浑身无力。他看到

与博士激辩的乔纳斯·汉韦

乞丐喝茶、修路工人、拉渣小工、农夫……无人不喝茶，如此下去身体垮了，无人无力仗剑疆场，所有妇女的花容月貌无踪，只有枯黄干瘪，国家的银两哗哗外流，经济面临崩溃……如此身份的人对茶全方位的大声讨，前无古人，后难有来者！他提倡戒茶从妇女做起，以改变她们的消化不良，精神倦怠，终日忧郁之状，恢复生气勃勃的天生丽质和优雅。为此，他建议在城市塑铜像或石像，对戒茶妇女的领导人题名其上，以资鼓励。

　　这些言论，对嗜茶如命并从中获益甚多的约翰逊来说，无异一桶污水泼下。他当头棒喝，无知愚人！1757 年，博士在《文学杂志》第二卷写了一篇书评，自认是"一个铁石心肠而毫无廉耻的饮茶者，多年以来，每餐必以茶水下饭"。他讥讽说，"如今小姐们已经没有当年那么漂亮，那只是因为我们自己老了，小姐们对我们不感兴趣"。说茶不利于健康，那是指每天睡十个小时，打牌八小时，然后喝茶闲聊，对这种不劳作不锻炼的人，不喝茶他也命不长，怎么能嫁祸于茶呢！

这些不痛不痒，针针见血的犀利之论，扎得汉韦勃然大怒，奋起反击。这就是包氏所述，博士第一次写了文章反驳。既生瑜何生亮，慈善家和文坛祭酒扛上了，都是现身说法，让报刊赚了销量，让老百姓辨明了是非，结果促进茶叶盛销。两人在天堂俯视人间烟火，汉韦说，认输还不行吗？喝茶！

8　中英辞书大师品茶论道

车开到停车场，在小街步行 200 多米，来到同周边建筑没有丝毫特殊的一处街边小院。六米长、一米六高的一排灰蓝色铸铁栅栏，不足百平方米的小院，岁月斑驳的红砖铺地，左右各一幢三层半的红砖屋，夹在中间的一幢就是我们专程拜访的目的地，汉白玉门框，五级石梯进底楼。栅栏上挂着一块浅蓝色的牌子，写着：

> 约翰逊博士故居——伦敦高夫广场 17 号
> 18 世纪四五十年代入住
> 开放时间：星期一至五
> 五至九月　上午 11：00—下午 5：30
> 十至四月　上午 11：00—下午 5：00
> 星期天和银行休假日关门　个人可以免费预订　电话、网址
> "当一个人厌倦了伦敦，他就厌倦了生活——约翰逊"

故居馆长凯琳，一位 30 多岁，略胖的女士，还有一位上海在这里当研究助理的研究生徐嘉云小姐，在门口接我们。大家进了底层，一个办公桌放着电脑算是接待处，桌后的壁炉架上放着几种资料和小图册。18 个人一进门，就把底层差不多塞满了。凯琳把我们带到二楼。

这一层约 140 平方米，一个活动隔断，可以把 40 多平方米独成一间，大间是客厅、书房。地板上铺着一张红色为主绣花卉的地毯，放了一张十人座的旧旧的大圆桌，可以折叠，只有四把藤面高背椅。三本巨书放在桌上，吸纳了我们的目光，淡黄封面的英文书是《英文字典》，约翰逊主编；黑白封面的《英汉大词典》，

这座有300年历史的"约翰逊博士故居"，被称为繁华都市的宁静绿洲，他在这里写出了《约翰逊字典》。大门告示牌的最后一句话是，"当一个人厌倦了伦敦，他就厌倦了生活。"

陆谷孙主编；红白封面的《汉英大词典》第3版是吴光华主编。我在这里看到《英汉大词典》有一种亲切感。2011年，我写的《大熊猫文化笔记》一书要译成英文版，供2012伦敦奥运会之需，为了检查英文翻译的某些问题，我从母校四川师范大学借了陆谷孙先生主编的这本书，还真帮助我核查了一些问题。按体量测算，约翰逊一本书相当陆吴二先生两书的大小。小雅和阿甲给两位女士戴上熊猫，逗得她们乐滋滋的。

　　凯琳和小徐站在壁炉前介绍，她的第一句话就是，"欢迎你们来到'现代英语的摇篮'约翰逊博士的故居！"这一句开场白震慑了懂点英语的团友们，她们立即四望打量这简简单单的房子，圆桌以外，三个样式不同的书橱，一个顶着天棚，上下两部分，全是厚厚的精装本书籍；一个是异形玻柜，装着小件的瓷器和茶具；还有一个简易书柜，有几十本装潢不一的书。壁炉膛内，放了一只中等青花盖罐。旁边一个长方玻柜，展示茶具、小摆件。几面墙上全挂着画，有几幅40厘米高的肖像油画，那是约翰逊，这比包氏描述的帅多了。还有十多幅小玻框装的素描、版画、蚀刻画，主要是人物画，男女都有，一些女性很妖艳。这些都是博士的朋友或他尊敬的人。

　　凯琳淡定而带自豪感地向我们介绍文坛祭酒的经历，在这幢有300年历史的

《约翰逊字典》1755年4月15日出版，中国陆谷孙的《英汉大词典》、吴光华的《汉英大词典》，汇聚在伦敦绿洲的茶桌上，考察团赠送茶圣山之旗和蒙顶好茶，以表达对约翰逊博士的敬意

杨景然/摄

房子里编写《英文字典》的艰辛，《词典》高46厘米，宽51厘米，英国历史上除特制《圣经》比它更大外，没有印刷物比它更大。首次出版后30年，推出五个版本，销量6000册，对于一国语种的巨书而言，这是当时的天文数字了。通宵不凉的茶壶陪伴他走完人生……小徐侃侃译来，博士有大熊星座般统领众星的魅力，这相当于是中国北斗星中的魁星，即文状元的意思。我问，两本中国人编的英汉词典，你们在什么地方买的？凯琳骄傲地说，这是中国驻英国大使刘晓明第一次来参观时带来的礼物，以后他常带人来，也送来不少中国书，都放在那边的柜子里。

　　陆谷孙教授与约翰逊博士有完全不同的编词典经历。在中国，凡是学英语专业的人，没有查过他编的词典的学子，可能没有吧？他1965年在复旦大学英美语言专业研究生毕业留校任助教。1975年国家启动《英汉大词典》编纂时有100

多人参加，到 1991 年两卷本出齐，收录词条 20 万，共 5000 页，1500 多万字。"文革"后第一次评职称，他跳过助教档，破格评为副教授。1993 年，复旦老校长谢希德等专家力排众议，聘他为博导，其重要的理由是，他主编的《英汉大词典》是学校获得国家社科一等奖的两项成果之一。当年参加编纂的 100 多人，因出国、工作调动等原因，最后只剩他和不多的几个人坚守。为了使再版能精益求精，集中精力，他为自己定下"三不"之规，一不出国，二不另外搞书，三不在外固定兼课。为使每一个条目精准，"常因一名之立而旬月踟蹰"。词典几经修改再版，创下 1200 万套的销售纪录。陆谷孙是复旦评的十位最受欢迎的教授之一，他的每一堂课，学生必然爽笑三次以上。编词典被业内人士称为"无害的苦役"，非通孺大哲不能为。用陆先生引用莎剧中哈姆雷特的一句话说，"身虽囿核桃，心为无限王"来形容先生的词典人生，十分贴切。

　　吴光华教授主编的《汉英大词典》第三版，请陆先生作序，此书侧重科技、理化的专业词汇，与陆先生词典形成互补。如何评价博士与陆吴教授两本书体量的不均衡呢？中国的著名学者、北京大学副校长季羡林先生，精通 12 种语言，有英语、德语、法语、俄语、阿拉伯语、印度梵语、吐火罗语、吠陀语等，在认真作了研究比较之后他说，中文是全世界语义最丰富，最精炼的语言。有外交家把联合国会议的各国文本作了比较说，你闭着眼睛摸，哪一本最薄，那就是中文本。按此测算，把 1500 万字的中文要全译成英文，那是《约翰逊字典》的 N 倍啦！ [1]

　　凯琳馆长指着玻柜中一组六件套的茶具、糖夹、银茶匙、摆件和有博士肖像的雪茄筒说，

博士曾经使用过的德国迈森茶具

---

[1] 2016 年 7 月 28 日，77 岁的陆谷孙先生突发疾病，在上海辞世。他拥有著名翻译家、散文家、莎士比亚研究学者、复旦大学杰出教授、国家级教学名师、首届全国师德标兵的头衔。我们在他健世之时，到现代英语的摇篮，看着他与约翰逊在茶桌把盏论道，莫大的荣幸。记于此，表达我们对陆先生的尊崇之情。

这些东西是博士生前使用，完整保留的，茶具是德国仰慕者送的一套迈森瓷器厂仿的中国茶具。在另一个玻柜中，有博士喜欢的中国瓷器、茶具。还有两只包斯威尔在景德镇订制的咖啡杯，有乾隆年款，他不敢像老师那样喝茶，所以备咖啡杯调剂口味。她还介绍，在博士家乡利奇菲的博物馆中，珍藏有18世纪中国图饰的陶壶，证明他父亲就有喝茶习惯。凯琳讲了博士与汉韦火拼茶优劣的故事，还讲了一位教派掌门妙趣横生的茶事。

博士有一位朋友约翰·卫斯理（1703—1791），是卫理公会（美以美教派）的创始人，信徒很多。他的住处离博士15分钟的步程，两人过从甚密。他有喝茶27年的嗜好，不知道什么原因，1746年8月发壮士断臂之愿，要与茶一刀两断。并且在1748年写了《致友人书·论茶》，号召追随者不再喝茶，这有利于健康，并把节约的茶钱，用于资助贫困者，仅茶钱，他一年可节约50英镑。博士串门时笑话他，以我的饮茶量几十年了，一点问题都没有，你出问题，一定不是茶的原因，欢迎你到寒舍喝茶。掌门不理睬博士的巧言令舌，这一戒就是12年。博士正要表扬他很有恒心，没想到身体出了状况，听医生建议，他又端起茶杯。这方便博士去蹭茶了。每到星期日早餐，伦敦卫斯理属下的牧师，必到他家早餐喝茶，然后再赴各地约会。知道了他的这一善举，不知出于商机，还是出于信念，制壶大家韦奇伍德还给他特制了一把半加仑容量的大茶壶供他使用。据威廉·乌克斯先生考证，此壶至今珍藏在教会总堂，它发出无声的命令，教友们，喝茶吧！

馆长讲到一些包氏书中的故事。博士每天下午4:30出门，没有半夜2:00以前回过家的，他到哪里晚餐节约茶钱，没有人知道。他安全吗？一次遇到四个劫匪，他缠斗得那帮家伙一个也脱不了身，直到警察来擒。小报一吹他如此身手，谁还敢碰他。"约翰

喝茶有益还是有害？约翰·卫斯理与博士对掰

博士1784年逝后，两位艺术家柯林斯、罗兰森在1786年设计制作了缅怀博士的《茶》，这幅蚀刻版画，是博士屋的神来之作　孙前／摄

逊博士喜爱夜晚，也可以说他恨透了早晨。想到要上床就令他不寒而栗"。他喜欢迫使朋友晚上留在他身边，"一句话也不讲，为他倒茶端水"，听他夸夸其谈。偶尔还可以吧，长期怎么办？包斯威尔说，"为了陪伴他，我的身体大受损伤，至今还无法复员"。我终于明白了，从小生活优裕的包氏，为什么才活55岁，从小受罪有病的博士，怎么活了75岁。难怪包氏用不为贤者隐讳的笔触，似有泄怨之疑，以科学的观点论，怎么可能每天下午4：30至半夜2：00不睡觉呢？还天天如此！

　　馆长指着墙上的一幅蚀刻版画说，这是1786年两位名家对博士的缅怀之作，极其有名，我们故居馆画册的封面就用的它，仔细一看，忍俊不禁。两男一女围着大茶桌，一把大水壶，一个小茶壶，每人一碟一盏，一个大糖钵，后边站一个侍童。盛装美女两手托腮，大笑不止的媚态。中间的包氏笑着向老师比划，好像在评论先生刚才的妙语连珠。一身邋遢臃肿的博士好像是聊天间隙，眼盯着左手端起的茶碟盏，一定是在观察糖块融化的程度，右边的巨手捏的糖夹夹着一块糖悬在钵上，等待放入茶盏的时机。我认为画龙点睛之笔在后面侍童的身上：左手端的盘子上放着什么茶点，右手在抓着乱糟糟的头发，以刺激神经，眯着眼，一个张满了嘴的大呵欠对着观众，孩子太困了，美女还在等博士的下文。我想起一件轶事，关注英国经济学的人，无人不知亚当·斯密的《国富论》，他著述很多，边写书边沏茶，不留神把黄油面包放进茶壶，然后抱怨茶的味道太差。看了这幅画就知道，约翰逊不会犯这种低级错误。他们两人是好朋友，但是对茶的品鉴水平，高下立判！我拉着沈冬梅依这幅妙趣横生的画照了张相。博士身上有无穷无尽的茶故事，《约翰逊传》只是讲了一小部分吧。

凯琳随口讲了一则那个时代的茶俗，没想到被我紧紧抓住，似乎可以解开一个百年之谜。她说，当时茶很贵，穷人喝不起。有钱人家的仆役就把茶渣晒干，自己饮用和待客。但是茶味很淡了，为了增强口感，就加进牛奶和糖，那时糖比茶便宜。以后影响面扩展，喝茶加奶糖成为英国人的习惯，没有想到，让西方人喝茶加奶加糖之源，就这样不经意得解，我第一次听此解释。真是这样吗？这只算一家之论吧，事实上喝茶加奶的源头在中国的大清朝廷，要高雅得多。对这一史实的论证，我会在下一本书里叙述。

馆长把辞典收好，小徐从大书柜里取出一本精装书放到桌上，《莎士比亚戏剧评论》全集校注本，这是博士用九年功夫打造的力作。第二次世界大战时的英国首相丘吉尔有一句名言，"我宁愿失去一个印度，也不肯失去一个莎士比亚。"如果客观评价这句话，让殖民地的人心中阵阵作痛。印度毕竟只是劫物，宁可弃之，当然不能把英国民族文化的代表者失去。想一想，印度土地面积是英国 12 倍，如果那是英国的固有本土，丘吉尔会说这句话吗？

中国人对莎士比亚有很深的情缘，这是文化上的相知相交。100 多年前，是梁启超把"Shakespeare"译成今天通用的"莎士比亚"。1942 年，作家萧乾到伯明翰参加莎士比亚外译本书展，中文书仅有田汉的《罗密欧与朱丽叶》一剧薄薄的译本，看后他

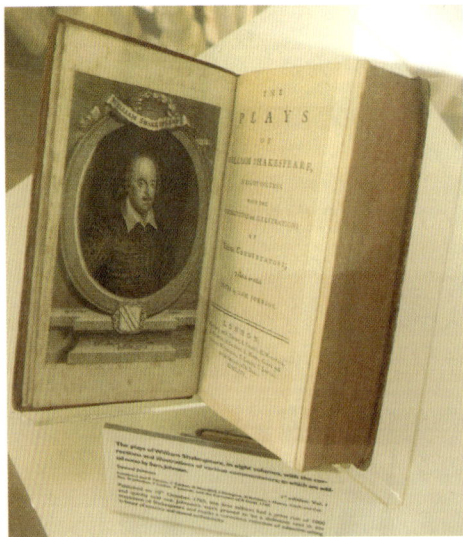

约翰逊博士著作《莎士比亚戏剧评论》

约翰逊笔锋如剑，一些人对他的文学批评思想不满，英国著名漫画家詹姆斯·吉尔雷绘画调侃他。约翰逊赤膊绕缪斯女神之家的神山作赎罪之行。太阳神阿波罗和众女神嬉戏于后

深为感叹地说，国家实力不仅看军力，国民生产总值，"像世界公认的这样经典名著的翻译情况，也标志着一个国家的国民素质和文化水平"。

中国人译《莎士比亚》的集大成者，当数朱生豪先生（1912—1944，浙江嘉兴人、诗人、翻译家），他从22岁到32岁，在国运艰难的岁月，以满腔热忱，在1944年编译出《莎士比亚戏剧全集》，分戏剧、悲剧、杂剧三辑，因积劳成疾，还剩六部剧未译完，就撒手人寰，交其弟接手，用白话文译出六部历史剧。1947年由世界书局出版《莎士比亚全集》，轰动文坛。新中国以此译本多次再版。朱生豪之后，有梁实秋、卞之琳、施咸荣译本出版，陆谷孙有《莎士比亚研究》论集，他说，"发现莎士比亚是一个永不停歇的进程"，这刚好印证了2012年在英国莱斯特城的一个考古发现，理查三世的坟墓发掘说明，身虽残疾，他可能是英国历史上最好的国王。但在莎翁《理查三世》剧中，他是丑陋愚昧、众叛亲离的孤家寡人。许渊冲教授以99岁高龄，发誓与时间赛跑，要译出他理解的莎士比亚。[1]

中国不少人希望把莎翁与曹雪芹作个比较，这很难，这是时代和国情所限。譬如，伊丽莎白一世女王在台下欣赏《哈姆雷特》演出，台词中说，"脆弱啊，你的名字就是女人"，这种犯颜之举，在中国可以吗？女王有对文化的宽容之举，她不去理解成含沙射影。莎翁也不会因女王在台下，而叫演员变更台词。曹雪芹时代是中国文字狱的盛期，遣词运句，那是推敲再三。我赞成《天朝向左，世

1　2021年6月17日，享年100岁的北大教授、翻译家许渊冲在北京仙逝，他以"书销中外百余本，诗译英法唯一人""意美、音美、形美"的翻译理论震响中外，致尊崇敬意。

界向右》一书作者王龙先生对莎翁和曹公的分析。莎氏 37 部戏剧，一共创作了 370 多个角色；曹雪芹半部《红楼梦》（后四十回被借者丢失），有 500 多个人物，个个栩栩如生，呼之欲出。两人作品的比较，"莎士比亚的作品吸引人之处在于它像一条河，蜿蜒穿过群山峻岭奔向浩瀚的海洋；而《红楼梦》更像一盘稀世罕见的绝妙棋局，处处是牵一发而动全身。"两人以真实生活为题材，无处不动，处处惊心，我想这是他们的共同之处。

但是在欧洲，也有对莎氏不同的评价。伏尔泰认为，莎氏有天才，却不懂规矩，没有品位，把不同文体揉成一团，悲剧成了闹剧，对莎氏棍棒敲打，几无是处。俄罗斯的托尔斯泰在晚年，更是以莎剧《李尔王》为标靶，写了长篇专文《论莎士比亚及其戏剧》，火力十足，批得一无是处，毫不留情地贬斥说，"莎士比亚的戏剧，是抄袭的、表面的、人为零碎拼凑的、乘兴杜撰出来的。"事实上，莎氏的大部分戏剧，都是根据旧剧本、编年史或小说改写的。他同时代的"大学才子派"剧作家罗伯特·格林影射他剽窃别人故事，是一个"暴发户乌鸦"，即靠别人羽毛装点自己。以后有史料披露，莎氏是个大奸商，他在家乡斯特拉福德"囤积居奇，放债，偷税漏税……"《威尼斯商人》中奸诈刻薄的夏洛克，就是他自己的真实写照。应该说，在诸多评判中，约翰逊的批评较为客观，他指出莎剧在时间、地点和情节组织方面的错误等等，但他认为莎氏的创作，是"一种特殊的创作；它们展示了尘世生活的真实现状及其无穷变化，他在文字、词汇俚语的使用上出神入化，无数例句进入《英语字典》。"

季羡林先生 1997 年写过一篇文章，论及天才勤奋与机遇的问题，说他在清华读西洋文学时，读了一位英国诗人的"乡村墓地哀歌"，其中一句是"在墓地埋着可能有莎士比亚"，意思说，你可能有莎士比亚的天才和勤奋，但机遇不好，老死乡间。看来，我们不能对占有天才、勤奋、机遇的莎翁求全责备。经 400 年的历史检验，世界各国人民喜欢他，记住他，这就够了。伏尔泰、托尔斯泰的尖锐批评，留给剧评者去审玩吧，终是瑕不掩瑜。

9 世界读书日：400 年祭几位巨擘

凯琳说，再过一个星期，4 月 23 日，是世界读书日，这是为纪念西班牙著名作家塞万提斯 4 月 23 日逝世，在 1995 年，由西班牙政府向联合国教科文组织提出申请，得到认可而定下来的。刚好莎士比亚与他是同年同月同日逝世，今年整整 400 周年，要筹备庆祝活动。小徐补充说，2015 年 10 月 20 日，习近平主席率团对英国进行国事访问，按英国皇家最高规仪，伦敦塔桥和格林公园分别鸣放 62 响和 41 响礼炮，伊丽莎白二世女王和丈夫菲利普亲王在伦敦骑兵检阅场举行隆重欢迎仪式，首相卡梅伦陪同。在 21 日晚伦敦金融城市长晚宴上，习近平作了精彩演讲，其中讲到他 16 岁到陕北一个穷山村当了七年农民，千方百计借到莎士比亚的十多个剧本学习，深深地思考哈姆雷特的一句话，"生存还是毁灭，这是一个问题"。这启发我的深思，"最后我立下为祖国，为人民奉献自己的信念"。他还讲到，"汤显祖与莎士比亚是同时代的人，他们两人都是 1616 年逝世的。明年是他们逝世 400 百周年。中英两国可以共同纪念这两位文学巨匠"。馆长和小徐的介绍，引起我们的共同兴趣，国内的北京、江西抚州、西班牙的塞万提斯和莎士比亚的家乡都在筹备隆重的庆祝和文化交流活动。

　　塞万提斯（1547.9—1616.4.23，西班牙人）与莎士比亚有一个在天堂聊天时才知道的神奇交结。1561 年，西班牙国王菲利普二世组织热那亚、威尼斯庞大舰队进攻土耳其在地中海的舰队，战况激烈，大获全胜。在受伤的士兵中，就有塞万提斯。他在意大利治伤好后，返回西班牙途中，被海盗绑架，在阿尔及利亚当了六年囚犯，后被保释出狱，又因揭发腐败而再次入狱，使他思考自己的写作。他没有参加 1588 年无敌舰队海战。直到 1605 年（58 岁）时才写出《堂·吉诃德》小说的第一部分，1615 年写出第二部分，翌年逝。这是一部被称为"反抗和自由精神的书"，是 16 世纪西班牙的百科全书，是西方文学史上的第一部现代小说，世界文学瑰宝。而伊丽莎白女王在欣赏莎剧时，塞万提斯还在苦打苦拼地过日子。塞万提斯参加的海战，是西班牙走向海洋霸权的胜利之战；莎士比亚给女王演出时，已是无敌舰队战败，西班牙走向衰败之始。但是，他们在 4 月 23 日同一天携手天堂，这在西班牙和西方世界是一个特殊的日子：相传在西班牙加泰罗尼亚地区，美丽的公主被恶龙困于深山，在险遭毒手之际，勇士乔治只身战胜恶龙并杀之除害，解救了公主。作为感谢，公主赠乔治的礼物是一本书，从此书就成为胆识和力量的象征，加泰罗尼亚地区把这一天定为"圣乔治节"，节日期间，居民有互赠玫瑰和图书的习惯。这也是基督教世界称为"屠龙节"的日子，以纪念他们崇敬的圣徒乔治。

中国明代的汤显祖（1550.9—1616.7，江西抚州临川人，万历年进士），书香门第，当过县官，正直不阿，被罢官后从事戏曲创作，先后有《牡丹亭》（原名《还魂记》创作于 1598 年）《紫钗记》《南柯记》《邯郸记》，被称为"临川四梦"。有研究者认为，莎翁与汤公的戏曲创作途径有很多相似相近之处，莎剧一改西方古典戏剧三一律的窠臼，跳出结构、场地、时间的羁绊，呈现自由灵活的叙事结构和表演方式。而汤显祖属明传奇的手法，一改元杂剧大多只有三至四幕戏的惯例，成为长短自如的表现形式，《牡丹亭》共 55 出，可以只演一个晚上，也可演两三晚，甚至六晚达 20 小时。二人的创作精神，莎翁高扬人文主义精神，汤公戏曲有强烈的批判性，宣扬个性解放。中国人开始并没有意识到翁汤二人的异同，是日本学者首先将汤显祖与莎士比亚相提并论的。

同年牵手仙去的三位中西文学戏剧巨匠，隆重共庆 400 年祭典，这是中国走过百年文化自弃、文化自卑，走向文化自信和文化自强的一座舞台。今年四月，江西抚州给莎翁家乡斯特拉福德捐赠的莎士比亚和汤显祖雕像会双双落地。不久，莎翁故乡将在汤公故里复建莎翁出生和去世时的两座房子，作为回报，抚州给他故乡赠送一座牡丹亭。这些都会成为双方的旅游亮点。双方演出团队都会演出对方剧目。北京的塞万提斯学院也将举办庆祝活动。

三位巨匠身处祖国不同的发展时期，英国处于蓬勃发展的上升期；西班牙曾经的日不落强盛一去不回，让人追梦怀念；同样曾经强盛的大明王朝，国力衰败，还有 30 年就改朝换代了。400 年世事变迁，再来咀嚼他们的作品，百味杂陈今看昔，思绪万千。伦敦市内一处公共绿地建有一尊莎士比亚像的雕像，基座上刻着莎翁名言，"唯一的黑暗就是无知"，巨匠们以不同方式拨开黑暗，让知识的火炬照亮前程。

10　不被重视的荷兰饮茶油画

来到上三楼的梯口，因为楼上作储藏室用，我们就没上去了。馆长说，这幢房子是三层半，博士、他的好友医人和仆役住三楼。另半层是放书和堆东西。一到冬天的晚上，博士把街上的流浪汉、瞎子跛子请进屋来，坐在梯道和楼板上避寒取暖，这是他的宗教爱心。我们来到一个不大的书柜前，我看书不多，中文本很少，日文版有十多本，凯琳说，博物馆成立时，日本是集资股东，所以书多一些。中国的书，是刘晓明大使送的。我说，我们带了一些书来送给你们，就放这里吧。她说，那是肯定的。

站在二楼的梯口，馆长指着楼下的门说，当时英国的强盗不少，你看这个门是特殊加固的。果然，除了中间的门锁外，上边有横铁杠拴，下边有铁链从右到左扣上。门上方的玻璃附窗可以推开透气，避免煤气中毒，但是窗后横着一根铁条，砸烂了玻璃人也钻不进来。门的上下横木，用长长的铁条加固，一般的破门水平是砸不开的。我看过无数的中国古建豪宅，在门的保险水平上，没有超过此门的。凯琳说，当时英国的交易水平，主要是以物易物，很少用钱币。商家和顾客之间，常常是写欠条赊账，如果老是欠债不还，债主告到法院，治安法官就可以把你送进牢房，还完钱再出来。精神富有，手头拮据的博士，有两次就被请进铁窗，后来朋友帮忙还债把他取出来。他欠茶糖奶和生活物资的条子很多，所以有时听到敲门，以为是债主或治安法官拿着条子找他了，就闷不出声，人家以为家中无人，改时再来。一次有人把门敲得咚咚响，他又不理，敲门人知道他的习惯，

约翰逊博士屋严密的防盗门，这是当时社会治安的缩影，凯琳馆长生动地介绍

就大声吼道，"牛奶放在门口啦，小心不要碰倒了！"凯琳绘声绘色的叙述，让我们大乐，如此强劲的大博士，也有气短的时候。中国人不了解"治安法官"在英国的地位和作用，他是地方政府和王国法令的实施骨干，掌控当地政府的司法行政大权。此职主要由乡绅担任，经国王任命，受枢密院监督。由于他们不靠政府薪俸为生的特征，和英国地方自治的政治传统，治安法官有相对的独立性。所以博士也要躲他。

因为同川宁创始人托马斯父子是好朋友，难免会送他很多茶。凯琳说，至今川宁店内还有博士的雕像，可惜上午我们没有注意到。

这使我们看到一个辉煌而又苦涩的约翰逊博士。在文坛上他是辉煌的，在生活上他是苦涩的。编了七年字典，他几乎是倒贴。后半生，是靠国王乔治三世每年给他300英镑恩俸度日，这就很不错啦。

在20世纪前，无论中外，靠写书写剧本编字典致富的，几乎没有。莎士比亚有经商放高利贷，田地租金和剧场合伙人等多种经营，年收入200英镑，遗属的总资产（土地、不动产、收藏、现金）2500英镑。在纪念英国女作家简·奥斯汀（1775—1817）逝世200周年之际，有专家研究，在她生前发表的六部小说全部是以"一位女士"署名，贫困使她不想让人知道作者是谁：《诺桑觉寺》一书，出版商只给了十英镑；最畅销的《傲慢与偏见》，只售出1750册，仅得到三篇评论；到她逝前，总共从四部小说中获得不到700英镑的回报。塞万提斯继《堂·吉诃德》成名之后，还写了不少书，他的故事题材被法国、英国、荷兰的画家绘成油画、版画，早在1720年作为瓷器上的欧洲故事，名扬四海。但是后半生在贫困中度过，死时更是一文不名。

当时的政府官员收入怎样？以佩皮斯日记自述而论，他的年薪350英镑，1660年开始写日记时，他的积蓄是25英镑，十年后停写日记时，积蓄已是一万英镑。此时的佩皮斯还只是海军部一个有实权的中级官员，以他的薪金十年不吃不喝能有多少，灰色收入占了大部分。由此看出，那个时代写书，属于吃力不讨好的活儿。英国广播公司（BBC）"千年作家评选"十大作家，奥斯汀仅次于莎士比亚排行第二。可能为了表达对时代的愧疚，英国中央银行宣布，在纪念奥斯汀逝200周年之时，十英镑新版纸币用奥斯汀的头像取代达尔文，下方印了小说一句话，"我说呀，什么娱乐也抵不上读书的乐趣！"两英镑的硬币也是她的头像。

看到这里，"简迷"对"莎迷"说，放心花吧，现在我们最不缺的就是钱！

二楼的一角放着一个两米高的宽敞的木衣架，挂着博士那个时代的男女服装，贵族骑士文官帽子，以供游人照相之用。

简女士下午就要同我们告别了，她拿出两本已签好名的新著《茶的社会历史》英文版送给我和沈冬梅，配有很多精美的彩图和老照片。我们三人站在雷诺兹爵士画的约翰逊半身油画前，捧着两本书，留下珍贵合影。博士在想，这两个中国茶人还算懂我，拉着茶大姐大来看我。画家是博士一生的好朋友，第一天我们参观林奈学会前逗留的英国皇家学院，1768 年成立时雷诺兹是首任院长。

书的封面用了四张图：三人品茶的油画占了一半页，另三张是写有 Bohea

简·佩蒂格鲁给沈冬梅、孙前赠新著《茶的社会历史》　　小雅 / 摄

Tea（武夷茶）的大茶壶，波士顿倾茶图，印度大象运茶箱照片。封面缩写了茶进入欧洲的社会历史。简女士说，这张油画，是荷兰艺术家尼古拉斯·维尔科列（1673—1746）画的，是目前所看到最早的欧洲人喝茶的油画。另外荷兰画家彼得·凡·鲁斯特拉腾，于 1670 年前后画有"漆桌上的茶杯和银器"、"银烛台和茶具"、"宜兴壶和中国瓷杯碟"等作品，是静物画，这些油画证明荷兰人开欧洲饮茶之风和达到的水平。

中国有少许茶书引用过饮茶图，一笔带过，似未读懂。此画的主题是茶话聚会，场面奢华高雅，它可能是贵族家聚，更可能是荷兰富商家聚或请贵夫人来品茶。男士身着猩红色上装，这是当时最昂贵的男装，它用墨西哥印第安人在胭脂色仙人掌上生长的胭脂虫作染料，西班牙人征服墨西哥后把此染料带回欧洲，用于染地毯、垂帘、丝织品，价格昂贵，至今英国皇家礼兵卫队的上装仍然是此色。我

们的很多读者，注意了桌上的瓷茶碟盏和拳头大的紫砂壶，但没有注意这张黑得发亮的高档茶桌，当时只有中国造，两个小碟放着糖块，杯中的茶汤是绿色，一把高档银壶是为紫砂小壶续水的，每人一把小银匙，是搅拌糖块的。桌上没有小奶罐，没有点心。这很清楚地说明，那时饮绿茶是要加糖而不加奶的，小紫砂壶已进入家庭。

存世最早的聚会饮茶图之一，荷兰画家尼古拉斯·威尔科耶（1673—1746）绘。漆器茶桌、宜兴紫砂壶、青花茶具显示了荷兰富户的追求。中间大碗放茶渣，两小碟放糖

简·佩蒂格鲁/供稿

1670 年的静物油画，紫砂壶、瓷杯。打蜡封的小包装高档茶（下右）

11　中日茶何时到欧洲

中国茶具从什么时候开始进入欧洲的呢？荷兰学者佛尔克根据荷兰海牙国家档案馆资料，从 1631—1682 年荷兰东印度尼西亚公司的《巴达维亚日志》等资料中搜集史料，写出《瓷器与东印度尼西亚公司》一书，他把 1682 年以前到中国贸易的船只编年研究，发现在 1624 年以前，公司运输的中国瓷器中，没有一件与茶具相关，这说明欧洲没有饮茶习惯。1626 年从巴达维亚开往阿姆斯特丹的"斯希丹号"，第一次记录有 250 只茶杯。1643 年的"利洛号"货物清单中有 690 件茶杯，同年 4 月 25 日的一份订货单，需要一万件外壁绘有花卉的茶杯。佛尔克认为，欧洲人的饮茶习惯大约此时在荷兰形成。1643 年，荷兰东印度尼西亚公司向中国订了两万五千件茶杯。逐步的饮茶之风吹向法德英国。

从我们看到的鲁斯特拉腾的三幅静物茶具画可以看出几个共同特点：三把紫砂壶是大号的茶壶，容水量是上一图的四倍以上，两把梨型、一把六菱形，全部用金链连着盖首和壶嘴；三图的瓷杯皆是中号大小的无柄瓷杯，只有一图有茶碟，而不像尼古拉斯画的壶杯盏那样袖珍型；茶汤显淡绿，全有糖相伴；全部没有加奶罐、没有茶点。这四幅前后印证的荷兰茶画，是两位相距数十年，题材迥异（一为人物，一为静物）著名油画家的作品，读懂了它们，许多争论日久的茶史实，定当能解。1651—1652 年，荷兰东印度尼西亚公司的阿姆斯特丹分部，首次举行茶叶拍卖会。

靠海上贸易和掠夺富裕起来的荷兰中产阶级，把财富用于改造装饰房屋，尤其喜欢各

理查德·柯林斯 1727 年的油画《英国饮茶之家》，可见当时饮茶的杯无柄　　简·佩蒂格鲁／供稿

种题材的油画。椐荷兰伦勃朗纪念馆博士桑德拉·贝希托尔说，阿姆斯特丹有800万～1500万张油画，这催生了弗兰斯·哈尔斯、弗美尔、伦勃朗等一批卓越的现实主义画家，真实地记录了所见所思。1640年，一个英国人游访荷兰，回国后写道，很不起眼的房子摆满"昂贵、新式"的"各种家具和装饰"，就连屠夫、面包师、铁匠、鞋匠的家里都拥有名画和奢侈饰品。我"被震惊了"。"就连普通农户都成了热心的艺术品收藏者"。这些记录，证实四幅画的描述不虚。

荷兰人为什么会富到天降珍珠、地淌金水的程度？归纳荷兰史研究专家的见解，有几条意见颇能服人：荷兰是低地国家，水网密布，使各地形成自治，贵族和宗教势力相对弱化，没有富裕的教会修道院和强大的高级教士颐指气使，对人民的精神控制很弱，人民不用把财物奉献给教会，新教发展迅速；靠鲱鱼产业起家，走向深海走向贸易，使商人群体成为国家经济发展的主力，顶级商人成为各级行政长官；数百年来经过抗争奋斗，形成独立民族和国家，举国形成抱团发展一致对外的民族精神；他们广为吸纳被法、德等国驱赶的异教徒人才；此国封建领主甚少，农奴制在中世纪末已消失，农民代表着一个阶层，有其土地和自由参加公共社会生活的权力，他们对排水土地整治，改革农作物品种充满热情卓有成效。当时作家笔下的"荷兰农民随遇而安、营养充足"。史家的结论是，"它是欧洲的例外，它不符合欧洲普遍的规律"。

我同刘昌明教授从衣架上各取一顶黑呢帽戴上，不知谁是贵族谁是骑士，把简女士夹在中间，我拿着她送的书，乐呵呵地照了一张相。我拿着书对她说，团友们都眼红您送给我的书，大家都想买一本，但是得有您的签名。她爽快地说，我签名给每人送一本作为纪念，不说钱的事。改天我送到你们住的酒店吧台。大家用中英文齐声高喊，谢谢简老师！

我们回到大茶桌，取出带来的礼品：有英文版的《大熊猫文化笔记》《雅安旅游画册》《茶祖吴理真邮册》、四川旅游地图、沈冬梅的《茶经校注》、刘昌明的《巴蜀茶文学史》、王洪林的《王褒集考释》、小团旗、五份英行册以及兄弟友谊藏茶、福建振福和坡顶山红茶等茶礼。在我们的大团旗上，留下了这座神奇的现代英语摇篮的印痕。到楼下的服务台，凯琳取了两本小画册题签赠我，一本是《茶和咖啡：约翰逊博士时代》，一本是《言语之家：探索隐藏在伦敦市中心的文学瑰宝》，在送我的博士雕版头像书签的背面，是他的一句精彩语录，"我还没有迷失在词典编纂学里，以至于忘记了文字是地球的女儿，事物是天堂的儿子。"由此证明，他并不满足于词典的编纂工作……我想到黑格尔一句名言，一个民族有一群仰望星空的人，他们才有希望。约翰逊当之无愧。

我们来到室外的小院子，打开团旗，邀请凯琳馆长和徐嘉云一起照相，大家满脸笑容，看到了一位真正的茶博士。我再次打量了这间蕴藏无数宝藏的300年老屋，这是我英国行最喜欢的地方之一，它是真实平静丰富的英国历史。每人参观费3.5英镑，这是什么样的性价比呀？已过午餐时间很久了，我邀请两位女士共进午餐，她们婉谢了。小徐陪我们到车旁，我又给故居送了几本书，

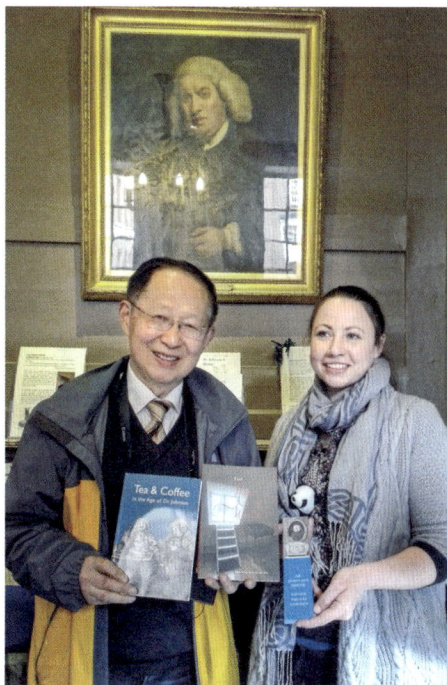

凯琳馆长赠送作者博士故居资料

给小徐送了茶礼。她说，你们是专访博士屋人数最多的中国团队，并且专门为茶而来，这是首例。

12　罕见的东印度公司茶庄

汽车开到皮卡迪利大街的一处十字路口，停在一栋七层楼的老式建筑边，这就是300年前富特纳姆和玛森食品的总店所在地。两米宽的一处黑漆门，旁边放了一个小圆茶桌，一个玻璃酒精灯上，温着的一个玻璃壶内盛着红茶，桌上放着一次性小茶杯，自斟自饮。门外放了两处不怕刮风下雨的铁质茶桌椅。门的左右两侧各有两个落地式玻璃橱窗，陈列着各式瓷、玻璃、金属茶具，还有多款茶的包装，一看就是一家大茶庄。

简女士说，这个店诞生在1707年，是英格兰和苏格兰联合，形成大不列颠王国的年代，仅比上午看的川宁晚一年。它由两个创始人的名字组成。为首者是

威廉姆·福特纳姆,他的工作是在宫廷从事蜡烛替换的王室侍者,他与一家小食品店的主人休·玛森联手,以全新的理念开了这家"福特纳姆和玛森食品店",他把经营策略定在"销售并非在什么地方都能吃到的高级食品"。当时亚洲香料大量进入伦敦,他用香料当场制作各式高级食品,可以现场食用或用精致礼品盒带走。利用他王室侍者的人脉,皇室和上流阶层是第一批顾客,世界各地食客使这里人满不息,这里逐步做成大型综合食品店,好评如潮。这里同东印度公司有很深的情缘,福特纳姆的家人和亲戚就有好几位在 EIC(东印度公司缩写)工作。以后同 EIC 合作,并使用 EIC 的徽记。几十年前,商店被印度大型企业塔塔集团收购了,保留东印度公司的品牌徽记。

1707 年开店的"福特纳姆与玛森"王室御用食品店,位于伦敦皮卡迪利大街,与东印度公司紧密合作。现在是印度塔塔集团的茶叶旗舰店,使用东印度公司徽记

吴乌米把特制的坡顶山红茶壶赠简女士

　　说到这里，简女士笑笑说，实际上 17 世纪，最牛的海运公司是荷兰的东印度尼西亚公司。1600 年 1 月，英国东印度公司成立时融资金额 68373 英镑，换算成荷兰币是 53 万荷兰盾，而荷兰公司 1602 年 3 月成立时，融资金额是 6424588 荷兰盾，是英国公司的 12 倍，可见他们实力的差距。冷建强补充了一件事说，对荷兰公司的称呼，现在存在着一个广泛的误称。2015 年 11 月 3 日，我同孙前团长陪一位荷兰研究生丹尼尔去蒙顶山参加茶盛会，他是学国际贸易专业的，精通荷、英、德语。他说对荷兰公司的称呼是一个翻译错误，印度尼西亚当时是荷兰殖民地，印度以后是英国殖民地。荷兰人没有到印度殖民，所以公司名称是"荷兰东印度尼西亚公司"，主语以后是荷兰语。在译成英语时，荷兰语的读法与英语很近似，再加上以后英国公司很有名，所以被误译成"荷兰东印度公司"。在我所见国内涉此的中外书籍中，仅一两本是用丹尼尔的译法。

　　这是一处进深 30 米、宽 25 米、高 6 米的店堂，满地瓷砖，局部铺地毯，商品用展台、多宝架布置，随手可取。灯光耀眼，在深红墙饰的反衬下，红艳艳的。茶品、杯盘壶罐装饰华丽，有精致小礼品盒的高档茶叶，有十多件一套的瓷茶具，体现大红大黄大绿的印度风格。茶品全是小容量包，除此一项与川宁店相同而外，其余的商品、装饰、布展、灯光皆迥然不同。店长是一位印度先生，简女士耳语把我们介绍给他。还有印度女士和两位上海姑娘作服务员，顾客不多，她们悠然应对。

　　在店堂正中多宝架的上方，用红缎面饰墙的正中，挂着金色的英国东印度公司的徽标，狮首鱼身的两只动物抬着一个盾徽，有三只远航船，上面是地球，左右飘扬着英格兰保护神的圣彼得旗，上下两端挽结的饰带上，写着英国东印度公司的字母。徽标下方的墙上，有介绍历史的文字。这不知道是在追忆过往，还是彰显荣誉？

　　简女士介绍：2000 年，印度最大的企业塔塔集团，出资 4.35 亿美元，收购了世

东印度公司的徽记镶在大厅正中

孙前／摄

275

界名列前几位的英国泰特利公司，你们 18 号就要到他们的工厂参观。现在这个店，就是泰特利产品在伦敦的旗舰店。塔塔集团是 1868 年在印度创立的本土企业，经 150 年的发展，成为印度第一位的企业集团，旗下有钢铁、水力发电、机械、酒店、汽车制造，茶产业等等，他们的经营理念和管理，代表了印度的最高水平。林太先生写的《印度通史》说，塔塔公司的创办者贾姆谢德浦尔·塔塔，毕业于爱尔芬斯顿学院，早期大规模经营对中国的棉花和鸦片贸易。

看来塔塔集团涉茶的时间不长，但是战略选择有方，这使我记起中国人对印度茶评价的两段往事。郭嵩焘、张德彝 1876 年 12 月 31 日，在乘坐英国轮船塔万宽号去英国的途中，同船的英国茶商司悌文森对他们说，他个人"在印度种茶 3000 余亩。中国茶种每亩收 100 斤，印度可至三倍。生植岁益加多，近 20 年岁出 3000 万磅"。茶种在孟加拉东北的阿萨姆。郭嵩焘叹道，《瀛环志略》（1849年徐继畬出版十卷本，清朝重臣）中说印度每年产茶 20 余万斤，现在不过 30 年，产量已超 100 倍之多矣。晚上茶商拿出茶供品鉴，张德彝日记中记道，"晚有英国茶商司悌文森者，出印度阿萨姆所产茶叶与看，叶小色黑。船主令烹之，味似红茶，苦而涩"。这是我发掘到的满清官员首次与英国茶商品鉴阿萨姆茶的资料。这是喝的红茶吗？不是！最多只能算是仿红茶而不达标的阿萨姆茶，根据何在？张德彝这是第四次欧洲行，从他每次出行的日记可以看出，他接触了各类茶叶，参加过众多茶会，对品牌、茶色形状和口味十分熟悉。他久居北京，是同文馆高才生和讲席，对中国茶的了解，就不用说了。这里用语"味似红茶，苦而涩"。"味似"即味道像，他熟悉红茶而不讲这是红茶；"苦而涩"，足见是品原茶，如果是红茶，英国人是要放糖的。如此分析，绿茶或乌龙茶无疑。事实上，阿萨姆茶在开始的相当长时期都是仿中国绿茶，也有福建广东技师做乌龙茶，但因原生茶树品质太差不堪使用，才发生了让福钧到中国盗取优良苗种的事情，以后又用拼配茶和加糖奶，才出现红茶品饮习惯。

另一段资料出于《西学东渐记》一书，它的作者容闳，1854 年毕业于美国耶鲁大学，是我国第一位毕业于美名牌大学的留学生。1859 年 3—7 月，在对浙江、江西、湖南、湖北茶区调查后，对于中国茶的出口贸易，他写了一番议论：中印两国，"盖产茶之土地不同，茶之性质，遂亦因之而异。印茶之性质极烈，较中国茶味为浓，烈亦倍之。论叶之嫩及味之香，则华茶又胜过印茶一倍也。总之印茶烈而浓，华茶香而美。故美国，俄国及欧洲各国上流社会之善品茶者，皆嗜中国茶叶；惟劳动工人及寻常百姓，乃好印茶，味浓亦值廉也"。在印度人开的东印度公司遗址店，来回味中印茶事，是一种什么心态呢？哀其不幸，怒其不争吗？

一家英国国际调查公司公布了一份统计，本年底全球前几家的茶企排名，英荷联合利华销售额占 10.6%，印度塔塔集团占 2.3%，握有"川宁"的英国联合食品公司也是 2.3%，云南大益茶业集团和一家德国公司以 1.7% 并列第四，久违了的中国茶企，进入前四了！

大堂左侧茶柜的中间，镶有一张真人大的照片，在大吉岭茶山的一处别墅凉亭，英国老板坐着喝茶，一位全身白裙套装、头缠白帕的印度侍者，双手持一单筒望远镜，站立远望，是在找猎物，还是监督劳动的工人，不得而知。这张照片很有名，众多书中都用过。

右侧的墙上，一幅比照片更宽的图片引人注目，身着白红相间盛装的血腥玛丽女王，她是宗教改革的亨利八世之女，以残杀新教徒著称，她的油画头向右，腰部系着名贵的宝石带，脖子挂着出奇大的钻石，但是头部被换成一只印度乌头，红啄大眼扭头望着左前方。为什么如此戏弄英国女王？店堂不多的三种饰物，似乎暗示着一个主题，你赢了还是我赢了？

被戏弄的玛丽一世女王像变成了乌头。
这是一幅有名的印度茶图片，英国庄园主在喝茶，印度佣工随时报告观察情况

277

在茶店，我们要同简女士告别了。我同沈冬梅代表中国国际茶文化研究会会长周国富、副会长沈立江先生，邀请简女士10月18日到河南开封参加第14届国际茶文化研讨会。她很抱歉地说，十月她的膝盖要做手术，去不成。她感谢邀请并很乐意参加研究会，以后经常到中国去学习茶文化。

她从大大的挎包里，掏出一只茶香烛，四厘米高的白玻璃杯里，是一支略带茶香的蜡烛，礼物寓有深意，"茶文化之光，引导前行！"17位茶友每人一支，重重地装了大半包，早知道我们帮她挎呀，足显真情，感动。吴乌米拿出她公司特制的坡顶山瓷茶壶，很精美，一路拿它当道具拍公司广告，现在送给简女士，这也是一件很好的礼物。

大家同简女士拥抱告别，按约定，我们请她导览两天，每天辛苦费600英镑。明天远行，她膝不便，不好意思再打扰她。待返回伦敦，时间紧张，不一定能见到，就此告别，期望她到中国见。

离开伦敦，我们返回乌邦寺。因为没预订到昨晚的乌邦寺酒店住一宿，觉得我们的乌邦寺之行不完美。小冷预订到今晚能住，所以我们不惜绕道，住进乌邦寺集团的自营酒店，条件挺好，三层楼。放下行李，全团散放，到小城各选口味。我同陈素兵、白小梅、甘甜一伙，沿小街漫步。房子全红色，一家一户一小花园，最多三层。在一条商店密集的街上，选了一家泰国餐馆，别有风味。[1]

荷兰丹尼尔先生，更正了"荷兰东印度尼西亚公司"的误识。

马识途大师题：

"千山都看霜叶红，独有蒙顶一片金。"

2015年11月3日于蒙顶山　　李亚军／摄

1　林纾是不懂外语的文坛奇才。1922年在朋友帮助下，他把《堂吉诃德》译成《魔侠传》出版，颇多新意新解。2021.4.23，纪念塞万提斯逝世405年时，西班牙把《魔侠传》译成西班牙文，这是两趟旅程的完结，"这是真正的语言宝藏"的牵手。

Part　6

英国农贸市场
维多利亚和阿尔伯特博物馆
百年下午茶舞会

▶　提　要

周日农贸市场　　变化的田园风光　　巴洛克与洛可可区别　　做生意不再可耻啦

女王惊讶的世博会　　油画争议：大清朝参展了吗　　中国茶倒在水晶宫

马克思、李鸿章、康有为的评价　　张德彝一语成谶：灰飞烟灭

中国球迷熟悉的水晶宫队　　赚钱建的 V&A 馆　　艺术史家导览

葡萄牙人最早订制外销瓷　　陈仲美紫砂壶 1613 年就来啦　　茶具无以胜数

漆器和瓷塔配景　　轿子在欧洲的大文章　　撑伞、戴笠、摇扇是中国官场标识

留几条意见　　纯正血统带来什么　　欧洲老祖母的后裔

谁是最高产皇帝　　最牛老丈人

百年茶舞会　　一溜小帅哥　　五人小乐队　　两位舞蹈家调度全场　　中英茶点较量

一位老绅士邀舞　　满清官员的评价　　90 岁奶奶过生日　　藏族舞转晕绅士

永远不忘的茶舞会：简女士的伏笔

1　星期天的农贸市场

　　我们住的酒店叫乌邦寺酒店，四星级，红砖建成，成凹形，前面是平房，有接待大厅和餐厅，后面是三层客房，室内有乌邦寺标识的邮资明信片和多种文字的欢迎卡，中文也列其中。大厅有带标识的圆珠笔，随便取用，我拿了几支作纪念，还有征求意见卡，也取了一张。

　　早上起床，好天气，拿上相机，外出采景。这是一座无围墙无大门的乡村旅游酒店。走几十米，就是贝德福德郡沃本镇的十字路中心。酒店左侧，一个只有30多平方米的小绿地，中间一座两米多高的石质十字架，六方型的塔基上刻有文字，不知道祭奠谁。十字路口的对门，一幢异形红砖建筑，正面约四层楼高，后面是长20多米的教堂礼拜大厅，门锁陈旧，颇像一处年久失修禁用的古建筑。教堂前是一个400米左右、碎石铺成的小广场。一对中年夫妇，穿初春的厚服装，不紧不慢，把绿红蓝色塑料方筐装的鸡蛋、西红柿和好几种蔬菜，三筐一摞整齐地放在路边，我判断这是给酒店送的副食品，一会儿酒店来取。

　　小镇宁静，汽车不多，早起的团友沿街晃悠，目猎各自的兴趣所在。各家独立成院，皆有大小不等的小园子，或草坪，或花卉。待我再到小广场时，有微型

乌邦寺小镇罗素公爵家族的乡村酒店

2016.4.17

乌邦寺镇的星期日农贸市场正在摆摊　　孙前 / 摄

货车在卸蔬菜水果禽蛋，还有的在安装红布篷架以避阳光雨淋，然后货放其中。已有十多人，悄声无息，各行其是。所有的东西全部干干净净，有的还用塑料袋分装好。我大惑不解，这里是农贸市场吗？不睡懒觉的丁云国、刘昌明、白小梅都围着小广场转，我们判断，这一定是农贸市场，懂外语的都在床上，我们几人只能打猜猜。

　　丰盛的早餐后，我们到总台给酒店送礼物：小旗、熊猫、英行册、茶礼，请在团旗上签字。她们知道前天公爵接见了我们，大感惊异，对我们刮目相看。我就问外边的小广场是怎么回事。她说，英国的集镇，星期日设农产品和花卉的自由交易，每周一次，国家重视和鼓励这种贸易，每两年全国要举行评选。明天你们要去的塔维斯托克镇，前几年被评为"英格兰最佳集市小镇"和"最佳农产品小镇"。这是出乎意料的新闻，发达的资本主义英国，也有中国一样的小农贸市场，大家赶紧跑去照相，小广场已经摆满，农产品干净水灵。摊主们看到涌出一群中国人围着他们照相，不知道为什么，微笑着打招呼。丁云国幽默地说，哈罗，我也当过农民，中国农民来看望英国农民！

　　我们在平房大厅门口，一个公羊标识下面照相，这是公爵家族旗下酒店系统的徽记。打开团旗，留下贝德福德郡的记忆。

今天换了一位高大和蔼的年轻司机，40多岁。按英国的法律，出租旅游车司机，连续工作五天，就必须休息两天，否则要被处罚。贝德福德郡离伦敦90多公里，沿途是田园风光，慢慢欣赏。双车柏油路在起伏的小坡上延伸。路旁是一米五高，约80厘米宽的细细的篱笆灌丛，把庄稼地和公路分开。隔一公里左右，开有一个小木栅门，可以进出庄稼地。也有少数是用红砖墙把领地围起来的，估计是大户人家或传统贵族的地盘。我们在车上居高俯视，能看到田野上星罗散布的农家，白墙红顶各家独处，不见村落，颇有老川西坝子竹林茅舍小院的味道。去年的庄稼或牧草已收割，还没有动土，不知道今年种什么。有的地块还保留着上年的橙黄色的农作物，不知道是不是畜草。这个季节还没有耕地播种，那就是只种一季庄稼了，我们无法猜会种什么。

2　巴洛克与洛可可艺术

到英国好几天了，现在去看维多利亚和阿尔伯特博物馆（简称V&A）之前，必须对影响欧洲的巴洛克艺术和洛可可艺术有个概貌了解，才便于进入下一个环节。

现代德国学者拉斯克，20世纪初出版了《西洋，特别是在德国的东亚美术的影响》一书，他大胆断言："如果没有中国手工艺术的强烈影响，法国就一定不会有，因而欧洲也就一定不会有巴洛克艺术和洛可可艺术"。此观点足见中国工艺对欧洲的影响，这得从文艺复兴说起。古希腊古罗马建起跨越欧亚非的大帝国，吸取了各国的文化科技建筑艺术，创造了辉煌。条条大道通罗马的公路系统、阡陌相连的灌溉系统，万人大剧场（公元前80年左右，在意大利庞贝建起长133米，宽102米，可座两万人的剧场）、千人大浴池、管道供水和冲水马桶的使用，耗工巨大的宗教建筑……被火山灰毁于公元79年的庞贝古城，它的出土文物完好如新，曾在成都办过展览，带来120件（套）珍贵出土文物。用我挑剔的眼光把它们与中国同时代的汉代文物比较，铜铁器、日用生产生活器具、金属陶制器皿、玻璃器、壁画……在85%的范围内，他们高于我们两三个档次，当我目睹这一切时，心中想到，只有走出去，文明互鉴才是唯一出路。坐井观天，夜郎自大，使我们一个半世纪挨打受气。

公元 476 年，西罗马帝国亡，他们承袭和创造的古希腊古罗马文明湮灭无踪。随之而来的是宗教神权统治下黑暗的中世纪，长达近千年。到 14、15、16 世纪，靠海上贸易积累财富发展起来的佛罗伦萨、热那亚、威尼斯，形成城市共和国国家，为了求发展，反对梵蒂冈的教皇压制，他们有意网罗和培养了一些有文化有技艺的突出人物为代言人，以文艺复兴为旗帜，向黑暗的教会力量发起冲击，这些人物包括先驱但丁、作家薄伽丘、艺术家米开朗琪罗、拉斐尔，天文学家哥白尼、伽利略，以及奇才达·芬奇等。文艺复兴从意大利蔓延欧洲，它的核心是新兴资产阶级的人文主义，以人为中心，人至高无上，反对神为中心，提倡科学和知识，探索自然、欣赏艺术、享受当世，清新之风促使欧洲各国互为比攀，竞争前进。

到 17 世纪，催生了巴洛克艺术，其意大利语的本意是"畸形珍珠"，他们推崇古希腊古罗马的古典主义，强烈的色彩和富丽堂皇的装饰，以及曲面应用，主张不受羁绊、追求张扬奢侈，这是新富豪对长期压抑的抗争，这股风以法国为中心刮起，从 1600—1750 年，长达一个半世纪，它以路易十四的凡尔赛宫为典型代表和最高成就。到路易十五世时，另一种"洛可可"之风悄然兴起。"洛可可"源于法语"罗开"，含义是"贝壳饰品"，喜用 C 形、S 形或漩涡形曲线，与轻淡柔和甜美、超脱灵动的中国瓷器特征浑然一体。洛可可风格的主推手就是路易十五和他的情妇、宠臣们，这同他爹那种讲对称、沉重呆板的构图风格判若两人。中国瓷器的高雅、色彩飘逸的丝绸、灿烂多姿的漆器、天人合一的园林、超凡脱俗的建筑······"中国风"的流布与洛可可携为一体，受到欧洲从王室到平民各阶层的热爱。

3　170 年前的世博会：水晶宫博览会

"博物馆"一词的原意是"缪斯（Muses）女神的圣殿"。公元前 290 年，托勒密一世就创建了亚历山大博物馆，宣称其目的是收集权威著作，促进文学艺术研究，鼓励实验科学和数学科学的发展。但是，V&A 博物馆的选项，要单一和专业得多，它开启于大名鼎鼎的水晶宫博览会。对于中国儿童来说，无人不知水晶宫，那是从小趴在外婆膝头听到的孙悟空大闹水晶宫。二者名同义异，伦敦水晶宫的丰富和曲折，今天鲜为人知。

在基督教世界的相当长时间内，视做买卖为可鄙之事。《圣经·新约》马太福音第21章12节中记录了一件事，"耶稣进了神的殿，赶出殿里一切作买卖人，推倒兑换银钱之人的桌子，和卖鸽子之人的凳子"，他认为祭司和商人勾结分利，允许在圣殿做买卖，这是利欲熏心的商业行为。到中世纪后期，意大利的佛罗伦萨、热亚那、威尼斯各商业共和国，摆脱神学桎梏，不再视做生意为可耻之事。他们认为海盗才是犯罪，高利贷不算罪过，靠劳动追求利润是一种美德，他们把耶稣也视作"一位商人"。意大利的富裕让人眼红，欧洲的贸易和博览会活动递次开花。最早可寻的博览会踪迹，可追溯到1165年的德国莱比锡博览会，它启蒙于大型弥撒结束后，人们在教堂附近贸易，以后演变成每年定期举行两次，每次为期八天，分别是三月与九月的第一个星期日到下周星期日。到18世纪，它是欧洲范围最大的博览会，也是世界上资格最老的博览会。随着地理大发现的海上贸易，也推动了大陆博览会，15世纪的香巴尼交易会、日内瓦交易会，16世纪的里昂交易会。到1801—1849年，法国皇室已举办了十次规模递增的大型博览会，1849年的这一次，有4532家企业参加，会期六个月。

对于在德国长大的维多利亚女王，和比她小三个月的表弟德国萨克森一个公国的公子阿尔伯特亲王来说，骨子里就流淌着贸易和科技的血液。1840年2月10日两人结婚后到1850年，亲王已成为在英国皇室没有任何官方名分的、公认的策划大师。法国大型博览会对英国来说，既是刺激也是促进，因为英国此时的科技、贸易、海上实力全球第一。亲王建议女王举办一次"万国工业产品博览会"，得到认可，并委托他参与策划运作。

一个工作机构成立了，通过公开竞标，设计了邱园王莲玻璃温室的约瑟夫·帕克斯顿中标，他拿出了被后人称为"水晶宫"的设计方案，向伦敦海德公园租用19英亩（约115亩）土地，用全钢铁木桁架和玻璃建成1848英尺（约563米）、高108英尺（约32米）、宽456英尺（约139米）的巨无霸展览馆，工厂按设计拿出标准件，数千工人在现场组装了22周，它的空间是伦敦圣保罗大教堂的五倍，总造价八万英镑。25个国家，1.4万家厂商的10万多件商品入展，"英国制造"

WESTERN ENTRANCE TO THE GREAT EXHIBITION.

1851 年 5 月，伦敦"万国工业产品博览会"外景，也称水晶宫博览会

约占一半，几乎都是工业产品，其他国家提供了众多工业和手工业产品。

1851 年 5 月 1 日，"万国工业产品博览会"开幕，亲王陪同维多利亚女王出席开幕式，当天她在日记中写道："5 月 1 日是我国历史上最伟大的日子，是有史以来最美丽、最庄严、最激动人的景观，是我心爱的阿尔伯特的成功。这是我一生中最幸福、最自豪的一天，我再也想不出别的什么了……这真是一次巨大的成功"。谁处于女王的身份，目睹工业革命后大英帝国的强大，也会如此自豪：1850 年的英国，城市人口超 60%，铁产量超过其他国家的总和，煤占世界产量的 2/3，棉布占全球一半；1851 年，英国有 22 个铁路网络，总长 1.3 万公里，相当于今天中国的六条京广铁路。对此，大清帝国一无所知。

到 10 月 14 日闭幕，全世界 600 万人次参观，获利 186437 英镑，除奖励帕克斯顿 5000 英镑外，余下的资金决定在伦敦海德公园南面建一座永久性的博物馆，专门用于收藏工艺美术品，用以借鉴和提高在工业设计、改良生产方面的眼界，而不是刻意搜罗历史文物，这是它的立馆之本和不同于其他博物馆的区别之处。

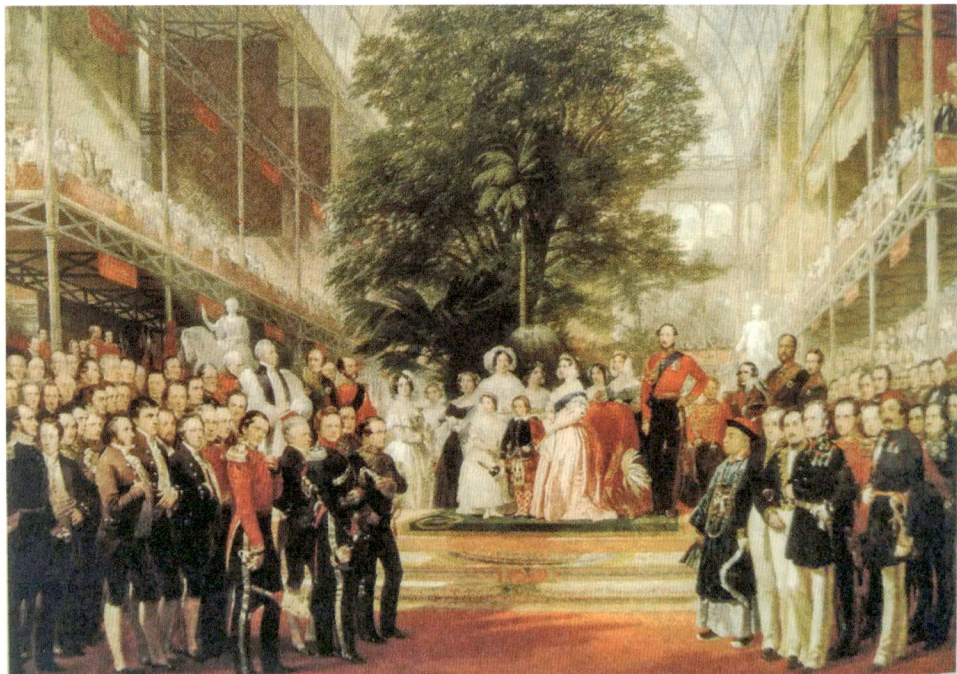

1851 年伦敦"万国工业产品博览会"开幕式油画，是英国画家亨利·塞卢斯绘。一位冠服整齐的清朝官员在显要位置。专家考证，清政府没有派官员参加

4　开幕式油画引争议：清王朝参展了吗

中国大清王朝组团参加水晶宫博览会了吗？

国内有的企业有鼻子有眼地说，他们祖宗的什么产品通过什么机构去参展、拿到金奖银奖，这是难以查验之事，任其广告吧。但是 2010 年 5 月的上海世博会英国馆的一张油画（复制品，原作保存在 V&A 馆），惹出了一些热议和文章，现在可以把此事说清楚了。

英国画家亨利·塞卢斯（1803—1890）绘了一张开幕仪式的场景画，在水晶宫馆内，玲珑秀丽的女王和高大英俊的亲王及一些孩子站在主席台上，近百位各国嘉宾立于阶下，其中右侧第一位，是一位矮胖胖穿大清官服的官员，这不就证

明大清朝参加了万国博览会吗？不能证明！上海图书馆馆长吴建中对此画中的人物刨根寻底，从 1851 年 5 月 22 日《匹茨菲尔德太阳报》寻到了一些眉目。此人被称为希生老爷，1846 年 12 月，他可能是名誉老板，驾船"耆英号"（钦差大臣耆英，《南京条约》的签字者）去美国，于 1848 年 3 月到伦敦。由于载的工艺品很多，又是一条中国船，引很多人热观。

他为什么驾"耆英号"去美英，神说很多，就不考究了。他出现在油画中，有报道辅证，可以坐实。但他肯定不是大清外派官员，这也可以坐实，根据何在？有史证第一位外派官员是同治五年（1866 年 3 月）出访欧洲 11 国四个月的斌椿，他回国写了《乘槎笔记》报告工作，随行译员张德彝写了《航海述奇》。希生老爷早 15 年就去参加博览会了，其身份可疑，一种猜测他是捐官的民间绅士，这倒有可能，否则吏制严格的清廷，希生可以在海上去逛几年吗？唯一的解释是，画家为给博览会捧场，画了一位官服端庄的大清官员站在第一位，让人看到，输掉鸦片战争的东方大国，对女王是很恭谨的，专门派官员捧场。不排除另外一种可能，在伦敦做生意的希生，根本不够格出席这个盛会，是画家移花接木画了一个官员，报纸借希老爷之名炒炒而已，让人信以为真。

5　中国茶倒在水晶宫

中国人也赞美水晶宫博览会对工业革命的推动之功，但是很少有人注意到，水晶宫是对中国茶产业的绝杀之地，如果不是茶叶大盗自鸣得意在写的《两访中国茶乡》书中的披露，中国茶产业是怎么死掉的，没人知道。

1848 年，福钧再次到中国找优质茶种时，他发现欧洲和美洲的一些人"口味独特"，他们喜欢"彩色"的绿茶，因此徽州绿茶产区根据他们的需要，有一道专门对茶的染色工艺。福钧想办法骗取了各种原料，在博览会之前送到伦敦药剂师协会负责人沃灵顿手中。经过化验，多数成份对人体有害，他形成论文，在博览会期间的化学协会会议上宣读，这犹如一颗炸弹，从此，英国人改饮刚刚萌芽的印度红茶，虽说在此时之前，印度人是不喝茶的。写《茶叶大盗》一书的美国作者萨拉·罗斯写得很直白，"这些东西将在 1851 年伦敦世博会上被隆重展出""连同这些绿茶染料一起将向全世界亮相""福钧将揭示那些中国人在无意之中犯下的罪行。这将为英国自行种植、加工茶叶提供无可辩驳的依据"。我们从中得到什么启示，刻骨铭心（参见第二天第九节）。

水晶宫六个月展览结束，要把地面建筑拆除，土地归还海德公园。由此形成定例，世博会在任何国家举办，参展国家自建场馆，展览结束，自行拆除，清理垃圾，平整土地归还。伦敦商人看到办博览会名利双收，就向议会提出：请规划一块地皮，由民间集资建设，售票经营，同政府分成。这是何等好事，于是在伦敦南45公里的地方，划了一大片土地移建水晶宫，1854年6月10日建成，规模大了很多，女王和亲王出席开幕式。张德彝1866年四月初二的日记，详述第一次来此游览的感受。坐火车到水晶宫，这是一个巨大的游乐商贸、演出餐饮、异国风情一锅烩的地方，这天游客数以千计。"凡游此宫者，给票费四开，合银五钱六分。此系本国富户聚造，官助以力，官派人员吏役管辖。所收银钱，官收一半。大凡外国官造之花园画阁，四方人民皆许游览，欲临眺者，给费几许。数年后，其本自回"。就这两天，张德彝的好朋友吴良贞来访，说报纸新闻披露，中国钦差要访水晶宫，当晚要增设花炮节目，特来一问。张说，他是打前站的，钦差要晚几天才能到，这是讹言。吴听后评论说，"盖管宫官设法诱人，谋获厚利耳"。这也有助理解油画希生老爷站台之事了，借题炒作而已。

6　马克思、李鸿章、康有为、张德彝的评价

马克思、恩格斯对这次展览十分关注，1850年10月马克思写道，"由于1851年将举办大型工业博览会，工业将会更加繁荣。在1849年，当整个大陆还醉心于革命的时候，英国资产阶级就以令人赞赏的冷静宣布将举办这个博览会。"在水晶宫博览会结束的前一天，1851年10月13日，马克思专门去看了展览，并给恩格斯写信，赞扬美国的强势发展。

对迁址后的水晶宫，大清有多位显赫人物到访，得出完全不同的评价。1896年7月16日（农历），下午5：00，汇丰银行老板在水晶宫盛宴钦差李鸿章，主宾近300人，豪盛之极，"为王侯家未尝之俊味"，非笔墨能书。宴毕，至大厅旁的御园大凉亭，这是皇家之地。茶品上后，请李中堂指按一钮，烟花腾起，显华文字"李中堂福寿无疆"，中堂大悦，这是尽兴之夜。第二天得知，昨天活动共花

6000 英镑,按市值一镑合银六两一钱一分计,共耗华银 36660 两,真是"贵人一席酒,富户十年粮"。《李鸿章历聘欧美记》的作者认为,"英商之推重中堂,即此可知其诚意矣"。这是大清重臣到水晶宫的记录。

1904 年 7 月 16 日,改革不成漂流欧美的康有为游览水晶宫,他说"水晶宫乃一大游囿,兼戏场、曲院、劝工场者也"。在描述了玻璃建筑,各处陈设之后,他评价是"欧美之俗多夸若此,而华人来游者多夸炫于故国,亦妄矣"。这样看来,为了门票分成的需要,此时的水晶宫与 1851 年博览会时的水晶宫,已是主题不同的两回事了,这个"大游囿"用今天的话讲,就是一个老少咸宜的游乐园。

1868 年(同治七年),张德彝陪蒲安臣、志刚出访欧美。九月初八乘火车第二次到水晶宫。他在日记中说,"是宫曾于同治五年春不戒祝融(火神),半遭焚毁。缘所存各种奇花异鸟,皆由热带而来,天凉必须暖屋以贮之。故地板之下,横有铁筒,烧煤以通热气,日久板燥,因而火起"。按张德彝的分析判断,再次火灾是难免的,投资者不思改进设施,只图赚钱,灾难何时显现,一语成谶,水晶宫毁于 68 年后的一场火灾。1936 年 11 月 30 日晚 6:00,骄傲了 80 多年的水晶宫,因意外又意料之中的一场大火灰飞烟灭,除了两个水塔,什么也没留下。时任英国海军部长的丘吉尔说,这是一个时代的终结!不久,第二次世界大战开始,此后没有人再想为维多利亚的日不落时代重建此地。有趣的是,中国人对水晶宫的关注,是因为 1998 年上海申花队的范志毅,大连万达队的孙继海转会英国水晶宫球队引起的。至于水晶宫有什么历史故事,少有人关注。

张德彝(满名德明,1847—1919),1862 年,同文馆首批十个满族学生之一。从学生译员升至驻英大臣,曾任光绪帝英文教师。遍游欧美,写了八部《海外传奇》,200 多万字,留下珍贵史料,是那个时代的唯一

7　中国世博会

　　伦敦的水晶宫会,堪称世博会。1853 年,美国也举办了"纽约水晶宫世博会"。举办世博会之风影响到法国、德国、美国、比利时。伦敦世博会,占地面积 10.4 公顷,参加人数 600 万人次;1913 年比利时根特世博会占地 130 公顷,参观人数 950 万人次;1915 年旧金山世博会,占地 254 公顷,因一战原因,观众下降。为构建一个管理大型博览会的国际机构,1928 年成立了"国际展览局",总部设巴黎,制定了世博会规模和举办时间,建立国家间的申办轮换制度,明确不同类型的世博会,及保证展会质量等。

　　2010 年 5 月 1 日—10 月 31 日,第 41 届世博会,即上海世博会在黄浦江两岸举办,占地面积 5.28 平方公里（528 公顷）,建了 29 个场馆,共 189 个国家和 57 个国际组织参加,鉴于全世界 55% 的人口居住在城市,本届世博会主题是:"城市,让生活更美好!" 2010 年 4 月 30 日晚,开幕式在上海盛大举行。主席台上,国际展览局主席蓝峰、中华人民共和国主席胡锦涛、法国总统萨科齐夫妇主持。蓝峰主席罕见地用中文致辞:"为在中国这个世界上人口最多、历史最悠久、文化底蕴最深厚,同时正在经历巨大和史无前例的城市革命的国家举办,我感到无比高兴。这次精彩的世博会将展示 21 世纪初中国的崛起"。上海世博会,在面积、参展国家数量、场馆、高科技服务、参观人数各项,超过以往任何一届。

　　我同蓝峰主席有一份特殊的熊猫情缘。2003 年 10 月 25—26 日,作为法国的驻中国大使,利用周末,他专程到四

2010 年 5 月,上海世博会举行。宜兴紫砂大师唐朝霞受政府委托,特制"世博福娃"壶,底款是"无锡人民政府特制"　韦强 / 供稿

川雅安市宝兴县的邓池沟（穆坪）教堂，拜谒这座熊猫圣殿，我作为雅安市副市长全程陪同。被先贤功业感动，他决定以个人名义为圣殿捐一块纪念铜牌。12月9日，我到北京的法国大使馆接受了铜牌，然后安装在圣殿展厅。在我写的《大熊猫文化笔记》一书中，专门有一篇"蓝峰大使看宝兴"，记录这次特殊的寻访，此书以中法英多个版本发行。上海世博会期间，我五次参观，目的是在法国驻成都总领事鲁索、副领事高宁先生的帮助下，待撤展时，争取把法国馆搬到雅安碧峰峡熊猫基地。消息传出，国内景区竞相涨价疯抢，最后扯黄了，谁也没有拿到。[1]

8　V&A 馆怎么回事

知道了水晶宫的历史，也就大体明白了 V&A 的来龙去脉。这都得感谢阿尔伯特亲王，他为了提高英国工业的工艺美术水平，并尊重专利技术的重要性，说服了女王，用水晶宫博览会赚的钱，来建一座工艺美术类博物馆，依然由亲王担此重任。他把任务交到英国设计学院院长亨利·高尔（1808—1882）身上，馆址选在伦敦南肯盛顿区，占地 79373 平方米（约 120 亩）。经过六年的筹划建设，1857 年落成，取名"南肯盛顿博物院"，又经1862—1897 年的数次扩建，初期面貌无存，形成现在的模样。1899 年，更名为"英国国立维多利亚与阿尔伯特博物馆"，简称 V&A，以感谢亲王的贡献。

高尔院长在水晶宫会展结束时，同三位

英国国立维多利亚和阿尔伯特博物馆（简称 V&A），它是 1851 年"万国工业产品博览会"结束后，用赚的钱建的一座专门收集全球"设计优良而又制作精美的工艺品"的博物馆，1857 年竣工，先后收藏 1.8 万件中国工艺品

1　工艺美术大师唐朝霞，赠我一把"世博福娃"的紫砂壶。无锡人民政府底款，唐大师专为世博会制作，弥足珍贵。

评选员在数万件展品中挑选了 244 件，作为设计学院的永久收藏，因为中国没有参展，所以这批收藏中无一件中国产品。1852 年，高尔买了 22 件中国工艺品，包括漆盒漆盘、铜胎画珐琅杯、广彩瓷盘、玉如意、滑石砚屏、螺钿盒、铜香炉等，这些工艺品来自伦敦各处的艺术珍品店（相当于中国的古玩店）。以后通过收购、拍卖和捐赠多种形式，藏品不断增加。

刘明倩女士（V&A 中国藏品部主任）提出一个在英国的中国器物收藏的断代观点，在 1860 年前离开中国的器物，都是商品性质，有奢侈品和便宜货之分。V&A 收藏一件颇具伊斯兰风格的明代青花壶，上有葡萄牙贵族徽章，底款为"大明嘉靖年制"，据考证，此件是到中日搞走私贸易的葡萄牙商人佩索托在景德镇定制的，明廷对景德镇底款有规定，官窑用"某某年制"，民窑用"某某年造"。研究者金国平先生还讲了一件实例，葡萄牙冒险家平托，在 1541 年（嘉靖二十年）随葡萄牙的马六甲总督法利亚（分别于 1526—1529，1539—1542，两次出任总督）到浙江沿海双屿港，他通过景德镇定制了一批青花瓷，其中一件青花碗，口沿上有葡萄牙文，译成中文是"法利亚定制，1541 年"，现存葡萄牙的列奥农王后博物馆，这是所见最早的欧洲贵族在景德镇的定制外销瓷。而在 1860 年中国几大著名皇家园林被劫毁后，才有大量的古董珍玩流落英法和欧美，前述张德彝在伦敦被诳买圆明园劫物就是明证。一些 19 世纪末 20 世纪初在中国工作的汉学家、商人、传教士、考古学家，文职人员利用民间倒卖盗掘古墓的文物，以及战乱中富人家庭流出家藏的机会，搜罗颇丰，以后带回英国，或折价卖或捐赠，这也使博物馆收藏猛增。V&A 馆，仅中国文物有 1.8 万件，精品累累，为此我们专门来访。

9　艺术史家导览珍藏的茶具

我们的车开到南肯盛顿区克莱威尔大街的 V&A 门口，这是六车道的主街区，周围是稀疏不高的建筑，它屹立在此更显出高大磅礴，近百米一字排开，这是一座雕刻精美的石结构建筑。建筑的主门上方，成六道拱曲线递次收进，曲穹正下方，雕刻着一位站立飘逸的贵族，估计是阿尔伯特亲王，曲拱的上方是维多利亚女王雕像。在三层的正中雕刻着英国国徽，表示这是国立博物馆。主体塔楼高 7 层，

V&A 博物馆大厅陈列着巨大的贝壳，
它隐喻着洛可可风格

V&A 藏部分中国明清瓷器　　孙前 / 摄

尖顶是自由女神。在大门的二三层之间，对应地立着两个三米多高的 V&A 馆标牌，内侧玫瑰色，外侧天蓝色，很远就能看到。这就是在英国仅次于大英博物馆的第二位国立博物馆，它有 146 个展厅，收藏着全世界各具特色的工艺美术类藏品。

　　跨上七级石梯，进入大门，这是不收门票的公益性博物馆。在黑白相间的大理石地砖大厅的正中，安放着一面巨大的闪烁银光的贝壳，任何人的眼光都会聚集到它的身上，我豁然顿悟，这不是点名了此馆的主题吗？—东西交融的洛可可汇聚之地。白小梅跳到贝壳前蹲下，两手展开，以显出贝壳的大小，让我给她照相。要读懂 V&A 博物馆，还真得从这扇贝壳开始。

　　贝壳的后面，就是大小不一、主题各异的展厅。小冷联系到我们预约的艺术史学家安妮·哈罗斯教授，一位上了年纪的女士，她用比较地道的汉语说，"欢迎你们远道而来！"原来 90 年代她在上海研究工作了七年，很喜欢中国，能用

英茶行日记

汉语交流，我说母亲也是上海人，亲切感就更近了。我们的重点是中国茶具、瓷器和各种工艺品，她就带我们去东亚藏品区，还包括日本、韩国的工艺品。甘甜在她的外套上夹了一只熊猫，很匹配。

这是一片廊道式的展区，空间在六米以上，灯光很好。靠两边墙上，全是两米五高的玻柜，内分六层，放满藏品，柜顶上方的墙上，挂着不太大的一些瓷板画、油画、蚀刻画，方圆不一，挂置随意。廊道的中间，有方形玻柱柜，分六层，四面可观。较多的是长 1.2 米，宽 0.8 米、高 1 米的平置玻柜，既利摆放，观看也方便。所有展品，都有两个语种的说明，租用随身听可以使用。这一套系统，国内也很普遍了。

这真是令人眼花缭乱的茶具收藏。既然是艺术史家，且到中国研究多年，必有重磅资讯。她说，英国历史上的第一把银茶壶，主教大人 1670 年赠给东印

英格兰历史上制作的第一把银茶壶，这是咖啡壶与茶壶的怪异组合。1670 年伦敦主教定制、刻铭赠送东印度公司负责人乔治·伯克利　V&A 藏

1613 年进入欧洲的宜兴制壶大师陈仲美款的"竹节壶"（上图）
仿清代邵大亨的"龙头一捆竹"紫砂壶（施小马、陈国良、江建翔合作）

度公司的宝贝就收藏在 V&A，但是从实物看，当时英国银匠不知道茶壶是什么样，壶把同壶嘴成 90 度角，真不知道怎么倒水。我们这里的紫砂壶很多，在欧洲现存最早最有名的紫砂壶，是 1613 年中国制壶大师陈仲美的竹节壶，它被私人贸易带到荷兰，很受喜爱，以后被做成木质茶壶模型带到中国订货，很多壶型，是在此基础上花样翻新的。[1]

V&A 收藏的中国瓷器

　　在平置的玻璃展柜中，放有上百个品种、数百件陶瓷茶具，小的一碟一盏，盖碗茶具，多的一套有 30 多件茶具，形状各异，色彩丰富。凡是艳丽而有西洋小伙姑娘图案的，都是广东的外销瓷。在两壁的玻橱中，有十多款紫砂壶，有丰富的青花、釉里红、粉彩瓷器，还有两只写毛主席语录和诗词的"文革"茶杯。从造型和色彩看，是中国不同窑口的官窑、民窑产品。不仅限于茶具，还有几款精致的小型青铜器和银器制品。

　　哈罗斯教授指着一柜子五彩缤纷的瓷器说，这是中日伊万里瓷器，它们见证了一个特殊时期欧洲和东亚的瓷器交流。

　　明亡清兴初期，景德镇遭破坏，外销瓷的输出中断。但是欧洲对瓷器的渴求，无法遏制。荷兰商人 1659 年从日本的伊万里港首单进口 56700 件瓷器以解亟需，而此时，日本人自有真正意义的瓷器仅 50 年左右，这里有一个传奇故事。1600 年，世界上的产瓷之国只有中国和朝鲜。1592 年 3 月至 1597 年，丰臣秀吉发动

1　陈仲美，江西婺源人，生于明万历年间。他是把景德镇陶瓷工艺带入宜兴紫砂行业的先驱。《阳美名陶录》有对他的记述。《景德镇陶录》说他将作品"携售远方，镇人罕获"。他的作品被后人崇为"神品"。

九层宝塔是英国威尔士王子（后来的乔治四世，1820年即位）特地在中国订做了六件，高276厘米，耗时十年才做完，安放在布列敦的东方宫殿　V&A藏

馆藏漆器小区，有各式漆柜、漆屏风、漆桌、漆妆盒

了两次对朝鲜的征伐之战，第一次被明朝出兵打败，第二次他病死途中，退军回国，史称文禄庆长之役。日军俘获一万多名工匠返国，其中陶瓷匠有3000余人。1616年，朝鲜陶瓷工匠李参平遍访各地寻矿，后在肥前国（今长崎）有田一带发现高岭土，即在上白川天狗谷筑窑，成功烧出瓷器，供日本内需，后人尊称他为"陶神""陶祖"。自荷兰人首销获利后，1673—1683年成为日瓷销欧洲的极盛期，因为出海港口而得名"伊万里瓷"。这种瓷，开始以明末青花和五彩瓷为样本，以后融合欧式趣味与江户时代审美，陆续推出清丽的柿右卫门、华丽的金襕手等品类。此期间，荷兰人独占日本到欧洲的海运，每年只能到两船，所以外销量不是一些人猜的那么大，肯普弗有明确记载。

待1684年，康熙收复台湾重开海禁后，景德镇发现外销瓷已是伊万里瓷的天下。重新生产的景德镇瓷，从仿伊万里瓷入手，扬长去短，在颜色、色彩比例、构图、纹饰题材全面赶超。再加上中国在瓷土、色料、烧制技术、窑容量方面全方位占优，广州口岸笑迎天下船，这是锁国政策下的日本无法抗衡的。到雍正时期（1722—1735）和乾隆朝，中国新创粉彩瓷，取代青花成为外销主力，瓷器母国的质量、花色品位、交货时间、价格优势和品牌名片，使以景德镇为领头羊的华瓷，重居欧洲霸主地位。到 18 世纪中后期，伊万里销欧瓷器，从减产到断档。这个玻柜，正宗伊万里和高仿伊万里交汇，各有特色，认证辨识，区别是明显的。

展厅里有不同内容的专设小区。这是一个茶的生活区：一张西式大床，上吊圆围纱帘，壁炉内闪着红光；旁边放着螺钿漆茶箱，一个圆茶桌，放了六件套白瓷红花茶具，有茶壶、盖碗茶具，一个碟盏，一个奶壶，一个小糖钵，典雅可人；画龙点睛之笔，是一位身着红色中长上装的绅士（模特），正匆匆赶来，好像夫人已备好茶等他回家。这是英国人的生活与期盼，茶就是生活。

在另一个小区，一面墙上贴着几块二米五高的漆屏风，花卉枯藤盘错，梅花樱花争妍，一只小梅花鹿卧其间，这是日本风格画。教授说，对中国和日本而言，漆器是值得骄傲的国宝。对欧洲人而言，油画是我们的至宝，它也经历了纸面油画、早期布面油画、木板油画和现代布面油画的发展历程。楼上我们有专门的展示，可惜你们时间不够。

面前的玻柜内，高约一米的七层青花瓷塔，每层有六个向上开喇叭口的小圆柱，我们不知道是什么器物。教授说，这是插玫瑰或郁金香用的，你看塔座上有十字架，这是教堂的法器，就像中国涉藏州县大殿中的八宝吉祥法器一样。这种大型精美的供器，是传教士拿出图样，送到景德镇定制的。她还说，我们还有一件景德镇定制的青花粉彩九层宝塔，高2.76 米，每层有不同人物，层层可拆装组合，可以内放熏香

茶生活小区，夫人的热茶盼君归

袅袅通天。这是乔治四世（1762—1830）即位之前，还是威尔士王子时，从景德镇特别定制了六件安放在布列敦的东方宫殿内，从 1806 至 1816 年花了十年时间才完成，器物精美绝伦。在这个小区的一侧，有好几只大小不一的漆柜、有素面、有彩绘、有螺钿、有金银丝镶嵌的。几个小玻柜中的几把茶壶，主人为显珍爱，用金银制的链子，把柄帽嘴链在一起。

10　轿子在欧洲的身份

我注意到在展厅的一端，放着一项精致的黑漆轿子，上宽下窄，前左右三面，有可以外窥的玻璃小窗，轿内是用金黄勾勒的浅花卉装饰，轿两侧各有两个铁扣件，是系绳子拴抬杠的吧。旁边的模特架上，套了一件红色的工役装，应该是轿夫用的。

中国坐轿历史悠久，且有专门规矩。明末清初的著名文人王士禛在《香祖笔记·卷十一》中说，"京朝官三品以上在京乘四人肩舆，舆前簾棍双引喝道；四

V&A 收藏的中国轿子，配英国豪族家庭的轿夫装

品自金都御史以下止乘二人肩舆,单引,不喝道",到了清初,"骑马则许开棍喝道,肩舆则否"。历史学家吴晗在《皇权与绅权》书中说,明代退休返乡居住的绅士,仍然享有"不和平民共起坐,出门坐大轿,扇盖引导"。这是身份和威仪的象征。最早把中国人坐轿撑伞盖打扇的威风介绍到欧洲去的,是葡萄牙多明我修士克路士。他 1556 年以传教为目的,到广州及附近待了几个月,无功而返。他是一位勤于观察和记录的人,1569—1570 年在恩渥拉出版了他写的《中国志》一书,序言中讲是献给葡萄牙国王的。此书历来被史家评为在欧洲出版的第一本中国专著,当然没有把争议很大的《马可·波罗游记》算在内。

克路士是第一位向欧洲人介绍广州人喝茶和用漆器的,他比利玛窦的介绍早了 45 年。可惜当时欧洲没有茶和漆器,缺乏参照物,所以基本没有引起重视。但是他写的轿子、伞、扇却让欧洲人热捧仿效。"他们也有官员坐的轿子,由人抬着穿过城镇,轿子极华丽,价钱很贵而且悦目。另有一种大轿,高贵美观,四面密封,每面有一扇小窗,上面用象牙或用骨、木制成漂亮的窗格,坐在里头的人可以向街的这边或那边窥视,而不让人看见。这是用来抬城里妇女外出之用。""在吏员后面老爷坐一乘涂金的漂亮而华贵的轿子,四人抬。这些轿子都是又大又高贵,老爷由所有的书手及下面的吏员簇拥着。"他写到伞,"因为职位是由他们的腰带和伞来表示,所以右手的使用金带和黄伞,左手的则用蓝带或不定的颜色(的伞)""伞很大而且漂亮,一名吏员把它举在一根十拃(一拃约 20 厘米)长的漂亮竿上,丝绸镶边。"在 16 世纪,在欧洲人眼中,中国是东方神秘文明繁盛的大国,所以对中国的一切皆倾慕敬仰和模仿。

我问教授,博物馆对中国轿子很感兴趣吗?她眉眼一扬,如数家珍给我道来。17 世纪轿子进入欧洲,很快风行,因为中国皇帝都坐轿子,这个影响力可想而知。1700 年元月,凡尔赛宫举行"中国之王"命名的盛大舞会,路易十四国王出场时,竟然坐在一顶中式轿子里被抬出来,全场轰动。中国的皇帝才能坐黄顶轿,欧洲各国也订立了"轿制度"。1727 年维也纳出现一次按等级抬轿出巡大典。帝国君王乘特别豪华的轿子走在前面,接着是宫廷和枢密院轿子……蔚为大观。当时规定,"病人、奴婢仆役、犹太人等不得乘轿"。从 18 世纪的第一个年头开始,德意志掀起"轿子热",科隆大主教克莱门斯·奥古斯特侯爵,他到辖区巡视,必须坐轿,否则不去。比利时的那穆尔公爵夫人坐着 30 人抬的大轿衣锦还乡。在"洛可可"高潮时期，轿子风，在德意志最小的邦国也是贵夫人的出行必具。100多年过去，轿子早不时兴了，纽伦堡市政府还公布一个《轿法规》。追忆过往，教授的讲解，让大家知道，在中国熟视无睹的滑竿、轿子，竟然在欧洲张扬了 150多年。后来法国人最先在轿子下装上轮子，用马牵引，早期马车厢与中式轿厢基本一致。后来欧洲人把厢下安装弹簧减震，把木轮或铁轮安上橡胶，使马车轻快舒适。1793 年马戛尔尼使团把大件礼物送到颐和园组装，然后驾驶给宦官看，太监大惊，马车夫怎么可以坐到皇帝的前面，比皇上的位置坐得还高，这是要杀头的。于是这辆当时最豪的"劳斯莱斯"锁进库房，乾隆也许根本不知道。我们出口了轿子，不愿进口马车，直到鸦片战争以后，马车进入香港、广州、上海……在 1842 年以前，洋人在广州做生意期间，明令禁止洋商坐轿，他们搞了一次联名请愿上书，要坐轿方便工作，被批驳不懂规矩，天朝威仪，岂能擅改。

由于克路士书籍的影响，很多欧洲艺术家和工匠，想象驰骋，轿子、伞、扇、笠、长胡须成了中国人形象的特有标识。因为广州多雨戴笠，就变成中国人都要戴笠，川宁大门口一位笠农雕像，即源于此。路易十四、十五时期顶级艺术家布歇，在他设计的珍贵挂毯、壁纸、油画中，缺不了伞扇笠。郎世宁画的乾隆出巡图中，16 名侍卫抬轿。18 世纪中叶，意大利著名画家提耶波罗（1696—1770）应普鲁士王子之邀，在乌尔兹堡行宫创作壁画，大布伞下还有笠帽人。

轿子作为中国的主要交通工具之一，影响深远，传教士、科学家、商人到中国，如戴维神父、李希霍芬、威尔逊……无人不与轿子打交道。威尔逊在《中国：园林之母》书中有一段精辟论述，"轿子是出行者威严和地位的象征。它已成为公认的媒介，与真正的用途无关，但必须有，它能使你受到尊重。在一些偏远的地方，旅游者有顶轿子，哪怕是拆散了抬着，办起事来比护照还管用。"这印证了中国传统文化中的一个专用词"摄盛"，它始于郑玄《仪礼注》的一个注解，"墨车，漆车。士而乘墨车，摄盛也"。也就是说，地位较低的人，使用地位较高者的礼仪，借以荣耀。一顶轿子引出这样多故事，预先没有想到。

我们来到展区中间的一个四方形玻柱柜前，教授说，涉及中国工艺品的收藏种类繁多。香港徐展堂（1940—2010）先生 20 世纪 90 年代来参观后，知道没有专门的中国展区，他给 V&A 捐 125 万英镑，并捐出大量珍贵文物，在这里开辟一个"徐展堂中国艺术馆"，皇储威尔士王子夫妇专门设宴致谢。她说在洛可时代，除瓷器、漆器、丝绸、茶具之外，广州的外销画、壁纸、扇子、鼻烟壶涌进欧洲和美国，以后 V&A 收来不少好东西。2003 年 9 月，我们同广州联手举办了《18—19 世纪羊城风物：V&A 馆藏广州外销画》，其中制茶、制丝、制瓷的图片，大量出现在外销的壁纸图案中；动植物和各行各业图片，可以了解当时的生态和民风民俗。扇子是东西方历史久远的生活用品，但是西方一直使用团扇。日本人发明折扇传到中国，被发扬光大，成为艺术珍品传到欧洲。伦敦格林尼治扇子博物馆有一件 1780 年制作的镇馆之宝，扇子边骨上的法文显示，它的主人是法国大革命前的末代皇后、路易十六的妻子玛丽亚·安东尼特，扇子是在中国定制扇骨，在法国制作扇面，有人物、轿伞扇图案，用动植物的各种材料精制而成。1783 年，皇后把扇子送给她的教女，一位侯爵的女儿娜塔莉。以后经神奇辗转流到伦敦。也如同鼻烟壶一样，最初是利玛窦他们把鼻烟装在盒子里送给明朝大臣作为礼物，到了清代，朝廷内府和民间高手制成各种高档材料的鼻烟壶，有料胎（玻璃）、

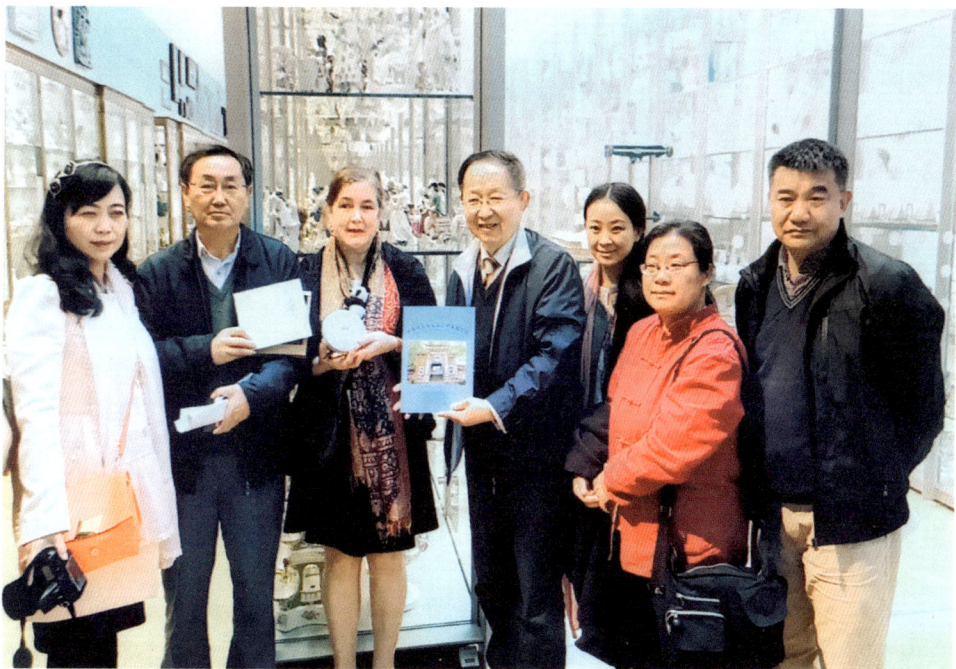

在 V&A 给艺术史家赠送礼品。
白小梅、丁云国、孙前、张雅琪、沈冬梅、刘昌明（左起）

象牙、珊瑚、玛瑙、紫檀、金银等，以后又创新了神秘莫测的内画壶，这些工艺品V&A也收藏不少，这既是中西文化的交流，也是人类智慧的结晶。

这位艺术史学家，是我们预约聘请的，两小时费用250英镑，她的专业讲解使我们增长了很多知识，看着我们求知的欲望，已经超时35分钟，她也没有打住。小冷提醒我不能再耽误她了。在四方形玻柜前，我们取出送给她和博物馆的一套礼物。丁云国、甘甜、阿甲还单独送国辉神农普洱、茶马古道兄弟友谊藏茶和塔山红茶。请她在团旗上留下了V&A的大名。

11　留几条意见

分手时教授客气地问我们有什么建议，我礼貌地说，欢迎您到四川看熊猫，上蒙顶山祭茶祖，握手告别。但是，我对这个名声显赫的博物馆，还真要写几条意见。

我想起康有为第二次到英国，重游博物院时写的一段评语，"遍游欧土各国博物院，无论奥、德、法、意之精丽，即小国若比、荷、瑞典尚华饰，无英之粗略简质者，在欧土为最下矣。即所藏品物，亦复寻常，无意之古，无法、德、奥之博异也。未知吾所见太多，故司空见惯而轻视之耶？"康先生的学识在中华为一流之士，又遍游欧土有比较参照，我在看他书时，觉得先生似乎太过挑剔，今天看了，觉得他眼光犀利，讲真话。我很认真地看了半天，认为有三个明显失误：

一、全展厅的采光，来自穹顶的自然光和带状灯光，无差异白晃晃一片，再加上玻柜反光，完全不能欣赏器物的色彩和岁月感；

二、玻璃展柜高2.5米，内分六层，我们的高度只能看到四层，之上的物品加上反光，只能看到底座，珍品成了空摆设，这是非人性化设展；

三、平置的玻柜可以俯看清楚，但是摆迭密集的展品，如同过去北京潘家园、成都九眼桥的赝品地摊货，哪来对古物和艺术品的珍重敬畏？

看着川流不息的观众，我想，200年前的设计者没想到今天的人流量，地盘局促了？不收门票，经费不够？主管水平不够或不作为？否则我这个心怀敬意的观众，匆匆半天，就能挑出几处致命伤。现在中国省市以上的博物馆，皆无以上弊端了。

12　维多利亚女王的后裔

告别教授，我们在大厅底层随性参观。V&A 建设的初衷，是配合促进工业革命的设计与工艺品收藏，现在的涉及范围就宽多了。来到大厅深处，有一片很大的古埃及、古罗马艺术品展区，主要是石刻艺术，有皇室和宗教人物、艺术雕刻等。在这里，我联想到皇室血统和政治婚姻的往事，可以辅证对东西方历史的认识。

维多利亚女王被尊为"欧洲的祖母"，她的夫君是亲表弟阿尔伯特亲王，婚后生有九个子女，并同欧洲各国王室联姻。光绪三年（1877 年），张德彝在随郭嵩焘赴英俄数年后，写了一本《随使英俄记》，其中专有一段写女王及子女（为便于今天的阅读习惯，我按阿拉伯数字纪年）：

> 至 1861 年 12 月 14 日（即咸丰十一年），阿尔伯特亲王弃世（死于伤寒），君主年 42 岁。生有 4 子 5 女：长女生于 1840 年 11 月 21 日，名与君主同，于 1858 年 1 月 25 日 19 岁嫁与德皇太子威廉为妃；长子生于 1841 年 11 月 9 日，名与君主夫同，于 1863 年 3 月 10 日年 23 岁娶丹国国王克立谦第 9 之女为妃，现封卫拉斯郡王；次女阿丽姒，生于 1843 年 4 月 25 日，至 1862 年 6 月 1 日 20 岁嫁与日耳曼海泗王为妃；次子艾达倭，生于 1844 年 8 月 6 日，至 1874 年 1 月 21 日年 30 岁娶俄皇阿来 3 德第二之女美丽为妃；3 女怀来纳，生于 1846 年 5 月 25 日，于 1866 年 7 月 5 日年 20 岁嫁与日耳曼克立坚王为妃；4 女绿衣姒，生于 1848 年 3 月 18 日，至 1871 年 3 月 21 日年 23 岁嫁与阿盖公之子洛安侯骚仄兰为夫人；3 子阿色尔，生于 1850 年 5 月 1 日，现年 29 岁，未娶；4 子柳埔，生于 1853 年 4 月 7 日，现年 26 岁，未娶；5 女璧阿特丽姒，生于 1857 年 4 月 13 日，现年 24 岁，未嫁。又大公主生 3 子 4 女，太子生 2 子 3 女，2 公主无出，2 世子生 1 子 2 女，3 公主生子女各 2，4 公主无出。（欧洲无中国后宫、嫔妃之说，所说妃，即唯一的夫人。）

为了血统纯正的近亲婚姻，她四个王子中的三人是血友病患者，五个公主人人都是血友病基因携带者，联姻的结果，使这一可怕的疾病在欧洲王室中蔓延。近亲结婚的恶果有前车之鉴，但是当时还不为人们重视，虽然达尔文早就提出了警告。1922 年发掘的古埃及图坦卡蒙陵墓没被盗掘的大量财宝惊艳世人，但他的另一个重大价值是，揭开了这个盛大的王朝，因近亲结婚绝嗣，由此王朝覆灭的秘密。

因为要保证古埃及法老的纯正血统，他们是近亲结婚的实施者。大约公元前 1334—前 1325 年，八、九岁的图坦卡蒙法老继位，在位约十年病逝。通过后来的 DNA 对他之上五代法老的检测，全是近亲结婚的受害者，愈后愈烈。图坦卡蒙的父母是患有遗传病的亲兄妹，他的祖父母亦是近亲，而他的妻子是图坦卡蒙同父异母的妹妹，生了两个女儿，死于五个月和七个月。篡位的权臣厚葬了他，其中有 130 多根他用过的拐杖，以此判断，他从来没有像正常人那样行走。这是唯一没有被盗的埃及法老陵墓，从而让今人明白了 3000 多年前的很多秘密。

近亲结婚的危害随科学的进步而更加明了，但是靠王室婚姻取得政治军事经济好处的，屡见不鲜，而中国有数朝例子，甚为典型。西周封建天下，至今无法统计有多少邦国侯爵。中原称老大，睥睨远夷。春秋时代，秦国在西边被视为西戎，楚国在南边被视为南蛮，这是中原人眼中未开化的远民，动辄兵戎相加。从秦穆公和楚成王时代开始，他们用婚姻结成联盟，共抗外侮，逐步壮大，这一走就是 21 代 400 余年，可以称为古今奇观。有史为证，在秦的宫闱争夺战中，靠着强大的楚系外戚的支持，嬴政（公元前 259—前 210）登上王位，仅用了十年时间，灭了战国七雄中的六雄（公元前 230—前 221），一统天下，称秦始皇，当然把老亲家楚国也灭了。《史记·项羽本纪》载，"楚虽三户，亡秦必楚"，秦一统 15 年，就被陈胜、项羽、刘邦三楚人推翻。

延续 400 年的婚姻都走上生死对决，联姻还有价值吗？当然有，八世纪初，突厥部落可萨人在黑海、里海的强势崛起，让拜占庭的皇帝也只能纡尊降贵，与之联姻。可萨人的首领可汗有 25 个妻子，每个妻子是不同部落首领的女儿，出于安全的需要，用女儿换平安，这是欧亚大陆的政治手段，那就不统计欧洲的姻亲邦国热火朝天的搏杀了。

13　中国的最牛老丈人和高产皇帝

中国有一位最牛老丈人独孤信，他是鲜卑美男子，先后做过西魏和北周的将领，骁勇善战而史不载，但他培养的三个女儿，使他青史有名。大女儿嫁给北周的明帝宇文毓，四女儿是唐朝的元贞皇后，也就是高祖李渊的母亲，七女儿独孤伽罗嫁给隋文帝杨坚。史家论，李世民有百战不殆的勇武，与他的少数民族血统有关。著名的民族史学家王桐龄在《中国民族史》书中考证，隋唐时期的汉民族，主要是以汉族为父亲、鲜卑族为母系融为一体的新汉族。看看之前所述大不列颠上千年间被外来民族的融合，与我们何其相似。

王朝讲嫡传，讲血缘，那么其生育能力就十分重要。康熙统治 61 年，有 18 名皇子，8 个公主（不算未成年殇者 20 余男女）。中国历来后宫有"椒房"，明清紫禁城中有"螽斯"门，《诗经·周南·螽斯》讲，它们聚在一起子孙繁盛，这是指的蝈蝈。二者都祈望子孙繁盛，江山永祚。但是大清同治、光绪、宣统三帝都不能生孩子，当年气吞万里的勇武和强健，100 多年时间，荡然无存，什么原因，留给专家去研究吧。

中华历史上能有史证的高产皇帝是谁，很难有人猜到是喝茶很多，写了《大观茶论》的宋徽宗，他的文艺、书画、品茶天才，无人臧否。他比在位 44 年的多情皇帝唐玄宗李隆基 59 个子女的纪录还高，居于榜首。《宋史》记载，他的后宫美女上万，徽宗有 32 子，34 女，这是亡国前的统计。亡国后，他与众多嫔妃被掳北上，无国可治，无茶可贡，那就床笫纵情度日，嫔妃又给他生了 19 个孩子，据考证其中"六子八女"是他的骨血，别有子女五人，是金人帮他种的。在 V&A 联想皇室血统、联姻致强、子嗣昌盛，那是另外一番味道。

14　百年下午茶舞会：英中茶点

午餐后，车把我们送到伦敦阿尔德其华尔道夫希尔顿酒店，这是临街路旁的五星级豪华酒店，它的总部在纽约，1893 年创立，生意和服务信誉都很火爆，

百年茶舞厅：华尔道夫希尔顿酒店 2016 年 4 月 17 日，下午茶舞会节目单

华尔道夫棕榈阁的下午茶舞厅　　冯斯正／摄

眼前这家酒店是 20 世纪初建的。在《茶·一片树叶的故事》中，这里的茶舞会闪亮耀眼，颇引中国舞迷茶迷青睐。简女士给我们推荐说，从 1908 年这里开设下午茶舞会至今，没有断过（二战期间中止）。现在是每月只有一场，下午 2：00—5：00，必须预约，这是英国硕果仅存的正宗高档茶舞会，入场票 62 英镑。电视播出后，惹得中国不少舞迷怦然心动，但是雷声大雨点小，究竟有什么人来

此一舞,没听说过。我们在国内订好舞会票,行程时间安排以此为轴心,终于来了。

现在1:00,时间还早,沿路边溜溜,就到酒店内的休息廊歇歇,舞厅就在旁边。陆陆续续,一些穿冬装的老年夫妇进来,稍坐,就到更衣室把御寒服装换成靓丽活泼的服装,有的头上,胸前还佩上鲜艳的红绸花。我们判断,这一定是来参加舞会的。我们的几位女生,也换上漂亮的舞装。白小梅另出一格,换上藏装,她没有专门带舞装。这时一溜小帅哥鱼贯而入,笔挺的西装,白衬衫,面带羞涩,从我们面前一晃而过,看年龄就是高中生到大学生之间。团友中有的女生发出啧啧声,想来舞会一定精彩。我颇疑惑,这个茶舞会,星期天,小伙们也来参加?

2:00到,可以入场了,这里是华尔道夫棕榈阁下午茶舞会厅。厚重的双扇

华尔道夫茶舞会的下午茶

下午茶舞厅的5人小乐队

木门打开,两位全身红连衣裙,戴一副齐小臂的白手套,浓妆艳抹,颈系水晶链,黑发齐耳的年轻姑娘,笑容可掬地打招呼,验票放进。左侧的长条桌上,整齐地排列着仪仗式的香槟高脚杯,红黄不一的饮料,插着塑料吸管,杯口卡着大小一致的带皮橙瓣,顿生华贵高档之美,每人任取一杯。

门内,年轻的男侍者长袖白衬衣、领结和黑色马甲,把我们领到舞厅右侧的平台上,这里有十多张大小不一的茶桌,分别供二、四、六、八、十位的茶客使用,最大的两张圆桌是我们的。

雪白的蕾丝桌罩,三个方向各放一张精致对折的节目单,每人面前一个十厘米的白瓷餐盘上,放一茶碟茶杯,配一刀一叉一小匙。两人间一只中等扁形茶壶,两包袋装红茶已沏好,每壶一个不锈钢茶漏挂在壶柄上,瘦高的奶罐放茶壶边,两个小方糖碟和糖夹。全套茶

具是白色骨瓷。椅子上套着洁白的布套，腰部拴一根明黄束带，以免打皱。我们这一桌的人多一位，放了三个茶点架，每架三层大瓷盘。底层瓷盘盛三种不同的咸味三明治，蛋黄酱、火腿、三文鱼、黄瓜；二层有司康饼、英式松饼、果酱、奶油、传统英式点心；三层有六种不同点心，两只玻璃杯装的水果塔、泡芙，饰以多枚大草莓，色香味诱人，不馋不行。

观察比我们矮 80 厘米的舞池，约 600 平方米，乳黄色的大理石铺地，四周是多隔的高大落地玻璃窗，天棚吊灯下垂，明亮温馨。舞池的左右两端高台是舞客的茶饮桌。大门正对的台厅，是小乐队、指挥台和备餐桌，放满了各式香槟和冰块。我们阶下，有三排大小不一的茶桌，坐满了客人。

阿甲和茶舞会的两位舞蹈家

15　老绅士的舞姿

2：00，舞客基本入座，我估算了一下，应该在 160 人以内。两位红装舞女站在指挥台上致欢迎词，然后翩然入池，乐曲声起，两人婆娑起舞，欢乐灵动。

我们全团人马，谁也没有见过这种场面，大家以紧张欣赏的眼神看着舞池。有几对老年夫妇牵手入场，男士全部西服革履，女士基本是裙装高跟鞋。有一对老年夫妇格外引我注视，女士略胖，

舞蹈家中途教授新舞步

蓝底白花连衣裙，右胸一朵大红绢花，头顶的发结处红绢花更大；男士瘦高，黑燕尾服的左上口袋，插一枝精致的多层白绢花，灰格子长裤挺括，灰白的头发，内凹的眼睛，怎么看怎么潇洒的舞姿，我猜，他或许是贵族，或者是绅士吧？

我来到小乐队旁，目不转睛地观察他们全神贯注的演奏。五位乐师白西装、黑色领结、黑西裤黑皮鞋，年龄在 60 ～ 70 岁之间，全戴着眼镜。他们熟练地把持着钢琴、大提琴、手风琴、萨克斯、小号、架子鼓等多种乐器，每人一个乐谱架，偶尔瞅一瞅。我找那几个小帅哥，坐在我们阶下的一张大茶桌，谁也没有进舞池。

舞约六分钟结束，舞客落座，品茶吃点心。甘甜把两包茶袋提出来放在茶漏里，阿甲给邻近的团友斟茶。红亮的茶汤注入雪白的茶杯中，红茶的醇香诱人，大家都先品原汁看怎么样，互相交流。是否加糖加奶，依各人口味而定。

乐曲又起，那位绅士登梯来到我们桌前，邀请离他最近的沈冬梅，他躬身伸出右手示意，冬梅会英语，他牵着她的手下梯入场起舞。这鼓励了团友们，花这样贵的钱来开洋荤，不下场岂不亏了！大家互相打气，下一曲定要入场展示。曲毕，绅士把冬梅送到阶下，躬身致谢回座。她还没有从曲子中醒来，大家拿她打趣，赞美她全团第一跳的舞姿。沈教授抹着额头汗珠说，有生以来，第一次跳茶舞会，还是在百年老店跳的。

舞曲再起，绅士又上来，邀冬梅邻座的阿甲，这是一位高挑的彝族美女，一身红裙装。我邀邻座的邓老师跳舞，我是夹克装打领带和白休闲鞋，显得另类。没有办法，没带西装，打领带表示我对今天活动的尊重。白小梅拿了一只小熊猫去邀绅士的太太跳舞，小熊猫让红花太太很开心，她们在场上中西融合、服装奇配让大家注目，这才发现来了一群中国人。

曲毕，绅士又把阿甲送到梯边，躬身致谢而去。她的英语较好，打探到一个重要信息。阶下有几桌，是为一位老太太过 90 岁生日的包桌，来的是她的后辈，那几个帅小伙，是第四代了。啊！爱茶之人，选这个特殊的地方与茶同享高寿，可见茶在英国人心目中的地位。立刻，方玲拿了一只熊猫，小冷拿着摄像机，我拿了相机，拍下中国人用熊猫为老太太贺寿的场景，老奶奶非常高兴，搂过小方给了一个亲吻。

两位舞者走到场地中间，邀请志愿者入场，要教大家新舞步。甘甜拿过桌上的节目单，封面就是这两位舞者，她译道，她们是专业舞蹈家，叫艾米丽和杰西

白小梅蹁跹的藏族舞，成为百年茶舞会的亮点

中国茶友在华尔道夫棕榈阁百年下午茶舞厅

孙团长结识伴舞的90岁绅士，表达谢意　　冷建强／摄

卡，以双翼舞的特色参加过阿尔伯特音乐会和伦敦奥运会闭幕式演出，热衷于为各种大型活动提供高级娱乐。这真是让我们的茶舞会增值不少。有好几十人走进舞池，跟着舞蹈家学步，其中多位团友入场，大家已经放开了，积极融入。

　　绅士来邀请的第四位，是穿藏装的白小梅，她示意我和小冷帮她摄像。随着绅士的舞步蹈了一分钟，她就甩开绅士，按藏族舞姿，挥起长袖，踢踏无定，围着绅士旋转，绅士完全懵了，手足失措，小梅很是得意。但是看绅士高龄，她又旋到绅士面前，浑身施展跳起了探戈。我捂嘴而笑，真是调皮捣蛋的小梅，她悄声对我说，各显各的优势。不敢说百年来有没有藏族进入这个舞厅，但是可以说，汉扮藏装在这里同老绅士跳藏族舞的，一定是第一例。当绅士把小梅送回梯步躬身致谢时，额上有微微的汗珠了。

　　丁云国、刘昌明、陈素兵也约团友跳了舞。刚才我请他们先跳，众口一词地说，不会跳，团长先请！我当时注意到，他们贼贼地盯着我指指点点。待他们跳时，我看谁也比我跳得好。要知道，他们有两位是大学校长，一位是大学团委书记，能不会跳吗？我说，你们不用骄傲，我第一次下舞池，是 1989 年到老山前线慰问时，女兵们教的，怎么样？丁云国侃我一句："前辈了，就是不进步！"

我应该结识这位绅士。舞歇时，我同小冷走到他身边。先送他一只熊猫，又递上我的名片，他从口袋中取出拴绳的玳瑁眼镜仔细看，我抱两只熊猫的个性化名片，中英文，他一看就说，啊，熊猫和茶的专家，欢迎你们到伦敦！他说，在这个舞厅，他已跳了 50 多年，如果不是出国在外，他场场不缺，他是银行的管理人员，一辈子爱茶。谈到这个份上，我冒昧地问他高寿？他笑着让我猜，"70 左右吧？"他指着过 90 大寿的老太太说，我明年过 90 寿生日。这能不惊讶吗？健康的茶舞会，忘年的茶舞会！

16　90 岁奶奶的生日蛋糕

两位舞蹈家又站上指挥台，一个手势，小乐队奏起《祝你生日快乐》的乐曲，两位美女示意后面的老太太 90 大寿，前排一对中年夫妻坐一张小茶桌，先生 55 岁生日，一束红花放桌上，是太太送的。全场响起掌声，共唱生日歌。乐队旁的备餐间打开，两位男侍者各端一个 12 厘米的白瓷盘，中间放着一块四厘米的方型巧克力蛋糕，上放一颗红莓，中间插着一支点燃的小蜡烛，分送到两张桌上，瓷盘的边沿，用巧克力汁写着 90 大寿生日快乐的吉语。寿星头一点，吹灰之力灭了小烛，大家再起掌声，我们的熊猫就靠着盘沿，扭头看着寿星，拱手为她贺寿。这肯定是史无前例的英国熊猫贺寿。

我居高临下，照了一张特写：熊猫和茶祝老奶奶福寿康乐。蛋糕上吹蜡烛，据考证起源于德国中世纪的儿童节日，插入蜡烛是为了驱赶恶灵，吹烛，表示恶灵被赶跑了，过生日的人会健康快乐。然后老太太动叉自享，来贺寿者就是四川话的"赶寿"吧，分享寿诞。中国的习惯是生日吃面，长寿百岁之意。改革开放以后，时兴吃蛋糕，并且越做越大，大家分享，吃不完的或带走或扔掉。我注视着两桌的小蛋糕，皆是生日者自己吃掉，不分享不用帮忙。是我们学吃生日蛋糕

90 岁的老奶奶在华尔道夫下午茶舞厅庆贺生日，熊猫盯着生日蛋糕说，太小了吧！全场仅有的年轻人，为奶奶祝寿

孙前/摄

学走样了吗？我没到其他国家看怎么吃生日蛋糕，但今天所见，足以参考。这是一个意外的收获，茶在英国，同茶人的生命同在！他们订了几张大桌，儿孙满堂到百年老店过生日，可见茶在生命中的地位，那几个小帅哥到主桌来，排队同老奶奶吻颊祝福。乐曲又起，一个儿子辈携老太太进入舞池。小帅哥们邀长辈的姑姑姨姨们跳舞。绅士又上来邀我们的第五位团友跳舞。

舞歇后，两位舞蹈家换了一套银灰的连衣裙，银光闪烁，站在场中教一种新花样的舞步，跟学的人更多了。

侍者适时地沏水加奶加糖，询问是否需要香槟，但是茶点不添加。大家融入茶舞会氛围，悄声交流。团友们把茶点与乌邦寺茶点作了比较，两处都是英国下午茶的顶级配置，伯仲之间，乌邦寺有乡间老贵族传世的韵味，这里是豪华大酒店的张扬。我盯着这些令人垂涎欲滴的糕点，如果要同中国糕点相比，有参照系数吗？我看过随马戛尔尼访华的安德逊 1795 年 4 月在伦敦出版的《英国人眼中的大清王朝》，他当时是特使旗舰"狮子号"船的第一大副，见多识广之人。他陪同特使到北京，参加和见识了各种宴请和馈食，写了这样一段话："中国人制造糕点、蜜饯的技术是出色的，味道好，式样与颜色多种多样。他们的糕饼做得值得赞美，味道比我在英国或其他欧洲国家所尝到的更为适口。他们的发面食品与我在欧洲吃到的同样轻松，而样式之多我相信集欧洲国家所有制糖果的名师也难于做到。"这句话是客观的，中国是一个气候温和物产丰富的农耕国家，和平昌盛的时间远远超过战乱时间，人们对美好生活的向往和烹饪的追求，当然举世无敌了。

我再次细细打量舞厅的茶舞客们。全部是中老年以上的年龄，多数是夫妇，有医学研究证明，舞蹈和适当的耐力训练，可逆转大脑的衰老，他们就是践行者。也有少数是兴趣相合者结伴而来，邻桌一位非洲裔的光头男士，陪一位中年英国女士，他的舞姿，堪为不俗。这一月一次的百年老店茶舞会，客人坐满了，但是，除了"赶寿"的小儿郎，没有一对年轻舞者，也没有单身舞客。这是怎么啦？这同我记忆深刻的清末文人对英法茶会茶舞的评价，差别太大了。1884 年，在中国有"海上四大书法家"之誉的张祖翼（1849—1919），在英国考察一年多，写下《伦敦竹枝词》99 首，1888 年出版。这是中国首位把英国异域风情入诗集结出版之人，各诗有详细备注，甚为珍贵，引一茶会盛举之诗：

> 银烛高烧万盏明，重楼结彩百花新。
> 怪她娇小如花女，袒臂呈胸作上宾。[1]

另一位杭州人王以宣，1886 年随使节到法国德国，其中写下在巴黎的《法京纪事诗》100 首，1895 年出版。有诗写新年茶舞会：

> 茶会新年跳舞多，张灯作乐影婆娑。……
> 茶会多在夜分。西历新年，各家借以宴集宾朋，或数十人数百人不等。

1　张注："泰西茶会，为家国之盛举。大会发束请客至一二千人，小会亦数十人。"
　　"其俗朝会筵宴大典，皆有妇人，谓阴阳一体，不容偏废也。"

显宦巨绅，有多至数千人者。

看来今非昔比，茶舞会趋衰了。

但是今天的百年茶舞会，这是一场跨越时空的中西茶舞会。绅士执著地邀请我们的每一位女团友，全团 11 位女性，跳完了十位，第 11 位杨景然跑到外廊躲起来，她不好意思与绅士跳舞。高士杰说，跳迪斯科还可以，这种舞不会跳，他专心为大家照相。17 位团友，就是最年轻的两个不上场。其他英国舞客，没有邀请我们团友的。

5：00，乐师们奏完最后一曲，起身向大家一鞠躬，大家起立以掌声答谢，礼送他们先退场。两位舞蹈家宣布舞会结束，大家用掌声欢送老奶奶先行。小雅和方玲拿了一套茶礼和熊猫，找到舞厅主管，说明来意，请他在团旗签字，我们把百年茶舞厅也带回中国。他客气地说，谢谢你们光临，欢迎更多的中国客人来跳舞。

17 啊！简女士的伏笔

金龙车把我们送到一家广东人开的餐厅，听说楼上有火锅，茶二代和几个年轻人自成一桌，她们说，塞了几天洋餐，憋不住了，要用火锅涮一下。其余团友，点了几款中式菜，要了两瓶啤酒，也调和一下胃气。

该上车了，火锅桌战犹酣，他们点了洋酒、啤酒，不舍离去，让我们先行，自行打的回来。我们住到郊区的"狐狸与鹅"酒店，三星级，但是条件很好，一宿 1460 元人民币。

我打开电脑检索《茶，一片树叶的故事》，以便写日记。

啊！托！简女士的托，我惊叫起来！丁云国、刘昌明围过来看发生了什么事情。

电视片中那位风度翩翩的先生，就是今天的绅士！我一直惑而不解，以他90 岁的高龄，为什么跨上阶梯，一个不剩地邀请了我们的每一位女生，应该是蛮累的。我现在明白了，简女士因膝伤不能来，特地委托绅士伴舞，免得我们因环境生疏产生尴尬。唉，细心至此的简女士，让我们由衷地感谢！直到舞毕，绅士也不透露原委，真是茶中江湖的高手，谢谢您！

2016 年 4 月 18 日　　星期一　　晴

Part　7

泰特利茶厂　英格兰的原野

1　百年茶企泰特利

这家酒店虽然在远郊，干净舒适。早餐如同在天鹅酒店一样，凉菜自取，热菜和主食侍者请客人点，专门做好了送来，就是要有耐心慢慢等。9：00出发，我们给这位大家都喜欢的司机送了一套茶礼，他认真地听完讲解，深表感谢。

小冷在国内网联英国茶生产企业，希望参观学习。有的回答现在是采茶季节很忙，不方便。有的询问我们中间有搞茶生产或拼配的吗？回答没有，但是仍然被拒绝了。最后是简女士帮助联系了这一家泰特利茶厂，位于伦敦格林福德老菲尔德大道北325号，它是全球第二，英国第一的茶叶生产企业，欢迎我们免费参观。迥然不同的态度，引起我的关注，网上检索了这家企业的资料。

这是一家声名远播的百年老店。1837年，约瑟夫·泰特利和爱德华·泰特利兄弟在英国约克郡涉足茶生意，诞生了这家企业。1856年，公司搬到伦敦卡勒姆大街，离茶叶拍卖屋槌声可闻。1939年左右，代理商在美国学到了茶商苏利文歪打正着"发明"的袋泡茶品饮方式，萌生创意，于1940年发明"泰特利袋泡茶机"，一分钟可以生产40个茶包，每袋两克，专供出口。二战时，茶叶是英军士兵每天不缺的配备，这应了拿破仑的一句话，茶"它是深入胃部的军队"，军队的健康和效率离不它。源源不断的袋泡茶，随英军走向欧亚非，这使泰特

同沈冬梅教授在英国
泰特利茶厂大门
2016.4.18　小雅／摄

利的袋泡茶在国际市场名声大振。1957 年，企业又发明了拉绳茶袋，饮用大为方便，沿用至今。1990 年，泰特利又推出系列水果花草拼配茶，影响遍及西方饮区。这个茶界的大腕，被更厉害的印度跨国塔塔集团盯上了，不吝条件，完成资产重组，归入塔塔旗下，品牌、名称和科技成果不变。业界认为，这不是坏事，将有利泰特利的发展。我们对工厂充满期待。

2　美丽的采购师讲购茶原则

半个小时后我们就到了厂区。一大片三层楼房，全玻璃装饰，简朴明快，在门厅的上端是公司名称：塔塔全球饮料公司。进门的接待厅不大，两边有沙发条凳。一个简单的吧台，背后玻柜里是公司的茶产品，约有几十种。小冷同值班女士联系，她拿出一份全团人员名单请他签字，小冷递一份出行册翻看。她点点头，拿出 17 个胸号挂牌，有我们每一个人名字，标明团长、副团长、秘书长，这使我对他们管理的精细程度惊讶，我们一个民间茶团来访，这一辈子来第二次的可能性几乎没有，能做到如此程度，前所未见，这也是对访客的尊重。挂好牌，我们全部走出门，展开团旗合影，我心折服，我们学习来了。

10:00，一位容貌姣好的金发中年女士来迎接我们，她穿一件黑色连衣裙装，项戴十余串一束的黑珠链，很有个性。小冷递上出行册，介绍团里负责人，她先看图，再看人，逐一点头微笑，然后带我们到二楼的会议室。房子不大, 20 把椅子，白色拼组的会议桌，放一台电脑，主席方的墙上挂一个 52 英寸的投影仪，旁边一个用于板书的架子。

女士向大家表示欢迎，然后自我介绍叫凯特・帕尔默，是负责斯里兰卡和非洲区的茶叶采购经理，她先介绍全球市场和企业的采购原则，然后请马克经理介绍茶叶拼配的原则。这对我们来说，是完全陌生的知识，携带的摄像机、录音笔、相机全程跟踪。她打开电脑在显示屏前演讲。

"泰特利每年生产加工五亿公斤（约 50 万吨）茶叶，位居全球第二。采购的茶叶，主要来自印度阿萨姆、斯里兰卡、印度尼西亚、阿根廷、马拉维、肯尼亚、卢旺达、坦桑尼亚等国家，因为它们的品质、口味、颜色不同，有利于拼配。我们茶叶的大宗来自肯尼亚，那里的茶适合英国人口味，价格便宜。

泰特利有遍布全球的采购网络，采购人员按两大原则行事：一、在合适的时机和地点，采购价格最低的适宜茶；二、注意环境和社会的可持续发展。

我们要进行成本分析、风险评估、好的性价比、供应链、可替代方案等科学的研判。例如这两年气候预测、战争、疫情，都会影响到产量、劳动力、运输、价格，未雨绸缪，是我们的重要工作。"

听到这里，我想到国内企业，绝大多数是小打小闹，手眼在百十里之间，轮不到费此心计，最多就是关注一下天气和农残问题吧。

"我们采购红茶、绿茶、白茶、咖啡、花草、药物、水果的原料用于拼配，采购的方式有多种，一是公开拍卖，这在国际上通用，好像中国才刚起步；二是到产区与茶农下订单，依据合同到期收货；三是现货现买。卖家有四类：生产者、注册的拍卖经纪人、非注册货源、贸易。

每款茶从原产地到最后包装出货，每一个环节都有拼配师和品鉴师监督，并汇入电脑库。在运输、库储过程中，因气温、干湿度对品质的影响等，全流程下来，会有八次左右的品尝复核。企业的拼配研发机构遍布全球。"

她说，培养一位拼配师，至少要五年，而一位高级拼配师，那是终生不渝的努力。我们鉴定拼配成效的标准，用一句坦桑尼亚、肯尼亚、乌干达通用的官方语言斯瓦希里语的"呜—呼—啦"（Uhura）来表示，它的原意是"自由"。五个字母，分别是五项检测内容的第一个字母，大体是 U，等级，即来自哪个国家，放在哪一等；H 即茶色，这是很重要的标准；U，润和亮；R，茶叶厚实程度；A，茶叶大小，适合什么茶袋。[1] 与

泰特利茶厂凯特经理，给考察团介绍在全世界采购茶叶的原则

1　根据录音整理，由于涉及很多专业术语和译员的理解，可能不是很准，仅供有兴趣者参考。

之匹配，企业有自己的数字化评审标准。工厂的生产，在严格的科学管理中进行。给我们供货的下家，都是全球业内领先的大公司，长期合作，对供货质量有信任感。即便如此，我们仍然每年要到各地检查，不能松懈。我的同事们和我开玩笑，说我是旅游迷，尤其钟情非洲，所以让我到非洲采购茶，公私兼顾。当然，那也是很辛苦的工作，我乐在其中，欢迎你们和我到非洲采购茶。大家对她的严谨和开朗报以掌声。

她讲完了，询问有需要讨论的问题吗？

我问，公司在中国采购茶吗？什么地方的，多少数量？

凯特说，从中国购茶很少，因为中国多数茶的农残达不到欧盟标准。每年从浙江省进口 300 吨茶，用于拼配。但是从英国饮茶的发展趋势看，中国茶在逐渐扩大影响。以我的感觉，中国茶的品质是全世界最好的，它特殊的韵味无与伦比，在其他茶里感觉不到。

3 "我的使命是颠覆传统"才能出好茶

凯特到门外请来马克·多诺万经理，她介绍说，马克先生是公司的高级调茶师（拼配师），他除了品茶，还品各式美食，二者结合能有这样一副令人羡慕的好身材，难得，他对茶的口味有惊人的记忆。现在就听他的啦。

大家掌声欢迎这位高一米八，40 多岁，黑络腮胡子的经理。他拖了一个小推车，放着 12 套杯子，滤茶杯、品茶匙，十多个茶盒，开水壶等等，不慌不忙地放在会议室顶端的横桌上。我示意谁帮助一下，小甘阻止说，外国人的事喜欢自己做，免添乱。一位女辅工，用木盘端来一些茶具。凯特又叫来一位系围裙的秃顶先生，拿英行册给他耳语示意，让他做助手。十种不同的茶盒，十个滤杯、十个品鉴杯、20 把小匙，还有两个盛白开水的杯子，整齐地准备好了。

马克向大家问好后，第一句话就是："我的使命是颠覆传统，不遵循任何规则，打破规则，寻找最好的东西！"他演讲家的口才，一句话抓住听众，赢得了掌声。

他说，茶这个物种是一样的，但各地生长环境不一样，效果品质就不一样。所有做菜的香料，都可以同茶拼配。我们选择的拼配植物有 465 种，绝大多数不含咖啡因。我们对茶和拼配的花草、药物、水果，都要深入了解和分析，建有数

高级调配师马克说，我的拼配原则就是，颠覆传统！

据库。在我们的拼配茶中，茶的含量不到 10%，由此可见花草药物水果质量的重要。

泰特利现在有 400 多款茶，我和这位汤姆先生每年会再创 40 ～ 45 款新品种，市场的竞争使我们必须有这样的新品量，常常是几匙分量的增减，就会产生新的口味。

他拿起一个茶盒说，这一款是茶和巧克力、印度植物拼的茶。他又指着另几款说，这是草莓茶，那是人参拼的、可以提高免疫力。同柠檬、生姜、蜂蜜拼的，可以治感冒。同菊花拼的有助睡眠，薄荷茶对消化有好处……但是，这些功效不可以写在产品说明书上，不能打宣传广告。这同几百年前茶进入英国，宣传它神奇的药用功能时代不一样了。现在法律规定，饮料和药不能混为一谈，界限明确，违者重罚。

拼配茶和调制酒一样，是一门艺术，要追求高深必须终身以求。我们各系列的茶，要保持味道的传承关系，让顾客有亲切感、醇厚感，不是花样翻新，推出互不相干的新口味，让客人去重新认知，那是不会成功的。

汤姆和辅工把十种茶，分放在十个滤茶杯里，用壶水冲泡，一分钟后，分倒在十个品鉴杯里，十种差别明显的颜色，散发出不同的拼配茶味，淡黄、亮黄、浅红、深红、绿……色差明显。马克拿起一把茶匙，介绍他们的品鉴方法，舀一匙茶汤入口，大声吮吸，让茶水在舌、牙龈、口腔间回旋，凭经验，体会识别各种韵味，作出鉴别，然后吐在一个不锈钢罐中。从淡到浓品鉴，最后一个杯是薄荷水爽口。他示意大家试试。我不眨眼地盯着马克的每一个动作和眼神，他所讲所做，像一

品鉴马克冲泡的十款泰特利的拼配茶

同无私赐教的马克留影。刘昌明、孙前、
丁云国、白小梅

个发明家，又像一个魔术师，他毕生追求着对茶口味的发明乐趣。

我们从第一个杯开始，各取一茶匙，怀着好奇心依次品鉴。按马克的方法和我们国内品茶的方式进行品尝。全团人马，只有丁云国、吴乌米、张雅琪、冯斯正是国家认证的高级品鉴师和茶艺师，还有六、七位，这方面经验可能多一点，其余人的功力就不好点评了。

我的脑海中，浮现出在武夷山的正山小种江元勋先生的品茶室，和在印度、斯里兰卡的同类茶品鉴相比较。江先生的茶最适口，印度茶苦涩不堪，斯里兰卡的也偏烈。今天的较为适中，因为这是拼配的，花果香味浓，但仍嫌味苦，难怪英国人喝茶要放糖。在第 11 个杯中用薄荷水漱口，小匙放在第 12 个杯中。真是其味自知，因为茶叶、加工工艺和多植物拼配的不同，要我们议论优劣，还真无从说起。我们对主人伸出大拇指，礼貌称赞。

凯特给每人一份泰特利公司精致的宣传册，蓝封面写着"调茶艺术：这是口味的问题"，册中除历史人物外，有凯特，马克和没见面的老专家三幅照片及专业介绍。他们用精英团队接待这个素昧平生找上门来的中国茶团，让人感动。

4　核心部门：拼配实验室

凯特把我们带到会议室旁 20 米处，走进一个蛮大的拼配实验室。一位上海女生王佳琦微笑着拉开双扇门同我们打招呼，她 30 岁左右，从小随父母到英国，现在是凯特部门的干将，她说这里是厂区的核心部门，马克、汤姆都在这里工作。

30米长、8米宽、6米高（上设通风系统）的实验室，邻花园全是玻璃窗。两长排品鉴桌，10米、5米各一个，宽1米，桌下全是贴有标签的抽屉，放着100多种茶样。

房的右侧，一长排天然气炉具，放着八把紫铜水壶，容量比中国大号水壶还大一些，掺水时，要靠前臂穿过平壶柄助力，才方便省力，一天下来，这可是力气活，全由四位斯里兰卡女辅工承担。她们穿中长蓝色工装，戴黄橡胶手套，在长桌边流水线式地操作。在十米的长桌上，靠一侧，先放好竹茶盘，一个接一个，从抽屉中取出贴有标签的茶盒，放在竹盘外侧，把盘内侧放着纸质盒盖，倒一些茶进去。紧邻竹盘，放了四十八只滤杯，盖子翻在杯口，旁边是同等数量的品鉴杯。

布置完毕，流水线工作开始，一位女工手推车上放一把天平秤，挨个取茶，六克为度，秤后分别倒入滤杯中。稍后，两位女工从两端渗入开水，盖上。掌握好一分钟的时间，另两位女工尾后，把茶汤倒入品鉴杯，同时盖扣滤杯口，倒扣在品鉴杯上，把汁滤净。掺完水的女工又绕其后，把滤过的茶渣倒在杯盖里，置于滤杯上，对应地放在茶汤杯侧。这样完成，一目了然：茶盒（品名、产地）、干茶（色、形）、茶渣（茶底状况）、茶汤（色、嗅、口感）。关键的技术活，由两位中年英国女士进行，一位十分认真地进行色差对比，偶尔尝尝茶汤，然后把意见告诉旁边的女士，她推的移动小车上放着一台电脑，即按嘱输入数据。长桌后半部的汤杯全部用蓝色毛巾盖着，免降温过快。

我奇怪，她们滤茶汤的动作很麻利，不像国内那样小心翼翼怕茶叶倒出来。一细看，滤杯对着茶把的一端，六个大齿口，只要掩着盖

拼配实验室一角　　杨景然/摄

斯里兰卡辅工的流水线滤茶准备工作　　孙前／摄

实验室的技术人员品鉴原汁、色差比对，电脑记录　　孙前／摄

子滤水，又快又爽，叶片不会漏出。团友依各人兴趣，仔细观察，并小声询问。

佳琦指导助手，在 5 米长桌上，放出 12 袋茶品，对应地摆上 12 套滤杯和品鉴杯，20 把小匙，清水和薄荷水。助手们按刚才所见程序操作。凯特介绍各国茶的特点、汤色和品鉴要领。一眼看去，12 杯是浓淡小异的咖啡色，色差较为接近，都是原茶汁，不同于在马克那里品的调配茶成品，其苦涩感，远超调配茶。要知道，刚才每杯是两克袋，现在是六克量。我硬着头皮，把 12 种原茶汤嘟嘟了一遍，赶紧用薄荷水漱口。凯特、汤姆和王佳琦看我们的表现，知道各位不谙此道。我在想，她们天天从事这种苦了自己，愉悦千万人的工作，那是崇高的。

5　反客为主：中国茶怎么样

该我们登场了，否则对不起主人的盛情。我对凯特说，我们带了几款茶礼，请她们品鉴一下。首先是丁云国出场，他打开一饼国辉神农普洱茶，用茶锥切

英茶行日记

在泰特利茶厂的拼配实验室，凯特讲解品鉴的"呜-呼-啦"方法　　孙前／摄
品鉴12种亚非原叶的滋味　孙前、刘昌明、沈冬梅、冯斯正

下一块，放在天平上称了四克，取过一个滤茶杯，开始操作。我翻开英行册上的普洱茶大树照片给凯特看，她吃惊地问，有这样大的茶树吗？我说从唐朝开始，当地人民就饮这种茶了。她又问，那阿萨姆的茶树呢？我答，那里也算茶物种的原生地范围，但是当地印度人饮茶，是1850年以后，由英国人传过去的，她默默地听着。丁云国把茶汤倒入品鉴杯，黄亮亮的，香气腾起，凯特拿起滤杯，闻香，观察叶底。汤姆和小王用茶匙舀来细细品鉴。三人对视，交换眼色，都夸这是一款特殊的好茶。第二位上场的是吴乌米，她长期同斯里兰卡的著名茶企合作，开创的中国品牌叫"坡顶山"，旗下有很多产品。她选了最好的一种红茶"锡兰经典"泡给她们品鉴，凯特说这种茶的韵味我很熟悉，好茶，很正宗。第三位是甘甜，她是雅安兄弟友谊茶厂的藏茶工艺第六代传人，她取出一个精致布袋"藏茶传人"的礼品，从中取出一个竹条包，里面是紧箍着的一块紧压藏茶，她用小锥刀启下一块，称出四克。凯特她们目不转睛，就像在看变戏法。我指着册子中一张背夫图片，这是1903年法国驻昆明总领事方苏雅在雅安一康定的茶马古道摄的，背的就是这种茶，最远到达拉萨。小甘希望辅工用沸水，她说这种茶要熬煮，效果会更好。红亮亮的茶汤倒在杯里，她们轮流反复品尝，清朗爽口，回味甘甜。她们知道西藏人喝藏茶，没想到在英国喝到传人的正宗藏茶，也是茶缘，庆幸相遇。

现在轮到我出场了，我让小雅取出准备的两款蒙顶明前甘露，一款是蒙顶皇茶公司的，一款是跃华茶厂的，他们是中国名气最盛的蒙顶甘露，我们赴英之前，特地从工厂取来作礼品的。我翻开英行册，给她们讲解吴理真在蒙顶山植茶，这里是世界茶文化圣山的史实。我注意到凯特送我的蓝册资料，讲到中国茶是神农氏公元前2737年开始品饮的。看得出来，我的讲述对她们来说，是异域奇闻。

小雅把两种甘露，分放两个滤茶杯。一位斯里兰卡辅工，双手拎着沸水壶，一个高冲，直泄而下，满杯。我说坏啦！还没"啊"出来，

丁云国教授请专家品鉴"国辉神农"普洱茶

杯已满了。我们是四克的明前茶嫩芽，哪能同她们六克的夏秋茶同等伺候，这泡茶废啦。

我让小雅亲自操持，她是高级茶艺师，深谙此道。她另取一袋，判断水温后，从杯壁缓缓注入，不及杯量的一半，轻轻一晃，倒入杯中，第一泡太淡，不显本色，放一边。然后第二次沏水至杯的三分之二，一分钟后，茶芽绽开，汤绿显深，倒一盏。再第三次沏水，倒另盏。两款茶手法一样，共用六个杯展示。功夫毕，递上茶匙，请三人品鉴。我注意到，三人目不转睛地注视着小雅的动作，品鉴时，她们对两款茶在几个盏里的成色、滋味，香气，以及绽开的芽叶细细观察体会，这是全新的茶，会有什么样的感觉呢？汤姆同小王耳语，小王告诉我，他说马克开会没来，

孙前、小雅向泰特利茶厂的专家凯特、汤姆、王佳琦推荐世界茶文化圣山的蒙顶甘露

高士杰 / 摄

太可惜了！我说没关系，我们带有茶礼分赠。

我问凯特茶怎么样？她说比浙江茶好。我说，你买的 300 吨是大路货，现在品的是中国绿茶极品，浙江的龙井茶也是很好的绿茶，毛主席就喝了几十年的龙井，她点点头。

我们给她们赠送了全套茶礼和茶书。我拿出一张红纸打印的中英文茶品介绍，翻开英行册上的茶礼品页说，送你们的礼品，图上全有，这张红纸写明生产企业、生产时间、保质期、沏茶温度和方式，你们对号入座就知道了。凯特懂法语，我签名送她一本《大熊猫文化笔记》的法文版。方玲请她在团旗上留下了全球第二大茶企业的名字。我们展开团旗和礼品，在实验室里合影留念。

刘昌明的《巴蜀茶文学史》、作者的《大熊猫文化笔记》（法文版），多款蒙顶名茶、兄弟友谊藏茶、普洱茶、塔山茶、残剑飞雪茶赠送给专家品鉴　　白小梅／摄

凯特说，我一定要到蒙顶山去看茶，到雅安看熊猫。我们依依惜别这家一流管理的茶企业，对我们的热情和毫无保留的交流，难以想象。

6　神农氏何时饮茶：吴觉农不认可

翻着凯特送的小册子，里面明确写着，公元前 2737 年，神农氏最早发现并饮茶。如我在序里列举，欧美很多谈及中华茶历史的书，众口一词，都是这个口径，怎么看待和认识这个问题呢？

达尔文的《物种起源》1859 年出版，谈到智人与猿的关系，这一石激起滔天巨澜。1860 年 6 月 30 日，一场辩论在牛津大学图书馆举行，愤怒的英国牧师威尔伯福斯为基督而战，他言之凿凿地说，根据《圣经》谱系，人类历史大约 6000 年，上帝在公元前 4004 年 10 月 23 日创造了世界。达尔文因病不能参加辩论，他的两个好朋友胡克爵士和赫胥黎为捍卫"进化论"学说，与牧师激辩。今天谁都知道对错，但在当时，是一场亘古未有的神学与科学的大战。早于辩论 200 年的英国著名医学家、神学家托玛斯·勃朗，1671 年被查理二世封为爵士，在其著作中谈到中国的"书同文"时说，"他们今天还能利用生于基督前数百年的伟大的孔夫子的著作，甚至可以上溯到盘古氏，盘古氏相当于我们的诺亚"。

考古实证最能说明问题，中国发掘出的"河洛古国"（郑州巩义县双槐树古都邑遗址），面积 117 万平方米，约 1757 亩，有九个陶罐模拟的北斗九星天文遗址，有最早的骨雕家蚕艺术品，在北斗九星上端有一个完整麋鹿的殉葬遗骨，建筑遗迹是当时中国最先进的土木工艺——版筑法建成。这些发现同中国《夏商周断代工程》发布的夏代、公元前 2205—前 1735 年代；商代，公元前 1734—前 1107 年代（盘庚迁殷为前 1300 年）；周代，公元前 1106—前 771 年代大体衔接。中外对史前文化的叙述，有互相参照的系数。

最早提出是神农氏发明并饮用茶的典籍，是唐代陆羽（733—804）撰《茶经》的《六之饮》，"茶之为饮，发乎神农氏，闻于鲁周公"。这流传千年奉为圭臬的定论，当代茶圣吴觉农在《茶经述评》中认为不妥，他在前言中写道：

> 有人认为我国开始使用茶叶，起于神农，并举神农得茶解毒一事为证，这个借传说而作出结论的说法，原是我们一直在怀疑的问题。现已可证明：茶树原产地是在我国的西南地区，而在战国时代以前的历史条件下，还不可能把西南地区的茶叶传播到中原地区，致《茶经》说的春秋时代晏婴曾食用过"茗"，已不能使人置信，则神农最先使用茶之说，就更难于成立了。

陆羽为什么把神农氏扯进来呢？吴先生解开了这个迷，他说：

> 陆羽说"茶之为饮，发乎神农氏"的根据，是神农氏撰有《食经》，其中曾提到饮茶（见《七之事》）。实际上，古代人往往汇录议论性质相类的文字成书，而用一位思想或行事与此议论相称的古人题名，由于神农氏是传说中的农业和医药方面的创始者，所以就把《食经》托为神农氏所撰。陆羽据此而把神农氏说成是饮茶的创始人。

《茶经述评》用全新的史料和视角评点《茶经》,极为重要。可惜,自1987年1版,2005年2版以来,没有译成外文,国外的史料引用,皆以1935年的《茶叶全书》为规矩,那么错的难免了,外国人恭维中国人公元前2737年就在饮茶了,把我们的文明程度也推得太高了一点。

英国的中国科技史学家李约瑟先生说,饮茶可以称为中国的第五大发明。

著名作家、翻译家林语堂在《中国人的饮食》中说:"饮茶为整个国民的日常生活增色不少。它在这里的作用超过了任何一项同类型的人类发明。"

今天,茶在中外普及和受欢迎的程度,世所公认。但是,由于信息交流梗阻,在茶饮历史的起源问题上,西方谬误流传,怎么解决这个问题呢?郑州大学韩国河教授有一个"溢出效应"观点,可为借鉴。他说,中国古文献中记载的一些事情,与今天的考古发现实证南辕北辙,而在过去的数百上千年里,依文献的传播,已形成约定俗成的文化传统,他举了真假刘秀(汉光武帝)墓的例子,古文献记的在孟津,实际上是假的,河南省1963年列为省级重点文物,2001年列为全国第5批重点文物。最近十多年,发现了真墓在邙山。这类例子还很多,包括炎黄大禹的生卒地,诸葛亮曹操疑冢等等。这就有一个处理考古真实与约定俗成的文化传统的关系问题,对传统形成"溢出效应"的影响,我们尊重它,对考古的真实,我们记载传播它。旅游者、文史专家相信谁,怎么使用,那就择善而行,各取所好。这是我的"2737观",供茶友参考。

7 文化的多样性:中国茶能学立顿吗

午到小镇西餐,然后去英格兰西南部的康沃尔半岛。2:30出发,目标西丹佛市,全程320公里,预计3小时50分。这是英国行中一天的最长距离,可以好好欣赏周边的风光。

上午在泰特利茶厂参观,领悟到的知识是颠覆性的,在汽车上刚好可以梳理。我几年前看过程启坤教授的一篇文章,《认识"立顿",思考我国茶产业发展思路》,他两次到英国考察,参观过立顿在英国曼彻斯特最大的拼配包装厂,以他终身从事对中国茶科研茶产业的研究,这篇文章很有针对性。"茶叶地理网"几年前登许嘉璐教授的一个讲话,《中国茶业学"立顿"就死了》,记忆犹新。结合今天的学习，算是深化一下认识。

立顿和泰特利，今天分属联合利华和塔塔集团，是世界上数一数二的茶企业，他们共同的成功之处是什么？有哪些可供中国茶企学习的地方？

先从我们熟悉的几句口头语说起吧。

业界一句话，"中国七万家茶企不敌一家立顿"。

立顿从 1890 年成立至今的一句广告词"从茶园直接进入茶壶的好茶"。

业界还流行一句让国人困惑的话来评价中国茶的现状，"一流的品质、二流的包装、三流的价格"。

立顿茶的年销售额是多少？程教授的数据是 30 亿美元（约 27 亿英镑、210 亿人民币）。那句广告词在当年是土得掉渣、为高大上者不齿的一句农村俚语，百年走来，它成了生态广告的先驱。

一二三流这句话，不知道是何年何月，哪一位没看过世界的基层干部写报告时编的顺口溜，被不动脑筋的各方人士广为引用，恶误至今而不醒。今天的事实是，恶炒的天价、竞追奢侈的包装，故步自封的品质。

很多人沾沾自喜于茶的化学成分数据比外国高了多少多少，为什么叫好不叫卖呢？茶是饮料，要卖出去，它的有益成分才起作用，根本卖不出去，数据是孤芳自赏的吗？立顿、泰特利的袋泡茶，两克一泡，40 泡 80 克一盒两英镑，约 20 元人民币，一斤包装好的茶，150 元人民币左右，这可是世界级名牌的产品呀！我们一斤龙井、一斤金骏眉、一斤冰岛，两万元一斤买的是哪一档质量呀？

立顿 1992 年进入中国市场，现在的高端办公场所、四五星级酒店，10 年前已经是"黄牌立顿"红茶的天下，不知道有人注意到没有，现在是"黄牌立顿"绿茶、花茶、白茶都有啦！我曾在四川省旅游局工作多年，其中分管旅游协会，同酒店分会的关系很好，我问过很多高星级酒店的老总，四川的蒙顶茶、花茶、竹叶青那样有名，你们为什么不支持川茶发展呢？老总们无奈地说，这些茶外国人不知道，住进酒店不放心喝，一看是"黄牌"茶，那就没问题。川茶的售价是"黄牌"的 N 倍，走不动，压库压资金。"黄牌"袋泡茶还方便打扫清洁。如果您是酒店老总，怎么选择呀？是我们拱手奉上市场，对来到门前要大刀的无可奈何，你不是竞争对手！

8 中西茶较量的六点思考

我有几点想法，供有心人参阅。

一、国情分析。以中日韩为主的东亚茶文化圈，把生活必需品与民族文化融为一体。王安石说，"夫茶之为民用，等于米盐，不可一日以无"。南宋吴自牧即写"盖人家每日不可缺茶，柴米油盐酱醋茶"。元代杂剧中就出现脍炙人口传千年的一句话，"早晨起来七件事，柴米油盐酱醋茶"。从明代开始，又有了"琴棋书画诗曲茶"的说法。这是物质层面和精神层面携手而行，起码从唐代以来，已有1300年左右的历史。从荷兰开始，延及英国、欧美，他们先把茶当药，后作为饮料，就算加入了沙龙、下午茶的文化成分也才200年左右。英国的中国科技史专家李约瑟曾说，"茶是中国继火药、造纸、印刷、指南针四大发明之后，对人类的第五个贡献"。应该说，前四大发明主要是物质技术层面，唯有茶，是物质和文化结合的产物。两克装的袋泡茶快速饮，解渴而已，还需要花样繁多的茶器具吗？还需要看茶闻香观色鉴茶底的功夫和乐趣吗？不认识国情、文化的不同，怎么去认识立顿和泰特利呢？

二、成本分析。中国除极少数地方是过去国营茶厂转产，或这十多年从农户流转土地集中种茶而面积稍大，有几百近千亩的大茶园外，其余皆是农民小山林地或茶园。一到采茶季节，雇工难，工钱年年上涨，是印度斯里兰卡和非洲的十倍到几十倍。而阿萨姆和斯里兰卡茶园，我去考察过，100多年前为了鼓励英国商人去垦殖种茶，把大片山林几十几百平方公里的土地以极低的价格提供给他们，用科学的方法种植管理。就如前面所引郭嵩焘、容闳的见闻一样，每亩产量是华茶的数倍，机械化采摘加工，再加上用工便宜，国家又帮助修了铁路运货。规模化经营和用工便宜，这是我们不可望其项背的。这使我们小打小闹的茶庄经营，成本根本无法相比。

三、为什么拼配？陆羽在《茶经·六之饮》中，对拼配喝茶有一段评价，"或用葱、姜、枣、橘皮、茱萸、薄荷之等，煮之百沸，或扬令滑，或煮去沫。斯沟渠间弃水耳，而习俗不已"。这是什么意思？加了这样多东西与茶混煮再喝，这是什么呢？陆羽最后一句话，挖苦至极，"这样的茶汤无异于沟渠里的废水"，但是这样的习俗至今延续不变，奈何不得啊！正规的喝法，有身份者的喝法，不会是这样的。宋代蔡襄在《茶录》中说："茶有真香……若烹点之际，又杂珍果香草，其夺益甚，正当不用。"这些见解是对陆羽观点的补充。

欧洲国家开始是喝绿茶，逐步增加乌龙茶和红茶，劳动阶级把饮料变成流食，加糖加奶以补身体之需。中国的宋元明代，除少数民族有加奶混饮习惯外，汉人皆是清饮品茗或解渴。应该说，惹出拼配的滥觞者，是福钧在水晶宫博览会之后。既然中国茶染色有毒，不能喝，而当时的印度锡兰茶又苦涩难以下咽，这就萌生拼配，把那些低档茶，掺进中国茶，调剂综合到可以接受的程度，拼配茶一步步走来。非洲各地、亚洲多地种茶逐步兴盛，口味优劣互济，中国茶被淘汰出局。以后花草、香料、药物、水果掺和其中，形成今天的格局。虽然拼配茶在欧洲已成扛鼎之势，但是在东亚圈，却是微不足道的配角，这些地方千年文化形成习俗，不屑它的骚扰。

四、工业化和个性化。一旦调配的口味组合敲定，千千万万的标准化袋泡茶哗哗而来，外国人追求千杯一味，寻找熟悉的老味道，中国人讲求杯杯微妙差异的个性化，这二者的乐趣是可以调和的吗？

五、最简包装和豪华包装。程启坤教授所述，和我在多国所见，以及国际茶品进军中国大城市的旗舰店展示，他们的包装品牌、色彩个性鲜明，一望可知，绝无豪华、硬纸板、大金属罐和陶瓷罐的包装。这与国内的万千商家反其道而为之。我常常对一些茶企老板说，你这个100×60×50厘米的茶箱里，2/3的重量是包装，买家拿到手，把这些无法再用的包装盒全扔掉，你是交运费倒垃圾，暴殄天物，这是多少树木做成的？我们是一个资源短缺的国家，每年大量进口纸浆纸板做包装，应该学习韩国日本简化包装，使用再生纸资源。从包装就可以看出经营者的文化素养和水平。

六、品牌和宣传。我们看的几家百年老店，经过一个多世纪的品牌品质塑造，早已深入人心，不用在媒体上去经常打广告，它有大批的忠实追随者。可是我们绝大多数茶企，没有知名度，要到大媒体打广告，囊中羞涩。很多是夸大其词的误导。现在电商、微信的渠道很多了，只要你诚信勤奋经营，推出高质量产品，市场道路是广阔的。

就目前而言，东亚和欧美对茶文化的认识，还有相当大的差距。肯普弗和一些荷兰商人当年在日本看到，那些大名高僧用比珠宝贵数倍的价钱，去搜集陈旧的陶瓷茶具，珍若拱璧，在他们眼中，那是何等愚昧。相反，在日本人眼中，那些暴发户洋人，没文化。直到今天，西方人以具象化的肖像、自然油画为美，对中国人的笔墨功夫不以为然，笑侃中国画几笔几画就要卖大价钱。他们不知道，胸有成竹的一笔一画，都源于数十年的功力。所以毕加索临摹齐白石的画不得要领，请张大千教他握笔运笔。他深为感叹，中国人为什么要到欧洲学绘画，你们已经从具象走到抽象，走到了哲学的境界。拼配茶是进步了还是退步了？陆羽早有定论，你既然是喝茶，那就要体会茶之道和茶韵味，你把袋泡茶囫囵咽下，那是返祖的无知，不知饮茶的真谛。感谢泰特利之行让我明白了一个道理：康乾盛世，西方以品饮中国茶用中国茶具为高尚；两次鸦片战争以后，工业化生产的拼配袋泡茶逐步统领欧美，西人以此为科学进步的表征，话语权在他们嘴上 100 多年了，但是没有撼动中日韩的茶文化；随着中国稳步发展，文明进步的话语权增加，品牌和品质意识的提高，有一天，欧美会通行一句话，"你还在喝袋泡茶？"如同 150 多年前他们的见面语，"你喝茶了吗？"我对此充满信心。

9　英国农用地的牧田改革

这同两天前看的田园风光有一点不同。公路边除了绿篱、红墙分隔带以外，还有碎石矮墙隔离带，看到一些农庄，放养着雪白的绵羊，有的地方有一片片杂林，没有规范的行道树。这真是十风五雨、风调雨顺的国度。大家又逗小高，我们行程过半，除了去乌邦寺那天小雨以外，都是好天气。在成都他好心地给大家发了 14 天气象预测资料，天天有雨，弄得大家心里紧绷绷的。小姐姐们希望他继续播报，反着来，更有趣。

英国的农业自然地理条件，与中国的农村有很大的不同。受大西洋环境气候影响，位于亚欧大陆西北端的英国，平均降雨量 1100 毫米，积水挤占土壤中的氧气空间，容易引起农作物的根茎腐烂。所以，至迟在光荣革命之前（1689 年），英国就从荷兰引进对农业的给排水技术，大量改造低湿土地，并引进耐寒饲料三叶草和芜菁，极大地提高了牛羊牲畜的饲养量。由于英国气候冷湿，冬长夏短的限制，只适合生长周期短的农作物，再加上工业革命使农村劳力外流，英国对土地实行了"三田轮作制"，即秋播地、春播地和休耕地。休耕地种各种牧草放养牲畜。待它轮为耕作地时，地力肥沃，农作物丰收。到后来，他们又发展为"草—田轮作制"的简单方法，一部分作农田，一部分作牧场，几年一换，休耕地还大量种蚕豆、豌豆作物以增地力。待到轮换时，不用施肥也高产了。美国开国总统华盛顿，也是大牧场主。他研究什么牲畜粪于土地肥力最有利，多年观察对比。《食物探险者》（美）一书说，"华盛顿清晨的时间都用于研究最佳肥料。他把动物粪肥、泥巴、宅屋附近小山坡上生长的黑霉等奇异东西混到一起。华盛顿对其未来国家的贡献也应包括他的这一点发现：最好的动物粪肥来自母牛，而不是马和绵羊。"逐步的，英国对谷物的消耗量减少，对肉类、奶酪、黄油、豆制品的需求量增加，茶就成为不可离弃的饮料。欣赏着英国的田园，羊马牛处处悠闲，这是另处的景致。

偶有咖啡色指示牌，标明附近有古遗址或游览处。中途到一休息加油站，整洁有档次。只看到一列驰过的火车，八节车厢，客源少的缘故吧。

我们经过塔维斯托克镇，这是一座千年古镇，是贝德福德公爵家族 500 年前的发迹地。好奇心驱使我们，下午茶家族是从什么环境走出去的，专门来访。余晖中，车绕镇缓驶，明天上午要来专访。我在车上发了几组微图，有参观工厂，也首次向国内朋友圈披露了全团人员、行程和礼品。前几天播发引起关注，认为这是一个神秘之团，今天看了，才知道这是一支庞大的队伍。

入住荒野花园酒店，四星级，房价 1460 元，这是此行中房间最宽大的。树木包围着两层楼的酒店，白墙和深灰色屋顶。这不愧是荒野花园之地，放下行李，我们就转悠百亩之大的绿茵草坪。各处散布着咖啡色金属丝编织的梅花鹿、银色金属丝焊成的大蜻蜓、汉白玉雕的美女提水像和人物半身像，还有几处中国和穆斯林风格的茶亭。草坪中有花卉坛，很远的草坪边是乔木和灌木花丛。坐了半天车，现在溜达，很惬意。晚上是酒店的牛排餐，丁云国买一瓶白葡萄酒请客，为今天的收获干杯。

2016 年 4 月 19 日　　星期二　　晴

Part　8

塔维斯托克古镇
特利戈斯南庄园

▶　提　要

1　蓝天下的中国茶席

早起，我围着酒店主楼转一圈。主楼后粗大繁茂的树，直径40厘米左右。在一壁墙根，种了数十株柏树类的针叶树，有几十年树龄，因为贴墙而生和长期修剪培育，树好像从中剖开，只有茂盛的一半，亭亭卓立，这种奇特园艺，在哈姆城堡也有作品，而以此处为上。

早餐后，团友们催小雅把茶具拿到草坪上过瘾。在成都时商量好带一套茶具，到英国时和朋友切磋，还要给马克思祭茶，小雅用一个精致的藤器茶具箱，一应俱全，随身带上。茶具虽然不重，但是体量不小，今天已是第八天了，一路匆忙，无时间展示，很是遗憾。

小雅取出桌垫铺在草坪上，从藤箱中取出全套茶具布置好，席地盘坐，紫色长纱巾搭在脖上，蓝天下，好似一位茶仙女飘然而下，赢得大家喝彩。甘甜拿出兄弟友谊的旗帜，各位茶友也展旗，留下中国茶在英国春天的美丽。吴乌米摆好她的"坡顶山"品牌茶，一套茶具，一面亮黄的旗帜，大家合影。阿甲和杨景然变了一个花样，拿着绿色的"塔山茶"旗，邀了几位在草坪晒太阳的帅哥游客，展旗纪念。深蓝的天上飘着几朵白云，绿茵毯，素妆美女，真好，这是一个乐呵呵的轻松的早晨。

2　塔维斯托克古镇：公爵家族发迹地

在成都做考察计划时，我提出务必到塔维斯托克镇看一看。贝德福德公爵家族开创下午茶和拯救麋鹿，这同中华文明的文化交流，可谓情深谊厚。但是没见国人资料谈及他们发迹地的历史，既然来了，发掘深广一些，也是做学问的乐趣。9：15从酒店出发，行90公里，到了塔维斯托克镇。约翰·罗素家族最早受封时，任德文郡行政长官，因为支持亨利八世对抗天主教，在1540年国王把塔维斯托克修道院和地产封给他。以后家族被封公爵，"塔维斯托克侯爵"作为公爵的嫡

在荒野花园酒店，从成都、北京带的专用茶具。小雅和甘甜的兄弟友谊茶席；阿甲和白小梅的塔山茶；吴乌米的坡顶山红茶席。酒店的茶亭　　2016.4.19　孙前、方玲 / 摄

长子封号直至今天。[1]

在停车场下车后，步行进入小镇。标牌显示，这里属达特穆尔国家公园的一部分。全镇色调为灰色和深灰色，不同于其他城镇的红色为主。在一个区域，原样保留了断墙残壁，小石块砌成的残墙约一米厚，最高处有两米多，也有灰砖残墙，还有一处大的残门柱。残缺美的废址，给人一种求证历史的欲望。遗址后面是一座灰砖教堂，一横一竖两个模块组成，横的是弥撒堂，竖的是塔形钟楼，20米左右高度，四面镶大钟。我从来没有见过这种教堂。机灵的甘甜拿着她的企业旗，拉着我和邓老师照相，她说这是下午茶家族的发祥地，我们兄弟友谊藏茶来了，拍照存证。我相信，这是史无前例的珍贵照片。

进了弥撒堂，两位上年纪的女士，可能是修女，也可能是轮值的教友，胸夹白色卡牌，微笑着同我们点头。询问可以参观吗？点点头。又问可以照相吗？说可以。我们问外边的残壁是怎么回事。

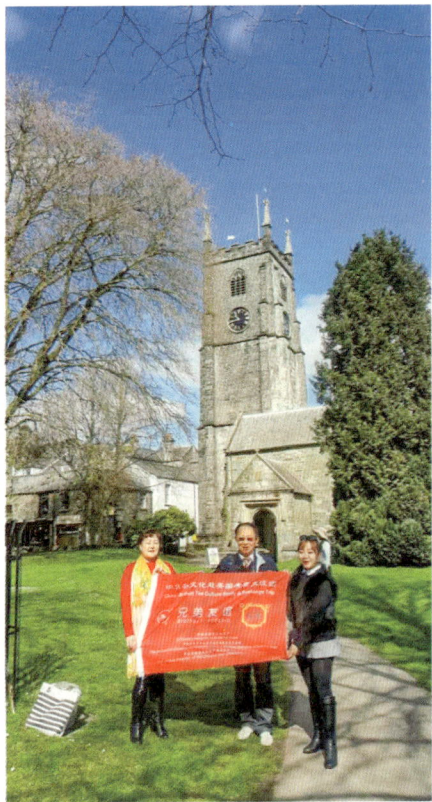

兄弟友谊藏茶第六代传人甘甜说，在贝德福德公爵家族的发源地留下这张茶照片，这是全中国的唯一。教堂里的大钟，是四世公爵 1769 年捐献的　　高士杰／摄

她们说，这是一个上千年的古镇，原来有一片很大的教堂区，几百年前发生战争，其他建筑都毁了，只剩下教堂。把残壁保护起来，是告诫后人，要和平不要战争。

我参观过欧洲的很多教堂，这座教堂可称古老精致。80×80 厘米的深灰石块铺地，被岁月摩挲得锃亮泛着青光。教堂竖分为左中右三个部分，各有 20 排弥撒长凳，凳面放六本蓝封面《圣经》，凳下等距离有六个红色皮沙发方凳，不

1　详见附录一。

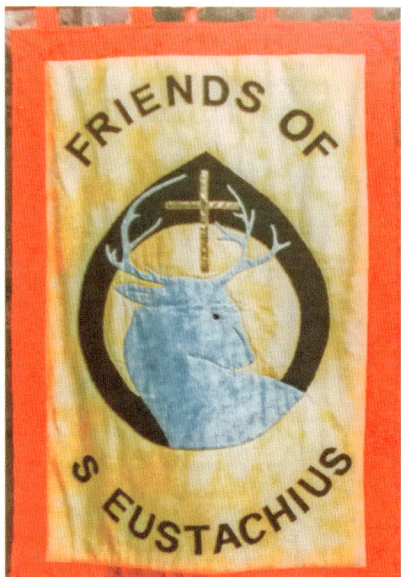

塔维斯托克镇古教堂的鹿徽旗，说明历史上附近多鹿。这就理解了为什么乌邦寺从 1661 年起就养鹿群——故土情结

用时可以弹起贴壁，不像其他教堂有长条凳或跪凳。在最后一排的桌子上，放有 20 多种图文资料，多数免费。女士拿起一本彩册翻开，讲述本地历史，其中有鹿头为标识做的教堂旗，我问为什么要用鹿头呢？她说历史上这里的鹿很多。她又翻开一页讲本地的历史，小冷翻译说，最初这一带是凯尔特人的定居点，罗马人征服了这里。六世纪时，撒克逊人从北欧入侵，"斯托克"就是撒克逊语中的寨子定居点的意思。到了中世纪，塔维斯托克成为一个重要集镇，以开采销售锡矿和羊毛贸易而繁荣。现在每周日的农贸市场在英格兰很有名，这印证了在乌邦寺镇听到的消息。这本图册很好，我花五英镑买了一本，研究时有用。两位慈祥的老太太很好，小冷送了熊猫，我拿本英行册介绍来意，她们立即说，贝德福德公爵家族了不起，前面有七世公爵的塑像，他为这里做了很多好事。这真是意外的信息。

出了教堂，回望良久，我在判断这是什么时代的建筑风格。流传上千年，欧美教堂的建筑，都形成独特模式：

古希腊建筑风格，上方三角形门框，一根根希腊柱支撑着它，这是古希腊先贤阿基米德一句话的显示，给我一个支点，我就能撬起整个地球，用石块建成；罗马风格，用火山灰搅成的石浆掺以碎石，这是那个时代的混凝土，然后在上面加个圆拱，俗话说放上一个包子，这是在古希腊的基础上产生了古罗马建筑，看看美国的国会大厦、大英博物馆即典型代表；拜占庭风格，以俄罗斯东正教为特点，建筑顶有洋葱式大圆顶；哥特式风格，中世纪天主教成为西欧唯一宗教的神权代表，为了彰显他们的权力直达天庭，其他的风格全抹掉，他们独创直插云霄的高塔，被称为天国的桅杆屹立在尘世之间，无处不在地航行传播神音，俗称为玉米棒子风格；到了文艺复兴时代，倡导学习和科学，建筑成了一本从中打开的

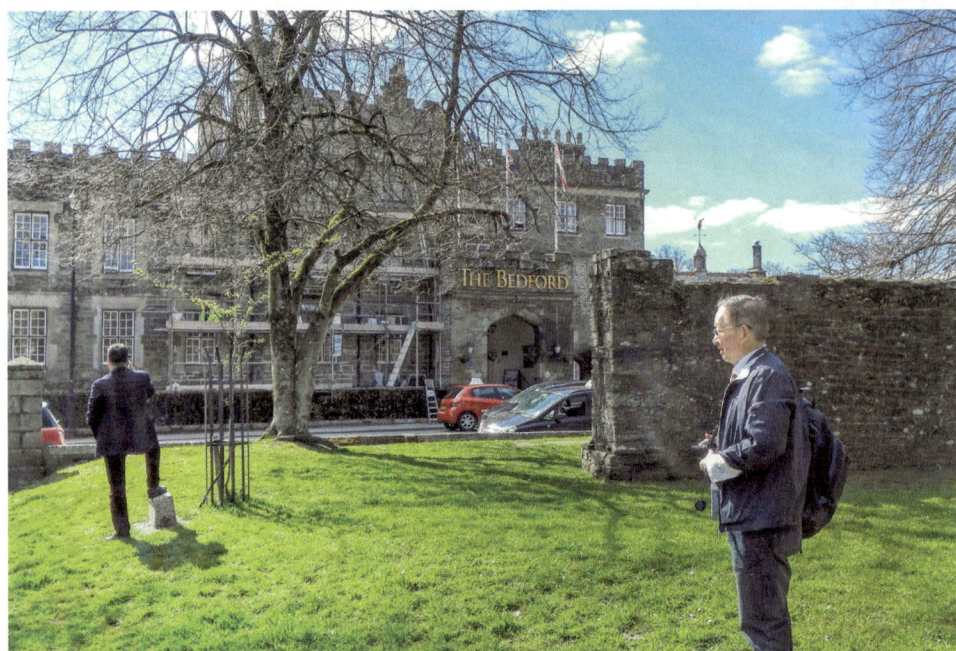

贝德福德家族的起源地，塔维斯托克古镇遗址、老教堂、贝德福德酒店　　　孙前／摄

沈冬梅、孙前在老教堂

厚书，门窗亭廊都讲对称，乌邦寺主楼风格即是。至于巴洛克和洛可可风格，在 V&A 馆文章已讲过了，不赘述。

蔡元培评论中西绘画有一句经典之论，"西洋画近建筑，中国画近文学"，这就是西洋讲布局结构具象，中国讲意象形神。用此认识中西僧侣宅邸，似乎也适宜。

西方大教堂全在闹市，方便传教。中国名山大川僧占尽，路皆边远难行，宜供清修。但是有一点是相同的，那就是钟声。欧洲中世纪时，由教会和修道院的鸣钟之声作为宗教和生活的行为依据。在 16 世纪，座钟已进入教堂钟楼，这被称为"教会时间"。而商人和市民也需要时间，于是在市政厅或塔楼上安放公共时钟，被称为"商人时间"。1859 年，英国议会大厦东侧高 95 米的钟楼上，四面安放表盘，大本钟每隔一个小时报时一次。中国的寺院，传续千年，钟声为定。而中国的各级官府，有专门人员值守日晷、沙漏，再以晨钟暮鼓传导子民。眼前这座教堂的建筑风格，同上述各种风格都不搭界，是否时代更久远，我无法考证。

围着教堂的小道，我缓缓而行。紧靠着弥撒堂的草坪上，列队式的墓碑，并肩而立，四碑一排，行距在 30 厘米之间，直到尽头。碑有 30 ～ 100 厘米高矮，形状不一，非常简单的片岩制成，刻有铭文，这同大城市墓园中规中矩的墓碑是两回事。西方宗教不是讲逝者希望进天堂吗，偎着教堂，可能进天堂方便一点。这是西方一种葬俗，遗骸另埋一处，碑石表明他们永远同天主在一起。伦敦的威斯敏斯特教堂（西敏寺），是皇室受洗、加冕、结婚、安葬之所。西方的信教者，一生中有三次必到教堂：出生受洗、结婚、葬礼。人的一生，就在教堂里走过。

3　民间捐建的七世公爵雕像

一出教堂，就在一排残墙的马路对面，一幢高三层，长约 30 米的灰砖古建筑卧居在那里，大门上写着 THE BEDFORD，这是贝德福德酒店，大楼一侧搭着脚手架，正在装修，这是我们事先不知道的公爵家族酒店。

沿街走 200 米，教堂对面是小镇中心小广场，周围是高低不一的灰砖古建筑。地面划着停车和行车线，这是一个繁忙的区域。正中一块三米直径花岗石小台地，仅六厘米高，矗立着二米五高的圆柱塔基，上面站着一尊二米高的浅红色石雕像，一位瘦瘦的谢顶中年男士，双手抱胸，身披大氅，头望下侧凝思状。

塔维斯托克古镇中，民众集资捐建的七世贝德福德公爵弗朗西斯·罗素（1788—1861）的雕像。他的夫人安娜·玛丽亚因下午茶名扬天下，而公爵在当地人的心目中，是永恒的存在

孙前/摄

小冷告诉我，塔基中段刻着"弗朗西斯·罗素，七世贝德福德公爵"，下段刻着"由民众募捐塑立"，我同小冷核对基座文字无误，这让我深为感动。乌邦寺的马修总管告诉我，几十年前公爵家族已把塔维斯托克镇的多数产业转让了，七世公爵当初如果没有大功德，民众会为他募捐塑像吗？今天不会把像移到无碍交通的地方吗？他下望凝思，是在想为民众再办点什么好事吗？这让人浮想联翩。很多茶书赞美了七世公爵夫人开创下午茶之功，说他先生默默无闻，因夫人而沾彩，现在看来，纯属无知所致。中国官方在北京麋鹿苑给十四公爵塑汉白玉雕像，塔维斯托克镇的民众100多年前给七世公爵塑像，看来这个家族有做善事的传统。在十世公爵以前，乌邦寺就养鹿，这可能与他们的发迹地鹿多，建立起感情有关吧？至此，我们对公爵家族下午茶故事的探寻，可以完美结局了。

4　英国本土第一茶：特利戈斯南茶园

告别海蓝天空下的古镇，我们前往康沃尔郡楚若县城方向，这是英格兰的最西南部，车行97公里，沿途田园风光同昨天差不多，大片的牧场，极多的绵羊，远看是簇簇白云在地上游荡。

已近1：00，车开到特利戈斯南庄园一处很大的停车场。一位一米八瘦瘦的中年男士，浅蓝衬衣加上深蓝领带，笑容可掬地在车旁迎着我们，他的形象，我在电视片上已经很熟悉了，乔纳森·琼斯，园艺部主任兼市场部总监。他带着一位50岁左右的金发女士，挂着BBC广播公司的工作牌，手持麦克风。之前乔纳森曾经与小冷沟通，他想邀请BBC记者采访，就庄园来说，第一次接待这样多专门为茶而来的中国代表团，他们想宣传报道，不知道我们是否同意。当然同意啦，BBC是全世界一流的广播电视公司，有她采访宣传，求之不得。

此时最便捷的方式，就是给二位夹上熊猫，送上两份英行册。名单他在邮箱里见过，打开册子，他把我们几位负责人介绍给女士，我们的行程，他提前与记者作过交流。

记者把麦克风递到我面前采访，提出一系列问题：你们17人的考察团，人数不算少，都是第一次到英国吗？是专门为茶而来的吗？为什么跑几百公里到特利戈斯南庄园？你们过去知道这里的茶园吗？对英国茶产业印象如何？我作了对主人和客人都有面子的回答。乔纳森拿出准备好的一把大塑料茶壶，足有一米二长，壶身是英国国旗，庄园的名字就写在红色十字的中间。我们一位俏皮的姑娘说，"茶壶煮饺子——肚里有数"，这是北京的歇后语。另一位姑娘顶她一句，这把壶煮饺子你有数吗？

乔纳森说，2013年12月5日，首相卡梅伦访问成都时，带了150多家企业，我带着这把壶也去了，在电视台很耀眼。当时在成都，这是万民关注的重大新闻。首相中午到成都，晚餐火锅后离开，被评为闪电般地访问千年文化古城，留下很多文化交往的趣事。我给记者做了补充，首相到龙江路小学参观，同小学生打乒乓球；到杜甫草堂品茶，喝的是"碧潭飘雪"盖碗茶，298元/克；到锦里一条街参观，在蜀涛茶店自掏腰包200元买"春竹"茶；到新会展"香天下"火锅店点鸳鸯火锅，首相只吃辣的，筷子运用自如，点八荤一小吃，还追加一份香菜丸子，费用877元……记者听了很感兴趣，她说几年前首相到成都喝茶买茶，今天你们来看茶喝茶，真是茶缘。我们站在庄园的茶叶加工车间前，抬着大茶壶，丁云国、甘甜、阿甲、杨景然、高士杰都亮出他们的企业旗合影，中英茶融汇于此。

乔纳森把茶壶放在一辆绿色微型货车上，还有两位助手，开车带路。记者在我们车上，在庄园的砂石路上前行。中途我看到木栏杆圈着一大片草场，有五六

考察团到达特利戈斯南庄园。这是英国第一块茶园所在地，乔纳森总管欢迎大家。团员们展出企业旗帜，中国茶牵手英国茶

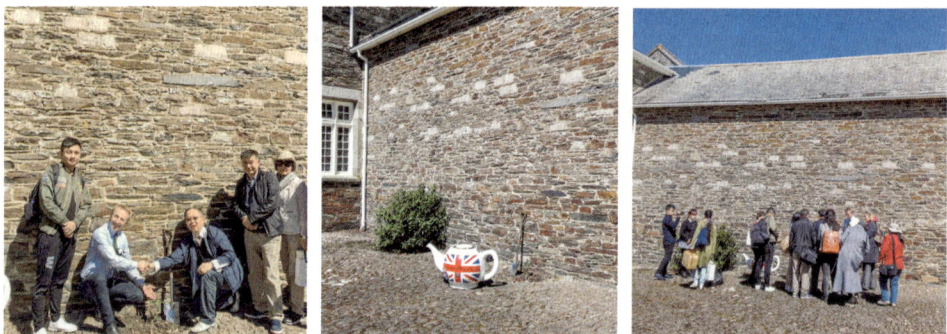

在这座 700 年历史的庄园小广场高墙下，菲利普亲王 2014 年 8 月 1 日种下第一株茶（中图），现在安排我们种下第二株茶，寓意深刻　　白小梅／摄

匹枣红色的骏马悠然食草，每匹马从背到腹系着夹套，有红有白，我顿时明白穿马夹是这样的典故啦。我猜这是娇贵的名马吧，在四川的甘孜、阿坝州，无数马儿于雪雨霜风之中，哪儿享受过马夹呀。

车停到一片两层楼的老式办公区外，穿过拱门，进入一片 300 平方米左右的小操场，大部分是小卵石铺地，踩得光滑闪亮。有一侧的围墙五米之高，乱片石砌成。墙根拨开碎石的一处圆坑里，长着一株十分茂盛的茶树，未经修剪，一米多高，像一笼大圆球。离它三米处的墙根，刨开碎石，挖了一个直径 50 厘米的浅坑。

乔纳森放下大茶壶，走到大茶树旁说："这是 2014 年 8 月菲利普亲王来这里种下的第一株茶树，长得非常好。现在它旁边的小坑，是为你们来访准备种的第二株茶树"。他一指整个院落，仅此两株。

他让助手端来一个黑色的塑料花盆，种了一株 15 厘米高的茶树，这是在温室里培育的。他把双手在盆的周边用力搓了几下，轻轻把茶苗提起，营养土裹着根部。我和沈冬梅、丁云国把茶苗放入小坑，用手给它掩土，然后让每一位团友都来掩土，拍实，浇一点水，这种荣誉，大家分享。团友们分别拉着乔纳森在自己种的茶苗前照相，他领带上夹的熊猫见证历史。

5　BBC 见证……

金发女士又来采访我，种下这株茶是什么感觉？

我说，很神奇！这是给我们意外的惊喜和礼物。我们这个团来自中国的四面八方，尤其是来自茶树的原生地云南、四川的茶友，大家在英国同亲王种的茶树相厮守，这是中英茶文化友谊的见证，我们以后会来看望它。

乔纳森把周围一指得意地表白，中国人中，你们是第一批在这里种茶的。记者同我们告别，说她还要赶回去做节目，今晚播出，这期节目很有趣。我把准备的一套丰富的礼物送给她，希望她到四川来，我们在卡梅伦涮火锅的雅间请她的客。

英国 BBC 的记者专门到场采访，询问我们同菲利普亲王在一起植茶的体会　　高士杰／摄

6　扎根的中国茶礼

乔纳森把我们带到二楼的一间不大的会议室,中间一张二米五长的木板条桌,放着一个木质的展示书架,摊开一本厚厚的大画册,上面有庄园图片,桌中的一个牛奶杯插着一小束鲜花。桌后的墙上挂一幅一米二长的黑白照片,是庄园主楼全景,另几面墙挂十余幅小方框黑白照片,一幅彩照都没有,这反映主人的怀旧情结吧。桌的下端依墙,是一个中等大的吧台,墙上的立架,放有十多个大玻璃罐,散装着庄园的产品,吧台旁有烧水器。天棚吊着长短不一的白炽灯。乔纳森说,他们的庄主是航海迷,房间的顶棚、地板、桌子都是船板做的。

我请几位团友把礼物全部展示在桌上,放得满满的。第一天日记中我已经讲了,在准备的众多礼物中,只有乌邦寺、简女士和特利戈斯南庄园是最齐最丰富的,这是我们参观交流的重点。邓存琚老师首先赠送她父亲的蒙顶山茶印拓横轴,他感到这份礼物很特殊,很珍贵。

沈冬梅、刘昌明、白小梅和我分别赠了《茶经校注》《巴蜀茶文学史》及《大熊猫文化笔记》(英文版)、《蒙顶山说史话典》(李家光、陈书谦著),《王褒考释集》(王洪林著),《雅安旅游》(中英日文特刊)、《茶马古道老照片册》《四川旅游》杂志等文化纪念品。

丁云国、陈紊兵、甘甜、吴乌米、阿甲、杨景然、高士杰分别赠送了他们的国辉神农普洱茶、西藏雪域高原藏茶、兄弟友谊藏茶、坡顶山红茶、荥经塔山茶、残剑飞雪花茶、皇茗园甘露、成都花秋茶、筠连醒世红茶、四川荥泰茶叶的古树枇杷红茶和雅安义兴藏茶。

我赠送了名山张跃华茶企和蒙顶皇茶公司的明前甘露,还代表武夷山邵武市的卢兆开先生赠送了他亲手制作的振福品牌红茶和岩茶。他是我的好朋友,资深武夷茶制作品鉴专家,知道我要英国行,专门寄了几款茶来,尤其强调他的红茶可以在英伦叫板,乔纳森表示他一定好好品尝。

谁看着这样多茶礼都要晕头转向。我翻开出行册的礼品页,小雅拿着中英文的品鉴须知,每赠一款,我就指给乔纳森看一下,他瞬间明白了这个简单的操作

乔纳森先生慢慢品这些中国好茶吧！四川：蒙顶甘露、黄芽、石花，名山跃华甘露，兄弟友谊藏茶，荣经塔山茶、荣泰古树桃杷红茶，皇茗园甘露，义兴藏茶，名山残剑飞雪茶，成都花秋茶，筠连醒世红茶，云南国辉神农普洱，西藏雪域藏茶，福建坡顶山红茶系列

程序。他双手合十，按中国礼节感谢大家。他拿过桌上架着的那本厚画册说，这是英国几百年来贵族庄园的园艺精华荟萃《英国的私家花园》，有我们庄园，他翻开扉页对我说，这是书的一位作者签名送他的，现在转送给我，他掏出钢笔写下，"亲爱的孙先生，非常感谢您的到来。乔纳森 2016 年 4 月 19 日"。

我们现在要去午餐了。车在莽苍的花卉树下穿行，以我所识，有高大的杜鹃花树、木兰、玉兰、柏树，在养马场附近停车，步行穿林。乔纳森抱着一个大大的竹编食品盒，两位助手提着开水瓶，杯子和食物，缓缓而行。

我不解地问乔纳森，15 号我们在乌邦寺的大片林子里，很多树木都还没有萌芽，你们这里为什么已经繁花如锦，生机盎然？他说，庄园到英吉利海峡只有

考察团同乔纳森互赠礼物。邓存琚的印拓、白小梅的《四川旅游》杂志、福建武夷山振福茶庄卢兆开先生特制的小种红茶也送品鉴。
乔纳森赠孙前《英国的私家花园》，这是几百年英国贵族私家花园的精华，其中有特利戈斯南庄园

八英里，处于康沃尔半岛的最西端，像小脚趾头伸进大海，被称为英格兰的天涯海角，法尔河从旁经过。乌邦寺所在的贝德福德在英格兰内陆，我们相距不到400公里，但就经纬度而言，我们之间纬度差两度，经度差了五度，他们纬度高，风冷硬，所以气候差异就大了。这个庄园，经过几百年的精心打点，所有植物完全适应本地气候，形成独特的生态龛，这里有2000多种植物，可以做到一年四季每天都有几种花儿开放。每年的切尔西花展，我们的作品，是不可缺少的贵宾。我们是爱丁堡植物园濒危树种研究的资源库。早在19世纪，这里就被称为"花园之都""快乐天堂"，随季节变换而美丽纷呈，这个季节，经过严冬，是它最美丽的时刻之一。我们这里，每年只接待限定数目的参观者，只有一周举行鲜花、茶、香槟、小船、私人晚餐的奢侈田园悠闲之旅。英国最大的"隐世之旅"假日酒店就在这里。

我到这里来考察，有一个深埋心里的秘密。2013年11月，央视播出《茶：一片树叶的故事》，第五集《时间为茶而停下》，就着重介绍了这个庄园和乔纳森先生。1996年，他是总园艺师，在这里意外发现"野生茶树"，是"中国的树种"，经过十多年的努力，在很多退休回来的海外茶园经理人的帮助下，终于繁育成功，已扩大到几百亩，这是英国本土的首块茶园。这个故事吸引了我，以我当时的知识，英国不可能有野生茶树，这已为林奈、班克斯，胡克多位顶级科学家所证明。但现在被发现并扩种成功，怎样解释？电视剧解说词有一句互为矛盾的话，"中国的树种"，"珍稀而且名贵"。在做考察方案时，我列入了这个庄园，我的目的，探究它是不是野生茶树。现在来了，我在敏锐地求索。

沿着一条叮咚奔流的山溪，在一块草坪旁的小坡上，我们登上一座英式木凉亭，两米的木柱悬空支撑着木板，约50平方米左右，四面敞开，木板盖顶。周围全是高大的灌丛型杜鹃，向阳怒放，红白黄色皆有。几百米外的山坡上，就是茶树，这是在林地中辟出的一片茶园。助手把点心，茶水放桌上，大家就动手了，已经两点钟，饿啦。食物数量不多，各自悠着取用一点，野外嘛，快餐食品，点心就行。

我同乔纳森倚栏喝茶聊天，他指着亭旁的山坡溪水杜鹃，让我猜猜这里叫什么名字，这当然无法猜。他说，这里叫"喜马拉雅山谷"，他看着我的表情。啊，我喊出声来，这就是邱园园长约瑟夫·胡克冒死考察印度、锡金以后，出版的《锡金—喜马拉雅山地区的杜鹃花属植物》和《喜马拉雅山日志》，点燃了英国富有

葱茏郁闭、繁花似锦，初春的特利戈斯南庄园，无人不醉

者对杜鹃追捧的那回事吗？他笑着点点头，指着亭后的小坡说，它叫小康沃尔山，虽然只有130英尺（约40米）高，却是这个区域的制高点，俯瞰法尔河。亭下原来是一片池塘，整修后扩大，同山顶的高低差形成溪沟，引种了数十个不同品种的杜鹃，形成喜马拉雅山谷，后边的坡上种植了400多株茶树，是我们最早的试验园，现在成为观光园和春夏采茶体验园。现在每年培育6000株茶树，茶园遍布在庄园各处，每个茶园只有一公顷，以减少传播疾病的风险。在试种初期，树苗和种子，是从大吉岭、阿萨姆、肯尼亚精选的，也有中国茶树种，现在就全靠我们自身培育繁衍了。

我问庄园有多大，他说有数千公顷的森林农田，100公顷花园，100公顷茶园。茶园由技术人员指导农户种植管理，采收季节送到庄园的加工车间制作。我们有专门的技术人员研究茶产业的全过程，拼配加工技术很重要。

我又问，这样大的庄园，需要多少员工呢？他说，在延续几百年的庄园制时期，农奴每周要为庄园主无偿劳动三天，称为"周工"。农忙时还要增加无偿劳动，称为"献工"，这成为地租的一部分。现在除了长期员工，农忙季节还会临时聘佣劳动力。

喜马拉雅山谷的午餐，名字很大气。
野餐地后面就是几亩观览茶园

7　和亲王一块种茶

餐后，乔纳森带我们登上小康沃尔山顶，也就是这一片观光茶园的最上端。地上竖着一个 30 厘米高的岩石纪念碑，中间卡着一块磨砂毛玻璃板，上边的文字写道："菲利普亲王植茶树纪念，2014 年 8 月 1 日。"一株茂盛的散球状茶树就在一米外，看来，亲王同一天在办公区和这里分别种下一株茶树，长势吉祥。

与碑并排的五米之外有一个沃德箱放在地上，箱旁放了一块一尺见方的喷绘板介绍，图文并茂。在纪念碑和沃德箱之间，地上插了一把铁锹，一个黑塑料营养钵养了一株 30 厘米高的茶树。乔纳森拿起锹说，安排你们在亲王植的树旁，再植一株茶树，这有特殊纪念意义，你们是中国人在这里种下的第 1 株茶树。

他用锹在草坪上画了一个圈，再把草皮轻轻揭起，放到一边，然后把锹递给我。脱下外套，踩锹掘土，咖啡色的土壤很疏松，几锹下去已现小坑，我又交给沈冬梅、丁云国、刘昌明、白小梅、邓存琚……大家热情高涨，都想多铲几下，没机会了，坑不能太大。乔纳森把茶树从钵里取出，比上午种的那一株大了好几倍，仍然是放树、掩土、踩实、浇水，团友们都参加了植树，用掌声再次感谢他给予我们惊喜的安排，合影留下永恒。乔纳森很满意自己编导的节目。

陶醉在这个私家园林，又想起培根谈园林，"一定要种植随时令开放的美丽花木。"在讲到皇家花园时，他说不应小于 30 英亩（约 200 市亩），"我看不惯将刺柏之类的园木修剪成各种造型，那是弄给娃娃们看的。"毫无疑问，这里是一个高水平的园林！[1]

8　全球仅存的沃德箱

乔纳森站在沃德箱面前，指着喷绘板上的一张照片说，这是存世唯一的 1 只

---

[1] 本书稿在送印刷厂最后校核的时候，英国首相约翰逊发布讣告，爱丁堡公爵菲利普亲王 2021 年 4 月 9 日在温莎堡逝，享年 99 岁。他一生，为国家做了很多公益服务事业，人民感谢他。

在喜马拉雅山谷的顶部，森林包围着最早种植的观览茶园。菲利普亲王 2014 年 8 月 1 日在此种下第二株茶树，旁边竖有小纪念碑，我们的茶树依碑而植。亲王 1921 年 6 月 10 生，我与他同月同日生，我们在东方最古老的茶圣山和西方最年轻的茶园，呵护着茶文化一路向前。

2016.4.19 孙前、方玲 / 摄

沃德箱实物，是 1850 年植物猎人从亚洲寄珍稀植物给法尔茅斯子爵夫人的，她是现在庄主的高曾祖母。这个箱子是我十多年前从庄园的一个储物棚内找到的，上面还有收件人的地址姓名，太神奇了。沃德箱在 19 世纪 30 年代发明，实际上它就是一个微型温室，靠着科学设计的冷热循环，自己解决淡水问题，否则航船不可能把珍贵的淡水供植物使用，由此为全球植物移民创造了条件。你们参观了切尔西和邱园，福钧和威尔逊把中国茶苗、鸽子花树、猕猴桃运到印度和欧洲，就是靠的它。这个庄园已经传承了 700 年，19 世纪 30 年代的英国首相查尔斯·格雷伯爵就是这个家族的成员，100 多年来闻名于世的格雷伯爵茶就因他而得名。听了乔纳森的讲解，使我们对切尔西沃德箱价值的认识，又进了一步。当然，他话锋一转幽默地说，原物被珍藏了，这只是仿品。

他兴趣盎然地看看表说，我们去喝下午茶吧，这个园林很大，我带你们抄近路，也看一些奇特景观。助手们收拾餐具开车先走了。经过一段两米多高，石块砌成足有 80 厘米宽的长长墙体，不像建筑遗址，颇为奇怪。他看出我们的疑惑，解释说，这是挡风墙，我们靠海边，飓风不多，灾害性的大风是几十年不遇，要是遇上了，那就是毁灭性的，他指着从根部锯断的一株巨树说，这是 1990 年给风吹断的。这里还用韧性很强的乔木或灌木种成防风墙，也可以起到一些作用。

太阳直射，他仍然衣冠整洁，打着领带，夹的熊猫乖乖地依偎着他。高大的针叶树，康沃尔红杜鹃林，长长的桫椤街，圣栎树和长白松背景墙，棕榈大道，"星球大战"木兰花，皇家石松，北京牡丹花，日本僧人培育的开蝴蝶式花朵的山茶，智利的桃金娘，新西兰的麦卢卡，黎巴嫩的雪松，美洲的红松……

乔纳森说，这是一座植物大观园，尤其是沃德箱给移民植物提供方便后，品种迅速增加，经几辈人努力，形成了深受宠爱的几大特色。

一是 20 世纪 30 年代引进的滇藏木兰，一株树苗要培育 20 个春秋才在二月开花，又大又美，以它紫粉色的纯净呼唤春天，又称为光叶木兰。这种树的引进，与威尔逊在四川的涉藏州县采集有关。把滇藏木兰和紫玉兰杂交，就是闻名于世的"星球大战"。

二是 1820 年英国船沃伦·黑斯廷斯号从广州黄埔引进的"南山茶花"，它同其他大型植物嫁接后，培育的超大型植物，可以抵抗鹿、北美灰松鼠、兔子的侵扰。

三是杜鹃花，受戴维神父，尤其是胡克、威尔逊的影响，庄园的杜鹃品种在英国是有名的。在 19 世纪 60 年代后期，猎食野味之风流行，贵族在林地大片种植杜鹃花丛，营造飞禽和兽的栖息之所，然后放犬驱马飞鹰走狗，比试射猎之乐。现在不与羽族为仇，基本禁猎，野兽更多了。这里荟萃了全世界的珍稀植物，无愧为上帝的伊甸园。

我们英国的国花，有的说是玫瑰，有的说是月季，还有说是蔷薇，实际上它们同是蔷薇科蔷薇属的姊妹花，遍布整个园区。英国的国鸟红胸鸲，是 1960 年全民公投以"上帝之鸟"美名中选，它是这里的巡游天使，专门吃害虫。

9　人参有什么故事

我问乔纳森，这里引种过人参或西洋参吗？他说20世纪初试验过，水土不服，没有成功。在物种引进这个问题上，无论植物或动物，我们都十分谨慎，否则后果不堪设想。

由此联想到传教士把中国人参介绍到欧洲，然后在北美大陆发现同属同科不同种的人参，大量运往中国，反哺华人健康药用，成为中西植物交往的一件传奇故事。

《神农本草经》《本草纲目》（明·李时珍）都有人参药用和功能的记载。由于得药不易，中国只有官宦和富户人家用得起人参。中西文化交流以后，1642年葡萄牙人曾德昭出版《大中国志》，首次介绍人参是产自辽东的一种"极珍贵的树根"，其后波兰卜弥格、意大利卫匡国等来华传教士，1696年法国传教士李明在巴黎出版的《中国近事报道》中都先后介绍过人参，但他们都没有见过人参，把北京附近的集散地永平府山区误当成产地。

1711年4月12日，来华耶稣会传教士杜德美写给"印度和中国传教区总巡阅使"的信，揭开其中秘密，并科学地判断在北美加拿大也可能有这种植物。博学的杜德美神父是怎么破解这个秘密的呢？

他遵康熙皇帝之命，为测绘中国地图，于1709年7月底到辽东距高丽国仅四法里的地方，亲眼看到山民挖回四株完整人参，进行了绘图测量，并在指导下服用了半支未经加工的生人参，一小时后，顿感数月辛劳全无、"胃口随之大开，浑身充满活力，工作起来从没有那样轻松过"。四天后在极劳累的情况下，又服用半支鲜人参，疲惫顿消。在此工作期间，多次服用鲜人参，效果相同。信中，他详细介绍了人参生存环境、挖掘、加工、制作、入药配伍、药用、功效、价格等等。最后他判断植物生长的地区，"我们大致可以说它位于北纬39度至47度之间、东经10度与20度（以北京子午线为基准）之间"的崇山峻岭之中。"这一切使我认为，若世界上还有某个国家生长此种植物，这个国家恐怕主要是加拿大……那里的森林、山脉与此地的颇为相似"。这封信刊登在耶稣会的通讯刊物中。按此分析，在加拿大魁北克传教的法国耶稣会士拉斐特，在当地人的帮助下，1716 年在蒙特利尔附近果然找到了人参，但它们与中国人参不同种，因此被命名为"美洲人参"，1718 年拉斐特在巴黎发表文章公布了他的发现。事实上，北美印第安人早有使用人参治病健身的历史，欧洲人到此 200 年，对此一无所知。由此发端，精明的法国商人 1720 年载着美洲人参来到广州，销售一空，获利甚厚。清人赵学敏在 1765 年完成的《本草纲目拾遗》中，专门列入"西洋参药性考"一节，认为西洋参"味类人参，惟性寒"，"虚而有火者相益"，刚好同"提气助火"的中国人参互补，这种认识，流传至今。

怎么认识这两种参的相悖相补功能呢？曲黎敏教授的见解，足以解惑。她说，中国"人参一般产于东北和朝鲜半岛的树林阴湿之地，所以它首先秉受的是水阴润泽之气，在味上偏苦甘而有汁液；可它偏偏又长出三个枝杈和五片叶子，因而古人认为三、五是阳数，所以人参又是至阴之地的至阳之物，当属阴中之阳，这就是它之所以珍贵的地方。"雍正年间颁布的《常税则例》规定，人参每斤税三钱，西洋参每斤一钱五分。1783 年英国正式承认美国独立，1784 年 2 月 22 日，第一艘从美国纽约起航的"中国皇后号"，"满载西洋参、毛皮等特产前往中国，货物售得 136454 两白银，其中 473 担西洋参，占 80410 两。"此后西洋参成为中美贸易的主要商品，华人依美国旗的图案，称为"花旗参"。高额贸易利润引发灾难性采挖，美国资源逐渐枯竭。19 世纪末，美国人实现西洋参的人工培植，威斯康星州逐渐成为美国西洋参栽培中心，选为法定"州草"。至今，西洋参仍是美国对中国的重要出口商品。博物学家、植物猎人们，让独寓一隅的奇珍异宝，行游天下，可以称为人类文明的一项成果吧。

10 在伊甸园巧遇子爵父子

步移景易，无处不美，我们的队伍分成两拨，喜欢在花丛中照相的年轻人，掉在后面不见踪影。我们不疾不徐地走在一米多宽的林间小道上，空谷跫音，沉醉在美景中，用普希金的话说，"只为聆听这田野的静谧和花开的恬淡。"

百米开外，林丛中延伸出来的小道上，走出一胖一瘦两个人来，一只漆黑的瘦狗在胖子周围，瘦高的小伙子牵着一只毛茸茸的小狗。我判断，这是值守庄园

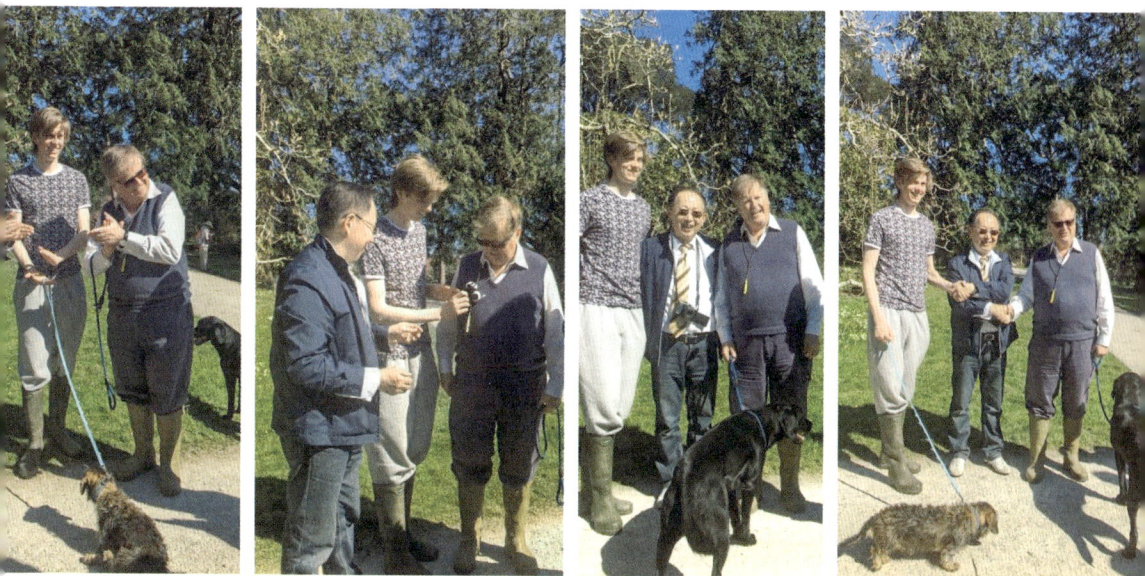

巧遇博斯科恩家族的庄主：埃弗林·博斯科恩父子，他是第九代英国法尔茅斯子爵，是相传 200 年前打造出格雷伯爵茶的创始人的第八代后裔　　方玲／摄

1334 年拥有特利戈斯南庄园的博斯科恩家族，把这里打造成英国最美私家花园之一。九世法尔茅斯子爵埃弗林先生父子、乔纳森同考察团证明，最古老的茶圣山和最年轻的茶园在一起　　甘甜／摄

的园丁在巡逻。乔纳森也看到了他们，给小冷打个招呼，疾步而去，我想是去给他们安排工作吧。与此同时，那黑狗箭一般地向我们窜来。胖子拿起挂在胸前的小哨一吹，狗乖乖返回蹲在他身边，他把手上的链子套在狗脖子上。甘甜在我身后说，"老庄主！"我不明白什么意思，虽然知道曾经热播的《唐顿庄园》电视剧，但是我一集也没有看过。乔纳森给胖子说了几句话，立即返回，告诉我说，这是庄主，第九代法尔茅斯子爵博斯科恩先生和儿子。竟然有如此奇事，如果我们双方早或晚一分钟经过这里，就失之交臂了，神安排！

我们双方都加快步伐，在草坪中两条小道的交汇处见面。庄主躬着身，满脸灿烂笑容地鼓掌，连声说欢迎欢迎！我们全体团员也掌声感谢他。甘甜和小雅拿出两只熊猫给那个一米九高的小伙子，父子俩穿圆领T恤和衬衣，无法夹熊猫，小伙子就拿在手上。

庄主很自豪地说，我们这个家族庄园已传承700年。200多年前，我的先辈资助很多植物猎人到全世界搜集植物，采集的珍稀植物我们有优先选择权，几百年来，这里都是英国一流的植物园，我们有存世唯一的一只沃德箱，你们去看了吗？我们也是英国本土唯一成片生长茶叶和加工茶叶的地方。

我递上抱着熊猫的名片，他一看英文说，呀，来自熊猫和茶的故乡！因为英行册都放在办公室了，我就简单介绍来意和体会，事情都是从电视片引起的。他指着儿子说，我们俩也上了那部电视。乔纳森说，我们种了两株茶树，看了沃德箱，送给孙先生大画册，现在去品庄园下午茶。庄主说，很周到了，你再把我们的家族资料给他送一些，让他们了解茶在英国落地生根的历程。他又强调一句，格雷伯爵茶的创始人，就是我的祖先！

我说，卡梅伦首相到了成都。他又指乔纳森说，他也去啦。"欢迎您到成都！""那是一定要去的！"因为庄主是午睡以后出来散步，穿得少，我担心站久了他受凉，就提议合影告别。我同子爵父子交叉握手合影，是希望茶文化的情谊代代传续。小雅取出团旗，庄主摘下戴的茶色眼镜，留下珍贵的合影，会在我写的书中同中国茶人见面。那几位恋花掉队的团友，追悔莫及。

英国诗人、画家威廉·布莱克（1757—1827）在长诗《天真预言》中有几句，"一沙一世界，一花一天堂。无限掌中置，刹那成永恒"。比照今天的活动和奇遇，在这万千花丛的世界中，将成为永恒的记忆。

我抱歉地对乔纳森说，因为之前对情况不大了解，就没有作拜访子爵的安排，也没准备礼物。请他把礼物分赠一些给子爵，以表达我们的心意。他说，我本来就是这样考虑的。真聪明！

我们继续在林间小道前行，乔纳森说起了子爵家族的历史。博斯科恩家族原来在康沃尔郡西部，1334 年祖先与女继承人乔安·特利戈斯南结婚后搬到这里，在康沃尔语中，"特利戈斯南"的意思就是"山谷顶端的房子"。最初的庄园在内战中多数被毁，现在的庄园是 1652 年仿老宅修建的。这个家族被赐封为法尔茅斯子爵。1830—1834 年曾任英国首相的查尔斯·格雷就是他们的祖先，"格雷伯爵茶"就因他而得名。博斯科恩先生 57 岁时退休，以后接替他 94 岁父亲传续的法尔茅斯子爵爵位。现在他更忙了，钟情于把茶做成高档品牌，又要把庄园管好不能出问题，乐此不疲。

11　庄园特色下午茶

大约又走了一公里，来到花丛中的特色产品卖场和茶室。房间不大，中间的长条桌最多坐 20 人，三面墙壁充分利用，可谓拥挤。在小吧台的墙上镶了七排庄园的茶产品盒，颜色参差夺目，足有 102 盒。一面墙的架子上，有茶、蜂蜜、劈柴样子、木炭，还有营养钵栽茶树苗，这个小卖场的产品难以复制，全是庄园的自产物，其他地方没有茶苗和自产木样木炭可卖呀。另一面墙有旅游商品杂志和书刊。

一位中年女士在吧台给我们备茶。每人面前一个中等白瓷盘，成三角状放着一张灰色大纸巾，没有刀叉。桌中分放了六个茶点架，这是我所见最简单最有特色的架子，下大上小两个白瓷盘，一个不锈钢杆从底部中央穿上来，高于小盘十厘米，安了一个金属环，以便提携。底层七个、上层六个放着烘烤的康沃尔松糕，中间夹着庄园特产的基亚李子酱、麦卢卡蜂蜜，让人垂涎直下。都下手了，午餐是点心，下午不断地走了几公里，够饿啦。

乔纳森打开一条长烟盒式的纸包装，内有五个烟盒一样的茶盒，同墙上放的一样。他指着墙说，我们全部生产花草、草药拼配茶，统一的品牌名称与庄园同名，叫特利戈斯南，旗下有从新西兰引进的麦卢卡茶、洋甘菊茶、薄荷茶、柠檬马鞭草茶、紫锥菊茶、桉叶茶、茴香茶、荨麻茶、桃金娘茶等几十个品种，当然，香柠檬味的伯爵茶，是我们的当家品牌。庄园收获的干茶只有10吨，但是原茶在拼配中占的比例很小，所以我们的年产量在150～200吨之间，我们茶的价格是大众调和茶的20倍，福特纳姆和玛森公司、萨沃伊酒店、克拉里奇酒店都是我们的客户，我们走的是小众尊享品路线。由于我们在泰特利参观时，已经知道了拼配茶中原茶所占的比例，所以完全理解10吨茶扩展到15～20倍的可能性。

　　我接过他手中茶，有五个不同品种，每个小烟盒里装五片包装精致的袋泡茶，小袋是锡箔纸，可以较长期存放。我撕开一袋，里面的小纸泡袋仅有1.2克的茶量，在提茶绳的小纸片上，一面是二维码，另一面写着"英国种植的茶"的广告语，我对这款茶的包装设计精准到如此程度，极为赞叹。在我们已经参观过的茶企中，所有袋泡茶都是极简装，打开纸盒，就像提起一串鞭炮，茶袋首尾相连，多数是纸袋，也有纱布袋，没有小提绳。每袋茶2克、2.5克、3克、3.5克……

在庄园的茶屋品鉴自成特色的康沃尔下午茶，自产茶礼品、钵栽小茶树、壁炉柴火是它的独有特色　　冯斯正／摄

不等，没有 1.2 克的。这真是简明扼要奔高端的套路，这就是庄主的一句信心满满的广告语，"茶如威士忌，分三六九等"，什么价，喝什么茶。庄园贵族的家训是"将事情尽心做好！"对自己的产品，他们充满信心。

大家同随和幽默的乔纳森热烈讨论，请教问题。我颇不经意地问他，"这里有野生茶树吗？""没有，茶这个物种在欧洲没有野生的。"美味的茶点，这里生产的优质茶，被我们扫荡得差不多了。

12　中西茶点擂台见

盯着盘中所剩不多的茶点，仿佛乌邦寺的下午茶点，华尔道夫的茶舞会茶点，罗列桌上，让我点评。

可以说，这三处茶点，不愧为英式下午茶的典型代表，我们都品鉴过了，风格各具，堪称一流。如果要同中国茶点、茶会作一个比较，先得认识到，评判的起点不一样。中国人一日三餐，午晚餐间隙不长，不用下午茶的点心充饥，以备晚上 8：00 以后的夜生活。明白游戏规则不一样，再来认识中国茶点茶会，互为补益。

中国有 3000 多年的饮茶史，随着社会经济文化的发展，它早已走出喝茶解渴这种生理需求的起步阶段，进入精神文化层面。最早见于文字记载的茶会是唐代的茶宴，唐代著名诗人钱起（722—780），他是大书法家怀素和尚的叔叔，写下《与赵莒茶宴》；吕温（771—811）写有《三月三日茶宴序》；唐人奚陟，官至吏部侍郎，"请同舍外郎就厅茶会，陟为主人"。在唐代，佛门兴起正式茶会，邀文雅之士吟诗论佛，如武元衡《资圣寺贲法师晚春茶会》等。到宋代文人茗聚，常常指物为题行茶令。当时茶是清饮，也不排除瓜子、花生伴嘴。也有宴请的，那就撤茶设宴。到了明清，茶点拌茶尤以清代为盛，当时的江浙茶馆，分为书茶肆、素茶肆、荤茶肆 3 种。中华之域无论南北，到茶肆一杯清茶，听说书人把《西游记》《水浒传》《三国演义》一年讲到头，一些以后成名成家的文坛人物，讲他们儿时的启蒙教育，就是在书茶肆，渴啦，端起听书人的盖杯蹭几口，大人们也不计较。吴敬梓（1701—1754）在《儒林外史》第 23 回中写道，在"一个茶馆内坐下。茶馆里送上一壶干烘茶，一碟透糖，一碟梅豆上来"，这是素茶肆。乾隆六十年，李斗（1749—

1817）写的《扬州画舫录》出版，记扬州荤茶肆名冠江浙，喝茶时"其点心各据一方之盛，双虹楼烧饼，开风气之先，有糖馅、肉馅、干菜馅、苋菜馅之分。……文杏园以烧麦得名，谓之鬼蓬头。品陆轩以淮饺得名。小方壶以菜饺得名，各极其盛。"各店上桌的皆是带肉点心，荤茶肆别具气派。由于广州开埠早，中西风格调和，茶点是另一番味道。一进茶楼，好茶配美点是惯例，至少是"一盅两件"，泡一盅茶，吃两件点心。各大茶楼点心品种繁多精致，各种肉类烧麦、鲜虾饺、叉烧包、猪油包、猪肠粉、马蹄糕等等，而且四季的茶配点心各有讲究。在吃法上，斯文恭谨，绝不狼吞虎咽。如果饮茶而不吃点心，称为"净饮"是不受欢迎的，并有"净饮双计"的收费规矩，即每位的茶价要加一倍。毛泽东1949年4月29日作诗"七律•和柳亚子先生"，"饮茶粤海未能忘"，记述他1926年5月国共两党合作，在广州任国民党中宣部代理部长，与参加开会的国民党中央监委柳亚子相交相识，一起赴茶楼品茗纵谈，成为挚友。肯定是在荤茶肆神思雄辩，留下"未能忘"的记忆。四川茶馆名扬天下，盖碗茶礼仪自成一格，历史上的书茶肆、素茶肆为多。如果师朋亲友相聚，说请喝茶，那就是先茶叙，再宴请，边吃边喝边聊。耽误乔纳森太久了，我向他提出告辞，他看看表，点点头。小冷和小雅拿出团旗请他签字，这是茶祖之地和最年轻的茶园聚在一起了。女士拿出准备好的17条茶，就是他刚才给大家介绍的那一款，每人一套，现在谁都知道了这种茶的高档价值。我们也给女士送了茶礼。

13 解开了两个谜团

乔纳森送我们到子爵府邸的大门口握别返回，相约我们四川再见！

走出铁护栏大门，返身细看古宅。铁门的两根立柱上，铸着两只金鹰，门侧一个雕塑立座上，一位神人双手握着这个家族的石刻盾牌徽章，应该是神佑不朽的含义吧。草坪之外，就是造型奇特的古堡，一排展开，约60米左右，多数是两层楼。在两三层楼的屋顶，立着蘑菇状一样的烟筒，府邸斑驳陈旧，毫无重新维修的念头，它比唐顿庄园取景地的古宅，资历老多了。用前面说过的几种建筑风格来比较，都对不上号，可能是老祖宗独出心裁的设计吧。

车慢慢在庄园的原野林区行驶。一位戴着骑手帽，长发飘逸的年轻姑娘，骑

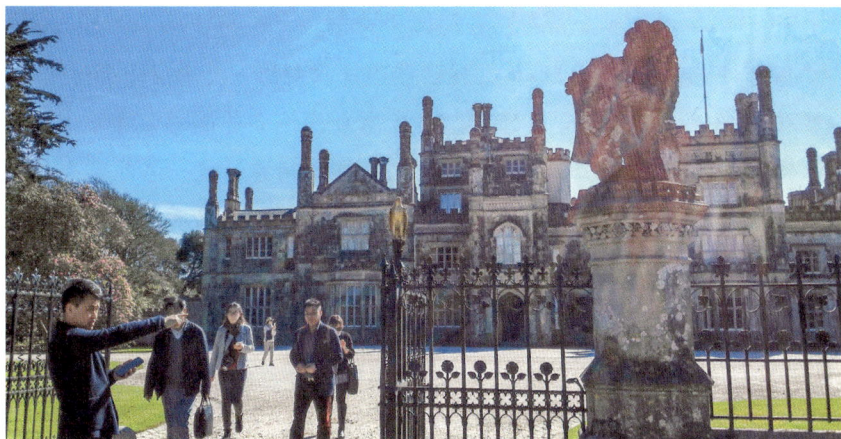

别了！法尔茅斯子爵庄园

着一匹枣红马在前小跑，英姿飒爽。车超越她时，大家不约而同地瞅瞅她。林木花卉、黑狗、红马、飞鸟、古宅，大自然和人类交汇。

我们要去几十公里外的住地。回味今天的极大收获，都是意料之外的惊喜，BBC 采访，两处同亲王在一块种茶树，仅存的沃德箱历史，传承 700 年的贵族……我来探求的秘密，现在可以解封了。

电视片中说的野生茶树，有两种可能，或是编导不了解茶物种历史之误，或者有意编一个噱头，但是犯了常识性错误。正确的答案是，植物猎人提供了茶树苗和种子，种下之后水土不服及管理不善，绝大多数死了。有那么一二粒蛰伏一至两年后奇迹般地发芽生长，但是园丁们早已不关注这一片林地了。它与杂灌共同生长，百年以后，被乔纳森发现。为了宣传的需要，有意说成以后繁育了几百亩，事实上，那几百亩的茶苗和种子，是从亚洲非洲引进的。另一种可能是，根本没有百年茶树一说，纯属杜撰，以引舆论关注。

我用今天无意破解的另一个谜团，辅证此事。喜欢英国茶文化的茶人，都知道伯爵茶，但是绝大多数人不知道伯爵是我们今天寻访地的老祖宗。简女士在《茶设计》书中有一段寓意绵长的话，让人揣摩她先讲查尔斯·格雷伯爵贡献的本意。他是威廉四世国王（1830—1837 年在位）时代的首相（1830—1834），主张改革，废除了整个大英帝国的奴隶制，实施了《1834 年济贫法修正案》。1837 年维多利亚女王继位后，也受惠于他的改革成果。书中原话如下：

据史料记载，在查尔斯·格雷就任英国首相前的一次中国外交访问中，偶然救了一位中国清朝官员的命，出于感激，该官员送与伯爵一副佛手柑味茶的煮制配方。另外，也有史料记载格雷伯爵派遣一名外交大使访问中国，是那位大使救了那位官员的命。或许，我们永远也不会知道哪个故事属实，又或许这仅是市场销售此类混合茶的一种聪明手段而已。

这一段话，明显表示了简女士对伯爵茶出处的怀疑，我今天的庄园行，是不是可以有一个明晰的说法呢，试试看。

乔纳森的讲解和送我的资料说明，他们的当家品牌是"香柠檬味的伯爵茶"，而不是佛手柑调味茶，为什么有品种矛盾呢？在中英双方官员交往的全部记载中，只有 1793 年马戛尔尼给乾隆祝寿、1816 年阿美士德勋爵谒嘉庆皇帝这两次，无其他官方使臣往来的史实。那么说伯爵出使或派人出使，都是无稽之谈。鸦片战争前，东印度公司的船长或官员到中国，只能在广州限定的区域，其他任何地方都不能去。如我在 V&A 文所述，在 1870 年以前，英国品茶的方式只有两种，清饮绿茶或加糖加奶喝红茶，没有以后为改变印度茶苦涩而产生的调配茶。还顺便说一句，英国不出产佛手柑。一天之内能有这两项研究成果，那是很愉快的。我赞成简女士的意见，为了市场销售而演绎的"聪明手段"，永远不要去管故事的真实性。我们在庄园的消费金额是每人 65 英镑，太值啦。[1]

车行 40 多分钟，到德文郡普利茅斯市，入住阿尔维顿城堡酒店，四星级，标准间 1400 元，蛮不错。我同陈紊兵自助餐后，整理笔记，今天内容太丰富。准备明天礼品。发给国内两组微图报道。小冷敲门来说，乔纳森刚才告诉他，BBC 今晚已经在电视台和广播上播出了我们的节目，电视部分是一天前专门来找他采访制作的。这当然是好消息。

1　现在特利戈斯南已不是英国的唯一产茶区了。苏格兰西邓巴顿郡，从喜马拉雅山脚下引进抗寒茶树成功，现已种下 1.4 万颗茶树，2015 年产茶 500 公斤，生产白茶、绿茶和红茶。

《茶周刊》2016.11.8 日，冯斯正编译

2016 年 4 月 20 日　　星期三　　晴

Part 9

萨尔特伦城堡
普利茅斯的故事

▶　提　要

1　中外壁纸怎么回事

阿尔维顿城堡酒店的早餐丰富，如同住过的两家酒店，冷菜自取，热餐点单订制。又点了牛排，做好送上来，吃了一半，出发时间到，不舍地放下。

9：00 出发，去 90 公里外的德文郡普利茅斯市普林普顿的古城堡，这是简女士特地推荐的地方。她说，这里的精美丝绸壁纸有丰富的中国制茶的内容，齐彭代尔中国风家具在英国的地位，如同中国人对明代紫檀家具的地位一样。这座城堡，也上了央视的电视剧。

如果不是在乌邦寺看到保存的壁纸房间，我们不能想象中国壁纸在欧洲曾经的尊荣地位。改革开放中期以前，中国人分配到不大的住房，那时兴起过壁纸热。以后生活水平提高，壁纸企业创新不多，那股热就过时了。用我们的这种经历来看壁纸，当然想象不出它那 100 多年的风流。为此，这几天晚上，我检索资料，想对壁纸多一些了解。

中国历史上有满墙铺饰的壁纸吗？没见到明确的意见。但是中国在门、窗、墙上贴画挂画是有悠久传统的。早在汉代，就有门上画武士的记载，以后演变成广布城乡的门神画。到了唐代已经有了木刻版画，并有了制作大画的宣纸，唐代张彦远著《历代名画记》卷二中云，"江东地润无尘，人多精艺，好事家宜置宣纸百幅，用法蜡之，以备摩写"。专家论证，唐代宣纸，不是明清时期以青檀皮和沙田稻草为原料制作的，而是当时宣州地区所产高级纸张的总称。汉唐之际屏风盛行，至唐代有漆屏和纸屏风的不同工艺，至今日本正仓院有珍藏。由此可以合理推论，唐时贴纸于墙绘山水侍女诗词来装饰房间，是可以成立的。到宋元时代，雕版印刷成熟，已有两色套印，印刷书画精美，存世的金代山西平阳《四美图》（王昭君、赵飞燕、班婕好、绿珠）显出当时版画水平。明末，休宁人胡正言在借鉴前人经验基础上，创新推出"餖版拱花"的多色套印技术，《天工开物》《本草纲目》《芥子园画传》的彩板插图，都是用这种工艺印刷。明末大画家陈洪绶等艺术家也投身创作，极大地提高了版画的艺术水准。其中的插图彩色套印的山水园林、郎君仕女、动植物，就是中西壁纸图彩的先声。

　　中式漆屏风华美珍贵，独具魅力，引得荷法德奥、意英西葡王室把它们拆装镶嵌在墙上，作为壁画，再配上瓷塔，茶桌茶具，成为互相攀附的"中国屋"。这影响了绝大多数贵族和新富人士。就是有钱，也买不到那样多屏风呀，何况贵得瞠目的价格。市场的需要把商人水手的目光，引向了广州的纸印彩绘，用它装饰墙面，取代了笨重易赃不便清洁的壁挂毯、价格不菲的印度花布和锦缎装饰。商人不断向广州作坊提供新纹样，以满足欧洲市场需要。

　　我们可以从欧洲市场的反馈，来了解壁纸的状况。英国的威廉·坦普尔（1628—1699），是有学养见识的人物，在他写的《论伊壁鸠鲁的园林，或论园艺》一书中说，"这种造园样式反映在中国生产的瓷器和壁纸之中"，他论述英式园林的不规则美，取法于中国瓷器、壁纸上的山水庭园楼榭的非对称美，即是洛可可风格的师法之源。在 1790 年，巴黎已能买到法国著名画家皮耶芒按中式风格设计仿制的壁纸，装饰着一些贵族的特色房间。伏尔泰是法国著名的启蒙派学者，他对雍正乾隆推崇备至，认为是开明君主的楷模，他评价雍正重视农业时说，"帝王之中无人比他更不遗余力地鼓励农事。他对于这一于国民生计不可缺少的百艺之首极为重视"。他认为《论语》是人类智慧的集大成者，他沉浸"在用中式墙纸装饰的房中创作古典悲剧"，中国墙纸能勾起他什么样的思绪呢？普鲁士国王弗里德里克（1740—1786 年在位），亦称腓特烈大帝，他对中国风的热爱异乎寻常，前述波茨坦中国茶屋是他的得意之笔。他从巴黎重金聘来画师 J·A·马丁用清漆在室内绘制异国花鸟，在蒙比约他把多个房间用玫瑰红和黄色的壁纸贴上，绘制他喜欢的中式场景。这位大帝对舶来的印仿品不感兴趣，他请大师绘中国风壁纸，从而上到更高的艺术层次。在意大利，1770 年代，戈沃内皇宫的一翼全部用中国进口的壁纸装饰，陈设中式画作和茶壶。

　　发生在英国一位著名女士身上的故事，可以让人更加了解壁纸在英国的行走轨迹。她是玛丽·沃特利·蒙塔古夫人（1682—1762），被称为当时英国最有个性的女人，多才多艺的作家、旅行家，她以行为古怪为世人记忆，被称为时尚女王。"最早从东方进口的墙纸仅被用作棉布或印花布的廉价替代品，因为后两种商品被议会立法禁止进口。到了 18 世纪，英国开始进口质量上乘的壁纸，适用于装饰最为华丽的豪宅，价格昂贵，甚至于蒙塔古夫人原本打算用墙纸装饰她在意大利的别墅，最终却选择了相对便宜的锦缎"。墙纸也随英国人进入北美殖民地。

波士顿巨商托马斯·汉考克（他是美国国父之一的约翰·汉考克的叔父），1738年给伦敦文具店主写信，订购装饰两个房间的壁纸，"附上的样品是新近一个房间装饰时剩下的，这种花样在城中挺时兴"，"请您精心制作我的订货，价格尽量优惠，要是能在墙纸上到处多画点儿鸟儿，底下多添点儿风景什么的，就更漂亮了……"从信中我们读到了几点信息，北美时兴高档中国墙纸装饰；连巨商都说"价格尽量优惠"，可以想见高档墙纸的质量和价格，可以理解蒙塔古夫人为什么换便宜装饰了；西方人不懂中国艺术的要旨是简洁，他们喜欢堆砌越多越好。德意志文豪歌德，是中德文化交流的代表人物，他在自传《诗与真》中写到，他在家中"曾因诋毁中国的壁纸"而惹父亲生气的事，他在家中"临摹那些中国的、富于幻想但又自然的花卉画"。在1777年完成的《伤感主义的胜利》一剧第四幕开场白中描述中国花园，

> 依依不舍，无法离开。
> 那里有深谷和高丘……
> 宝塔、岩洞、草坪、山石和一线天……
> 搭起的渔舍和凉亭，
> 中国——哥特式的洞府、水榭和庭园。

这难道不是歌德把对中国壁纸和瓷器的印象移植到浪漫主义的创作中了吗？

在V&A博物馆里，收藏有1720年英国人生产的中国风壁纸。在英格兰，对壁纸的需求量直线飙升，1713年销量19.7万码，到1785年达200万码以上，增长10倍。"为仿制中国式壁纸，英国最初向中国订购彩印木刻，到1746年已经能自行制造2米长的印纸木版，生产规模很大，但装饰依然采用中国山水图案"。有多本书引用一个资料，美国总统里根（1981—1989年在任）的夫人南希，曾买了一套价值20万美元的中国瓷器，"并用手工绘制的中国壁纸重新装饰了她在白宫的卧室"。至今，在德国黑森州有一个黑森卡塞尔墙纸博物馆，这是全世界的唯一，成立于1923年，有2.3万件藏品，主要是欧洲国家，德法为主，也有珍贵的中国藏品，它庋藏文艺复兴以来，巴洛克、洛可可、镀金皮革、植绒纸、帆布、丝绸壁纸等。知道了壁纸的荣耀史，可能对今天的参观会有帮助。

2 300 年古堡珍藏：萨尔特伦

　　10 点多钟，停车场下车。绿灌丛形成的围墙把一个小山坡围住，入口是矮矮的白栏杆门。顺着一大片草坡上行 100 多米，坡顶横座一栋白色建筑，整洁闪亮，宽约 50 米，3 层半楼高，没有显著特征，颇像一座现代建筑。

　　一位身高 1.85 米的年轻姑娘在草坪边接我们。主楼大门的 4 根圆柱撑着阳台。3 层楼中间墙上雕了一个族徽，两只跑鹿的前肢夹着一面盾牌，看来此家族是很喜欢鹿的。她用对讲机说了什么，主楼底层的白门打开，一位 60 岁左右戴眼镜的女士出门来接我们，她轻轻地说，欢迎你们！我叫弗朗西斯·维维安特（简称导览），负责给大家介绍这座古城堡。她把大家接进门。读者们都熟悉了我们屡

考察德文郡普利茅斯市普林普顿的百年豪宅，兴建于乔治二世（1727—1760 年在位）时代。它所收藏的丝绸壁纸茶故事、齐彭代尔英中式家具，属英国顶级水平　2016.4.20　孙前 / 摄

试不爽的套路，两只熊猫夹在她们的胸襟上，这是让人喜欢的见面礼。她胸别一个白绿相间的工作牌，腰上卡着对讲机，甚是精干。这里没有客厅，她带我们直上二楼。木梯左侧的墙上，挂着两三排装框精致的中小型油画，是风景人物和宗教题材。我们看了几处城堡庄园，楼梯侧的墙壁，无一例外地都挂着油画，这是英国人室内装饰的一个特点吧。

二楼的走廊边摆着几张小漆桌，分别放着青花瓷盥洗盆和两个中等带盖彩罐，拐角处还放有比较大的瓷器，墙上也挂满了油画。导览打开左侧一扇不宽的白色廊门，跨了进去。我在跨门的一刹那愣住了，跨出的脚不敢落地，两排中国古装美女在两边欢迎我们！再定神一看，走廊的两壁，贴满了墙纸，0.5～1米高的髻发长裙美女，行走在园林亭榭之间，如仙女下凡。导览和高个美女站在里面，欣赏我们的表情，我想，多个客人到此，都会有这样的惊愕吧？

廊道左侧第一间房，约40多平方米。除窗户以外的三面墙，上及天棚，下接地脚线，贴满了中国风墙纸。人物的大小不同于中国人的欣赏习惯，眉发必现，高有一米，分上下两排，错落有致地布局。地板上铺了一大块花卉图案的地毯。导览站中间讲解，这是一幢乔治二世时代（1721—1760年在位）的建筑，当时的中国风在欧洲，尤其是在英国盛行，这座建筑里保存的当时的中英文物，就现在的英国而言，是保存得最典型，最完好的。多年来几经易手，现在归国家信托基金会管理，它成立于120年前，是一个保护慈善机构，旨在永远保护好人们喜欢的东西。

室内的陈设，以中国风为主，也有女主人喜欢的日本瓷器，她指着壁炉龛台上的三对瓷器，一对穿日本和服的彩色仕女瓷塑，一对四方棱十厘米的小口梅瓶，图案似樱花，也应是日本产；还有一对四棱长方小口梅瓶，是中国人物图案，都是20厘米的小器物。她说，这间房子，是富豪之家化妆、换装、喝茶聊天打牌娱乐的地方。依墙有一个五层屉的漆器柜，上面放着一个打开双门的化妆品小箱，放有十多种瓶装化妆品。室中一张圆茶桌，还有几张棱形、圆形的小茶几，都放着茶杯盏、大瓷壶、餐具大汤钵，壁炉膛内放着中型瓷瓶，还有几把样式不同的靠背椅。在一张方茶几上放了一个15厘米的精美瓷盘，中间是家族徽章，盘边有一个五厘米的圆弧缺口，不像是损坏的，我不知道用处。导览说，这是男士的剃须盘，这可真是洋玩意，中国人不用这个。房间饰物多样，摆放井然，不显杂乱。

3 明代戏曲人物壁纸

我摸摸墙纸，辨别质地，再细看人物和构图，把三面墙都认真比较后，作出判断，这是明代服饰的戏装人物画。

三位男装者，一位英俊小生，束发小冠插二匹向上翘起的野雉双翎，身穿短袖软甲上衣，手握佩剑，似同夫人辞行。一位头戴诸葛冠巾帽的长髯中年男士，宽袍大袖，坐椅子上同妻妾欣赏地上的盆栽菊花。另一蓄胡人髯的男士坐方漆桌旁，盖碗茶相伴，无所事事挠头弄须，像大户人家的管事。

女性皆金钗束发挽髻，短裾长裙的丝绸套装，长纱披肩，吉祥结绸带束腰。空间穿插树、花丛和假山。壁纸的尺幅高一米六，宽90厘米，两张上下衔接，刚好顶天立地。然后依图案差异，并排粘贴。全屋多处出现重复图案，可见是买的印制好的壁纸拿来铺装的。

走出房间，我回望廊道，与室内贴的墙纸图案无异，多了一至二种花色。廊

二楼的第一间房，明代戏装人物壁纸，化妆箱，向中国定制的剃须盘，小茶桌茶具。贴满壁纸的廊道 孙前/摄

道仅一米二，满墙仕女与我们摩肩而过，看着胀眼，中国文人雅士不会这样装修。如果要来理解当时主人的心态，一是不懂中国艺术的欣赏之道，另外可能就是显洋盘吧，满墙都是东方货。

4 中国民俗的丝绸壁纸

导览带我们来到隔壁的房间，华丽富贵，灿然一新。她走到中间的一张圆桌前，就像写文章的导语一样，甩出两句话，牵引了我们的目光：这里就是大家期待看到的茶丝绸壁纸和齐彭代尔家具，是我们的镇馆之宝；就这两个方面而言，这里是英国的顶级收藏。

为了方便记述，我先描述房间的布局。房子约 100 平方米，长方形。四壁全是丝绸壁纸画，呈黄褐色，一米高的白色墙裙饰板绕屋三边，铺着一块大地毯。屋中间的圆桌上，放了一个中等大小的四方箱子，可以用精美异常来形容它，顶部呈矩状金字塔式，连同四面，全部是各色玛瑙磨制的花卉水果，显出轩昂之气，进房的第一关注点就落在它的身上。

进门左侧，即房间的上方是一张双人大床，房间下方，是一壁高大的书架，五层抽屉，上为双开玻璃书柜，放满精装书。房间的左右壁各有一处壁炉龛，左壁白色，右壁黄色，炉台放的艺术品不同。屋里放了八把靠背椅，每椅系着一根绳子，表示不能坐。导览说，房里的家具，全是齐彭代尔的代表作品，包括墙上的三个镜框架。

导览指着黄色壁炉那面墙说，这些丝绸壁纸，是 1740 年左右从广州定制的。英国时兴壁纸后，东印度公司把从中国运到伦敦的壁纸展示出来，各地买家看样选货，拿回家装修。也有买家提出纹样需求，委托公司到广州定制，价格高昂。中国艺术品在伦敦售价很高，有三个原因：运输成本高，易遭损坏；艺术造诣高，惹人喜爱；中国封关，只有广州一个窗口对外，传教士又把东方古国宣传得神乎其神，异域的一切都让人争相购买，以示炫耀，这就如同今天看到从月亮带回的石头一样，让人惊喜。这些高档丝绸壁纸买回来后，无法直接贴在墙上，要起皱，必须是专门的装修工匠，在墙上做一层底衬，然后小心翼翼地贴上去。

我看着这壁墙饰，称得上组图构思精巧。它比壁炉平台略宽，是一幅立体构

第二间房，是珍贵的中国丝绸壁纸，1740年左右从广州订制运回；
齐彭代尔英中融合家具、德化瓷"中国白"、大漆柜是它的特色。
邓存琚、刘昌明、维维安特、白小梅、冯斯正（右起） 孙前／摄

图，长一米二，宽一米。中间一横幅江南水乡画，小河右侧是官人府邸，左侧是古镇街景。水乡画的左右对应三幅方框画，内容一样。上图是早起的夫人依方桌而立，宜兴紫砂壶泡茶放桌上，她低头看地下小狗。中间是腆肚外出去上班的官人，清朝官服整洁，腰挎弯刀箭袋，羽矢整齐，手持旱烟管在嘴上吧嗒吧嗒地吸着，这是一位官场意满的官员。下图一妇女坐着对镜梳妆，官人上班去了，该起床了。谁妻谁妾，就不用去分辨了。水乡画上下也是各三张小方框画，分别是小孩嬉戏、钓鱼、买菜后带孩子回家，小村落的房屋街境，水乡古镇生活一览无余。导览说，官员抽着大烟去上班。我对小冷说，但愿她的本意不是指抽鸦片，中国吸鸦片的器具不一样。他用的旱烟管，我们都很熟悉。

主图左侧一竖幅长画，花园水池旁的一座榭庭，墙挂长幅山水，左右是书法对联，有方桌高椅。邻水的美人靠上，坐着一老一小两人，估计是私塾先生课间

休息,带弟子临池观鱼。对应一侧的精致凉亭中,几位文人雅聚品茗吟诗,也有雅士在参观园林中的太湖石和盆景。满墙壁纸内容丰富,中国人的生活习俗、庭园景致、各式建筑跃然纸上。壁炉平台中间,放一尊德化瓷的送子观音瓷塑,约20厘米高,左右各有一个圆肚开光小梅瓶,还放有一个检测室内温度的遥控器。

5 中国白——德化窑瓷

中间这张褐红圆桌,由三叉脚鼎着,有十个弧形抽屉。桌中的四方箱子,导览让大家猜是做什么用的,它可能是首饰盒,也可能是小茶箱。她说,这是一个小茶箱,当时高档茶很昂贵,钥匙都是女主人亲自掌管。我想起简女士讲的一段故事,乔治五世(1910—1936年在位)的玛丽王后,对饮茶活动很有兴致,"玛丽王后亲自沏茶,并且十分小心、精准地完成了每一个步骤。其中包括她从休息室橱柜中的玉制中式茶箱中取出印度茶叶并仔细称重"。如果王后感到疲乏让女侍代劳,"有时仆人不小心取多了茶便会招来女王的责备:装满一勺就足够,不要浪费"。这段资料,出自1954年版的《皇家厨师》一书,都是当事者的记录,不会有错。王后这个时代还用茶箱,不是茶太贵要防仆人窃取,而是一种怀旧的癖好吧。

白色壁炉的那一面墙,是另外一种味道。炉台正中20厘米高的送子观音,右手抱孩子,与刚才那一尊造型不同。她的左右是一对身着红装的明朝中年夫妇的10厘米瓷像,这种摆放,深谙中国的观音送子本意,这个年龄无后,观音送子来啦。外侧是两只18厘米高的狮子戏绣球香插,在

英国式茶桌、玛瑙茶箱。"茶歇"的喊法,从萨尔特伦庄园传遍大英帝国

孙前/摄

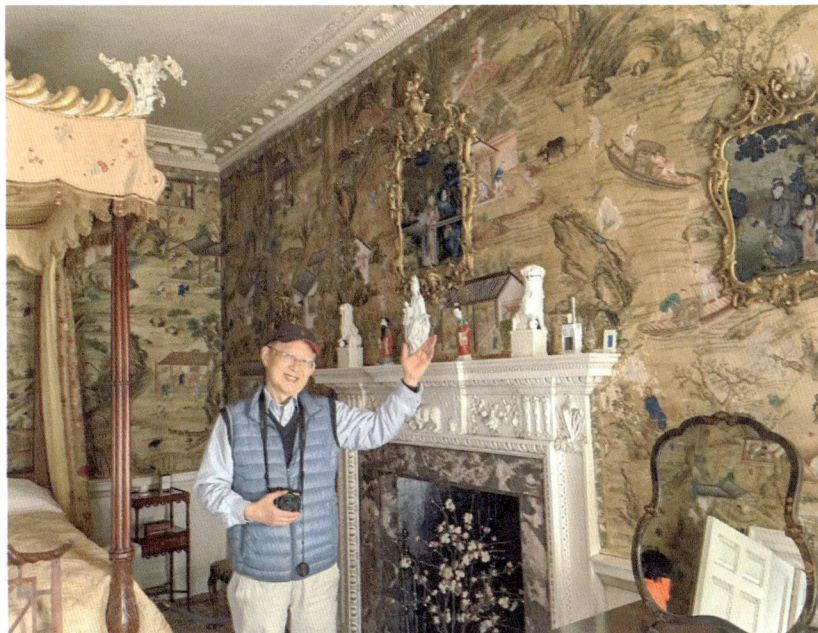

作者介绍墙上的三幅中国瓷板人物画，装在齐彭代尔设计的镜框里。

德化瓷的送子观音和福狗

它的后腿上有一个小管，插香用的。炉膛内，一个约 30 厘米高的注水壶似的花瓶，宽而扁的壶柄，漂亮的蓝花图案，中国没有这种器型，是日本花瓶，插了一大束鲜花。

　　在炉台的上方和左右，呈品字形挂着三个洛可可风格的木质金色框架，我仔细辨别，是三幅瓷版中式人物画。中间大图是夫妻恩爱，郎君给爱妻戴头饰；右下图是室内的母女，左下图是一美女凭白玉栏沉思。很多书引用其中一至二图，皆说是镜子，那是没到现场细看出的错。

　　在参观的这两个房间中，德化瓷雕塑成为抢眼的靓色，在我们看过的各处收藏中，这里的德化瓷数量最多。西方人称它为"中国白"，深受喜爱，各处博物馆皆有收藏，尤以德国奥古斯都大力王在德累斯顿收藏的德化瓷最多，有 1250 件，冠军无疑。在英国，1688 年伯利庄园的藏品单上，就有"福狗"瓷器的收藏，这是特指德化窑的成对小白狮瓷塑，仅这个房间，就有三对"福狗"，其中一对成了小茶几上放的几本精装书的书夹。送子观音瓷像在西方人眼中十分亲切，他

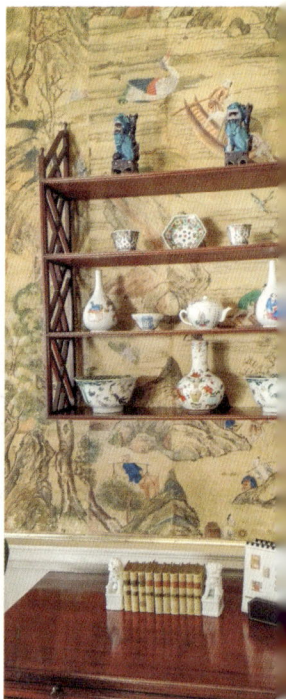

多宝书架上精美的中国瓷。桌上的德化瓷福狗（狮子）成了精装本书夹。齐彭代尔椅子和漆书柜的玻门上，都是中式回纹装饰

们幻化出基督教的圣母玛利亚和圣子像，在中国大行其道。德化瓷虽是民窑所产，但是它在中外收藏中独树一帜的地位，与它的历史和精工创意有关。全世界第一部陶瓷专著《陶业法》，就出自唐末五代德化人颜化彩之手，至今已1000多年。他绘制的《梅岭图》是陶瓷厂的规划设计图，也是世界第一。马可·波罗最后是离开德化后上船回欧洲，他家乡至今收藏一件据说是他带回的"马可·波罗香炉"，是盒、盖和底座一组的套件。这种产品欧洲多处可寻，奥古斯都大力王就拥有两套，用它们来盛装黄油。德化人有一种说法，虽然德化瓷在中国是民窑，但在欧洲深受皇室贵族喜爱，可以说是世界的官窑。我之所见，印证这一观点。

这面墙上壁纸的图案，有农人扶犁耕地、抬篓运货、渔妇织女、船行小河；老人持伞外出，官人坐轿，僧人结伴远行，凉亭茶舍，文人观瀑；仿明代的大官出行有障扇和伞盖，官衙断案；文人雅聚，松下弈棋，鹿游园林，官员和弟子结伴到师邸侯拜……一米高的白墙裙，衬映出壁纸的高雅不凡。

6 经典的茶产业壁纸

我们期盼的茶图丝绸壁纸，藏而不露，贴满了大床后的一整面墙，可能是贵族夫妇太爱茶，有意如此布局，让茶香陪伴入眠。我走近慢慢观摩品味，用相机把每一个局部都照下来，因为床栏遮挡，无法照全图。

茶产业的全过程，此图一览无余：牛耕地、锄地种茶、给小茶树浇水、男女采茶、木工做茶箱、几处工坊炒茶、每坊三灶三人、揉搓做型，两女选茶、晾茶、妇女送饭，洋人验货，装茶订箱、挑茶运到河边，行船撑杆外运。

很多局部图案，与广州外销茶画和 V&A 馆收藏的制茶图，大体一致。但是各地风俗不一，绘画也有区别，例如运茶，有些是装方箱挑着，有些是肩扛方箱，有些是竹篓装，或用手推车运到竹筏上。1808 年，英国皇室版画家欧米，就选一些中国茶画制成版画，现藏大英图书馆。此壁纸能把小写意、人物山水、界画等多种技法融为一体，构思严谨周密，堪称上品，难怪被珍藏了 200 多年。导览问我，这幅茶图好吗？我说极其珍贵，感谢英国人民的保护，在中国是看不到的。从山形地貌看，应该是取材于武夷山或江西婺源一带。

她又说，很多人不了解，受中国丝绸之路远销欧洲的影响，英国的丝绸生产，也有 400 年左右的历史。她看我们立耳瞪眼，知道这是我们求知的问题，一一道来。在英格兰西北部的柴郡，有一座小镇麦克尔斯菲尔德，5.5 万人，早期曾经是英格兰的服装纽扣制造中心，使用棉花布料。后来使用丝绸布料制造"更加昂贵、更加奢华"的纽扣，由此带动了丝绸工业起步。它们从中国进口生丝和坯绸作丝绸厂的原材料，随着工业革命的推动，1744 年建起第一家水力驱动的丝绸厂。到 19 世纪，小镇有 70 家丝绸工厂，被称为英格兰的"丝绸之都"，也是古丝绸之路在欧洲延伸的最西端，它的高端丝绸产品闻名世界。25 年前，小镇建的环路命名为"丝绸之路"，小镇的足球队叫"丝绸人"队。数百年来，每年要从工厂的女工中选拔"英国丝绸皇后"。现在，这里是有名的旅游胜景。听到这里让人唏嘘，当欧洲高档丝绸产品已远超中国时，我们还在陶醉于大量生丝，坯绸出口，这让李鸿章追悔莫及。1896 年 7 月，李鸿章到法国兰因省织绸厂参观，

丝绸壁纸上茶叶生产流程的特写图：茶叶加工、文人茗聚、远行

孙前／摄

1800 年广州绘的《制茶》外销画一套 12 张，为纸本水彩，收藏在 V&A 馆。英国皇室版画家欧米在 1808 年选出四幅复制。英国人因喝茶而关注茶的生产，在 18 世纪中期，就有制茶的外销画、壁纸、丝绸装饰风行欧洲。此选 12 制茶图中的晒茶、炒茶、装桶、行商（采购），以飨茶友　V&A 藏

见其产品"人物之像，字画之形，信手而成，惟妙惟肖。局董出绸一匹，云此绸每码（约合华度二尺有半）约值法金一千五百福兰克"，相当于"华度每尺需银一百五十两矣。似此珍贵，实所未闻。"如果不是李中堂亲见，他怎么会相信欧洲工厂的丝绸织造水平，以及这个国家的消费能力。

7　"礼行天下"的教科书

我把壁纸慢慢地反复扫描，顿悟出一个道理，这是中国儒教"礼行天下"的教科书，是启蒙教育连环画。历史上，西方教堂为什么绘壁画？过去《圣经》是拉丁文，广大信众不识字，于是以绘图识字来宣传基督教义。

在中国的传统教育中，孔子讲"不学礼，无以立"。中华号称礼仪之邦，这个"礼"是怎么来的？在我们的四书五经中，《五经》包括"三礼"，它由《仪礼》《礼记》《周礼》三部分组成。《仪礼》讲人们日常生活中的伦礼原则与行为为规范；《礼记》是对《仪礼》作系统的阐释，《周礼》讲周代的官制设置。"三礼"中，《礼记》对后世影响最大，而《中庸》《大学》都是《礼记》中的文章。《礼记》中谈了许多具体的礼的问题，其中有六个方面的礼是根本的，影响着中华民族2000多年的伦礼道德情操，壁纸中随处可见。

首先是冠礼，就是成年礼。男子20岁有戴帽仪式，称成冠礼。女子15岁就要及笄，给她头上插一个簪子。二者都表示你成年了，可以结婚了，要承担家庭、社会责任。

第二是婚礼，这是合二姓之好，可以延续子嗣。很多人不理解"不孝有三，无后为大"的重要性，因为没有根嗣，这个族脉的生命就断了。

三是丧礼。孔子说"慎终追远，民德归厚矣"，就是说要慎重对待逝者，思念他的功业，这样民风才能归于淳朴。父母去世，必须守孝三年，为什么是三年呢？从出生到能独立活动，需要三年，守三年以回报父母。直到满清末年，任何官员，无论在何处为官，只要父母一方去世，必须回家乡守孝三年，称为丁忧。如果国家有极重要之事需用他，称为"夺情"，这就是"忠孝不能两全"，要先为国尽忠。

四是祭礼。中国的祭礼是祭天地日月、山川河流，这是一种自然神崇拜的习俗，山有山神，河有河伯。这也是对大自然感恩的思想，是天地万物哺育了我们，应该祭奠。

五是聘礼，也叫朝聘礼，就是聘用人的礼节。这是互相尊重的宾礼。不是呼来斥去的非礼行为。用现代社会来讲，新聘者来了，一个小的欢迎会，互相认识，明确责任。退休了开欢送会，是对他一生辛劳的礼送。即便是解聘了，也要以礼待之。开学典礼，毕业典礼都属朝聘礼范围。

六是乡射礼，这是先秦时期每年春秋季，在乡村举行的尊老爱幼敬贤活动，把文明礼仪普及到基层。孔子以"六艺"（礼、乐、射、御、书、数）教人，其中"御"（马术、赛车）、"射"（射箭、射击）与当今的奥运会活动相关。"射礼"还是选拔古代官员和将士的重要手段。

外国人看中国画，要看人看景看故事，要美在其中。他们不明白儒家经典，但在不知不觉中被开示教化。中国的皇帝春天犁地皇后织布，这是农耕社会的元首亲民示范；私塾教学，是民众教育的重要；扶老携幼春游，是家庭亲情孝道；茗人雅集，是古已有之的文艺沙龙；升堂断案，是依法办事；月亮门幽会，是追求婚恋自由；美人靠上做女红，是女性的艺术修为，是女德的显示；古装戏剧厮杀，是保家爱国的传统教育……方寸咫尺，心灵遨游，中国画特有的思想观念和教化之功，显露无遗。如果不是对中国文化有研究的汉学家，是不懂这些儒学教义的。但是欧美大众在看热闹的过程中，迈入中国文化。

8　齐彭代尔：欧洲的英中家具之父

导览以仰慕之情介绍托马斯·齐彭代尔（1718—1779），他是 18 世纪英国最杰出家具设计和制作大师，被誉为欧洲的英中家具之父。他在 1754 年出版了《绅士和家具设计指南》，副标题是"哥特式、中国式和现代式常用家具中最优雅与实用之图例"，附有 160 幅桌子椅子、床柜镜框、摆放瓷器的橱柜和书柜，以及茶桌的图案。这本书成为欧洲仿制中国家具的蓝本，被称为"中式齐彭代尔"家具。他形成自己特有的中国式符号，回纹型图案是最基本特征，广泛用于他的椅、书柜、各式栏杆；卧床有富丽的华盖和龙形图案；流行家居需要灯光和镜子衬托，他的烛台、镜框设计、明显的中式洛可可风格，华丽独特一目了然；他设计的茶桌，造型色彩多变……他之后，欧洲出版了多本家具设计的书，多数是仿他的创

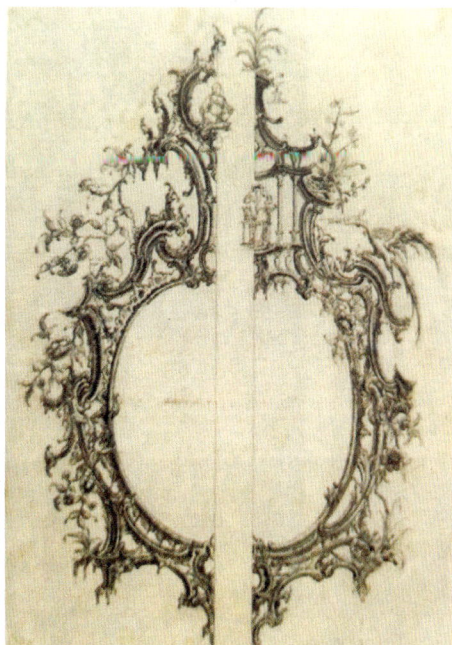

托马斯·齐彭代尔，英国最杰出的家具设计和制作家，有"欧洲英中家具之父"美誉。1754 年出版《绅士和家具设计指南》中的中式镜框图样

意和造型，他的产品也迅速进入北美豪富家庭。在 18—19 世纪的欧美有钱之家，贴在中国定制的丝绸墙纸，用齐彭代尔的英中家具，是身份地位的象征，难怪乌邦寺这类收藏不少。

她指着大床说，四根竹型柱撑着华丽的盖罩，这是齐彭代尔的个性。有趣的是上面的床端顶板，是起伏的波涛，涌起几簇浪花，显变成跃腾欲飞的龙形木雕。我暗自好笑，中国有钱人结婚做的大床，有吉祥八宝，喜鹊闹梅，枣和石榴花果，天仙配等寓意丰富的图案。我搬家定做的楠木新床，把吴作人画的熊猫给雕上了。这间大床在波涛汹涌之中，能入睡吗？

床前两把椅子，靠背是镂空木回纹，顶上是中国宫廷建筑的大檐顶，浅蓝的沙发坐垫，椅脚的交叉处是蝙蝠纹，这真是个性十足的中国元素。另外三对椅子，回纹图案三种风格，坐面是藤编的。墙上三幅金色瓷板画的装框，同《指南》书的画稿同出一辙。还有几个造型不同的茶桌，点缀性地放一、二只茶杯。

在我所看到的涉中欧文化交流关于壁纸和齐彭代尔家居的书中，基本是浅涉

床后是茶制作的丝绸壁纸，齐彭代尔龙饰大床和椅子　　邓存琚 / 摄

齐彭代尔《指南》中设计的中式椅子，回纹设计是重要元素

即止，一笔带过。在这个不大的房间里，涉及丝绸壁纸和齐彭代尔家具的收藏，不愧为顶级水平。这个房间的氛围很好，团友们拿出我们的礼品放在圆桌上。我着重介绍了吴理真的经历和图片，讲了蒙顶山在中华茶文明的地位和熊猫文化，并请导览在团旗上签名。她说，要把熊猫夹在小团旗上，挂在显眼处，让观众都关注中英茶文化，熊猫麋鹿文化的交流。大家展开团旗，在这间中国风浓郁的房间照相。

9　谁做茶桌生意

导览又带我们参观隔壁两个房间，是书房和娱乐室、餐厅。墙纸是中档的灰色和印刷版的花卉图案。有几十件不同的茶具和餐具，欧洲产罗马式奖杯艺术品，有多款不同造型和大小的茶桌。几个房间走来，我看到十多张茶桌，颇有疑惑，问导览为什么茶桌这样多。她笑着拿起一张小桌，翻过来，咔嚓一拍，成为一个版状，挂在墙的小钉上，就是一件工艺品。又把另一张稍大的茶桌推到书桌旁，主人办公看书，取用茶点水果方便，它下面有轮子。她说刚才那张大圆桌的十个抽屉是放干净茶具的，客人来品茶聊天，或者娱乐，人多时，就把小茶桌放到旁边。早期的庄园仆人，他们的部分工资是可以用茶叶来抵消的，茶当时是高档消费品，一般人有钱也买不到。仆人劳作中途，主人家向他们提供免费茶饮，英语中的"茶歇"一词，就起源于这个庄园。这太让人震惊了，以她有年纪的面容，镜片后睿智明朗的眼光，这半天博学多才的讲解，我愿意相信，"茶歇"之说源于此。

导览的茶桌论，引我茅塞顿开。14号我们在哈姆城堡的女王茶室看的公爵夫人

庄园一角

茶桌，是她在印尼买的果盘误以为茶桌。简女士考证，17 世纪末都没有为喝茶设计的茶桌，只有从中日进口。17 世纪末，英国乔伊纳斯公司起诉东印度公司，"仅在最近四年中就已有 6582 张茶桌进口到英国"，抢了木工的生意，让他们失业。16 号到博士屋看到的那张大桌子，可以折叠，我开始以为是张大餐桌兼工作台，但是他墙上那张蚀刻画证明，那是一张大茶桌，在桌上放加温炉、大茶壶、茶杯碟、糖钵、奶壶，几个朋友喝茶聊天听约翰逊侃天。

环视这些茶桌，我浮现一丝奇想。200 多年前，英国人玩茶桌的水平、科技含量和舒适性，就是今天的中国人，也没有达到这个程度。这反映出一个民族的进取心态和对幸福生活创新追求的水平。我们现在一些茶桌，以傻笨粗大为时尚，少则几百斤，多则上万斤。没听说有什么家庭向友人炫耀他的茶桌的多功能适用性，千篇一律的陈旧设计，用一段时间就扔了。能否在茶的母国，有精明的企业家，在茶桌上做点文章呢？我相信这里商机无限。

我们同维维安特老师和高个子姑娘告别了。今天的门票费 15 英镑，你觉得如何？

同丁云国在海边。位于英格兰德文郡，距伦敦 310 公里，这是一座让英国人自豪的城市：1439 年 12 月 12 日，议会批准设立的第一个城市——普利茅斯市；德雷克由此出发，完成了英格兰的首次环球航行；伊丽莎白一世女王在这里战胜"无敌舰队"；1620 年"五月花"号，载清教徒由此远航北美的马萨诸塞州，它是全世界 20 多处同名城市的发源地

2016.4.20 冷建强／摄

四川广安市武胜县宝箴塞古城堡，1911 年始建

10　中国为什么没有古城堡

下坡到白栏杆小门，回望这座较为朴素，甚至有一点现代味道的古城堡，引发思索一个有趣的问题，中国为什么没有古城堡？

在国内，我可以算一个游走客吧？十年前，全国的所有省市自治区我全部跑完了。15 年前，老四川省范围内的 213 个县市区也都浏览一遍。唯一记住的一处古城堡，是四川广安市武胜县的宝箴塞古城堡，它被古建筑专家罗哲文评为国内罕见，蜀中一绝。此建筑是 1911 年当地段氏家族段襄臣为防匪患，在一山脊上兴建，耗时 40 余年，占地 2.6 万平方米。寨墙用条石砌成，最高处十米，有 124 个无死角射击孔，周长 2000 余米，仅北面一门出入。城堡内有 100 多间房屋，有三层楼的戏台，生活、防卫设施齐备，夹墙密道四通八达。新中国成立后作为粮库得以保存，现在是国家级重点文物，4A 级景区。以我所见，它一点不输于欧洲古城堡的方方面面（不计新中国成立后打土豪分田地处理掉了收藏品），可是泱泱华夏，仅凤毛麟角而已。

一位在中国多年的法国艺术家奥古斯·博盖特（1841 年在欧洲办画展），一位写过《建筑学图解手册》（1859 年, 伦敦）的詹姆斯·费尔居松, 涉及我提的问题，虽不全面，可资参考。他们认为，中国不存在贵族世袭的长子继承制，家长死时，他的孩子平分遗产，因此就没有历时久远的家庭建筑，"甚至最有钱的人都没有建过大院豪宅，其住宅在使用时间的设计上不超过主人自己的寿命。在中国农村，人们并不像中世纪的欧洲人那样，为了保护财产而去修建四处散落的、堡垒式的防卫城堡。"我的问题，起码涉及近千年以来，中华民族政体、官制、宗教、文化、民风民俗、财产聚散、战争暴行、财富观、遗产制等众多方面，非鸿篇巨制难以阐释。看了多处古城堡，有感而记于此。

中国不同于欧洲贵族城堡的国家防卫体制确十分强大。历经春秋战国550年的大动荡，西汉建立时，天下凋敝、城邑残破不堪。汉承秦制，实行了"郡县乡亭"四级管理的"郡县制"。汉高祖刘邦在公元前197—前196年下令"天下县邑城""置新丰"，开启了全国的城市营建工作。颁布的标准：一级，首都长安，四边城墙长度4766～4753米之间，面积35平方公里，人口50万；二级，郡治，城墙长度3000～5000米，面积3.5平方公里，人口5万；三级，县治，城墙长度1000～3000米，面积0.7平方公里，人口1万。依城市大小，分设一至数个市场，由政府管理。晚上城门关闭宵禁，确保治安。当然，洛阳、成都、临淄、邯郸……不在此列。由此延续，保证了2000年来的国家治理。1500年后，伦敦接近二级的中档水平。

11 海上霸业主角：两个海盗头子

中午，汽车开到普利茅斯市（简称普市）海边的一家华人餐馆，邻堤而建，玻璃可以全景式观海。虽然英国的任何一个地方到海边都不超过120公里，但是到英国九天以来，这是第一次来到海边。普市扼英吉利海峡咽喉，欧洲多数国家要进入大西洋，要去非洲，都绕不过这座城市。

一位历史学家讲了一句十分哲理的话，"连接陆地的不是大海，而是航海的人"，此时此地，两个历史人物踏海而来：约翰·霍金斯（1532—1595）、弗朗西斯·德雷克（1540—1596）。他们两人都是普利茅斯人，至今被英国人民当成民族英雄、伟大的航海家、打败西班牙"无敌舰队"的首席功臣；在16世纪末，二人是欧洲谈之色变的海盗头子，是非洲人民要千刀万剐的奴隶贩子。"往事越千年"，今天怎么看呢？[1]

霍金斯出生于普市一个声名显赫的海上势力家族，父亲1530年就开创了英国与巴西的海上贸易，他从小就在家族的船上受到严格的航海锻炼。1554年父逝，他操盘航海事务。1559年霍金斯娶海军财务官本杰明·冈森女儿为妻。他获得西班牙在西印度的殖民地亟需大量奴隶劳动力的信息后，在岳父和伦敦商人的资助下，于1562年10月率一支船队出海，开始了他的第一次掠奴买卖贸易。他把在几内亚海岸捕获的300名黑人，卖到西印度群岛的小西班牙岛（今海地岛），换取大量的"兽皮、生姜、糖和珠宝"。1563年9月满载而归，这是英国贩奴活动"三角贸易"的首单买卖。

奴隶贸易引起英国王室的极大兴趣，1564年，霍金斯第二次要出航几内亚时，伊丽莎白女王把自己的一艘700吨海船"卢卑克的耶稣"号（简称耶稣号）折合成4000英镑股份投资于他的船队。他残酷镇压黑人反抗，把奴隶卖到南美北部各港口，1565年9月胜利而归。女王授予他一块盾形纹章以资奖励，图案是一个被捆绑的黑人。1567年10月2日，霍金斯第三次出征，有六艘船，包括女王入股的"耶稣"号，以及首次跟他出征的表弟德雷克。他们把几内亚的500名黑人卖到南美各港口。返程遭飓风，1568年9月16日，被迫在墨西哥湾的西班牙殖民港口维拉克鲁斯抛锚。第三天时，被同锚此港的13只西班牙武装舰船袭击，死伤惨重，"耶稣"号被击沉，死伤失踪300人左右，霍金斯和德雷克侥幸逃脱，二人盟誓，此仇不报非君子。

史家评论，不能小瞧了伊丽莎白一世女王：受过家庭苦难的折磨，意志刚强，天资聪颖、勤奋好学，会讲拉丁语、法意语，懂希腊文，处事稳重；冷酷、贪财、圆滑，长袖善舞处理国教、

1565年，约翰·霍金斯因在奴隶贸易中对英格兰的贡献，被皇室授予纹章

1　第四天四节有述，此处从简。

新教徒、天主教和周边国家的关系。她从葡西两国瓜分世界致富受到启发，确定了两条敛财之路：放手支持本国船只在海上抢劫和鼓励奴隶贸易，由此她得到一个美名"海盗女王"。

此时，女王作出了一个英明决策，1577 年，由霍金斯接替岳父担任海军财务官，后来还兼任海军给养官。20 多年航海冒险和实战的经验，使他提出海军改革和舰船改造意见。他建造了一批新型中等战舰，速度快，行动灵活，恶劣天气也能执行任务。在战术上实行以炮战为主的新打法，改变传统上靠拢敌船登上甲板近战的战术。一种发射快、射程远的海战炮取代旧式大炮。在 1588 年大海战之前，英国已拥有百吨级新战舰 25 艘、一切都准备好了。

德雷克是比霍金斯小八岁的表弟，自耕农家庭出生。从 13 岁起就在往来于北海港口的小船上当学徒，老船长逝，他成为船主。在同表哥联系上后，作为一位熟练的航家进入霍金斯麾下。1567 年参加了霍金斯的第三次贩奴远征，担任"朱迪恩"号的船长。霍金斯久走夜路必撞鬼，返航时差点被西班牙舰队全军剿杀。回到英国，德雷克亏了英镑，赢了大智大勇的名声，连女王都记住了他的名字。

英国与西班牙矛盾加深，德雷克打算报复，袭击西班牙在太平洋的殖民地。女王和政府高官都赞助这一行动。德雷克这时第一次觐见女王，她说，"德雷克！这样我该报西班牙王多方侮辱朕躬之仇了！"1577 年 12 月 13 日，他率 160 多人乘三艘武装海盗船和两艘补给船离开普利茅斯，悬旌万里，开始了历时三年的环球航行，对英格兰来说，他是海上凿空异域的第一人。途中他处决了动摇军心的叛逆者，把旗舰"鹈鹕"号改名为"金鹿"号。1578 年 8 月 21 日，船队驶入麦哲伦海峡，50 多年前麦哲伦第一次穿过后，被水手们视为畏途，再无船进入。经 16 天奋战，终于穿过海峡。但是飓风吹散船队，一只沉没，一只返回

评价不一的德雷克（1540—1596）爵士。肖像源自《环绕世界》一书的首页，1628 年伦敦出版

英国，"金鹿"号被吹向东南方，发现麦哲伦原来标识的海峡东南面有一片南方大陆并不存在，这个勘误，成为他被视为海洋探险家的一项业绩。

到达智利时，西班牙人把他们视为天降神兵，肆意抢劫后离开南美洲。然后到了旧金山。1579 年 7 月，"金鹿"号横渡太平洋，11 月到摩鹿加群岛，这里是葡萄牙的殖民地，他离间部族首领和葡人关系，装了数吨香料继续航行。1580 年 6 月绕过好望角，9 月 26 日"金鹿"号载着 56 名冒险者和满船财宝货物回到普利茅斯港，这是英国人的首次环球航行，震惊欧洲。根据谨慎估计，"金鹿"号的掠夺物，价值 50 万英镑，等于皇室一年的整个收入。为了表示对德雷克的支持和鼓励，女王亲自到伦敦格林尼治附近的德特福，登上"金鹿"号，授予他爵士称号，还命令把这艘海盗船保存起来作为永久纪念，彰扬英格兰人的荣光。[1]

1581 年，德雷克当上普利茅斯市长，1583 年妻逝，两年后和德文郡贵族女儿结婚。1587 年 4 月，女王获悉西班牙在集结一支庞大的"无敌舰队"准备进攻英国，便命令德雷克率舰队攻击。4 月 19 日，他出其不意地袭击了泊在加的斯湾内的西班牙船队，摧毁大小船只 30 多艘，迫使"无敌舰队"推迟进攻英国，德雷克自诩这次行动"烧焦了西班牙国王的胡子"。

1588 年初，帆樯林立，排山倒海的"无敌舰队"集结在里斯本的港口，准备出征，年迈的常胜统帅圣克鲁斯侯爵去世，临时换成陆军将领麦地那公爵西多尼亚为舰队总指挥，这即遭到指责、认为他没有海战经验，但是王命无改。

天数无定的延误，终于要开战了。1588 年 7 月 29 日，"无敌舰队"出现在普利茅斯海面。英军统帅是女王的亲属海军大臣查尔斯·霍华德上将，德雷克任副统帅，霍金斯以少将和分舰队长的身份参加了海战。双方在英吉利海峡搏杀七天七夜，打得西军无还手之力（乌邦寺日记记述）。返航时又遭遇连续的强风暴，战舰多数被毁，旗舰一个多月后死里逃生返回里斯本。

以后数年，英西之间海战不息，互有攻防胜负。1595 年 8 月，伊丽莎白女王再次派德雷克与霍金斯一起到美洲进行海盗远征，没想到把他们双双送上不归路。这几年，西班牙加强了殖民地的防卫和运输船的护航。到达西印度海洋时，

1　多书记录，女王在普利茅斯登"金鹿"号船授勋，似不确，她作为股东，分到 16.3 万英镑红利。作者未见确证，不取信。

年迈的霍金斯不幸逝世，德雷克极其悲恸，按舰队的最高礼仪，装入铅棺，沉入海底。

德雷克这次海盗式远征，女王是下了血本的，舰队由 27 艘战船（其中六艘是女王投资）和 2500 名水兵组成。但是在早有防卫，以逸待劳的西班牙反击下，屡遭挫折。这时可怕的热带传染病在舰队蔓延，德雷克染病，于 1596 年 1 月 28 日死在船上。部下把他装进铅棺，沉入波多贝略附近的海中，随表哥而去。1

后人评论，女王的贪婪把这两兄弟送上黄泉路。霍金斯已经 62 岁了，还需要让他去高龄冒险远征吗？女王投资 6 艘船，德雷克怎么也要给她赚回可观利润，满足那永无餍足的胃口呀，结果把命搭进去了。以后，为德雷克在普利茅斯港塑了一尊持剑、手按地球仪望着远洋的雕像，家乡人民没忘记他。

普利茅斯的海堤只有一米多高，半米厚，全是陈旧的乱石块砌成。堤下有小船停靠的避风港。这是一座天然良港，视野所及皆是礁岸，两座高高的灯塔，有一处海防堡垒群，环港公路沿堤而行。餐馆老板说，这里曾是英国的造船基地，清朝北洋舰队的很多船，就是这里造的。二战中被德国飞机炸成一片焦土。在这里，想起伊丽莎白女王的大臣、海洋探险家雷利说过一句世界名言，"谁控制了海洋，谁就控制了世界！"可惜农耕为主的华夏民族，对此认识太晚了。

碧波万顷平静的大海，在远处同湛蓝天空交结一线，美丽无比，诱人遐想。走向深海，控制海洋，是那么容易的吗？有一段往事，让我铭记不忘。2013 年 9 月 15 日，我与友人组团北欧游，中午参观瑞典哥德堡一座小山坡上的大教堂。"哥德堡"这个名字，中国茶人比较熟悉，1731 年成立的瑞典东印度公司，总部设哥德堡。1743 年，命名"哥德堡"的商船第三次前往广州，1745 年 9 月 12 日，在距母港仅 900 米的地方融礁沉没，多少母亲、妻子和投资者嚎啕大哭。船上装有 2677 箱（366 吨）茶叶，100 吨瓷器和其他物品。直到 1984 年 12 月沉船地点被发现，经多年努力，打捞上一些瓷器和铅封的上等茶，珍贵的茶样，馈赠杭州中国茶叶博物馆亦有珍藏。2006 年 7 月 18 日，原样仿制的"哥德堡"号商船循

---

1 英国格林尼治国家海事博物馆名誉馆长布莱恩·莱弗里，写了一本《海洋帝国：英国海军如何改变现代世界》，客观评价当时英格兰出版界的爱国热情，过分夸大了英西海战的成绩。不少书对双方兵力、海战地点记录差异较大，作者以本书为主要参考。

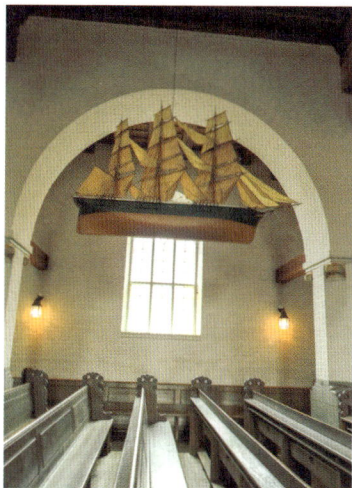

瑞典哥德堡大教堂内高高吊起的木船，和教堂外望夫归的铜像，这是海洋民族远航的祈佑愿望，世所罕见　2013.9.15　孙前摄于哥德堡

福建广东的船民，新船下水，要到妈祖庙供一艘沙船（平底近海船，空船时以沙压舱得名），祈求平安

古航线到广州，举世关注。

哥德堡大教堂坐落小山之巅，是旅游团参观必到之点，算是当地一处名胜。教堂的钟楼有 40 多米高，弥撒堂也有 50 米进深。突然，三层楼高的窗户处吸引

了我的注意，一艘长约五米的木船高悬在教堂内的窗户旁，让我莫名诧异。我参观过世界各国数十处教堂，按教义，不搞偶像崇拜，除了天棚和玻璃窗上有宗教绘画以外，没有其他绘画；除了圣母、耶稣像和《圣经》，也没有任何物件放在教堂内。这只船破例地高悬弥撒堂，必有深意：这是海洋民族期盼上苍保佑他的子民航海平安，其虔诚之心，过目不忘。我用相机前后照了很多照片，要记住这个唯一。

出了教堂，我围着它细细打量，蓦然发现，教堂下方的平台上，竖着一个直径两米，高30多米的塔柱，顶端一尊女性铜像，远望大海，视野延伸是北海、英吉利海峡、大西洋、印度洋。看着风雪无忌、昼夜守候的她，让人眼含热泪："孩子他爸，平安归来啊，等你！"男人的一半是女人，可能男人离岸的那一刻，作为大海一沤，就是永别，但她依然送他远行，然后昼夜祈祷期盼，多少海洋民族的强盛，是由无数个生离死别组成的。早期开创地中海东部海洋帝国的弹丸小城威尼斯，他们的生活指南是，起航、冒险、利益、荣誉！它深刻地影响了小国葡萄牙，再连锁影响到濒海国家，由此使世界深刻变化。我当年摄下这些画面，就是要让朋友分享人类文明走向辉煌的苦难记忆。

12　普利茅斯和感恩节

我和丁云国合影，凭堤谈起欧洲给殖民地移民和从这里出发去美洲的"五月花帆船"事件，它被后世定为给美洲新大陆带去"自由火种"的圣者。

历史上最早的移民成分，那是另一回事，培根在《论殖民地》中有披露，"将社会渣滓作奸犯科之徒放在一起，当成要移入的对象，这种做法是既可耻又不祥之事。不但如此，这种做法还会给殖民地带来无穷的祸害。""殖民的合适人选应是园丁、农民、工人、铁匠、木匠、手艺人、渔民、捕猎野禽者，以及一些药剂师、外科医生、厨师和面包师。"

要说"五月花"前因，还与伊丽莎白女王有关。她维护的英国国教，是从天主教脱胎而来，虽有改革之处，但在教会管理和礼拜仪式多方面仍然是封建的。于是资产阶级和新贵族中许多人主张进一步改革，在1560—1580年期间产生的清教徒，他们脱离国教建立自治团体，反对女王的专制政府和国教。到16世纪末，

1620 年 9 月 6 日，装载英国清教徒和手艺人的"五月花"号三桅帆船，从普利茅斯港前往北美殖民地，船上的成年男子教徒签订了"五月花公约"，成为北美殖民地契约和法制的先声

清教徒分化成两派，由大贵族与大资产阶级组成的长老派；由小资产阶级组成的独立派。他们人数不断增加，但是都受到女王统治的迫害，她害怕清教的民主共和精神，晚年多次处死清教激进派领袖，许多人被迫离境。17 世纪初，伦敦有公司组织移民去北美寻找不受迫害的乐土。1620 年 9 月 16 日，载重 180 吨的"五月花"号帆船，装载 66 名移民驶离

普利茅斯港，前往北美的第一个殖民地点弗吉尼亚。途中他们接应了遇险的荷兰船的 35 名清教徒，这 101 名移民中，包括清教徒、契约佣仆、贫苦工匠、农民、妇女儿童（船员和死亡者除外）。狂风巨浪使他们偏离航线，向北去了 400 英里，到了马萨诸塞的科德角登陆，众人景仰的遗迹"普利茅斯大岩"就是当时的登陆地点。1620 年 11 月 21 日，这些被后人称为"移民始祖"的"圣徒"们以出发地普利茅斯命名定居地，这是英国人在北美建立的第二个殖民地。

　　他们为什么会比十多年前建立第一个北美殖民地的移民获得更高的历史赞誉？还在风浪中飘荡的 11 月 11 日，在后来成为普利茅斯总督的威廉·布雷德福特的倡议下，船上主要是清教徒的 41 名成年男子，商定了上岸后共同遵守的自治纲领，签署了《五月花公约》，宣布自愿"在上帝面前庄严结盟，同心协力为较佳秩序与生存建立一个文明实体"，"并随时制定、拟定和设计那种公认最为适合殖民地全体人民利益的公平法律、条例、法令、法规及其设立治理机构"，这个以教友盟约形式的公约，表达了他们对新大陆政府权力来源于人们互信的社会契约的强烈愿望，成为普利茅斯殖民政府的自治基础，成为新英格兰殖民地遵守的共同模式，是美国建国史上的一个重要文献。

　　于是，由"五月花"从旧大陆带来的民主自由的火种，成为北美大陆民主政

治的基石，成为美国资产阶级民主的象征。这些清教徒主张个人直接祈祷，反映了在上帝和法律面前人人平等的资产阶级法权观念；主张建立纯正廉洁的教会，反对教会勒索和繁琐愚人的宗教仪式、偶像崇拜；主张以资产阶级共和制改革教会。初来乍到的移民，饥寒交迫，当地的印第安人教他们捕鱼种玉米，艰苦创业。1621 年秋收获了大量玉米，"五月花"号的移民和马萨索伊特酋长率领百名印第安人，用猎获的野火鸡和其他野禽，举行了盛大的狂欢庆祝活动，这种习俗被沿袭下来。1789 年华盛顿总统宣布，每年的 11 月 26 日（星期四）为全国性的感恩节。

由"五月花"之后掀起的移民浪潮，据专家统计，1610 年英属北美殖民地有欧洲白人 210 人，1620 年 2499 人，1650 年 51700 人，1690 年 213500 人，其中 90% 来自英格兰。到 1775 年独立战争爆发时，猛增至 250 万人，黑人奴隶有50 万人。从英格兰出发的移民船，多数从普利茅斯港起锚，为了感激母港给他们带来的吉祥远航，至今在美国各地有 20 余处地名叫普利茅斯，包括西印度群岛、新西兰等 10 余处也有叫此名的。我们站在全世界普利茅斯的源头学习历史，记住了华人做的英国粤菜海鲜午餐。

餐后向北行驶 300 公里，到了伯明翰的加油休息站，场地宽大，设施齐备，干净有档次。在超市店，请吴乌米参谋，买了一白一绿两条短休闲裤，一件有红道道的短袖 T 袖，花 70.98 英镑。再行 90 公里，到斯托克城，住假日快捷酒店，三星级，房租 1200 元。晚餐同陈素兵自助方便面，调口味是可以的，节约一点也是必须的。

至夜 1：30，把活动微图发完，成都已是早上 8：00 左右了。

2016 年 4 月 21 日　　星期四　　晴

Part 10

英国女王 90 寿辰　　韦奇伍德瓷工厂
景德镇的瓷器

▶ 提　要

1 伊丽莎白二世女王 90 寿

晨起在酒店的花园散步。8：30 早餐看电视，才知道今天是伊丽莎白二世女王 90 大寿。一早，她同丈夫菲利普亲王看望伦敦的邮政职工，这也是很有意蕴的活动。英国邮政，是 1516 年由亨利八世成立，今年 2 月 17 日刚庆祝 500 岁生辰。英国邮政筒和公交车都是举世闻名的"英国红"。每个邮亭注明每天取件的时间，风雨无阻，绝不误时。到今年的 9 月 9 日，女王的在位时间，就超过了她的高祖母维多利亚女王（1837—1901），这是大喜事，英国邮政专门发行两枚一套首日封。第一枚上贴六张邮票，从她襁褓在父亲怀抱到 90 岁人生历程，第二枚是小型张，她和丈夫，儿子孙子四人。我们在英国巧逢其盛，就委托吴乌米帮助购买，她有同学在伦敦工作，立即打电话委托。我特意叮嘱，肯定很难买，无论什么价格，一定帮买到，对我们而言，有特殊意义，女王 90 寿礼茶我们已经买了，再加上邮品，才圆满。

按照王室习俗，女王的生日一年过两次，一次是出生之日的 4 月 21 日，因为天气还冷，只作为皇室私家庆贺，不扰民。第二次是官方为女王庆贺生日，定在离 6 月 11 日最近的一个星期六，接受臣民和友邦祝贺，今年是 6 月 9 日。1877 年 5 月，大清特使郭嵩焘、刘锡鸿出使英国，遇维多利亚女王生日，刘有记述，古今对照，相映成趣，"4 月 12 日，为维多利亚生辰，西历之 5 月 23 也。英例，每年 5 月 20 日起至 30 日止，各衙署皆不治事，百官休沐乡园。国主因其生辰在停差期内，故改于六月初二日为觞祝之期，然官民仍有相庆者"。

晚清文人张祖翼在 19 世纪 90 年代游历伦敦，写了 99 首竹枝词（1888 年出版），其中 3 首记录维多利亚女王登基 50 年的盛况：

　　　五十年前一美人，居然在位号魁阴。

　　　教堂高坐称朝贺，赢得编氓跪唪经。

　　　英民呼其主为"魁阴"，译言"女王"也。

　　　今年为英女主在位五十年之期，举国大贺，张灯三日，四方来观者数百万人。邻邦来贺者十余国。

　　女主由宫至礼拜堂，前驱马队数百人，鼓吹百余人，又有步队数百人。
女主乘八马车。

　　道旁隙地皆支彩障，设座位而卖之。位之美者，人需英金十镑，方
得坐。

也就是说，为了观瞻女王英容仪仗，有人在通道上搭起帐篷设座位租卖，好
位置可以卖到十英镑。这种商机意识，在中国是不允许，也无可能的。

　　皇室马队的仪仗威风让人过目不忘，至今人们依然热切关注。皇家卫队的
马队，分别由蓝色皇室军和英皇御林卫队两支马队组成，他们的军服和马匹颜
色都不一样。其仪仗制服、盔甲在不同场合执行不同任务时，穿戴不同。制服
上绣着伊丽莎白二世的徽记。马队有被视为无价之宝的两对纯银精致的鼓，其
中一对是英皇威廉四世（1830—1837 年在位）赐给蓝色皇室军的，每一个鼓重
150 公斤，仪仗队中有一匹白马专门背驮。马匹每隔四至六周就要更换一副新马
蹄。执行任务前，马毛要梳刷得闪亮服帖，四蹄不沾尘土。执勤前，骑士要花
几个小时准备整理武器军装、刷毛配鞍
等等。在英国白厅的大门口塔楼下，白
天总有蓝色皇室军或御林军的骑兵站
岗。每天上午 11∶00 和下午 4∶00，两
支马队会举行换岗交接仪式，这是访伦
敦游客的重点观览节目。

　　不过，最近也冒出一件皇室不爽、
英人关注的小事件。一个外国买家向英
政府申请，要买走维多利亚女王王冠，
英政府紧急下达临时性出口禁令，采取
对策。《每日邮报》披露，维多利亚女
王 1840 年结婚时，王冠由丈夫阿尔伯
特亲王设计，镶有蓝宝石和钻石，在她
标志性的传世画像和重要典礼中，就头

伊丽莎白二世女王 4 月 21 日 90 大寿，
英国邮政发行两枚首日封，以致庆贺

戴这项王冠。1922 年,英王乔治五世把王冠赠予出嫁的女儿玛丽公主。不知何时,经济拮据的后人把它卖给伦敦商人,从此流落民间。近期海外买家购得,申请出境许可。英政府动员国内买家出手,要把国宝留住。王冠标价 500 万英镑(约合人民币 4380 万元),买家还得另付 100 万英镑增值税。最迟临时性禁令 2017 年 6 月 27 日到期。有报刊痛心疾首地呼吁买家爱国情怀,创造日不落帝国的女王冠帽都保不住,我们还有梦吗?大家都在期待奇迹出现。

2 瓷器何时进欧洲

中国的陆海丝瓷之路,至迟在唐宋已达中亚、非洲和欧洲,这已为典籍和出土文物所印证。但是,瓷器何时进入欧洲,实证何在,诸书语焉不详。根据很多资料的推敲考证,理出一条脉线,以供思考。

夏鼐(1910.2—1985.6)先生,历任中国科学院考古研究所所长、中国科学院副院长、中国考古学会首任理事长。他精通英文、粗通法文,在埃及、巴勒斯坦进行过 1 年多的考古发掘,1941 年获伦敦大学考古学博士。1977 年 10 月,组织中国考古代表团访问伊朗,参访了大量古迹和博物馆。他在 1962 年 9 月,1963 年初,1978 年 8 月先后发表的几篇关于古代中非、中伊(朗)交往的文章,当作为我们认识中欧瓷器沟通的指南。

夏鼐研究说,今伊朗德黑兰市南郊和伊朗东北部,发现晚唐时期的中国瓷片。在 969 年建成的埃及开罗古城,于 1168 年为了抵抗欧洲十字军的劫掠实行焦土政策,至 13 世纪中叶恢复,至今开罗的阿拉伯博物馆有很多宋元以来瓷器和碎片。英国著名考古学家惠勒(夏鼐的导师)说,"十世纪以后的坦葛尼喀地下埋藏的历史,是用中国瓷器写成的",这是指的坦桑尼亚的古城。到夏鼐文章发表时,该国 46 处古遗址中都有中国瓷器。元代摩洛哥旅行家依宾·拔都他(1304—1377)在游记中写到,中国瓷器出口,远达他的故乡摩洛哥。至今在东非、北非、西非,都发现过晚至 17—18 世纪的瓷片。"在埃塞俄比亚境内塔纳湖的一个岛上的古代教堂内,一个精美的明代瓷罐装盛着死于 1597 年的国王顿加尔的内脏"。

对夏鼐论文的最好注脚,是震惊世界的"黑石号沉船"的考古发现,它晚于夏先生文章 30 多年后才被发现。1998 年,德国打捞公司从印度尼西亚勿里洞附近海域一块黑色大礁岩附近的沉船中出水 6.7 万件中国陶瓷,因此命名"黑石(礁)号",其中 5.75 万件是湖南长沙窑,还有越窑、邢窑、巩县窑和广东窑系产品。这是九世纪初从中东到中国装货,前往伊朗阿拔斯王朝尸罗夫商港的阿拉伯单桅缝合帆船。出水瓷器多数完好无损,收藏在新加坡亚洲文明博物馆,船按 1:1 仿制保存。

很多瓷器有窑口、铭文、题词,由此判断,这是唐代"宝历二年七月十六日"(即826 年)以后的外销瓷;有唐皇室专用的"扬子江心镜",署时"十一月二十九日";一件长沙青瓷碗心写有"荼盏子",说明外销已有对茶具的需要;还在瓷器上写"言满天下无口过""绝上""美酒""郑家小口,天下第一"的广告语;诸多瓷器有阿拉伯《古兰经》的文字和图形,由此可知,同阿拉伯地区的瓷器交往是有年头了。尤其引人关注的是,船上有三件完整的唐代青花盘,这证明唐代就有青花瓷外销,比人们已成定见的元代青花瓷外销早了 500 年。

这可以称为已知最早的外销瓷,它们销往东南亚、伊朗、伊拉克和非洲,通过阿拉伯地区倒手,无疑会进入欧洲。专家从器物判断出陶瓷史上的多个第一:发明烧制铜红釉,在彩瓷史上开先河;开创模印贴花;创造出釉下彩绘;陶瓷上最早的商业广告实例。器物与夏鼐先生文章的判断相契合,足证学者水平。

意大利国家博物馆,北京国家博物馆和湖南省博物馆,在北京举办《无问西东:从丝绸之路到文艺复兴》专题展(2018.6.9—8.19),展出很多意大利国宝级珍藏,他们证明,早在 1257 年,意大利就涉及丝绸;1314 年,在教皇克莱门特五世的收藏清单中,有条目记载收藏了鞑靼丝绸;佛罗伦萨国家档案馆珍藏一份 1362 年,位于佛罗

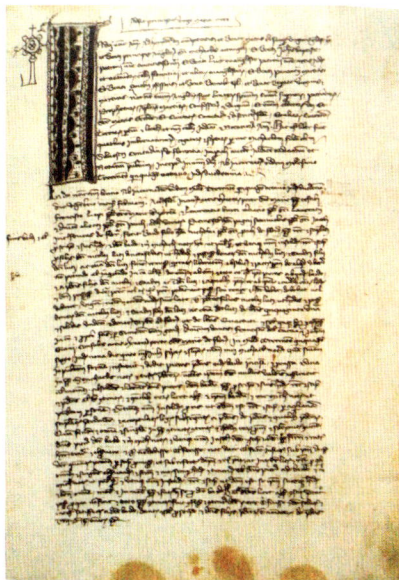

1362 年,位于佛罗伦萨和卢卡的两家丝绸厂,向注册的商业公司购买中国生丝和坯绸。由此可证中欧贸易或转口贸易,以及欧洲生产丝绸的时间。公证书为羊皮纸,长 67 厘米,宽 43.5 厘米,存佛罗伦萨国家档案馆

伦萨与卢卡的两家丝绸厂，分别向一家注册商业公司购买中国丝绸的公证书，而这家公司又向威尼斯贵族和商人贾科梅洛·贡杜尔梅购买中国丝绸。由此可证，大宗中国商品已经可以顺畅到达意大利，这是中国瓷器能够进入欧洲的辅证。

据西班牙最新考古成果，从 711—1495 年，穆斯林从北非进占伊比利亚半岛南部，建有阿尔梅里亚、阿尔巴拉辛等多处独立的穆斯林小国，在其 6 个古堡、宫殿遗址中，发掘出 9—12 世纪中国的白瓷、青瓷碎片，反驳了 13 世纪前没有瓷器进入欧洲的误判。这是互赠礼品和海洋贸易的见证。

看了这些证据让人思考，摩洛哥的丹吉尔港（凯瑟琳公主的嫁妆之一），距西班牙仅 11～15 海里；开罗和埃塞俄比亚，与阿拉伯人比邻而居；波斯（伊朗）接土耳其，而欧洲的热那亚、威尼斯与非洲和阿拉伯人的海上贸易极其频繁。以意大利商人的眼光，广布地中海、红海、亚丁湾、非洲一侧国家的瓷器，竟然完全没有引起他们的注意，这是不可能的！应该说，意大利的商人和水手，已接触和引进了瓷器，只是没有进入宫廷或史家的视野，所以典籍无考。我们看看欧亚皇室、宗教领袖与瓷器的关系，就会领悟许多道理。

3　谁弄清楚了元青花：《诸神之宴》的瓷器

已知欧洲存世最早的一件瓷器，是十字军远征伊斯兰国家的战利品（1095—1291 之间有八次远征），一件宋朝（960—1279）青瓷碗，当时不知是哪一位识宝之人，用 1450 克银子做了一个托座安放这件宝贝，现在珍藏于德国黑森州的卡塞尔国立博物馆。

1444—1453 年间，一件宋代的浅绿色青瓷碗，被包银镀金，珍藏密敛，其附件上注有菲利普·冯·卡兹奈伦伯根伯爵的纹章标记

1461 年，埃及马木鲁克苏丹阿布勒费特·哈麦特赠威尼斯总督马利皮埃罗 20 件中国瓷器，这是目前所知最早传入欧洲的明代瓷器之一。[1]

1　另据大英博物馆亚洲部研究员霍吉淑研究，埃及苏丹送给意大利的洛伦佐·德·美第奇（1449—1492）20 件明朝瓷器。

葡萄牙航海探险家达·伽马，1498 年 5 月到达印度西部的卡利卡特国，返航时，国王送他一只大瓷罐、六只小瓷碗和六个深腹瓷壶。返国后，他送了一部分瓷器给国王堂·曼努埃尔一世（1495—1521 在位）和王后伊莎贝拉。

中国外销瓷纹章订制的第 1 件样本，是 1517 年葡萄牙船队到中国，为葡王曼努埃尔一世订制的纹章青花瓷壶，器形是中国的玉壶春，但图案是国王的纹章和古式地球仪。

英国坎特伯雷大主教瓦哈姆（1450—1532），1486 年获牛津大学民法博士。他珍藏一件中国瓷碗，其托座耗银 1530 克。以后他捐母校牛津大学珍藏。

1545 年，天主教世界的特兰托公会议在葡萄牙召开。葡萄牙的布拉卡大主教马蒂尔向参会主教炫耀自己的瓷器收藏。到 1580 年，里斯本已有六家售中国瓷器的商店。

1587 年，威廉·塞西尔（1571 年获封伯利勋爵）选择了一件青花瓷，作为献给伊丽莎白一世女王的新年礼物。

葡萄牙里斯本的桑托斯宫，有一个世所罕见的瓷器室，一个金字塔式托架的四面三角形斜边上，美轮美奂地排列着 261 件青花瓷盘，生产日期在 1500—1650 年之间，这是该国瓷器贸易历程的标志。

1593 年，英国"丁香号"船从日本返英，装载众多日本的器皿、漆器、茶杯和各式瓷碟。这是英国商船同亚洲瓷器交往的最早记录。

土耳其伊斯坦布尔托普卡比宫，处欧亚两洲的交通要冲。原为东罗马帝国首都，名君士坦丁堡。1453 年改称伊斯坦布尔，是奥斯曼帝国首都。托普卡比宫是帝国皇宫，1478 年建成。至 1942 年土耳其共和国将其改成博物馆，珍藏中国瓷器 10358 件，其中青瓷、青花瓷 5373 件，品质高档，是中国以外的瓷器最多收藏。此馆有元青花瓷 40 件，是全球第一的元青花藏家，还有明代早期青花瓷 54 件。从 13 世纪以来，中国外销西亚、波斯、非洲的各类瓷器，在这里都能找到代表作。

伊朗的德黑兰博物馆，收藏一批珍贵的中国瓷器，其中的主流，是 1612 年国王阿巴斯·萨菲（1578—1629 在位）将宫廷收藏的 1162 件中国瓷器，献给阿德比尔清真寺，很多瓷器上有他的题记。以后瓷器转由伊朗国家博物馆收藏，捐物尚存 805 件。经美国专家研究，此馆藏有 32 件元青花瓷，居此类收藏的世界第二名。第三名是中国高安元青花博物馆收藏 19 件。

说到这里，有必要厘清这 30 年来对元青花的误解。一般都知道，元朝地域宽广，从西亚引进青花钴料，俗称苏麻离青，在景德镇烧制出青花瓷，史称元青花。由于炒作和仿伪的需要，让人觉得，此物珍稀，窖藏常有。事实上，国祚仅 90 多年的元朝，至后期才由浮梁瓷局督办，在景德镇试制成功新产品青花瓷。蒙古族"崇白尚蓝"，穆斯林对此色调也很喜欢，所以外销西亚一部分。明朝兴起，延用元末技艺继续生产了一段时间，被称为明青花，在色彩质量方面下降很多。以至元明清 600 年，人们一直认为青花瓷诞生于明代，元青花无处可寻。

直到 20 世纪 30 年代，才由大英博物馆研究员霍布森（1872—1941）揭秘。他根据英国大维德中国艺术基金会分两次从中国购的一对"至正十一年"铭的青花云龙纹象耳瓶，业界称"大维德瓶"，研究出这是元顺帝年号，于 1351 年四月初八，虔诚信士张文进供奉于江西婺源灵顺庙的供器。也是无法想象的天佑吉祥，花瓶几经倒手，分别于 1927 年、1935 年两次被大维德先生买到，合璧于大英博物馆。1929 年初，英国《老家具：家居装潢》杂志发表了霍布森的研究论文，《明代以前的青花瓷器：一对写有日期的元代瓷瓶》，文章约 5000 字，引起国际陶瓷学界轰动，首次证明有元代青花瓷器存在。

但是，这一对花瓶，是孤证、还是一个瓷器类型？

美国学者约翰·波普（1906—1982）在 20 世纪 50 年代，进行了跨国追寻。他以大维德元青花为模本，把土耳其托普卡比宫和伊朗国家博物馆的青花瓷进行认真研究判识，结果确认，前者有 40 件、后者有 32 件与模本相似，命名为"14 世纪型"，亦称"至正型"青花瓷器。这类青花瓷器的器型硕大、厚重、古朴，有博大雄浑之气，构成元青花的独有特征。这是后世青花的轻薄、匠气所不能比拟的。这些瓷器，外底都没有上釉，这是重要的判断标准。波普于 1950 年、1952 年、1956 年发表论文，彻底改写了"明代以前无青花瓷"的成见。

现在全世界约有 300 余件元青花，中国各省区占 205 件。江西省成立了世界首家"高安元青花博物馆"，藏 19 件。四川省雅安市博物馆收藏一件至正七年铭文的元代青花梅瓶，这是元代铭文青花时间最早的 1 件，1986 年于市文化路出土的元代窖藏大罐中发现。

看到这里，又引出一个对中西瓷器文化交流令人关注的故事。

《诸神之宴》，（意）乔凡尼·贝里尼与弟子提香绘油画（1514）。林中仙女宁芙手持、萨提尔头顶和地上放的都是中国青花瓷

威尼斯画派的创始人之一乔凡尼·贝利尼（1430—1516），同弟子提香共同创作了一幅油画《诸神之宴》（1514 年绘，170×188 厘米，现藏华盛顿国家美术馆），描述统治天下的朱庇特、阿波罗等十多位男女神仙，在山林中聚宴，有喝酒喝水的，有调侃嬉闹的，有打盹迷糊的，轻松自然。林中仙女宁芙手持一个硕大的中国青花大钵，不知是盛的水或是食品。男神萨提尔头顶一个青花碗，地上的青花大盆，满满的堆着水果。画面下角，有贝利尼的签名。

很多评论家点评，珍贵的明朝瓷器进入这个画面，在画家的心目中，这是只有神仙才配使用的神器。这也引来很多人的疑问，按过去的见解，1529年之前，中国瓷器还没有进入欧洲，画家依照什么原型把瓷器与神仙配伍，是我们的知识点落后于瓷器进入欧洲的时间吗？这几件个性鲜明的瓷器，会不会是元青花呢？

画家的父亲也是威尼斯画派的创始人之一，由于画技出众，曾应邀去给土耳其苏丹画肖像，不用怀疑，苏丹向他炫耀过自己的中国瓷器收藏。画家本人是否去过土耳其，没见考证。父亲毫无疑问会把所见所闻告诉儿子。埃及苏丹给威尼斯总督送过20件中国瓷器，总督无疑请这位威尼斯的顶级画家过目分享。绘此画时，画家已过80高龄，以他的身份阅历，一定看过威尼斯、意大利的我们所不知道的富家瓷器收藏，所以在他晚年的收官之作，留下了这幅罕见的中西瓷器交流史诗。两年后，他到天国绘画去了。我的以上引证，实际上是让大家欣赏油画中的瓷器时，多一点鉴赏旁证材料吧。

4　龙骑兵换了多少大瓷瓶

说到中欧瓷器交流和在欧洲率先试制成功硬质瓷，有一个绕不过的人物，这就是（德国）萨克森选帝侯奥古斯都（1670—1733），他的全称是：奥古斯都大力王·萨克森选帝侯·波兰国王兼立陶宛大公。

这个复杂的称谓是怎么来的？神圣罗马帝国时期，德意志境内在1356年颁布了《金玺诏书》，从法律上确定了七大选帝侯的特权，他们由三个教会的大主教和四个世俗封建主组成。这时德意志不是统一国家，分别由王国、选帝侯国、公国、侯国、伯爵领地、男爵领地和帝国自由市等组成。在1800年之前，它有314个邦国和1475个庄园。选帝侯的地位与皇帝相当，为了防止出现强大的王权，选帝侯们往往选小邦诸侯当皇帝。萨克森是势力较强的小国之一，至于还当了波兰国王和立陶宛大公，那是复杂的王室血统牵连所致，不理还好，越理越糊涂。这位选帝侯有多大实力，用中国话说，天知道，可能大不到哪里去。但是，他是欧洲最有名的"爱瓷器不爱江山"的国主。他几乎掏空国库去买中国瓷器，大臣比喻说，中国是"一只让萨克森流血的瓷器！"

最让那些写中欧瓷器的作者津津乐道的是，据说这位选帝侯为筹办婚礼，需要1米高的康熙五彩大瓷瓶衬堂皇隆重，于是用了一支重装龙骑兵或御林军，在1717年向普鲁士帝国的腓特烈·威廉一世换花瓶，轰动一时。

用什么部队，多少人，换了多少什么样的瓷器，在我接触到的20余本书和论文中，五花八门，莫衷一是。我梳理的结果是：

一、御林军、龙骑兵、重装骑兵、近卫骑兵；二、一个团、一个旅、180人、600人；三、12个青花瓶、18只康熙大花瓶，48只花瓶，127件瓷器、151件瓷器……各有所据，白纸黑字，但是正确的，肯定只有一个。

"不爱江山爱瓷器"，萨克森选帝侯、兼波兰国王奥古斯都。他支持炼金术士试制瓷器，建起了迈森瓷厂。1717 年奥古斯都用 600 名龙骑兵，换了 151 件普鲁士威廉一世国王和下属的中国瓷器。青花将军罐保存在德累斯顿国家艺术收藏馆

新华社记者张远 2017 年 5 月在德国德累斯顿采访迈森瓷器工坊时，市场推广经理黎玲介绍，600 名全副武装的萨克森龙骑兵，换了多少瓷器没说。得力于德国学者何心鹏教授的帮助，他发给我德累斯顿国家艺术收藏馆的官网资料，事情算是明晰了。当时萨克森王国的首都在德累斯顿，现在是德国萨克森州的首府和第一大城市。1717 年，选帝侯用 600 龙骑兵，向普鲁士的威廉一世换瓷器，结果从奥拉涅堡和夏洛滕堡等富裕城堡中，挑选了 151 件瓷器，以清代花瓶为主，还有其他器型。之后的 1723 年选帝侯还从荷兰买了仿品，真是一位十足的"瓷痴"。官网上有"龙骑兵"花瓶和底部的照片，这是康熙年间（约 1700 年）的釉

下钴蓝将军罐。由于底部无款识，它是景德镇民窑的代工外销产品。看来，一团龙骑兵，是得换 151 件瓷器，否则就吃亏了。这是我请景德镇陶瓷学院的高材生，陶瓷工艺大师李清先生从照片判读的结果。不懂装懂的选帝侯，把中国的二三流瓷器当宝贝，可见景德镇的影响。一战德国失败赔款，卖了一些花瓶筹钱，二战后期又躲过著名的"德累斯顿大轰炸"，故事很有趣，选帝侯 47 岁才结婚，找花瓶作陪衬，不知道是几婚了？

5　迈森是欧洲第一家硬瓷厂吗

　　上述故事的铺陈，是为了一个重磅史实的登场。选帝侯对瓷的痴迷，几乎到了民穷财尽的困境，他的宠臣出了两条主意，或是使用炼金士，从贱金属中提炼黄金，这是当时欧洲穷国颇为痴迷的"点石成金"热，炼金术士很受欢迎；或是制造瓷器，这是当时比黄金更为通行的硬通货，可是没有人试制成功。选帝侯的一位重臣冯·奇尔豪森伯爵是炼金术爱好者，以后转为研制瓷器，前后已达十年之久，没有突破。此时，为普鲁士弗里德里希一世炼金的术士贝特格觉得混不下去了，1701 年逃到选帝侯手下，仍以炼金为幌子，始终不见光明。试图逃跑，被抓回收监关押。经伯爵协商，1704 年 5 月，两位炼金师联手攻关硬瓷，贝特格无可奈何地接受了，但是傲慢地在实验室的门上题词："我主将炼金师贬为制陶工！"经过数百次不同类黏土混合物、在不同温度下的试验，"1707 年 11 月，至少获得了第一项建设性的成果，然而其产品仍旧不是真正的瓷器，贝特格研制做出来的红色炻器，称为碧玉瓷"。半年后奇尔豪森去世，没有看到第二个成果。根据"1708 年 1 月 5 日记录中知道，经过长时间无数次试验，最后，从 7 炉窑当中，出了 3 炉白色

德国炼金术士弗里德里奇·贝特格。据说他在萨克森选帝侯奥古斯都的威逼利诱之下，在欧洲率先造出瓷器

而透明的（瓷器）。这才是真正的欧洲硬质瓷"。又经一年多试验，到 1709 年 3 月 28 日，贝特格致函选帝侯，他已生产出优质白瓷。选帝侯派人验证无误后，1710 年 1 月 23 日颁布指令，在离萨克森首都德累斯顿 30 公里的迈森建设瓷厂，使用至今，是欧洲的著名瓷器厂。据迈森瓷厂的专家给中国 CCTV 九频道介绍，当年选帝侯把珍藏的福建德化瓷，交给贝特格作为模本仿制，他喜欢这种格调。

贝特格真正在 1710 年生产出可与中国瓷器媲美的瓷器吗？我摘录几段《欧洲瓷器史》中的原文，"甚至工厂迁到迈森后，在生产规模方面，贝特格依然不能制作白瓷器，烧成的器皿照旧是红色炻器！""当贝特格宣称：他能给国王陛下制作优质白瓷，是过高估计了可能性。""并且直到 1713 年，这家工厂，才完善白瓷的制作，然而，甚至那时的白瓷，不是长石质瓷，而是一种含硫酸钙的器质。贝特格的瓷器，是不透明的，而且是带黄色的。釉也不好，有时它带绿色，有时形成气泡。贝特格自己充分意识到这些缺陷，因为他的目标是制造雪白的瓷器！"选帝侯为保守制造秘密，长期软禁他，借酒浇愁严重损坏了身体，1719 年 3 月 13 日下午 6 时去世，时年 37 岁。

要说最早取得瓷器发明专利证书的，在意大利早有其人。1518 年，威尼斯的镜子制造商莱昂纳多·佩林格，声称自己发明了制造类似"东方透明瓷器"的方法，从而取得了威尼斯市政厅颁发的欧洲首份瓷器发明专利证明，为期十年。事实证明，他生产的不是中国瓷的同类产品。这份珍贵的"专利证书"，至今收藏在威尼斯国家档案馆。此时威尼斯人申请"瓷器"专利，说明他们见过东方瓷器，并知道其价值。《明史•332 卷》记，"鲁迷（土耳其一带），去中国绝远。嘉靖……二十七年(1548)、三十三年并入贡。其贡物有珊瑚、琥珀、金刚钻、花瓷器、锁服……之属"。这说明我们对阿拉伯生产瓷器缺乏了解。英国查理二世在 1671 年给约翰·德怀特也发过一份瓷器生产的专利权书，迪维斯说，他"只是在获得带有瓷器外观的炻器方面取得成功。"这两份专利证书持有者与贝特格对中国瓷的认识，虽然相距 200 多年，可能是在同一判断水平上。

写《欧洲瓷器史》的作者，是英国的著名陶瓷史专家简·迪维斯，他在吸取英法德意俄和美国等西方学者的研究成果后写出此书。译者熊寥是中国首位陶瓷学博士，著名陶瓷研究学者，1991 年元月译出此书。对资料和译文的可信度是没有问题的。但是，从上述引文看，作者不承认贝特格生产出了合格的中国瓷器。炼金士的材料和追求目标，同瓷器是南辕北辙。传言说他 1708 年试制出瓷器，时年 26 岁。此时欧洲人不知道高岭土，以为瓷器原料是动物骨质，或埋在地下多年的粪便，或海贝壳等等。以贝特格的年龄、专业、经历，以及书中对他的产品的描述，不能让人信服他是欧洲制瓷第一人。但是有一种可能性，或许可以让他戴稳"首创者"的帽子，那就是他学习和使用了殷弘绪从中国窃取的制瓷奥秘。

6 传教士殷弘绪的两封信：中国再无瓷秘密

法国耶稣会传教士佩里·昂特雷科莱（汉名殷弘绪），被称为景德镇瓷器大盗，也被戏称为中欧瓷艺交流使者。1693 年，"国王的数学家"之一的耶稣会士白晋，奉康熙之命返巴黎，希望路易十四多派有真才实学的传教士到中国。1698 年 11 月，白晋带 10 位耶稣会士乘法国"安菲特里忒"号商船在广州上岸，其中有殷弘绪。在谒见康熙之后，殷弘绪被派往景德镇传教，其本意是打探景德镇的制瓷秘密向国内报告。他很快学会了汉语，积极发展窑工教友，并且同督陶官郎廷极和唐英交上朋友，大量查阅《浮梁县志》等地方资料，到工坊、窑口、矿山考察。于 1712 年 9 月 1 日（康熙五十一年）在饶州（下辖浮梁县、景德镇）给中国和印度传教会巡阅使奥里，写了一封长达两万字的信，把他花十多年功夫刺探的制瓷秘密作了详细报告。他说，"瓷器原材料是两种土，一种叫坯胎子土，另一种叫高岭土"。"精细的瓷器正因为高岭土才这般坚实：它犹如瓷器的肋骨。因此，取自最坚硬的岩石的坯胎子土必须与柔软的（高岭）土混合，因为后者可使它具有韧劲。一位富商告诉我，几年前有几个英国人或荷兰人叫人买了坯胎子土运回国内，想在本国制作瓷器，但因为没有带高岭土，计划终于失败；他们自己也承认了这件事。那个中国商人说起这件事，笑着告诉我：他们想要一具只有肌肉没有骨架也能站立的躯体。""看到这些器皿在这么多瓷工手里快速传递，真令人惊讶。他们说一件烧好的瓷器须 70 个瓷工之手。我对此深信不疑，因为我亲眼见过这一切。"

中国富商讥笑外国人买坯胎子土造瓷器的生动例子，鞭笞入里，外商小看了中国工匠数千年的研究成果，要经 72 道工序才出一件瓷器。"一窑瓷器完全成功的情况是罕见的，整窑报废倒是常事"，"因此，一名致富的烧窑工背后有百名破产者"。没有读过这封信的人，难以想象它就是一册制作中国瓷器的指南。这封信，1716 年公布在法国的《专家》和《博学之士》杂志上，同时刊登在《耶稣会传教士写作的珍贵书简集》第 12 期，世界上只要有耶稣会士的地方都能看到。当时欧洲公开刊物的交流是很便捷的，对各种新技术新情报的交流，竞争者是削尖脑瓜搜寻的，不用怀疑，选帝侯把两家杂志送给贝特格看过，依此，他用了三年时间调整配方和工艺，寻找高岭土，使他那不达标瓷器变为有进步的瓷器，迈森出于广告策略的需要，戴着第一家生产出欧洲硬瓷的冠帽不松手，误导了很长时间和很多人。

接下来几年，殷弘绪不断把各种瓷土、岩石样本送到法国皇家科学院院士、物理学家列奥米尔（1683—1757）的手上，他通过热力学等方法对样本进行分析研究，辨识出主要成分，然后从 1715 年开始协助指挥在法国各地寻找高岭土和合适的黏土材料。同时提出诸多问题，让殷弘绪继续打探。

1722 年 1 月 25 日，殷弘绪从景德镇给巴黎耶稣会的神父寄出第二封信，万余言。信分 20 个问题，对第一封信后十年来的新技术新工艺进行详细介绍，并对第一封信中不准确之处进行了更正。这两封信 1735 年被收入杜赫德的名著《中华帝国全志》，和狄德罗的《百科全书》。1738 年《中华帝国全志》被译成英文，五年后，一位英姿勃发的年轻人，把殷弘绪信的部分内容抄入自己的笔记本，他被景德镇复杂的生产工序迷住了，决心学习和改进，这就是韦奇伍德。

1768 年，法国化学家比拉里和朋友达尔内，在利摩日南部首次发现高岭土。不久法国造出硬质瓷，在技术和影响力方面终于赶上甚至超过迈森瓷。

由于"瓷器王"选帝侯的痴迷，延伸了龙骑兵瓷、炼金术士贝特格与迈森瓷器的故事，让人津津乐道，演绎众多。虽然如此，他仍保留了一项后人无法企及的纪录：他逝世后，留下 35798 件精美瓷器，多数为景德镇瓷，还有 1250 件德化窑瓷器，虽然历经劫难，大多数仍然收藏在德累斯顿的瓷器博物馆，仅此一项，足以使他同中欧瓷器的情愫彪炳千秋。

7　韦奇伍德瓷厂：波特兰花瓶和藤艺塑型

要参观韦奇伍德陶瓷工厂，是我的提议和坚持，它源自一个于心不甘的诱惑。2006 年 11 月，中央电视台播出 12 集大型政论专题片《大国崛起》，讲解全世界近几百年来崛起国家的奋发之路，这是对国人的励志片，它山之石，可以攻玉，火爆一时。播完后，我买了全套书和光盘。其中讲到英国的工业革命，专门采访了最早使用流水线生产的韦奇伍德工厂。央视采播人员在工厂采访工厂高管，高管说：工厂的产品很贵，他们要买都下不了手，只能买小有瑕疵的内部处理品，局外人是看不出来的。景德镇仿冒他们的产品，但是水平很差。记者们在"采访手记"中写道，听到这些话，顿觉汗颜。能用这种口气评价世界瓷器的泰斗级产区，引起我的兴趣，我就要去瞧瞧，他们是什么段位，如此放狂！好茶要用好茶具，也很想看看他们的茶具生产水平。按陈寅恪先生的观点，有了以上资料的铺陈，现在就容易入镜了。

从早餐住地斯托克市，到斯塔福德郡的参观地，相距 382 公里。行车三个多小时，来到韦奇伍德瓷厂。

宽阔的大草坪，被两米宽的浅黄瓷砖步道分割，草坪四周，是两米宽的草本花卉。草坪尽头，横卧一排约 100 米的建筑，银色一坡顶的金属屋顶，巨大的茶色落地玻璃，中间突出的 30 米左右的圆弧玻璃拱厅，背景有蓝天为衬，开阔舒朗。

拱厅外的瓷地砖右侧，立着一尊两米高的铜像。左侧玻璃墙外很大一片草坪上，安放着用藤条编织的五件仿瓷塑型艺术品。

我快步来到铜像前。啊！韦奇伍德先生，我们终

斯塔福德郡，韦奇伍德瓷厂大厅外的约西亚·韦奇伍德铜像。手持波特兰花瓶，琢磨仿制工艺。厂区外景 2016.4.21

孙前／摄

于见面了！铜像没有基座，寓意是他来自草根、立足大地。敞开的中长风衣，左手持波特兰罐，右臂抬起，两眼盯着罐子，似乎在研究，我该怎么制造它。

我认真研究过他的相关资料，先说这只神奇的波特兰罐。在纽约大都会博物馆，珍藏有 4 件公元前 5 世纪左右的玻璃器皿，它们是盛香水和软膏的容器，是古希腊地中海东部制作的，很精致。韦奇伍德注视的这个罐子，是一只古希腊时代的玻璃器皿，浅浮雕有飞在空中的小天使，一位女神，两位裸体男神和一株树的神话题材故事。教皇乌尔班八世家族 1627 年不知从哪里得到这个宝贝。1780 年家族后人因清偿巨额赌债出让此罐，辗转被英国波特兰公爵收藏。1786 年 6 月 10 日，韦奇伍德写下借据，还有担保人见证，从公爵那里借来原件，去研究和仿制。以后这种器型被称为波特兰花瓶，表面的神话浮雕人物依买家订制有变化。瓶子的原始用途是宴席上装葡萄酒，或装水。以后就只作为奢华的装饰摆件，富豪人家以拥有用碧玉浮雕制作的波特兰花瓶而骄傲。

韦奇伍德博物馆专刊对韦奇伍德的定位是：

> "他最初是一个陶工，但同时也是一个开拓者、科学家、慈善家、商人和家庭成员。"

1786 年 6 月 10 日，韦奇伍德写下借据，向波特兰公爵借古希腊出土的玻璃罐仿制，取名波特兰花瓶

韦奇伍德仿制的首批波特兰花瓶，原样复制。以后的仿品，图案有变化

他是公认的英国瓷器之父，是工业革命的先驱者之一。他有什么样让人着迷的传奇经历？

约西亚·韦奇伍德（1730—1795），出生在英国斯坦福德郡一个制陶世家，7月12日受洗。他是家中12个孩子的最小一个。制陶作坊在教堂附近的墓地旁，用当地的红黏土和棕黏土制作老百姓的家用陶器。他每天往返七英里，到镇上身为牧师的外公家学习。在他9岁生日前，父亲去世。14岁时，他在继承作坊的哥哥托马斯那里成为正式学徒，为期五年，学习各种技艺和制作陶器的方法，回报是得到食物、衣服和解决住宿。在席卷英国的天花流行期，他不幸被感染，导致右膝严重残疾，不能使用传统的脚踏转轮操作，这就使他潜心研究创新款式和操作工艺。

1752年离开哥哥，到斯托克的一家陶工厂工作，两年后离开。1754年，他被陶艺家托马斯·威尔登看重，召到其工厂工作，得到很多帮助和指点，进步很大。1759年5月，他在伯斯勒姆租用厂房独立创业，并以自己的名字"韦奇伍德"作为工厂和品牌的名字。1763年又增租厂房扩大生产，红红火火，生产出价廉物美的产品。1765年，乔治三世国王的王后夏洛特，因为喜欢他的奶油白陶瓷，同意授"王后御用瓷"称号。1767年他致信一位客户，"我能够给你提供12种、24种甚至更多种奶油色茶壶……我将以每个三先令六便士的优惠价售于你"。

此时，他已经有实力建自己的工厂了。1769年6月13日，他的新工厂在伊特鲁里亚建成，这是在买的一个贵族的里奇庄园建设的，环境优美。为了吸引和稳定熟练工人，他建了四栋两层楼的房子给他们居住，这在当时是很轰动的事件。他自己也在靠工厂的地方建起庄园，与大家朝夕相处。从这时开始，他对员工实行流水线专业分工，他借鉴景德镇72道工序的操作法，进行合并归纳，把最必需的工作分解给员工，极大地提高了生产效率。

荷兰人对开启英格兰的制陶业有推动之功。斯塔福德郡的陶土、燃料都有优势，所以很早就有小规模的陶业聚集。1693年，荷兰的埃拉兄弟来此办厂，引进新的设计和工艺，尤其是红陶炻器仿制宜兴紫砂器型，很受欢迎。后来，荷兰人又带来了"制造红色陶瓷的盐釉法，为斯塔福德郡优质陶瓷享誉世界作出了贡献。"在韦奇伍德单独办厂的开始阶段，他仿制了式样众多的宜兴红陶茶壶。1698年，一位英国女作家在发表的《西利亚·菲因斯的1698年之旅》中写道，"抵

达斯塔福德郡的纽卡斯尔，亲眼看见了他们
制造上等红土茶杯和茶碟的过程，仿制得惟
妙惟肖，与正宗的中国瓷器并无差异"。这
说明此郡陶工仿宜兴茶具很有历史。韦奇伍
德是先学习，仿制，再创新工艺和设计，不
落窠臼，新产品源源推出，所以他能够迅速
崛起。在斯塔福德郡的伯斯勒姆一带，兴盛
时有 43 家小型家庭经营企业，低品质恶性
竞争，很快被工业革命后的新企业取代。

从韦奇伍德自办工厂以后，他的新产品
不断涌出，一倡百和，引领当地潮流。他在
自己的实验册中写道，"约在 1759 年初，我
已制造出受人欢迎的漂亮玛瑙仿真品，取得
了显著的进步，获得了极大的改善。但人们
还是更多地钟爱于那些色彩缤纷，富有光泽
的瓷器"。他反复试验把二氧化硅混合在红
色陶土里，烧制出白色胎体，再盖上透明釉
彩低温烧造，于是，当时最受欢迎的奶油陶
瓷产生了。1774 年，俄罗斯女皇叶卡捷琳
娜二世，向他定制一套 952 件的奶油白色餐
具，绘有 1244 幅工笔英国风景画，大受赞赏，
同意他使用"女皇御用瓷"的称誉。

1774 年，他发明碧玉细炻器，被称为"蓝
宝石系列"，这是最具个性特色的发明。波
特兰花瓶就是他的扛鼎之作。他特聘当时盛

韦奇伍德的伊特鲁利亚陶瓷厂装窑

坚决反对奴隶贸易的韦奇伍德，1787
年特制的徽章，颁发给废奴主义者

名的雕刻家约翰·弗拉克斯曼合作，量身设计古希腊神话浅浮雕，翻制到碧玉器
上，精美绝伦。

1782 年，韦奇伍德发明了测量窑内高温的测温计，这是具有革命性的发明，
一举改变了过去要用数十年经验积累炼出的火眼金睛观火，吐口水看反应的做法，

达尔文的母亲苏珊娜·韦奇伍德（1765—1817）。进化论奠基人查尔斯·达尔文（1809—1882）
韦奇伍德瓷厂大厅外草坪上，独具特色的藤艺瓷器，波特兰花瓶和茶具　　甘甜/摄

使窑内温度可控以保证质量。18世纪，英国"产品更新、工艺革新、技术创新"的3新浪潮，是推动各行各业发展的动力。

现在，拥有了英俄皇室御用瓷的品牌，拥有独创专利品牌的奶油白瓷和蓝宝石系列，以及众多物美价廉的工业化瓷器，那就要看看韦奇伍德（简称韦氏）的促销本领了。

专家评价说，在互联网时代前的所有营销手段，200年前他全用上了，他是当之无愧的世界顶级营销高手。在相当长的时间内，斯坦福德郡的陶瓷器是靠马和驴子外运，史料统计18世纪50年代，每年有上万筐货物外运。韦氏最便捷的方法，是把陶瓷器运到偏僻的农村和教堂，这让渴望茶具的农民喜出望外。当然，他对农村是一种特优价。同时驭手负责催收债款。他用直邮、产品目录、开架销售、买一送一、免费退换、大展场、展销会等手法，虽然他的产品比同类产品的价格高2～3倍，但是仍然销势很好。1771年，他将产品用包裹寄给德国1000名贵族和上层人士，按优惠价附上发票，如果不满意，可以退回。结果绝大多数人买下了商品。仅此一招，德国上层都知道了他的产品和企业的诚信。

当时中国外销瓷的题材主要是四大类：纹章瓷，满足欧美皇室、贵族、城市、公司、机构的订制；人物画瓷，它包括古希腊罗马神话故事、宗教人物、中欧民风民俗人物；船舶图瓷，欧美很多大吏大贾都是海军或海商出生，偏爱此类瓷器；花卉动物图案，中国数千年此类绘画传统，给西洋人以新奇感，热爱有加。韦奇伍德摸索出这个规律，花样翻新，全方位仿制，他依靠交货快、价格便宜的优势，试图抢走中国外销瓷的风头。有朋友建议他把商品销往中国，他不同意，说中国人会学习和仿制他的产品。除欧洲以外，产品大量销往印度和北美殖民地。据统计，1780 年英格兰有陶工 5500 余人，其中斯塔福德郡占 4000 余人，可见这里抱团发展的气势。

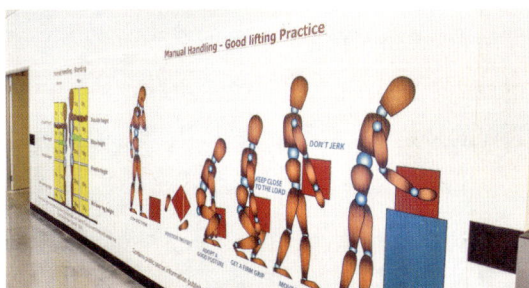

在瓷厂二楼长廊展示区，导览介绍，1769 年 6 月 13 日，新建的伊特鲁利亚陶瓷厂投产

一个穷苦出生、患有残疾的韦奇伍德，"道有夷险，履之者知"，那是付出何等的艰辛？成功了，不忘来时的路，极富同情心。他为职工提供住房，他是最早给员工买医疗保险的企业家。从 1787 年起至 1795 年去世，他定期到伦敦参加反对奴隶贸易和畜奴行为的会议，是一位著名的废奴主义者，坚决反对奴隶制度，他写过一本书——《我们是人还是兄弟》影响很大。留存至今全世界最有名的废

415

奴运动文物，是韦奇伍德特制的一种用于奖励废奴运动有功人员的椭圆形奖章，中间的图案是一个单膝跪地的奴隶，戴着脚镣手铐，上面一句话，"我不是一个男人和兄弟吗？"见之让人战栗！韦奇伍德不朽。

韦氏的善行，留下了一个世人称颂的硕果。他有一位终身好友伊拉斯谟·达尔文（1731—1802），是一位杰出的医生，照料着韦奇伍德全家的健康，包括接种天花疫苗。1768年，在他的劝导和监督之下，韦奇伍德做了残脚的截肢手术，以防感染，保住了健康。他们是一个范围很窄的高端沙龙"月球学会"（每月一会）的成员，经常交流切磋。1796年，达尔文医生的三儿子和韦奇伍德的长女苏珊娜结婚，1809年生下以后闻名世界的查尔斯·达尔文，他昂贵的五年科考航行，得益于外公韦奇伍德遗产的资助，他的巨著《物种起源》，吹响了科学认识世界起源的号角。以后他娶表妹，韦奇伍德的外孙女为妻。祖辈结下的情谊，世代相传。

我们来到草坪上的藤编瓷器根艺旁，太有创意了，一个环状的籐圈，高及屋檐，立在前面；倒地的带柄茶杯，有二米五高；波特兰花瓶足有三米，放在中间，底部有对穿的大裂缝，方便孩子藏猫猫；远处是一个三米高的没有盖子的茶壶，略倾呈出水状，底部仍有裂缝，壶盖偎着下端，藏在一侧。这组藤编硕大而无压抑之感，参差布局，与铜像、厂房构成和谐之美，把工厂的历史、拳头产品和现代融为一体，大家分别照相留念。

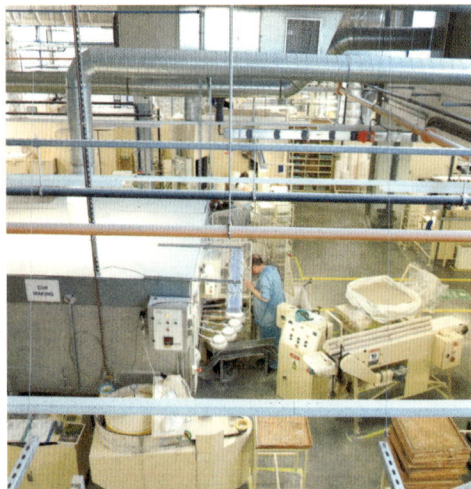

俯瞰生产区，电炉入窑

8　品读厂区：
长廊—工匠区—工作区

跨过拱厅的玻璃门，进入宽敞的大厅。顶端灰色的吧台后，三位穿黑色西装工作服的女士，戴浅蓝色的工作牌。墙上一幅很大的喷绘图醒目地写着"韦奇伍德世界"，表格显示韦氏产品在全球的工厂和销售国家，一目了然。让人震撼的是墙上巨大的马赛克装饰人头肖像：韦奇伍德的标准像。每一个瓷器小圆盘就是一个马赛克单元，白发、红脸、白围巾、黑西装，由不同颜色的小瓷盘组成，高有八米、宽四米，这是一面别出心裁的电子幕墙，每20秒滚动一次，目光炯炯的韦奇伍德和善地看着大家，仿佛在说，欢迎你们，中国客人！他被尊为韦奇伍德一世，到现在，大概已经是第十世了。

　　我们是预约参观，三位女士走出吧台欢迎我们。团友给她们夹了三只熊猫，喜滋滋地同我们照相。一位金发高个子的女讲解，带我们从肖像下的梯道进入二楼。

　　这是一条四米宽的廊道，一边是玻璃窗，廊道的 1/2 摆着矿石原料，从半成品到成品的各道工序产品，使用过的各种老机器。一些地方是展板墙，有图文说明，从二楼可以俯视生产车间。讲解员娓娓道来，板墙上按工厂发展的重要时间节点，配以蚀刻版画原图和照片，我们踩着历史印痕，再辅以各时期产品，机械设备，给人过目不忘的深刻印象。我不时讨教一些问题。布展给人以简洁明快干净的感觉。

　　廊道下面的车间，安放着几座电窑炉，一旁是小型传送带，把工人做好的产品放在平板上传送到电炉口，换装在比较大的六层推车上，入窑烧制。再远处，

高级艺匠工作区。左上图的文身让人惊悚　　冯斯正、孙前 / 摄

电视台在艺匠区摄制为女王90寿特制礼品，
仿古希腊碧玉瓷，一瓶一钵　　作者／摄

是一排排黄色工作台，女性较多，给瓷坯件上贴移花图案纸，或描绘图案，手推车的六层架子上，放满半成品。完成一车，转送工会运到传送带上，并送来半成品。各式转运车，依其大小，地面用黄线画有大小车位，对号就位。车间悄然无声，从天棚到地面，近乎一尘不染，没有轰鸣之声。我问讲解员，可以照相吗？她说没问题，随便照。在国内的有些地方参观，是不让照相的，担心你窃走他们的工艺秘密。我们下楼参观，讲解提醒一句，请勿主动与工匠讲话，以免影响他们工作。

　　这是一个工匠专属区，男女都在50岁上下，穿着随意，多数是短袖装。讲解员说，他们都是技有所长的工艺师，每人一个独立的工作区，略十多平方米，开放式的区间，矮隔板分离。每人一张宽大的桌子，带轮可升降的皮椅，一把台式小电扇，一个聚光小台灯，十多支画笔，一个洗笔钵，十多种颜料，在几桌共用的小区域，有台式小机器，用于钻孔切割和打磨。桌旁的黄线框内，停放着送半成品的小推车。桌的上方，各有一支日光灯。他们在黑白色的素胎上绘花，样板图就立在桌上，或修复有疵处的胎体。有的人戴耳机听音乐，不受干扰。有几个男士的小臂或大臂上有灰黑的文身。张德彝1868年10月在英国的工厂考察时写有一句话，"见英国工匠，多有刺字于手臂胸项者，兼作大片花卉，以蓝黑二色涂之。"《马可·波罗游记》记述，他在福建刺桐港（今泉州）看到一个奇观，"印度内地有许多富人来到这里，仅仅是因为想刺得一身美丽的花纹，因为这里的文身技师以人数众多，技艺出众而驰名。"这些人的文身水平，都没有超过唐代段成式写的《酉阳杂俎》中记的一件事，荆州葛清因崇拜白居易，在其颈以下，遍刺30余首白诗，体无完肤，被时人侃为"白居易行诗图"。古今中外，那么多人喜欢文身，现在一些篮球、足球大腕也文身，是否有辟邪祈福的作用，不知道。

　　我看着全神贯注的匠师，心存敬畏，悄悄挪步。讲解员指着桌上的两件半成品，小声地说，这是为女王 90 大寿特制的礼品，现在电视台录完节目就入窑烧制。这真是奇遇，一个有方底座的冠军杯般的花瓶，在 1/3 处，两只白狮分立两侧，造型与新加坡的狮身像差不多，瓶里插着一面英国国旗，用作录像道具。旁边放着一个黑色大钵，表面是一组手牵手欢快舞蹈的古希腊仙女，绕钵一周，是 1778 年著名雕塑家的经典设计。烧制完成，它就变成蓝色碧玉白浮雕艺术品了，奖杯放在大钵里，高档高雅的寿礼，这是 6 月 9 日女王官方生日时的礼物。

9　中西工匠的地位：首都的工匠公园

　　在这里想想中西方对工艺匠人的态度，能够启迪思考。

　　在中国殷商甲骨文中，就有了"百工"的记载。四书五经的《中庸》篇中明确讲到，君王要治理好国家，有九种法则，分别是修身尊贤、亲亲（关爱亲人）、敬大臣、体恤群臣、爱庶民、"来百工也"（招收各种工人）、柔远人、怀诸侯（抚慰交好各国诸侯）。把招徕百工作为一项治国方略，有什么特殊的重要性吗？《中庸》说，"来百工则财用足""所以劝百工也"。孔孟之道总结商周和春秋战国的治国之道，把招收、使用、鼓励百工作为九法则之一，足见其重要性。在 2000 多年的历史中，百工匠人也有被特殊恩宠者，宋徽宗时的宰相李邦彦就是银匠出身。南唐后主李煜对徽墨工匠奚廷珪极其看重，赐国姓，改为李廷珪，并授"墨务官"职，专司督造。元初各地屠城，不杀工匠，全数虏走。明代洪武六年（1373 年）规定钦天监内人员"永远不许迁动，子孙只习学天文历算，不许习它业；其不习学者南海充军"。明清更迭，满人亦不杀工匠。如此看来，中华帝国的百工是否地位就很高了呢？中华百业的世代排序是"士农工商"，工匠地位低于务农的农民。利玛窦在他书中的分析，很能看出一些问题。

　　《利玛窦中国札记》第一卷中写道，"因为这里的人民习惯于生活节俭，所以中国的手艺人并不为了获得更高的售价而在他创作的物品上精益求精。他们的劳作毋宁说是被买主的需求所引导的，而买主通常满足于不很精美的东西。结果，他们常常牺牲产品的质量，而只满足于表面好看以便吸引买主注目"。当然，这不包括御窑和宫廷匠作坊在内。没有高价格的市场需求，就不会有精美的产品和竞争钻研的动力。张星烺（1888—1951）在《欧化东渐史》中写道，"中国人得一法，死守不变。政府重文人，轻百工。社会亦以为尚。对于发明人绝无奖励鼓舞之事。故发明人死后，其术即绝。他人无以为之改良"。

要认识欧洲匠人的地位，必须对以下宗教、法律、行会制度、民间习俗有所了解。

美国学者理查德·桑内特在著作《匠人》中写道，"基督是木匠的儿子""神的卑微出身意味着他的信息是说给所有人听的……亚当和夏娃很幸运，能够在伊甸园里劳动……最壮丽的景象，难道不是播种、割草和种树吗？"中世纪的优秀匠人必须是基督教徒，教会将一些匠人册封为圣徒，如英国的圣徒邓斯坦和埃塞沃尔德原来都是锻造金属的工匠，这就极大地提高了工匠在民众心目中的地位。

威尼斯1474年3月19日颁布"发明人法规"，这是全世界最早的专利法，目的是保护威尼斯玻璃制造业的竞争能力。英国的手工业行业从12世纪就开始了学徒制，1563年颁布《工匠学徒法》，规范了学徒和师傅的基本权益。学徒分为学徒制、高级学徒、高等学徒制几种，有严格的时间、工艺水平和考试的限制，在取得国家认证的相关证书以后，就可以独立执业，并获得社会的尊重。欧洲多国有行会制度，郭嵩焘对英国行会的历史和作用有专门叙述。他说，将近2000年前，为了躲避国君诸侯苛征搜刮，"百工技艺各立公会，凡有盈余，纳之公会中。其后设立议绅，蠲除苛敛，而各会相沿，仍而不废"。行会保护了工匠的利益，产品上有行会印记，以示诚信。没有加入相关行会，在当地无执业资格。郭嵩焘称赞这种做法。亚当·斯密在《国富论》中说，"中国的政策，就特别爱护农业。在欧洲，大部分地方的工匠的境遇优于农业劳动者，而在中国，据说农业劳动者的境遇优于技工"。

中国历史上的工匠李邦彦、李廷珪是极特殊的个案。看看欧洲工匠如何？如前所述，公元前五世纪左右，古罗马已能制造精美的玻璃器皿。公元5世纪以后，由于战争等诸多原因，玻璃制造业衰落。直到十世纪以后，以威尼斯为旗帜重振雄风并飞跃前进。当时的玻璃工匠必须签订保密协议，并且在1291年搬迁到威尼斯以北1.6公里的穆拉诺群岛，各小岛之间用桥梁连接，形同一岛。由此穆拉诺的玻璃制造业称雄欧洲数世纪。这里的玻璃工匠成为威尼斯的显赫公民，在14世纪之前，玻璃工匠可以佩剑，并享有豁免权，他们的女儿可以嫁入威尼斯豪门，

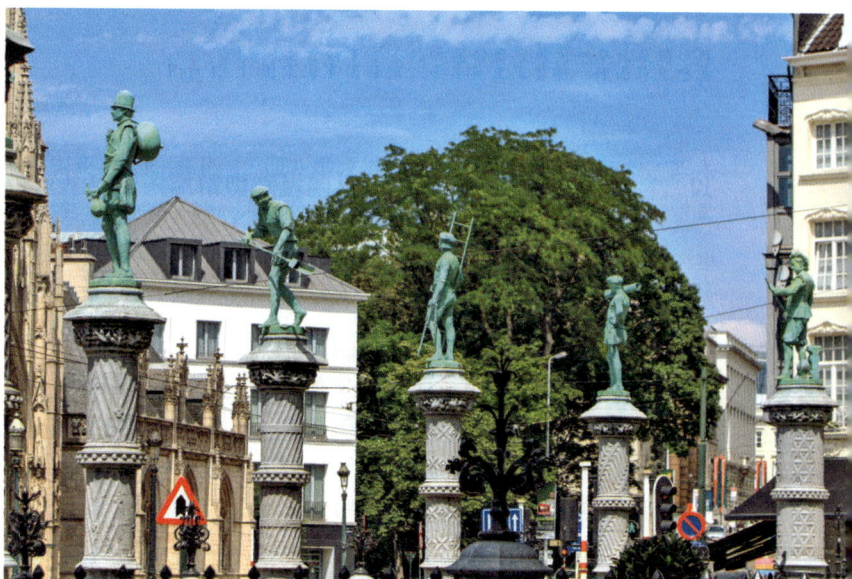

比利时布鲁塞尔市中心的小萨布隆公园，48个两米高的城市工匠群雕铜像，站在四米多高的立柱上，被称为"百工园"。

1880年，在庆祝比利时王国独立50周年时，市长夏尔·布勒邀请著名的雕塑家设计建造

《光明日报》记者　刘军/摄

这些工匠被禁止离开威尼斯共和国。由于研制出把锡箔和水银涂在玻璃背面，制造出清晰的玻璃镜子，穆拉诺成为欧洲的制镜中心，在16世纪初，一面这种镜子的价格，相当于大画家拉斐尔三幅作品的价格。《清史稿·志一百三十四》记，康熙九年夏六月（1670年），"义国王（意大利）遣使奉表，贡……大玻璃镜等物。"

当时威尼斯的海军和造船能力，举世无敌。1500年，执政官在威尼斯岛上建了一个占地60英亩，用50英尺高墙封闭的兵工厂专门造船，这是当时世界上最大的工业基地，聚集着各行各业的工匠，他们是劳动人民中的贵族阶层，享有特权。他们受一组选举产生的贵族领导，"享有把新执政官扛在自己肩上走过广场的权力；他们在国家庆典游行队伍中有自己的位置；兵工厂的司令去世后，他的遗体由工头们抬进圣马可教堂"。"造船匠的技能和秘密知识往往一代一代流传下去，他们是威尼斯一直小心守护的瑰宝。"在"巴黎七大行会的每个师傅也都获得类似于修道院院长的道德地位。"1268年的《百业概览》，列出了百余种采用行会组织方式的匠艺，包括食品、珠宝、金属、纺织服装、毛皮和建筑类，可见当时的陶艺还没有成气候。

世代相传的知识传授即"知识资本"，是行会经济力量的源泉。由此，艺术家产生了——历史学家鲁道夫·威特科尔夫妇在《天生我才》书中，"描述了文

艺复兴艺术家如何从中世纪匠人共同体中脱颖而出",二者之间的差别在于,"匠人向外寻求共同体的认可,艺术家则向内遵从自己的心声"。艺术家具有"知识和道德的勇气。他们思想敏锐,头脑机警,多才多艺,容易接受新知,易于感受美的事物,渴求名望。他们具有一种不顾一切的个人主义精神,致力于发展个人全部的潜能;态度高傲,蔑视基督教的谦卑,轻视软弱和怯懦,藐视传统、道德、禁忌、教皇乃至上帝。"这是写的多才多艺的米开朗琪罗,他在传世巨作《最后的审判》中,首开先河地写上自己的名字,让它永驻梵蒂冈西斯廷礼拜堂;这就是写的韦奇伍德,他从一个残疾陶工,走上"英格兰瓷器之父"的宝座。

　　到欧洲旅游,有一组让人挥之不去的铜雕像,证明了工匠在西欧人心目中的地位。在比利时首都布鲁塞尔市中心的小萨布隆公园,高达四米的48根精美立柱上,站立着两米高形神各异的48个铜像,他们是这座城市的地毯编织、木工、裁缝、制帽、铸造、陶瓷、园艺、屠宰、管道清理等职业的工匠,这里被称为"百工园"。它是1880年,为庆祝比利时王国独立50周年,市长夏尔·布勒邀请比利时最有名的建筑师、雕塑师设计建造的。它给该国百工崇高的荣誉地位,让人们始终对这个群体心存敬意。相比之下,我们是有差距的。

200多年过去,波特兰花瓶仍然是韦奇伍德长盛不衰的高端产品,由高级艺匠精心制作

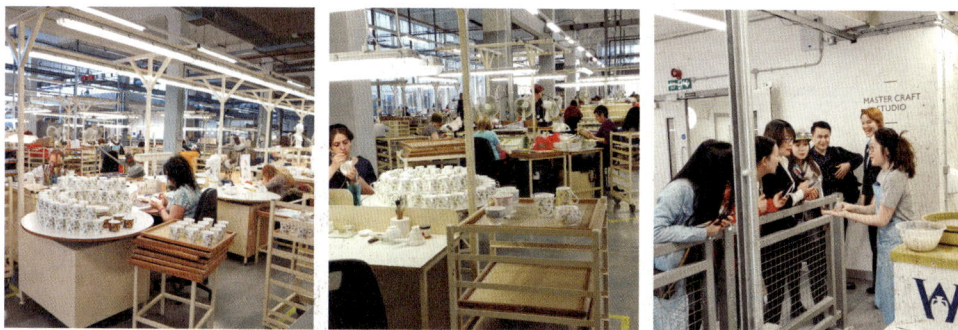

技工区。香港技工为考察团表演。白色工作台下的 W 字母中间，就是波特兰花瓶图案

10　看家宝贝：奶油白、碧玉瓷

我在工匠区边缓慢移动，没有人抬眼瞅我们，他们沉浸在自己的艺术品中。在一张半成品桌上，我看到大小两种规格的浅浮雕波特兰花瓶，已经过去 200 多年，人们依然需要它。讲解员说，工匠们主要生产两类产品，古瓷和复古瓷，主要用碧玉瓷工艺。人们对历史的追忆，使这两类产品的买家，永不枯竭。

不远处是一般员工操作区，多数是女工，每人一个长方黄桌，一个书架式立柜放半成品和工具，桌旁一个独立工作台的木盆装置里有一个旋转盘，是制作圆柱圆盘类胚件的。盆下的木架上，一个大大的蓝色 W 字母，这是"韦奇伍德"的缩写，W 字中间，是一个白色的波特兰花瓶图案，企业文化无处不在。

讲解把我们带到一个隔栏处，招呼过来一位戴眼镜的亚裔年轻女性，一问是香港人，已经在这里工作三年多，大家当然就很亲切啦。团友们询问她能否给我们演示一下，她笑着点点头，拿起一小块泥坯，按下开关，就在圆盘上操作起来。几分钟，一个精致的小花瓶就做好了，她拿到我们面前，大家鼓掌致谢。一位团友给她的围裙上方夹了一只熊猫，告诉她，我们是茶、瓷器、熊猫文化考察团，她疑惑地看着我们，不知道这三样东西怎么连在一起。讲解员把英行册翻给她看，一下就理解是怎么回事了。讲解员说，这里是大众化产品工作区，生产奶油白的骨瓷产品为主，一个团队七个人，两男五女，一周要生产 1.3 万件杯盘。一炉产品，用电炉烧，需要九个半小时。

423

1750 年左右，位于伦敦詹姆士广场附近约克街的韦奇伍德专卖店的布置，可见当时的产品质量、品种和伦敦的人文风情

韦奇伍德瓷厂的产品，参加 1851 年伦敦水晶宫博览会和获得的奖牌

11　韦奇伍德博物馆：给乾隆送的瓷器，是克拉克瓷吗

　　我们离开了这座宁静、整洁、优雅、美丽的厂区，给人以遐想，让我铭记不忘。与厂房相邻的是"韦奇伍德博物馆"。讲解带我们来到一幅 20 多平方米的喷绘壁画前，我看着眼熟。她说，这是 1750 年左右，韦奇伍德在伦敦詹姆士广场附近约克街开的一家集展示、销售、休闲、社交于一体的大卖场，当时很有名，于是

他请艺术家制成蚀刻版画，可以彩色或黑白，在印刷品和广告中，都有它的身影，是很好的企业形象宣传。从这幅画就可以看出当时的产品质量、品种和展场气势，很经典。难怪，我在很多书中见过此图，只是场景小一些。1759 年官方有一个统计数字，英格兰南部地区，人口和商店的比例，达到 34 人对应一家商店，这是今天无法想象的数字。

博物馆藏品完整丰富的程度，堪称一绝。从韦奇伍德一世至今的重要信件、出版物、购物和藏品文档；各种矿物原料、试验品、半成品、成品；各个阶段的手工、半机械、机械工具；员工名单工资表册贸易清单；各时期仿制、创制、外销、内销产品；高档礼品的存档品……这一座企业的瓷器博物馆，可用无与伦比来形容。

我向讲解提出一个问题，1793 年英国特使马戛尔尼去北京给乾隆祝 80 大寿，韦氏主动给特使送去花瓶，希望送给乾隆，让他了解英国瓷器。博物馆有同类产品或图片资料吗？讲解面有赧色地说，1774 年 9 月 3 日，韦奇伍德给合作伙伴托马斯·本特利写信说，希望建一个陈列室或博物馆，保存一份我所做的全部新作品的样品，十年过去了，我没有做这件事，从现在开始，我要做这件事。他交待相关人员，要注意收藏和制作备份产品。可是很遗憾，直到 1906 年，博物馆才在伊特鲁里亚厂区建成。在 1940 年前，老厂区附近的钢铁厂污染很厉害，韦奇伍德的掌门人与合作伙伴商量，搬到现在的地方。1793 年送北京的礼品，我们没查到相关资料，可能就是选当时最有特色的产品包装好交给特使的，至于是几件，没有记载。

在中国的书刊中，涉及此事时没有讲几件，是什么东西，也有讲是花瓶的。至今，我仅见英国历史学教授马克辛·伯格写的书说，"在 1793 年，他还是给马戛尔尼勋爵送去了七件他生产的花瓶，托他送给中国皇帝乾隆"。如果此事属实，以韦奇伍德的思维，他一定选以波特兰花瓶为代表的碧玉瓷浮雕瓶，这种色彩和造型中国是没有的，他绝不会选仿造的中国瓷器。这批瓷器在中国的境遇如何？一些书不屑一顾地说，这不是关公面前耍大刀——自取其辱吗？

错啦！使团副使斯当东回国写了一本《英使谒见乾隆纪实》，其中专门记述此事。"礼品送到圆明园后，正由欧洲工匠会同中国工匠开箱安装。许多人前往参观，其中有皇帝的三个孙子，他们看了之后非常赞赏。但有些中国官员却故意做出不足为奇的表情。大家的注意力都集中于瓷器上。中国人对于瓷器每个人都

韦奇伍德瓷厂在 18 世纪中后期的初创阶段，仿制的宜兴紫砂壶

内行。送来的瓷器是韦奇伍德先生最新最精彩的产品，得到大家普遍称赞"。这些瓷器乾隆是否看过，且听后文分解。有人说乾隆就对洋瓷不感兴趣，可能不是事实，举一例。故宫博物院在厦门鼓浪屿办了一个分馆，专门展示清朝时东西洋各国送给清宫的礼物或贡器，有钟表、瓷器、漆器、雕件、纺织品、小玩物等。其中有一个精致的红色木匣，上书"乾隆年制洋瓷五彩碟一对"，这是 1787年法国塞夫勒瓷厂烧的白瓷绘西洋风景的热巧克力杯一对，是传教士带来的礼物，乾隆过目后比较喜欢，所以装匣保存，以备赏玩。有趣的是，2015 年 10 月，成都金沙遗址举办了"法国塞夫勒制造局特展（1740—

乾隆素瓷像，意大利传教士潘廷章，1775 年绘乾隆水彩画像，法国塞夫勒制造局生产。1781 年赠乾隆皇帝，规格为 40.5×14.6×14.2 厘米

2015）"，其中有乾隆素瓷像，这是根据 1775 年供职清宫的意大利传教士潘庭章绘画制作，1781 年还把瓷像赠予乾隆本人。1896 年 7 月（光绪二十二年），李鸿章在访法国结束时，法国富尔总统请他带一对蓝色花瓶给中国皇帝，"名曰'赛法儿'，约高英度五尺，……出自古窑，欧洲瓷器中无上上品也。"法国瓷器如此，华瓷风光何在？

韦奇伍德的几件瓷器，难逃英法联军火烧圆明园时的劫掠，说不定识货者有

把它带回欧洲的。我给讲解说了这些故事，她说有一个辨识方法，韦奇伍德的精美产品，都要注明日期和标识，从底款可以识别 1793 年的产品，或许能在圆明园和故宫中找到幸存者。我看这个主意不错，故宫的文保专家是否可以试一试。由此看出，从韦奇伍德一世开始，这个家族借名人效应的营销手段世代相传。威灵顿公爵，是打败拿破仑的八国元帅，他行军打仗须臾不离的水壶就是新古典主义雕塑家富拉克斯曼设计，韦奇伍德工厂特制的。

来到一个玻板长台前，陈列了数十件半成品，成品纹章、人物像和各种试验品，一本厚厚的红封面精装书放在下面。讲解拿起书说，这本书专门讲韦奇伍德一世时代各种试验的经过、成果。当然，是在发明的专利期结束了才出版的。这里有很多专利证书文件。

在一个角落，墙上一幅很大的黑白照片，是船泊码头，搬运工抬着一桶一桶的瓷器运到船上。地下放着两大一小的三个圆木桶，用四道藤箍，里面放着瓷碗瓷盘，塞着麦秆防碰撞。但是中国瓷器的装运方法是另有窍门。沈德符的《万历野获编》记载，运瓷器有经验的车夫，把器皿中放少许土，散上豆麦种子，"叠数十个，辄牢缚成一片。置之湿地，频洒以水。久之则豆麦生芽。缠绕胶固。试投之荦确之地，不损破者。始以登车"。这样捆扎的方式，车船运达，不会破损。当然，还有长板柜装瓷盘，圆箱装茶具和类似的圆木桶运输等多种形式。

她指着柜上的茶具餐具和一些器皿说，这是你们熟悉的克拉克瓷，她作了扼要介绍，但也有不够准确的地方。中国只要讲外销瓷，基本都要涉及克拉克瓷，还有一种说法，讲马戛尔尼送的瓷器就是克拉克瓷。各述其是，有的概念混淆。

"克拉克"不是船名，而是对一种船类型的称呼，最早源于威尼斯人 15 世纪后期制造的一种三桅或四桅帆船，它的特征是巨大的弧形船尾，船首有巨大的斜桅，体型大稳定性好，载货量可达 250 吨以上，是欧洲史上第一种可作远洋航行的船。以后葡萄牙人仿制改进了这类克拉克船，最早用于亚洲的远洋航行，包括到澳门和日本长崎，每只船各有名字。1603 年，荷兰东印度尼西亚公司在海上俘获一只从澳门返里斯本的葡萄牙克拉克型商船，名叫"圣卡特琳娜号"。船上装有十多万件景德镇青花盘、壶、器皿，也还有被称为"汕头器"的漳州民窑实用器。两类瓷器品质不一样。船上瓷器首次在阿姆斯特丹拍卖，引起轰动，欧洲各国王公贵族竞相出手抢拍，荷兰人获利近 600 万荷兰盾。由于不知道瓷器产地，

韦奇伍德博物馆藏品。1.墙上的语录,著名政治家格莱斯顿说:"韦奇伍德是最伟大的人物之一,在任何时代,任何国家,最伟大的人都致力于把艺术与工业结合起来的重要工作"。2.韦奇伍德的各种实验和专利的著作。3.瓷器外运的包装木桶。4.各个时期做实验的半成品。5、6.中欧风光骨瓷茶具和部分藏品　孙前／摄

就统称为"克拉克瓷"，荷兰语中"kraken"的意思。船上并不是单一品种，而学者研究，能冠以"克拉克瓷"的，必须具备两个条件：产于景德镇的青花瓷；所有器物，必须有或圆或方或扇形的开光，6、8、10 最多 16 个开光不等，分画花卉、动物、田园风光、人物、民俗……在后来外销克拉克瓷中，由欧洲提供各种纹样，绘于开光之内，其中贵族族徽、耶稣会会徽、宗教题材、城市和机构标识众多。随着欧洲瓷器 18 世纪后期逐步兴起，克拉克瓷的外销品愈来愈少，但是这种艺术表现形式保留了下来了。今天只有在博物馆和怀旧书中，才能看到它的辉煌过往。

博物馆布局新颖别致，灯光明亮柔和。最高的圆柱瓷架顶着天棚，分为八层，最低的就放在地上依着玻柜。时间久远的珍贵之物有玻橱玻柜分装，每一种藏品都有简要说明，目力所及都能看到。各门内外，有 1.6 米高茶点架式的塔架，放着各种产品，触手可及。十余对老年夫妇，拿着博物馆的藏品册，边看边翻册页对照，悠然享受着寻宝的乐趣。我们参观 V&A 博物馆数落的缺点，这里全然没有，真是佩服博物馆长的本事。我花 3.99 英镑买了一本藏品册，资料难得。

12　200 年前的精品展区：狄德罗效应

与博物馆相邻，是精品陈列销售大厅。布展的新颖大方，产品的丰富多姿，都远远超过壁画上 1750 年的水平。有一处很大的不同，天棚各处都有摄像头，注视全场。每一套商品都单独陈列，旁边还有打开的礼品盒配套，让人眼馋手馋钱袋馋，我看看价格，可是下不了手。讲解员看着引以为傲的商品，讲了营销大师韦奇伍德的攀附营销心理哲学。他认为，一个人买了一件可意的韦氏茶壶，他就要买同品牌的杯碟、汤匙、渣斗、茶勺，桌布和茶桌，还要买餐具，为了与之协调，他就宁肯换室内设施……为了满足客户需要，新产品源源跟进。这种做法，被 18 世纪法国哲学家丹尼斯·狄德罗的经历描述出来，他的朋友赠送他一件很好的睡袍，穿上后觉得室内陈设土俗不能与之匹配，于是先后全部换掉，有感而发，写了一篇《与旧睡袍别离之后的烦恼》。200 年后，哈佛大学的经济学家朱丽叶·施罗尔在《过度消费的美国人》书中，把上述个案提升为"狄德罗效应"。细想人们今天的购物行为，装饰新房要配套，一块好手表、一副好耳坠、一双好鞋、一

精品屋的各种精美展销品　　孙前／摄

考察团和韦奇伍德瓷厂的接待人员在大厅合影

件好衬衣，都会引起你的配套购物欲望。"狄德罗效应"是名牌大学营销学的经典教案，当然也可以说成"韦奇伍德效应"吧？她笑着询问我们，大家掌声赞同。

她说，这间精品屋的商品不打折，你们午餐的地方也有同类产品卖，可以打折。我们回到大厅，拿出团旗，请讲解把韦奇伍德瓷厂大名签上，赠送小团旗和茶礼，再请总台的三位美女在"韦奇伍德世界"的幕墙前合影，留下珍贵的寻访纪念。这里每人的参观导览费用 15 英镑。我认为，这里不愧是世界顶级瓷器企业。

13　五折茶具——上当了

出大厅穿过草坪 100 米左右，一排风格协调的平房，玻璃墙有一层楼高，之上就是深灰色封板和屋顶，与厂房呼应，这是旅游餐厅，全部长条桌长条凳，这符合西方一人一盘的就餐方式。

有 1/4 的面积是卖场，销售工厂产品。摆设丰富，但是精品屋高大上的产品和包装，这里都没有。我的大脑中，还记着央视记者听高管说的，买有小疵的处理品做纪念。我的选择标准是方便携带，有特色，价格能够接受。看了一圈，给我和妻子各买一套茶具，是一杯一碟一盘的套装圆盒，英式白色骨瓷风格。商品五折价，共花 66.25 英镑，我心中暗忖，太便宜了吧？

午餐每人一份送上桌，适口的英式套餐。2：30 出发，难忘的韦奇伍德。我们下午的目的地是剑桥郡，距离 210 公里。中途，休息几天的老司机上岗，我们对年轻司机心怀不舍，很优秀，同两位司机合影。

5:00 左右到孟席斯剑桥酒店，四星级，房价 1400 元人民币 / 间。放下行李，到酒店附设的高尔夫练习场转悠。一位上年纪的先生，自娱自乐，挥杆打洞，然后拖着小车去下一洞。小冷很礼貌地对先生说，我第一次上高尔夫球场，您能教我一下吗？先生和蔼地讲了推杆要领，让他试试，小方、甘甜当啦啦队。一杆出去，球慢慢滚过洞口，差点进洞，然后再试一杆，偏了。先生说，以后多练习，熟能生巧，当然，要当职业高手，是勤奋加天分啰。甘甜陪着我在草坪散步，交流今天在工厂的观感。

晚餐到东北人开的"天天美食"餐馆，是改良的中国菜，我们还点了几盘东北饺子，很有滋味。

韦奇伍德瓷厂的旅游餐厅瓷器商品卖场

上海市历史博物馆藏韦奇伍德茶杯托

回到房间，我打开买的两盒茶具慢慢品味。甘甜来看了说，这不是韦奇伍德的产品，是皇家阿尔伯特生产的骨瓷。

啊！这怎么可能呢？我马上请小冷来校核，他说甘甜讲的是对的，我愣在那里了！韦奇伍德工厂的专卖店，怎么冒出这个品牌？不是韦奇伍德的产品，我买它干什么，还要天远地远小心翼翼地拎回成都！

小冷马上帮我网上查询，结果出人意料：2015 年 7 月，经营严重亏损的韦奇伍德和皇家阿尔伯特两家品牌，被芬兰菲斯卡（Fiskars）集团收购，它 1649 年创建于芬兰一个铁工坊镇，逐步发展到旗下拥有许多全球知名品牌的大企业，员工超过 9000 人，分布 30 多个国家。一个 1896 年在英国创立的骨瓷品牌企业，1901 年被爱德华七世授权作为御用瓷，使用皇家阿尔伯特的名称，现在也归于芬兰公司旗下。哎，千不怪万不怪，只怪自己不识外国字，盒子上写的皇家阿尔伯特（ROYAL ALBERT），我一根筋不转弯，怎么也不会想到在这里冒出另外的产品。但是，让我解开了一个疑惑，以我看工厂的管理、生产的精细程度，成本不低，怎么可能打五折销售，这些产品是菲律宾等东南亚国家的代工产品吧？不能怪《大国崛起》书的误导，他们是 2006 年底播出的，离这家企业被收购早了十年。如果我知道卖场有多家品牌，就会点名买韦氏产品了。现在只有回成都喝茶时，教育下一代好好学习外语，睁眼瞎的例子太生动了。我看有书介绍，上海市历史博物馆收藏有韦氏的茶具和仿青花咖啡壶奶罐，并且韦奇伍德瓷厂已在中国开了 20 余家销售店，但愿如此。以我之见，韦氏产品值得收藏，虽然贵一些。可是我给朋友进一言，认准品牌再下手，不要重犯我的低级错误。

晚上写完日记，发出两组工厂参观图片，安然入睡。今天收获很大，吃一堑长一智，这种傻事，不会犯第二次了。

附记：景德镇 pk 韦奇伍德（1—7 的故事）

1. 仅存的最大瓷业国企

看了韦奇伍德瓷厂，对于我来说，必须到景德镇进行全方位考察，否则咽不下那口气，千年瓷都不如韦奇伍德？

2017 年 6 月 19—23 日，景德镇陶瓷学院美术系的高材生李清（1991 年毕业，重庆市万州人）我的同乡老友，相约景德镇行。有他导览和讲解，就方便多了。

6 月 19 日中午飞抵景德镇，李清的同学李肖宵、王芳夫妻开车到机场接，住一位瓷友开的青源别院小客栈，瓷器氛围很浓。下午，他有业务处理，我就快读有关景德镇的书。介绍这里的书汗牛充栋，我选与考察相关的历史简述。

历史上，陶与瓷是两回事。司马光说过，陶器之坚致者为瓷。浙江上虞小仙坛瓷窑遗址证明，至迟在东汉，瓷器技术在中国已达相当水平。唐初，这里是江西饶州管辖下的一个县。唐天宝元年（742 年），玄宗下诏，将新昌县更名为"浮梁"县，取其境水多树多的特征。宋真宗景德元年（1004 年），因昌南镇（唐武德四年得名）瓷器深得真宗喜爱，就把自己的年号"景德"赐为镇名，由此以千年瓷镇名扬天下。元代贞元年（1295 年），浮梁县升为州。到明代，朝廷直接在景德镇设厂监管。清代，由于外销瓷的发展，名扬四海。这里被称为有 2000 年的冶陶史，1000 多年的官窑史，600 多年的御窑史，"工匠八方来，器成天下走"是它的特点。清代督陶官唐英，1743 年奉乾隆旨编绘的《陶冶图说》，把制瓷工艺用 24 图绘出来，方便传承，殊不知，此图流布欧洲，弥补了殷弘绪纯文字描述的不足，成为仿制华瓷的指南。

6 月 20 日（星期二），早餐后李清带我步行几百米，到他同学施蒂教授的三层独栋工作室拜访。他给我们沏茶的四副青花瓷盏碟，有陈旧厚重之感，我好奇地翻看底款，是外文。他说这是80年代景德镇为瑞典宜家生产的外销瓷，是从地摊上淘的，已经用了20余年。见我喜欢，马上用纸包好，送我一

景德镇陶瓷大学施蒂教授，赠80年代外销瑞典青花瓷茶盏碟（李清，右）　2017.6.20　景德镇

盏一碟，真是意外惊喜，我为外销瓷而来，开门大吉。我说明来意，希望参观景德镇排名前三位的大型国企，也希望考察明清以来外销瓷的情况。施教授说，现在景德镇已经没有外销瓷的生产和销售了，至于有艺术家在国外办展后销售展品，不在此列。改革开放前，景德镇最红火时，有十多家国有陶瓷企业，建国、人民、艺术、宇宙、东风、光明、景兴、红星、为民、红旗……现在仅剩一家，以"国瓷·红叶"品牌命名。

　　施教授开车把我们送到"景德镇陶瓷股份有限公司"，还有一块牌子叫"景德镇红叶陶瓷股份有限公司"，这是硕果仅存的一家国企瓷厂。肖霄、王芳夫妇也来了，他们要同工厂谈业务，王芳安排专职讲解员小唐给我导览。

　　我们先看企业的精品陈列室，这是历史佳作的收藏，约300平方米的一个房

景德镇红叶陶瓷公司精品展示厅

间。墙上嵌着长长的三层水波纹状的黄色木板，陈列中小型茶具、花瓶。中间几张大圆桌放着各式配套餐具。几个玻柜，展架，黑和黄的方墩陈放着瓶罐茶具餐具。这里有数十件一套的青花餐具、黄色如意餐具、中南海用瓷餐具，还有几件送外国的国礼瓷。陈列室是 80 年代的装饰水平，顶棚的日光灯和小射灯，昏昏的照明，掩煞了瓷器的光辉和色彩。平铺直叙的展厅，缺乏时代感。

　　来到窑炉车间。各式胚件放在九层高的铁架推车上，顺着铁轨送到电窑炉门口，再推进窑里。铁架车由笨重的铁轮托着，上面是三层耐火砖，再上面是角铁架，放着盘、杯、碗，托架部分锈痕斑斑。也有六层架的推车。一只小狗跟着一位女士在车间转悠，我举起相机，它跑开了。没有任何人驱赶它，看来它是车间的常客，人们熟视无睹。

　　我们来到相当韦奇伍德的工匠区，几位女士在给白胎大花瓶绘花鸟图案，年龄在 40 岁左右。一张 2.5 米的长方木桌，两人对坐，每人一盏落地聚光台灯，桌上放着颜料、墨、调色盘、洗笔钵、插线板，喝茶的保温杯。绘画笔散乱摆放着。花瓶放桌上，工匠的工作空间显得狭窄。每人一张高靠背木椅，颇有岁月了。桌旁的通道放着矮木架，上置待绘彩的几种胎件。如果人要进出，必须侧身而过。

　　来到二楼，我点名要看移花贴绘法。小唐带我到连片的工作区，两人一张很大的工作台，放着碗或杯子的素胎件，一大摞方纸上贴着各式花卉纹样，女工手脚麻利地揭下纹样，贴在杯碗上，再送窑低温烧烘，纹样就固化在瓷器上了，这是效率最高的车间。王芳也来了，给我讲解技术要领，车间大而空旷，不能用整洁来形容。

景德镇红叶陶瓷公司与韦奇伍德瓷厂的入窑推车

2.匠人段王爷：九段烧

回住处午餐休息。3：00，在景德镇被称为"九段烧"和"段王爷"的段镇民大师，派车来接我去他的公司。我和段大师相识于2010年4月15日，当时四川有名的花秋茶业董事长喻长根，在邛崃市的"天下第一圃"举行"王者之香"特款兰花茶的封坛仪式，朱自振、何菊芬夫妇（南京），范增平（台湾）、江用文、孙状云、冯卫英（杭州）、段镇民（景德镇），王云、司徒华、孙前、张京、王艳桃、李敏（四川）等出席。在中国茶界，认识上述人员的，就知道封坛活动的档次了。6月6日举行开坛活动，然后封装在法国设计师制作的茶道旅行箱，内装孔子赏兰图茶叶罐（一件）、暗八仙纹盖碗（一副）、甜白釉僧帽壶公道杯（一件）、青衣品茗杯（四只），全部是段大师设计制作，限量发行，每套26800元，由中国茶叶博物馆馆长王建荣签发编号的收藏证，轰动一时。这样，我们交上朋友，对他的人品才艺印象深刻。

车在陶溪川中心区的九段本因房停下，段大师等着我。几年不见，清癯淡然之风不变，一件白色粗布的中式对襟上衣，大裤脚的蓝色下装，几分道家仙风。他的范围约20亩地，在开发区名园坊内，两层楼的办公科研区，底层是中式建筑的玻璃廊房，其余全是园林，间以日式石英砂道。他带我看科研部的3D打印

2010年4月15日，四川邛崃市"天下第一圃""王者之香"兰花茶封坛仪式
王艳桃、朱自振、范增平、孙前、江用文、段镇民、王云、喻长根（右起）

机制陶，微波气窑，微波烘箱机，以及一些新的研制项目，这里有 50 多位才华横溢的年轻人，他们要做出高大上的新品。

　　来到九段的陈列展厅，几百米的面积，黑白二色，地板、桌柜墙、天棚是铁灰黑，玻柜瓷器和射灯是白色，玻窗外是绿色庭园。展品按系列陈设，有"心经系列"的妙手禅心，"粉彩系列"的妙手丹青，"单色釉系列"的妙手燔功，"青花系列"的妙手青花，还有普通款的镇民恪制，几种高档新品银星釉、九段蓝描金、道家八宝也都陈列其中。段大师被称为景德镇的"样版段"，朋友心存敬畏地谑他，说他新产品的速度，可与互联网比高下。传统的制瓷业，从构思到出样，一般需要 10～15 天，他只要 3～5 个小时。九段的产品，从数十万元，到万、千、百元，直到 30 元的延年益寿斗笠杯都有。所看所思，九段与韦奇伍德相距两个半世纪，互不相识，但是他们成为大师的做派，何其相似！

　　段大师从展厅的一个柜子里，取出两个精致小盒，内有一黑一蓝两个中号茶盏，他指着黑盏外壁的金粉小楷说，这是 2015 年 12 月 8 日，11 世班禅坐床 20 年的纪念品，著名书法家沐浴净手书"无量渡世歌"。另一盏是新品，独创的深蓝盏，送给你作纪念。如此珍贵，大出意料，不敢收受。他说，我在四川听到很多人谈你为官为民的事，也看到你退休之后还在为茶文化奔忙，深深敬佩，两个茶具，老朋友做个纪念吧。却之不恭，愧领于心。

景德镇陶溪川本因房段镇民大师工作区

晚餐在段大师的本因房陶瓷文化主题餐饮体验店，营业面积 1000 多平方米，主营传统窑工菜和川菜。在玻璃墙围着的陶瓷演艺厅，年轻的工匠捏泥、拉坯、上釉，客人也可以参与。做的素坯写上字，放进微波气窑，前后两个多小时，餐毕就可以带回家。大师的助手小高拿来一个素盏，我写上"熊猫喝茶：孙前 2017.6.20 九段烧制"，看着浸釉，入窑，真是愉快的体验。大师拿出两本《瓷上中国》、胡平先生写景德镇的书，其中专门一篇写段先生的经历成就。他题"瓷都雅聚，书赠孙老师，段镇民于九段本因 .2017.6.20"相赠。另一本送一个小时前来的茶人刘洋姑娘，她是著名茶文化学者余悦教授（江西省社科院）的弟子，余先生昨天去西安，就让刘洋陪我明天去寻访高岭矿遗址。餐厅坐得满满的，口福眼福都有了。拿着出窑小盏，九段带我们围着本因房的街道转一圈。他说，这里原来是宇宙瓷厂的核心区，以后转制，市政府统一规划，改造成集工业遗产、传统时尚、艺术科技、旅游餐饮于一体的文创街区，效果还不错，这样晚了，游客还不少。据统计，景德镇聚集了三万多名"景漂"艺术家，1500 余名"景归"人才，国际瓷都的形象和气质，愈益厚重。夜景灯光妩媚，建筑传统与现代结合，千年瓷都，青春焕发。

3. 钻进高岭土矿区

21 号上午 9：30，刘洋约了两位茶姐姐余秋明、吴萍来接我同去高岭村。原还想去看浮梁茶山，因为下雨，去不了啦。

车行约 40 公里，到"国家级风景名胜区：高岭·瑶里"牌坊前停下。一个黑瘦的年轻人，撑着伞等我们。刘洋介绍，这是茶农潘齐顺，本地人，对矿山很熟，因为连续下雨游道受损，景区不开放。潘老师带我们转，保证孙老师满意。我对潘老师说，我要看原汁原味的高岭土矿点，这里最久远最有名的地方，请都带我看看，走路登山不是问题。游山道都是石板路，一米宽，湿滑，有塌陷处。各古迹遗址都有中英文告示牌。

小潘来到猪油洞矿坑，牌子介绍，这是山上最好的高岭土矿坑，洁白细腻如猪油。他钻进洞，抠了一点给我，用指头一揉，果然像猪油。我也要钻洞看看，他用手机照明，钻进去两米深，乱岩嶙峋，从石缝里捏了一点猪油白，这是我首次在高岭矿洞探矿。我问小潘，这种成矿条件怎么开采？他说，这是几十年前已

景德镇高岭村矿洞和水
碓房　2017.6.21 摄
清代外销画《制瓷》
(1770—1790 年绘)中"利
用水力击碎瓷石"
V&A 收藏

挖空垮塌的废坑。高岭矿带同岩石脉线一致，它不像煤矿那样好开采。在 17—
18 世纪，外来的汪、何、冯、胡 4 家大槽把持开采，最大的采矿区直径 500 米，
深 50 米，采完后就废弃了，另外再找新矿。小道旁有淘洗池，如同一把铲子形，
柄端小池用水淘洗矿土剔除杂质，然后进入长方大池沉淀，再浓缩，都在凸形池
内完成。另一处流水引渠冲击着一个木转筒，连着一个木制曲臂，固定一个冲击
石碓，上下击打地上的窝坑，把矿石砸碎后放进淘洗池。这里搭了间四面透风的

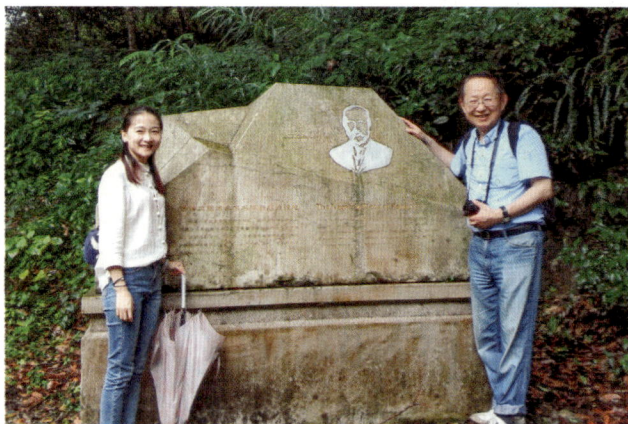

景德镇高岭村矿山景区，李希霍芬为高岭土命名纪念碑。作者、茶人刘洋　潘齐顺／摄

瓦屋，遮着水车和碓房，可以作矿工休息避雨之用。在一座石桥旁，有一间"高岭水口庵"，门上贴红纸对联，祈哪位神仙保佑找矿顺利，开矿平安。又钻了两三处矿洞，都是浅浅的。

作了这番田野考察，我的判断是，这一片山，海拔高差在 100 ～ 200 米之间，遍山乱石峥嵘，矿藏在乱石缝中，开采不易。山上土层不厚，长着杂树野草。这些树，应该是封矿以后这几十年长的。在一块小平地上，用水泥塑了一个岩石状的纪念碑，"高岭土国际学术命名策源地"，有两米多长，中英文镌字，还有命名者德国地理学家李希霍芬的半身线刻像和简单文字说明。

来景德镇之前，我读过刚出版的《李希霍芬中国旅行日记》，其中详细叙述了他的景德镇之行。1869 年 10 月 13—14 日，他到景德镇考察。原来想去高岭村，"因为高岭村的名声很大，我本来想去看看的，但是需要三天时间，而且现在高岭的价值早就被祁门超越了。""我本想预定一套标有中文名字和产地的当地各种瓷土、颜料还有釉料的标本，但是被告知，必须得到一位官员的许可才行，而他现在不在，要五天后才回来"，"据我所知，其他人也没能搞到这样的标本，所有的努力都是徒劳"。直到 1873 年维也纳世博会，有人拿到了完整的景德镇瓷器颜料的资料。我在景德镇找到了五种土样，也包括祁门的。在离开浮梁 15 里的地方，有一处水力捣碎设备，周围的矿石运到这里捣砸，然后制成厚一寸，边长三寸的正方形石块，它包括余干县的矿石也运过来。每一块盖一个证明身份的印章，专供御窑做瓷器，皇家派有官员监守，"我试图拿钱贿赂他，好得到其中一块，但被他拒绝了。

后来他只是把石块上的印章刮掉，让我如愿以偿了。"从日记中看出，除殷弘绪以外，欧洲著名科学家和传教士登彻莱斯、莫理循……，为解开瓷器秘密，前赴后继来到景德镇。李希霍芬先把高岭土样本寄回德国，待他回去后对样本定名为"高岭土"，据说这是世界上第一种以中国原产地为通用名称的矿物，由此世界通晓。当然他知道高岭村的名气很大，这是 1712 年殷弘绪写信介绍的功劳。

下山来到售票口，关门无人。一块大岩石上刻着"高岭国家矿山公园"，是国土资源部颁发命名。旁边一个异型石碑刻"陶瓷圣土"四字，墙上镶瓷浮雕壁画，描述本地从挖矿土直到瓷器售出的连环画图说。

坐车来到东埠码头，东河把古镇一分为二，一边是码头，一边是古镇，一座古老的平石桥连接两岸。制成砖一样长方块的高岭土，被运到这里的几处码头，装上鲁迅写的乌篷船状的小木船，运往景德镇，最多每天有 100 多只船运输，长年不断。由于水浅这里不能航行大船。小潘带我跨过平桥走进东埠古镇，这里与瑶里一样，曾经是皖浙赣边境大米、茶叶、木材、油茶的集散地。古街的路石闪烁亮光，这是足痕和车辙的记忆，道宽两米，老屋栉比，都没有开门。街口一处小小的陈列馆，图文并茂介绍李希霍芬和中欧瓷器交流。有多种矿样、工具，还有一只装高岭土砖的小篷船，小而简明的陈列，讨人喜欢。

此条老街的外侧，邻河的堤上，长长的一排风雨廊，临河有美人靠，供人休息避风雨。十多位老人依此聊天。小潘带我看廊内一块古碑，是乾隆四十五年（1780年）8 月 21 日，当地官府刻制《东埠街码头磁土装运告示》，裁定当地几个豪强霸占河运，不允许婺源船参加运输为犯规，必须取消垄断，开放边运，刻石为诚。我照下这块 1.8×1 米的石碑，这是 200 多年前反对垄断必须开放的见证。

中午在瑶里的一个特色农家乐餐，瑶里旅游局局长吴镇来见，潘齐顺赠一包自制浮梁红茶，希望我提意见。对这位勤恳踏实的茶人朋友，我留下了好印象。

吴萍建议我到景德镇市内看看 600 年历史的"琢器作坊"，我当然很有兴趣。推开斑驳陈旧的大门，一个大院落，以阅尽沧苍的资历展现在眼前。左侧一排高敞的瓦房贯通全院，1.8 米以上的空间，架了好几排木板，用于晾小型瓷胎器。好几张厚木的工作台，放着各种颜料碗。几个 1.6 米高的大花瓶胚件放地上，工匠在上面着画。各桌上的器物不同。一位老匠人在工作，旁边一个戴红领巾的小男孩在捏泥团，可能是他孙子吧。我同先生聊天，他说这里原来是建国瓷厂成型

2 车间，现在是国家级非遗保留地，2013 年列为明清窑作营造技艺长廊，原汁原味，供游客参观。旁边有徐家窑的老柴窑，不定期用柴烧制这里的产品，效果同电炉气炉窑不一样。院内一口古井，还有淘洗沉积池、大水缸、晾架。院子另一侧是库房，堆放着高岭土砖和釉果，有两个人工踩踏的碓冲机，粉碎砖果。环顾全院，是古老历史的真实存在，到景德镇的必看之地。

晚餐品尝小馆的特色菜。返青源别院，同在这里开瓷品店的李栩（四川南充人，陶瓷学院研究生）聊天，了解他作为川人"景漂"的感觉。

4. 官场"戒石铭"

6 月 22 日上午 9 ∶ 30，刘洋夫妇开车陪我去看十公里外的浮梁古县衙。从停车场到衙门口的数百米行道的中间，是用青花瓷烧成的浮梁历史，图文并茂，很是壮观。县衙门口的讲解员说，原址占地 100 亩，房屋 300 余间，比一般县衙大得多，官秩五品。在中国，县官皆七品，此地为何五品，官衙也大得多？今天得解，是元明清以降，景德镇官窑和外销瓷兴盛，朝廷派有督陶官常驻，所以按五秩封官。再加上赋税丰盈，衙门修大点，情理之中。这里按县衙古制，吏户礼兵刑工六房，茶税、盐税、矿税房，大堂、二堂、三堂和后花园一应俱全，这是了解县衙古制的活教材。

我对其中一处"天语亭"的石碑很有兴趣，它与 1000 多年前在四川称帝的后蜀孟知祥和儿子孟昶有关。石碑上刻"尔禄尔俸，民脂民膏。下民易虐，上天难欺"，这 16 个字有其缘由。公元 934 年，蜀王孟知祥在成都称帝，史称后蜀。他给患难打天下的文臣武将予诸多优厚待遇。很多人不思进取，搜刮民脂民膏，引发怒怨。孟昶继位后很看不惯，但是不忍重处先臣，就在 941 年撰《颁令箴》予以劝诫，共 24 句，收到一定效果。以后孟昶亦骄奢无度，为宋太祖所灭。鉴于这些教训，983 年，宋太宗取 24 句中的 4 句 16 字，刻《戒石铭》诏告天下，为后世官场箴规，浮梁石亭为证。

5. 浮梁县：白居易的栖身处

遗址区域内专为白居易辟一精致小院《香山别墅》，他晚年自号香山居士，以此设名。小花园中，三位等身瓷器烧制的茶女在布茶迎客。四合院陈设典雅，有对白居易经历诗文的详细介绍,尤其对《琵琶行》作为重点。多数茶人都知道,"商人重利轻别离,前月浮梁买茶去" 这个名句,可是很少考究白居易同浮梁的关系。他的哥哥任浮梁主簿多年,白氏少时家贫,来此投兄。以后也来过多次。兄逝时,他专写《祭浮梁大兄文》,跪拜祭奠。浮梁于白居易有恩,建小院缅怀,成千古旅游文章。

6. 中国陶瓷博物馆

我们回到市内,参观 "中国陶瓷博物馆"。刘洋为了方便我做深入了解,专门请了一位在奥地利留学的博士刘涵宇,他是景德镇陶瓷大学的毕业生,所以专业能力很强。他讲,现在公认的烧瓷的高温临界点是 1260 度,而《欧洲瓷器史》讲的温度要高 90 度,谁对呢?博物馆外形设计很有特点,馆内也高大宽敞,但是布局、文字、展品显得不足,尤其让我失望的是,这里没有红火三个世纪的外销瓷,没有宋元明清沉船的外销瓷拍卖品。

有详细的明清督陶官名录。历史上景德镇的制瓷是分工合作的行业,分为瓷土业,匣钵业、烧窑业(柴窑和槎窑)、制瓷业(圆器、琢器两类)、彩瓷业、看色业、包装业、运输业和其他配套业,民国时有 8 业 36 行。坯用原料是瓷石、高岭土两大类;釉用原料是釉果、釉灰两类。这极多的专业知识,未经基础训练者是看不懂的。景德镇的产品要走出去,必须靠面向海内外的强大商帮的推动,如广帮(广东广西、南洋、美国),桐城帮(广东、新加坡、欧洲),宁绍帮(上海、浙江、欧洲),古南帮(南京、汉口),粮帮(北平)、湖南帮、川湖帮、关东帮(东三省)……数十个强大的商帮,使景德镇瓷行天下。

我对馆中的三项内容极感兴趣。一是 "7501" 瓷器;二是为英国伊丽莎白公主结婚时的贺喜瓷;三是做瓷工艺 72 道工序的雕塑。

[英女王伊丽莎白二世结婚照]

[民国政府赠送伊丽莎白二世结婚礼物——景德镇粉彩双龙戏珠纹餐具]

1947 年 11 月 20 日,伊丽莎白公主和菲利普亲王在伦敦威斯敏斯特大教堂结婚。作为二次大战的盟友国,民国政府安排江西陶校校长江瑞,设计制作了一套二龙抢宝的茶具囍瓷

中国陶瓷博物馆资料

所谓"7501"，是指1975年1月，中央办公厅下达给设在江西的轻工部陶瓷工业科学研究所的一项秘密任务，要为毛主席生产一套生活用瓷，包括碗、茶杯、碟子、醋瓶等。研究所组织了40多位顶尖高手，包括汪桂英、洪国忠、王锡良、戴荣华等人，选定两个方案，釉下红梅和釉上水点桃花，因为毛主席喜欢这两种花并写过诗词。据说从十多吨上等瓷料中选出1.2吨制成，要求每一个加盖，主席餐饮无定时，盖上保温。制好后发送北京千余件，剩的部分在江西存库，以备补充损耗。1982年春节，研究所把封存部分器型较小的"7501"瓷发给职工作福利，由此流入社会。先知先觉的收藏者以低价收购或票证兑换，现在涨价千万倍。我曾在一个藏家朋友那里见过一只"7501"瓷碗，灯光下晶莹玉润，透穿两壁，桃花媚艳动人。

我认为，这是某些藏家编撰"天衣无缝"的故事。毛主席晚年仍然穿补丁睡衣，以他的博学，不知道御窑瓷的成本是多少吗？那是"文革"后期的佞妄之徒，别出心裁的歪点子，而非毛主席的意愿。再说，一套生活用瓷，了不起几十件吧？已是80高龄的人了，准备三五套足矣，生产几千件，疯了吗？这是为"7501"瓷收藏家留的伏笔，把仿品冒充正品，骗人卖高价而已。博物馆的资料记其事，但是没有讲生产数量。用"戒石铭"的话说，"民脂民膏，上天难欺"，杜撰让伟人蒙尘的歪道，大不该。

墙上一张大图，由三张照片组成：1947年，英国伊丽莎白公主（1952年父亲乔治六世逝，她即位，称伊丽莎白二世）和菲利普亲王的结婚照；中国政府送的一套特制致囍瓷器；完成这项任务的汪瑶先生照片。中英是抗击法西斯的盟友，公主大婚，民国政府下令江西陶校校长汪瑶（1908—1990），特制一套囍礼瓷。照片只显示了部分瓷器，有茶杯、碟、盘三器，风格一致，由"囍"字和二龙抢宝图案组成，红黄二色，欢快热烈，这是中国文化的大囍和至高档位的礼物，非皇室不能用此图案。我没在任何资料中见此史料，这应该是中英交往的宝典。

在数十米长的展厅廊道，邻玻璃窗，72位铜塑瓷工，按72道不同工序，活灵活现地站在一个个立架上，像约一米高，气场强大，展示千年技艺。

7.宁钢大师贺瓷在白金汉宫

4:30，刘洋小两口把我送到景德镇陶瓷大学科技艺术学院，就此告别。李清陪我转校园，这是他的母校，在几个特别之处照相，讲述他特立独行的校园经历。龚晓芸教授是李清的同学，约我们去三宝路艺术餐馆。今晚沾李清的光，副校长宁钢（后为校长、国家级陶瓷艺术大师）和夫人张晓晖教授请吃饭，还有几位师友。宁教授在国际陶瓷界是大名鼎鼎的艺术家，也是李清的授业师，李对他很尊重。李清现在是四川省工艺美术行业协会副理事长、省级工艺美术大师，常驻成都蒲江县的"明月国际陶艺村"，是技术和品牌的顶梁柱。他希望宁校长给明月村授牌，作为景德镇陶瓷大学的实习基地，这有利于支持当地的发展。看得出来，宁校长对李清很信任，爽朗应允。

校长问及我此行目的，其中谈到在英国遇女王 90 大寿的事，他眼睛一亮，抛出一件绝活。他说，2012 年，国家相关部门通知，翌年 6 月 2 日，是英国伊丽莎白二世女王登基 60 年，请宁钢大师制作两件瓷器，作为国礼相赠。经巧妙构思，精心制作，2013 年 5 月 30 日，礼品送到白金汉宫，花瓶取名"祥和"，另一件叫"仙鹤盘"。

哈哈，对我来说，这真是意外的喜讯。我立即问，有照片可以给我看看吗？晓晖教授从手机中翻出照片。这是一只黄色为底的花瓶，高 47 厘米，直径 27 厘米。一只五爪绿色巨龙，穿出云层，昂首向天腾越，大张嘴，红舌长伸，双目圆瞪，占据了主体画面；瓶底，一只回首的丹顶鹤，一束六蕾待开的荷花，浮在水面，很有气势和神韵。我暗想，宁校长真是讲政治的艺术家，国之相交，祥和为基础；

中国陶瓷大学校长宁钢，2013 年 5 月 30 日为伊丽莎白二世女王登基 60 年，特制"祥和"花瓶致贺　李清、宁钢、作者、赵奇志（左起）

中华民族的腾起，势不可挡！这与 1947 年送女王囍瓷的二龙抢宝，可能同出一理，相距近 70 年，都让英国王室不要忘记，龙的民族，一定崛起！

晚餐后，我们到"宁钢艺术博物馆"参观。底层是宁教授的 100 件精品，二楼是水彩画作品，三楼是河南禹州、福建德化、湖南醴陵的大师作品，这是群英聚会展。看宁教授作品，让我为之一震，我看艺术考古展，很难有这种感觉。专家评论，他是学院派代表，潇洒率性的釉色变化，稚拙朴实的粉彩装饰，不拘一格的器型设计，中学为底西学为用的巧妙结合，构成独特的艺术语言和风貌。同韦奇伍德博物馆的藏品相比，这里可用浑然大气，巧夺天工来形容，这是千年瓷都的厚积喷发之作。

6 月 23 日，早餐后李栩来送别，赠一款自制"芙蓉初上"异型小盏，以纪念这几天的交流。李清因为有事要晚几天回成都，他告诉我一个好消息，宁校长同意给明月村挂"景德镇陶瓷大学教学实践基地"和"研究生院教学实践基地"两块牌子，真是值得高兴。10：00，九段大师派小李开宝马车，送我去南昌机场返成都。

五天景德镇之行后，把我不加修饰地叙述在韦奇伍德和景德镇国有企业的所见所闻相比，央视记者 2005 年感到蒙羞的尴尬，我觉得没有委屈之处。二者之间的差距，应在两三个档次之上。如果说在仿制韦氏产品，可能有点冤枉，当然也不排除有小作坊会仿制。对景德镇而言，压力是巨大的。2004 年，潮州陶瓷工业产值 160 亿元远超景德镇，中国轻工联合会和陶瓷工业协会把"中国瓷都"的称号授予潮州，连同佛山、德化、醴陵、淄博，成为国内瓷业翘楚。五年后，国务院颁第二批 32 个资源枯竭型城市名单，景德镇位列其中。怎么走出恶性循环？以我所见段镇民这类工匠的思路和业绩，宁钢教授这类专家的艺术创新，数万"景漂""景归"的汇聚，景德镇陶瓷大学人才的不断涌现、政府的强力扶持、千年瓷都熔炼的新产品，必将浴火重生引领世界。景德镇之行，所学甚多，让我看到了中国陶瓷产业的明天。[1]

---

1 2018 年 2 月 27 日晚 9：00，段镇民大师心脏病突发逝，享年 62 岁。我以上述文字，缅怀我们的情谊。

2016 年 4 月 22 日　　星期五　　晴

Part　11

剑桥国王学院　　康河康桥
诺维奇城堡博物馆与艺术展馆
诺维奇足球俱乐部

▶　提　要

1　国王学院与午后茶时漫谈制

早上9：00出发，前往剑桥郡的剑桥大学国王学院。大学成立于1209年，至今有35所学院，3个女子学院，其中国王学院和三一学院为中国人所熟悉。这是一处10万人的小镇，学生有1.9万人，其中的中国留学生近1200人。大学在全世界500强大学中排名第四，培养出牛顿、培根、达尔文、凯恩斯，拜伦、罗素、霍金等科学家和名人，走出了92位诺贝尔奖得主，以及八位英国首相。牛顿被三一学院的苹果树砸开脑洞，写出牛顿定律，世界各地的家长带着孩子和苹果来到树下，让孩子趴在树下，把苹果从树上掉下砸在孩子身上，想沾牛顿的灵气，加持他的智慧，让孩子也成为科学家。这棵树已经不长苹果了，如果说还长苹果，哪里还轮得到后来者采摘呀？

对于中国茶人来说，剑桥大学卡文迪实验室（成立于1871年）的"午后茶时漫谈制"很有名气。每天的下午茶时间，实验室的科学家、研究人员和实习生，不分年龄资历和专业，大家聚在一起，品茗自由交流，在轻松中进行思想火花碰撞，常常各有所获。至今，实验室培养出25位诺贝尔奖获得者，上百位皇家学会会员，数以千计的著名物理学教授。这种风气，在英国大学广为流行。康有为1904年到剑桥大学考察时，记下一桩学生与茶相关的趣事，"新学生入学时，按礼不能自往见旧学生，旧学生先来则可，惟至第二学期则可任意。同校生新来者，旧生必先请酒，而后新生乃敢请之。若请茶则新旧皆可。先后同校者，月必请茶，其礼仪繁复迂构，甚似吾国翰林衙门焉。"这样看来，繁复的茶礼，也有累赘之处。

最早把牛津、剑桥两所大学介绍给中国的，是享有"西方孔子"称誉的意大利耶稣会士艾儒略（1582—1649），他于1623年在杭州刊印的《职方外纪》，讲英格兰、苏格兰、威尔士"地方广大，分为三道，共学二所（牛津、剑桥），共三十院"。当时大明王朝的士人，是不会关注这些远夷学校的。

下了车，我们顺着一条四米宽的老街来到国王学院的大门口。剑桥是剑桥郡的首府，世界著名大学城。这里的一条河叫剑河，因为河上建了很多桥梁，所以

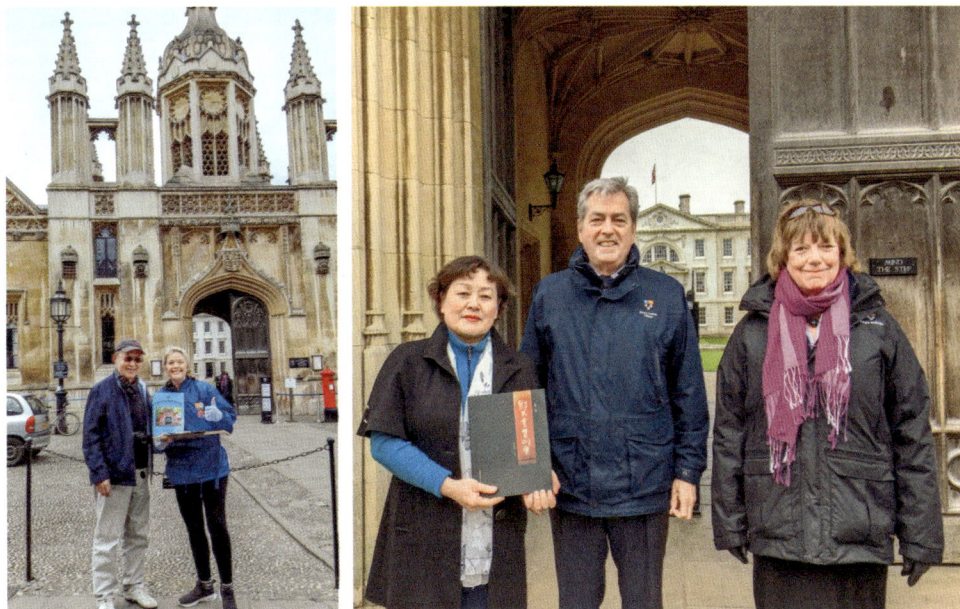

剑桥大学国王学院。邓存琚给图书馆赠《邓德业篆刻集》（中英文版）

城市被命名为剑桥，也曾经被称为康桥，该河还有一俗称为康河。

　　我们是预约上午参观国王学院，门票每人七英镑。因为正在考试，就不能参观了，票款退回。网上可以任意查看国王学院的大门图片，我就不描述了。但是有两点让我印象深刻，约四层楼高的大理石校门，已泛微黄，这是 800 年的岁月磋磨；那两扇高大的木门，如同百岁老人脸上的皱纹，可能装上去以后就没有换过。小冷甘甜陪邓老师到大门口，讲明要给图书馆赠邓德业大师的英文版印拓集，这是中英文化交流的好事。门卫就电话通知图书馆的负责人到大门口，接过邓老师的珍贵礼物，合影留念。大门的墙上和门旁，零散地镶着告示和贴着各种预告，包括自行车和狗不能入内，请勿吸烟，今天考试不参观等，率性而为。

2　游康河引出徐志摩

　　节约了参观的时间，决定坐小船游览康河，细看各种康桥。校门口好几位年轻的男女拿着图片，在揽游船生意，每人十英镑，50 分钟。小冷去办理，我们

剑桥的网球场和绿茵地。方便锁自行车的栏杆

就逛校门对边的小商店。有照相器材、学习用品，也有小小的超市卖食品烟酒。紧邻的 1.5 米高的铁栏，围着校园的大片草坪，疏落地种着十余颗大树，绽放新芽，远处是一大片网球场。《采访手记》的记者说，只有 45 岁以上的教授，才能在草坪上散步，否则就只有沿小道而行。铁栏上锁着几辆自行车，不给小人提供方便。我就想到中国遍街的摩拜自行车，真方便了不少。团友们在国王学院前展开团旗合影，不约而同地说了一句话，我们不能读剑桥了，让儿孙辈努力吧。

全团 17 人分坐三只木船，每船一位持长杆的年轻船工，杆有金属、木、竹几种，长 3.5 米左右。河宽约 30 米，深 1.5 米的样子。没有码头，船沿堤停着，有坐四、六、八、十人不等的大小船只。

售票的女生告诉我们，撑船的年轻驾手全部是剑桥的学生，这是他们勤工俭学的方式，非本校学生，不能在这里驾船。团友们耳语叹曰，这些学子，在任何国家都是学霸级的，拿出时间驾船，一定是家境不裕的，为父母分忧。看着他们熟悉的动作，和蔼的微笑，让人心生敬意。为我们几个小团友驾船的，是一位非洲裔的瘦高小伙子。我们都敬称他们驾长。

碧水无波，三船首尾相接，缓缓而行。河堤仅高出水面 30 厘米。沿堤主要是草坡，很少的柳树已垂新絮，还有不多的杂树也发芽了。沿堤有一些两至三层的红砖老房，不知道是作什么用的，但有些房子，是桥头风雨廊的作用，桥的一端就扎在房内。沿河相距 300 米左右，就有一座桥，有单孔、三孔、多孔和风雨廊桥，用木材、石料或钢材建成，造型无一重复。在草坡以远的建筑，驾长介绍是三一学院、国王学院、约翰教堂、图书馆……

突然听到河面传来激昂的叫声，寻声看去，不远处几只绿颈肥鸭带着几只小鸭在河中，其中三只大鸭拍打水面向岸边扑去，河面一只刚下水的大灰鸭，立即折身爬上岸，不服气地瞅着三只肥鸭，似乎在说，三打一，算什么好汉！三只肥鸭又向小

团友们游剑桥大学的康河。学霸是驾长

鸭游去。大家看着这喧嚣的场面，终于明白，把入侵势力范围的来犯者赶出去。剑桥让我们看到，竞争无处不在。

前面就是叹息桥，这是康河上 1831 年建成的上中下三层石桥，据说曾经得到维多利亚女王的赞美。为何叹息？有两种说法，考试不好，未拿到毕业证，来此叹息光阴已过，追悔莫及；情场失意，劳燕分飞，叹息。

此时，三位驾长同时用中文吟诵，"轻轻的我走了，正如我轻轻的来；我轻轻的招手，作别西天的云彩。那河畔的金柳，是夕阳中的新娘……"标准的中文，

深情地朗诵。我们在一刹那都愣住了，立即爆出热烈掌声，他们不紧不慢，微笑着继续朗诵，看来徐志摩写《再别康桥》的失意与无奈，在叹息桥吟唱，是最佳选址，一定是高人点拨。

3 鲜为人知的"徐义举"

徐志摩（1897.1—1931.11.19），浙江海宁人，家庭优渥，天资聪慧。1910年13岁时，就读杭州最好的中学，所在班级的郁达夫，以后也是文坛风云人物。中学毕业，到天津北洋大学、北京大学读法学，其间拜梁启超为师。1918年，到美国克拉克大学、哥伦比亚大学读完本科和研究生，这在美国的本土学生要六年才完成的学业他两年就完成了。1920年，徐志摩为了追随他仰慕的英国著名哲学家、数学家、社会改造家罗素，来到剑桥大学，做了两年的特别游学生，行走在各门学问和大师之间。

很多人知道的是多情种、新派诗人、散文家徐志摩，不知道还有一位侠肝义胆，仗剑行走的徐志摩。人民政协报出了一套书《百年春秋》，辑录"亲历亲见亲闻"者的文章，有一篇"徐志摩的一次义举"详其事。

1922年9月，学业满满的徐志摩在欧洲乘一艘日本客货两用轮船去上海。船上仅六位客人，一对英国老牧师夫妇一室，徐志摩和上海西门子洋行的管先生一室，一个朝鲜人和一个中国同伴一室。老牧师每天宣传基督教义，吃饭时还要祷告，感染他人。此时的徐志摩，感情创伤难抚，三月在柏林与结婚七年的原配张幼仪协议离婚；1921年盯上了在英国留学的林徽因，热了几个月，没想到她随父亲林长民返国，鸡飞蛋打的徐志摩，静静接受牧师的说教。

没想到，最先受感染的是与朝鲜人同室的中国人，良心发现，他对徐志摩说，他们从欧洲带了大量毒品吗啡，要运到中国赚大钱。这是伤天害理的事，徐志摩决定举报。船停新加坡，他同管先生上岸到上海三友实业社的分店，结识20岁的会计沈先生，是一位文学青年，借了几本《小说月报》，说看完后回国寄还。沈说，过一个月就回上海了，给了收件地址，不用远寄。徐经过观察，觉得这个青年可信，第二天刚好是中秋，就独自约青年外出，说明原委，请他在下午3：00船开出后，到电报局给香港海关发电报举报此事。青年不知道还没有名气

康河上各有特色的康桥　　孙前／摄

的徐志摩，正义感使他乐助此事，于是徐写好英文稿，连同费用交沈先生，不露声色地回到船上。船到香港，果然海关人员上船，毒品被查获。徐志摩佯作不知。

到了上海，郁达夫请老同学吃饭，几杯酒下去，徐志摩眉飞色舞讲述此事，郁达夫不信，以为他在吹牛，他说有沈先生为证。沈姓青年回到上海，收到《小说月报》，不久就到郁达夫的泰东书局工作。郁问起其事，他不知徐志摩何人，但证明了此事。郁说，看来这次他没有吹牛。此事未见登载，也无几人知道。多年后，沈先生见到记叙徐志摩的文章，他认为，不管文坛毁誉如何，这件事反映出徐志摩的爱国与正义良心，他写文披露此事。我在船上，听着多情诗人的曼妙辞章，也让大家看看徐志摩的另一面。

4　谁立了"再别康桥"碑，炒火了"艺术节"

康有为 1904 年到剑桥，他说中国学生仅三几人。1920 年徐志摩到剑桥时，中国学生也多不了那里去，他仅 23 岁，默默无名。到 1928 年 7 月，他第三次欧洲行，在老师罗素家住一晚，第二天到康桥找英国朋友，一个也未见到，惆怅之余，勾起 1921 年在英国对林徽因的情愫，画面联翩。于是，在 1928 年 11 月 6 日返国的轮船上，写下《再别康桥》，共七节，28 句。回国后载于 1928 年 12 月 10 日的《新月》月刊第一卷。如果说，当时就对此诗有什么高评，那是假话。到 1931 年 11 月 19 日，不忘旧情的徐志摩，为了给林徽因在北京协和小礼堂给外国使节讲中国建筑艺术捧场，从南京坐邮政飞机济南号飞北京，大雾失事身亡，时年 34 岁。如果说此时他在剑桥有什么名气，也未见记载。

那么，是什么原因，让徐志摩在逝世 90 年后，火爆康桥？

是艾伦·麦克法兰教授！他的学术身份和等身著述，就能证明他的影响力。先生 1941 年出生在印度东北部的阿萨姆茶种植园（父母是种植园主），18 岁回英国就读牛津大学。后在剑桥任教 30 多年，是英国国家学术院院士、剑桥大学国王学院终身院士、历史学和社会人类学教授。1996 年同太太首访中国，2002 年后，几乎每年都要访问中国。2011 年 3—

剑桥康河畔，为徐志摩立的"再别康桥"小诗碑，是剑桥国王学院终身教授麦克法兰倡导而成

4 月，作为英国唯一受邀学者，在清华大学第一届"王国维纪念讲座"进行为期一个月的《现代世界的诞生》专题演讲交流，一年后演讲稿整理出版。先生说，他结缘徐志摩是因为一株老柳树。

10 多年前，因为树心已空，国王学院要移栽一株老柳，有人反对，说是中国一位著名诗人以此柳为题，写了一首好诗，此时方知徐志摩。不久，麦克法兰到中国访问，在长江边的一个小村庄午餐，有人问他是哪里人，他说是剑桥的。中国人说，就是徐志摩写《再别康桥》的剑桥吧？教授大为惊讶，徐志摩在中国这样有名呀！可能他遇上了一位徐粉。回到剑桥，他加强对徐志摩的研究。2008 年，他推动国王学院在康河畔竖了一块"徐志摩诗碑"，碑大约 60 厘米见方，磨出了上下两个白色平面，上部刻了诗的前两句，"轻轻的我走了，正如我轻轻的来"，下部刻诗的最后两句，"我挥一挥衣袖，不带走一片云彩"。中间的不连接处，如同省略号，说明还有诗句。这是有 800 年历史的剑桥，立的第一块中国文人碑。这块不起眼的躺在草坪上的小碑，伴着康河水和驾长的歌声，在中国形成巨大回响。

麦克法兰认为，这远远不够，他要让全世界都知道。2015 年，首届"剑桥徐志摩诗歌艺术节"在国王学院举办，邀请全世界的著名诗人，同时伴有绘画、歌剧、音乐、艺术品、创意设计各类活动，一年一届在夏天举行，麦克法兰作为诗歌艺术节主席，每一届都由他向获奖者颁"银柳叶艺术奖"。以一人之力，拉开中英文化交流的大戏，让人深怀敬意。这会给我们各地政府和无数旅游创意策划者什么样的启迪？2009 年 12 月，我在台湾买了先生写的《绿色黄金：茶叶的故事》，他在扉页写道，"献给永远无法读到这本书的阿萨姆地区茶工"，那是生养他的地方，足见其悲怜之心。我还网购了《现代世界的诞生》来学习。

浙江海宁的徐章垿，1920 年到英国时 23 岁，改名徐志摩，游学两年，此后他写的《再别康桥》《雪花的快乐》《偶然》，尤其是被人写的《徐志摩与他爱过的三位女性》，在年轻人中的网搜程度很高。2008 年剑桥国王学院的小诗碑立起来后，更是引游人关注。[1]

1　到此书出版时，已办到第 6 届，影响越来越大。2018 年，还建了"徐志摩花园"，以太极为图。

5　老舍与徐志摩的伦敦境遇

北京的满族人舒庆春，1924 年秋应聘到伦敦大学东方学院任华语讲师，时年 26 岁，一待五年，发表了《老张的哲学》《赵子曰》《二马》三部长篇小说，笔名老舍伴其一生，他让京味幽默为国人热爱，老中青咸宜。梦想成为文学青年的，没看过老舍的作品和戏剧，如《骆驼祥子》《四世同堂》《正红旗下》《茶馆》《龙须沟》《春华秋实》中的某篇某剧的，几乎没有吧？ 2003 年 11 月 25 日，英国遗产委员会把他在英国居住时间最长的圣詹姆士花园 31 号旧居，列为"英国遗产"挂牌保护，这是中国作家在英国旧居中第一个被挂牌保护的。

徐志摩比老舍大两岁，是英国文化熏陶了他们，还是他们反哺了英国文化，让有兴趣者去研究吧。但是两人在英国的经历，让人闻之不忘。

后人称老舍在英国是大学廉价的"打工仔"，每周 20 个课时，每天早上 10：00 到下午 7：00，学生年龄从十几岁到七十多岁，年薪 250 英镑。而在牛津剑桥的学生年花费在 400～600 英镑之间。靠月薪 20 英镑的收入，要维持自己生活和供养国内寡母，境况可想而知。工作两年后，老舍给校长写信，述说窘况，希望增加工资。根据他的出色表现，"豪爽"的校长大笔一挥，同意每年给他增加 50 英镑，达到 300 英镑，这就叫寄人篱下。

如此窘况，据友人说，他无论四季，只有一套哗叽青色服装，好在英国阴冷，四季无碍。寒暑假无钱外出远游，不敢到剧场看演出听音乐，在伦敦，"贫困意味着彻底的孤独和寂寞。老舍的旅英生涯，基本上是在宿舍公寓、东方学院的课堂图书馆度过的，社交、娱乐、休闲消费之类与他几乎不沾边"。而与他前后留学英国的徐志摩、朱自清，居留时间都比他短，可是交流学习的条件，高下殊远。徐志摩在康河如鱼得水，朱自清 1931 年 12 月 23 日的日记写道，"到今天为止我已看了 27 次演出"，这时他到英国才三个多月，隔 3—4 天，就要去剧院一趟，朱自清一个月的零花钱，比老舍一个月工资还高。清苦，老舍自有度日的办法，到英国一年后，让人捧腹的《老张的哲学》长篇小说问世，此前，他连文学青年都算不上。五年苦寒，携三部长篇小说回国，中国文坛新星冉冉升起。我在想，东方学院的校长当时如果没有低看这位"打工仔"的毛头教员，给他以说得过去的待遇，为他创造开阔眼界的考察交流条件，让他更多了解英国文化，那么在老舍的等身著作中，一定有无尽的中英幽默故事。当时的校长没有那个眼界，2003年为老舍挂牌的英国政府已经有了那个眼界。这段文字，写给留学英欧美的留学生看看，你能体会到什么，那是各人的悟性了。

有团友给我说，鲁迅先生对徐志摩好像评价不高。鲁迅是浙江绍兴人，1881年9月25日生，比徐志摩大16岁。两位老乡在文坛的玩法不一样，一位视文章为投枪匕首，用于战场搏杀；一位是文玩卿卿我我、月下柳下，那当然拧不到一块了。据说鲁迅看到徐志摩失事的报道，剪辑留下，视他为一位人物。相关内容，有兴趣者，可以网上搜搜。

6　面包干、学霸、船工

刚好50分钟，船泊岸边，驾长帮我们搭搭手，扶着上岸。我们的几位小团友，吟起"轻轻的我走了，正如我轻轻的来……"拜拜啦，可爱的学霸。我们沿着河边的人行道外出。我不舍地再看看康河，一刹那，我像触电一样，立即举起相机，

几位学霸驾长的午餐，啃干面包

对着河湾一处码头的四只小船快闪。然后凭栏盯着他们，四只小船，五位学霸，午餐时间呆在船上休息，三人的身边放着切片面包，有一点果酱，没有水和饮料，这是低廉得不能再低廉的午餐，这比90年前老舍的午餐还便宜。两位学霸什么食物也没有，下午得饿肚子撑船。不排除他们是偶然为之被我捕捉到，但我相信这是他们真实生活的缩影。剑桥有这样的学子，他们就是明天的牛顿和老舍！

7　别具一格的停车方式

大学城的街都不宽，自行车或锁在栏杆上，或锁了靠墙放着。有两处统一的停车位让我眼脑一新。中国是自行车王国，数十年来我们看到的规范管理，就是整整齐齐地排一行，放车取车都极不方便，需要车管员帮助才能存取，谁也没有想到过怎么改善它。这两处停车，存取方便，无需他人帮助，怎么弄的呢？一、三、五、七、九平放整齐，二、四、六、八、十退半个轮子，前轮高十厘米，放进一个 U 槽，如此而已，简单方便。只要一次性做好 U 型架，一劳永逸。我观察是否会减少一些停车位，基本没有。我在中国走过无数地方，没见一处使用这种方法。我想，中国到剑桥游览的官员，管交通城建的公仆应该不少，他们就没有看到，就不知道学回去使用？可惜啦！我附上照片，看看能否启发什么人。但愿国内早有多地使用，是我没有看到而已。

这种自行车的停车方式，值得倡导

8　剑桥的启示

我们走马观花游剑桥，从深层次讲，剑桥办学能给国人什么启示呢？引一点高人之论吧。

英国著名物理学家斯蒂芬·霍金是牛津的本科生和剑桥的博士，在剑桥当教授。他多次到访中国，2002 年 8 月 15 日在浙江大学邵逸夫体育馆作了《膜的新奇世界》演讲，3000 多位听众鸦雀无声和雷鸣般的掌声交织。在杭州的八天，记者提了一个看似不够礼貌但又极刁钻的问题，请他把自己和牛顿，爱因斯坦作一个比较，"霍金回答说，在科幻片《星际航行》中，他曾与牛顿、爱因斯坦打牌较量，结果是—他赢了"。高瘫数十年，在 60 岁时能有这种胆识，我理解这是剑桥精神的体现。

以后担任剑桥首位非英籍（加拿大）校长的斯蒂芬·图普先生评价剑桥和牛津时，说过一段话，"历史上，人类知识中最为根本的发现都出自剑桥，牛津有一些，哈佛和斯坦福也有一些……我想这源自这里对于提问的开放精神，以及对于宏大图景和思想的探索精神。"中国大学在全世界的综合排名，目前看差距是明显的，奋起直追是国人的共同目标。不久，北京大学将在英国牛津片区，独立创办北京大学英国校区，这是中国名牌大学首次进入西方发达国家独立创办的校区。以此发端，相信会有更多中国名校外出交流。

9　诺曼王朝城堡

在附近一家自助餐馆午餐，菜品丰富。我给国内发出九张微图，康桥，别了！

1：30 出发，到 145 公里外的英格兰东部诺福克郡诺维奇市城堡山，参观"诺维奇城堡博物馆与艺术展馆"，这也是简女士推荐的地方，她说那里有一个茶壶专题陈列馆，值得一看。

要了解这里的历史，才知道它在英格兰历史和英法关系中的地位。在 4 月 15 日的日记中，涉及英国贵族史的介绍，已作详述。

僭越王位的哈罗德，在与挪威、法国威廉的两国部队血拼之后，中箭而亡。之前数百年形成的贵族骑士阶层，70%阵亡，他们的财产，全部归于1066年圣诞节加冕的征服者威廉囊中，他把欧洲大陆的封建制度引入英格兰，并在1086年8月1日，召集所有部属封臣，在小镇索尔兹伯里宣誓效忠，由此形成英格兰贵族阶层和贵族制度。此后千年，任何外族的觊觎者都再没有踏上英伦三岛的土地，包括不可一世的拿破仑和希特勒。

为了预防外敌入侵和内部反叛，威廉在伦敦周围，每隔32公里修建一座城堡，伦敦塔和温莎堡就是他的杰作。为了

位于英格兰东部诺福克郡的诺维奇城堡（博物馆与艺术展馆），建于900多年前的征服者威廉时代，是当地著名的12大遗产地之一　　作者／摄

保证东南沿海安全，他在这一带建起系列城堡，如诺维奇城堡，卡昂城堡、法莱斯城堡等，拱卫海防。1067年，威廉一世在这里建的是木制城堡，到11世纪末改建成坚固的石头城堡。被称为法国流氓的部队侵占瓜分了英格兰，形成贵族骑士阶层。开始数百年，高傲的法国人不屑与本地土著通婚，他们有特殊的婚姻群体，或者嫁娶诺曼底老家的男女。威廉一世开创的盎格鲁—诺曼底二元王国，从1066年持续到1199年，约翰国王继位后，好运终结。他自不量力地挑起同法国的战争，在1202年被法王菲利普二世以领主身份宣布没收约翰在欧洲大陆的全部领地。怒火中烧的约翰大败而逃，被赶出欧洲大陆，退守英格兰，后人讥为"失地王约翰"，这就显得诺维奇城堡的重要了。殊不知，1662年查理二世复辟后，为感谢法国路易十四曾经收留了落难的他，同时为解决财政危机，

他不顾群臣反对，把敦刻尔克以 40 万英镑卖给了法国，这唯一的大陆飞地也没有了，从此英国人孤守三岛，切割了与欧洲大陆的地域联系。

几百年过去，很多贵族因种种原因风光失色，日渐窘困。而一些靠贸易闯荡发财的新贵，也想通过联姻改变自己土财主地位，一道浓浓的风景线为世人瞩目。1646 年，伯克利伯爵娶了东印度公司商人约翰·马森伯德的女儿伊丽莎白为妻。17 世纪，威廉·科凯恩成为大商人后，为跻身上流社会，将五个女儿分别嫁给三个伯爵、一个子爵、一个男爵。他逝后，寡妻继承大笔遗产，得以嫁给身份更高的多弗伯爵。这些富商的经历，成为那个时代年轻人奋斗的目标。前文已述，1695 年，贝德福德公爵家族的塔维斯托克侯爵，娶了东印度公司掌门的女儿伊丽莎白·霍兰德为妻，其巨额嫁妆，使公爵家族财富快速扩张。这类例子很多，由此形成一种社会风气，贵族世家除长子继承以外，其他子女谋求在商业和实业领域发展，而商人为谋求在上流社会的一席之地，拼命挣钱。这样，他们共同推动了英国社会从重农向重商的转型。

10　巨型广州外销壶

诺维奇仅有 12.6 万人，但是 200 年前，它是英格兰的第二大城市。城堡建在市中心的一座不大的山丘上，环视全城。它曾经被改为监狱，1887 年，市政府买下城堡，改为现名。两米多高的石墙围着整个山丘。进门后，两边草坪为主，另有四米高的石围墙作为内环防卫护着四层楼的古堡，上有垛口射箭放枪，可谓森严。

50 岁左右的女馆长弗兰西斯卡在博物馆门口等我们，一套黑西装，工作牌夹在紫色内衣上，给人精明的印象。团友送上熊猫，衣服上夹不住，她就拿在手上。她说，城堡被评为"诺维奇 12 大遗产地"之一，突出本地的历史文化、考古发现，还有艺术画廊职责。这里有很多个展厅，包括陶器、茶具、银器、玻璃制品、珠宝首饰和纺织品等。它指着一个玻璃柜内单独存放的巨型茶壶说，这是我们的镇馆之宝，150 多年前来自中国广州，也是英国存世最大的中国茶壶孤品，她很自豪地说。这一下就抓住了团友们的镜头。

在我转身看它的第一眼，就有一种亲切和熟悉的感觉，没想到在这里见到它啦。我第一次知道这把壶，是从王玲老师著《中国茶文化》（2009.7月版）一书中读到的，"1851年，英国海德公园大型国家展览会上曾展出了一个大茶壶（据说近年又在香港展出过），据有关资料考证是英国女王维多利亚时代曾用过的中国茶具。此壶高约一米，重27公斤，容量为57.3公斤，可泡2.3公斤茶叶，能斟出1200杯茶，可算目前世界上的巨型茶壶了。这个大茶壶如何传到英国已无法可考，但从其釉彩和画的中国人种茶、采茶、烤茶及海路运茶出口图画来分析，可能是清代专门制造随同茶叶一同出口的，现藏于伦敦川宁茶叶博物馆"。

川宁公司从广州特制的大茶壶，绘制着茶叶生产的故事。此壶在1851年的水晶宫博览会上，大显风采

2016.4.22 孙前/摄

　　我详细询问此壶的来历。馆长说，这是19世纪中期专门到广州订制的，可能是为了参加海德公园水晶宫万国博览会，川宁公司提出尺寸和纹样要求，由景德镇制出胚壶，运到广州绘画、上釉再烧制，特别装箱海运到伦敦。我们馆同川宁公司是合作伙伴，在二楼有川宁珍藏的数百把茶壶展出，这把巨壶，楼上陈列不便，专门在此展示，是我们的名片，川宁也借此展示他们的悠久历史，相得益彰。

　　我仔细打量这把壶的画面。茶农用竹篓担来的几篓茶青搁在地上，一位穿咖啡色上装、红下装、戴尖笠帽的中年男人指指点点，可能是质检员，似乎在说茶；一位红上装的男子弯腰抓一把茶，似乎在辩解；他们身后的棚屋内，四口灶锅，一人烧火，五人炒制，另一男工准备添茶；屋外三个男工把茶装入长木箱，准备送到不远处的船上外运。壶的上下圈、壶嘴、壶盖全是金色缠枝花卉纹；金色的圆锥盖钮，壶柄是厚金涂成，壶底也是金饰一圈。这是一把典型的中西合璧大壶，理由有三：中国人不使用这种巨壶，必然是特殊用途定制；花卉缠纹是英法风格；在茶具上用金色重绘各处以彰显豪华，不是中国传统。

我们几人认真比量了一下，壶高 70 厘米，在我的膝盖之上。壶底的金圈，有几处小的磕碰伤痕，证明它曾经多次使用，真难为谁的主意，数百上千杯茶

风格独特，无一重复的中国和欧洲茶具，讲述着一个鲜明主题："壶变史"

是怎么倒出来的！画上是加工的什么茶？绿茶无疑，这里没有生产红茶必需的萎凋、发酵工序。这把浑然一体，豪爽大气的茶壶，堪称中英茶文化交流的经典之作。

11 川宁"壶变史"展览馆

馆长带我们到二楼的茶壶专柜陈列区。这是一处 30 米的廊道，两壁是四米高的玻柜，一壁 12 柜并列，廊门的上方贴着一块牌子，"川宁公司茶壶展览馆"。

每一柜分六层，最高处一块黑色横牌，注明此柜壶具是什么年代的产品。每一层有手掌大的说明牌，介绍壶具特色；在最下层，有一块与柜齐宽的说明，图文并茂，介绍最有特色的人物和壶具的故事，如夏洛特王后、韦奇伍德、川宁创始人等。这里比 V&A 馆的布置档次高了几级，馆长是用心之人，懂得珍视每一件藏品。

馆长平静而充满自信地侃侃道来。这里有 300 多把茶壶，无一重复，它们在讲述一个主题：英国的"壶变史"，它包含两层意思，茶昂贵时，茶壶就小，茶便宜时，壶就逐渐变大；在 1600 年左右，欧洲、英国生产的炻器陶壶，逐步发展到软瓷壶、高岭土壶、骨瓷壶。这两种壶变的历程，在此一目了然。

12 紫砂壶引导先声

馆长说，从英国流传至今对茶的称谓，可看出其身份。

在任何地方，如果他说，请给我来一杯茶，或者说，请给我来一杯 Tea，前者显出他是平民阶层，后者显示他是贵族或有教养的人，几百年不变。

她走到最前面，写着 1600—1650 年的玻柜前，这里有八件宜兴紫砂的中小号壶，有进口的，也有本土仿制的，另外还有青花壶。紫砂壶最早由荷兰人引进欧洲，然后仿制，并传播到英国。据记载，最早仿制宜兴紫砂壶，是从荷兰代尔夫特开始的。1672 年，那里的德·莱特伦·波特工场生产出第一件仿紫砂的红陶壶。但是从我们的藏品看，可能有早于此时的仿品。因为当时不知道用高岭土造瓷的

外销和仿制的宜兴紫砂壶，证明了茶具进入英格兰的历程

方法，而与紫砂相近的红土在欧洲比较多，它们认识到紫砂壶泡茶不走味，储茶不变色，盛夏不易馊，而且制壶工艺不复杂，于是大量仿制。1697 年沉没于南非西部海湾的"奥斯特兰"号船，被打捞起来时，有四件完整茶壶，有 60 多块茶壶残片，大部分为紫砂壶，一件壶底有陶工标识。当然，只有进口的宜兴紫砂壶，才能领略茶的色香味真谛，仿品是不行的。对于欧洲人来说，他们认为紫砂壶很神奇，没有施釉却不会渗水，酒精灯猛烧也不破裂，壶壁纤薄灵秀让人爱怜。所以懂行人家，花高价还是买真品。由于宜兴陶土的多孔性强，内壁有千万个眼睛看不到的小气孔，一旦泡茶，气孔就吸附了茶味，愈久愈香。讲究的品家和茶艺师，每只壶只能泡单一的茶叶，混泡就要串味。如果你壶具少，就必须把壶煮过，排出气孔陈香，晾干再泡，就是真茶味了。当时中国的外销紫砂壶有两个显著特点，一是壶钮多做成浮雕狮子；二是纹饰采用模印，这个展柜的藏品就是证明。受馆长启发，我顿悟为什么是荷兰人最早引进紫砂壶：明末荷人占领台湾，诱福建广东人去垦殖（在印尼也接触华人用壶），见劳工喝茶的壶；肯普弗详介日本茶道对茶具的热爱，由此导致荷人引进；最早的荷兰饮茶油画介绍紫砂壶，证明了谁是始作俑者；当时荷人是欧洲首富，引各国攀比。

　　过去以为是明代才有紫砂壶出现，现在从考古发现和对古代文献的研究证明，在宋代就有较大规模的紫砂生产。1976 年 7 月，在宜兴丁蜀镇羊角山掘出古代紫砂窑址和大量紫砂残片，可以复原带柄和提梁的紫砂壶。宜兴民间盛传，四川

托马斯·川宁和约西亚·韦奇伍德的故事，
是这里永恒的主题，两人相邻展出。立顿
茶品牌天下有名，让他们互相切磋吧

的苏东坡四次到宜兴教匠人十多种壶形设计，此事能经得起考证吗？

苏东坡的母亲和夫人王弗是四川青神县人，当地盛产紫砂泥，青神窑是四川有名窑口。成都博物馆有不少唐、宋提梁壶茶具，且有宋代青神紫砂壶在藏家手中。至今宜兴人喜爱的东坡提梁壶，见证了历史。宋代梅尧臣、欧阳修、苏东坡、米蒂诗词多次谈到宜兴紫砂茶具。明代蔡司霑写的《霁园丛话》记载，他在南京买到元代高士孙道明题款的紫砂壶，"每以泡茶，古雅绝伦"。这些都证明了紫砂的历史。

这里有一套最小的茶具，十分珍贵，壶杯碟罐全套齐备，有十多件，是一位贵族18世纪专门从中国买来作为送给孩子的生日礼物，做工精巧，保存完整，很是不易。

有团友问，为什么很多壶上都写着字，这是什么审美习惯？馆长说，在16世纪末和17世纪，女士是不进咖啡屋的，并且也不时兴在外喝茶，以后的下午茶雅聚，是朋友间的交谊。壶上的字，多数是提醒女士要遵守社会习俗，不要外出。还有一些是诗句、警句或公司广告。

来到相邻的两个玻柜，左边一套精美的奶油白茶具，有夏洛克王后的头像和说明，她喜欢韦奇伍德的新产品，赐予皇家御用瓷荣誉。右边柜中，有黑陶壶、仿宜兴壶、碧玉壶、白瓷和骨瓷壶。馆长说，这是韦奇伍德专柜，前面几种是不上釉的，以后的釉彩绘，要加蜂蜜与铅调和，增强附着力。过去欧洲陶瓷不落款，偶有企业在底部注商标。从韦奇伍德开始，落款、商标和生产日期都有了。

馆长指着另一柜几件瓷器给我们比较，17世纪前的茶壶盖，没有气孔，以后的都有气孔，这是古壶鉴定的断代标识之一。有的盖子有楔槽，按固定方向才能开合，这是一种保护措施，预防摔坏。

还有一把壶很特殊，是全馆唯一修补过的壶。由于中国壶很贵重，不小心损坏了，是不会扔掉的，而是找手艺很好的锔瓷匠修好继续使用，或留着纪念，这就是中国话讲，"没有金刚钻，不要揽瓷器活吧"，她微笑着问。哎呀，真是博学的馆长，就为这一件残壶，她通晓了这句中国民间俚语，佩服！

13　一张有趣的说明图

她让我们看一套白色骨瓷茶具，一壶一奶盅，四副盏碟，一大碗，一糖碗，

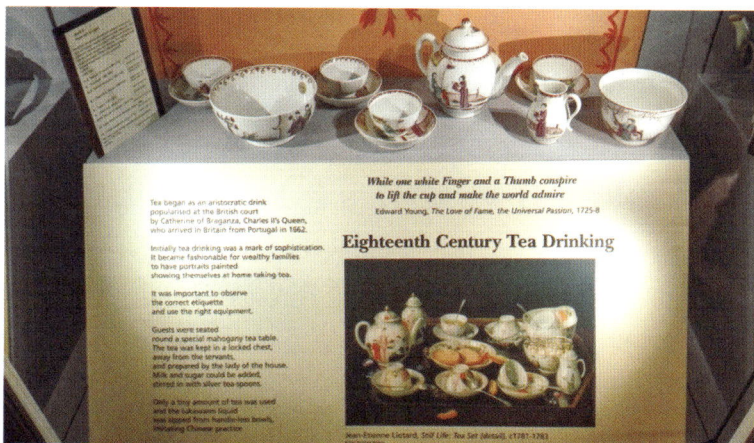

这幅英国骨瓷油画和说明，讲清楚了许多英国茶俗礼仪

共 12 件，全是中国男女人物图案。她说，有趣的是这个柜里的布局，下面的一幅油画《静物画：茶具》，是瑞士著名画家简·艾蒂安·利奥塔尔（1702.12—1789.6）在 1781—1783 年画的，模特就是这一套茶具，图画稍有不同，遗憾的是实物少了两件，一是茶叶罐，一是茶果盘。果盘里装有茶点，糖碗里有方糖。她讲解旁边的配图说明，我认为十分精到，让我们理解了很多未知的茶礼仪，译文如下：

> 茶最初是一种贵族饮料，因为查理二世的皇后布拉甘萨的凯瑟琳于1662 年从葡萄牙抵达英格兰，而在英格兰宫廷流行起来。
>
> 最初，喝茶是一种有教养的标志。富裕的家庭在喝茶时画肖像变得很流行。
>
> 遵守正确的礼节并使用正确的器具是很重要的。客人围坐在一张特制的红木茶桌旁。茶放在一个锁着的箱子里，仆人远离。由家里的女主人准备茶，可以加入牛奶和糖，并用银匙搅拌而成。
>
> 只用了少量的茶，他们模仿中国人的做法，从无柄杯中小口呡这温热的液体。

画家引用了 18 世纪早期英格兰著名诗人爱德华·杨的一句诗作为旁注：

> 一个白色的手指和拇指合谋举起这个杯子，让世界为之倾倒。

一个玻璃柜，馆长把复杂的内容简练得体地告诉观众，是一位策展高手。

在众多的陶瓷种类中，骨瓷是英国人的本土发明。何人何时发明，较多的有两种说法，一是《茶叶全书》威廉·乌克斯说，1800 年，约萨·斯普德使用瓷土、动物骨灰和长石仿造中国及日本伊万里瓷器成功。另一是《剑桥中国史》说，1794 年，英国发明家威廉·华尔森在陶土中加入食草动物骨粉（以牛骨粉为佳），再加入铅粉，这是类似玻璃工艺的成熟技术，从而获得薄胎的奶油色瓷。经过多年实验，现在骨粉、瓷土、黏土的配方比例是 50∶25∶25，要经过高温素烧和低温釉烧两次成型。英国人死守制造骨瓷的秘密，20 世纪 60 年代，日本人破秘

弗兰西斯卡馆长，博学地讲解川宁公司"茶壶专馆"的藏品，将会吸引中国茶人前往

成功，成为世界第二骨瓷强国。1964 年中国唐山人开始攻关，1973 年成功，到 90 年代唐山骨瓷进入世界骨瓷市场，现在国产骨瓷 80% 出于唐山，那里是"北方瓷都"，产品的 70% 用于出口，是英国韦奇伍德、皇家道尔顿、丹麦哥本哈根、德国迈森等骨质瓷产品的 AA 级长期供应商。朋友们以后到英国买骨瓷，注意别把唐山骨瓷背回来了，太累，在国内网购价廉物美。

14 诺维奇足球俱乐部

小冷提醒我，广播多次通知，闭馆时间快到了，注意时间，而馆长依然兴趣盎然地讲解。来到楼下，我们拿出礼物送给她，并请在团旗上签字合影。她说，来参观的中国人很少，你们是我接待的最大的中国团，这样认真地了解英国茶文化，让我感动。如果你们明天有时间，建议去看看附近的"巴约挂毯博物馆"，它是联合国世界遗产名录保护的文物。诺曼公爵平定英格兰后，为纪念自己的武功伟业，1067 年，让最优秀的织工用羊毛亚麻织物，耗时多年，织出一幅长 70 米，宽 0.5 米的诺曼底征战图，这是唯一没有宗教色彩，充分展示 900 多年前服装、城堡、船只、武器装备、生活条件的艺术珍品。如同中国的《清明上河图》，是 900 年前的百科全书。

面对这样优秀的馆长，我说，感谢您的博学导览，凭这里的"壶变史"主题展览，和那把巨型茶壶，一定会有千千万万的中国茶人来访，我们只算开路先锋吧！

顺坡道步行下山，我再看看这座古城堡，它独树一格的"壶变史"陈列，让我们看到 17—19 世纪中英茶具交流的轨迹，谢谢博学热情的馆长。每人的门票费 13 英镑。知识就是财富，财富也可以换取知识。如果我们不请高人导览，那会是什么样的收获呢？

5:30 时，入住诺维奇城内的四星级酒店，每间房价人民币 1200 元。刚进室内，高士杰马上跑来喊我和小冷，下到底楼他的房间内，一墙之隔的窗外，是一个标准足球场。小冷从主席台上的英文判读，这是诺维奇足球俱乐部的主场馆。一个只有 12 万人的城市，足球场能坐一万人，足见人们对足球的喜爱程度。

15 狐狸咬天的故事

放下行李，我们相约到球场沾沾地气。小冷读大学时，是西安外国语大学的系足球队主力、校足球队替补，同我读大学时的足球水平在同一档次。已是六点多了，锁将军把门，进不去。在团友中，小冷是足球一迷，小高算狂热二迷，我就排在三迷以下了。在成都时小冷就申请，争取到伦敦安排看一次切尔西的主场赛事，他找英国校友作了咨询。后因时间冲突，没有看成。谈到这里，他激情债张地说，多亏没有看切尔西赛，太丢人！因为他天天关注足球赛事，就讲出了一个狐狸咬天的故事。

小冷说，英国超级足球联赛有 20 支球队，每个赛季踢 36 场决定冠亚军。莱斯特城足球队的旗徽是一只狐狸，被称为狐狸之城球队。2002 年此队进入破产程序，2008 年降级至英格兰第三流级别联赛，本赛季才重回英超，定的目标是保级。此队历史上的最好战绩是 1929 年获得过联赛亚军。

现在这个足球俱乐部的大老板维猜先生，他是泰国皇权免税公司的掌门人。

教练是曾经执掌过切尔西的意大利教官拉涅利，本赛季开始时才匆匆上任。球队开赛时的身价如何？网查显示，全队身价是曼城队的1/4，此队的15名球员要包打全赛季36场，不能有人受伤，不能有人被红牌罚下，这是一支没有球星的年轻人组成的队伍……经验老到的博彩公司，给他开出的赔率是1:5000，也就是说，你下注100英镑，如果撞对了，可以抱50万英镑回家。非赌球者可能对此无概念，举一个大家熟悉的赔率参考，如果中国队在俄罗斯世界杯足球赛夺冠，赔率是1:3501，这个中国人都不会相信的"奇迹"，也远高于"狐狸"的胜算，这不是一个"吃天"的概率吗？小冷说，到今天为止，"狐狸"队还剩四场比赛，以五分优势领跑积分榜，冠军杯触手可及。对于曾经热爱足球的我来说，请小冷天天通报"狐狸"动静，这个神奇的足球梦，让我们在英国碰上了。

故事太动人，我就把日记以外的内容提前写在这里。5月2日，"狐狸"队提前两轮锁定冠军，全部战绩是22胜、11平、3负，足坛大咖曼城、切尔西、阿森纳全都败在他们脚下。全世界有25位球迷赌为赢家，"狐狸"立竿见影的收益是1.7亿英镑。新华社记者调侃地引用了一句民谚，"梦想还是要有的，万一实现了呢？"

足球界资深人士说，"在英超历史上，这将是处于遥遥领先的最伟大传奇。"足球为什么成为全球参与度最高的运动，这个圆家伙，在决赛哨音没离嘴之前，什么都可能发生。传奇还在延续，同一天，在英国谢菲尔德克鲁斯堡举行的斯诺克世锦赛上，狐狸之城莱斯特人塞尔比，战胜中国名将丁俊晖，获得世锦赛冠军。他的冠军到手，仅比狐狸队的英超奖杯晚13分钟。他专门展示了带来的足球队旗：一只狐狸头。我们不为丁俊晖遗憾，全世界看到一座小城创造了不可思议的双喜临门奇迹，敢拼会拼才会赢，是吗！狐狸吃天的故事，被我们撞上了，但是，咱们一场也没有看成。我没有遗憾的记录于此，给以后的年轻球员画一个冲梦的圈，万一成功了呢？[1]

经多方考证，2005年5月20日，国际足联主席布拉特，在苏黎世国际足联百年庆典之际，颁山东淄博为世界"足球起源地证书"。中国足球，在亚洲排名

1　大家都不愿意相信的是，2018年10月27日晚8：30时左右，莱斯特城王权体育场球赛结束，按习惯乘私人直升飞机离开的泰国老板维猜，飞机失事，机上五人全部罹难，时年60岁。为他哀悼之余，有人相信他在天国也会创造辉煌。

诺维奇的超市不让照相，这是我抢拍的有趣照片

第八位，世界排名83位，真是愧对祖宗呀！我们是茶考察，记下狐狸吃天的故事，对中国足球，国人充满信心。

围着球场散步，一只黄鸟站在黄色足球上的队徽招贴，各处可见。诺维奇足球俱乐部学校就在街对门。一个十岁左右的非洲裔小男孩，穿蓝色短运动装，正对着墙劲射，可能是在"狐狸"狂飙的激励下苦练，惹得我脚痒，对孩子招招手，让他盘带过我。他试了试，被老将拦截了，大家哈哈笑，劝我收兵，以防摔倒。一圈快转完时，见一个英国先生带这个孩子回家，估计是他的养父或教练，孩子同我们招招手。

16　买了一堆英国茶

同沈冬梅、白小梅、甘甜到附近一家大超市买方便面。我看到蔬菜水果专柜上方的广告栏，一幅黑白大照片，数十个摞的苹果木箱上，坐着一个孩子在啃苹果，一句广告语"我挑的味道"，我觉得有趣，举起相机照下了。马上，一声招呼，看过去，一位男士在说什么，甘甜告诉我，他说不能照相。在超市里都不让照相，这个专利保护意识，是否过敏了一点？

这里的茶叶品牌很多，包装简约大方，担心后两天时间紧购物不便，就下手了。我买了泰特利、川宁、泰勒等大企业的红茶、调配茶、绿茶、早餐茶等十余个品种，我计划在蒙顶山办一次英国茶大品鉴，学习他们的优点。

晚上室内吃方便面。准备安排明天的礼品，这样，礼物就全部分发完了，腾出装茶的地方。我发出今天的微图。很快就见到杭州中国茶叶博物馆郭丹英部长的询问，她想知道大茶壶是什么地方生产的，我作了说明。沈冬梅同她也是好朋友，打趣地说，她把我们盯得紧哟！

2016 年 4 月 23 日　　星期六　　晴

Part 12

国家海事博物馆　　卡蒂萨克飞剪船
拜谒马克思墓

▶ 提　要

1 格林尼治国家海事博物馆

酒店早餐后，7：20，我们从诺维奇出发，前往 187 公里外的伦敦。紧赶慢赶，周末车辆多，来到伦敦格林尼治公园路的国家海事博物馆时，已超出预定 10：00 请馆长导览的时间，他电小冷，请我们等一下。

这是一座一层半的石建筑，建于 1807 年，曾经是英国海员子弟学校。1934 年议会法案把它改成博物馆，包括海洋开发历史、重要战争、海洋艺术、地图绘制、重要著述和手稿、船舶模型、各类仪器、各个时期的船用设备等。

大门建筑个性精致。两米宽的门拱弧之上是馆名："格林尼治国家海事博物馆"（亦称格林威治）。上面的方柱，雕两只狮子抬一个盾徽，两侧的墩柱托着两只风满帆扬的石刻船模型。最高处飘动着英国旗。大门两侧，各立一只两米高的大锚。楼的正面不足 30 米，但是可以看到楼后高高搭起的玻璃棚架，应该是展厅吧。这是一座在世界上名声很大的海事博物馆。

著名的英国格林尼治国家海事博物馆　　2016.4.23　孙前／摄

博物馆大厅地上的海洋图，让孩子们知道什么是海洋

格林尼治皇家博物馆所辖分馆的邮票

2　中国海军节与西方屠龙节

我们的英茶行已近尾声，年轻团友们强烈要求给她们购物时间，也还有要约会亲朋的，这样，还剩八人，我们进入大厅。

馆长安排的工作人员对我们说，因为你们的时间推迟，馆长去参加一个很重要的宗教节日"屠龙节"，活动完了来接待你们，现在可以在大厅里随意看看。

什么，"屠龙节"？我追问一句，她肯定地点点头。

我在第五天日记中，写到今天是"世界读书日"，因为圣乔治杀恶龙救公主，美女以书相赠，再加上西班牙的作者塞万提斯，英国的莎士比亚都是 4 月 23 日

文艺复兴"美术三杰"之一的拉斐尔绘木版画《圣乔治屠龙》（1504—1505）藏卢浮宫。俄罗斯国徽中间的小盾牌，是他们的主保圣人圣乔治持矛杀死恶龙。

每年6月11日是比利时蒙斯的"屠龙节"，已有600年历史，2005年被联合国教科文组织授"人类口头和非物质文化遗产代表作"　《光明日报》记者　刘军/摄

逝世，所以联合国教科文组织认可4月23日为世界读书日。但是我不知道还有一个"屠龙节"。

今天是中国海军建军节，我们来参观海洋强国博物馆，遇上"屠龙节"，这就有了很多有趣的故事。

1949年4月21日，原国民党海军海防第二舰队少将司令林遵（他是林则徐的嫡孙，在英国学习海军专业），率25艘舰艇，1271名海军官兵在南京笆斗山江面临阵起义，为解放军4月22日百万大军渡长江，敞开了江面。4月23日，解放军攻占南京，得此消息，毛泽东即兴写下《七律·人民解放军占领南京》（1949年4月），字字珠玑，千古绝唱。"虎踞龙盘今胜昔，天翻地覆慨而慷"，把盘踞千年古都的恶龙屠了，这标志着两千多年来的封建反动统治的历史性终结，龙的传人当家作主的新时代到来了。

刚从海参崴治疗脑伤回国的张爱萍，由陈毅传达中央军委命令，成立华东军区海军（东海舰队前身），由张爱萍任海军司令员兼政治委员，这是彭德怀建议，毛主席首肯的。

4月23日下午，连同粟裕司令员调派的人员，一共13人，在江苏泰州白马庙开会，由张爱萍宣布军委命令，人民海军正式成立。这是一个简单得不能再简单的成立会议，但确实是一个划时代的会议，解放军一大军种诞生了。40年后的2月17日，中央军委重申：4月23日为中国人民解放军海军的诞生日。在前

往上海接管国民党海军途中，到苏州受到演出队的欢迎，这是伪"满洲国"的宫廷乐队，流落至此，经过鼓动，张爱萍把他们收编成立海军文工团，这个意外收获，让儒将张爱萍乐不可支。

也就在张爱萍筹备成立人民海军的紧张日子里，长江扬州江域发生了一场震惊中外的中英"紫石英事件"。4月22日，第二、第三野战军120万将士，在千里长江发起渡江战役。对在上海一带的英美军舰，中央军委命令用炮兵布防江岸，以防外舰干涉。4月20日，英舰"紫石英"号护卫舰撞入长江三野的渡江作战区扬州三江营江面，经鸣炮示警，让对方退出无果，双方发生炮战，对方少校舰长被击毙，伤亡很大，慌乱中船受伤搁浅。但在英舰对三野炮兵回击时，他们误以为炮兵在江堤后，猛烈攻击，殊不知轰击了集结隐蔽准备渡江的步兵部队，造成200余人的重大伤亡，一位团长牺牲。英军即派"伴侣"号驱逐舰来救援，被击退。英军远东舰队副司令梅登中将亲率"伦敦"号重巡洋舰、"黑天鹅"号护卫舰驰援，也被击退。全世界注目此事，英国内意见纷争不已。中共对此事视英方态度而定，规定不解除"紫石英"武装，不登舰俘虏之，允许对方添加燃料，如果它要逃跑，睁眼闭眼。双方几月谈判未果。7月30日一场台风登陆，江水

毛泽东诗《七律·人民解放军占领南京》（1949年4月）

1949年4月21日，在长江南京笆斗山江面起义的林遵将军。中国海军首任司令员张爱萍（右），1949年4月23日，在江苏泰州白马庙开会，宣布中央军委命令，中国人民解放军海军正式成立

上涨，"紫石英"号趁机逃跑，7月31日在崇明岛外与来接应的"和谐号"驱逐舰汇合，前往香港，此事落幕。英方对四舰所受损失，没有向中共提抗议。这四艘军舰的火力，是鸦片战争时英军舰队全部火力的十倍左右。1949年10月1日新中国成立，1950年1月5日，英方承认新中国，这说明了什么呢？

历史的轮回，那么难以预料。1842年8月29日，在南京江面的英舰"皋华丽"号大厅，清朝钦差耆英，助手伊里布、牛鉴，同英方特命全权大使璞鼎查（他接替首开战端的查理·义律）签署了《中英南京条约》13条，从此中国走上了半封建半殖民地道路。时过百年，"紫石英"号事件，英方参加过二战的四艘威力强大的军舰，也只能落荒而逃。吃一堑不长一智，是因为吃堑太少。抗美援朝时，联合国军不可一世，对装备奇差的中国志愿军不屑一顾，殊不知几战下来，以英国而论，他们的一支支功勋部队，皇家来复枪一营、皇家重坦克营、佩戴两枚帽徽的格罗斯特营[1]、苏格兰边民团一营……，殊不知，志愿军3个步兵连成建制全歼皇家重坦克营，炸毁27辆、缴获4辆，这是二战中在非洲横扫隆美尔德军的功勋部队，主战坦克"百夫长"是当时最先进的武器。志愿军560团二连班长刘光子带两名新兵，歼灭了格罗斯特营的火力连120余人，刘光子一人俘虏其中的63名英军官兵，这是英军从不提及的奇耻大辱。曾被视为国之骄子不可一世的部队，结果全部葬身于寒冷的朝鲜半岛。

1953年9月12日，毛泽东主席在北京主持召开中央人民政府委员会第二十四次会议，彭德怀作了《关于中国人民志愿军抗美援朝工作报告》，他说，通过三年激战，"它雄辩地证明，西方侵略者几百年来，只要在东方一个海岸上，架起几尊大炮，就可以霸占一个国家的时代是一去不复返了。"这气吞山河的铮铮豪言，赢得雷鸣般的掌声！

1949年10月1日，天安门开国大典，虎龙长啸，龙的子孙从此站起来了。开天辟地，人民的子弟兵接受检阅，雄赳赳、气吞万里如虎。谁能想到，第一方阵是海军部队，他们是1949年2月25日，邓兆祥舰长率"重庆号"起义，和4月21日林遵率第二舰队起义的部队中选出的精英官兵155人，这些受阅者，全

1　这是有150年历史的王牌中的王牌。1810年远征埃及反败为胜，英王室赏可在军帽上戴两枚"皇家陆军"徽章，从无败绩。

部在英国海军学校受训多年，他们的操步和持旗，全是英式操典，后面第二方阵的四野步兵全部手持日式三八大盖枪。遥想 1860 年，英法联军在北京操典张狂，看今朝，中国人民用帝国主义的装备建立起人民共和国，换了人间，让人留下无尽念想。"和谐"号接走伤残的"紫石英"号，时至今日，想过没有，"和谐"才是处国处世大道。

1949 年 10 月 1 日，新中国成立的开国大典阅兵式，第一方阵是英式操典的海军起义部队 155 人组成

　　在我看过的中外书中，没有把中国海军节与西方"屠龙节"联想的记述。今天巧遇，这个海事博物馆能给我们什么启迪呢？

　　这个大厅呈凹形，玻璃棚覆盖，采光很好。地上镶绘了一个巨大的世界地图，蓝色的海洋留住参观者的目光。几个男士，带着两岁大小的孩子，任他们在海洋上爬来爬去，哦，我体会到孩子们的海洋启蒙课，就是这样教的。

　　厅的右侧架着一条十米左右的狭长木船，船首是头向前伸的西方龙头，也像鳄鱼头，身后是木雕金狮，一侧三个，望海激吼。船舱倒插 30 把红色木浆，两面猎猎展开的长方旗，绣有女神红狮族徽图案。这颇像中国赛龙舟的船，我猜也

博物馆大厅陈列的龙首船和实物

是西方的竞技船，还像威尼斯、热那亚宗教活动的礼宾船。

　　船侧的墙壁，是长长的壁画，从葡萄牙的恩里克王子办海洋学校说起，这应该在讲15—19世纪欧洲的海洋史。另一面墙上，镶了50多枚船徽，附有船徽使用的演变史说明，我数了一下，有39枚小徽，8枚中等，3枚圆形大徽，中间最大的一枚是一只红龙。说明介绍，古代西方的船都要有一个与船名相符的船首雕刻，然后有一个与之匹配的船徽作为官方标志，这是上级报请女王（国王）批准的新船名，同时批准船徽。对船长和水手而言，这是荣誉所系，如同军旗对一支部队的重要性。1894年使用蒸汽铁船后停止使用，1918年后改由船桥镶一个徽标来显示。

英国海洋战争的船首。俄罗斯圣彼得堡军港的船首柱　　2013.9　孙前/摄

在通道顶端的墙上，嵌有大小不同的十多个船首，有神仙、宗教人物，有欧洲和阿拉伯的将军元首，还有吉祥海鸟。我在俄罗斯圣彼得堡的军港见到船首柱，柱上镶着各种船首，这是俘获或击沉的外国船首，是显示海洋国家的一种海战荣誉象征。

船用的发动机、吊装设备、螺旋桨、不锈钢试验船……转到小卖部，图书、服装、海洋用品、瓷器、日记本……老少咸宜，非常丰富。我花 20 英镑，买了一册八开本的海洋地图册，它吸引我的奇特之处是——各国、各岛、各海洋的自然地理文物动物美食特点，都注有图画和文字，看图识字就能猜到大部分。还买了几套特殊的邮票。

3　寻找香料和约翰祭司王，是地理大发现的动力

11：20，海事博物馆馆长罗伯特·布里斯先生匆匆来到我们面前表示歉意，"久等了！今天屠龙节，这是很重要的宗教节日。你们从诺维奇赶过来需要时间，我就把安排挪了一下，双方都方便了。"小雅给他衣襟上夹了一只熊猫，很匹配，智慧的眼睛被黑眼镜框着，天庭饱满的前额，修饰很好的浅络腮胡子，给人以和善睿智的印象。

我说主要想了解中英茶瓷贸易和鸦片战争的英方资料。他点点头说，我们重新装修了"东印度公司和亚洲"的专题馆，正好符合你们的要求，咱们上楼看吧。

格林尼治国家海事博物馆馆长罗伯特·布里斯专题导览　2016.4.23　小雅／摄

二楼的展厅约 1000 平方米左右，灯光得体，由墙上的图片、文字、油画；壁立和平置的玻柜展示珍贵文物；桌几上放着大件和可以触摸的文物几部分组成。

馆长指着主厅显眼的"童贞女王"像说，这里的历史故事，应该说，主要是因她而起。这里有一段对手讥讽她的文字，虽然出言不太恭敬，但是较为客观，

"这只凶狠的老母鸡一动不动地蹲着，孵育着英吉利民族，这是民族初生的力量，在她的卵翼下，快速地变成熟、变统一了。"这幅画比乌邦寺的那一幅稍小，画面完全一样。

他说初期的英格兰，要走出偏僻弱小被人瞧不起的窘况，她借鉴葡萄牙、西班牙的成功之道，那就是海上抢劫。1587 年，她支持的海盗头子德雷克袭击了西班牙船队，俘获商船"圣菲利普"号，缴获很多关于东印度贸易的秘密文件，这促使她和阁僚考虑，应该建立稳定的贸易之策。当时，在大西洋劫持精疲力竭，因疾病减员的运宝船，最为安全省事，但这不是长远之计。1588 年战胜"无敌舰队"之后，伦敦商人强烈要求打开到东印度的海上商路。1600 年，女王特批成立了英国东印度公司，他的全称是对东印度群岛贸易的英国商人联合公司，总部设在伦敦。这是世界上第一家由国家授权、商人集资成立的东印度公司。序幕拉开，1603 年她撒手人寰，就看后代怎么演出了。

对于葡萄牙、西班牙、荷兰、英格兰这几个早期的海洋大国来说，最主要的动因是寻找香料，寻找传说中的基督教祭司王约翰，以对抗伊斯兰的势力，馆长介绍说。这是怎么回事呢？

什么是香料？《牛津英语词典》说，"从热带植物中提取的各种有强烈味道或香味的植物性物质，由于其所有的香气和防腐性质，通常被用作调料或其他用途。"

古埃及人是最早写下使用香料的国度。公元前 1721 年，幼发拉底河岸，雅迪克－阿布王遗迹的泥板文字上，有使用丁香的记录。考古发现，埃及最伟大的法老拉美西斯二世，在公元前 1224 年 7 月 12 日去世时制作成木乃伊的鼻梁中，被嵌入几粒胡椒。地理学家斯特拉博（公元前 63—公元 24）的著作中记录，每年约有 120 艘商船前往印度作为期一年的航行，购买香料等多种货物，这是根据一位讲希腊语海员实地经历的叙述写成的。大英博物馆收藏有四个古罗马时期的金银质胡椒罐，以女皇形象特制。有专家统计，《圣经》中有 188 处提到香料。14 世纪佛罗伦萨商人弗朗西斯科·巴尔都西奥·派格罗蒂写过一本商业概览，罗列了当时认为的 188 种香料，包括橘子、食糖、樟脑和杏仁。香料中最特殊最重要的是胡椒，主产于印度马拉巴尔海岸的多年生爬藤植物，依采摘时间和加工方法不同，有黑胡椒、白胡椒和绿胡椒之分。10 世纪以后，《马可·波罗游记》是第一个向欧洲人介绍印度出胡椒等香料，中国刺桐（今泉州）是很大的香料集

葡萄牙海洋霸权的奠基人恩里克王子（1394.3—1460.11）。1960年，为纪念他逝世500周年，在里斯本西部特茹河畔，修建了这座高大的"地理发现纪念碑"（亦称"葡萄牙航海纪念碑"）。16尊雕塑，除著名航海家之外，还有国王、王后、科学家、作家、传教士，显示了葡萄牙人海外征战的全民参与程度

散地，货品山积。之前欧洲人不知道香料产地。研究香料历史的西方学者说，香料是基督教的恋物，是伊斯兰教徒的摇钱树。

香料有什么魔力，让古埃及、古希腊、古罗马和中华民族竞相追逐？

香料的主产地在印度尼西亚、马来西亚、印度、东非、中国，中东有一小部分，欧洲也有少数，如藏红花、胡荽、孜然芹。按大家比较熟悉和常用的香料统计，有胡椒、生姜、豆蔻、肉豆蔻、丁香、薄荷、檀香木、安息香、沉香、木香、麝香、大黄、乳香、熏陆香、龙涎香、没药、阿芙蓉（鸦片）、肉桂、小茴香、茯苓、番红花、樟脑、苏木、桂皮、蒜……

它的功用，分精神层面和物质层面。前者用于祭祀和宗教活动，袅袅香烟，把祭拜者的期许和敬意，送达天庭神灵。随着印度佛教、中国儒释道、伊斯兰教、基督教的扩张，对各种熏香的使用量是很大的。而物质层面又分为卫生和食物两方面。就卫生而言，祛病驱邪防瘟疫要香料，壮阳激春、美容保健，遗体保存要香料;《丝绸之路》作者（英）彼得·弗兰科潘对香料的功用有一段可谓经典的描述，欧洲"从需求量上来讲，进口最多的商品还是香料。价格高昂的胡椒、豆蔻、丁香、乳香、生姜、檀香、小豆蔻和姜黄，自罗马时代起就成为烹饪过程中不可或缺的角色，它们不仅是改善口感的佐料，而且还具有药用价值。比如说桂皮，据

说它对心、胃、脑都有好处，还能治疗癫痫和瘫痪；肉豆蔻油被认为是一种治疗腹泻、呕吐的良药，对一般的感冒也有效果；小豆蔻油能缓解肠道不适和胃肠胀气。当时地中海地区有一份用阿拉伯语写成的文献，其中有一章的标题是'小部位雄起之秘方'，说的是用生姜和蜂蜜的混合液涂抹私处，会有相当神奇的效果，保证让男人的性伴侣'欲罢不能'。"

就食物而论，欧洲冬天缺牧草，大量宰杀牛羊，其保存食品防腐臭必须香料；四月斋戒必须吃鱼，提前捕捞准备要有香料；无论贫富，要想烹饪色香味美俱全、风味迷人，绝不能缺了香料。

如果为了显示身份，宫廷富人雅士的龙涎香、乳香，为防瘟疫附体而准备的随身香囊，不可或缺。专家杰克·特纳研究，伊丽莎白一世女王出现在公众场所，即使不是疫病期间，"也要小心地戴上一双用玫瑰露、蜜糖和香料熏香的手套，外加用最昂贵的香料装填的香盒"。香料是消耗品，需要不断补充，再加上它体积小，比重大，运输方便，分装销售容易，不易变质，价值高，引出热衷于这项生意的人，不胜其多。

中国古代历史上用香料祭祀和清新空气，源远流长，是民族礼仪德化教育的重要组成部分。宋代丁谓著《天香传》道，"香之为用，从上古矣。所以奉神明，可以达蠲。"东晋方士王嘉曾说，黄帝"诏使百辟群臣受德教者，先列珪玉于兰蒲席上，燃沉榆之香"。夏代行祭的香具，已知的有陶制彝鼎，商代已有陶器和部分青铜器，到周代，祭祀和清净宫室的青铜香具已经很完备了。《尚书·尧典》《礼记》《周礼》等典籍有明确著录。

中国古代记录域外香料东来，时代久远。东汉杨孚的《交州异物志》是最早讲到沉香，"置水中则沉，是谓沉香，次有置水中不沉与水面平者，名栈香，其最小粗者，名曰槃香。"这些香，只产于东南亚。《魏书·西域传·102卷》载，"波斯国，都宿利城。出……胡椒、荜拨、石蜜、千年枣、香附子……"《周书·异域传·50卷》记，"波斯国，大月氏之别种，治苏利城，古条支国也……又出胡椒、荜拨、石蜜……"《隋书·西域传·83卷》《旧唐书·西戎传·198卷》都有同类记录，波斯国产胡椒、石蜜、雌黄、甘露等特产。宋代称为"上岸香"指真腊、占城，"下岸香"指大食、三佛国的货源。赵汝适（宋）在《诸蕃志校释》中说，苏吉丹（加里曼丹）"采椒之人为辛气熏迫，多患头痛，饵川芎可愈"。

明代中期内阁首辅桂萼（？—1531），也是有著述传世的地理信息学家，他给皇帝上过一条《进哈密事宜疏》说，吐鲁番"其需于中国者曰茶，曰大黄，曰麝香。此三物，吐鲁番用之不甚急，但以西番诸国非麝无以医蛇毒，非大黄则人马大便不通，非茶则郁闷不解。吐鲁番得此欲转货各国，以利重利"。

《利玛窦中国札记》第三章说，"肉桂和鲜姜是这个国家的土产，数量极多。尤其盛产生姜，质量较全世界任何地方为佳。"谢清高在《海录》中说，英国人占领马来西亚的一些地方，仅槟榔屿，"闽粤到此种胡椒者万余人"。这是用福建广东劳工，种的胡椒再卖给中国人。名气很大的香港，就是宋元以后，因为是转运南粤香料的集散地，由香港村，香江而成香港，名扬天下。

16 世纪，印度的一磅香料值了 3 杜卡，到开罗升至 68 杜卡，运到威尼斯，涨价 50 倍。对罗马时代的新贵，当时诞生了一个不乏嫉妒心的新名词延流至今，"暴发户"！

到 1650 年以后，香料行情下降。有几个原因：一、奥斯曼帝国通过陆海通道，每年有几百万磅香料运抵亚历山大港，被威尼斯商人运到欧洲，货物过剩，价格下降；二、税收增加，利润下降；三、胡椒不再是财富的标志，咖啡、巧克力、烟草、茶兴起；四、经济发展，生活水平提高，肉食量下降，新品种蔬菜水果出现，膳食结构变化；五、对中国、印度商品的需要，投资者把兴趣转到丝绸、棉纺品、陶瓷、茶叶、漆器等各类工艺品，这些市场新宠，把香料挤压到市场所需的一般水平，而不是 200 年来被疯炒的商品。

所谓基督教祭司王约翰，完全是别有用心的教会人士编造的弥天谎言，他与"十字军东征"的战祸相连。1054 年，基督教会分裂成罗马天主教会与拜占庭东正教会。1071 年，信奉伊斯兰教的塞尔柱突厥人打垮拜占庭军队，又从阿拉伯人手中夺取叙利亚和巴勒斯坦，被基督教徒视为"圣地"的耶路撒冷也被占领。从 4 世纪开始，西欧人就有朝拜"圣地"的惯例，教皇如丧考妣。1095 年 11 月 28 日，教皇乌尔班二世在法国南部克勒芒召开宗教会议，煽动唤起"骑士精神"，并对踏上征途的人许诺优厚条件：一、佃农入伍，即得自由；二、罪人赦免前科；三、欠债缓偿；四、征战之士，罪孽全免；五、家小和财产由教会保护。由此，直到 1291 年，长达两个世纪的东征结束，因为出征时胸前佩十字，归国时背佩十字，所以被称为"十字军东征"。为了让出征士兵对前途充满信心，一部约翰祭司王的军队在前方相助的故事应需而生。以至哥伦布、达·伽马远行时，还怀揣拜访国王兼祭司王约翰的幻想，因为12世纪文学作品对此的描述是，"我，祭祀王约翰，是王者之王。我的财富、品德和权力超越史上所有的国王……""王国满是翡翠、钻石、紫晶等各种宝石，还有包治百病的胡椒和仙丹"。

达·伽马千辛万苦到达印度的卡利卡特，拜访了当地统治者查摩林。他满以为能够见到祭司王约翰的东基督教领地，这让查摩林听得满头雾水不知所云。达·伽马把一幅印度教的图误以为是基督教中的圣母子图，对一些图上的绘画迷惑不解，但他都匍匐在地，感谢祭司王保佑他平安到达印度。这些图被带回葡萄牙复命，自欺欺人，相信东方有一个基督祭司王。在1356—1366年间，英国还出版了《祭司王约翰》一书，说中世纪的国王兼祭司约翰，曾统治过远东和埃塞俄比亚。这些绘声绘色的故事，给远征的劫掠者、疯狂的探险者、非洲沙漠中挣扎的绝望者一座海市蜃楼，让他们毙命黄金铺地的温柔乡而无悔。以后的史学家考证清楚，子虚乌有祭司王。

亚洲和非洲都有约翰祭司王，这是怎么冒出来的呢？ 1144 年，住黎凡特的天主教主教最先讲出一个叫约翰的祭司王的故事，他住在遥远的东方，"臣民都是基督教徒，只不过是景教徒"。此后，这个杜撰的神话被不同的宗教界人士各取所需花样翻新。到 1372 年前，一位至今姓名不可考的作者，以法文写了一本7 万字的杰作，编造一个叫"约翰·曼德维尔爵士"的人在东方旅行 34 年，赞美有高尚情操的基督教君主祭司王约翰的国度。1470 年，这本回忆录的荷兰文版问世，取名《约翰·曼德维尔爵士航海及旅行记》（简称《曼德维尔旅行记》），这本神话书，支持了中世纪大航海时代的需要。但是，奇缘无处不有，1306 年《曼德维尔旅行记》作者还没有动笔之前，就有学者提出，埃塞俄比亚是祭司王约翰的王国，他曾派 30 人代表团到欧洲觐见教皇和"西班牙国王"，这些言之凿凿的"证据"，让那些不懂考据的人疯传，于是对非洲的探险前仆后继。无论祭司王在亚洲或非洲，他的故事是地理大发现探索者的动力之一，这是不用怀疑的。

4　陆路不通走水路，近海不通走远洋：季风与洋流

地球的表面积 5.1 亿平方公里，其中海洋为 3.61 亿平方公里，占地球表面

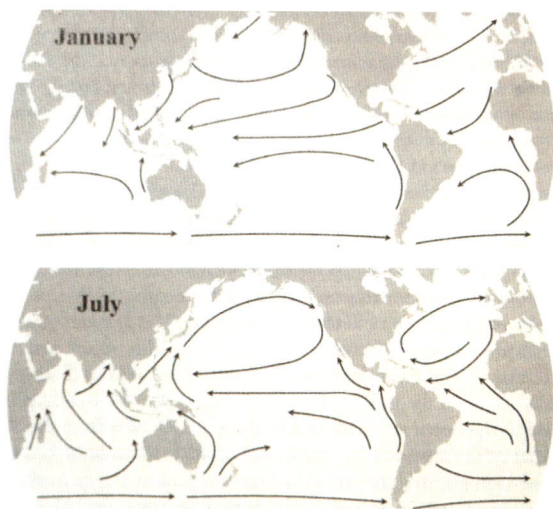

世界各地盛行风在冬夏两季变换，但这种变换最显著地出现在印度洋、东亚、东南亚受季风影响的海域，在这些海域，风从东北风转变为西南风

《海洋与文明》资料

积 71%。

　　洋，是海洋的中心部分，有独自的潮汐和洋流系统。海，是海洋的边缘部分，没有独自潮汐和洋流系统。大洋和海流，因大气动因、冷暖洋流动因和浓淡盐水交流动因，形成洋流，长度可达数千公里，经常首尾相衔，形成环流。洋流是海洋中的高速公路，它把海洋生物和各种营养物质，输送到常人难以想象的天涯海角。专家说，缺了洋流，大海就是荒漠和无边无际的一泓死水。

　　在印度洋形成温带季风气候，夏季风从海洋吹向大陆，暖热多雨；冬季风从内陆吹向海洋，寒冷干燥。史证最早的大规模航海者是非洲的埃及。公元前 2820 年，古埃及人驾船沿尼罗河进入地中海，到亚洲的黎巴嫩，运回造船最好的木料雪松。另一支船队进入红海的索马里。这些探索，使古埃及人成为世界上最早把造船工程技术运用于海洋的开拓者。

　　遵埃及法老尼科之令，腓尼基人进行了有可靠文字记载的非洲环航，此事发生在公元前 600 年，古埃及第二十六王朝时代。他们从红海出发，环绕非洲大陆航行，用三年时间，行程三万里，战胜波涛险阻，最终绕直布罗陀海峡，进入地中海，返回埃及。也是在尼科法老治下，开凿了通向红海的运河。

　　公元前 3 世纪，在埃及的希腊人埃拉托色尼，他精通数学、天文和地理学，古希腊人认为地球是球体，他因求算出地球的实际大小而名扬后世。到公元前 2 世纪初，古希腊天文学家希帕克斯确立了经度（经线）和纬度（纬线）的概念。直到公元 2 世纪，古罗马天文地理学家托勒密，在对大量游客调查的基础上，提出地心说观点，并绘出从中东到亚洲的地图，写出《地理学指南》，其中的第八卷有 27 幅世界地图。

随着古希腊和古罗马的消亡,那些讲述地理的先进理念和著述一并在欧洲消失。"地球是圆的"概念不为人知了,大地被描绘成漂浮在无际海洋上的平面,边邻是瀑布直下的无尽深渊,一切有待"地理大发现"的重新探索。

同为世界四大文明古国的中华,使用船在江河湖海航行有多久? 1973 年,在浙江余姚钻探石油时,从地表以下的深层,发掘出独木舟和木浆,并且雕刻有精美图案,技术测定为距今 7000 年。30 年后,又在杭州萧山遗址发掘出 8000 年前的独木舟。这里是杭州湾区域,远出是东海和太平洋,舟和浆证明中华民族向海而居的历史,极其丰富的贝蚌堆积,证明海洋是先民的食物来源之一。秦始皇时代,已有可载百人的船远去日本。汉代已有载数百人的大船。

《史记·大宛列传》的"索隐"中写道:"魏略云大秦在安息、条支西大海之西,故俗谓之海里。从安息界乘船直载海西,遇风利时三月到,风迟或一二岁",这是中国典籍所写中西交流使用季风的记载。此指大秦,即罗马帝国及东方属地。宋人朱彧写《萍洲可谈》,记录他对宋朝广州对外贸易的眼见耳闻。其中谈到,"舶船去以十一月、十二月,就北风,来以五月、六月,就南风。""海舶大者数百人,小者百余人。"赵汝适的《诸蕃志校释》,是他在南宋时任朝散大夫、提举福建路市舶兼权泉州市舶司时所撰,他写船去"大食国"(即上述条枝国,是对阿拉伯半岛的称呼),"大食在泉之西北,去泉州最远。番舶艰于直达,自泉发船四十余日,至蓝里博易住冬,次年再发,顺风六十余日方至其国。"这里讲的是利用两个季风远行,第一个季风到蓝里,是苏门答腊的亚齐,商贾重地,第二个季风就到阿拉伯半岛了。

最早到中国的阿拉伯航海家、商人叫阿布·奥贝德,他的行迹记录在历史学家达尔吉尼 1229 年前写的《谢赫的层次》一书中,他于八世纪中叶乘帆船到中国,买了沉香木等货物回国。他比马可·波罗的中国行故事,早了 500 年。所以阿曼人认为《一千零一夜》中那个七次航海旅行,并到过中国的传奇航海家辛伯达,其原型就是阿曼人的祖先。公元 950 年前,一位退休的波斯船长布祖格·伊本·沙赫里亚尔写了一本回忆录《印度的奇观》,真实地反映自己的航海生涯。而在此前 800 余年,即公元 166 年,东汉"桓帝延熹九年,大秦王安敦遣使自日南徼外献象牙、犀角、玳瑁,始一通也"。"证以《罗马史》,其王确系罗马帝国皇帝安

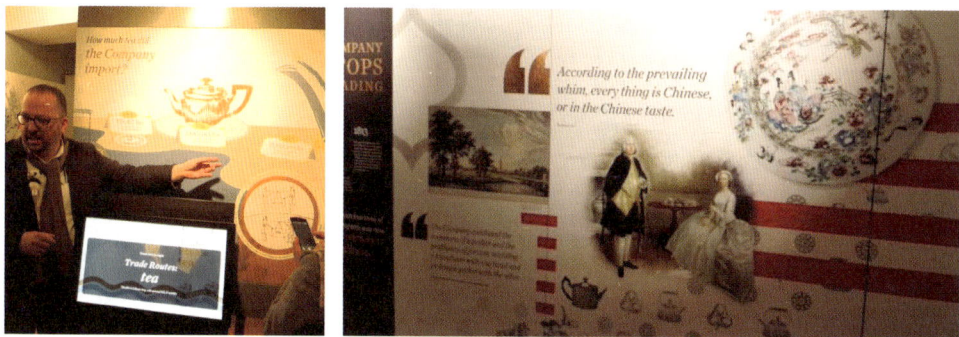

茶从中国进入英国的路线。融入民众的生活,漆茶桌、紫砂壶、瓷器,是生活品质的体现

东尼之音译",这批使者到达了洛阳。

《财富之城:威尼斯海洋霸权》(英)罗杰·克劳利说,"每年的航行模式由季节规律控制,而这种季节规律在欧洲之外遥远的地方发生作用。"

学者罗京生研究,"根据大气环流的特性,印度洋被分为四个纬向气候带,即:季风带、信风带、副热带和热带、西风带"。所谓信风,就是每年如约而至的风向,为贸易提供了方便,也叫贸易风。"信风在北半球的冬天是从东北向西南吹,夏天则是从西南向东北吹。帆船可以利用信风在海上航行。"而大西洋则不同,它东西南北气候差异很大,在南纬 40 ~ 60 度的海区,每年的 110 天都有狂风巨浪,所以迪亚士 1488 年称其发现的岬角为"风暴角",而葡萄牙国王认为,绕过此角,去印度的希望在前,就更名为好望角。

中国依数千年发达的农耕文明和天文知识积淀,从汉武帝颁《太初历》将农历一月定为岁首正月,正月初一是年首日以来,古人依陆地四季不同方向的风分别命名,总结出《二十四节气歌》,依此而来的"二十四番花信风",每季每侯的风至,必然对应的有一种花应风绽放,最早的是梅花,最晚的是楝花。这就如同海信风般准时。《八仙过海》是中华民族敢于挑战大海的故事,万千年来,陆海相连,依序习作,生生不息。

海洋是人类的摇篮,全世界 60% 的人类,居住在距海不到 100 公里的区域。曾经昌盛的陆上贸易,进入到近海。711 年起,穆斯林征服信仰基督教的西哥特王国,从而形成三大宗教群体共栖伊比利亚半岛的局面。到宋代,西夏、辽金控制了陆上与中亚、欧洲的通道,从而促进了泉州、广州的海上贸易。元朝以后,西域地区出现了哈密、柳城、于阗、吐鲁番等割据政权。帖木儿汗国（1370—1507）控制了中亚，奥斯曼帝国（1299—1922）统治西亚，特别是拜占庭于1453年灭亡后，陆上通道受阻，近海航运也困难重重。这样看来，传统香料丝绸之路的中端掌握在伊斯兰教徒手中，西端的地中海贸易，由热那亚和威尼斯人垄断。为了摆脱控制，避开阿拉伯人和热那亚、威尼斯的控制与要挟，率先从穆斯林统治下求得解放的葡萄牙人扬帆远航。

但是，在他们启航之前，郑和的庞大舰队已完成七下西洋的远航（1405—1431年），他比迪亚士早82年，比哥伦布发现美洲早87年，比达·伽马到印度早92年，比麦哲伦环球航行早114年。著名国际学者李约瑟说，明代海军"以致所有欧洲国家联合起来，可以说都无法与明代海军匹敌"。

达·伽马在首次冒险探寻去印度的航线时，第一个进行了"绕行"的大胆尝试，即在大西洋南部的无际海域中绕一大圈，而不是沿陆海航行，将帆降到半桅，放弃沿岸与逆风逆流的消耗战，这在空间上是巨大迂回，在时间上确是捷径。他成功了，他是地理大发现中第一个绕行大西洋到达印度卡利卡特的航海家。他也是逼得出此险招，而收获巨大者。当时印度洋航线被葡萄牙人垄断，他走相反的航线到了印度。归航时，利用季风与黑潮（日本暖流）东航返国。这为60多年后，另一位西班牙航海家明确"马尼拉大帆船"航线奠定了基础。

季风、信风和洋流如此重要，何人何时发现的呢？

如前所述，公元前600年，第26王朝的埃及法老指挥了长达三年的绕航非洲；古希腊、古罗马的科学家认为地球是球形；公元166年，古罗马帝国皇帝安东尼的使者远涉重洋到达洛阳……这些航海和研究航海的史实，证明了西方的航海史。《史记·大宛列传》《萍洲可谈》《诸蕃志校释》明确记录了2000多年来，中华民族对季风的使用。

有记录可查的有如下几位对海洋风和洋流的探索者：

生活在一世纪中叶的希腊系埃及人西帕尔斯，第一个发现印度洋上存在信风并将其运用于远洋贸易，大大缩短了罗马到印度的距离。

1565年，西班牙占领菲律宾宿务，航海家安德烈斯·德·乌达内塔发现了从马尼拉到墨西哥阿卡普尔科的太平洋环流航路，然后再延伸到欧洲，从此开启了长达250年的"马尼拉大帆船"航路，而世界上成立的第一支海军陆战队，始于 1537 年的西班牙，他为远航保驾。

1611 年，荷兰船长布劳沃发现强劲西风，可以从好望角直达苏门答腊、爪哇巽他海峡。葡萄牙 1267 年从穆斯林手中复兴，全世界三个重要的海上战略要地（马六甲，连接印度洋与太平洋；霍尔木兹，位于波斯湾口；亚丁，位于红海口），葡萄牙人进入亚洲水域不到 20 年，就占据了前二者，并可以封锁第三者。历史上，亚洲人和穆斯林都认为，海洋不属于任何人，而葡萄牙是第一个否定这个基本理念的政府，他们认为，谁占有就是谁的。

挽救了古希腊、古罗马文明的阿拉伯人！

在阿拉伯人建立起跨越亚欧非的帝国以后，从公元七至八世纪之际，倭马亚王室家族的一位亲王，出于兴趣的追求，安排了对古希腊炼金术著作的翻译。到八世纪中期，阿拔斯哈里发接替了倭马亚王朝，把翻译做成一项大规模的事业。从叙利亚迁都伊拉克后，阿拉伯人影响力加强，地中海文明势衰。于是，以统治术和宫廷礼仪为主题的书，由中古波斯文译成阿拉伯文；数学方面的著作则从印度文译过来；大批译本源自希腊文，重点是哲学和科学，包含柏拉图、亚里士多德、托勒密等。此外还有医学、占星学、天文学、炼金术、化学、物理、数学和农业技术著作。译者清一色都是非穆斯林或新进的改宗者，这可以使原著保持本色。如此大规模的翻译工作中，只有一本拉丁文史学著作，这是西班牙神学家奥罗修斯写的编年史，由此可见对中世纪欧洲语言的兴趣不大。而托勒密的《地理学》，在九世纪就已有多次阿拉伯文本出版。

长达两个多世纪的阿拉伯文翻译工作，到十世纪基本结束了。"残留下来的一些古典文献在欧洲的修道院里得以幸存，但是它们完全无法与阿拉伯学者们的图书馆收藏相提并论。后者拥有到目前为止几乎所有古希腊的伟大作品，而且它们都有阿拉伯译本供学者们使用。像布祖格这样一位波斯船长使用这些作品的便利程度，都远超过欧洲最博学的基督教主教"。

1406 年，欧洲人在意大利发现托勒密的《地理学》，这首先引起了葡萄牙恩里克王子等一些探险家的兴趣。由于信风的原因，位于印度洋中间的斯里兰卡是信风转换之地，东来西往的船都要在此停靠贸易。中国人对斯里兰卡以东的地理状况比较熟悉，而西亚和古代欧洲人，则对它以西的地理知识掌握较多。可是，中世纪的欧洲，把这一切都忘了，重新进行"地理大发现"的探索。

地理大发现的四位先驱：迪亚士（1450—1500.5，葡萄牙人）、哥伦布（1451—1506，意大利人）
达·伽马（1469—1524.12，葡萄牙人）、麦哲伦（1480—1521.4.27，葡萄牙航海家，为西班牙效力）

5 地理大发现的四位先驱：迪亚士、哥伦布、达·伽马、麦哲伦

一、迪亚士（1450—1500.5），出生于葡萄牙的一个贵族世家。1487年8月，奉葡萄牙国王若昂二世之命，率船探测去印度的海洋航线。他们航行到非洲最南端的海岬，狂风不止，他取名"风暴角"。由于船员已极度疲劳，只得返回。在给若昂二世汇报时，他认为继续航行，有希望到达印度。国王为此海岬取名"好望角"，沿用至今，相信能经此到达东方。此时西班牙还在穆斯林统治之下。

二、哥伦布（1451—1506），意大利热那亚人。后世考证，他是战败的波兰王室王子，否则，在那个尊卑森严的时代，他不可能娶葡萄牙女贵族为妻。

1484年，他给若昂二世写信，提出向西航行2400海里可达日本，被专家团队否定，认为他估算的距离不可信。他错在依据的托勒密《地理指南》绘于古罗马时代，当时认为非洲大陆不可穿越，它周围不是海洋，那时不知道有美洲大陆。在葡萄牙数次碰壁无果，狡猾的葡王室给他灌输了错误的信息，在经纬线的计算上，有意出错。

哥伦布转向西班牙碰运气。1492年1月2日，伊萨贝尔女王的部队占领王宫，西班牙从穆斯林的统治下光复，一洗被占领八个世纪的耻辱。经过三个月的谈判，1492年4月17日，女王同哥伦布签署协议，只要有新占领的土地，他就被任命

哥伦布 1492 年 8 月率三船、90 余名水手希望探险到印度、中国，每船百余吨位。
郑和 1405 年 7 月首次远洋，巨舶百余艘，官兵数万人。有国外好事者绘哥
伦布"圣玛丽亚"号旗舰与郑和"宝船"的比例，聊以自慰

为副王和总督，收益的 1/10 自得，不交税。这次远行预算需要 200 万马什维迪币，
还不算每月 25 万的工钱，当时一等水手月薪 3000 马什维迪币，而堂·吉诃德给
仆人桑丘每天工资 26 马什维迪币。皇家司库代女王借支 140 万马什维迪币，哥
伦布筹措 25 万马什维迪币，一位大臣筹齐余款。

　　1492 年 8 月 3 日凌晨祷告毕，三只船（"圣玛丽亚"号、"尼尼亚"号、"平
塔"号）和 88 名船员出发。船是长 70 英尺的多桅快帆船，每艘载重 60 吨。开
始十天遇贸易信风，行 1631 海里。又行月余，茫茫不见边际，两位船长要求返航。
经协商再走三天，如果仍然不见陆地就返航。10 月 11 日凌晨，"平塔"号发现
陆地，10 月 12 日上岛插旗，取名圣萨尔瓦多岛，意为救世主。此后这一天定为
西班牙国庆日，美洲国家称为哥伦布日。10 月 28 日发现古巴，12 月 27 日到达
海地，志得意满的哥伦布以为他到了印度，把当地土著取名印第安人。1493 年 3
月 4 日，因风向变化，哥伦布先到里斯本，葡王若昂二世在一处修道院里接见了
他，看了他带回的六个土著印第安人和鹦鹉鸟。葡王指责他违反了教皇给葡萄牙
的协议。回到西班牙，他受到隆重接待，女王和国王授予他子孙后代可以佩戴纹
章的荣誉。哥伦布提醒女王，要重视葡王所说教皇协议之事。这将引出后面葡萄

牙、西班牙瓜分世界的故事。

葡萄牙早在 1267 年就从摩尔（穆斯林）人手中独立出来。1415 年，葡萄牙攻占了北非穆斯林重镇休达港，19 岁的恩里克王子作为先锋，在城墙插上葡萄牙军旗。1444 年葡萄牙开始了非洲探险，恩里克成立了"皇家非洲公司"，他独创对西非冒险船只征税抽成制度，使探险成为全民可参与的事情。1481 年，罗马教皇批准了葡萄牙国王新拓土地的主权要求的《阿尔卡索瓦斯条约》。按当时的欧洲国际公法，"教皇有权确定不属于基督教皇的任何土地的世俗主权归属"。当哥伦布给西班牙国王讲了葡萄牙国王的不满之后，他们意识到问题的严重性，那时强悍的葡萄牙海军远胜于西班牙。此时的教皇亚历山大六世是西班牙人，他的诸多特权受惠于西班牙双王的关照，于是由生偏袒之心，他通知葡萄牙，要重新签订协议。经过艰苦的谈判，1494 年 6 月 7 日，在距西班牙首都马德里西北 150 公里的小镇签订了《托尔德西里亚斯条约》（以下简称《条约》），确定位于佛得群岛以西 370 里格[1] 的一条分界线："一条笔直的、从南到北、从地球的一极到另一极、位于上述海洋区域的分界线。"界线以西的新拓地域归西班牙，界线以东的归葡萄牙，双方各自的保教权不受侵犯。此后 100 多年，两个瓜分了世界的小国相安无事。但是，冷不丁葡萄牙吃下了西班牙范围的巴西，反之，西班牙把葡萄牙辖内的菲律宾收入囊中。直到荷兰、英国、法国崛起，条约才成了写历史著述者的考据文献。

哥伦布在糊涂中创造辉煌，他在 12 年时间内 4 次远航新大陆，但他至死都认为这是印度旧大陆。他曾因管理不善被控告，然后被反对者镣铐加身，扔在船舱送回西班牙。

三、达·伽马（1469—1524.12），1497 年 7 月 8 日，在葡西《条约》签署三年后，37 岁的达·伽马率 170 名船员远航。在没有风向图和洋流图的情况下，几经往返折腾，航至好望角，看到迪亚士立下的守护神标志，即将进入那个时代欧洲人从未到过的印度洋。在肯尼亚商业重镇马林迪，一位友好的苏丹派航海员伊本·马吉德为他们导航，一个多月走完 4000 多海里，1498 年 5 月到达印度卡里卡特港。在这里，他遇见两个会说西班牙语和热亚那语的突尼斯穆斯林商人，他们长期在

1　一种古老的长度单位，一里格约合三海里，5.557 公里。

这条传统贸易航线经商，历史记住了达·伽马，没有记住那些无名水手和商人。1499 年 9 月回到里斯本时，只有 54 人生还。其带回的香料宝石赚的钱，是出征费用的 60 倍。

葡萄牙新国王曼努艾尔，给予这位"地理大发现"时代首位到达印度的航海家极大荣誉，然后自封为"西洋之王、非洲之王、几内亚之王、埃塞俄比亚、阿拉比亚，波斯和印度的征服者、航海和贸易之主"，这种自吹自炫的风气，延续到 19 世纪。到了 16 世纪中叶，葡萄牙人到了澳门和日本长崎，建立起庞大稳定的商业网络，在印度洋实行"通行证制度"，非天主教传教士不能进入这个区域。弹丸小国，在印度中国日本肆意航行 200 年，也算是奇迹了

四、麦哲伦（1480—1521.4.27），葡萄牙航海家，为西班牙王室效力。16 世纪初，对美洲的占领没让西班牙满意，哥伦布把美洲红辣椒当成新品种胡椒带回西班牙，让人哭笑不得。而葡萄牙的一船船香料，在欧洲赚得金币满钵哗哗响。西班牙相信，《条约》只划了大西洋分界线，印度洋的分界线在哪里，说不定有西班牙的香料群岛。此时，有远东航海经历的葡萄牙人归顺了西班牙，他就是麦哲伦。

1519 年 9 月 20 日，五艘船载着 250 名船员，开始了去印度的新航线探索之旅。1520 年 10 月 21 日，他进入两个大洋间的一个通道，水流湍急，暗礁处处，风急浪高，在终于走出了这个被后人命名为麦哲伦海峡的迷宫后，借助东北贸易风，平安行走了三个月 20 天，没遇一次风暴，他对此取名太平洋。船上没有食物了，一只老鼠可卖半个金杜卡。1521 年 3 月 6 日到关岛，进入菲律宾群岛。4 月 27 日，在同菲律宾部落的冲突中，麦哲伦被杀。1522 年 9 月 8 日，"维多利亚"号回到西班牙塞维利亚港，三年前出发的船队，只剩 1 船 18 名船员归国。

出发之初，任何人也没有想到过这是环球首航。麦哲伦九泉有知，人类记住了他是环球海航第一人，太平洋、麦哲伦海峡因他而得名，可得安息了！麦哲伦搅乱了葡萄牙人在印度洋的一泓静水。西班牙舰队接踵而来，经过战争、谈判、签约，西班牙占领菲律宾，由此引出"马尼拉大帆船"环洋贸易的经典。

这四位"地理大发现"海上凿空的先驱，每人都有独到的贡献留名青史，但是哥伦布"发现的印度"，被后世更名为"发现新大陆"，这是他不愿意看到的。

哥伦布 1492 年带着西班牙双王致中国皇帝的国书前往东方，但是却踏上美

洲的土地，他认为是到了亚洲印度的土地，至死不渝。他的同时代人意大利航海家亚美利哥·维斯普奇（1454—1512），在1500年前后，沿着哥伦布的航线，数次从欧洲横渡大西洋到美洲进行探险考察，然后判定，这是托勒密没有记录的一块新土地。达·伽马到达印度的航行，此时欧洲已是尽人皆知，他与哥伦布是完全不同的方向。亚美利哥关于哥伦布发现新大陆的观点，从此为世人接受。1507年，德国制图学家瓦尔德泽米勒（1470—1520），首次使用亚美利哥之名来命名美

在吸取印度洋、北欧的造船技术之后，为适应长距离大西洋回航的需要，西班牙人改良建成的"马尼拉大帆船"

洲，使用至今。利玛窦到中国时，在地图上把"亚美利哥"介绍到东方。

与此相匹配的另一则新闻发生在2002年12月，应邀参加"中国纪念郑和下西洋600周年纪念活动"的英国海洋学家、退休海军军官加文·孟席斯带来新著——《1421：中国发现世界》，他认为郑和船队是人类第一支环绕地球航行的船队，到达过美洲。中国的一些人也赞同此观点。但是，从郑和撰于福建"长乐南山寺天妃之神灵应记"碑，述其七下西洋行止，和随行马欢、巩珍写的书来判断，以及当代学者的研究，看不出郑和船队曾进行过"环球航行"以及"发现美洲"的推论。

对"地理大发现"，恩格斯在《家庭、私有制和国家的起源》中，有一段经典评价："世界一下子大了差不多十倍，现在展现在西欧人眼前的，已不是一个半球的四分之一，而是整个地球了。他们赶紧去占据其余的七个四分之一。传统的中世纪的思想方式的千年藩篱，同旧日的狭隘的故乡藩篱一起崩溃了。在人的外在视线和内心视线前边，都展开了一个无限广大的视野"。这似乎回到了古希腊古罗马的原点，不同的是视野和范围更宽阔了。走过了中世纪的阴晦长夜，西欧人再出发。

6　奴隶贸易古已有之，于今更甚

罗伯特馆长指着玻璃柜里的几副镣铐和一支长枪说，这是 16—18 世纪在非洲抓捕奴隶时用的。这个双铐，是把两个奴隶的脚各锁一只给铐住，免得他们暴乱。墙上的那张图片，是《奴隶贸易记录》一书中，对 18—19 世纪运奴船平面图的准确描绘，非常权威，很多书刊和博物馆都使用它。

奴隶买卖为时久远。古希腊的思想家亚里士多德为奴隶制辩护，他认为，"奴隶制是必要的而且是完全自然的。他断言，有些人天生就注定应该是奴隶，野蛮人就是这样。野蛮人和奴隶是同一的概念。希腊人无论走到哪里都不应该成为奴隶。"

罗马帝国后期的基督教思想家奥古斯丁，把全人类分为选民和非选民，即注定得救与灭亡的人，作为侵略异教徒的依据，也是掳卖奴隶天经地义的根据。出于战争和劳动力市场的需要，奴隶买卖经久不衰。英国学者彼得在《丝绸之路》中说，北欧的维京罗斯人在当地抓捕土著，取名"斯拉夫人"，卖到欧洲其他地方或给突厥人、穆斯林人。阿拉伯的地域比罗马帝国广大，对奴隶的需要量也大。除了来自北方的奴隶，还有撒哈拉以南非洲地区的奴隶。公元九世纪，欧洲的奴隶贸易飞速增长，支撑了丝绸、香料和药物的发展。维京人与占据西班牙的阿拉伯人，在欧洲各地疯狂掠奴，包括不列颠、法国、普鲁士地域，皆不能幸免。奴隶通常被作为礼品奉献给穆斯林的统治者，如十世纪初，从托斯卡尼前往巴格达的大使，给阿拔斯帝国的哈里发穆克台菲，献上 20 名姿色绝佳的斯拉夫美女和20 名斯拉夫阉人，还有宝剑、盾牌、猎犬等。当时有一种观点，认为阉人会更灵巧机敏，卖价也高。当然这同中国的宫廷太监被阉不是一码事。但是黑人不适于阉，这会减弱"黑人的天生才智"，这些观点的科学根据是什么，不知道。

进入地理大发现时代，贩奴贸易与之伴生，某种程度上，成为寻求财富的重要手段。

1441 年，葡萄牙船长贡萨尔维斯带领船员在西非布朗角掠走十个黑人回欧洲，这是殖民者在非洲劫奴的最早记录（1415 年，葡萄牙人在北非侵占了休达）。

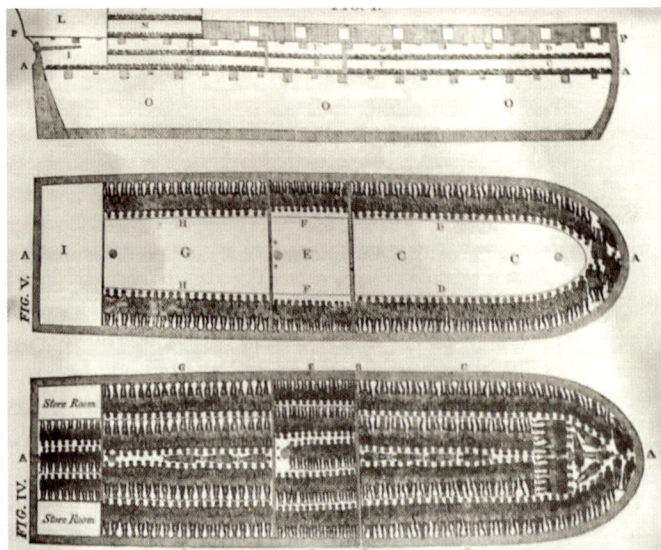

这张奴隶船平面图，挂在显眼的位置，出自《奴隶贸易记录》一书，非常有名，论及奴隶贸易的著述皆要引用。把奴隶从非洲内陆抓捕运到海岸要花数月，再用六至八周时间把他们运到西印度沿岸。他们在船上的条件，就像在血液流淌的屠宰场。恶劣的舱房、医疗食物条件和传染病，死亡率在20%以上。他们的痛苦和死亡，换来殖民地庄园主舒适惬意的生活，以及欧美餐桌上的糖、咖啡、可可

1445年，迪尼兹·迪亚士（他的儿子航海家迪亚士更有名）在塞内加尔掳235名黑人回葡萄牙拍卖。

1509年，第一批被西班牙人装载的奴隶被运到圣多明各，在殖民地金矿工作。

1513年4月2日，西班牙人胡安·庞塞·德莱昂率三艘船从波多黎各出发登陆北美大陆，并取名佛罗里达（西班牙语"鲜花"之意），他比英国人1607年在弗吉尼亚詹姆斯敦建立定居点早一个世纪。

1619年8月，22～23名被英格兰殖民者从安哥拉掳掠的黑人男女，在弗吉尼亚东南小城汉普顿登岸，这是英属北美奴隶制时代的开端。其中一对年轻人被白人殖民者称为安东尼和伊莎贝拉，数年后生一男孩，取名威廉·塔克，这是有记录的第一个在英属北美出生的非洲裔。

从非洲、南北美洲的"姓氏地图"，可以看出殖民与奴隶时代的印痕。非洲的佛得角、圣多美和普林西比曾是葡萄牙殖民地，所以最常见的姓是葡语中的"费尔南德斯"。南美洲大部分曾是西班牙的殖民地，在阿根廷、智利、巴拉圭的常

见姓是"冈萨雷斯"。而北美洲的萨尔瓦多、洪都拉斯、墨西哥出于同理，亦多是西班牙语的"埃尔南德斯"。而在美国以"史密斯"，牙买加以"布朗"，古巴、多米尼加、巴拿马以"罗德里格斯"为普遍。

馆长说，可能有人要提出疑问，非洲有广袤的土地和众多人口，殖民者为什么不在非洲发展庄园经济，而要把非洲人运到南北美洲去呢？是疾病，是欧洲人不能适应的非洲疾病！

美国历史学家威廉·麦克尼尔（1917—2016）在1976年出版的《瘟疫与人》中说，在8000—10000年前，人类开始驯养绵羊、山羊、牛、猪和鸡，在较小的空间内，农业人口与动物生活在一起，"人类与他们驯养的动物分享各种疾病，26种疾病来自鸡，42种疾病来自猪。"人类和牛分享的天花致死无数人类，直到

在非洲内陆被抓捕的奴隶，戴上叉形枷锁，被押往海岸的运奴船

这是在非洲抓捕奴隶的镣铐。在运奴船上，为防暴乱，双人脚镣，把两人的脚各锁一只。捕捉奴隶的器具和日记

发明牛痘才使它不再肆虐。此外，动物还把黑死病、肺结核、麻疹和流感传播到四面八方，考古发现，人类早期的历史上都没有这些"动物疾病"。

西班牙进入美洲，把天花、麻疹、性病、肺病带进这一块非疫区的"伊甸园"，使没有这些疾病免疫力的庞大的印第安军队和帝国土崩瓦解，加勒比海的原住民50年内几乎死光。很多地方的印第安区域被征服几十年后，印第安人死亡接近九成。而美洲境内没有本土流行病，西班牙人的存活率很高。

而非洲地区则相反。早在公元前，非洲就与欧洲在贸易、战争、人员交往上过从甚密，非洲人对天花、麻疹已有一定程度的免疫力。而非洲本土的疟疾、黄热病和其它本土疾病却要欧洲人的命。

于是，气候更为适宜欧洲人，土地肥沃、矿产丰富的美洲，吸引了西班牙、葡萄牙、英格兰、法国、普鲁士、荷兰的大批移民。但是这里缺乏劳动力，欧洲人不愿从事又脏又累的工作，就启动了掳奴贩卖的历程，其实这只是贩奴贸易的初级阶段。研究史家证明，贩奴者提供武器和物资，诱使非洲部族争斗，然后把俘虏送到海边的船上。也有专门的非洲奴隶贩子提供货源。这就减少了欧洲人深入内陆掠奴而染病和遭袭击的风险。

历史上有两个时期曾经大规模贩售奴隶，都是以非洲人为商品。第一个时期由穆斯林为主导，从9—19世纪，把劫掳的非洲人运到北非、中东和印度洋彼岸。第二个时期是16—19世纪末，由欧洲人主导，将1200万左右的非洲人运到欧洲人的殖民地，从事甘蔗、棉花、烟草、咖啡种植和矿山开采，重体力运输等。大卫·艾提斯被称为美国研究奴隶贸易的集大成者，他主编的《延伸的边疆：全新跨大西洋奴隶贸易数据库论文集》（2008）中说，奴隶贸易的规模为1106.2万人，是同期欧洲移民的四倍。

随着社会文明道德水准的提高，机械化程度的扩展，1814年12月签订了《根特条约》，英美被迫放弃非洲奴隶贸易。大英帝国于1833—1834年禁止奴隶贸易。1842年签订《韦伯斯特—阿什伯顿条约》。美国于1865—1866年废除奴隶制。条约规定，英美两国组建一支非洲西海岸联合舰队巡逻，缉捕运奴船，严加惩处。欧美各国相继颁布废奴条令，贩奴贸易逐步终止了。

一个问题随之而来，巨大的劳动力缺口怎么办？由于两次鸦片战争的败局，和清朝的灾祸不断（清朝267年间，92年遭旱灾，190年遭水灾），催生了饥民留洋务工的行当。外国商人在各口岸设代理机构，通过华人掮客，诱骗拐卖中国劳工。第一批"契约华工"，1845年由法国船从厦门前往法国殖民地留尼汪岛。由此各国来华诱骗华工，皆以"币重言甘之辞"，把华工骗上船，脸颜大变，逼迫另签合同。到了西印度洋群岛、美洲或南洋下船后，就送"猪仔"拍卖市场，新主逼另签约，陷于奴隶般苦役。流落异乡的华工，多以苦愁终身而逝。据朱国宏教授研究，从1840—1949年，去海外的华侨有1600万人，2/3集中在南洋各地的殖民者种植园。

到第一次世界大战时，英法为解决后勤人手不足的问题，从山东分别招募了9.6万和5万名劳工到欧洲战场，从事最苦最累最危险的工作。一战结束，在英国超过四万块的战争纪念碑上，没有他们一字一名。此后，在美洲、非洲殖民者庄园工作的数百万华工，没有不受欺侮的，这是弱国国民的下场。温哥华市议会在1886—1948年期间，剥夺加拿大华裔的投票权，1890—1952年禁止华裔任市政工作人员。直到2006年，加拿大联邦政府就华裔"人口税"进行道歉，哥伦比亚省政府2015年就排华历史正式道歉。如果不是今天强大的中国，谁会在百年以后来道歉！

第一次鸦片战争的指挥官，随军医生日记，参战纪念章。清军发射打到英舰的唯一实心炮弹

7 两次鸦片战争：谁是罪魁祸首

馆长带我们来到有关鸦片战争的专题区域，这是"东印度公司和亚洲"专题馆不可或缺的内容，约200平方米的布展区。地上有一尊黑色铁炮，是从清军舰上缴获的战利品。墙上横挂一幅1842年8月29日在南京江面"皋华丽"号签《南京条约》的图片，它是英国人约翰·伯莱特在签约后四年创作的版画，只要涉及鸦片战争的书刊和展览中，都有此图身影。墙上并列两面旗帜，一面是长方形的

海军飞虎旗，一面是三角形的黄色腾龙旗，配有一段耐人深思的文字，在"中国皇家海军"标题下写道，中国海军传统可追溯到900多年前，是一支不可战胜的力量。19世纪中期，这些木制战船败在铁甲蒸汽的机动炮舰之下。

两次鸦片战争中，英军缴获清军的龙旗与飞虎旗

墙上悬挂一幅油画，瘦削冷峻的脸上，杀气外溢，左胸挂几枚勋章，双手斜托一柄指挥刀，他是第一次鸦片战争后期，替换义律的璞鼎查，也是"南京条约"的英方签字人。油画下的玻柜内，放一本随军医生的日记，两枚皇室所发的参战纪念章，还有一枚约十厘米的黑色实心铁炮弹，这是厦门之战时，清军陆上发炮200余次，仅击中英舰的一炮，就在眼前。

墙上镶着两幅图，旁边放了一个模特儿。一幅是茶叶贸易路线图，波涛上航行的运茶船，茶进入大大的茶壶，进入家庭。另一幅是一对富人夫妇坐茶桌旁，上有紫砂壶和瓷茶盏碟，背景的壁炉膛内，放着一只大型的瓷盖罐，和一对中国才子佳人在园林中卿卿我我的外销瓷盘，图片上一段文字，"根据当时流行的观点，每样东西都是中国化或中国风味的"。难怪一位淑女在墙上，盯着模特儿由中国丝绸、南京布，印度棉布和英国粗呢制作的服装说，我当然选中国衣料。

馆长指着这几幅图说，茶大量进入英国，从皇室到最底层的民间，每天都离不开，从1700—1800年间，全国的饮茶量从400万壶上升到95亿壶。到1800年，英国政府税收的1/10来自茶叶，这笔钱足以供养一支海军舰队。过去有一种误解，认为东印度公司掌握着庞大的运输船队，实际上，除有一部分防海盗和保护殖民地的舰船外，商运船只，是由加盟旗下的商船运作，公司收取特许经营费即可。如遇大的战争，申请皇家海军参加。我第一次从外国权威专家口中听到上述观点，喟然长叹。多少年来，我们骄傲于中国的农产品换回欧洲白花花的银洋，没想到这些农产品，培育出一支敲开大清壁垒的皇家海军，打趴了清王朝，从此改变了

1842 年 8 月 29 日，在南京下关江面的英舰"皋华丽"号，签订中国第一个对外不平等的《南京条约》。清朝耆英、伊布里、牛鉴，英方璞鼎查签字。50 余个如狼似虎的赳赳武夫，环视几个衰朽的清廷官员，这是国运解读图（1846 年，英国人约翰•伯莱特创作的版画）。此后，列强走上瓜分中国的道路，左起代表英、德、俄、美、日。愤怒的中国老人，对"饕餮盛宴"无可奈何

中华民族的命运。祸兮福兮，天命难测。

在中国出版的论及鸦片战争祸端的中外书刊中，基本都要使用这样一条材料，1840 年"4 月 7 日起，下议院经过三天的激烈辩论之后，以 271 票对 262 票的微弱多数，通过了对华用兵军费案和'英商在中国的损失须达到满足的赔偿'的决议。"没见过有人怀疑这条资料。

新华社驻伦敦记者桂涛，专门到伦敦维多利亚塔楼的议会档案馆，查阅了 1840 年 4 月议会下院辩论记录集，得出完全相反的结论，他在《参考消息》（2018.5.22）写了一篇文章，《本报记者查阅英国议会档案文件发现：英议会通过"鸦片战争议案"为误传》。文章写道："1840 年 4 月 9 日，议会下院在经过三天辩论后，投票表决的是一份由当时的反对党辉格党人詹姆斯•格雷厄姆提出的'对政府的不信任案'。这份议案并非关于与大清的鸦片战争或是备受争议的鸦片贸易，而是抨击当时的首相巴麦尊在对华政策上缺乏远见、思虑不周，并忽视了给予当时英国驻广州相关人员的权利。"辩论记录显示，这份不信任案最终以"271 票反对、262 票支持，反对多于支持 9 票"的结果"没有获得通过"。感谢桂涛先生这项重大的史料查询工作。这无异于釜底抽薪，必须重新认识鸦片战争祸源何处。

那么，是谁下令对华战争的呢？桂涛采访了伦敦大学伯贝克学院教授蓝诗玲，她写的《鸦片战争》一书已译成中文出版，她讲了一段中国人不知或不熟悉的英国政体规则，"根据英国政治体制设计，政府享有'王室特权'。这种特权可以由君主或其大臣在没有议会许可的情况下直接行使，包括宣战、媾和、处理重大对外关系等。""'王室特权'之一就是政府可直接调动军队，无需议会批准。"

看到这里，我们离揭开"谁是罪魁祸首"的面具只有一步之遥，但这是艰难的一步。

他就是巴麦尊，当时他是外交大臣，不是首相。网查他25岁时就是英国军务大臣，我不敢取信，这太年轻了吧！现把对他人生最权威的注脚录下（《马克思恩格斯论中国》，中共中央马恩列斯著作编译局编译，人民出版社，2015年12月版）：

"帕麦斯顿子爵，亨利·约翰·坦普尔（1784—1865）——英国国务活动家，初为托利党人，1830年起为辉格党领袖，依靠该党右派；曾任军务大臣（1809—1828），曾任外交大臣（1830—1834、1835—1841、1846—1851），内务大臣（1852—1855）和首相（1855—1858、1859—1865）。其名字在我国旧文献史籍中作：巴麦尊。"

这个经历说明，此人乃国之枭雄！现摘选《鸦片战争前中西关系纪事：1517—1840》《林则徐传》中巴麦尊的作用，举

帕麦斯顿子爵、第三代巴麦尊子爵、亨利·约翰·坦普尔（1784—1865），先后任军务大臣、外交大臣、内务大臣和首相。中国旧文献称巴麦尊。青铜像立于伦敦议会广场，1876年揭幕，由托马斯·伍尔纳制作

证他挑起了第一次鸦片战争。

早在 1832 年 2 月 16 日，东印度公司驻广州大班（总管）马奇尔班斯派遣得力干将胡夏米（译林德赛）、郭士立（译郭实腊，德国传教士）和船长礼士驾"阿美士德"号间谍船，率 70 余人，从澳门出发，对中国东南沿海的经济军事水文航道进行了全方位考察，9 月 5 日返港。

1835 年 7 月 24 日，胡夏米把由此形成的文件寄呈外交大臣巴麦尊，分析了广州、厦门、宁波、福州、上海作为通商口岸的重要性。为扩大影响，1836 年公开印发了此信，为侵华作舆论铺垫。信中对兵力、舰船有详细建议，并说，"这支武力的绝大部分印度已经有了，花不了多少钱就可以行动起来"。

1839 年 10 月，英国曼彻斯特、伦敦、利物浦、利滋市等六个著名工商业城市，在不到十天时间内，300 多家工商业资本家致信巴麦尊，要求用强硬手段制服中国。

1839 年 10 月 18 日，巴麦尊写第 15 号秘密训令给驻广州的商务代表义律，告知政府将采取武力行动，至迟明年三月。

10 月 26 日，大鸦片贩子查顿致信巴麦尊，提出对清政府交涉的四点建议，以及军事装备、兵力计划，和必须割占香港的理由。巴麦尊对此信很重视，11 月 2 日抄送印度事务大臣，11 月 16 日抄送海军大臣。

11 月 2 日，伦敦印度中国协会主席、下院议员拉本德等人，递交了遵照巴麦尊的嘱托起草的一份全面侵华计划，认为在第二年 4—11 月的西南风季节为宜，还有具体军舰、陆战炮队和兵力建议。

1840 年 1 月 6 日（道光十九年十二月十二日），维多利亚女王在国会发表演说，攻击中国的禁烟运动，这是发动战争的预警。

2 月 20 日，英国政府任命海军少将乔治·懿律和查理·义律为侵华正、副全权公使。同一天，巴麦尊签发了五份文件：致中国宰相书，讲明开战和赔偿理由；给全权公使函；致海军部密函，讲明军事目标；对华条约草案；致海军少将和义律大佐函，他要求舰队到达珠江口后，即把中英文译本送广州总督，到舟山群岛时，也要把译本送到岸上。给海军部的密函中要求，只封锁广州外的珠江海面，佯作进攻，不进行陆上军事行动，而是主力直取 1290 公里外的舟山群岛，那里离北京近，军事行动有威慑力。舰队的领航员，全部由鸦片贩子走私船的人担任，循走马戛尔尼、阿美士德当年探测的航线。1840 年 6 月 21 日，英国海军第一批舰船到广州虎门外封锁江面。7月5日占领舟山属下的定海。所有军事行动，都是依巴麦尊的命令而行。

不久懿律病，由义律接任堂兄之职指挥作战。到1841年8月，巴麦尊严厉斥责义律说，"在整个过程中，你似乎始终将我的指示当做完全可以不予理睬的耳旁风，根据自己的喜好随心所欲地处理涉及国家利益的事务"。巴麦尊在英国紧急召见从印度回国休假的璞鼎查男爵，让他带领更多的战舰和军队到香港，接替了义律的帅职，一直打到《南京条约》签字，五口通商的城市选择，就是采纳胡夏米的建议。

从上述内容可以看出，巴麦尊在国内有很高威望，判断分析事物精准迅速，出手果断敏捷。他哪来如此身手？从简历看，他25岁时就任英国军务大臣，长达19年，三次任外交大臣达21年。英国媒体介绍说，他工作非常勤奋，通常工作到凌晨1：00，"站在特制的一个很高的办公桌前办公，以保持头脑清醒"，在他担任外交大臣期间，"动用海军对付过那不勒斯国王和埃及总督"。由此可见，是他组织策划实施了第一次鸦片战争。桂涛否定了4月7日下议院的投票表决，因为"误说"的牵引，就没有人去查真相了，如此大规模的战事，肯定要经过议会，相信不久，会有专家揭秘。以蓝诗玲的材料辅证，巴麦尊有权操盘上述活动，事实证明，1840年2月20日，战争机器已经发动了。原来曾有疑问，4月7日投票，6月21日舰队已封锁珠江口了，也就是说，没投票之前，部队早就出发了。事实如此。

怎么也不会想到，第二次鸦片战争的祸乱，也是他一手造成。英国人对《南京条约》不满意，说的开放广州，但因当地民众的坚决反对和官方干扰，英人不敢进城。贩卖鸦片没有被合法化。1850年，担任了16年外交大臣的巴麦尊（以下简称勋爵）放出狠话，"为了使中国和拉丁美洲这些国家的半文明政府就范，我们每隔八至十年就需要教训他们一次"。

机会终于来了。1856年，中国人逮捕疑为海盗船"亚罗号"的船员后，英国人趁势发难，此时的勋爵是英帝国首相，他比过去更加好战。1857年，他命令额尔金勋爵率远征军前往中国。在一位法国传教士被杀之后，法国人也加入远征军。1858年底联军攻陷广州，把两广总督叶名琛押往印度，1859年4月殁于加尔各答，在中外交恶的历史上，清朝高官如此下场，这是首开先例的。勋爵从1855—1865年任了两届首相，火烧圆明园是他的"不朽功勋"之一。

对于帕麦斯顿首相的对华疯狂，马克思和恩格斯在伦敦《泰晤士报》和美国《纽约每日论坛报》发表了一系列社论、文章予以揭露和抨击，如《英中冲突》（1857.1.2）、《议会关于对华军事行动的辩论》（1857.2.27）、《帕麦斯顿内阁的失败》（1857.3.6）、《英人在华的残暴行动》（1857.4.10）、《英人对华的新远征》（恩格斯，1857.4.17）《鸦片贸易史》（1858.9.20.25）。

在 1858 年签订《天津条约》后，马克思写了《中国和英国的条约》（1858.10.15）作出英明的预判，此条约要求中国全境允许鸦片自由贸易，对此马克思说，"与预期完全相反""印度的鸦片垄断连同印度的国库一定会一起受到致命的打击，而英国的鸦片贸易会缩小到寻常贸易的规模，并且很快就会成为亏本生意""因此，第二次鸦片战争的最明显的结果，看来就是它本身的目的落了空"。当帕麦斯顿之流在伦敦、印度弹冠庆贺打开中国鸦片自由贸易大门的时候，通晓国际政治经济学的大师马克思，已一针见血地指出，他们已经自掘了坟场。为什么呢？清朝是禁止本土种植和吸食鸦片的，此禁一开，中国本土种植鸦片，不是要把洋烟打个落花流水吗？

上述资料证明，帕麦斯顿子爵是策划、挑动、实施对华两次鸦片战争的罪魁祸首！

鸦片对于中国的毒害和影响，雍正皇帝早在 1729 年就下了第一道禁烟令。由于官商勾结之弊，愈演愈烈，直到 1839 年 1 月 18 日林则徐前往广州禁烟。行前，道光皇帝召见他 19 次密谈，可见对禁烟的重视和对他的倚重。以后林则徐的故事和受中华后裔的景仰，深入人心。天安门广场人民英雄纪念碑的第一块浮雕，就是"虎门销烟"，碑文讲中华民族反对内外敌人，就是从 1840 年算起。有一则国人不熟悉的林则徐蜡像在伦敦的境遇，小记于后。大清第二个出访欧美代表团的大臣志刚、译员张德彝，大清首任驻英法大使郭嵩焘，继任大使曾纪泽（曾国藩之子）都参观过这个蜡像馆，曾纪泽的评价与他人不同。

1868 年（同治七年）九月初六，"往栗榛街法国德慈夫人之蜡人馆一观。内储各国古今名人之像，其头与手系以蜡传成；冠履衣裳，皆当日本人所服"。"中有粤督林文忠公（则徐）暨其夫人之像，阶前对立，仪表如生"。志刚面对蜡像叹息，"惜觌面不能共语，以问安边之方"。光绪三年（1877 年）元旦，郭嵩焘、刘锡鸿两人参观蜡人馆，郭记，"最著者华盛顿也，林文忠亦塑一像坐门首"。刘记，"入门右首,则林文忠公像也。""文忠前有小案,摊书一卷,为禁鸦片烟条约。上华文,下洋文。夫文忠办禁烟事,几窘英人,然而彼固重之者,为其忠正勇毅,不以苟且图息肩也,可谓知所敬。"国内有书涉林则徐蜡像一事,都是以赞许口气说他受英人敬重。上述诸人,除张德彝外,皆不懂英文。懂英文的曾纪泽,1879年8月20日在与馆员谈到"伦敦有蜡人馆,以蜡塑各国闻人之像。林文忠之像,实守门户。自有中国公使,英人乃撤其像而藏之。闻英人之讥议林公,以其讳败为胜,犹有称誉之者,则亦以焚埋烟土一事。"通读上下,悟出玄机,法国商人为赚钱,在伦敦开了蜡像馆。当时中国名声很大的林公夫妇,被贬为蜡馆的守门人,为商人招揽游客。曾纪泽识破交涉,"英人乃撤其像而藏之。"看来以后涉此的文章,会是另外一种写法了。曾纪泽这一天的日记,对林公的功过是非,另有一种写法,作为同时代的正派文人,给人以一个新视角,有兴趣者可找来一读。

1997年11月19日,一尊三米二高的林则徐铜像,来到纽约老中国城的且林广场,距华尔街仅一步之遥。红色花岗岩基座上用中文刻着"世界禁毒先驱",英文刻"禁毒战争先驱"。这一年香港回归,鸦片战争在中国的历史遗产终结。"美国林则徐基金会"不忘先贤忠烈的善举,让很多中国旅游者来此献花照相。

8 宣纸"英使朝贡图",大清朝的催命符

我们来到一个精致的小展台,一幅宣纸中国画已泛黄,大约是三尺三开的大小,很多人在搬运大小仪器,右上侧有毛笔文字。馆长说,这是1793马戛尔尼到北京朝觐乾隆皇帝,送去很多礼物,皇帝后来让宫廷画师绘了"英使朝贡图",并且亲自题诗一首。画的上方有一段英文说明,点明主题:

外交失败:
1792年(乾隆五十七年),英国东印度公司和英国政府派遣马戛尔尼勋爵率团前往中国。
他的任务是为英国争取较好的商业条件。马戛尔尼为乾隆寿辰携带的丰盛礼物并没有让朝廷为之动容。他没有达到原来预定的目标,便离

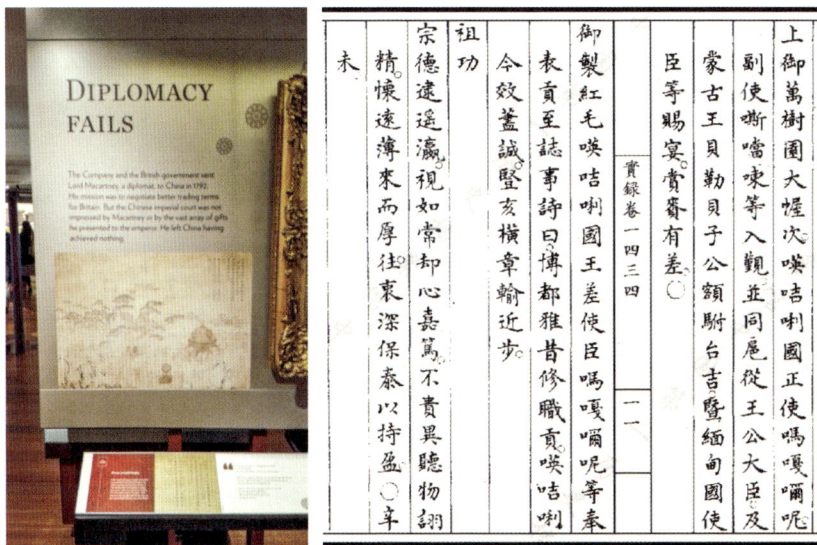

英国特使马戛尔尼给乾隆送了 600 箱礼物，清廷画的这张宣纸"入贡图"就是证明。博物馆的陈列说明无可奈何地写道，大量高科技和贵重礼物，没引起乾隆兴趣，特使无功而返。《入贡图》上的书法，即《清高宗实录·1434 卷》刻乾隆御题诗

开了中国。

我走近细瞧，画不错，应该是在圆明园内搬运礼物，周围是宫廷建筑，莽苍的松柏和众多的太湖石。最前面 20 余人，又撬又拽在移动一个庞大的天象仪模型，其后几人抬着一个地球仪，有板车拖的礼品箱，延不见尾的劳役队伍在运送礼物。毛笔写的是乾隆御题诗，有两字已漶漫难辨。画面无印款，字体也非乾隆书法。应该是后人临摹了原画的局部，再把诗抄上去，不知何时被博物馆收藏，展出在此，这个故事可以放到无穷大。

此诗收录在《清高宗实录·1434 卷》，全诗：

御制红毛嘆咭唎国王差使臣吗嘎㖿呢等奉表贡至，志事诗曰：
博都雅昔修职贡，嘆咭唎今效盖诚。
竖亥横章输近步，祖功宗德逮遥瀛。
视如常却心嘉笃，不贵异听物诩精。

怀远薄来而厚往，衷深保泰以持盈。辛末。[1]

翻译成今文，可理解为：

> 葡萄牙（博都雅）曾派使臣进贡，
> 现在英吉利也来表示忠诚
> 他们来自遥远的地方，
> 是我们祖宗功德远播的影响。
> 我视之如常却心中高兴，
> 我不稀罕传闻所说西方的宝贝。
> 对远客我所赠礼物远超他们所贡，
> 这是我内心一贯的做法。

看来乾隆是骄傲的，看不起这些西洋玩意儿。清朝的用文习惯，把西洋的国名人名加一个"口"字旁，把周边邻国加一个"犬"字旁。

马戛尔尼为什么劳师动众两年时间，干了这么一件空手而归的事情？

英国商人比葡萄牙和荷兰商人晚了一个半世纪才涉足中国商务，他们看到葡萄牙商人在税收、价格、通关、居住等很多条件都优厚于英商。他们知道，荷、俄、葡等国多次派使团到北京觐见沟通。而英商除了澳门和规定的范围以外，哪里也没去过，在大清眼中，不知是何处蕞尔小国的红毛番。商人们给议会的强烈呼请引起国务大臣敦达斯的重视，他报告了乔治三世国王，决定由政府和东印度公司联合组团，礼物和部分费用由公司承担。东印度公司同马戛尔尼多次磋商，提出了一个详细全面的考察提纲，并借鉴荷兰使团的经验教训，准备了多门类丰富的礼品和各方面专家，要让乾隆认识英国的高科技产品。礼品耗资 13124 英镑（亦说 1.6 万英镑），大件物品 19 件。当然皇室也备有礼物。一些想搭顺风船的英商也主动送上礼物，如韦奇伍德送的大花瓶等。

1　竖亥、横章是二位善行之人，《山海经》记，二人是大禹的臣属，奉禹之命，分别测量从东极到西垂，南极到北垂的距离。此喻从很远处来。

出航之前，东印度公司董事长佛兰西·培林爵士写信，派得力干员到广州，报广州总督转呈乾隆皇帝，"因贡物极大极好，恐由广东进京，水陆通途遥远，致有损坏，令其径赴天津，免得路远难带"，这是两广总督郭世勋 1792 年 4 月 27 日奏译稿的内容。而朝觐的理由，是为乾隆 80 大寿（实为 83 岁），表示恭觐和崇敬，派英王的亲戚、最精明能干的参议官前往。言辞恳切，让人动容。据《东华录》载，乾隆五十七年（1792 年）冬十月批示此事，"阅其情词极为恭顺恳挚，自应准其所请，以遂其航海向化之忱，即在天津进口赴京"。"贡船到天津时若大船难以进口，著穆腾额准备小船即将贡物拨运起岸，并派员同贡使先行来京"。这条从黄海到渤海湾上岸的航线，"过去任何欧洲船只没有这段海路航行记录"。对马戛尔尼使团的朝觐乾隆行，国内外的书刊 200 多年来评价不一，事实矛盾多样。根据马戛尔尼（特使、2013 年 12 月版）、斯当东（公使、2014.3 月版）巴罗（使团总管、2013.12 月版）、安德逊（"狮子"号战舰第一大副、2002.1 月版）四人回国后写的书，他们是事件的亲历者，参与活动的范围不一样，从不同侧面补充完善了整个活动。从出版年月可知，过去很多作者没有看过这些书。经过校核，整理出以下资讯：

一、出使时间、船只、人员、礼物数量

1792 年 9 月 26 日从朴次茅斯港出发，1793 年 8 月 22 日到圆明园，然后去热河行宫，10 月 9 日离京，12 月 20 日到广州。1794 年 3 月 17 日，使团和商船队离澳门。1794 年 9 月 6 日返回朴次茅斯港。

海军部调遣"狮子"号战舰，安装 64 门大炮，400 人左右。东印度公司安排货载 1200 吨的"印度斯坦"号，这是当时舱载货运能力最好的船。还派遣双桅帆船"豺狼"号作供应船。

马戛尔尼勋爵曾任驻俄公使和印度马德拉斯总督，他是乔治三世的堂兄，经验丰富的外交官，是使团的特使。1792 年 9 月 5 日东印度公司董事会决定，并专函勋爵，对"印度斯坦"船上的司令官和其他官员，如有不遵特使命令者，可即令停职待查或开除职役。9 月 8 日董事会再次致函，"阁下此行，乃往帝国之首都而非边鄙，吾人应放大眼光，以冀获得更充实而有用之情报和实际收益"。"茶如能在印度公司领土内种植是最理想的""要获取产丝及织丝之方法的详细情报。"

斯当东爵士、准男爵，牛津大学法学名誉博士，使团公使，秘书，在特使遇特殊情况不能履职时，由他代行特使权。

本松上校，大使卫队司令官，率 20 名皇家炮兵、10 名轻骑兵，20 名步兵组成，也是仪仗队；另有一个 6 人乐队。

高厄爵士，"狮子"号司令；安德逊，第一大副。

马金托计船长，"印度斯坦"号司令；巴罗，大使团总管。

另有 3 名博士、制图家两人、植物园艺师两人，画家、医生、仪器机械工匠、厨师、钟表匠、木匠 20 多人。

小斯当东公子，13 岁，掌握六种外语，可用中文誊写文件。[1]

柏仑白翻译，中国人，长相似维吾尔族人，姓李。[2]

馆长罗伯特·布里斯导览

2016.4.23　小雅/摄

舰上还有 20 余名出生高贵家庭、富有冒险热情的青年作为"海军见习生"在船上任职。

三艘船共 800 余人，其中到北京的约 140 人左右。

礼物和行李共有 600 多件，运达北京住地时，"没有一件丢失或损坏的"。仅在北京的搬运人员，有 3000 人运送，巴罗记载，"其中有的行李既大又重，需要32 人搬运……接着是 85 辆车（马车）、39 辆手推车""送给皇帝礼物中的八门轻

1　按欧洲中世纪武士制度，高贵显要人物随身携带一个名门家族的男孩作为见习童子，经八年左右教养，男孩可取得扈从骑士称号，这是骑士以下，绅士之上的尊称，以后争取骑士资格。

2　从中国到意大利那不勒斯的中国学院学习宗教多年，熟练掌握意大利和拉丁文，特使懂此语言，任特使翻译。在华活动时，他着英人服装。两年活动结束后，他在澳门同使团分手，到中国西部地区传福音终老。

型野战炮是这支队伍的押尾。"

二、路线选择和沿途考察

无论海路或陆路，欧洲人都没有走过这条路。斯当东和巴罗的著作，对此有详细的记述。他们测试各条河流的宽度、流速和含沙量；到了北京，校正英国格林尼治过去记录的北京经纬度是 122.41 度，偏差了六度，实际是 116.28 度，因为英国人是第一次到北京；两个园艺师和园丁，分别在北京（106 种）、去热河途中（67 种）、行山东、江南二省（126 种）、在江西、广东（97 种）采集植物花卉药草水果标本数百种；在沿海和内陆各处，他们看到炫耀示强的军队还在冷兵器时代，使用的火绳枪是葡萄牙 100 多年前提供的样式，岸防炮对军舰不起任何作用；详细测量了长城的各部位尺寸、构筑材料、碉楼射击射箭孔的大小和死角；中国的陆军、骑兵数量，饷银、粮食、抚恤等等列表说明。值得赞许的是，巴罗极赞美中国流行的《茉莉花》词曲唱腔，引得使团共鸣。他把词曲用英文译出，带回欧洲并在他书中发布，这可能是中国第一首走向世界的民歌。

三、礼仪之争和朝觐乾隆

从到达北京圆明园再到热河行宫（今承德避暑山庄），朝廷大臣、最后是权臣和珅反复强调要遵中华礼仪行三跪九叩之礼。马戛尔尼义正词严地指出，独立国家使节和属国代表的谒见礼节是有区别的，他只同意以谒见英王行单腿下跪的礼节拜见乾隆，这是他的最高礼节。或者双方行对等叩头礼，即清廷一位同特使职级相当的官员，在另一房间，面对乔治三世画像行三跪九拜之礼，特使才能对乾隆行匍匐礼。最后只得采纳了特使的意见。清廷是否如鲠在喉，现在看不出来。

9 月 14 日上午，在热河行宫的花园里，有一个庄严的大幄，称万树园大幄，皇帝接见各国使臣，大部分皇族，各属国君主和外藩使臣也参加。"特使身穿绣花天鹅绒官服，缀以巴茨骑士钻石宝星及徽章，上面再罩一件掩盖四肢的巴茨骑士外衣。""全权公使以牛

1792 年，英国访华朝觐乾隆特使马戛尔尼勋爵

津大学法学名誉博士的资格，特于官服之上加罩一套深红的博士绸袍。"中国翻译柏仑白，以及为特使牵长服后裾以显欧洲贵族身份的见习童子共四人，在礼部尚书引领下走至御座左首，中国习俗以左为尊。

"特使通过礼部尚书的指导，双手恭捧装在镶着珠宝的金盒子里面的英王书信于头顶，至宝座之旁拾级而上，单腿下跪，简单致词，呈书信于皇帝手中。皇帝亲手接过，并不启阅，随手放在旁边"，然后很仁慈地感谢英王问候，"愿两国臣民永远和好。"按中国礼仪，外国使节除呈献本国国王礼物外，本人也应贡献一种礼物。特使奉上一对镶有钻石的漂亮的珐琅表，公使呈两支精制的气枪。皇帝给英王、特使、公使各回赠一柄玉如意，只是大小色彩的区别，这是中华民族吉祥如意的最高礼节。

皇帝注意到随行的小斯当东，特使说他是公使的公子，会六种语言，会说中国话，皇帝即与对话，甚为满意，他解下腰间挂的槟榔荷包，亲赐眉清目秀，机敏可爱的见习童子。这个场面，被使团画家希基绘出，用在斯当东写的书中，在中国广为使用。

"御赐荷包不大，黄色丝绸质地，上面织成一个五爪金龙，还有几个鞑靼字。"随后几天在热河的活动中，乾隆把小斯当东隆重推出，在给特使的专场演出之前，皇帝让他上台用汉语向众嫔妃问好，博得掌声。还让他写字画莲花，也得皇帝鼓励。乾隆之后还对他多有赏赐。局外人不知道他的本事从何得来。在从英国启航时，有四位中国人同行（两位翻译、两位朋友），其中一位有一手好书法，绘画也不错，精心教授了十个月。在澳门分手时，三位中国人告别，剩柏仑白继续北上，兼任华语教席。以后众书说，在1840年议会对是否开战的投票时，已是著名学者的小斯当东投下关键的支持开战票。现在依桂涛先生的查证为据，小斯当东也没有负乾隆一片怜爱。

四、礼品的结局如何

小件精致礼品带热河行宫，作贺寿之用。全部大件和其余礼品，陈列在圆明园乾隆要接见使臣的御座两旁，"全部礼品摆满了大殿的各个角落。宝座附近陈列了几个古瓷瓶和一个八音钟"，宽广光亮的大殿更添辉煌。韦奇伍德早知道他的波特兰花瓶居如此显赫的位置，一定会多送一些精品让皇帝点评。大件礼物安置在大殿外，包括"在中国引起轰动的大型天象仪"，这是天体循环模型，高五米、直径三米，就是宣纸画的那个大件，还有地球仪等。中国人历来重视天文历算，这些最新科技成果可能对他们的胃口。还有野战炮、枪、马车和装载110门大炮的"皇家号"大型军舰模型。

10月1日，皇帝从热河回京即直到圆明园大殿参观，兴趣盎然。"许多种仪器的功用马上当着他的面试验。"使用了望远镜，派克氏透光镜的焦点熔化一块金属。他询问军舰模型和英国造船业的情况。他很满意留守圆明园负责安装的英国机械博士和工匠的工作，每人赏赐银一锭。下旨这些礼物让大臣们分批参观，然后由老太监管理。

皇帝对这些礼品的真实看法是什么？特使书中有一段记录，"根据我在热河，圆明园所见，再据我间接根据有关报道（特别在嫔妃的宫室，以及在欧式宫殿，后者完全用欧洲物品装饰美化），我深信我获得的信息是：皇帝拥有价值至少200万英镑的各种玩具、珠宝、镜子、自动乐器及其他物品，各种仪器、微型宇宙仪、钟、表等等，都是英国制造。"在参观热河行宫后，特使日记中说，那些陈列的欧洲器具，"制作精致，十分丰富，以致我们的礼物难以相比，自承大大不如！"如此看来，除高科技仪器和武器之外，其他的礼物撞车了。英国小瞧了清宫的收藏。早在康熙九年（1670年），"义国王遣使奉表"（意大利），贡物中有"大玻璃镜"（《清史稿·134卷》）等欧洲昂贵的礼物，清王朝还缺什么？

中国人怎么看待当时的工业发展和高科技？斯当东说，"中国人虽然在特定几种手工业上的技术非常高超，但在工业和科技上，比起西欧国家来，实在处于极落后的地位。"巴罗讲得尖刻而实在，"确实，在选择许多科技方面的礼物时，大大高估了他们的知识和学识，他们不重视他们不懂的东西，科技礼品仅引起他们的嫉妒，伤害他们的自尊心。""就他们目前的状态来说，他们完全不能欣赏科技优异、伟大的成果"。如果再派使者来京，挑选金银、铜和水晶制品就可以了。叱咤风云60年的乾隆老了，对高科技已经无兴趣无精力了。后嗣一代不如一代，后果可期。

1860年英法联军火烧圆明园，随军记者罗伯特·郇和（英）写了一本书《1860年华北战记》，其中在焚毁圆明园时写道，"在一间库房里，他们找到两架完好无损的马车，它们是马戛尔尼勋爵送给乾隆皇帝的礼物。乾隆皇帝好像从未使用过它们，他喜欢坐无弹性的本国马车或轿子。他们还找到两门装备完好的榴弹炮，这也是马戛尔尼勋爵送的礼物；在一些天文仪器和其他各种各样的仪器当中，一个箱子里装着一门英制双筒大炮，还有几罐火药和几盒雷管。"马车是英国著名的哈特切蒂公司生产的，这些半个多世纪前的英国精品，又被窃掠者运回了英国。

五、英方礼物和大清接待各花了多少银子

萧致治书说，"贡物都是由东印度公司负责购办的，价值共 13124 英镑，共有 19 件物品"。何芳川的书说是 1.6 万英镑。

巴罗的数字不同，他写道，"使团对这个国家的全部支出，包括礼物，不超过 8000 英镑；在大不列颠本国看来，这笔花费是不足道的，比原来的一般估计不超过 1/4。"这个数字，是否为

1342 年 8 月，教皇本笃十二世派特使给元顺帝送一匹骏马，以加强双方宗教交流，顺帝命宫廷画师周朗绘《天马图》当成上贡臣服之礼。1414 年 9 月 20 日，孟加拉苏丹赛义夫·丁送大明朝一头长颈鹿，1415 年 10 月 11 日，另一头长颈鹿又从非洲马林迪运到北京。宫廷画师绘《瑞应麒麟图》，皇室把它当麒麟看待。此图反映出元明宫廷的虚妄心态。日、韩语中，至今称长颈鹿和麒麟的发音相同，但图案不同。

了应付国内不满空手而归的批评，有意压低？

因为巴罗同全程接待的王大人成了好朋友，他说，按中国规矩，使臣从踏上皇帝领土到离开，是作为贵客，费用由中方负责。在京期间，国库每天支付1500盎司（三中国盎司相当于一英镑）；途经各省的开销，该省每天付5000盎司银子，约1600英镑。巴罗算了一笔细账：

从8月6日（进入白河）起，到21日（到北京）16天，8万盎司；

8月22日—10月6日（在北京、热河），46天，6.9万盎司；

10月7日—12月19日（从北京到广州），74天，37万盎司。

总计：51.9万盎司，即17.3万英镑。可能各级有克扣，但其开支，是对方的十倍以上，这个"薄来而厚往"，未免太过了吧！根据乾隆亲审同意，故宫军机处赏物单统计，共赠送赏赐礼物100余种，4000多件。

"印度斯坦"号载有公司的货物，特使给和珅说，希望能在舟山销售，并在当地采购茶和生丝，这里价格比广州便宜很多。和珅同意，并通知免征不菲的进出口税，这大出船长意外。舟山无法满足1200吨船的需要，不足部分在广州采购，优惠政策不变。仅免税一项的费用，就远高于公司礼品支出。

有专家分析说，英方以送厚礼为由要求走天津港，如同战国后期秦国施"石牛粪金，五丁开道"灭蜀是同一计谋。秦惠王以送会厕金的石牛和美女为诱饵，骗蜀开明王朝派五丁开通险道，秦大夫司马错率军顺路杀入，灭了开明王朝。这条2000多年前的愚人之计，不期戏弄了"十全老人"乾隆，1840年、1860年、1900年，两次鸦片战争，一次八国联军之祸，全是沿着特使的足迹，轻车熟路，所向披靡，灭了鞑靼后裔的张狂孤傲。没想到的是，乾隆花巨资而揖贼，布祸子孙。

六、努力修复，于事无补

马戛尔尼和东印度公司满怀希望而来，没有签约、没获得通商开埠派员驻京的许可，这些要求有悖大清惯例，不能坏了规矩，从乾隆的角度来考虑有其道理。但是，使团也有重大收获。

从大沽登岸，朝廷派天津长芦盐政（主管河北山东一带盐务）徽瑞作钦差大臣，天津道乔人杰，通州协副将王文雄陪同进京和到热河，以后乔王二人又送到广州。在热河行宫，见到朝廷重臣福康安，他曾任两广总督，刚从西藏同尼泊尔打仗，先胜后败归来，对英国人多少有些了解，极为仇视。在热河交上军机大臣、户部左使郎松筠为朋友，此人返程时陪送到杭州、通州。在杭州，结识新任两广总督长麟，陪同特使，相伴到广州赴任，成为亲密朋友。

东印度公司根据荷兰人在顺治年间第一次到北京时，没有给亲王和大臣准备礼物，处处受卡磨的教训，此次给内阁重臣都准备礼物。出人意料的是，给和珅等六位阁老送的礼物，无一例外全部退回，以巨贪和珅的德行，他都拒而不收，必有隐情。看来朝廷定有对英人不利的舆论。特使不行三跪九叩之礼，乾隆此时只能被动应允，因为寿辰期近，英人涉洋一年而来，"北京邸报"早就晓谕全国。如同康熙与教皇特使争吵仪礼一样，如果不欢分手，乾隆不愿出现这种状况，同意按英王礼节觐见。加上福康安的公开散布，钦差徵瑞的小报告，朝廷有一些不洽的小气候，可想而知。

乔王二官员一路随侍，形影不离，以他们的经验，认为使团人员不错。在热河相处，内阁大臣松筠以自己的眼光判断特使可交，成为朋友，以后相助不少。乾隆第一次见英国人，为他们奉王命不卑不亢，他在山上看到了特使进行宫时的50名卫队仪仗气势，他看到特使公使的容颜服饰举止和小斯当东的教养，产生好感。在热河行宫，皇帝专门把一个皇室传承了800年的漆匣子交特使转送英王，内盛历代祖先画像，每像有各自书写的诗文，把传家宝相赠，足见希望两国交好的殷切期望。同时送特使御笔书法。皇帝没想到，要在中国人面前显示隆重和排场，炫耀西方的财富和实力，是殖民者的固有心态。1727年5月，葡萄牙使团谒见雍正皇帝，预先让宫廷传教士巴多明购买了40匹马，在百里之外就盛装骑马进京，沿途撒了大量钱币，在皇帝接见后返住地时，又大把撒钱。特使公使这次专门带来自用的新奇马车，让人称羡不已。这些，都起到意想不到的效果。

使团离京，乾隆改派松筠为钦差护送，乔王二人仍同行。他们同英使团在融洽气氛中坦然交往，无所不谈。斯当东、巴罗索要了很多算是机密的资料，如军力军饷、人口物产税收、进出口贸易数量和收益等。二人把这些资料与同期英国相比较，用在自己的书中，这是传教士、东印度公司同期书刊做不到的，这是给今天留下的宝贵财富。

松筠是朝廷一品大臣，深受乾隆器重。这次改派他护送，有互相沟通调和的作用。他几乎天天给皇帝报告。皇帝不时让快马送些自己用的蜜饯干果给特使。

尤其重要的是，松筠透露，皇帝改派精明练达的杭州总督到广州任两广总督，以加强外贸，改善中英关系。特使持怀疑态度，好在不久可达杭州验证。

到杭州后，果然如松筠所言，总督长麟盛情款待使团，并要伴特使到广州赴任。松筠送本松上校一行到舟山登"印度斯坦"号，所有礼物运舟山上船。松大人依依别过，情谊不舍。

在去广州途中，谦和的长麟几乎天天过船聊天，特使公使有时也到他船上。特使代广州英国商人的种种不平诉苦，长麟一一记下。特使说，广州官府不让外国人学中文，如有私相授受，一定严惩，重者杀头。长麟对此大惑不解，不相信是真的，外国人不懂中文，怎么交流呀？长麟也几乎天天给皇帝写报告，皇帝不时有回复，对特使多有问候，长麟展示给特使看。皇帝对一路的关怀，让特使深受感动。

到广州的入城仪式是隆重的，这是让官府和民众看到，中国对英国是友好的。不几日，长麟对特使说，已通令各地，"嗣后外国人要学习中文，当地官吏将不许给任何阻碍"。

一天，总督给特使出示另一个上谕说，"皇帝表示本六十甲子循环的第五十七年度，也就是西历的1796年，他将逊位给嗣皇帝，最好届时使节能来参加大典。假如时间上来不及，任何以后时间来也均表示欢迎。"这埋下了一个中华奋起的伏笔。

在广州要告别了，巴罗书中有一段评语，"对中国政府，以及对他派护送使团的人员，应公道地指出，就我们所见，他们的行为始终表现出大方、关心和逢迎的诚挚愿望"。斯当东请画家为乔人杰和王文雄画像，并用在书中表达感谢之情，这在西方著述中是很罕见的。

因为英法开战，为保护商船，英国政府和东印度公司安排"狮子"号保护15艘货值300万英镑的商船，1794年3月17日从澳门附近的沙沥岛出发，半年航行有惊无险，平安返国。800余人的

模特儿的布料：在比较中国丝绸、印度棉布、英国粗呢的优劣，淑女在想什么呢？穿丝绸才靓

519

两年中国行，外界对伤亡的述说，差异很大。根据四本书的统计，船泊舟山约三月，"狮子"号无一人得败血症，"印度斯坦"的病员全部康复；约有 20 余人在船到中国后因生病、从军舰上不慎坠海、在热河行宫贪食水果暴亡等原因逝。从英国出发，是挑选的精壮人员，返航前在舟山、广州调养了数月，所以海航中不会有大的伤亡，这是可以判断的。

站在不同角度，怎么译介中英两朝的凿空之旅都是可以的，无人追责。公使回国，给乔治三世国王和议会都作了报告。马戛尔尼转达了乾隆希望使节再访的邀请。斯当东按国务大臣敦达斯的要求，图文并茂、较客观真实地写了《英使谒见乾隆纪实》，与其他三书互补，相得益彰。此外还有水手和下级官员写的书，中文无版本。

七、阿美士德使团朝觐嘉庆

没有认真研究中英朝廷交往史的朋友疏忽了一件事。派马戛尔尼到中国的英王乔治三世（1738—1820），比乾隆（1711—1799）小 27 岁，两人都是执政 60 年的长寿之君。乾隆逊位，英王未及派使团。到嘉庆王朝时，重视外交的乔治三世想起了当年的乾隆之邀，此时他有间歇性精神病，发作时由大儿子威尔士亲王摄政，也应东印度公司请求，派出了第二个访华使团。1816 年 2 月，由阿美士德勋爵率团出使，目的仍然是进一步开辟中国市场，解决英中贸易逆差的问题。

1816 年 2 月 28 日，使团乘皇家海军战舰"阿尔赛斯特"号，船长默里·马克斯韦尔，海军舰"天琴座"号双桅船，东印度公司"休伊特将军"号商船（负责补给品和礼物运输）从英国出发。整个活动费用由东印度公司承担。7 月 10 日，小斯当东同广州商馆人员在南丫群岛会合，他的另一个身份是东印度公司特选委员会主席，常驻广州，1793 年他随马戛尔尼使团第一次进北京。之前东印度公司已向两广总督通报大使行，以完备当年乾隆的邀请。12 日收到皇帝谕旨，欢迎使团。

使团向广州报出成员名单：阿美士德勋爵，全权大使；小阿美士德（公子）、特使侍从官；乔治·小斯当东爵士、副使；亨利·埃利斯，副使，特殊情况下代行大使职责；四位汉语秘书；海军库克上尉，指挥特使卫队；使团牧师、画师、医生、工程技术人员、乐师、仆人等 75 人，比马戛尔尼使团少 20 人。[1]

从 8 月 4—16 日，苏楞额（总管内务府大臣、工部尚书）、广惠（长芦盐政）、张五纬（天津兵备道）、寅宾（领兵副将）多次告知，见皇帝要行跪叩之礼，并且在御赐宴的空桌画像前，要演练三跪九叩仪式，遭到大使严词拒绝。苏尚书曾任广州海关监督，回忆起当年见过小斯当东，要小斯当东作证，当年见乾隆时行的什么礼？他回答说，当时 13 岁，要以马戛尔尼回国写的报告为准，大使很熟悉这个报告，也是遵先例行事。到 16 日，苏尚书通知，如不行中国大礼，就不予接见，退回礼物。大使不愿太僵，说了当面向皇帝表达尊敬的话，并且提出两个备选方案，被否定。苏广二人也给皇上回了一个含混的报告。

8 月 22 日，通知使团去通州，由官位更高的和世泰（总管内务府大臣、理藩院尚书）、穆克登额（礼部尚书）接谈。和世泰说，"就像只有一个太阳一样，只有一个大皇帝；他是全世界的主宰，所有人都必须向他表示敬意，"谈话不欢而散。8 月 27 日再次谈判，大使几乎要同意和世泰的意见了，询小斯当东的意见，他表示征求广州商馆同来的五人意见后回话，结果是，如果"顺从中国人的要求会严重地伤害公司的利益"。大使和埃利斯副使收回了自己的意见，并给和世泰写了一封信，明确了只能以英国礼仪觐见。

8 月 28 日下午 5：00 启程进京。皇帝已经处罚了苏楞额和广惠，要他们承担使团天津以来的全部费用，二人擅自决定使团进京。29 日破晓时到海淀，被直接拉去圆明园。大使刚坐下，就接到通知，大使和儿子、副使立即接受皇帝接见。大使表示，他现在很疲惫，虚弱，没有代表国家形象的服装和国书（行李车还未到），这是极失礼和极不规范的，恳请仁慈的皇帝允许他次日觐见。和公爷"极其急切和激动"，要大使即刻觐见，被坚决拒绝了。和公爷给皇帝报告后回来说，大使觐见取消，皇帝派医生来给大使看病，使团返回海淀。使团刚到安排的住处，立即接到官员传达谕旨，"大使没有按照皇帝的命令参加觐见，皇帝十分生气，下令要我们立即离开。这一命令十分坚决，没有任何缓和的余地"。前后不到两个小时。4：00，大使坐上轿子，走上返程的路，英使第二次的北京之行，

1　副使亨利·埃利斯回国后，写了《阿美士德使团出使中国日志》，2013 年 9 月中译本出版，附有 13 份当年皇帝、英中双方的官方文件，礼仪之争，一目了然。后简称《日志》。

到此为止。使团返回通州的船上时，是 30 日凌晨 3：00。

以上叙述，来自埃利斯的《日志》，此书 2013 年 9 月商务印书馆出版，它与此前中文书刊引述此事大相径庭。我们深为蛮横无理，不知国际礼仪的皇帝羞愧。还没有说到觐见礼之事，就把使团遣返了。

使团循马戛尔尼的老路到广州，这是他们老谋深算的计划成功了。使团刚到中国登陆几天后，旗舰"阿尔赛斯特"号不知去向。中方官员被追责，擅自放跑军舰。使团说是英政府命令他们走的。这样，使团被遣，无船可坐，由中方派钦差陪送南下。

"失踪"的船去执行一项秘密任务，详细考察北直隶湾，即天津周边的渤海湾，"欧洲的航海者此前从未到过这个海湾"。然后去了朝鲜、琉球。这是马戛尔尼当年未能成行之地。他们"取得北直隶湾航行的完整信息"。作者视此为使团"总体成果的组成部分"。24 年后，鸦片战争的英国海军用上了。

在使团的几月旅途中，不断看到钦差送来的"邸报"，和世泰、穆克登额、苏楞额、广惠四大臣全部受到撤职、降级、流放处分。因为他们没有忠实执行皇帝的谕旨，在《清实录·嘉庆朝·320 卷》中说，"近日召见廷臣，始知来使由通州直至朝房，行走一夜，来使云进见朝服在后，尚未赶到，便服焉能瞻谒大皇帝。此等情节，和世泰见面时何不陈奏？""若预先奏明，必改期召见，成礼而返，不料庸臣误事至此，朕实无颜下对臣工，惟躬身自引咎耳"。"先将此旨通谕中外及蒙古王公等知之"。这让使团稍释梗怀。皇帝又让陪同钦差善加照应，免"休伊特"商船入港税。1817 年 1 月 20 日，大使一行广州登英船，扬帆而去。

9 醒狮论的由来

7 月 1 日，使团到大西洋的圣赫勒拿岛。驻岛将军伯特兰把大使一行带到朗伍德宅邸，拜访软禁于此的拿破仑。大使同他单独谈一个多小时，又同副使谈半个多小时。"他举止率真而亲切，同时不失尊严""他似乎只关心使他的意见留在听众的记忆里，可能是为了让他们把这些意见传播出去。""在表达他的看法时，带有一个善于制造信心的深不可测的自信"。此后盛传，大使同拿破仑讨论中国问题，认为中国不堪一击，拿破仑说，"要同这个幅员广大，物产丰富的帝国作战是世上最大的蠢事"，你们开始可能得势，但是最后只会失败，他们是一个睡狮，"中国一旦被惊醒，世界都会为之震动"。大使1826年任印度总督，写过一本出使中国的日记（未发表），谁把两人密谈披露，当然只有大使本人。他从中国空手而归，满怀怨愤，但他传播给世界的"中国睡狮论"，曾让多少志士仁人为雄狮醒来，奋斗不息，历经140多年的考验得以验证，还得感谢阿美士德。

随行人员和船长心怀崇敬地受到拿破仑接见。此岛属东印度公司，设总督，是使用黑奴的庄园制管理，还有几户中国人。1847年3月，容闳赴美留学，登岛谒拿破仑墓，还把墓前的柳枝带到美国的学校，以后长成大树。1821年5月5日，52岁的拿破仑逝，就地安葬。19年后迁葬巴黎，90万市民恭候伟人回家，这是1840年！这一年，鸦片战争的炮声响起，吹哨人拿破仑睡啦，睡狮醒啦！

拿破仑的"中国睡狮论"是怎么传开的？人民日报2014年7月6日《难忘法国友人佩雷菲特：是谁发现了拿破仑关于中国觉醒名言的史实？》的文章说，佩氏任过八次法国政府部长、学者、著作等身。1954年，他任驻波兰克拉科夫的总领事，在旧书店淘到一套盖有波兰亲王恰尔托雷斯基藏书章的探险记，其中有斯当东和巴罗写的跟随马戛尔尼出访乾隆朝的纪行，拿破仑读过这两部书，并且在其启发下说过，"当中国觉醒时，世界将为之颤抖"。由此佩氏对中国文化产生浓厚兴趣，1973年他出版了《当中国觉醒时，世界将为之颤抖》，这是他在1971年后三次出访中国、考察18个省后的力作，"该书大放异彩，起到了震惊世界的奇特效果"。1996年，他写出姊妹篇《中国已经觉醒》，预言中国在21世纪必将成为世界"第一强国"。什么是真正的政治家，什么叫远见卓识的学者？佩氏堪称标杆。

2014年3月27日，习近平在巴黎"中法建交50周年纪念大会上的讲话"（1964年1月27日建交）中说，"拿破仑说过，中国是一头沉睡的狮子，当这头睡狮醒来时，世界都会为之发抖。中国这头狮子已经醒了，但这是一只和平的、可亲的、文明的狮子"。

好几本书说，皇帝的回信交使团带回英国，因无懂华文未译，直到70年后，曾纪泽大使才帮译出，此为误测。使团赴京有四位汉文译员，最厉害的是英国第一位到广州的新教牧师马礼逊，他把《圣经》译成中文版，他编写了第一部《华英字典》，其次是常驻广州的小斯当东。收到嘉庆致英王书，他们即拆阅，是汉、满、拉丁文三种文字写成，清宫传教士多为葡萄牙、法国人，习用拉丁文（另一说法，乾隆回信是 1890 年才译出，亦不确），使团译此信，举手之劳而已。或不用翻译，阅拉丁文即可。

盛传已久的两特使"叩头之争"的本来面目已明，实际上虚夸此事的另有其人。1841 年，曾任美国第六届总统的亚当斯在马萨诸塞州历史学会演讲说："鸦片战争的原因是磕头，是中国妄自尊大的主张。它不肯在相互平等的条件下，而要以君主和藩属关系的、侮辱人格的、贬低他人身份的方式来同人类其余部分通商。"这种颠倒黑白的说法，在西方被著述者广为引用。弱国，你有申辩权吗？

10　中国龙与西方恶龙，岂可混为一谈

我向馆长请教，他上午去参加"屠龙节"是怎么回事？他以手势助讲，徐徐道来。西方的龙和东方尊崇的龙，无论是历史起源，还是形象或秉性特征，是迥然不同的两个概念。

在古希腊神话中，就有太阳神阿波罗杀死吐火蛇怪派森，以及大力士赫拉克勒斯杀死凶恶的九头蛇贺德拉的故事。欧洲中世纪传说中，恶龙横行，它的特征是膜状的双翅，这是蝙蝠的形象，与黑暗、邪恶有关；蛇或爬虫类的身体，有两足（爪）或四足；爬虫类的尾巴、野兽的头，满口利齿。在 13 世纪的《野兽之书》，以及用阿拉伯文写的《心之欢愉》中，都有对它形象的描述。在西方文化中，恶龙是罪恶、异端、魔鬼、毁灭的代表。由于它有勇猛异常的威力，又常常被赋予宝藏、财富的看守者的责任。

《圣经·若望默示录·12 章》，有关于恶龙与圣母子关系的记载，"女人与红龙：有一条火红的大龙，有七个头，十只角，头上戴着七个王冠。它的尾巴将天上的星辰勾下了 1/3，投在地上。那条龙便站在那要生产的女人面前，待她生产后要吞下她的孩子。那女人生了一个男孩子，他就是那要以铁杖放牧万民的"，这就是圣母和圣子耶稣。以后弥额尔和天使与红龙大战，"于是那大龙被摔了下来，它就是那远古的蛇，号称魔鬼或撒旦的"。那条龙"遂去与她其余的后裔，即那些遵行天主教的诫命，且为耶稣作证的人交战"。学者研究，这是把恶龙隐喻为迫害基督教的罗马人或其他异教徒势力，它与远古的怪蛇是一回事。

　　于是为了保护圣母子，出现了前赴后继的无数屠龙人和屠龙故事，在西方文化中，这类人有上千例，其中一些杰出者被封为圣徒，如圣米迦勒、圣乔治、圣玛格利特、圣玛大、圣雷门、圣参孙、圣菲利普……其中最有名的是圣乔治屠龙的故事，最早出现在 13 世纪的《黄金传奇》一书中，故事的梗概，已在"世界读书日"部分叙述。1505 年，文艺复兴三杰之一的拉斐尔绘了"圣乔治屠龙"的油画，更把圣乔治精神发扬光大。因此，英格兰、威尼斯、热那亚、葡萄牙、南斯拉夫等国，把每年 4 月 23 日命名为"屠龙节"，弥扬骑士精神。而比利时及周边一些国家，把 6 月 11 日作为"屠龙节"纪念日，比利时小城蒙斯，每年会举行万民空巷的盛大纪念活动，已有 600 多年历史，2005 年，被联合国教科文组织列为"人类口头和非物质文化遗产代表作"。

　　我同馆长讨论，龙的形象和传说，在亚洲源远流长，中国有 8000 年左右龙文化的历史，中国 2000 多年前的第一部辞书《尔雅》就记载，"有鳞曰蛟龙，有翼曰应龙，有角曰虬龙，无角曰螭龙。"中华民族以龙为精神象征、文化标志和情感纽带；印度龙王龙宫女和九龙浴太子的故事，随佛教传入中国后，印度狮子的形象也移植到中国龙的身上，头圆而丰满，蒜头狮子鼻、脑后披鬃，增加威仪感。日本、韩国、越南和东南亚很多国家都有龙崇拜和龙文化传承。为什么欧洲把亚

辽宁阜新市查海遗址，出土 8000 年前用岩石摆塑，长 20 米的石龙。河南濮阳仰韶文化遗址用蚌壳摆成长 4.1 米的龙虎北斗图案，距今 6500 年。内蒙古赤峰市出土 5000 年前的"红山文化"祭祀玉器 C 形龙。龙的故乡、龙的传人，史证有据

全世界以龙为国旗，仅不丹国。英国威尔士官方旗的欧洲龙（中）。2016 年，英国发行一英镑硬币，其中一面有代表联合王国的四只御兽：英格兰狮子、苏格兰独角兽、威尔士红龙、北爱尔兰鹿

洲龙翻译成恶鬼撒旦，"DYAGON"，让孩子们从小就对东方龙产生误解和恐惧呢？

馆长说，这是从古希腊文"DYAKON"译成的英文。但是把恶鬼撒旦一词用在中国龙的身上，可能与 13 世纪蒙古人攻打欧洲有关。蒙古人横扫欧洲多国、杀人灭城、传播黑死病，使欧洲人谈虎色变，称"鞑靼人"为恶魔撒旦。另一种原因，可能是写作《马可·波罗游记》的作者，没有到过中国，听马可·波罗描绘元大都的"真龙"图案形象后，想到欧洲的飞龙，附会而写。

我觉得馆长讲得有道理。国内有一种推测，认为可能是利玛窦与罗明坚在 16 世纪编写的《葡华词典》，把译名附会翻译出的问题。有学者认为这是误识。由于范礼安认为罗明坚的中文水平不高，向教皇提出反对出版他的中文译著，至今没有查到对此词典的出版资讯，且利玛窦没有参与此词典的编撰。利玛窦精通中文，熟悉中华传统历史文化，翻译过很多名著，他不可能把中华龙与欧洲恶龙撒旦分不清。

怎么来消除这个造成恶劣后果的重大错误呢？很多有识之士提出，立即着手，把西方恶龙"DRAGON"音译为"劫根"，可以理解为万恶之根。把亚洲龙译成"LOONG"，它是水神、民族神，是中华民族的图腾，这是全世界的共识。影坛武星李小龙和新加坡总理李显龙，都以"LOONG"来表示"龙"字。2006 年 11 月，中国第一块有自主知识产权的电脑芯片"龙芯"的英文注名，就由 GODSON 改为 LOONGSON。经一两代人的努力，假以时日，一定能返回中国龙九五之尊的崇高地位。这是一个好主意。

馆长的博学，让我们如沐春风，视野大开。他最后概括说，除了多种工艺文

化园林建筑的交流以外，中国文明传播到英国，至今让大不列颠受惠的是两个方面：一是茶，这种让英格兰完全无知的植物，成为至今全民族须臾不离的生活必需品，这是物质层面；二是文官考试制度，这是精神和制度层面，历史上，英格兰的用人论出生、论门第，平民阶层子弟要想出人头地很难。东印度公司最早进入印度，接触到中华文化，要稳定和鼓励远离家乡的英国士人，也让印度人感到有奔头，公司率先试行经过改良的中国文官取士的制度，以后逐步为大英本土所用（研究中国科举制度对英国文官制度的影响，是一个庞大的课题，限于篇幅，以后专论）。

涉及与中国海洋、战争的陈列基本结束了，旁边就是东印度公司部分，门口的平台上放着一尊颇为怪异的木雕。一只屈膝振翅，怒视前方，欲鹏程万里的苍鹰，背上坐了一个头缠裹巾的印度土酋，右手持一把很现代的洋伞，以免空飞时晒太阳。重压之下，鹰怎么飞得起来？馆长看出我们莫名其妙，笑着说，这是印度邦酋对英国殖民不满的表示。印度出木材，用工便宜，所以英国的很多战舰商船在印度制造，这尊木雕是一个船

印度土邦酋长不甘心被殖民，在帮英方造的船上，做了一个自慰的船首

首，寓意是，你要飞，得带着我，或者说，我就让你飞不起来。这是殖民历史的艺术反映，很有趣，所以陈列在这里，蛮有故事性。

已经 1：30 了，我们拿出礼物，包括六份英行册、小团旗、雅安旅游画册、吴理真的邮品、两只小熊猫和几款茶礼送给馆长，小雅请他在团旗上签名。我拿出进馆时买的地图册请他签字，他指着封面的一个咖啡色圆圈的文字说，孙先生真有眼力，这里写的是"环球旅行：没有离开你的客厅。"

打开扉页，他拿起我买的一条五张邮票说，它是我们这里的缩影。爱德华一世（1272—1307执政）在此兴建了王室居所，都铎王朝（1485—1603）的亨利八世、玛丽一世、伊丽莎白一世都生在这里。到查理二世执政时，他听取了科学家克里斯托弗·雷恩的建议，在这一片格林尼治王室城堡的区域兴建天文台，这是伦敦的制高点、临海、空气无污染，也方便科学家就近上班。王室择址搬迁。由此，天文台所确立的本初子午线、格林尼治标准时间以此发布为标准走向世界，极大地促进了英格兰的航海事业。1997年，联合国教科文组织将此区域认定为"海事格林尼治"，享誉世界。他指着邮票说，我们这里的全称叫"格林尼治皇家博物馆"，包括四个部分：国家海洋博物馆、皇家天文台、女王之家、卡蒂萨克飞剪船。它们各有特点，非常精彩。馆长一挥而就，题写了对我的祝愿，署上馆名、职务和姓名，这是难得的珍贵纪念。我们付的专题导览费是250英镑，馆长给我们传播的知识，胜读几年书。

11 "短衬衫"号，是飞剪船的绝唱，让它留驻四川

握别馆长，我们在游客餐厅吃完饭，出大门右前方400米，就是我们要参观的"短衬衫"号（也译卡蒂萨克）飞剪船实景陈列馆。它停泊在泰晤士河的一个专用船坞，远处望去，三根挺拔的桅杆有直上霄汉的气势，飘扬着小三角形的万

停泊在伦敦格林尼治泰晤士河畔的"卡蒂萨克"号（又叫短衬衫号）飞剪船。
航行中的气势

飞剪船舱合影，沈冬梅、张雅琪和作者挤在中国茶箱中。货仓实景、装船、各种茶货，这是它的最后一次远航

国旗。船长 64 米、宽 11 米、桅杆高 46.3 米，扬帆满驰时，帆面积 3.2 万平方英尺，相当于 11 个网球场。船体用铜铁锌合金制成，苏格兰人昵称此船"短衬衫"号飞剪船，这源于一个乡土情结的故事。

船主约翰·威利斯，苏格兰人，用 16.15 万英镑在家乡定制了这艘科技前卫的飞剪船。他用 1791 年家乡诗人罗伯特·彭斯写的一首长诗中，穿短衫的美丽女巫的故事为船命名，并把女巫形象刻成船首，以佑远航平安。

飞剪船是美国人的创造。在东印度公司垄断权终止，对华贸易转向自由化，尤其是 1849 年"航海条令"废止，以美国为急先锋的外国资本，快速分享对华贸易红利。1850 年 8 月，美国飞剪船"东方号"以 95 天的纪录从香港运茶 1500

吨到伦敦，每吨运费省 1/3，少花 2 英镑，这让众多茶商转请美商运输。急了眼的英国船商，千方百计窃取收买美国技术，要造出自己的飞剪船。好在 1860 年美国南北战争爆发，美商回国征战，欧亚市场又回到欧洲各国手中。英国的飞剪船也造得很有水平了，于是爱赌的英国人又像赌赛马一样赌飞剪船的到岸时间，我在第 2 天的巴特勒码头一节，就讲了赌船的史实。

威利斯船长赌船的运气不佳，"短衬衫"号 1869 年 11 月 22 日举行入水典礼，早于它 6 天，苏伊士运河开通，航程缩短 5000 海里，不让帆船通过，小巫婆的命运可测。没运几次茶，就改跑澳洲运羊毛了。当蒸汽船一统天下时，"短衬衫"就只有退休了，1895 年被一位葡萄牙船长买走。直到 1922 年一位英国船长把它买回，才恢复英国籍。船长逝，其夫人把"短衬衫"捐赠给泰晤士航海学院，成为一艘训练帆船，离学院仅一条小路之隔。从 1957 年后，经过改造装修，接待往来旅客，缅怀曾经的海洋风姿。后又经数次装饰成了现在模样，这是热爱海洋史和中英茶文化交流的研究者必看之地。

我们几人漫步而行，我想起历史学家夏鼐 1980 年 10 月访问瑞典，然后披露的一则罕为人知的史实。1769 年（乾隆三十四年），广州十三行的重头人物潘启官（1714—1788），应瑞典东印度公司负责人之一的 N`·萨尔珂伦之邀，远涉重洋前往做客。他在瑞典赠送一幅自己的肖像画给萨氏作纪念，肖像绘在玻璃板上，类似五彩油画。其后人把画赠送给哥德堡历史博物馆，现在同瑞典东印度公司创办人的肖像，一同悬挂在陈列室。潘启官懂多门外语，夏先生道，"我们可以说，潘启官是第一个到过瑞典的中国人"。大家对这则秘闻啧啧称奇。

我们参观飞剪船属自由行，门票每人 14 英镑，没有请导游。船分上中下 3 个部分，重点是中间的货舱，全景式复制了当年运茶的场景，我们先看货舱。

除掉两舱壁厚度，宽不足十米，高度按四个茶箱的标高设计。货物分左中右三部分堆码，有两条一米二的参观道。地面有喷绘设计，是各种茶箱平面图。我数了一下茶箱和地面的品种名称，有熙春、屯溪、珠茶、熏香白毫、功夫、小种，起运地有上海、广州、福建、武汉。有一个可坐十多人的小视频厅，播放飞剪船的历史，还有一个一米长的船龙骨模型。

在一处十个茶箱的平面上，绘有两次鸦片战争的图文，其中四个茶箱的角上写着中文"大败鬼子图"和一首杀鬼子的诗，绘有手持刀矛剑戟的百姓，冲向洋

Look up and see the Victorian dockside come to life

1、5.飞剪船从帆尖到船底，一览无遗

2.码头上的海报，宣传"屯溪""小种茶"

3、4.飞剪船谢幕了，它被封装在时光的记忆中。艺术家把飞剪船画在团旗上，让我们带回中国枪洋炮的鬼子，这不知是调侃还是暗喻着什么。一幅给飞剪船装茶的剖面图甚好。在一个高处，贴有一幅两平方米的黑白照片图，让人感动。两位中年妇女的室内乱糟糟的，竹竿上晾着很简单的衣服，她们抱着、站着的有五个娃娃，陈旧的餐桌上放着茶壶和几个茶杯，两人一手抱奶娃，一手拿杯喝茶。照片告诉我们，无论何时，无论多穷的家庭都离不开茶。今天虽然是周六，客人不是太多。

来到甲板上，干净明亮复杂，我们除了能说出三根桅杆的名称之外，什么专用术语都不知道。帆船横杆的宽度，是船体的一倍左右。我绕船一周慢慢看。船首是短衫小巫斜冲向前的白色木雕。一个玻璃柜内装着满帆行驶的"短衬衫"号靓影照片，不看到它，不相信船帆面积相当11个网球场面积。在驾驶舱，可以冒充一下船长。还有一个六平方米的小厨房，是船长、大副二副等领导的专用，沏茶冲咖啡一并解决。来到船尾，一对年轻夫妇带两个孩子照相，无法摄全家福。我主动上前以手势助讲，帮他们了结心愿。摄毕，那位女郎对先生说，想同我这个善良的中国人合影，团友立即咔咔咔留下这张很有韵味的照片，她们开玩笑说，善有善报！小雅拿出两只小熊猫送给孩子，意外惊喜。从这里看泰晤士河两岸，另有滋味。

我们依船外的单向游道下到最低处。无数个钢铰链支撑把船固定在船坞上，仰望船体，一个庞然大物，舱内有两层储货的地方，还有专门的淡水舱、厨房、食品储存的舱位。

回到陈列馆的进出口处，这里有各种纪念品和书刊明信片出售，尤以装在漂流瓶内的"短衬衫"号最有特色，我买了三个小瓶和一本介绍陈列馆的小册子，内容丰富。小冷和小雅拿着团旗，找到销售部的一位长发垂肩、戴眼镜的中年男士，说明来意，展旗给他看，同时把熊猫给他夹在胸前。他瞬间明白了，接过油性笔，把旗铺在桌上，用左手给我们画了"短衬衫"号飞剪船，署上时间和单位，让人大喜过望，那只飞剪船，体现出艺术家对它的认识和灵性，我用相机录下珍贵的资料。小雅送上英行册、小团旗和两款茶礼，他一瞅封面，竖起大拇指说，你们真棒！马上把小团旗挂在高处，很协调。

在陈列馆通道的一侧，把100多年前的海报，喷绘成六米长的图挂在玻璃墙上，一行醒目的大字——"看，维多利亚码头区又重新热闹起来了"：从飞剪船卸下的茶箱，拿着文明棍的老板在巡视，验茶员开箱验货，手推车、抬杠在搬茶箱，墙上贴了数十张卖茶广告，有人还在刷茶广告，叼着烟斗的赤脚少年在看热闹，警察在注视着一切，小猫小狗窜来窜去。

离码头不远，一个两米高的白色基座上，横卧一只巨大的漂流瓶，装着"短衬衫"号飞剪船，瓶口密封，同我买的纪念品一样。我若有所思，最后辉煌的"短衬衫"号封在时光瓶中随波飘逝，是淡出人们的记忆，还是寻找新的所在？团旗上，艺术家画了"短衬衫"号，我买了漂流瓶，走，回世界茶文化圣山去吧，蒙顶山辉煌永在！

12　祭奠马克思

克瑞斯先生拉着购物团友来接我们，上车一看，后两排被几十个手提袋堆满了，丁云国笑着说，伦敦税务局长感谢你们。

我们今天的最后一个点，是到伦敦海格特公墓祭奠马克思，这是我们英国行的重要内容，我们带了导师从未喝过的蒙顶圣山的好茶，小雅的茶具不离身，大家虔诚地来表达敬意。

司机不断地同小冷说，时间很紧张了，说不定我们到达时已关门了。我心里祈祷，马克思在天之灵，受我们一拜！车到公墓停车场，我看到两扇铁门已关闭，留了一个缝，只出不进，工作人员把门。小冷跳下车奔门而去，对工作人员急促地说，我们明天一早的飞机就回国了，请您放我们进去，了却我们的崇敬之心吧！

全世界都知道中国人对马克思的感情，工作人员和蔼地说，那就抓紧一点吧。小冷一挥手，我们赶紧下车。我对小雅说，只带茶礼，茶具就不带了，时间来不及。进了门，白小梅给工作人员戴上熊猫，我把一袋茶礼交给他，请他5月5日，马克思诞辰198岁时帮我们奉茶祭奠。公墓很大，工作人员主动给我们带路，约200米左右就到了。两米高的芝麻白花岗石基座上，睿智的马克思青铜头像，目光炯炯地看着我们，看得出他的欣慰之情。地上放有两枝鲜花和三盏红烛，是供奉者的心意。我们展开团旗，邀白发的工作人员参加，他夹着熊猫，作为中华茶人祭奠的见证者，留下永恒。各位团友也单独留影。

小冷从礼品袋中取出一份英行册交给先生。他说，带着茶和熊猫来祭奠马克思，我是第一次见到。其他地方的公墓是免费的，因为来瞻仰马克思的人很多，每人

中华茶人祭奠马克思　　2016.4.23

收四英镑，由一个基金会管理用于修缮维护。我同两位管理人员合影，真诚地感谢他们。

　　大巴车把我们送到克雷顿四星酒店，标准间 1460 元，不算贵。晚餐在酒店自助三明治。给购物团友们分享今天的丰硕成果，她们无法后悔，鱼和熊掌不可兼得。

　　晚上分别发出海事博物馆、飞剪船、马克思墓地的三组微图，安然入睡，已进入返国倒计时，轻松了。[1]

1　专有一篇文章讲马克思和茶的故事，见附录二。

2016 年 4 月 24 日　　星期日　　晴

Part　13

大英博物馆
"茶生活"茶庄

▶ 提　要

1　博物馆从何处走来

今天是伦敦马拉松赛,多处限行。9时,团友们分两批出发,多数要购物者和行李随大车行。我们几位不购物的大龄团友,小冷另找一车把我们送到格兰奇白厅酒店。安排好入住手续,送我们到一墙之隔,绕到大门只有200米的大英博物馆,租了中文语音翻译器,然后他同小方、小雅就去访朋友。我看总服务台放有十多个语种的《大英博物馆纪念册》,统一标价六英镑,我选"简体中文版"买了一本。打开语音器,跟着感觉走,我们寻找亚洲部的中国展区。

英国人托马斯·勃朗(1605—1682),是医生、新教徒、作家,他被查理二世封为爵士,写有多本书和诗歌。他写的《医生的宗教》(1643年出版)书中讲了一件史实。差不多与巴比伦齐名的中亚王朝尼尼微,他的最后君主萨尔达那帕鲁斯,死于公元前376年,"据说他死时把整座王宫连同其中的太监、嫔妃、财宝全部烧光,用以殉葬。"这种愚昧的疯狂为后人不耻,由此引导出珍视财富和文化的博物馆事业。

"博物馆"一词,起源于希腊语,"意为献给掌管艺术与科学的缪斯女神的神庙",英语按此译来。公元前三世纪,亚历山大逝后,他的部将托勒密·索托接班,在亚历山大城的缪斯神庙安置其搜集到的各类藏品,开设图书馆、演讲厅、实验室等,这座缪斯神庙被公认为西方最早的博物馆,但是它只对少数学者提供研究之用,不对公众开放。这个王朝延续近270年,这种文明习俗逐步形成共识,以后被灭此王朝的罗马人传承开去。在V&A一节中已经谈及。

2　汉斯·斯隆造就了大英博物馆

在第二天下午参观切尔西药用植物园时,已介绍了汉斯·斯隆爵士的雕像和经历。他博学、富有,喜欢和精于收藏,那么藏品的门类、数量和档次,就可想而知了。1753年,他去世前,其收藏品有79575件,另外还有庞大的植物标本收藏,专用图书馆的手稿和藏书。斯隆本想把这些收藏通过乔治二世献给国家,但是直

1759 年 1 月 15 日，大英博物馆首次开放时，用购买的蒙塔古公爵大厦做馆址，1850 年撤除，原址上建成现在的大英博物馆

到通过发行彩票筹集到修建博物馆资金后，国会才通过法案，收购了全部藏品，作为博物馆的首批藏品和基础。

一个博物馆董事会成立了，董事长由坎特伯雷大主教担任，决定购买伦敦边缘、建于 1675—1680 年的蒙塔古大厦作为大英博物馆的馆址。蒙塔古公爵（1638—1709）先是查理二世的两任驻法大使，与多位富商和公爵的遗孀结婚以囊括财富，与修女私通，谁当国王他效忠谁，封为公爵，修建了富丽堂皇的庞大私邸。他被同时代的讽刺大师、写过《格列佛游记》的乔纳森·斯威夫特评价为"当代天字第一号大坏蛋"，无论怎么说，斯隆藏品有了落脚之处，大英博物馆于 1759 年 1 月 15 日首次对外开放。参观是免费的，但要想得到一张入场券是不容易的，并且要有导游陪同方可参观。

新建的博物馆积极收集文物，其中大部分是捐赠品。初期注重收集自然历史文物，包括库克船长环海航行的收集物，还有古希腊罗马的雕塑，拿破仑在埃及溃败时的罗赛塔石碑，1816 年迎来雅典帕台农神庙的精美大理石雕刻。1823 年，乔治四世国王把父亲图书馆的 8.5 万件文物也捐给博物馆——巨大的收藏使董事会不断扩建增修场馆，到 1850 年，蒙塔古大厦最终被拆除，大英博物馆基本定

大英博物馆古希腊、古罗马艺术珍品

格为今天的模样。

藏品的快速增加，游客的巨量膨胀，促使博物馆进行藏品的场馆调整。1880 年，自然历史收藏部分迁至伦敦西部的南肯辛顿；1973 年，所有书籍和手稿转移到新建的大英图书馆；新千禧年的大动作，是 2000 年 12 月 7 日建成开放的伊丽莎白二世大展苑，造价一亿英镑，它由 1656 块形状特殊的玻璃拼接而成，恢宏大气，与卢浮宫的玻璃金字塔各领风骚，女王主持了剪彩仪式。现在，它以 800 万件藏品，每年 600 万观众，居于世界四大博物馆之列，其他的三家是巴黎卢浮宫、圣彼得堡埃尔米塔什博物馆和纽约大都会博物馆，当然这是老观点，用今天的排列，北京故宫博物院应该名列其中。

3 上海的邱锦仙和《女史箴图》

在伊丽莎白二世大展苑，这是人流聚散中心，奇异玻璃网格照耀下，最出彩的是入口处，一尊横卧的雄狮。它原是古希腊时期土耳其克尼多斯古城中一个重要家族的镇墓兽，雄踞在 18 米高的墓墩顶，由整块大理石雕刻而成。虽然把内部掏空，仍然重达七吨。1858 年 5 月被英国考古队发现时，它不知何年已摔地面朝下扑倒，眼珠可能是青铜、彩色石或玻璃，已不知去向。考古队千方百计把雄狮请到这里，它用深邃的目光不失威风地打量着游客。

来到中国馆区，这是第 33 号展厅，宽敞有序，每件文物都装在玻璃柜中，调整翻译器可听到中文讲解。最引人注目的是河北易县唐三彩陶瓷佛像三尊，成品字型安放在三个一米高的木座上；背后墙上是高近四米，宽亦差不多四米的三尊浓丽丰肥的菩萨，头带背光，这是馆藏最大的中国壁画，央视"国宝档案"节目多次介绍，实地来看到很亲切。很多地方讲解是三尊佛像，看来应更改为三尊"宗教造像"为是，因为最左侧穿蓝色道袍的坐像，蓄发留髯，手持炼丹，道长无疑。背景是明代永乐

流失大英博的《女史箴图》，有神奇的故事

清凉寺壁画，据说英国人花高价购买，再请画匠切割成小块揭裱运回。

这是一个中国文物的综合性展区，新石器时的陶器、商周的玉器青铜器、甲骨文龟片、漆器、瓷器、茶具、金属宗教造像、敦煌壁画、玺印钱币、景泰蓝大瓷坛、明清雕漆螺钿器等等，丰富多彩。

但是我最想看的《女史箴图》，以及修复它的"郎中"邱锦仙老师擦肩而过。国内多家大报刊载过这些消息。邱锦仙是上海知青，1972年从郊区农村招工到上海博物馆，师从扬帮的徐茂康和苏帮的华启明两位师傅，专攻中国传统古书画修复，经15年历练，已成两位师傅放心的得意高徒。1987年，同事引荐到伦敦，为一位台湾古董商修复古画。其间，英国著名汉学家、敦煌学和中国艺术史家韦陀教授，邀她到大英博演示裱画和修复技术，并拿出他在中国买的一幅火烧残损的傅抱石画请予修复，其他人都认为不可修复了。邱锦仙端详分析后，用开水在画面冲洗了五次，看得大家目瞪眼滞，从未见过这般技法。修复如新的作品征服了众人。过去大英博只有日本和英国修复师，完全不懂对中国古画的修复，库房堆的破烂中国古画，是一堆霉哄哄的垃圾。大英博馆长大卫·威尔逊和东方部主任罗森挽留邱老师留下，经上博馆长马承源同意，邱锦仙留在大英博日本艺术家捐建的平山郁夫东方古画修复室，专门负责修复馆藏中国古书画。这一待就是

30 个年头，其中她最出彩的，就是对国宝《女史箴图》的修复。

东晋顾恺之（344—406，有说法多种）绘《女史箴图》，绢本设色，横343.75 厘米、纵 24.37 厘米，卷轴，刻画了在他之前的著名女史官的操守功德，以告诫后世妇道。原件不存，只传唐宋两个摹本，以唐摹本为佳，上有宋徽宗、清乾隆和历代名士藏家的题跋钤印，十分珍贵。原存圆明园，是乾隆珍爱之物，怎么跑到大英博物馆的呢？

1903 年初，英国驻印度骑兵军官约翰逊上尉，拿着一个大卷轴匣找到大英博物馆，他想卖掉画上的玉扣，来此询价。大英博物馆版画与绘画部主任、著名艺术评论家劳伦斯·宾雍（1869—1943）和西德尼·考尔文爵士（1845—1927）询问了古画来路。上尉说，他参加了 1900 年八国联军入侵北京，因为他保护了一位贵妇人家庭，妇人以此物相酬。当然，真实来路无可考。以宾雍和考尔文的眼光，认为此物不凡。为慎重起见，他们征求了日本东京国立博物馆、剑桥大学汉学家翟理斯，著名中日艺术品收藏家莫里森等专家的意见，于是以 25 英镑买下了古画和玉扣。以后，是卖的还是捐赠的，说法不一。以当时宾雍写给女友（后为妻子）西塞莉的信可以作证：

> 我认为在中国的所有欧洲国家差不多都像野蛮人。当然我们获得的画作应该在中国，但现在它流落到了这里，我认为它应该留在这里，如果我们不从愚昧无知的军官手中购买回来，那将会是我们犯下的最严重错误。

大英博的日本修复师把画裁成四段，按日画的方式镶在板上展示，他们不明白这幅有 1300 年时间的古画，也是存世最早的绢画的价值。

岁月磋磨，古画危矣，直到邱锦仙出现。大英博对《女史箴图》的修复极其重视，邀请中国和世界各地专家反复研讨，最后确定了不能重新揭裱，只能在原画上加固的修复方案，由邱锦仙主持实施。她根据数十年的经验，提出用淀粉糨糊与化学糨糊混合的糨糊进行修补，既有适宜的黏度，又不留痕迹。为慎重起见，大英博对混合糨糊进行试验检测，效果理想。邱锦仙带着助手，在显微镜下，对皲裂僵硬脆弱的绢画，如同做血管缝合手术一样，以三寸为一个区域，每天不停地工作，用了两个月的时间，加固修复完成。然后再用藤黄、朱砂和墨调配出适合的颜色，将残缺破洞补好，重描一些褪色部分，对画面进行全色处理，展现古画原貌。非顶级国画修复大师，没有这身绝技。长长地舒了一口气，邱老师说，再放上300年，没有问题。看着她波澜不惊的圆脸，笑眯眯毫不张扬的双眼，应了这幅古画的题目《女史箴图》，她是中华书画修复女史官，将名传后世。邱老师已到退休年龄，大英博返聘她继续工作，她带了两个女洋弟子，已分别学徒十二年和六年，非常热爱这项工作。在纽约大都会博物馆、纽卡斯尔博物馆、意大利博物馆……都有她培养的能独当一面的洋弟子。

《女史箴图》是大英博的镇馆之宝，保存在两个由德国公司设计的恒温恒湿展示柜中，造价十万英镑。每年只有中秋节、春节以及亚洲艺术节等重要日子，观众才得以一睹。此外，她还修复了元代赵孟頫的《双马图》、盛懋的《雪景图》，明代朱邦的《紫禁城》、张翀的《瑶池仙剧图》约400余幅中国古书画，其中一半是中国历代名画，另一半是来自敦煌藏经洞的绢帛画藏品，已经被她全部修复完毕，她建议保留了一幅，让后人看看修复前是什么模样。这就引出了下面的内容。

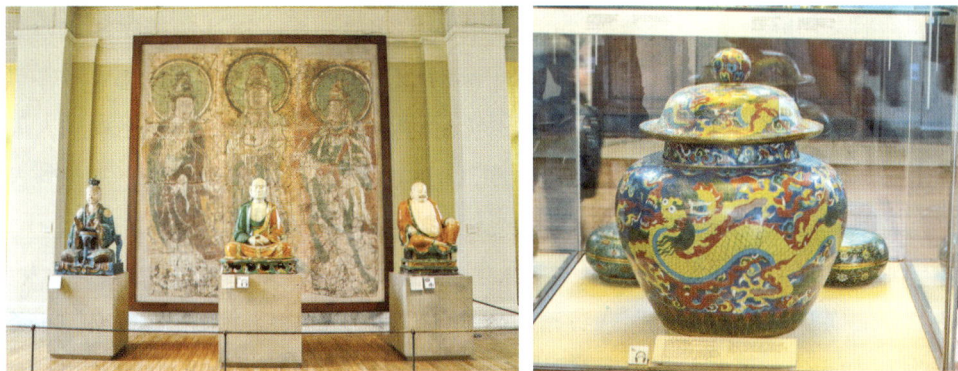

大英博物馆馆藏中国文物
上图为河北易县唐三彩宗教造像

4　汉学家吴芳思讲述敦煌经卷

中国敦煌宝藏，是中华民族的瑰宝和骄傲，为什么这样说呢？

公元 366 年莫高窟始建以来，从 4—14 世纪延续千年，而其主体是 4—11 世纪的文化遗存，这 700 多年，"中国是世界上制度最先进、经济最发达、文化最兴盛的国度，科学技术也处于世界领先地位"。至今保存洞窟 735 个，包括壁画 4.5万平方米，彩塑 2000 多身，唐宋木构窟檐五座。它包括了石窟建筑、彩塑、壁画、经卷文书绘画。它的文献包括汉人、藏人、粟特人、于阗人、回鹘人、西夏人、吐火罗、希伯来和印欧语系的文字。佛教、祆教、景教、摩尼教东传和中原文化、儒学、道学西传都留下珍贵史料。

英国知名汉学家、历史学家吴芳思女士，在大英图书馆中文部工作近 40 年，负责保管、整理中国典藏，其中最珍贵的就是 1.4 万卷敦煌经卷文书和绢帛画，这位 70 岁的老太太，被称为英国"掌管中国历史的人"。

她从小立志学习中文，大学毕业论文题目是，《从商代以前的陶器看龙山文化和仰韶文化的关系》，仅看标题，就知道她的学问功底。1971 年大学毕业，拿上祖母遗留给她的 250 英镑，加上会说中文，参加了"文革"中的第一批英国"革命青年代表团"，在中国待了一个月。1975 年到北京大学学习一年。以后到大英图书馆工作，驻足中文部一辈子，此时的图书馆已从大英博搬出另设。凡是到大英图书馆和为敦煌宝藏而去的中国专家学者，基本上都会与她打交道。

她说，1900 年敦煌王圆箓道士发现有五万多件藏品的藏经洞后，他秘不示人。1907 年，英国探险家斯坦因（英籍匈牙利人）第二次中亚行，带了一位蒋师爷做助手，他识字但不懂佛经，斯坦因懂一些佛教但不懂中文。得知王道士有宝藏后，两人找上门想看宝物，被拒绝。后来斯坦因发现王道士对唐玄奘很迷信，就诡称自己从印度走玄奘之路来，专门研究玄奘的贡献。在骗取道士信任后，布施了14 块马蹄银维护石窟，骗取了 7000 份完整经卷、7000 份残卷和文书，挑选了几百幅绢帛画。吴芳思说，这里有世界上现存最早有纪年的雕版印刷书籍、1100多年前的《金刚经》、比欧洲早了 1000 多年的纸张，反映丝绸之路贸易的物价表，书信和契约，还有很多官方文书和文学写本，这是研究 1000 多年前中亚和中国历史十分珍贵的原始材料。作为探险家，斯坦因炫耀他的丰硕成果，这引得各国盗猎者麇集，法国的伯希和、俄国的奥登堡、日本的大谷光瑞、美国的华尔纳等等，连骗带诈满载而去。到 1914 年斯坦因再来时，王道士真以为他从印度圆满归来，又把分藏的经卷图册让他带走。藏经洞宝贝的价值是多学科全方位的，其中有存世最古老的大量藏文文献，有 43 首唐代民间抄写的李白诗篇，引得专家垂怜。吴女士自豪地说，守护这些宝贝一辈子，她和团队全部整理归档，并完成了大部分电子化供储存查阅，邱锦仙把几百幅敦煌绢帛画，全部修复完成，我们都无愧于自己守护的这些宝贝。

流散世界的敦煌密藏，福祸相倚，使它成为世界研究的显学。1930 年，陈寅恪先生在《陈垣敦煌劫余录》序言中，首次提出"敦煌学"的概念。新中国成立前，中国学者痛心地说，"敦煌在中国，敦煌学在日本"。经过这几十年，尤其是常书鸿、段文杰、樊锦诗等人的坚守创新，方广锠教授和上海古籍出版社摄影师的全球追索，以及众多学者的深入精研，我国在"敦煌学"研究的学术地位，当之无愧的全球第一。季羡林先生一直主张用国际视野看待"敦煌学"，他说，"敦煌在中国，敦煌学在世界"。吴芳思在接受新华社记者桂涛采访时说，"某种意义上说，从发现敦煌经卷时起，中国人就在与外国人合作吧。""她同意把斯坦因称为'强盗'，只不过是一个'愿意和其他人分享这些经卷的强盗'。"到大英博的中国人，无不萦纡《女史箴图》和敦煌秘藏，有邱锦仙和吴芳思这样的守护者，可以放心了。

5　大英博物馆评价韦奇伍德——了得

有点累了，坐下来歇歇，我浏览刚买的纪念册。有几幅熟悉的古瓶图片映入眼帘，这是韦奇伍德制作的仿古希腊花瓶，在《文艺复兴与近代欧洲》专栏里写到，"古代文物遗产借助考古上的新发现来积极促进新古典风格的演变，这种风格的代表是乔西亚·韦奇伍德的陶瓷。韦奇伍德的灵感来自大英博物馆收藏的希腊古瓶，而这些古瓶是 1772 年从英国驻那不勒斯公使威廉·汉密尔顿爵士手中买过来的"。这位有钱有权利有眼光的公使，"把他收集的希腊陶器装了满满两船运往英国，但只有一艘抵达目的地。波特兰花瓶也是通过汉密尔顿才最终在博物馆能安家的。"这个说法，与我在第十天日记的叙述小有差异，既然叫波特兰花瓶，这里没写波特兰公爵收藏之事，应以我写的材料佐阅。此瓶是公元一世纪早期浮雕花瓶唯一的存世品，曾是意大利蒙特大主教的藏品，主教死后被巴贝里尼家族购得，花瓶上的刀刻美轮美奂。纪念册的图注说，"这个花瓶是一件宝石玻璃的杰作，表现的可能是希腊英雄阿喀琉斯的父母珀琉斯和西蒂斯的婚礼。"在韦奇伍德仿制归还波特兰公爵后，不知何年何月，花瓶被大英博物馆收藏，现存列在第 70 展室中。

1786 年，韦奇伍德捐大英博物馆的仿古希腊珀加索斯瓶

图册中的"珀加索斯瓶"，我们参观工厂博物馆时，见过此图的资料，这里有更详尽的说明："珀加索斯瓶，1786 年由乔西亚·韦奇伍德赠送给大英博物馆，作为他位于斯塔福德郡的伊特鲁里亚陶瓷厂产品的最佳代表。瓶上的主图案是'荷马的神话'，雕塑家约翰·福莱克曼以汉密尔顿藏品中一个红色图案的花瓶为基础，于 1778 年第一次为韦奇伍德仿制出这一图案。"我们参观了韦奇伍德工厂，它那全方位的高大上，让人折服。现在看到大英博物馆对他的评价和定位，他是欧洲文艺复兴的重要推手，这是一位从残疾匠人走来的大师，由此看来，一位出类拔萃的工匠，在历史上的地位何其了得！

我们几位大龄团友，全不懂外文，找人问路也开不了口，从视频资料得知，楼上的 95 号展厅，是中国瓷器专馆，陈列有大名鼎鼎的元青花大威德双瓶，留待以后来看吧。

来到南大门广场，我们展开团旗合影。背景的大英博物馆正门，是仿古希腊神庙造型，它是著名建筑师罗伯特·斯米尔克爵士在 1823 年提出的设计。1852 年，博物馆主展馆完工的次年，即获得英国皇家建筑师学会金奖。

6 杭州小胡的"茶生活"茶庄

走出大英博物馆，我们沿着左侧的道路前行，希望找一家午餐的地方。行约400米，刘昌明看到路右侧一个三米多宽门脸的上方，中文写着"茶生活"的招牌，顿觉亲切，他乡遇故知。进门看去，全中式摆饰，贴墙的货架上，是中式陶瓷茶具，品种很多。另一侧货架上，清一色中式茶盒罐，品种数十。一位短发的姑娘，一身黑衫装，套一件中式黄色马夹，颈挂一串长长的佛珠，两眼灵动有神。我们以为是一家中餐馆，她说是一处茶庄，我们四人笑出声来，全团人专为茶文化考察来英国，没想到收官之处到了中国人开的"茶生活"。

她热情地款待我们坐下，用中式茶具布茶，一闻茶香，久违了，这是十多天来在街上的第一次，舒服！一聊天，她是杭州姑娘，英语专业，到诺丁汉大学读硕士后留在伦敦创业。因为祖居杭州的茶文化氛围，对茶有特殊兴趣和爱好，打算以此为业，她先做了周密的计划。2012年研究生毕业，她就考入英国最大的茶叶旗舰店惠塔德打工，进行深入调研，了解旗舰店的经营管理、进出货渠道、价格，英国人对茶的癖好，购物品饮习惯、人事管理方法等等，经过一年多的工作，就像孙悟空把铁扇公主的五脏六腑看得清清楚楚一样，她要自立门户了。

小胡选中伦敦博物馆街21号这处房子时，刚好另一人退租。和善的房东老太太，认为这个娇小的姑娘起码要花三个月才能重新装修完成，没想到她只用了一个多月就开张了，老太太赞不绝口。小胡带我们到地下室看看，比楼上大一倍半，中间一张可以坐20多人的长板桌，周围除茶具茶品外，还有一壁是中式文房四宝，一张长桌铺着毡子宣纸，随侍舞文弄墨者。这处所在，就是在杭州，也是中档以上水平。我们问小胡经营效益如何？她说，2014年开张的几个月，喝茶候坐的老外排队一直到街上，她根据忙闲，不定期雇有三至四个外国姑娘服务，现在回头客很多，周末要四个熟练帮手才行。我看到三位互不相识的老人，慢慢地观赏店里的摆设。太让人感兴趣了，我们要让其他团友都来看，尤其要让冯斯正秘书长来采访，回去好在《茶周刊》宣传中国茶人在伦敦。我掏出一本英行册和蒙顶甘露茶送给小胡，并说大队伍晚上来喝茶。

　　丁云国、刘昌明、邓存琚和我四人，到不远处的韩国馆便餐，然后回酒店稍事休息。下午到大英博看古埃及古希腊的各种雕像文物，都在底层，很方便。

　　5：00，团友们都回来了，听了对"茶生活"的描述，恨不得飞过去。小胡已在地下室长桌备好茶具茶点，楼上由助手打理。经验老到的记者冯斯正，抛出一条条腹稿，与小胡深掏细抠，我们仔细倾听，偶尔提一二问题。一篇精彩的《伦敦街角偶遇中国"茶生活"》文章形成了。

杭州姑娘小胡在大英博物馆旁的"茶生活"茶庄

小胡说，现在的英国人和欧洲人，对中国茶的认识，落后于 150 多年前的认知水平，多数人不知道茶是可以散泡的，他们认为香味越浓烈的就是好茶，他们不知道这种香味是草药干花水果与低档印度非洲茶的混合物。他们认为，茶叶是装在袋子里的一次性饮品，不知道中国茶是需要续水喝的，更不明白不同器皿不同水温冲泡不同散茶的诱人奥秘。这些知识，只有现场演示和品鉴交流才会明白。

"茶生活"从开张以来，以地道的中国器物装饰，让到过中国的人来怀旧，没到过的人新奇，都愿意到这里反复看。

她以宣传一杯健康的好茶和中国文化为己任，与助手为客人拿出一款中国茶，闻纯茶香、观叶形、介绍产地和加工工艺，展示冲泡和品饮；续水观色闻香入口，这些挑战欧洲的喝茶流程和理念，让客人顿悟，这才叫喝茶！他们过去是一次性饮料解渴。只要来过一次，多数人就成了回头客，还带新朋友来看稀奇，他们把迈进"茶生活"当成一次高雅的茶艺术之旅。小胡展示手机上，世界各地客人的赞美。这个茶庄，还经营瓷器、中式木竹工艺品、家具和文房四宝，茶是主业，占一半以上。我们询问，中国人在英国开茶庄的多吗？她说不多，除了中式餐馆必备的便当茶外，这类专门的茶庄很少，因为欧盟对茶农药残留物设了很高的门槛标准，再加上欧洲人对茶文化集体失忆，对他们的普及是一个长期的过程。

今下午的茶交流，是我们英国行最重要的拾遗补缺，我们看到了中华茶文化在欧洲的灿烂明天，也看到了筚路蓝缕的艰辛。作为唯一的例外，我们请小胡在团旗上写下"茶生活"和小胡的名字，这是大家对她的赞赏和期许，她一看团旗上密密麻麻的英文签名，就知道了她签名的价值。我们还送她好几种茶文化书和茶礼，一起展开团旗合影。

高士杰终于解脱了。第一天在酒店见的雅安姑娘宗锡，因为她要开茶庄，我主动提出给她送一些茶书和茶礼，第二天让小高快递寄出。绕了 12 天，每到一处，小高就询问酒店的快递，答案有三种：没有快递，快递下班了，不代寄快递！不要以为发达国家什么都比发展中国家强，在此提醒以后的游客注意。宗锡曾经在"茶生活"实习过，我们就委托小胡代寄了。小高长长地伸了一个懒腰。

小胡执意要请我们这些茶人晚餐，被婉言谢绝，这一大帮人怎么好意思让在外国打拼的小胡破费，她犟着不松口。最后达成一致，在附近的"沙县小吃"排档，每人一大碗特色面，让她尽了地主之谊。

沿街买了一些小礼品。又试着寄了六张伦敦景观明信片，以往的经验，十寄八收不到，再试试吧。晚上收拾行李，这是英茶行的最后一宿，微信图文照样发出。

7 伦敦马拉松与众不同

甘甜明天要同我们分手，依然沉浸在今天伦敦马拉松赛（简称伦马）的精彩之中。她们的车上午堵在马路上，摄下了伦马运动员波浪涌动的壮观场面。她拿来手提电脑，打开同我们分享。今天的冠军是肯尼亚的基普乔盖，他冲过白金汉宫一侧的终点线时，两小时三分五秒，距马拉松的世界纪录只差八秒，可惜！他得到了 31.3 万英镑的奖金。

今天的比赛，只能算首航，年内英国要举行近 100 场全程（42.195 公里）/半程马拉松比赛，这成为体育爱好者的盛大庆典。难怪我们的英国行，无处不见练跑者。伦马还设有轮椅马拉松，与国际残奥会合作举办残疾人马拉松世界杯赛，中国的盲人运动员郑金就获得过冠军。今天中国大陆有 150 人参加了伦马。

从 1981 年首届伦马以来，由最初的报名两万人、获参赛资格的 7747 人，发展到本届报名近 25 万人，通过抽签获参赛资格 53152 人。同纽约、芝加哥马拉松比，对方人数占优；论奖金，也比不上纽约、芝加哥、波士顿和柏林，但是伦马的特色是募捐，每年它筹集到的善款是世界之最，哈里王子是伦马慈善信托机构的主席。2015 年伦马筹到善款 5410 万英镑，创造 1 天筹款的吉尼斯世界纪录。英国每年上百场的马拉松赛，带动世界各地赛者、亲友团对住宿、餐饮、观光、购物的推动，难以统计。仅每名参赛者用于跑步装备的费用，平均就在 500 英镑。

今年的参赛者，有一人在距终点五公里的地方，因心脏病倒地不治身亡，这是参赛者猝死率的十万人中的唯一。伦马对参赛者的健康和运动标准有严格的检测条件，意外特殊病例，不影响人们对马拉松的向往。在英国遇到的"狐狸咬天"和伦马，给人以特别念想，茶和体育是可以结合的。

2016 月 4 月 25 日　　星期一　　晴

Part　14

再到大英博物馆
告别伦敦机场　　回到成都

▶　提　要

1 给大英博物馆赠送中国特色书

早餐后，各自忙碌收拾。我和邓存琚老师，拉着冯斯正、甘甜到大英博物馆去当翻译。我带了《大熊猫文化笔记》（英文版），她带了《邓德业印拓集》（英文版），我们要赠送给博物馆。昨天没有懂英语的，所以今天来赠送，我们自信，把最有特色的中国国宝留在这里，一定受欢迎。

孙前、邓存琚、甘甜给大英博物馆赠送《大熊猫文化笔记》（英文版）《邓德业印拓集》（英文版）

刘昌明、丁云国教授满载而归，笑逐颜开

两位团友到总服务台说明来意，工作人员立即电话通报。几分钟后，一位瘦高的先生来到面前，他是亚洲部的负责人，愉快地接受了我们的赠书并合影纪念。他说，我们欢迎各种捐赠丰富馆藏，让更多的人分享知识。我们把扉页题签翻给他看，先生热情地说，这种特色书，我们会编入馆藏电子版，方便大家查阅。

陪着小冯小甘，在中国展厅匆匆浏览，就返回酒店。11：15，金龙车来接我们，小甘要坐火车去巴黎，拥抱别过。我让丁云国、刘昌明站在酒店门口，阿甲一声戏谑，两人的笑脸被我锁定。阿甲打趣地说，出来照了十多天像，这是你们难得的笑脸，哦，要回家抱小孙孙啰！

团友们告别住地，酒店与大英博物馆仅一墙之隔

2　成果史无前例　回国怎么分享

车到希思罗机场，同胖胖司机告别致谢，不苟言笑的老司机露出和善的笑意。时间还早，第一项工作是退税，然后把散碎银两花完，再买些小礼物塞在箱子里。

吴乌米的同学袁裕萍来送她，最重要的是，帮买了三套女王 90 寿的首日封邮品，两枚一套，极其精美珍贵，她是到几家邮局排队才买到的。团友们眼巴巴地盯着怎么分配。最早嘱托购买者是我，当然不能缺，然后沈冬梅、邓存琚各一套，每套 8.2 英镑。乌米对同学说，远远不够，你还得帮忙买，连我都没有耶！小袁说，现在刚上市，疯抢，过一段时间还会有的。你们统计一下需要多少，我买了寄给你。

白小梅笑嘻嘻地说，袁老师，如果不保密的话，你能告诉我们，女王有多少财富吗？

轮到小袁笑啦，这有什么密可保啊？女王大寿媒体七嘴八舌，说什么的都有。如果比较靠谱的话，王室资产分两部分，有形资产（珠宝艺术品，地产、不动产）210 亿英镑；无形资产（王室品牌对英国经济的贡献）374 亿英镑，共达 584 亿英镑，英联邦有 50 多个成员国，可见其影响。2011 年通过的《君主拨款法案》，废止了实行 250 年的《王室年俸》法案，现在大约年拨款在 5600 万美元，用于行政、

满载中英茶文化深情厚谊的团旗，是茶文化交流的无价之宝

后勤、家务、招待、餐饮、庆典人员的工资。很奇葩的是，印度政府本月 19 日发表声明，索要镶在女王皇冠上的宝石。这枚名为"光之山"的钻石产于印度，重达 105.6 克拉，曾是世界之最。印度说是被抢的，英国说是赠送的。你改个时间说不行吗？ 90 寿大庆，一点面子不给，今非昔比呀！

办完行李托运，进了安检。我让小雅拿出团旗，让每位团友签名纪念，这是大家没有想到的珍贵纪念。

我们在机场午餐。我同沈冬梅，冯斯正一起商量，回国以后怎么分享和宣传的问题。一行走来，远远超过出国时的预期。小冯说，她在全国供销合作总社的《茶周刊》工作了七年，所知所闻，这次是组团专业人数最多、跑的范围最宽的英国茶文化之行。冬梅附议，我也没有听说过。小冯说，这次交流的内容很深入丰富，她已经拟好了 12 个专题，回北京后要系列推出，报社领导已同意了她的方案。

沈博士说，她牵头承担了《中华茶史·宋辽金元卷》的写作任务，一定要在 10 月 18 日开封举办的第 14 届国际茶文化研讨会前出版，压力山大，回去得天天熬夜。原来我答应的写一篇长文记述英茶行，但是鉴于我们单位的学术要求，不可能记这样多人和这样多事。这次素材极丰富珍贵，不用又太可惜，请团长早作考虑，看用什么办法好。既然如此，有《天下茶友网》杨健十多天的前期运作宣传，再加上小冯 12 期的整版连载报道，相信会有很好的效果。至于下一步怎么办，需要很好斟酌。

3　英航 BA089　回成都啰

我们 5∶00 离港，比飞北京的早行一个小时，依依不舍。

乘客没有我们飞来时多，我调到最后一排，躺下睡觉。这 13 天，是在兴奋和紧张中度过的，现在全放松，酣然入睡。

不知道睡了多久，觉得肚子饿了，坐起身来。台湾空姐微笑着来到面前，"先生可以用餐了吗？"我点点头。她说，您坐在最后一排，餐品已经没有选择余地了，送您几瓶威士忌，表示我们的歉意，可以吗？我从来没有这种经历，向她致谢。除了一套航空餐以外，她送四小瓶不同瓶型黄亮亮的威士忌，看着就馋，我握在手中把玩。空姐问我，可以吗？如果需要，给您再送几瓶。我用中国人含意丰富的话回答，"那怎么好意思？"她两眼含笑，又送来四瓶。实在是不好意思地笑纳了。我拧开一瓶佐餐，味道浓烈，小嗫几口，容光焕发，睡意全消。

飞机在云层以上飞行，蓝天之下，就像一叶扁舟在平静的海面荡漾。回看 14 天的历程，一切皆超出预期，是大圆满的结局。

唯有一件事，我们在英国看到了，但却不关心，那就是两个月后的英国脱欧公投。2010 年 5 月，英国 200 年来最年轻的首相，43 岁的卡梅伦上任，他 2013 年 12 月到成都闪访，给我们留下好印象，所以也关注他。2015 年连任，挟得意的春风，他要玩一把牌，在 6 月 24 日举行全民脱欧公投，以安抚爱尔兰的吵吵嚷嚷。以我们 14 天所见，英国人对此事表情平淡，认为脱欧是不可能的事。以伦敦为例，每天使用 300 多种语言，一半伦敦人都不出生在英国，1/4 的伦敦人出生在欧洲以外，尤其是金发蓝眼的东欧移民不少，你说有多少人会关心英国人脱欧公投？

康有为长期游走欧美，自称"吾于欧美各国变法，最爱英人。"他们"虽彪悍不如法美，而深稳不败。故英之所获最多，鲜有失绩，其风俗有以致之也。盖人之为道，知新与温故皆不可缺，进取与保守皆不可无，稍有所偏皆足致病。""英得刚柔之宜，协新旧之变，从容以赴，不疾不徐"。用康先生观点判断过去的英国处世原则，大体不错，但是万不可忘记，时过境迁，古今不同。德国的铁血宰相俾斯麦说，真理只在大炮的射程之内。当时的英国，仍是世界老大。日不落帝国下的殖民地为求独立，与英主谈判，多以让利而求主权，英人由此练就了一套设绊埋乱以达长期控制的伎俩，在亚非多国屡试不爽。随着美法德日的兴起，这一套就不灵了。在香港问题上，铁娘子遇上柔中有刚的邓小平，终以失败而去，已经不是1842年啦！如果英国真要脱欧，在当今世界贸易大门洞开，欧盟已有30年成功运作经验的情况下，英人要闭关自立，会有什么善果吗？卡梅伦同我们看法差不多，谁会赞成脱欧呀！

26日的早餐已在中国境内。10∶45成都机场降落，邓老师坐高永川的车回雅安，她女儿小陶接我回家。

车上接到几个电话，杭州总部的周国富会长、孙忠焕常务副会长一行九人，28日到乐山市，主持"中国茶乡峨眉山国际茶文化博览交易会。"四川省政协负责接待，通知我全程作陪。因为我有两个身份，既是周会长属下的副会长，又曾经是四川省十届政协人资环委的副主任，这太巧了，刚好给总部领导汇报满载而归的英茶行。

落幕了，中华茶文化赴英国考察交流14天。以后还有故事吗，拭目以待。

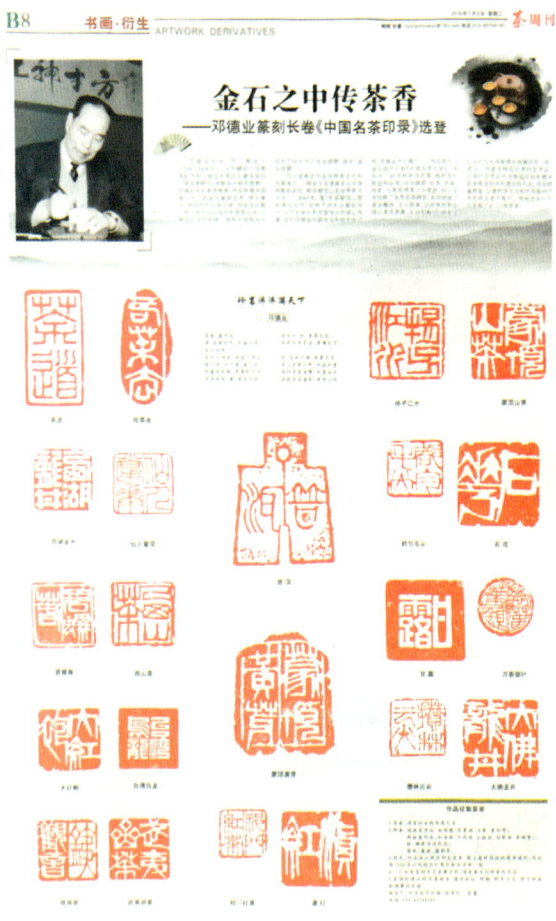

《茶周刊》2016年7月5日载，篆刻大师邓德业茶印章

后 记

沧桑磨砺看来年

"中国官场二维论之问：

如果这件事你不做，其他人会做吗？

如果让其他人做，会不会做得更好？"

2013 年 7 月 1 日退休，我搬出四川省旅游局巡视员的办公室，时年 65 周岁，工龄 47 年。扣除当工人和读大学的八年时间，在公社、县委、市政府、省政府直属企业 CEO、省委办公厅、省旅游局的官场，走过了 39 年。目睹万千官场中人，闪打腾挪、春风得意、追悔痛哭……当退休数年之后，用"官场二维论之问"，盘点官员在位时的"丰功伟绩"，结果如何，日月昭昭，心知肚明。用我历生感悟提炼的"官场二维论之问"，检讨这本《英茶行日记》，也觉光阴无虚。

英茶行的团友调侃我，"孙团长，英国的首相都换了三个，你 14 天的日记还没有写完啊？我们的眼睛都望直啰！"

是的，2016 年 4 月 24 日我们离伦敦飞回成都，英国的脱欧议论，波澜不惊。6 月 24 日，英国公投通过脱欧表决，1740 万票（占 51.89%）支持脱欧，1600 万票支持留欧，把意气昂扬的卡梅伦掀下首相宝座。接盘的特雷莎·梅，驾不了风浪中的脱欧航船。新任的鲍里斯·约翰逊首相不顾一切，闯关强行。卡梅伦 2019 年出版《记录在案》中揭露，新首相过去在他面前表现出的是死硬的反脱欧支持者，现在的面目，是政治需要和首相宝座的诱惑。2016 年评出的国际十大新闻中，有两件不可预测，一是英国脱欧，二是美国特朗普 11 月 9 日爆冷当了总统，全世界都在观望。直到今天，2020 年 12 月 24 日，西方的平安夜，英国与欧盟结束几年艰苦的谈判脱欧协议正式签字。1973 年，为纪念英国加入欧洲经济共同体（欧盟前身），政府发行了一枚 50 便士的纪念硬币，图案是连在一起的手组成的圆环，寓意携手共进。2019 年报道，脱欧也要发一枚 50 便士的硬币纪念，这让东方人听了发晕，入欧和脱欧都要纪念，到底谁对？也是平安日深夜，《英茶行日记》脱稿了。14 天日记，与五年脱欧历程共进退，这算一种什么样的交结呢？

2020 年，是世界灾难年！从一月的武汉封城，到多国鼓噪向中国索赔；把口罩政治化，英国首开群体免疫，到首相中招新冠病毒；欧美病毒大流行，被公认世界科技医疗制度第一的美国，病人和死亡数，一骑绝尘，领跑世界，据说总统也遭新冠戴帽了，但是隔离三天即康复工作，有媒体说，这是大选落败的悲情牌，一看不行，又赶快跳将出来。如果三天就治好了，那么全世界医学专家对上亿人实行的核酸检测，14 天隔离制度，岂不是骗人勾当吗？到底谁在骗谁？

在这灾难之年，全世界最早复工复产的是中国；最早恢复经济正增长的是中国；年末盘点，全世界主要经济体唯一正增长的是中国，这是制度、文化、民族精神的力量，中国让世界为之震撼！成都也曾经封城，我们小区也实行严格管理，我同妻子除了看电视新闻关心疫情大势之外，就是考据校勘、笔耕不息和电脑打字。疫情减少了应酬交往，这本书在与疫情抗争中杀青，算一种民族精神的体现吧。

2016 年 5 月 3 日，中国国际茶文化研究会会长周国富、常务副会长孙忠焕一行到成都龙和国际茶城，在西南茶文化研究中心的办公室，展开团旗签了名并合影留念，这是对我们英茶行的充分肯定，团旗可以完美收藏了。也就是这一天晚上，我下定决心，英国之行的宣传总结，我自己动手写吧！9 月 9 日陈宗懋院士到成都，我请他题写了书名，开弓没有回头

2016 年 5 月 3 日，中国国际茶文化研究会周国富会长（浙江省委原副书记、省政协原主席）、孙忠焕常务会长（杭州市原市长）到成都龙和国际茶城，听取了考察团英国行汇报，并在团旗上签了封旗的名字。此旗的价值，天下无双

周国富（中）、孙忠焕（后左二）、胡嘉蒂（法·右二）

箭。在总部当年的工作总结中，专门表扬西南中心的英国行，是弘扬中华茶文化的大手笔。

2017 年 8 月 18 日，考察团在蒙顶山天盖寺，专门举行"英国茶品鉴会"，向名山区委、区政府和西南茶文化研究中心的专家、高僧大德提供了十余款英国一流红茶、拼配茶和绿茶，审评中外茶趣味。这一天，也是"文革"中被毁坏的茶祖吴理真雕像重新制作归位西汉石屋，我们给他供奉了英国茶，让茶祖也品尝流布海外的茶滋味。

感谢德高望重的陈院士，为本书题写书名。

张振华先生为我写的序，蕴含了一段文友交往的故事。2016 年 7 月 10 日下午，在雅安星月山庄举行"大熊猫文化研讨会"，主办方是国家林业局和四川省政府，北京邀请了 40 余位书画家、词赋家莅临。在多位名人发言后，我讲了十多分钟。话毕，一人从后拍拍我肩，送了一册简朴的《张振华诗文书画》，我未及折身致谢，他已返回尾排位置。封面题"敬呈孙前先生晒之"。我即看李刚田（西泠印社副社长，《中国书法》杂志主编）先生序"腹有诗书气自华"。张先生空军大校、《中国书法》审读、多次"全国古诗词大赛"金奖获得者……如此人物，屈尊纡贵，选末排落座。我即起身座前致谢。雅安两天，我导览汉高颐阙和市博物馆，赠拙著《大熊猫文化笔记》，我们成了朋友。回北京后他写"孙前先生印象"、并多幅墨宝赐赠。一看"印象"，虽觉过誉，但契我的精气神。当时他不知道我要写这本书，我说，此文将作为第二本书序，这一放就是四年。谢谢张先生鞭策，使我衰年不辍。

感谢雅安市委市政府、名山区委政府，和西藏雪域高原茶业公司董事长辜甲红、雅安兄弟友谊茶厂董事长甘玉祥、荥经县塔山公司董事长姚清国的资助，我们才能在英国游刃有余、施展拳脚，取得本书所述的考察成果。

如果没有简·佩蒂格鲁和奥斯汀·霍吉两位顾问对全程的精心策划，就不会有这次史无前例的收获！

如果没有玛雅博士、多米尼克、刘娜的鼎力相助，就没有十五世公爵接见的最精彩华章。

虞富莲教授对林奈茶树分类的审核、校注、勘误、补充，使 200 多年的茶分类，完美结合（见 561 页）。

司徒华大师和李翔、蓝飞燕，设计了让人过目不忘的封面。

法国友人阿贝乐、多米尼克、乐澄女士，使我在法文天地中畅行。

2017.8.18，考察团在蒙顶山，向名山区委政府和西南茶文化研究中心的专家、高僧大德作英国茶品鉴汇报

释大恩（大慈寺方丈）、钟渭基、张昌余、谭继和、祁和晖、司徒华、徐金华、王天成、孙前、向华全、刘勇、张晶、陈书谦、覃忠显、刘昌明、喻长根、甘玉祥、李春华、罗光泽、何修武、杨奇、邓存琚、龚开钦、郭允雯、李亚军、高富华、兰锡国、何德伟、廖大松、杨健、李翔、缪国平、张雅琪

蓝飞燕 / 摄

省图书馆的吴涛先生,千方百计为我找到林奈1737年《植物属志》、1753年《植物种志》第一版的拉丁文原著;加拿大冯琦女士找到1735年《自然系统》拉丁文版;四川天主教神哲学院的黄益亮神父,美国Kingsley神父把拉丁文茶资料译成英文和中文;四川大学何一民教授的博士杨洪永、硕士罗君,中国农业大学博士宋闪闪,考拉看看团队的陈兰、熊玥伽、莫文静,他们从川大图书馆找到再版的林奈原著,并作了最早的目录破解。没有这些友人接力棒传递的倾力相助,就无法解开林奈茶学的奥秘。

成都理工大学外语学院李珊教授、她的研究生团队和弟子刘柏诚,花数月时间,帮我整理出十册《佩皮斯日记》的内容、赠我杨周翰教授专著。对我请教的任何翻译问题,用最快的速度译告。

日本大阪观光大学的王静副教授,帮助找到德国博物学家肯普弗、在1690年到日本考察后写的《日本志:日本的历史与纪行》《话说日本茶》的日文版书,并作部分译介。北京二外日语专业的刘子惜和师兄高华彬,翻译出我需要的全部资料。王海川译出卡迈勒的相关英文资料。这样,拉丁文茶概念的表述中,肯普弗—卡迈勒—林奈才能成为一个整体联袂而来。

沈福文、司徒华、尹丽萍大师,赠送我诸多珍贵的漆艺著述和论文集。陶瓷工艺美术大师李清专程陪我寻访景德镇,并就诸多陶瓷工艺问题给予专家意见。

《光明日报》驻比利时记者刘军先生,为我提供了多张珍贵的图片。

中国茶叶博物馆冯卫英、朱慧颖博士为我提供了很多珍贵资料和解答查询。

在同济大学执教的德国籍学者何心鹏教授和妻子杨旭博士,使我的德文资料查询一路坦途。

四川新概念青铜时代艺术品公司胡焕平董事长、四川省元鼎广告公司贺青川董事长,为考察团无偿设计制作了精美的英行册,它将永留英格兰讲述历史。

冷建强、方玲伉俪网淘旧书《约翰逊传》相赠,因此一个鲜活的茶痴和文坛祭酒,才让读者过目不忘。小冷帮助校刊了目录的英文翻译。

余路遥、赵迎鸿、张雅琪、孙震、郎志千多年为我淘书,成功率达95%以上,我校勘写作采用的很多知识,源自先贤和学者们的奉献结晶。

伦敦"茶生活"的胡颖盈,成都的黄典仪、孙小静,提供了很多英文资料、图片的查询和翻译。

冯斯正回国后,在全国供销合作总社的《茶周刊》推出了12次大篇幅的系列报道，整理了很多新资料，方便了我的查询。

妻子全珍，从 68 岁开始学习电脑打字，用一年多功夫，相濡以沫，把 40 多万字的文稿打印出来，让我感动不已，这本书是我们共同劳动的结晶！

考拉看看的掌门张小军、马玥，不仅同我有熊猫文化缘，精美的《大熊猫文化笔记》（典藏版）就出自他们的装帧印刷，这本茶书也是他们的力作。对追求完美、史迹留痕的我来说，给编辑陈兰、设计漆孟涛增加了很多工作量。

需要感谢的人，挂一漏万。我从无数书籍、论文期刊中获得知识和灵感，在此一并感谢。绝大多数图片是我和团友所摄，极少数来自网络资料，因无法联系到作者，在此一并致谢，一旦取得联系，以书相酬。

我信服陈寅恪先生的"三重证据法"，读者看完此书，就能体会到了。此书所用史料、时间、人物、地点、事件和故事，不是递相祖述，绝大多数地方与常见的资料和叙述不同，我采用了目力所及最新的研究成果和考古发现，这会给人新颖的印象。对研究西方史和中国史牵手的朋友来说，本书无疑提供了珍贵的史料。由于我不懂外文，一些翻译是否忠实于原著，无法辨识，求祈谅解和指教。

此书涉猎，纷繁庞杂。浏览此书，如果读者能获得几个新的知识点，我就满足了一自信能做到这一点！

看过征求意见样书的团友说，团长，拿着你这本书，到英国去重访任何一个点，他们一定优惠接待！我想会的，他们感谢中国人的宣传。

2019 年 11 月 27 日，第 74 届联合国会议通过了中国提案，把每年的 5 月 21 日定为"国际茶日"。茶是中国的，更是世界的！在 2020 第一个国际茶日年，本书杀青，以此作为世界茶文化发源地、巴蜀人民献给"国际茶日"的一份礼物吧！

限于篇幅容量，很多内容，会在下一本书《世界茶文化圣山笔记》里同您相见。

2020 年 12 月 25 日晚

于成都蜂巢书屋

虞富莲研究员校注意见

2021 年 4 月 25 日上午，我把《英茶行日记》特制样本书敬呈虞富莲先生（中国农业科学院茶叶研究所育种研究室原主任、研究员），就林奈茶树分类问题求校正。他在杭州梅家坞"诸子百家"茶庄宴待。

4 月 29 日，虞先生作详细回复，甚为珍贵，全文于后，以益于天下爱家。

孙主任好！见字如晤！

遵嘱，先拜读了大作第二部分的 4、5 两节。这部分内容详细记叙了林奈前后植物学家创立植物分类学的过程，深感他们为人类植物研究作出了不朽的贡献。本人才学浅薄，对植物分类史不甚了解，以前也从未接触过这么经典的资料，看后真是得益匪浅。同时也深感您知识的渊博和很好的治学精神，不愧为一名学者。

书中有关茶树的分类内容，囿于历史原因，现在看来尚有许多不足之处，但毕竟是珍贵的史料，所以，我意书中原有记叙应全部保留，不做改动。为解读者可能提出的问题或困惑，建议在"5"的最后，是否加个作者的"评述"，不知尊意如何？内容初拟如下，供您参考。

关于茶树的分类，18 世纪的西方植物学家只是收集到中国福建和日本非常有限的标本，与中国丰富的茶树资源相比可谓是冰山一角，同时对茶的认识也十分肤浅，所以 1753 年的林奈（Linnaeus）将茶树分为两个变种，即花瓣 6 瓣的定为武夷变种（Thea bohea），花瓣 9 瓣的定为尖叶变种（Thea viridis）。用花瓣的数量定"种（Species）"，与当时的"植物性别分类法"中规定的有关苞片、花萼、雌雄蕊、子房等多个鉴定项目不符，显得过于简单草率。另外，粉红色和玫瑰红色花瓣一般都是山茶花（C.japonica）（日本居多）、浙江红山茶（C.chekiangoleosa）（多分布在浙江和福建沿海）或者是茶梅（C. sasanqua）（极个别茶树变异植株有局部红色花斑），当时也误认为是茶，与真正的茶树放在一起分类也是错误的。尽管如此，在三百多年前就作了这样的划分，至少在茶树的分类史上起到了里程碑的作用，是前无古人的事。随着历史的进展，科学研究的深入，几个世纪以来，茶树分类学也逐步得到了建立和发展，其过程大体如下：

1908 年，英国植物学家 G·Watt 将茶树分为 4 个变种，包括 6 个类型，即：1．尖叶变种（var. viridis），乔木，叶片特大，多产于热带，这个变种又分为 6 个类型：①阿萨姆种（Assam I ndigenous）；②老挝种（Lushai）；③那伽山种（Naga）；④马尼坡种（Manipur）；⑤缅甸及掸部种（Burma and Shan）⑥云南种（Yunan）。2．武夷变种（var.bohea）：灌木，小叶。3．直叶变种（var.stricta）：灌木，叶较大而厚。4．毛萼变种（var.lasiocalyx），介于尖叶变种与其他变种之间。

印度尼西亚植物学家科恩．司徒脱（Cohen Stuart）在 G·Watt 的分类基础上，于 1919 年进行了归并提出，4 个变种：1. 武夷变种（var.bohea）：2. 中国大叶变种（var.macrophylla）；3. 掸形变种（var.shan form）；4. 阿萨姆变种（var.assamica）。

1958 年英国艾登（T.Eden）将茶树分为 3 个变种：1. 中国变种（var.sinensis）；印度变种（var.assamica）；3. 柬埔寨变种（var.ambodia）。

1958 年英国植物学家席勒（S.R.Sealy）将茶树分为亲缘关系较近的 3 个种：1. 中国种（C.sinensis），并分成 2 个变种：①. 中国变种（var.sinensis）；②阿萨姆变种（var.assamica）。2. 大理种（C.taliensis）；3. 伊洛瓦底种（C.illawadiensis）。

1971 年，苏联茶树育种家 К.Е.Бахтадзе 将茶树分为 2 个地理亚种，包括 10 个变种：1. 中国亚种（sub.sp.sinensis）：①日本变种；②中国变种；③中国大叶变种。2. 印度亚种（sub.sp.assamica）：①阿萨姆变种；②老挝变种；③那伽山变种；④马尼坡变种；⑤缅甸变种；⑥云南变种；⑦锡兰变种。

1976 年印度托克莱茶叶试验站 H.Bezbaruah 等将茶树分为 3 个种：中国种（C.sinensis）；阿萨姆种（C.assamica）；尖萼亚种（C.assamica .ssp.lasiocalyx）

1980 年日本《新茶叶全书》将茶分为：1. 印度大叶变种（var.assamica）；2. 印度小叶变种（var.burmensis）；3. 中国大叶变种（var.macrophylla）；4. 中国小叶变种（var.bohea）。

1981 年中国庄晚芳、刘祖生等将茶树定为 1 个种 2 个亚种 7 个变种：

茶种（C. sinensis）；1. 云南亚种：①云南变种（var.yunnansis）；②川黔变种（var.chuanqiansis）；③皋芦变种（var.macrophylla 或 var.kulusis）；④阿萨姆变种（var.assamica）。2. 武夷亚种：⑤武夷变种（var.bohea）；⑥江南变种（var.jiangnansis）；⑦不孕变种（var.sterilities）。

1998 年中国学者张宏达在《中国植物志》山茶科中确定的属于茶组植物（Sect.Thea）共有 31 个种 4 个变种；1999 年中国科学院昆明植物研究所植物学家闵天禄将茶组植物修订为 12 个种 6 个变种（详见《中国古茶树》茶树植物学分类系统）。

至此，茶树的分类系统基本建立。不过，由于茶树是异花授粉，遗传组成上的高度杂合性和表现型上的多样性，给植物学分类造成了一定的难度，再由于某些分类学家观点的不同，所以造成迄今茶树分类系统国内外还未能完全统一，目前用得较多的是张宏达分类系统。

就此

顺颂台绥！

虞富莲　2021/4/29

2021.4.25 于杭州梅家坞，给虞富莲教授呈样书求教

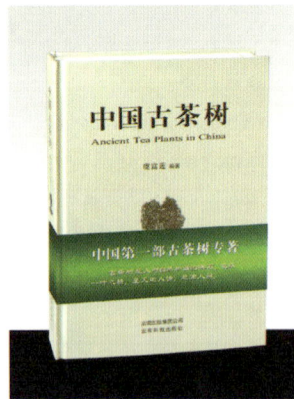

中国第一部古茶树书，虞富莲著

附录 1：

首创下午茶的英国公爵家族
同中华文明的情缘 [1]

孙 前

被称为"红茶达人"的日本专家矶渊猛先生，在其写的《红茶疯—从中国、英国到全世界》[2] 书中，记叙他 2000 年 5 月第一次访问英国下午茶起源地贝德福德公爵 (Duke of Bedford) 庄园时看到的景况，"辽阔的绿色草原上，散布着如蒲公英棉絮般的绵羊，一群群深棕色的乳牛和飞奔跳跃的鹿群。"

谁也没有注意到"飞奔跳跃的鹿群"在公爵庄园的特殊地位，以及同中华文明和下午茶的关系。我请两位年轻的博物学爱好者、茶人朋友方玲、冷建强从难以数计的英法文献中觅得珍贵图文资料，撰此文同茶人分享。

解救中华神兽—麋鹿

公爵庄园也叫乌邦寺（Woburn Abbey），这是一个贝德福德公爵罗素家族私家拥有，对外开放的公园。面积 12 平方公里（1214 公顷），养有很多飞禽走兽、植物花卉。其中喂有 9 个不同品种的近千只鹿类，而名气最大，人气最旺的是 140 年前"侨居"来这里的东方神兽麋鹿，它在中国有一个家喻户晓的名字：四不像。

在有史以来的中华文献中，就有关于麋鹿的诸多记载，它被作为皇权、正义、爱情、友谊、驱邪的祥瑞神兽与麒麟一样深入人心。周武王的太师姜太公骑着四不像，挥着打神鞭，上天入地，指挥正义之师灭了商纣王。《诗经》《楚辞》《春秋》，西汉大辞赋家司马相如的《子虚赋》《上林赋》，东汉许慎的《说文解字》；唐代李白、杜甫、白居易、陈子昂，宋代苏东坡有数十篇诗文赞颂它。李白说"各守麋鹿志,耻随龙虎争"，苏轼淡定明志，"我坐华堂上,不改麋鹿姿"，

1　此文登《茶博览》2015.10—11 期，《中国茶叶》2016.1 期等刊物，早于英国行半年。原文刊登，同本书形成补益。有小出入处，以后者为准。图片有调整。

2　台湾麦田出版社，2009 年 2 月版。大陆东方出版社译名《一杯红茶的世界史》，2014 年 5 月版。

《前赤壁赋》写"渔樵于江渚之上，侣鱼虾而友麋鹿"。

文韬武略的乾隆皇帝，竟写了一篇关于麋鹿的科考文章。乾隆三十二年（1767年）冬，他让侍从去南海子御苑观察麋鹿在冬天是否脱角。侍从捡回15具刚脱的鹿角，皇帝大为感叹地说，过去不知道"麈"和"麋"是同种动物，更不知道它会冬天换角，"天下之理不易穷，而物不易格者，有如是乎！"由此深谙万物无一时穷尽之理，辩证是永远的。即提笔写下《麋角解说》手记，刻在捡回的麋角上，至今作为镇馆之宝珍藏在南海子麋鹿苑博物馆。

中华麋鹿在乌邦寺繁衍壮大，有一段不可思议的神奇故事。

伟大的博物学家，法国传教士皮埃尔·阿尔芒·戴维 (Pierre Armand David) 在19世纪中叶，把麋鹿、大熊猫、珙桐（鸽子花树）从中国皇家御苑、深山野岭介绍到欧洲和世界。

戴维神父36岁时来中国，工作12年（1862—1874），足遍大半个华夏，他先后发现189种动植物的模式标本[1]，堪称奇伟。而最先让他在欧洲扬名的，是麋鹿的发现。

1865年初，戴维在京郊考察时听人说，在南海子的皇家猎苑中，养有一种叫"四不像"的动物，它角似鹿非鹿，颈似驼非驼，蹄似牛非牛，尾似驴非驴。南海子元明清皆是皇家御苑，占地20多万亩，是老北京城的3倍，有很多珍奇之物。瞅机会他攀上三米高的围墙，成群结队，从未见过的四不像让他兴奋异常。据说他缠了近一年，花20两银子买通神机营守卫的军士，弄到麋鹿的皮骨和角。1866年2月，他把标本寄给巴黎自然历史博物馆权威米勒·爱德华兹先生，并写信说"它构成一种尚未描述过的物种。""四不像"是古已有之的俗称，戴维接受并宣传出去。博物馆很快回信，鉴定证明，这是一种中国特有的珍稀鹿种，因为戴维是科学发现第一人，就以他的名字命名为"Père David's Deer"，中文译称"戴维神父鹿"，也称"戴维鹿"或"大卫鹿"。

博物馆的"自然公报"很快发布了这一消息，在欧美和日本引起轰动：在神秘的东方古国的皇家禁苑中，养着世界独一无二的神兽四不像，世界各国渴望得到这个宝贝。英法德比诸国，通过外交渠道索求、物种交换、购买等多种形式，从1866—1876年的10年间，把南苑内的几十头麋鹿弄到欧洲。日本专门派官员向清廷乞求说，"南苑有四不像，日本向无此兽，本国君主极为倾慕，欲得之以阔眼界，恳请见赐一对。"

天无定数，祸福相依。1894年，永定河水泛滥冲垮皇家猎苑，100多头麋鹿被冲散，成了饥民的果腹之物。1900年八国联军侵京，南掠皇家御苑。德国部队驻扎南海子一带，把仅存的麋鹿枪杀吃肉，品尝珍馐。在无人知晓之中，麋鹿在中国绝迹了。

消息传到欧洲，引起十一世贝德福德公爵艾尔布朗·罗素（Herbrand Russell，1858-1940）的高度关注。乌邦寺从1661年开始养鹿，到1839年纪录时已有1200只。他时任英国皇家动物协会主席（1899—1936），熟悉鹿类习性，知道麋鹿是喜群居，属群体繁育动物。在

1　模式标本：动植物被发现，进入科学名录的第一例，发现者享有命名和被命名权。

十一世公爵图

中国本土的麋鹿遭杀戮，已到欧洲几十年的麋鹿因饲养和环境条件，已所剩不多，如不采取特殊措施，命休矣！于是公爵开出高价，经 1894—1903 年的不懈努力，把散养在欧洲大陆巴黎、柏林、科隆和安特卫普等动物园的 18 只麋鹿，全收养到乌邦寺园中，侥幸躲过欧洲大陆的一战烽烟。战争结束，天苑无忧的麋鹿繁衍到 88 头，成为全世界唯一的麋鹿繁育地。二战落幕时已达 255 头。

二次世界大战带来的破坏是毁灭性的。1953 年，当十三世贝德福德公爵伊恩·罗素（1917.2002.10）从父亲哈斯丁·罗素（1888—1953）手上承袭爵位和庄园时，困难可想而知。高额的遗产税，致使信托公司建议，变卖乌邦寺付税款，以保全家族的其他产业。倔强精明的十三世公爵断然拒绝。经过一段时间艰苦的恢复，1955 年，他作出了一项影响深远的决定：把乌邦寺这个几百年来家族私有的庄园，打造成一个对外开放的盈利性公园，集观鹿、品下午茶、动物园、娱乐、餐饮、卖纪念品，举办各种活动等为一体，现在每年能吸引 150 万游客。如果想到下午茶起源地蓝色客厅品茶，还必须提前一周预订才有位置。公园进入良性循环，蜚声海内外。

1974 年伊恩·罗素公爵夫妇定居海外，把产业交给 34 岁的长子塔维斯托克侯爵罗宾·罗素（Robin Russell, 1940—2003）全盘操持。这个举动让外界评议甚多，很重要的一条是，他吃够了高额遗产税的苦头，提前把有部分公益性质的公园交给下一代，有利以后发展。事实证明这是一项英明的决策。

新中国成立后，经过全国性的动植物普查，才发现麋鹿已在中国绝迹。1979 年，中国动物学家谭邦杰先生呼吁麋鹿回归，引进饲养，得到英方积极响应。1985 年 8 月 24 日，乌邦寺主人塔维斯托克侯爵罗宾·罗素（后继位称十四世贝德福德公爵）无偿赠送 22 头麋鹿回到南海子祖地[1]，由他长子豪兰男爵护送。两年后，又赠 18 只雌麋鹿。现在，江苏大丰、湖北石首、河南原阳也建起麋鹿保护区。全世界统计的 4000 多头麋鹿，中国有 3000 头，都是十一世公爵收养的 18 只麋鹿的后代。世界自然基金会 WWF 专家说，中国麋鹿的经历，是物种在原生地灭绝，复壮的经典案例，麋鹿已从国际濒危动物"红皮书"名录中剔除。

如果没有戴维神父对麋鹿的科学发现和推介，麋鹿百年前已在风云动荡的地球上消失。

1　两只赠上海动物园。赠的麋鹿回居祖地北京南海子麋鹿苑，面积 960 亩。

2005 年，为纪念麋鹿回归 20 周年，北京麋鹿苑塑十四世公爵像。十五世公爵和母亲（中二人）全家参加揭幕仪式。

2002 年 11 月，我率四川省雅安市政府代表团访问戴维神父家乡—法国西部小城市埃斯佩莱特 (Espelette)。戴海杜市长说，你是第一个来这里看望戴维故乡的东方人！因为熊猫的情结，此后十年中，我三次专程到此访问。

2009 年 11 月，我出版了《大熊猫文化笔记》一书，至今已有中法英文的 4 个版本。书的封面，是戴维到中国时的头像。我在书的扉页题记中写道："在纪念大熊猫被科学发现 140 周年之日，谨将此书献给它的引荐者，法国博物学家阿尔芒·戴维神父，以及让大熊猫旗帜在全球高高飘扬的 WWF 创始人、英国斯科特爵士。——2009 年 4 月 1 日于成都。"书中专有一节，"北方考察：把麋鹿介绍给欧洲"讲述神兽波澜起伏的经历。

2005 年，为纪念麋鹿回归 20 周年，北京南海子麋鹿苑为十四世贝德福德公爵罗宾·罗素[1]塑了全身像，以感念他数次无偿捐赠麋鹿的义举和罗素家族世代解救麋鹿之功。十五世贝德福德公爵安德鲁·罗素（Andrew Russell）率亲友团出席了揭幕仪式。2015 年是回归 30 周年，

1　罗宾·罗素于 2002 年 10 月继公爵位，为十四世贝德福德公爵。九个月后中风去世，是其家族在位时间最短的公爵。1940—2003 年生卒。

中、法、英 5 个版本的《大熊猫文化笔记》

从六月到翌年十月，在乌邦寺的罗素厅进行专场麋鹿故事图片展，纪念罗素家族和中国麋鹿的情结。

下午茶何以在英国迅速蔓延

——公爵家世的影响

2009 年，英国一家老牌贵族杂志《Tatler》为纪念创刊 300 周年，特意举办了一场公爵聚会，与会的十名公爵，爵龄加起来达 4500 年。十五世贝德福德公爵安德鲁·罗素（Andrew Russell）家族实力位居与会者第一，资产达 4.89 亿英镑，地产 23000 英亩，相当于 1303 个足球场。如今，除英皇室公爵外，还有 24 位公爵，一些风流不再，只是名承祖爵而已。贝德福德公爵罗素家族为什么还能英气勃发？

国内出版涉及英国下午茶起源的书中，无一不是讲维多利亚时代，百无聊赖的贝德福德七世公爵夫人安娜·玛丽亚 (Anna Maria Russell)，为打发八点晚餐以前难熬的饥肠辘辘，就在下午四点左右，让女仆准备几片面包、三明治、小点心和茶，与同样无聊的贵族女士观鹿品茶捱时光。有了些许垫底，晚上参加贵族圈活动就显得轻松惬意。于是由圈内到圈外，维多利亚下午茶形成了。看得出来，相沿抄袭上述文字的，对贝德福德公爵罗素家世基本无知。

16 世纪 30 年代，英国爆发了一场针对罗马天主教的"解散修道会运动"。起因是国王亨利八世要离婚，这有悖罗马教廷教义，教廷出面干涉。于是国王就公开对着干。但其深层次经济原因是教堂占有大量地产，损害了王室和贵族的利益；政治原因则是罗马教廷对英王颐指气使，思想束缚无所不在。运动中大量的天主教堂被拆毁，不配合的主教被杀。此后，英国建立起自己的国教"英国圣公会"，神职人员可以结婚，教友可以离婚。

罗素家族最早受封的约翰·罗素（John Russell）时任德文郡的行政长官，又是国王亨利八世和爱德华六世的高级顾问，拥护并参与了"解散修道会运动"。因此，1540 年英王把德文郡下的塔维斯托克修道院地产封给他。1547 年，又封赏了贝德福德郡的乌邦寺修道院产业[1]。爱德华六世国王于 1551 年封约翰·罗素为贝德福德伯爵（一世）。从此，罗素家族步入英国上流贵族圈。

到贝德福德伯爵五世威廉·罗素（William Russell，1616—1700）时，英国发生了被称为"光荣革命"的不流血政变。罗素家族的积极参与，由此而奠定了此后 300 多年的公爵世家轨迹。

1　塔维斯托克在伦敦以西 340 公里的德文郡。乌邦寺在伦敦以北 90 公里的贝德福德郡。

就是那位迎娶了葡萄牙凯瑟琳公主，从而把茶饮带进英国皇室的查理二世国王，主张王权专制，反对新教，反对议会制度，从而遭到强烈反对。1683 年，听说查理二世要到纽马凯去看赛马，以新教左翼为主的辉格派领导人，策划于途中一处叫"莱伊住宅"的险要地点伏击行刺。事巧纽马凯发生火灾，赛马取消，查理二世改变行程躲过一劫。密谋败露，遭搜捕镇压，辉格派政治活动家罗素、西德尼被处决，多人被流放。牺牲的罗素是五世伯爵威廉•罗素的二儿子。

1685 年 2 月，55 岁的查理二世中风去世，他弟弟继位为詹姆士二世国王。这是一个反对新教的狂热的天主教信徒，主张加强君主专制，反对议会制，国内动荡不安。1688 年 6 月 30 日，英国海军将领爱德华•罗素联合伦敦大主教、党派负责人，以七人名义给詹姆士二世的女婿荷兰奥兰治亲王威廉和玛丽王后写信，邀请他们率军进入英国驱赶詹姆士二世。

1688 年 11 月 1 日，威廉应"七圣人"之请，以保护英国宗教，自由和财产的名义，率 1.4 万军队渡过英吉利海峡进击伦敦。此时英国有四万军兵，皆不战。兵不血刃。12 月 11 日詹姆士二世出逃。1689 年 12 月，英国议会确定由威廉三世和玛丽共同为国家元首，成为国王和女王。经过这次特殊的革命后，王室妥协和议会达成《权力法案》，明确王室和议会的权责，形成"君主立宪制"原则，此后议会的宪法地位上升，权力高于君主，形成君主"统而不治"的局面。而这时世界其他国家还处在分裂或封建专制时期，经过光荣革命后的英国迅速发展，为其 18 世纪的工业革命和 19 世纪成为世界霸主奠定了良好的基础，并影响到 18 世纪法国大革命和美国独立战争。

在光荣革命中立了大功的爱德华•罗素将军是威廉•罗素五世伯爵弟弟的儿子，又娶伯爵三女儿玛格丽特•罗素为妻，是侄子加女婿的关系。而五世伯爵的二儿子，作为此次革命的先驱，被查理二世处死，是全民敬仰的英烈。论功行赏，威廉三世国王和玛丽女王敕封贝德福德五世伯爵威廉•罗素为贝德福德公爵（一世）。从伯爵升为公爵，这是在英国仅次于皇室亲王的最高爵位。由此，他家的另一块封地"塔维斯托克"，成为公爵长子在没有继位公爵前的侯爵封号。前述捐赠麋鹿的塔维斯托克侯爵，因其父十三世公爵高龄，至 2002 年去世，他继十四世贝德福德公爵时已 62 岁。

贝德福德公爵家族，有一次巨额财产扩张的机缘。1695 年，贝德福德公爵二世里奥斯利•罗素（他是牺牲的一世公爵二儿子的孩子）和伊丽莎白•豪兰结婚，这是一次"政商联姻"的结合。结婚时，新郎 15 岁，新娘 13 岁。新娘的外公是英国巨富乔舒亚•柴尔德，他从店员学徒起家，得从男爵称号，曾担任过东印度公司的总督，有巨额现金、珠宝和地产。结婚时，作为嫁妆，罗素家族就得到了五万英镑现金和地产。婚后，双方家族合力在泰晤士河岸修建码头、船坞，投资东印度公司。柴尔德逝后，作为豪兰家族的独女，承袭了巨额财富。为祝贺这次婚姻，王室又封豪兰男爵位作为公爵长孙的尊称。从此，无论在政界商界，贝德福德家族都让人仰视。

贝德福德公爵六世约翰•罗素 (1788—1861) 有三个儿子，大儿子继七世公爵位，夫人就是首创下午茶的安娜·玛丽亚。夫妇膝下一子即八世公爵，无嗣，爵位回传给叔叔，即六世公爵的二儿子，称九世公爵。但外界盛评，六世公爵后代中最优秀的是三儿子约翰·罗素（John Russell，1792—1879）[1]，他在维多利亚女王时代两次担任英国首相，分别是 1846—1850 年和 1865—1866 年。中国人最忌的两次鸦片战争与他无涉。由于治国安邦有功，1861 年王室封他为罗素伯爵一世。至此，英国皇室对罗素家族的封爵爵位有贝德福德公爵、塔维斯托克侯爵、豪兰男爵、罗素伯爵。据说，在传袭至今的英国贵族敕封史上没有先例。

贝德福德公爵七世弗朗西斯·罗素阅历平平，但是他的夫人安娜·玛丽亚（1783—1857）却在英国茶文化，世界红茶文化中是一位脍炙人口的人物。家世的优越环境，使她见多识广，学识渊博，举止高雅。为适应上流社会早餐至迟到八时晚餐之间的饥饿不适，她琢磨出了下午茶的助餐品饮方式，在交际圈中流传。但是，就连今天的乌邦寺官网，谁也说不清下午茶的"发明"时间，大家普遍说法是 19 世纪 40 年代，称为维多利亚下午茶。

我们发掘了公爵夫人和女王联手推出下午茶的故事。

维多利亚女王是英国历史上在位时间最长的君主（Alexandrina Victoria，1837—1901 执政），也是唯一以"大不列颠和爱尔兰联合王国女王和印度女皇"名号称呼的英国君主。她的时代，是"日不落帝国"的盛世，因此从她执政直到去世后第一次世界大战开始的 1914 年，英国人都敬称为维多利亚时代。女王在 1837 年登基时，仅 18 岁，她聘时年 54 岁，阅历丰富、经验老到、同王室关系密切的七世公爵夫人安娜·玛丽亚为私人助理，任期五年。可以想象，英姿飒爽的女王，多么需要下午茶来平衡一天的劳息。公爵夫人顺理成章地把下午茶带进王宫，又通过女王的追捧者使下午茶遍及英伦三岛和日不落帝国的殖民地。

女王喝什么茶？中国时下红茶热，当然说女王喝红茶。最近一则有趣的新闻，让人热议论中冷思考。今年 9 月 9 日，英国女王伊丽莎白二世超过了她高祖母维多利亚女王在位 63 年零 216 天的纪录。专家们研究 89 岁高龄的伊丽莎白二世的长寿秘诀，西班牙《国家报》登出八条，

1　文中多次出现"约翰·罗素"姓名，西方取名习惯与中国不同。

首创下午茶品饮方式的贝德福德七世公爵夫人安娜·玛利亚

其中必不可少的是下午茶，"下午茶对英国人和英国王室来说，几乎是一种神圣的仪式。无论女王身在何处，下午茶会在每天的 5∶00 准时奉上。绿茶是下午茶的主角，具有抗氧化、防癌和预防心血管疾病的作用。"

小叔子约翰·罗素两任英国首相，在那个工业革命，日不落帝国殖民扩张的时代，繁忙和会议可想而知。嫂夫人安娜·玛丽亚的下午茶既然进了白金汉宫，必然也会在首相官邸，议会大厦的男人世界大行其道。上行下效，举国官僚机构推开了下午茶。

英国人历史上习惯两餐制。工业革命工人阶级的劳累，下午的精疲力竭，极大地影响了民族的身体素质和下午的工作效率。有专家提出，茶和下午茶，是英国工业革命的强心剂和润滑油。企业主们从官场看到下午茶的优点，逐渐在工厂和公司推而广之，极大地提高了生产效率。下午茶成了国饮。

一首英国民谣唱道："当时钟敲响四下时，世上的一切瞬间为茶而停。"[1]

毛泽东为罗素演讲活动作速记员

第三世罗素伯爵伯特兰·罗素（Bertrand Russell，1872.5.18—1970.2.2），是担任过维多利亚女王时代的首相约翰·罗素的孙子，与贝德福德公爵罗素家族是同一脉。

伯特兰·罗素是 20 世纪英国最有名的哲学家、数学家、逻辑学家、历史学家、无神论者、和平主义社会活动家。以他名字命名的数学"罗素悖论"对 20 世纪数学基础发展产生重大影响。著名的美国哲学家杜威撰文《现代的三个哲学家》介绍罗素说，"世界上真能够懂得数学的哲学的人，至多不过二十人，我既不是二十分之一，我也不能懂得。"1950 年罗素获得诺贝尔文学奖，得奖评语表彰他是"西欧思想、言论自由最勇敢的斗士，卓越的活力、勇气、智慧与感受性，代表了诺贝尔奖的原意和精神。"

1920 年 10 月，罗素和美国哲学家杜威联袂到长沙演讲，他们的学术地位，胆识和为人，对五四运动后追求科学、民主、自由的中国人来说，将会有振聋发聩的作用吗？对上下求索的青年毛泽东将会产生什么样的影响？

1920 年，由梁启超牵头成立了"讲学社"，目的是邀请国外名人来华讲学，促进中外交流，蒋百里兼任总干事。当年秋，罗素、杜威应梁启超、张东荪之邀来华演讲。陈独秀、李石曾力促在上海演讲的罗杜二人，到思想活跃、文化底蕴深厚的长沙演讲。这时湖南省教育会正在长沙召开县级教育工作会，全省各级的执教贤达齐聚，省长谭延闿也力主邀请。罗杜慨然应允，

---

1 《多视角下的英国茶文化研究》，马晓俐著，2010 年 8 月版。

学界喜出望外。

为了与罗杜演讲相匹配，国内组织了北大校长蔡元培和吴稚
辉、张东荪、张溥泉、章太炎等学术大家同期在主、分会场演讲。
清华大学的赵元任、胡适作随行翻译。长沙《大公报》在 10 月 15
日就预登了演讲议程；26 日公布了学养深、笔力好的特邀速记员
李济民、毛泽东、唐汉三等名单；从 10 月 26 日到 11 月 2 日，《大
公报》以《编辑部特别启示》专栏每天刊出头天演讲的内容，以飨
湘江学人。陈独秀主办的《新青年》杂志，封面登罗素半身像，集
中介绍他的生平、学术思想和著作，并派记者到长沙采访。

罗素 10 月 26 日下午第一位演讲。省长谭延闿主持演讲，并
设宴款待。这一周，长沙城内外听者如潮，众报评论"吾湘得未曾
有之盛会！"

此时的毛泽东是湖南第一师范附小主事（校长），兼师范部国文教员，又是《大公报》特
约撰稿人。时年 27 岁的他，正是上下求索、探研真理、主义未定、平衡正误的时候。早在
1917 年 8 月，他就从恩师杨昌济处抄录《西洋伦理学史》七册用以研究。1919 年 7 月，他主
创《湘江评论》，作为主编和主要撰稿人，"以宣传最新思潮为宗旨。"10 月，《北京大学日刊》
登出他拟的《问题研究会章程》，就政治经济文化、教育社会国际诸方面提出 144 个问题，强
调"在各种问题研究之先，须为各种主义之研究。"1920 年 3 月 14 日，在给周世钊信中说，"老
实说，现在我于种种主义，种种学说，都还没有得到一个比较明了的概念，想从译本及时贤
所作的报章杂志，将中外古今的学说刺取精华，使他们各构成一个明了的概念。"3 月 17 日晚
到老师黎锦熙处，讨论英国罗素、美国杜威、法国伯格森的哲学派别问题。6 月 7 日又给黎先
生信说"我近来功课，英文、哲学、报，只这三科。哲学从'现代三大哲学家'（指罗杜柏）起，
渐次进入各家。"7 月 31 日他在《大公报》撰文说，"湖南人现在脑子饥荒实在过于肚子饥荒，
青年人尤其嗷嗷待哺。"[1]

罗素、杜威及蔡元培等国内外大家莅湘的中西大展艺，对于同样嗷嗷待哺的毛泽东，因
有速记员座位之便，经一周醍醐灌顶的头脑风暴，就有了"一个比较明了的概念。"对于 1921
年 7 月 23 日在上海出席中共一大，同样担任记录的毛泽东，长沙"风暴"的终身受用是不言
而喻的。这从他的几封信可以看出：

1920 年 11 月 25 日，在给罗章龙的信中说，解决湖南问题，"要有明确的主义"，"我不
赞成没有主义头痛医头，脚痛医脚的解决。"

新青年罗素像

1　此部分引自《毛泽东年谱》上卷，中共中央文献研究室编，1993 年版。

12月1日，毛泽东给在法国留学的蔡和森诸友写了一封长达五千字的信，详细介绍了罗素和章太炎等在长沙的活动，"我于罗素演讲后，曾和萌柏，礼容等有极详之辩论，我对于罗素的主张，有两句评论，就是'理论上说得通，事实上做不到'。"为什么有此结论呢？罗素"主张共产主义，但反对劳农专政，谓宜用教育的方法使有产阶级觉悟，可不至要妨碍自由，兴起战争，革命流血。"来中国前，罗素到苏联访问，从西方哲学家、社会活动家的眼光作出以上判断，毛泽东同友人做了"极详之辩论"，然后有信之观点，这是一件有利确立毛泽东以后世界观的好事。

1936年9月22日，毛给蔡元培先生信开篇即说，"五四运动时期北大课堂，旧京集会，湘城讲座，数聆先生之崇论宏议，不期忽忽二十年矣！"在抗日烽火陡起之时，不忘先生"湘城讲座"的教育之恩，足见罗素演讲活动对毛泽东一生的影响。[1]

罗素离长沙后去北京。在出席讲学社的欢迎会上，梁启超说，先生的人格值得敬佩，因为他具有"真正学者独立不惧的态度，这是真正为人类自由而战的豪杰。"梁希望罗素将如同吕纯阳能点石成金的手指那样，把"研究学问的方法"毫无保留的传授给中国人。

在北京数月，罗素深入各地调查研究，到大学和学术机构演讲交流。1921年3月，患严重肺炎住院，以至杜威赶到医院为他办理遗嘱，中外震惊。天延英灵，5月14日病愈出院。7月6日，在北京教育部会场，讲学社、罗素学术研究会为他举办欢送会，他作了"中国的自由之路"的演讲，他提醒中国有两件事应注意，一是中国不要盲目地采用欧洲文化，千万不要好坏齐收；二是中国旧文明之不适于新人生需求者，应该割爱。改造中国的政治，最好是用俄国的方法，不宜用西方的平民政治。欲使现在中国国民知识普及，实业发达，而又不染资本主义的流毒，只有采用俄国共产党的方法，最为合宜。此时的观点，比初到中国时的长沙观点客观、深刻。罗素在中国演讲数十专题，北洋政府斥责他宣传俄国革命，数次打算驱逐出境，但碍于他的国际影响，逐客令没有下达。

回到英国，他把在中国九个月的耳闻目睹和深刻思索，广为演讲，并把演讲内容结集成《中国问题》一书1922年出版。孙中山看后说，他是"唯一真正理解中国的西方人。"当他93岁为《中国问题》再版作序时写道："中国人曾历经磨难，但他们的英雄主义拯救了他们，他们应该成功。愿成功是他们的！"

20世纪50年代，毛泽东、周恩来邀请罗素访华，但行前生病，日程取消。他把写的《西方哲学史》赠送毛主席。1965年12月21日，毛泽东在杭州说，罗素送我一本书，可以翻译出来看看。商务印书馆委托清华大学著名哲学家、翻译家何兆武教授译，这是中国研究西方哲学者的必读。

1　此三信，引自《毛泽东书信选集》，人民出版社，1983年12月版。

罗素像

辉煌的罗素伯爵家族至今传到七世，膝下二女无男嗣，按王室传男不传女的袭爵规定，他们可能就到此为止了！

如果让一位功夫不深的外国人来看中国的春秋战国，那么姓氏、封地、封国、爵号、国名、年号、王号、谥号等，没有不搅晕的。同理，欧洲数不清的大小王邦、公国，合纵联横的姻亲关系，繁复的爵位和承袭规制，也让中国人望而生畏。我看过数十本讲述英国下午茶的书和文章，没有不错的，且都点笔即止，不能掘出背后的故事。

茶为国饮，茶从中国走向世界。一带一路，海上茶丝瓷之路，让我们更加自豪地走向世界，我们不会忘记那些促进中西文明交流的朋友！靠着年轻茶人朋友的帮助，爬梳此文，以飨同好。功力所限，差误难免，求教方家。

（作者：孙前、中国国际茶文化研究会副会长、西南茶文化研究中心主任、原四川雅安市副市长，雅安市茶业协会创会会长）

《茶周刊》2016 年 5—9 月系列报道，冯斯正撰稿

附录 2：

我们给马克思奉好茶

——纪念马克思诞辰 200 周年 [1]

孙 前

5 月 5 日，马克思诞辰 200 周年，1818 年，他出生在德国西南部小城特里尔（—1883.3.14）。

1999 年底，英国剑桥大学和英国广播公司（BBC），网络评选已故的纪元千年前十名"千年思想家"，马克思位居第一；2005 年，BBC 又网评"古今最伟大的哲学家"，马克思名压群雄，仍踞第一。

这一天，我以"熊猫喝茶"的微昵，在朋友圈发了一组图片，配上文字：

五月五日，马克思诞辰 200 周年！

他和恩格斯，喝着茶和咖啡写出了《共产党宣言》《资本论》1～3 卷及系列著作！

西南茶文化研究中心组织国内茶人，到伦敦祭奠缅怀他！

---

1 《天下茶友网》2018.6.7 独家首播，《生态雅安》2018 年第 3 期。原文刊登，图片调减。

友人点赞无数。但也有调侃的：马克思喝茶还是喝咖啡？喝的什么茶？怎么百度上查不到他喝茶的资讯呢？

一、怎么寻找马克思　恩格斯喝茶的信息

马克思生活中的爱好有三样东西：雪茄、茶、啤酒。

马克思二女儿劳拉的丈夫保尔·拉法格（1842—1911，法国工人党创始人之一，经济学家）说，"马克思吸烟吸得很厉害"，马克思对他讲，"《资本论》甚至将不够偿付我写作它时所吸雪茄烟烟钱"。

"由于长年的贫困，他不得不吸劣等牌子的烟，因此吸烟严重地损害了他的健康，以致医生曾不止一次禁止他吸烟。"（《马克思传》弗·梅林著）

茶，对于一个吸劣质烟如命，大脑片刻不得休息，雄辩不息的导师来说，它是须臾不能离的良药和兴奋剂。

啤酒，是德国人的家乡味。有时会议结束还没聊尽兴，就"走进一家小酒店，要一杯啤酒，随便谈谈。"当时没冰箱，马克思的生活条件也不允许在家屯着啤酒伴他写作。茶在多数情况下代替了啤酒。

据中共中央马恩列斯著作编译局的最新统计，根据不同时代的"12 种关于马克思著述的《书目志》再对比荷兰阿姆斯特丹国际社会史研究所收藏的马克思著作"和俄罗斯马克思研究所的收藏，马克思一生撰写的著述有 1974 部（篇），他单独写的有 1660 部（篇），与他人合著 314 部（篇），现存书信 3099 封，100 多本读书笔记。由于历史和战乱的原因，荷兰收藏了马恩资料的三分之二，四万多页，俄罗斯收藏了三分之一。

散落各处有待发掘的遗著不计其数。譬如，燕妮信至今只存六封。在马克思读大学、攻博士的 7 年恋爱苦旅中，他给燕妮写了三本爱情诗，不用怀疑，贵族千金小姐的燕妮，一定浸润在上等中国佳茗中，倾诉思念之苦。《共产党宣言》这部无产阶级宝典，至今仅存书稿的最后一页，有燕妮的誊抄笔迹和马克思的签名，珍藏在荷兰的研究所中。有很多资料未译成中文，我们坐失"茶资源"。

马克思签名

二、在咖啡馆喝茶

在英国，最早出现的茶叶广告，是 1658 年 9 月在伦敦的托马斯·加威咖啡屋。它比中国茶人熟悉的葡萄牙凯瑟琳公主 1662 年带茶进伦敦还早几年。

咖啡是非洲异教徒的土产，它比神秘的中国茶叶进入欧洲，仅早 20 年左右，由于当时对异教徒的鄙视，咖啡的流行，远不是今天一些卖咖啡者说的那样美妙神奇。

1384—1451 年，发生了横扫欧洲的黑死病（淋巴腺鼠疫），死亡 2500 万人。1665 年，伦敦又发生以后蔓延全英国的黑死病，他们称为大瘟疫，致七万人死亡。所以，把咖啡和茶称为万灵药物，是最佳广告卖点。在咖啡馆卖茶、卖杂货是普遍的经营手段。

1844 年 8 月 28 日，从英国曼彻斯特的纺织厂回德国家乡的恩格斯，在巴黎法兰西剧院旁的雷让斯咖啡馆同马克思见面长谈，这是改变人类历史的见面（1842 年 11 月下旬，在科伦《莱茵报》编辑部礼节性见过）。然后到马克思家住了十天，就政治、经济、军事、社会全方位恳谈，他们在茶的氤氲中，取得完全一致的意见，从此开始了长达 40 年，被列宁称为"他们的关系超过了古人关于人类友谊的一切最动人传说"的战斗情谊。

1847 年 11 月底至 12 月上旬，马克思和恩格斯参加"共产主义者同盟"第二次代表大会，并受同盟委托，起草"同盟纲领"。

两人在马克思寓居的比利时布鲁塞尔，市区大广场旁边的一座五层建筑天鹅饭店的一层咖啡馆，进行了 20 多天的详细讨论，纲领的主题、提纲、结构、资料都在此时酝酿、起草、谋篇布局……

今天，在靠窗的一张小长方桌的墙上，依然挂着一张马克思头像的油画，下嵌的小铭牌上写着"卡尔·马克思"，表示他喜欢坐这里。布鲁塞尔人长期以来，把"天鹅之家"赋予《共产党宣言》诞生地的地位。在这里，茶和咖啡伴随马克思、恩格斯写出了《共产党宣言》。1848 年 2 月 24 日左右，共产主义者同盟的纲领《共产党宣言》在伦敦出版。

3 月 3 日夜，马克思被警察逮捕监禁，3 月 5 日被比利时政府驱逐，前往巴黎。

三、马克思经济上有多困难

1848 年 2 月到 1849 年，马克思用了将近 7000 塔勒（德国银币），这是他和燕妮的现款，以及他父亲的遗产，用来武装布鲁塞尔革命的工人，消息走漏，他们被警察抓捕，第二天即被驱赶去巴黎。

1848 年 6 月 1 日，马克思和恩格斯创办的《新莱茵报》问世，此后发表了很多重要理论著述，引起社会关注，销量也不错。但由于欧洲政局多舛，各党派的纷争，到 1849 年 5 月马克思被反动当局驱逐。报社的蒸汽印刷机，新装的排字机，订户预缴纳的报费 1000 塔勒，全部用来偿还报社债务。马克思还借 300 塔勒安置工厂的工人。

6 月 3 日左右到巴黎，8 月 26 日左右又被驱到伦敦。此时的马克思已是负债累累，有三个孩子，第四个待产，还有一位忠实的家庭女助手德穆特。

燕妮在《动荡的生活简记》中回忆说，"1851 年和 1852 年是我们各种大小困难最多和最艰苦的两年"。

其实远不止此！ 1857 年 7 月，燕妮生了一个死婴，无法安葬。她找到一个法国的侨民朋友募得 2 英镑，才让孩子在小木棺材中入地。

马克思一次给恩格斯写信说，"有一次他由于没有衣服和鞋子而不得不待在家里；另一次，他缺少买纸或买报的几个便士；又一次，他为了弄到寄稿子的邮票而在城里到处奔走。除此之外，还要加上同小店老板们的无休无止的争吵"。（《马克思传》）

马克思到英国后的经济支柱来自两方面，一是恩格斯四十年如一日的帮助，一是为美国《纽约每日论坛报》每周两篇论文的稿约。每篇两英镑（合 40 马克）算来每年大约 4000 马克，也可以对付过日子。马克思、恩格斯关于中英贸易、鸦片战争和中俄贸易的 17 篇社论、评论，都发表在此报。此报当时订户 20 万，是美国最有影响的报纸之一，这种关系从 1851 年持续到 1862 年。后期由于效益和美国政局影响，稿酬只给一半，或者写了几篇稿子才给一稿的报酬，这样，合作中止了。

很多刊物认为，马克思身后有一位富裕的工厂主，甚至是大资本家的恩格斯资助，日子应该是不错，大谬不然！

1842 年，恩格斯应父命，到英国曼彻斯特，同荷兰商人合资的"欧门—恩格斯"纺织厂工作，父亲只占 1/5 的股份。引《马克思传》的一段话，一目了然："许多年以后，恩格斯才成为公司的合伙人，在那以前，他只是一个普通的职员，经济状况也并不十分好。但是从他移居曼彻斯特的第一天起，他就开始帮助马克思，而以后也从来没有厌倦过。一英镑、五英镑、十英镑的汇票，后来甚至上百英镑的汇票源源不绝地寄往伦敦。"

1862 年 9 月 25 日，恩格斯同荷兰方老板欧门签协议，他的年工资才达到 100 英镑，以及年末分红百分之十。每月八英镑多，还要资助马克思，可以想见他有多大财力。1869 年 8 月，恩格斯中止其家族同欧门的合作协议，一次性拿到 1750 英镑的补偿金，每年给马克思 350 英镑补助生活。以后他又把在该公司的合作资金全部抽出。对马克思和他的外孙辈的支持，直到恩格斯的临终遗嘱都安排妥帖。

四、马克思喝茶吗

俄联邦共产党领导人久加列夫，写了一篇纪念马克思的文章《改变世界的思想家》，读到马克思被迫移居伦敦，妻子和女儿生病给友人写的求助信摘录：

> 我没有钱看医生买药。八到十天来，一家人只吃面包和土豆……我们还欠了房租。购买面包、蔬菜、牛奶、茶叶、肉的账单都没有付。

这明白无误地写着，在他生活最困难的时候，茶是离不开的必需品。

恩格斯1843年到曼彻斯特工作不久，就恋上比他小一岁的爱尔兰女工玛丽·白恩士。他们经常到工人社区住地，向贫困工人了解情况。星期天，他们一起参加工人的聚会，"晚会上人们不分男女、老少、身份，坐在一起吃便饭—茶和奶油面包"。恩格斯在他的著作《伦敦来信》中详述乐此不疲的这些经历说明，就是最简单的"便饭"，也离不开茶。茶已深入到英国工人最基层的单元。

威廉·李卜克内西（1826—1900，德国政治活动家，德国社会民主党创始人之一），从24岁时就追随马克思，直到为他致悼词。他们之间的革命友谊，情同手足。在他流亡伦敦期间，每到礼拜天，只要天气晴好，伦敦市北郊的樱草丘外的汉普斯泰特荒阜就挤满了人。李氏同马克思一家，步行一个半小时，来到这遍地是金雀花和小树丛、小山幽谷的荒阜撒野，这是一周里最愉快的日子。女助理琳蘅提着一个从德国老家带来的大篮子，装着很大的一块做好的烤牛肉，"篮子里还有茶和糖"，有时还有水果。面包、乳酪、食具、热水和牛奶，在荒阜能买到。到荒阜以后，我们首先要找到一个适合于落脚的地点，同时尽可能顾到便于"弄茶和啤酒"。马克思喜欢到那个叫"杰克·斯特罗堡"的古老的小酒店凭桌而坐，欣赏山谷美景，一周的烦恼尽在烟云之外了。李卜克内西则带着两个小姑娘，爬坡上坎，尽兴而欢。马克思家备茶，出门自带茶，不知是出于口味还是经济的原因。

1867年9月，被称为工人阶级的圣经的《资本论》第一卷在汉堡出版。马克思在扉页的献词是：

> 献给，我的难以忘怀的朋友，勇敢的忠诚的高尚的无产阶级先锋战士
>
> 威廉·沃尔弗（1809年6月21日生于塔尔瑙，1864年5月9日死于曼彻斯特流亡生活中）。

如献词所说，他多次参加欧洲各国的造反，多次被捕流放，又多次逃跑。他是一位佃农出身的大学生，知识渊博，才智超群。他比马恩年龄大，但甘当学生。1853 年 9 月，通过恩格斯介绍，在曼彻斯特一个德国商人家任家庭教师，直到去世。他是一位单身汉，马克思每年到曼彻斯特看望恩格斯和他，到他家喝茶，讨论理论问题。

燕妮评价他，这个人是具有"最诚实、果敢的平民本色"的革命者。他收入不错，但极尽抠门的程度，让最亲密的战友都不可以理解，他"为了茶、糖和煤同包伙食的房东太太争吵"，不依不饶。马克思到他家喝茶，那是斗争出来的。后来他接收了父亲一笔遗产，依然一副穷酸样。

1864 年 5 月 9 日，沃尔弗病逝于曼彻斯特，仅 55 岁，他留下当时堪称巨款的 1000 英镑。他立下遗嘱，除安葬费和少数需帮助的亲属外，资助马克思 820 英镑，以解决他生活的后顾之忧，静心写作《资本论》。连好茶都舍不得喝的人，把巨款相助生活十分窘迫的马克思，作为《资本论》的献词人，他当之无愧！

马克思和恩格斯不仅关注茶与贸易、经济、战争、关税、日常生活的关系，在《资本论》二卷中，他们披露了伦敦切尔西植物园园艺师、顶级茶叶大盗福钧公布的资料，"茶叶，都是来自同一些灌木，同一些茶场；红茶主要来自福建省，花茶和绿茶主要来自安徽省"。

马克思 1857 年 4 月发表在《纽约每日论坛报》的社论《俄国的对华贸易》中说，有人诡言，到俄国的商路茶是上等货，"不同于由海上进口的次等货"。

从众多文章看，马克思有渊博的茶知识和终身不弃的饮茶嗜好，但是，他肯定没有饮过中国好茶！

此文快写完时，巧遇冷建强的两位英国朋友来成都，相约在小雅茶室聊茶马古道。一见面，我就向乔安娜女士（考古学家），维尼特先生（印度籍，从事旅游工作）请教一个问题：马克思喝茶吗？二人同声回答，不知道！维尼特紧跟着一句，应该是喝茶吧？不然怎么会写那样多书？我笑着补充一句，嗜茶如命！

五、您好，马克思——请喝中国好茶

2016 年 4 月 12—25 日，由中国国际茶文化研究会•西南茶文化研究中心组织了 17 人的"中华茶文化赴英国考察交流"活动，在英格兰本岛，地毯式的考察了 25 个与茶相关的研究机构、博物馆、茶售旗舰店、茶园、茶厂、陶瓷厂、遗址等。

原定到伦敦第五天就去拜谒马克思墓地，后来英国司机同导游商量，为了全程顺路，建议第 12 天时去。4 月 23 日上午参观国家海事博物馆，了解坚船锐炮怎么把鸦片送到中国。午后参观飞剪船，看看美国英国的海上运茶竞争。

这一天遇到一个特殊情况，英国国际马拉松赛，到处限行、绕道。

作者一行在马克思墓前　　2016.4.23

　　为了给马克思奉茶，研究中心办公室主任，高级茶艺师张雅琪，专门从成都带了一套藤箱装的茶具，并且在酒店草坪上作过演练。

　　我们专门准备了一套世界茶文化圣山——蒙顶山的几种明前甘露和兄弟友谊藏茶、西藏雪域圣茶、云南国辉神农普洱、荥经塔山红茶。我们计划为马克思祭奠蒙顶甘露，其他名茶，送一部分给管理方，然后委托他们五月五日马克思198周年诞辰时，帮中国茶人代为祭奠，并专门准备了中英文的冲泡说明书。

　　周密的计划和良好的心愿，都给马拉松给搅了。司机给小冷不断地说，可能赶不上了，可能要关门了！

　　我默默祈祷：马克思啊，我们跨洋过海，专门来给您奉茶，保佑我们遂愿吧！

　　大巴车在伦敦北郊的海格特公墓大门外停下，在车上看到，两扇铁栅门只留下一人宽的一道缝，参观者只出不进。小冷跳下车向大门冲去，我大吼道，就说我们明天早晨的飞机回中国，恳请让我们进去！

　　全车的人都紧张地盯着小冷⋯⋯他转过身向我们挥挥手，妥了！

　　我给小雅说，茶具就不带了，时间来不及，把茶礼带上，团旗带上。副团长白小梅，秘书长冯斯正拿上两只绒熊猫，给管理人员夹在领口。

　　因为时间紧迫，一位管理人员带我们到几百米外的马克思墓。我把好茶礼品交给他，叮嘱了注意事项，同时也有送他茶礼。他对我们这些带了熊猫和茶来祭马克思的中国人，深为感慨！

　　途中他说，马克思、燕妮、外孙哈利·龙格和一生的助手琳蘅·德穆特四人葬在前面一处极简陋的小墓地。1956 年，英国共产党集资重建了这个标志性的铜像墓地，以纪念他逝世 73 周年。他的两个女儿和丈夫葬在法国，其他的孩子葬伦敦另外墓园。每年全世界来参观的人很多，尤其是中国人、德国人、英国人、俄罗斯人，但是带这样多礼物来，尤其是带茶和熊猫来献给他的，还是第一次！

其他公墓都不收费，只有这里参观要收四英镑，这是公益性的，由慈善基金会管理，就是因为马克思在这里，用于墓地维修管理。

在墓区主道拐角处，矗立了马克思的半身铜像，双目如炬，伫视远方。灰色花岗石的基座上，刻着金色的字，"全世界无产者，联合起来！"这是《共产党宣言》中的最后一句。碑下端金字镶着"哲学家们只是用不同的方式解释世界，而问题在于如何改变世界。"这是《关于费尔巴哈的提纲》中的最后一句话。碑中间镶一小块白色大理石，写着马克思夫妇的名字。

我们一行 11 人：团长孙前，副团长沈冬梅（北京）、丁云国（云南）、陈紊兵（西藏）、白小梅（四川），秘书长冯斯正（北京），刘昌明教授，艺术家邓存琚、王晶，导游冷建强，办公室主任张雅琪（其他六人，因访亲会友，或车阻不能按时赶到），恭恭敬敬面对铜像站一排，我代表致词：

> 马克思您好！我们今天的幸福生活，受恩于您和恩格斯在难以想象的困难条件下，创立的科学理论的指导！
>
> 我们知道您爱茶，但是没有喝过中国好茶，今天我们代表敬仰您的中国茶人，为您奉上中国好茶！
>
> 您在天有知，请受我们三拜！

然后展开团旗，在铜像前合影。又请管理人员在团旗上签字：

2016.4.23 伦敦海格特公墓　马克思墓！

这是中华茶人永恒的纪念！

英茶行落幕了！
向两位司机朋友
和所有帮助过我们的人致谢

参考文献

[1] （瑞典）林奈著.自然系统（拉丁文版）[M].荷兰莱顿出版,1735.

[2] （瑞典）林奈著.植物属志（拉丁文版）[M].荷兰莱顿出版,1737.

[3] （瑞典）林奈著.植物种志1—2卷（拉丁文版）[M].荷兰莱顿出版,1753.

[4] （美）威廉·乌克斯著.中国茶叶研究社译.茶叶全书[M].上海开明书店,1949.

[5] （唐）杜环著.经行记笺注[M].中华书局,1963.

[6] （英）罗素著.何兆武,李约瑟译.西方哲学史（上卷）[M].商务印书馆,1963.

[7] （德）恩格尔伯特·肯普弗著,日本的历史与纪行；异域奇趣（2册）[M].日本大阪出版,1973.

[8] （清）张廷玉等著.明史[M].中华书局,1974.

[9] 山东大学历史系著.海洋争霸史话[M].人民出版社,1976.

[10] 戈宝权编写.《马克思恩格斯选集》中的希腊罗马神话典故[M].三联书店,1976.

[11] （日）木宫泰彦著；胡锡年译.日中文化交流史[M].商务印书馆,1980.

[12] 方文培著.拉丁文植物学名词及术语[M].四川人民出版社,1980.

[13] 老舍著.茶馆[M].四川人民出版社,1980.

[14] （宋）吴自牧著.梦粱录[M].浙江人民出版社,1980.

[15] （元）汪大渊著.岛夷志略[M].中华书局,1981.

[16] 陈祖椝,朱自振编著.中国茶叶历史资料选辑[M].农业出版社,1981.

[17] （清）斌椿著.乘槎笔记[M].湖南人民出版社,1981.

[18] （清）志刚著.初使泰西记[M].湖南人民出版社,1981.

[19] （清）张德彝著.航海述奇（先后共1—8部"述奇"书）[M].湖南人民出版社,1981.

[20] 范存忠编著.英国史提纲[M].四川人民出版社,1982.

[21] （清）王士禛著.香祖笔记（十二卷）[M].上海古籍出版社,1982.

[22] 蔡尔康著.李鸿章历聘欧美记[M].湖南人民出版社,1982.

[23] 庄葳,吴慈生.古今中外300大事[M].学林出版社,1982.

[24] 董仁威,邱沛篁编著.绿海探宝：林奈与方文培[M].四川少儿出版社,1983.

[25] 朱庭光主编.外国历史名人传古代部分[M].上海社会科学院出版社；重庆出版社,1983.

[26] 广东省文史馆译.鸦片战争史料选译 [M].中华书局,1983.

[27] (阿) 苏莱曼著.穆根来,汶江,黄倬汉译.中国印度见闻录 [M].中华书局,1983.

[28] (美) 乔治•华盛顿著.华盛顿选集 [M].商务印书馆,1983.

[29] (清) 郭嵩焘著.伦敦与巴黎日记 [M].岳麓书社出版社,1984.

[30] 周秀凤,张启荣编著.列宁著术典故 [M].人民出版社,1984.

[31] 路易•艾黎著.瓷国游历记 [M].轻工出版社,1985.

[32] 杨国翰著.十七世纪英国文学 [M].北京大学出版社,1985.

[33] 曾纪泽著.出使英法俄国日记 [M].岳麓书社,1985.

[34] 萧致治,杨卫东编.鸦片战争前中西关系纪事(1517—1840) [M].湖北人民出版社,1986.

[35] (清) 张廷玉著.清实录 [M].中华书局,1986.

[36] 萧致治,杨卫东著.鸦片战争前中西纪事 [M].湖北人民出版社,1986.

[37] (德) 马克斯•韦伯著.新教伦理与资本主义精神 [M].四川人民出版社,1986.

[38] 周一良主编.中外文化交流史 [M].河南人民出版社,1987.

[39] 中国茶叶学会编.吴觉农选集 [M].上海科技出版社,1987.

[40] (汉) 司马迁著.史记 [M].中华书局,1987.

[41] 宁希元校点.元刊杂剧三十种新校 [M].兰州大学出版社,1988.

[42] (荷) 尼霍夫著.庄国士译.荷使初访中国记研究 [M].厦门大学出版社,1988.

[43] 吴晗,费孝通等著.皇权与绅权 [M].天津人民出版社,1988.

[44] 刘鉴唐、张力著.中英关系系年要录(第一卷)13 世纪——1760 年 [M].四川省社会科学学院出版社,1989.

[45] 徐中舒主编.甲骨文字典 [M].四川辞书出版社,1989.

[46] 罗二虎著.龙与中国文化 [M].三环出版社,1990.

[47] (美) 伯纳德•格伦编著.雷自学,王迎选译.世界 7000 年大事总览 [M].东方出版社,1990.

[48] (英) C.R. 博克舍著.何高济译.十六世纪中国南部行纪 [M].中华书局,1990.

[49] 颜清湟著.出国华工与清朝官员 [M].中国友谊出版社,1990.

[50] (英) 迪维斯著.熊寥译.欧洲瓷器史 [M].浙江美术学院出版社,1991.

[51] 沈福文编著.中国漆艺美术史 [M].人民美术出版社,1992.

[52] 龚予,陈雨石,洪炳坤主编.中国历代贡品大观 [M].上海社会科学院出版社,1992.

[53] 庄晚芳著,庄晚芳茶学论文选集 [M].上海科技出版社,1992.

[54] 陈美瑜著.漆艺大师沈福文 [M].云南美术出版社,1994.

[55] （明）陈霆撰.两山墨谈十八卷 [M].齐鲁书社,1995.

[56] 屈小强著.林则徐传：制夷之梦 [M].四川人民出版社,1995.

[57] 余悦编著.问俗 [M].浙江摄影出版社,1996.

[58] 孙机著.中国圣火：中国古文物与东西文化交流中的若干问题 [M].辽宁教育出版社,1996.

[59] 中国基督教协会译.圣经 [M].中国基督教协会,1996.

[60] 马祖毅,任荣珍著.汉籍外译史 [M].湖北教育出版社,1997.

[61] 汤因比,池田大作著.荀春生,朱继征,陈国梁译.展望 21 世纪：汤因比与池田大作对话录 [M].国际文化出版社,1997.

[62] 邵宇,启功编著.中国现代美术全集·漆画卷 [M].人民美术出版社,1998.

[63] （清）容闳.西学东渐记 [M].中州古籍出版社,1998.

[64] 马可·波罗著.梁生智译.马可·波罗游记 [M].中国文史出版社,1998.

[65] 罗哲文著.中国古园林 [M].中国建筑工业出版社,1999.

[66] 陈彬藩主编,余悦、关博文副主编.中国茶文化经典.光明日报出版社,1999.

[67] （美）M.G.马森著.西方的中华帝国观 [M].时事出版社,1999.

[68] （清）谢清高著.海录 [M].岳麓书社,1999.

[69] 戴逸著.十八世纪的中国与世界 [M].辽海出版社,1999.

[70] （宋）周去非著.岭外代答 [M].中华书局,1999.

[71] 曹增友著.传教士与中国科学 [M].宗教文化出版社,1999.

[72] 张光直著.中国考古学论文集 [M].三联书店,1999.

[73] 季羡林主编.东学西渐丛书 [M].河北人民出版社,1999.

[74] 华孟阳、张洪杰著.老北京人的生活 [M].山东画报出版社,2000.

[75] 李文斌编译.彼岸视点 [M].中国对外翻译出版公司,2000.

[76] （意）艾儒略著.谢方译.职方外纪校释 [M].中华书局,2000.

[77] （英）塔维斯托克教堂编.塔维斯托克古镇专刊 [J].2000.

[78] （阿拉伯）伊本·白图泰著.季金鹏译.伊本·白图泰游记 [M].宁夏人民出版社,2000.

[79] 夏鼐著.夏鼐文集 [M].社会科学文献出版社,2000.

[80] （古代阿拉伯）马苏第著.黄金草原 [M].青海人民出版社,2000.

[81] （宋）赵汝适著.诸蕃志校释 [M].中华书局,2000.

[82]（清）李渔著.闲情偶寄[M].上海古籍出版社,2000.

[83]（英）简•佩蒂格鲁著.茶鉴赏手册[M].上海科技出版社,2001.

[84]钱穆著.中国历代政治得失[M].三联书店,2001.

[85]（法)杜赫德编.邱德弟、吕一民、沈坚译.耶稣会士中国书简集:中国回忆录,1～3册[M].大象出版社,2001.

[86]（英）简•佩蒂格鲁著.茶的社会历史[M].伦敦出版社,2001.

[87]雷海宗著.西洋文化史纲要[M].上海古籍出版社,2001.

[88]（美）戴维•林德伯格著.西方科学的起源[M].中国对外翻译出版社,2001.

[89]靳之林著.生命之树与中国民间民俗艺术[M].广西师范大学出版社,2002.

[90]（英）爱尼斯•安德逊著.费振东译.英国人眼中的大清王朝[M].群言出版社,2002.

[91]李正光著.汉代漆器图案集[M].文物出版社,2002.

[92]严建强著.18世纪中国文化在西欧的传播及其反应[M].中国美术学院出版社,2002.

[93]吴伯娅著.康雍乾三帝与西学东渐[M].宗教文化出版社,2003.

[94]张星烺编著.中西交通史汇编[M].中华书局,2003.

[95]刘明倩,刘志伟著.18—19世纪羊城风物[M].上海古籍出版社,2003.

[96]（法）让•米歇尔著.韩凌译.圣经的故事[M].京华出版社,2003.

[97]余英时著.士与中国文化[M].上海人民出版社,2003.

[98]张国刚著.从中西初识到礼仪之争[M].人民出版社,2003.

[99]孙前主编.历代名人咏蒙山[M].中国国际出版社,2004.

[100]邓蜀生,张秀平,杨慧玫主编.影响世界的100次事件[M].广西人民出版社,2004.

[101]葛桂录著.中英文学关系编年史[M].三联书店,2004.

[102]周荣林编著.千年瓷韵:景德镇陶瓷历史文化博览[M].江西人民出版社,2004.

[103]周宁著.鸦片帝国[M].学苑出版社,2004.

[104]（英）包斯威尔著.罗珞珈,莫洛夫译.约翰逊传[M].中国社科出版社,2004.

[105]（日）角山荣著.王淑华译.茶的世界史:文化与商品的东西交流[M].玉山社出版,2004.

[106]（美）摩尔根著.杨东莼等译.古代社会[M].江苏教育出版社,2005.

[107]陈正卿编著.尘封的老照片[M].四川美术出版社,2005.

[108]（明）马欢著.瀛涯胜览[M].海洋出版社,2005.

[109]刘海翔著.欧洲大地的中国风[M].海天出版社,2005.

[110] （英）托比·马斯格雷夫，克里斯·加德纳，威尔·马斯格雷夫著.杨春丽，袁瑂译.植物猎人 [M].希望出版社,2005.

[111] 罗桂环著.近代西方识华生物史 [M].山东教育出版社,2005.

[112] （葡）皮列士著.何高济译.东方志：从红海到中国 [M].江苏教育出版社,2005.

[113] （英）托比著.改变世界的植物 [M].希望出版社,2005.

[114] （英）麦克法兰著.杨淑玲译.绿色黄金：茶叶的故事 [M].台湾商周出版社,2005.

[115] （英）约翰逊故居编.约翰逊博士故居专刊 [M].伦敦出版,2006.

[116] 赵广超著.不只中国木建筑 [M].生活·读书·新知三联书店,2006.

[117] 中国茶叶博物馆著.品茗的排场 [M].浙江大学出版社,2006.

[118] 孙秀玲著.一口气读完日本史 [M].京华出版社,2006.

[119] 冯天瑜著.中华元典精神 [M].武汉大学出版社,2006.

[120] 柏杨著.中国历史年表 [M].海南出版社,2006.

[121] 袁宣萍著.十七至十八世纪欧洲的中国风设计 [M].文物出版社,2006.

[122] 王大有著.中华龙种文化 [M].中国时代经济出版社,2006.

[123] 季羡林著.我的人生感悟 [M].中国青年出版社, 2006.

[124] 孙小礼著.莱布尼茨与中国文化 [M].首都师范大学出版社,2006.

[125] 杨静萍撰.17—18世纪中国茶在英国 [D].浙江师范大学,2006.

[126] 中央电视台《大国崛起》节目组编著.12集大国崛起：英国册、葡萄牙册、西班牙册、荷兰册、法国册 [M].中国民主法制出版社,2006.

[127] 林琳撰.17—18世纪荷兰东印度公司瓷器贸易研究 [D].浙江师范大学,2007.

[128] （英）约翰·曼著.江正文译.改变西方世界的26个字母 [M].三联书店,2007.

[129] （英）大英博物馆编.大英博物馆导览专刊 [M].伦敦出版,2007.

[130] 郑万春编著.咖啡的历史 [M].哈尔滨出版社,2007.

[131] 佟春艳著.典藏文明：古代造纸印刷术 [M].文物出版社,2007.

[132] 许明龙著.欧洲十八世纪"中国热" [M].外语教学与研究出版社,2007.

[133] 李盛东主编.中国漆器收藏与鉴赏全书 [M].天津古籍出版社,2007.

[134] 郑培凯，朱自振主编.中国历代茶书汇编 [M].商务印书馆,2007.

[135] 东方鹤著.上将张爱萍 [M].人民出版社,2007.

[136] 陈平原，凌云岚著.茶人茶话 [M].三联书店,2007.

[137] 林英男著.旅行的历史 [M].希望出版社,2007.

[138] 方豪著.中国天主教史人物传 [M].宗教文化出版社,2007.

[139] (宋)陈师道、朱彧著.唐宋史料笔记:后山谈丛萍洲可谈 [M].中华书局,2007.

[140] (澳)杰克·特纳著.周子平译.香料传奇:一部由诱惑衍生的历史 [M].三联书店,2007.

[141] (英)韦奇伍德编.韦奇伍德博物馆特刊 [J].2008.

[142] 米林秀著.国有病·谁买单:鸦片战争探秘 [M].世界知识出版社,2008.

[143] (法)嘎海椰著.裴晓亮译.走近中国基督教徒 [M].国家宗教文化出版社,2008.

[144] 宜兴政协编著.苏轼与宜兴 [M].西安地图出版社,2008.

[145] 何芳川著.中外文化交流史(上下)[M].国际文化出版公司,2008.

[146] (英)安娜·帕福德著.周继岚,刘路明译.植物的故事 [M].三联书店,2008.

[147] 陈椽著.茶业通史 [M].中国农业出版社,2008.

[148] 方豪著.中西交通史 [M].上海人民出版社,2008.

[149] 尚智丛著.传教士与西学东渐 [M].山西教育出版社,2008.

[150] 孙前著.大熊猫文化笔记 [M].北京五洲传播出版社,2009.

[151] (英)约翰·霍布森著.孙建党译.西方文明的东方起源 [M].山东画报出版社,2009.

[152] 王玲著.中国茶文化 [M].九州出版社,2009.

[153] 季羡林著.蔗糖史 [M].中国海关出版社,2009.

[154] (美)浦嘉珉著.钟永强译.中国与达尔文 [M].江苏人民出版社,2009.

[155] (古罗马)优西比乌著.教会史 [M].三联书店,2009.

[156] (英)贝德福德家族编.乌邦寺:沃本修道院特刊 [J].2010.

[157] (英)哈姆城堡编.哈姆城堡博物馆专辑 [M].2010.

[158] (美)柯林·威尔斯著.米桂林译.历史也会说谎 [M].重庆出版集团,2010.

[159] 范存忠著.中国文化在启蒙时期的英国 [M].译林出版社,2010.

[160] (法)西蒙娜·奥格著.凡尔赛导游 [M].巴黎凡尔赛博物馆,2010.

[161] 王忠和著.紫禁城里的洋大臣 [M].天津人民出版社,2010.

[162] (美)威尔·杜兰特著.世界文明史 [M].华夏出版社,2010.

[163] (英)罗素著.杨发庭等译.罗素论中西文化 [M].北京出版社,2010.

[164] 流沙河著.流沙河认字 [M].现代出版社,2010.

[165] 马晓俐著.多维视角下的英国茶文化研究 [M].浙江大学出版社,2010.

[166] 王思明著.美洲植物在中国的传播及影响研究 [M].三峡出版社 ,2010.

[167] （德）基歇尔.中国图说 [M].河南教育出版社 ,2010.

[168] （荷）约翰·赫伊津哈著.何道宽译.17 世纪的荷兰文明 [M].花城出版社 ,2010.

[169] 张广智著.西方史学史 [M].复旦大学出版社 ,2010.

[170] （英）李约瑟.中华科学文明史 [M].上海人民出版社 ,2010.

[171] 钟伟民著.茶叶与鸦片 [M].三联书店 ,2010.

[172] 利玛窦、金尼阁著.何高济，王遵仲，李申译，何兆武校.利玛窦中国札记 [M].中华书局 ,2010.

[173] 苗力田主编.亚里士多德全集 4 卷 [M].中国人民大学出版社 ,2011.

[174] 韩青，高先民，张凯华著.贸易战争：500 年全球贸易进化史 [M].四川出版集团四川教育出版社 ,2011.

[175] 方婷婷撰.17—18 世纪西欧与中国漆器贸易研究 [D].浙江师范大学 ,2011.

[176] 中国茶叶博物馆编著.话说中国茶 [M].中国农业出版社 ,2011.

[177] （美）马丁·贝尔纳著.黑色雅典娜：古典文明的亚非之根 [M].吉林出版社 ,2011.

[178] 林太著.印度通史 [M].上海社会科学院出版社 ,2012.

[179] 聂作平著.天朝：中西文明交锋下的乌合之众.1793—1901[M].中国友谊出版社 ,2012.

[180] （英）泰特利公司编.泰特利茶厂专刊 [J].2012.

[181] （英）格林尼治博物馆编.短衬衫号飞剪船专刊 [J].2012.

[182] （英）托尼·赖斯编著.林洁盈译.发现之旅：历史上最伟大的十次自然探险 [M].商务印书馆 ,2012.

[183] （葡）曾德昭著.何高济译.大中国志 [M].商务印书馆 ,2012.

[184] 复旦大学文史研究院编著.西方文献中的中国 [M].中华书局 ,2012.

[185] （美）希林顿著.赵俊译.非洲史 [M].商务印书馆 ,2012.

[186] 张荫麟，吕思勉著.中国历史大师谈 [M].安徽人民出版社 ,2012.

[187] 何兆武著.思想文化随笔 [M].科学出版社 ,2012.

[188] 丁文父著.中国古代髹漆家具：10—18 世纪证据的研究 [M].文物出版社，2012.

[189] 徐中远著.毛泽东是怎样读二十四史的 [M].中央文献出版社 ,2012.

[190] （法）弗雷德里克·马特尔著.主流：谁将打赢全球文化战争 [M].商务印书馆 ,2012.

[191] （美）莱斯著.发现之旅历史上最伟大的十次自然探险 [M].商务印书馆 ,2012.

[192] （美）马克·凯什岚斯基等著.孟广林等译.西方文明史：延续不断的遗产 [M].中国人民大学出版社,2012.

[193] 姚国坤主编.图说世界茶文化 [M].中国文史出版社,2012.

[194] 贾晓明.奔忙于离婚和宗教改革之间的亨利八世 [N].人民政协报,2012-08-30(012).

[195] 崔京生著.海洋志 [M].中国青年出版社,2012.

[196] 王晓东编著.百年春秋：从晚清到新中国 [M].中国文史出版社,2012.

[197] 王学泰著.中国饮食文化史 [M].中国青年出版社,2012.

[198] 梁启超著.中国近 300 年学术史 [M].东方出版社,2012.

[199] （英）亨利·埃利斯著.刘天路,刘甜甜译.阿美士德使团出使中国日志 [M].商务印书馆,2013.

[200] （荷）曲培醇著.吴瑶等译.19 世纪欧洲艺术史 [M].北京大学出版社,2013.

[201] 王世襄编著.髹饰录解说 [M].三联书店,2013.

[202] 梁思成著.图像中国建筑史 [M].三联书店,2013.

[203] 樱雪丸著.中日恩怨两千年 [M].人民日报出版社,2013.

[204] （英）达尔文著.苗德岁译.物种起源 [M].译林出版社,2013.

[205] 张振著.人类六万年 [M].合肥：安徽人民出版社.2013.

[206] （英）简·佩蒂格鲁著.茶设计 [M].山东画报出版社,2013.

[207] （英）艾伦·麦克法兰主讲,清华国学院主编.现代世界的诞生 [M].上海人民出版社,2013.

[208] 张民军.中英"麋鹿外交"[J].中国浦东干部学院学报,2013,7(03).

[209] （法）托克维尔著.邢晓宇译.旧制度与大革命 [M].国家行政学院出版社,2013.

[210] （美）威纳著.王章辉,吴必康译.英国文化与工业精神的衰落：1850—1980[M].北京大学出版社,2013.

[211] 陈怀宇著.在西方发现陈寅恪 [M].北京师大出版社,2013.

[212] （德）弗兰克著.刘北城译.白银资本：重视经济全球化中的东方 [M].中央编译出版社,2013.

[213] 王一桅著.海殇：欧洲文明启示录 [M].上海人民出版社,2013.

[214] （英）刘易斯著.穆斯林发现欧洲 [M].三联书店,2013.

[215] 王世襄著.中国古代漆器.三联书店,2013.

[216] （唐）苏敬编撰.新修本草 [M].山西科技出版社,2013.

[217] 生活月刊编著.茶之路 [M].广西师大出版社,2014.

[218] 荣新江著.中古中国与粟特文明 [M].三联书店,2014.

[219] (以色列)赫拉利著.林俊宏译.人类简史 [M].中信出版社,2014.

[220] (日)平势隆郎等著.讲谈社·中国的历史 [M].广西师范大学出版社出版,2014.

[221] 吕章中主编.英国国立维多利亚与艾伯特博物馆卷 [M].安徽美术出版社,2014.

[222] (美)乔尔·科特金著.全球城市史 [M].社会科学文献出版社,2014.

[223] 傅芸子著.正仓院考古记 [M].上海书画出版社,2014.

[224] (英)柯玫瑰,孟露夏著.张淳淳译.中国外销瓷 [M].上海书画出版社,2014.

[225] 胡平著.瓷上中国 [M].21世纪出版社,2014.

[226] 孙机著.中国古代物质文化 [M].中华书局,2014.

[227] 茅海建著.天朝的崩溃 [M].三联书店.2014.

[228] (英)斯当东著,叶笃义译.英使谒见乾隆纪实 [M].上海书店,2014.

[229] (德)马克思,恩格斯著.马克思恩格斯论中国 [M].人民出版社,2015.

[230] (英)塔妮娅·康普顿编.英国的私家花园 [M].2015.

[231] 文渊主编.历史的教训 [M].红旗出版社,2015.

[232] (英)罗伯特·赫胥黎主编.王晨译.伟大的博物学家 [M].商务印书馆,2015.

[233] (英)克劳利著.陆大鹏,张聘译.财富之城:威尼斯海洋霸权 [M].社会科学文献出版社,2015.

[234] (美)桑内特著.李继宏译.匠人 [M].上海译文出版社,2015.

[235] (英)罗伊·莫克塞姆著.毕小青译.茶·嗜好、开拓与帝国 [M].三联书店,2015.

[236] 胡恒著.皇权不下县:清代县辖政区与基层社会治理 [M].北京师范大学出版社,2015.

[237] (美)萨拉·贝斯基著.孟驰译.茶叶大盗:改变世界的中国茶 [M].社会科学文献出版社,2015.

[238] (英)罗宾主编.王晨译.伟大的探险家 [M].商务印书馆,2015.

[239] (英)福钧著.敖雪岗译.两访中国茶乡 [M].江苏人民出版社,2015.

[240] (美)威尔逊著.胡启明译.中国:园林之母 [M].广州科技出版社,2015.

[241] (英)阿布拉菲亚荒著.许家玲等译.地中海的衰落:文明的征程 [M].中国友谊出版公司,2015.

[242] 马识途著.西窗札记 [M].文汇出版社,2015.

［243］（美）柯嘉豪著．赵悠译．佛教对中国物质文化的影响 [M].中西书局 ,2015.

［244］刘枫主编.新茶经 [M].中央文献出版社 ,2015.

［245］王慧萍著.怪物考：中世纪幻想艺术图文志 [M].湖北美术出版社 ,2015.

［246］（美）班凯乐著.朱慧颖译 .19 世纪中国的鼠疫 [M].人民大学出版社 ,2015.

［247］（英）蓝诗玲著.刘悦武译.鸦片战争 [M].新星出版社 ,2015.

［248］张岱年，程宜山著.中国文化精神 [M].北京大学出版社 ,2015.

［249］楼宇烈著.中国的品格 [M].四川人民出版社 ,2015.

［250］张星烺著.欧化东渐史 [M].商务印书馆 ,2015.

［251］（苏）鲍特文尼克编著.黄鸿森译.神话词典 [M].商务印书馆 ,2015.

［252］（英）迈克·达升著.冯璇译.郁金香热 [M].社科文献出版社 ,2015.

［253］（英）亚当斯·贝克夫人著.赵炜征译.释迦牟尼的故事 [M].甘肃美术出版社 ,2015.

［254］（日）冈仓天心著.徐恒迦译.茶之书 [M].中国华侨出版社 ,2015.

［255］（美）约翰·基根著.林华译.战争史 [M].中信出版集团 ,2015.

［256］（美）贾雷德·戴蒙德著.谢延光译.枪炮、病菌与钢铁 [M].上海译文出版社 ,2016.

［257］叶永烈著.历史的绝笔 [M].四川人民出版社 ,2016.

［258］苏秉琦著.满天星斗：论远古中国 [M].中信出版集团 ,2016.

［259］（英）培根著.培根随笔 [M].北京日报出版社 ,2016.

［260］（德）李希霍芬著,李岩，王彦会译.李希霍芬中国旅行日记 [M].商务印书馆 ,2016.

［261］马克垚著.困学苦思集 [M].首都师范大学出版社 ,2016.

［262］（美）薛爱华著.吴玉英译.撒马尔罕的金桃 [M].社科文献出版社 ,2016.

［263］张西平著.儒学西传欧洲研究导论 [M].北京大学出版社 ,2016.

［264］郑也夫著.文明是副产品 [M].中信出版社 ,2016.

［265］（古希腊）柏拉图著.杨绛译.斐多：柏拉图对话录 [M].国际广播出版社 .2016.

［266］（美）约翰·S·戈登著.祁斌译.伟大的博弈：华尔街金融帝国的崛起 [M].中信出版社 ,2016.

［267］常学辉编著.黄帝内经 [M].天津科学技术出版社 ,2016.

［268］（英）布赖恩·莱弗里著,施诚,张珉璐译.海洋帝国：英国海军如何改变现代世界 [M].中信出版社 ,2016.

［269］科大卫著.明清社会和礼仪 [M].北京师范大学出版社 ,2016.

[270] （美）马士著；区宗华译.东印度公司对华贸易编年史 1635—1834 年 [M]. 广东人民出版社 ,2016.

[271] 许嘉璐著.中国古代衣食住行 [M]. 北京出版社 ,2016.

[272] （美）迈克尔·法夸尔著.康怡译.欧洲王室另类史 [M]. 三联书店 ,2016.

[273] 康有为著.英国游记 [M]. 岳麓书社 ,2016.

[274] 沈冬梅，黄纯艳，孙洪升著.中华茶史·宋辽金元卷 [M]. 陕西师范大学出版总社 ,2016.

[275] 孙机著.从历史中醒来 [M]. 三联书店 ,2016.

[276] 杨先让著.我为主.杨先让文集 [M]. 广西师范大学出版社 ,2016.

[277] 王轶凌撰.黑石遗珍：长沙窑彩绘青瓷碗 [N]. 人民日报 ,2016-03-20.

[278] 余春明撰.瓷耀中西三百年：世界的历史凝固于中国瓷土之上 [N]. 人民日报 ,2016-06-12.

[279] 王能宪著.忘机斋文集 [M]. 北京时代华文书局 ,2016.

[280] 王思明，何红中主编.全球视野下东亚农业文明研究 [M]. 中国农业科学出版社 ,2016.

[281] （英）彼得·弗兰科潘著.邵旭东，孙芳译.丝绸之路：一部全新的世界史 [M]. 浙江大学出版社 ,2016.

[282] （英）菲利普·德·索萨著.施诚，张珉璐译.极简海洋文明史：航海与世界历史 5000 年 [M]. 中信出版社 ,2016.

[283] 上海博物馆编著.博物馆与古希腊文明 [M]. 北京大学出版社 ,2016.

[284] 许靖华.气候创造历史 [M]. 三联书店 ,2016.

[285] 扬之水著.椿柿楼集 [M]. 人民美术出版社 ,2016.

[286] 余世存著.时间之书：二十四节气 [M]. 中国友谊出版社 ,2017.

[287] （法）佚名.范东阳译.藏在木头里的灵魂 [M]. 北京时代华文书局 ,2017.

[288] （英）佩皮斯著.佩皮斯日记 [M]. 上海三联书店 ,2017.

[289] 陈晋主编.毛泽东读书笔记精讲 [M]. 广西人民出版社 .2017.

[290] 浙江省博物馆编著.中国漆器文化研究的回顾与展望论文集 [M]. 浙江摄影出版社 ,2017.

[291] 尹利萍撰.浅谈成都漆艺历史和当代技艺特征 [M]. 浙江摄影出版社 ,2017.

[292] （英）休·昂纳著.中国风：遗失在西方 800 年的中国元素 [M]. 北京大学出版社 ,2017.

[293] （瑞典）喜龙仁著.赵省伟，邱丽译.西洋镜：中国园林 [M]. 台海出版社 ,2017.

[294] 阎崇年著.御窑千年 [M]. 三联书店 ,2017.

[295] （美）弗兰克·哈德利·墨菲著；高彩霞译.茶之精神 [M]. 山东画报出版社 ,2017.

[296] （英）马戛尔尼，约翰·巴罗著．何高济，何毓宁译．马戛尔尼使团使华观感 [M]．商务印书馆 ,2017.

[297] 陕西师大 , 陕西历史博物馆编著．丝绸之路研究系列 1—2 辑 [M]．商务印书馆 ,2017.

[298] （英）皮乌·玛丽·伊特维尔著．李阳译．巴黎浪漫吗？关于法国的传闻与真相 [M]．三联书店 ,2017.

[299] 苏生文著．晚清以降西力冲击下的社会变迁 [M]．北京：商务印书馆 ,2017.

[300] 雷海宗著．中国文化与中国的兵 [M]．北京：商务印书馆 ,2017.

[301] 龙军撰．长沙窑：大唐湘瓷泛古韵 [N]．光明日报 ,2017-05-07(004).

[302] 张远撰．"疯狂"的瓶子 [N]．新华每日电讯 ,2017-05-08.

[303] 韩秉宸，冯雪珺撰．欧洲手工业，匠心始终如一 [N]．人民日报 ,2017-05-09.

[304] 王雪松,刘金源撰．时髦婚姻:近代英国贵族与商人的联姻 [N]．光明日报 ,2017-06-05(014).

[305] 祝勇著．在故宫寻找苏东坡 [M]．湖南美术出版社 ,2017.

[306] 张祖翼：伦敦竹枝词 [M]．岳麓书社 ,2017.

[307] 张志春著．中国服饰文化 [M]．中国纺织出版社 ,2017.

[308] （法）大卫·拜尔斯等著．张继明译．天主教的生活方式 [M]．信德书林出版社 ,2017

[309] （美）林肯·佩恩著．陈建军，罗燚英译．海洋与文明 [M]．天津人民出版社 ,2017.

[310] 许嘉璐著．中华文化的前途和使命 [M]．中华书局 ,2017.

[311] 成都金沙遗址博物馆编著．古埃及：法老与神的世界 [M]．四川人民出版社 ,2017.

[312] （法）布罗代尔著．常绍民等译．文明史：人类五千年文明的传承与交流 [M]．中信出版社 ,2017.

[313] 黄兴涛著．重塑中华 [M]．北京师范大学出版社 ,2017.

[314] （美）金·麦夸里著．冯璇译．印加帝国的末日 [M]．社会科学文献出版社 ,2017.

[315] （日）宫崎市定著．谢辰译．亚洲史概说 [M]．民主与建设出版社 ,2017.

[316] （清）袁枚著．随园食单 [M]．中华书局 ,2017.

[317] 张传席著．中国艺术如何影响世界 [M]．中华书局 ,2017.

[318] 刘迎胜著．话说丝绸之路 [M]．安徽人民出版社，2017.

[319] （法）埃里克·芒雄 - 里高．彭禄娴译．贵族：历史与传承 [M]．三联书店 ,2018.

[320] （加）亚当·里斯·戈尔纳著．于昱译．水果猎人:关于自然、冒险、商业与痴迷的故事 [M]．三联书店 ,2018.

[321] （英）W.G.霍斯金斯著.梅雪芹译.英格兰景观的形成[M].商务印书馆,2018.

[322] （法）迪迪埃·努里松著.陈睿译.烟火撩人：香烟的历史[M].三联书店,2018.

[323] （美）威廉·麦克尼尔著.余新志译.瘟疫与人[M].中信出版集团,2018.

[324] 陈坦撰.佩皮斯的生活世界：基于《佩皮斯日记》的重构[D].上海师范大学,2018.

[325] 安徽省博物馆编著.在最遥远的地方寻找故乡：13—16世纪中国与意大利的跨文化交流[M].商务印书馆,2018.

[326] 林海村著.观沧海：大航海时代诸文明的冲突与交流[M].上海古籍出版社,2018.

[327] （美）彭慕兰,史蒂夫·托皮克著；黄忠宪,吴莉苇译.贸易打造的世界[M].上海人民出版社,2018.

[328] 杨泓著.古物的声音[M].商务出版社,2018.

[329] （英）凯茜·威利斯,卡罗琳·弗里著；珍栎译.绿色宝藏.英国皇家植物园史话[M].三联书店,2018.

[330] 张献春主编.台纸上的植物世界[M].北京科学普及出版社,2018.

[331] （英）利奥.霍利斯著,宋美莹译.伦敦的崛起：五个人重塑一座城[M].三联书店,2018.

[332] 中共中央编译局编著.马克思画传：马克思诞辰200周年纪念版[M].重庆出版集团,2018.

[333] 贡嘎山管理局编著.蜀山之王：图说四川贡嘎山国家级自然保护区[M].成都地图出版社,2018.

[334] 郑曦原编.帝国的回忆《纽约时报》晚清观察记[M].北京：当代中国出版社,2018.

[335] （美）阿波斯托洛斯·佐克西亚季斯著.张立英译.疯狂的罗素：逻辑学与数学的奇妙之旅[M].中国人民大学出版社,2018.

[336] 梅维恒,郝也麟.茶的真实历史[J].博览群书,2018,(07).

[337] 虞富莲著.中国古茶树[M].云南科技出版社,2018.

[338] 丁慧倩撰.明代"世籍世业"制度下的钦天监[N].光明日报,2018-01-22(014).

[339] 刘绪义撰.宋代科技文化繁荣与工匠精神[N].光明日报,2018-07-27(013).

[340] （英）鲍尔著.何东国译.明亮的泥土[M].译林出版社,2018.

[341] 冰雪玉（玛雅）,鲍裕民著.唯瑜,刘娜译.我在中国三十年[M].北京,2018.

[342] 宋念申著.发现东亚[M].新星出版社,2018.

[343] 关山远撰."林则徐带来鸦片战争"怪论之怪逻辑[M].新华每日电讯报[N],2018-8-17.

[344] 关山远撰.1950年的中国：那么艰难,那么勇敢[M].新华每日电讯报[N],2018-9-7.

[345] （日）何添房江著.山口日苗译.唐物的文化史 [M].商务印书馆,2018.

[346] 谭楷撰.陈寅恪的眼科疾病 [N].华西都市报,2018-1-24.

[347] 向荣撰.水利与英国社会 [N].光明日报,2018-11-12(014).

[348] （日）池内了著.从三十项发明阅读世界史 [M].上海文艺出版社,2018.

[349] 人民日报评论部编著.习近平用典 [M].人民日报出版社,2018.

[350] （美）段义孚著.神州：历史眼光下的中国地理 [M].北京大学出版社,2019.

[351] （英）爱德华·科尔伯恩·巴伯著.华西旅行考察记 [M].重庆出版社,2019.

[352] （美）萨拉·贝斯基著.黄华青译.大吉岭的盛名 [M].北京：清华大学出版社,2019.

[353] 周国富主编.姚国坤执行副主编.世界茶文化大全 [M].北京：中国农业出版社,2019.

[354] 陈传席著.紫砂小史 [M].上海：上海人民出版社,2019.01.

[355] 张国刚著.胡天汉月映西洋：丝路沧桑三千年 [M].三联书店,2019.02.

[356] （英）马克辛·伯格著.孙超译.奢侈与逸乐：18世纪英国的物质世界 [M].北京：中国工人出版社,2019.

[357] 高辉珍主编.美成在久 [M].北京：团结出版社,2019.

[358] 周小雄著.耶稣及宗教新画像 [M].河北信德社,2019.

[359] （美）J.H.布雷斯特德著.施诚,马丽娟译.地中海的衰落：文明的征程 [M].北京：中国友谊出版公司,2019.

[360] （英）比尔·阿迪斯著.程玉玲译.世界建筑3000年 [M].北京：中国画报出版社,2019.

[361] 张国刚著.中外文化关系通史 [M].北京：北京大学出版社,2019.

[362] 许明杰撰.从莎士比亚遗嘱看英国乡绅的兴起 [N].光明日报 2019-03-18(014).

[363] 张逸之,李慧颖撰.宋元时期已销海外·世界"官窑"再续传奇 [N].新华每日电讯,2019-04-26.

[364] 李兆忠撰.老舍的幽默从何而来 [N].光明日报,2019-05-03(005).

[365] 董少新撰.中国瓷器及制瓷技术在欧洲的流传 [N].光明日报,2019-07-15(014).

[366] 张花氏著.东坡茶 [M].四川辞书出版社,2019.

[367] 戴逸著.清史三百年 [M].北京人民出版社,2019.

[368] 蓝勇著.中国川菜史 [M].四川文艺出版社,2019.

[369] 上海博物馆编著.文物的亚洲 [M].译林出版社,2019.

[370] （英）马丁·琼斯著.饭局的起源 [M].三联书店,2019.

[371] （法）艾玛尔著.刘成富等译.金犀牛：中世纪非洲史 [M].中国社科出版社,2019.

［372］ 裴亚静撰 . 从 17—18 世纪几艘沉船出水的中国茶具看茶文化在欧洲的传播 [M]. 首博馆，
2019-8-26.

［373］（加）贝剑铭著 . 朱慧颖译 . 茶在中国：一部宗教与文化史 [M]. 中国工人出版社 ,2019.

［374］ 曹汛著 . 中国造园艺术 [M]. 北京出版社 ,2019.

［375］（英）理查德·霍尔著 . 陈乔一译 . 季风帝国：印度洋及其入侵者的历史 [M]. 天津人民
出版社 ,2019.

［376］ 凌云茗著 . 花与万物同 [M]. 中国工人出版社 ,2019.

［377］（英）雷蒙德·卡尔著 . 潘诚译 . 西班牙史 [M]. 东方出版中心 ,2019.

［378］ 席路德著 . 男神考：希腊神话艺术图文志 [M]. 湖北美术出版社 ,2019.

［379］ 张闻玉 . 曾鹏 . 桂珍明编著，夏商周三代纪年 [M]. 科学出版社，2019.

［380］ 刘景华撰 . 近代英国经济崛起中的欧洲大陆因素 [N]. 光明日报 ,2020-06-01(014).

［381］ 武黎嵩撰 . 以中国文化为本位：评译林版《陈寅恪合集》[N]. 光明时报 ,2020-6-2.

［382］ 李亚丽著 . 英语帝国：从部落到全球 1600 年 [M]. 北京大学出版社 ,2020.

［383］（日）羽田正著 . 毕世鸿，李秋燕译 . 东印度公司与亚洲之海 [M]. 北京日报出版社 ,2020.

［384］（美）丹尼尔·斯通著 . 张建国译 . 食物探险者 [M]. 广西师范大学出版社 ,2020.

［385］（日）森谷公俊等著 . 讲谈社·兴亡的世界史 [M]. 北京日报出版社 ,2020.

［386］ 张闻玉著 . 古代天文历法讲座 [M]. 广西师范大学出版社，2021.

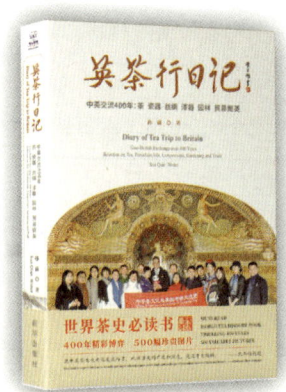

《英茶行日记》

孙　前　著

读者服务

4000213677　　（028）84525271

内容简介

作者 2016 年 4 月率团到英国，进行了 14 天 25 个点广泛深入的茶文化考察，由此延及中英 400 年的全方位交流。他以每天 14 个小时的工作量，考据辩证数百本中外书刊，笔耕整 5 年写出此书，首次公开 500 余幅珍贵照片。

茶何时进入欧洲，林奈的茶标本和拉丁文定名，绿茶与红茶的地位，凯瑟琳女王的小茶屋，下午茶圣殿和茶舞会，格雷伯爵茶庄园，川宁"壶变史"展，女王 90 寿茶，英茶何以打败华茶，怎么做茶生意才能赚钱……

谁挑起了两次鸦片战争，中国"醒狮论"缘由，恶龙与尊龙之辩，两派英国特使访乾隆嘉庆真相，佩皮斯和约翰逊博士的茶情结，瓷器何时进入欧洲，中日法的漆器交流，福钧、戈登、威尔逊的是非论……

本书涉及 400 年来，茶、瓷器、丝绸、漆器、园林、贸易……中英由器物—文化—制度的精彩博弈。用场景、事实和史证说话，同读者漫游其间，是本书最大特点，历史上的讹误，无处遁形。

作者简介
孙　前

　　1948 年生，籍贯河南洛阳，成长在四川省万县市（今重庆万州区）、成都。四川师范大学中文系毕业。

　　1967 年中专毕业后，在万县市、成都的工厂当工人。

　　大学毕业分配成都市委办公厅（天回公社锻炼一年）、四川省委办公厅工作十多年，任办公室主任（挂职锻炼泸定县委副书记二年）、省委办公厅副主任、省政府直属企业董事长（正厅）、四川省雅安市副市长（正厅）、省旅游局巡视员、省旅游协会执行会长、省政协十届人资环委副主任，2013 年 7 月退休。

　　大熊猫文化研究学者，2009—2012 年出版《大熊猫文化笔记》中法英文 4 个版本，2019 年出典藏版。

　　2004 年，策划主持发行了《雅安史迹名胜探实》（曹宏著）、《蒙山茶话》（董存荣著）、《吴理真演义》（张国防著）、《蒙顶山：最后的知青部落》（高富华著）、《茶马古道老照片纪念册》（殷晓俊供稿）、《蒙顶山茶文化读本》（筹委办编）；先后主编《历代名人咏蒙山》《广东画家看雅安》《泸定桥 300 年大事记》（2005），撰写 30 余篇中外茶文化论述。

　　中国国际茶文化研究会副会长、世界茶文化交流协会名誉会长、西南茶文化研究中心主任、雅安市茶业协会创会会长、茶文化研究专家、客座教授。

　　旅游策划实战专家，微信昵称：熊猫喝茶。

协作团队

考拉看看
Koalacan

由资深媒体人、作家、内容研究者和品牌运作者联合组建的内容机构，致力于领先的深度内容创作与运作，专业从事内容创作、内容挖掘、内容衍生品运作和品牌文化力打造。

A content institution jointly established by media experts, writers, content researchers and brand operators, committed to creation and operation of leading-edge and in-depth contents, specializing in content creation, content mining, content derivatives operation and cultural branding.

书服家
Forbooks

专业的内容出版团队，致力于优质内容的发现和高品质出版，并通过多种出版形式向更多人分享值得出版和分享的知识，以书和内容为媒介，帮助更多人和机构发生联系。

A professional content publishing team committed to the discovery and publication of high-quality contents, sharing worthwhile ideas with people through multiple forms of publication, and thus acting as a bridge between people and institutions.

写作｜研究｜出版｜推广｜IP 孵化
Writing/Research/Publishing/Promotion/IP incubation
电话 TEL 400-021-3677　　Koalacan.com

特邀编创：考拉看看
装帧设计：云何视觉　漆孟涛
全程支持：书服家

微信二维码 考拉看看

微信二维码 书服家